Kontexte und Hintergründe sexueller Gewalt an Kindern

Ein Beitrag zur Analyse eines individuellen und gesamtgesellschaftlichen Problems

von

Waltraud Falardeau

Tectum Verlag
Marburg 2001

Die Deutsche Bibliothek - CIP-Einheitsaufnahme

Falardeau, Waltraud:
Kontexte und Hintergründe sexueller Gewalt an Kindern.
Ein Beitrag zur Analyse eines individuellen und gesamtgesellschaftlichen Problems.
/ von Waltraud Falardeau
- Marburg : Tectum Verlag, 2001
Zugl: Ludwigsburg, Univ. Diss. 2001
ISBN 3-8288-8288-9

© Tectum Verlag

Tectum Verlag
Marburg 2001

VORWORT

Vor einigen Jahren nahm ich zum ersten Mal bewußt Anzeichen sexuellen Mißbrauchs an einem Mädchen wahr. Seitdem hat mein Beruf als Sonderschullehrerin und Sprachtherapeutin mich mehrfach mit dem Verdacht oder der Tatsache konfrontiert, daß ein mir nahestehendes Kind von diesem Delikt betroffen ist. Wer Ähnliches erlebt hat, wird das Erschrecken, den Schmerz, die Wut und die Empörung über dieses zerstörerische Vergehen kennen und darüber hinaus die Gefühle der Ohnmacht, der Rat- und Hilflosigkeit nachempfinden können, wenn es um die Suche nach sinnvollen Interventionsmaßnahmen geht.

Die Schwierigkeiten, einem betroffenen Kind aus seiner bedrückenden Lage heraushelfen zu können, gaben den wichtigsten Anstoß für diese Forschungsarbeit. Zugleich tauchte die Überlegung nach Präventionsmöglichkeiten auf. Dabei wurde mir klar, daß wir es im Lehrberuf nicht nur mit Opfern und potentiellen Opfern sexueller Gewalt zu tun haben, sondern auch mit Kindern, die später unter Umständen zu Sexualstraftätern werden. Dieser beunruhigende Gedanke ist grundlegend, wenn wir an langfristige Prävention denken. In ihm steckt eine große pädagogische Herausforderung. Sich ihr zu stellen bedeutet, vor allem nach der Motivation und den individuellen und gesellschaftlichen Hintergründen sexueller Gewalt an Kindern zu fragen. Das ist Ziel dieser Arbeit. Erst dann, wenn wir nicht nur die Kontexte, sondern auch die Entstehungsbedingungen sexueller Gewalt an Kindern aufzeigen, können wir Perspektiven einer Gesellschaft entwickeln, in der diesem furchtbaren Verbrechen der Boden entzogen und die kindliche Menschenwürde geachtet wird.

Die einzelnen Themenkomplexe zu den ursprünglichen Fragen weiteten sich schnell in unvorhersehbarem Maße aus. Immer wieder sah ich mich neuen Gesichtspunkten gegenüber, die einer Klärung bedurften. Herausragende Wichtigkeit gewannen dabei das Gewaltproblem sowie der Zusammenhang zwischen Kindheitstraumen, Fehlentwicklungen und zerstörerischen Verhaltensmustern.

Als ich zu schreiben begonnen hatte, fand ich reichlich Ermutigung, vor allem durch Frauen. Viele unter ihnen berichteten im Laufe eines Gesprächs über eigene Erfahrungen sexuellen Mißbrauchs in der Kindheit und äußerten das Anliegen, die Tatsachen und Ursachen sexueller Verfehlungen an Kindern müßten unbedingt verstärkt ins allgemeine Bewußtsein gehoben werden. Der Einblick in ihr kindliches Leiden und dessen Folgen – wie etwa ein gestörtes Selbstwertgefühl, sexuelle Schwierigkeiten, Selbstmordversuche oder Psychiatrieaufenthalte – motivierten meine Arbeit ebenso wie die Sorge um alle Jungen und Mädchen, die Opfer sexueller Gewalt sind oder werden könnten.

Bedanken möchte ich mich an dieser Stelle bei all jenen Frauen und Männern, die durch ihre Fragen, Anregungen und persönlichen Berichte den Entstehungsprozeß dieser Arbeit inspiriert und begleitet haben. Mein besonderer Dank gilt Herrn Prof. Dr. Warsewa und Herrn Prof. Dr. Wenzel für ihre Geduld und konstruktive Kritik.

INHALTSVERZEICHNIS

VORWORT 5
EINLEITUNG 15

TEIL I
ASPEKTE UND BEDINGUNGEN SEXUELLEN MISSBRAUCHS AN KINDERN 33

1. Definition 33
2. Verbreitung 34
3. Historische Dimension 37
4. Freuds Preisgabe seiner ursprünglichen Theorie zu Sexualdelikten an Kindern und die Entwicklung der Theorie des Ödipuskomplexes 40

5. **Formen sexuellen Mißbrauchs** 49
5.1. Pädophilie 49
5.2. Kinderprostitution und Kinderpornographie 51
5.3. Inzest 52

6. **Reaktionen** 54
6.1. Entlastung und Verteidigung des Inzesttäters und der „Familienmythos" 54
6.2. Anzweiflung der Glaubwürdigkeit des Kindes 56
6.3. Identifikation mit dem Aggressor 57
6.4. Reaktionen des Täters – Sexuelle Gewalt an Kindern vor Gericht 60

7. **Der Täter** 63
7.1. Täterkreis 63
7.2. Vorgehensweisen – Strategien 65
7.2.1. Planhaftigkeit 65
7.2.2. Manipulative Strategien 66
7.2.3. Einstieg über das Spiel 66
7.2.4. Drohungen und körperliche Gewalt 67
7.2.5. Geheimhaltung 68
7.2.6. Stigmamanagement 69
7.3. Die Bedeutung der Einweihung in die Sexualität und die Funktion des Rituals 70
7.4. Tätermerkmale 72

8. **Das Opfer** 74
8.1. Überblick 74
8.2. Jungen als Opfer 76
8.3. Auswirkungen 79
8.4. Faktor Grenzverletzung und Reizüberflutung 80
8.5. Langzeitauswirkungen 83
8.5.1. Angepaßtheit, Unauffälligkeit 83
8.5.2. Psychophysiologische Auswirkungen 84

8.5.3.	Drogensucht	85
8.5.4.	Prostitution	86
8.5.5.	Selbstmord	86
8.5.6.	Neurosen und Psychosen	87
8.5.7.	Bewältigungsmechanismus Abspaltung	89
8.5.7.1.	Schizophrenie	91
8.5.7.2.	„Double-bind" („Beziehungsfalle")	94
9.	**Kernfamilien-Inzest**	**96**
9.1.	Inzestuöse Verstrickungen/Latenter Inzest	97
9.2.	Familiensystemischer oder feministischer Ansatz?	98
9.3.	Familiensystemischer und feministischer Ansatz	101
9.4.	Theorien zum Vater als Täter	102
9.4.1.	Regressivität und Fixierung – Der passiv-abhängige Typus	103
9.4.2.	Aggressiv-dominanter Typus – Sadismus	104
9.5.	Inzestbarriere Vertrautheit	105
9.6	Die Inzest-Familie	107
9.6.1.	Inzest als Mittel der familiären und gesellschaftlichen Homöostase	108
9.6.2.	Loyalität der Kinder	110
9.6.3.	Mütter in Inzest-Familien	112
9.6.3.1.	Das Mutter-Kind-Verhältnis	112
9.6.3.2.	Das Wissen der Mütter	114
10.	**Zusammenfassung**	**117**

TEIL II
INDIVIDUELLE UND STRUKTURELLE HINTER- GRÜNDE SEXUELLER GEWALT AN KINDERN — 121

1.	**Gewalt gegen Frauen und Kinder**	**122**
1.1.	Vergewaltigung	123
1.2.	Vergewaltigung im Krieg	124
2.	**Hintergründe männlicher Gewalt**	**125**
2.1.	Männliches Autonomiedilemma	127
2.2	Männliche Außenorientierung	129
2.3.	Männliche Sozialisation	130
3.	**Motive**	**133**
3.1.	Gestörtes Verhältnis gegenüber Frauen	134
3.2.	„Männliche Hypersexualität" – Determination oder Freiheit der Wahl?	140
3.3.	Macht-, Kontroll- und Besitzstreben	147
3.3.1.	Macht-Ohnmachts-Komplex	148
3.3.2.	Besitz – Haben-Mentalität	150
3.3.3.	Sadismus – Die Bedeutung der Hilf- und Wehrlosigkeit	153
3.4.	Selbststabilisierung, Konfliktbewältigung, interpersonaler Abwehr- mechanismus	155
3.5.	Energiezufuhr	159

3.6.	Archaisches	160
3.7.	Bedürfnisse als motivierende Kategorie	161
3.7.1.	Grundbedürfnisse	162
3.7.1.1.	Physiologische Bedürfnisse	165
3.7.1.2.	Sicherheitsbedürfnis	168
3.7.1.3.	Bedürfnis nach Liebe und Zugehörigkeit	169
3.7.1.4.	Die niederen Bedürfnisse und die Entwicklung der Autonomie	171
3.7.1.5.	Höhere Bedürfnisse	172
3.7.2.	Mangel und Mangelmotivation	175
3.7.3.	Verdrängung, Abspaltung	176
3.7.4.	Abwehr	177
3.7.5.	Ersatzbedürfnisse – Ersatzbefriedigungen	180
3.7.5.1.	Sexualität als Ersatz	183
3.7.5.2.	Konsum und Habenorientierung als Ersatz	184
3.7.6.	Zusammenfassung	186
3.8.	Reizsuche	188
3.8.1.	„Spiele der Erwachsenen"	188
3.8.1.1.	Spielanalyse	189
3.8.1.2.	Auslöser	192
3.8.2.	Extreme Reizsuche	195
4.	**Psychische Störungen**	**198**
4.1.	Das schizoide Phänomen	200
4.1.1.	Entstehung und Merkmale	201
4.1.2.	Lustdefizit	202
4.1.2.1.	Lustdefizit und Körper	204
4.1.2.2.	Lustdefizit und Sexualität	205
4.1.3.	Hintergrundsbedingungen und -phänomene	208
4.1.3.1.	Industrialisierung	209
4.1.3.2.	Entfremdung	212
4.1.3.3.	Streß	214
4.1.3.4.	Marketing-Charakter	215
4.1.3.5.	Konsum und Gier	216
4.2.	Ich-Schwäche	218
4.2.1.	Ich-Entwicklung	219
4.2.2.	Ich-Funktionen und Ich-Leistungen	221
4.2.3.	Ich-Schwäche – mangelnde Autonomie	221
4.2.3.1.	Hintergrund von Ich-Schwäche und mangelnder Autonomie	223
4.2.3.2.	Regressivität – unaufgelöste Mutterbindung	225
4.2.3.3.	Antagonistische Strebungen: Abhängigkeit – Autonomie	227
4.2.4.	Das „Muttersohn-Syndrom"	229
4.2.4.1.	Bedingungshintergrund des „Muttersohn-Syndroms"	230
4.2.4.2.	Extreme Mutterfixierung – Archaisches	232
4.2.5.	Ich-Schwäche und Narzißmus	234
4.2.5.1.	Empathiemangel	235

4.2.5.2.	Narzißmus und Liebe	237
4.2.5.3.	Selbstbestätigung und Allmachtsphantasien	238
4.2.5.4.	Narzißmus und Destruktivität	240
4.2.5.5.	Überwindung von Narzißmus	241
4.3.	Zusammenfassung	242
5.	**Sucht**	**244**
5.1.	Wiederholungsmuster	245
5.2.	Zwanghaftigkeit	247
5.3.	Gesellschaftliche und familiäre Bedingungen und Hintergründe	248
5.4.	Individuelle Hintergründe	249
5.4.1.	Suche nach dem Außerordentlichen	250
5.4.2.	Ersatzbefriedigung – Kompensation – Betäubung	250
5.5.	Sexsucht	252
5.5.1	Erscheinungsbild und Psychodynamik	252
5.5.2.	Gesellschaftliche Bedingungen	255
5.5.3.	Menschliche Sexualität	257
5.5.3.1.	Sexualität und Eros	260
5.5.3.2.	Funktion und symbolischer Stellenwert der Sexualität	262
5.5.4.	Pornographie	266
5.5.5.	Perversionen	267
5.5.5.1.	Hintergründe und Erscheinungsbild	269
5.5.5.2.	„Reparativer Trieb"	271
6.	**Zusammenfassung**	**272**

TEIL III
PRÄHISTORISCHE, HISTORISCHE UND SOZIAL-
PSYCHOLOGISCHE BEDINGUNGEN DES INZESTS 275

1.	**Vorrationale Bewußtseinsstrukturen – das Archaische**	**277**
2.	**Matriarchat und Übergang zum Patriarchat**	**282**
3.	**Patriarchat**	**286**
3.1.	Tod – Angst – Opfer	287
3.2.	Das Verhältnis zwischen den Geschlechtern	288
3.3.	Herrschaft und Besitz	290
3.4.	Gehorsam	292
3.5.	Das Kultische im Judentum und Christentum	294
3.6	Sozialform „Ganzes Haus"	298
3.6.1.	Eltern-Kind-Beziehung im „Ganzen Haus"	299
3.6.2.	Väterliche Macht	299
4.	**Die bürgerliche Familie**	**300**
4.1.	Familie als Institution	301
4.2.	Illusionäre Bilder und Realität	304
4.2.1.	„Kulturelle Hypnose"	306
4.2.2.	Kirche	309

4.3.	Die Geschlechter in der bürgerlichen Familie	312
4.3.1.	Die Frau und Mutter in der bürgerlichen Familie	315
4.3.1.1.	Rechtsstellung der Frau	315
4.3.1.2.	Der Muttermythos	316
4.3.1.3.	Opfermythos – „weiblicher Masochismus"	318
4.3.1.4.	Infragestellung der Mutter-Kind-Ausschließlichkeit	320
4.3.2.	Der Mann und Vater in der bürgerlichen Familie	323
4.3.2.1.	Der abwesende Vater – negatives Vater-Kind-Verhältnis	323
4.3.2.2.	Väterliche autoritas und irrationale Autorität	325
4.4.	Kritik an der bürgerlichen Familie	327
4.5.	Veränderungen in der heutigen Zeit	329
5.	**Kindheit in der bürgerlich-christlichen Familie**	**332**
5.1.	Kindheit und Kindererziehung	332
5.2.	„Tod der Straße"	335
5.3.	Triebregulierung	337
5.4.	Das Eltern-Kind-Verhältnis in der bürgerlichen Familie	341
5.4.1.	Symbolcharakter des Kindes	341
5.4.2.	Objektcharakter des Kindes	342
5.4.3.	Elterliche Neurosen und kindliche Wahrnehmungsstörungen	343
5.4.4.	Sündenbockfunktion des Kindes	346
5.4.5.	Wiederholungszwang	347
5.5.	Alternative: Kibbuz	348
6.	**Zusammenfassung**	**350**

TEIL IV
DIE BÜRGERLICH-CHRISTLICHE EHE UND SEXUELLER MISSBRAUCH AN KINDERN — 353

1.	**Individuelle und gesamtgesellschaftliche Erwartungen und Forderungen**	**354**
1.1.	Emotionale Konditionierung und Erwartungen	354
1.2.	Der bürgerliche Komplementaritätsgedanke	355
1.3.	Legale Zwänge – Die Forderung nach lebenslänglicher Dauer	360
2.	**Liebe – Eros – Sexualität**	**361**
2.1.	Stadien einer Liebesbeziehung	362
2.2.	Eros und Sexualität	363
3.	**Psychodynamische Mechanismen in stagnierenden und zerstörerischen Ehen**	**364**
3.1.	Symbiotische Abhängigkeit	365
3.2.	Beziehungssucht – unaufgelöste Mutterbindung	367
3.3.	Trennungsangst	370
3.4.	Familiärer Wiederholungszwang	373
4.	**Ehebruch**	**375**
4.1.	Das „Triebstaumodell"	376

4.2.	Geheimhaltung	376
4.3.	Funktionen und Motive	378
4.3.1.	Reizsuche	379
4.3.2.	Distanzierungs- und Konfliktlösungsstrategien	380
4.3.3.	Selbstbestätigung und Kompensation	382
5.	**Christliche Ehe- und Sexualmoral**	**384**
5.1.	Sexualmoral – Sexualität in der Ehe	384
5.2.	Verhütung und Masturbation	386
5.3.	Unauflöslichkeitsgebot	390
5.4.	Auswirkungen auf Kinder	391
6.	**Zusammenfassung**	**393**

AUSBLICK:
FORTSETZUNG DER KOLLEKTIVEN NEUROSE UND LEBENSVER-
WÜSTUNG? ODER AUFBRUCH IN EINE VON BEWUßTHEIT,
VERANTWORTUNG UND FREIHEIT GETRAGENE ZUKUNFT?   395

ANMERKUNGEN   409
LITERATURVERZEICHNIS   415
LEBENSLAUF   433

EINLEITUNG

Die Frage nach dem Zustand unserer Gesellschaft, nach ihrer Dynamik, ihren Widersprüchen und Zukunftschancen, wird vielerorts mit Blick auf jene Gewaltbereitschaft gestellt, die sich in aller Öffentlichkeit nicht nur auf entlegenen Kriegsschauplätzen, sondern hautnah in der Nachbarschaft, auf Straßen und gar in Schulen und Kindergärten austobt.

Mit der Skandalisierung öffentlicher Gewalt bleibt die weite Verbreitung geheimer Gewalt, ihre strukturelle und kulturelle Ursache, verborgen. Körperliche oder seelische Mißhandlung, die Vergewaltigung von Frauen oder der sexuelle Mißbrauch an Kindern gehören zu den alltäglichen, aber verheimlichten Gewaltformen und spielen sich vor allem innerhalb der Wände des Familienheims ab.

Deutungs- und Lösungsansätze zum Problem der Gewalt verkennen in der Regel den Zusammenhang zwischen öffentlicher und geheimer Gewalt. Statt dessen werden für die wachsende physische Gewaltbereitschaft in unserer Gesellschaft pauschalierend Politik und Arbeitslosigkeit verantwortlich gemacht und die Gewaltdarstellungen in den Medien sowie Erziehungsdefizite in Familie und Schule angeprangert. Gerufen wird nach politischen Maßnahmen, nach innerer Sicherheit und nach entschiedenerem Durchgreifen der Polizei; gefordert wird effizientere Wertevermittlung, insbesondere für gewalttätige Kinder und Jugendliche. Es werden also nicht nur einfache Erklärungen, sondern auch einfache Lösungen für sehr komplexe Wirkungszusammenhänge gesucht.

Gewaltbereitschaft ist nicht ein spezifisches Phänomen unserer Zeit. Die Geschichte aller patriarchalisch bestimmten Kulturen ist von einer Gewaltspur blinden und zerstörerischen Handelns durchzogen.

Seit sich durch den Sieg Konstantins über Rom staatliche und kirchliche Gewalt miteinander verbanden, „ist das Thema Gewalt nicht nur aber auch ein christliches Thema ... Man kann die Geschichte des Christentums als eine Geschichte der Gewalt lesen" (Grotjahn 23.10.1994, S. 3). Gewaltausübung geschah nicht nur gegen Andersgläubige, sondern auch unter Christen, nicht zu vergessen die Gewaltexzesse während der Hexenprozesse. Eine sozialwissenschaftliche Erhebung aus den sechziger Jahren in Kanada zeigt, „daß die am stärksten kirchen- und religionsgebundenen Gruppen ... einer Politik der friedlichen Koexistenz am mißtrauischsten gegenüberstand" (ebd., S. 5). Sie waren am ehesten für gewalttätige Lösungen zu haben. Somit könne gelten, meint Grotjahn: „Je frömmer jemand ist, um so mehr setzt er auf Gewalt als Problemlösung". Dies Grundübel steckt, wie ich meine, in jedem Fundamentalismus.

Gewalttätigkeit ist vor allem ein männliches Problem und eng mit den Grundlagen unserer patriarchalisch bestimmten Kultur verknüpft. Männliche Gewalt läßt sich nicht nur an interaktionellem Gewalthandeln nachweisen, sondern steckt, entpersonalisiert, verborgen und fest verankert, in den Strukturen unserer Gesellschaft. „Strukturelle Gewalt" (Galtung) ist ständig präsent, wie sich am Beispiel von „Geschlechter- und Erziehungsstrukturen" nachweisen läßt (Willems 2/93, S. 18; vgl. Böhnisch und Winter 1992, S. 197). Aktuelles Gewalthandeln wird durch strukturelle und kulturelle Gewalt stets mitbedingt.

Der legale Gewaltaktionsraum, den sich Männer geschaffen haben, wird massiv von Petri (1992, S. 140 f) angegriffen. Ihm geht es insbesondere um die Schädigungen, die Kindern zugefügt werden:

> „Wir haben zu realisieren, daß das unaufhaltsam anwachsende destruktive Potential, das erbarmungslos gegen Kinder eingesetzt wird, ob als chronische Niedrigstrahlung, als schleichende Vergiftung oder in anderen Formen struktureller Gewalt, ausschließlich von Männern und Vätern inszeniert wird ... Es sind also hauptsächlich die Männer und Väter, deren Tätigsein sich gegen die Lebensinteressen, Zukunftsmöglichkeiten und die Gesundheit ihrer Kinder richtet und die, in der Erfüllung ihres Berufes, auch den Tod ihrer Kinder nicht ausschließen" (Petri ebd.).

Neue Dimensionen kollektiver männlicher Gewalt erschließen sich in der Neuzeit durch wachsende Naturbeherrschung und den Aufschwung der Technik. Diese gehen „weit über jede vernunftgemäße Notwendigkeit hinaus mit Hilfe von Zerstörungen vonstatten" (Marcuse 1990, S. 109). Die zerstörerische Ausbeutung von Mensch und Natur potenziert sich mit der industriellen Revolution. In Zusammenhang damit wächst die Entfremdung des Menschen von seiner eigenen und der äußeren Natur, und das wirkt sich zerstörerisch auf die nächste Generation und letztlich auf alle folgenden Generationen aus.

Viele Kinder sind nicht nur legaler öffentlicher Gewalt ausgesetzt; hier ist an die wenig kindgerechte Architektur und die schwindenden Lebens- bzw. Aktivitätsräume für Kinder zu denken. Sie erleben außerdem direkte Gewalt durch Erwachsene, sei es seelische oder physische Gewalt. In sexueller Gewalt durchdringen sich beide Formen.

Daß Kinder Adressaten und erleidende Objekte vielfältiger Katastrophen sind, die unsere Hochkultur verursacht, schlägt sich in ihrer gefährdeten seelischen und körperlichen Gesundheit nieder. In unserer Gesellschaft sind Kinder die einzige Bevölkerungsgruppe, deren Gesundheitszustand sich in den letzten Jahren verschlechtert hat (vgl. S 2 Nachrichten vom 5.2.1994).

Zudem bekommen Kinder immer häufiger Erwachsenenkrankheiten, verursacht vor allem durch Streß sowie körperliche und seelische Belastungen (vgl. Hurrelmann in Zeitschrift Erziehung und Wissenschaft 1/99, S. 2).

Um zu erfahren, wie Kinder Erwachsene sehen, hat Petri (1992, S. 92 f) Kinderbriefe analysiert; er faßt ihren Blick auf die Erwachsenen folgendermaßen zusammen:

"Erwachsene sind egoistisch, profitsüchtig und konsumorientiert. Um ihre Bedürfnisse zu befriedigen, ist ihnen jeder Weg recht. Sofern sie die Macht dazu haben, beuten sie schwächere Menschen rücksichtslos aus und setzen ihre Interessen notfalls auch mit der Brutalität von Kriegen durch. Ebenso dient ihnen die Ausplünderung der Natur dazu, ihre Besitzgier zu stillen. Die pathologisch entgleisten Ansprüche schließen Gefühle von Verantwortung und Mitleid immer mehr aus und richten sich immer zerstörerischer gegen Menschen und Natur. Wir, die Kinder, sind davon am stärksten betroffen, weil das Zerstörungswerk sich nicht nur gegen unsere Gesundheit richtet; es setzt auch unsere Zukunft aufs Spiel. Dies ist eine Form des indirekten Krieges, den Erwachsene gegen uns Kinder führen".

Ein indirekter Krieg der Erwachsenenwelt gegen Kinder würde Fromms Annahme von der pathologischen Verfaßtheit und lebensfeindlichen Ausrichtung unserer Gesellschaft bestätigen[1].

Durch den Raubbau an der Natur sowie an den kindlichen Kräften bzw. der kindlichen Gesundheit wird das Zukunftspotential der Menschheit bedroht oder vernichtet. Das zeigt, daß unsere Kultur die Liebe zum Lebendigen durch die Liebe zum Toten ersetzt und immer nekrophiler wird. Statt Verantwortung für die Mitmenschen, die Nachkommen und den gesamten Planeten herrschen vielfach Kurzsichtigkeit, Bequemlichkeit und Rücksichtslosigkeit. Die Menschheit zögert nicht, klagt Fromm (1986, S. 181), ihren „Kindern und Kindeskindern diesen geplünderten Planeten als Vermächtnis zu hinterlassen".

Sensible Kinder sind eher in Gefahr, unter der Last der Schädigungen zusammenzubrechen, die aus natürlicher und sozialer Mitwelt stammen; robustere flüchten dagegen vor allem in Aggressivität. Die Menschheit muß sich auf steigende Gewalttätigkeit in der Zukunft vorbereiten, weil die Schädigungen an Kindern ständig zunehmen und viele verletzte, enttäuschte und allein gelassene Kinder als Heranwachsende weder den Weg in die Passivität der genormten Anpassung gehen, noch sich selbst als starke Individuen Voraussetzungen zur konstruktiven Auseinandersetzung mit Gegenwartsproblemen schaffen können.

Miller (1988, S. 51) bringt die globale Bedrohung, der wir uns gegenüber sehen, berechtigterweise mit Traumatisierungen in Zusammenhang, die Menschen in der frühen Kindheit erleben: „Es sind ja gerade die Reaktionen auf die allgemein ignorierten Kindheitstraumen, die heute die Welt bedrohen". Sie ist der Ansicht, daß viele Menschen „keine Ahnung davon haben, daß sie Dynamit in unsere Welt legen, wenn sie ihre Kinder ... mißhandeln" (ebd., S. 11).

Kriege, offene individuelle Destruktivität und schleichende Selbstzerstörung sind erst dann richtig zu erfassen, wenn ihre prozessuale Verknüpfung mit jenen Fäden nachvollzogen wird, an deren Ausgangspunkt die Verletzung oder Zerstörung des Kindes zu finden ist.

Die Bedenkenlosigkeit oder Gleichgültigkeit gegenüber den weltweiten Zerstörungsprozessen zeigen ebenso wie die Verharmlosung, Verdrängung oder Verleugnung der Krisen, daß die rationale Sicht auf die Welt von einem irrationalen Welt- und Lebensgefühl begleitet wird. Neben der wissenschaftlichen und technologischen Entwicklung ist unschwer die Irrationalität und das magische Wunschdenken (vgl. A. Mitscherlich 1992, S. 280; Koestler 1978, S. 16) des archaischen Menschen zu entdecken. Das Archaische gefährdet den historischen Menschen und den ganzen Planeten vor allem deshalb, weil es verdrängt und abgespalten und somit unbewußt ist. Sein zerstörerisches Potential wird um so mächtiger, je mehr sein Gegenpol, die Rationalität, an Gewicht erhält.

Auch wenn es um Erklärungsansätze für sexuelle Gewalt an Kindern geht, sind abgespaltene und unbewußte Irrationalität sowie magisches Wunschdenken wichtige Kategorien.

Die Medien und der Kommerz sprechen die Irrationalität des Menschen gezielt an und fördern, besonders beim Mann, die Abspaltung vom Körper und den Gefühlen zugunsten der „mechanisierte[n] Person mit Sinnesbewegungen aber ohne Gemütsbewegung" (May 1983, S. 181). In Zusammenhang damit aktivieren sie das archaische Verhaltenspotential unserer individuellen und kollektiven Vergangenheit und die Bereitschaft, zu diesen Stadien zu regredieren.

Riesman (1973, S. 345) zeigt an Beispielen, daß eine Verbindungslinie zwischen gewagten negativen Aktionen Jugendlicher (z. B. Gewalttätigkeit) und fehlenden Initiationsriten besteht. Auch Brunotte (1994, S. 51 - 60) hat sich mit Berührungspunkten zwischen Mediengewalt und archaischen Motiven wie Initiation und Ritual beschäftigt. Sie stellt das illusionäre Potential der Ersatzwelt Fernsehen heraus. Es könne den Bedürfnissen des Menschen nach Initiationsritualen nicht gerecht werden. Die Faszination an Gewaltszenen deute auf ein kollektives „Dilemma des Erwachsenwerdens" hin (ebd., S. 54) und sei eine Strategie, Verletzungen der Kinderzeit zu bewältigen. Hinter der Gewaltfaszination von Kindern und Jugendlichen archaische Motive und frühkindliche Traumen aufzuspüren, wie Brunotte es tut, kommt in der Gewaltdiskussion der letzten Jahre zu kurz.

Daß die Medien den magischen Bereich gezielt ansprechen und damit die Regressionsbereitschaft der Menschen fördern, beweist sich vor allem an der Werbung. Ihre semi-hypnotischen Einflüsterungen suggerieren, ein bestimmtes Mittel werde uns unfehlbar, auf fast magische Weise und ohne Anstrengung, von Übeln befreien und Glück schenken. Häufig werden den Suggestionen sexuelle Tönungen unterlegt, so daß Sexualität als „Heil- und Erlösungsmittel" für viele Lebensfragen erscheint.

Unsere Medienwelt trägt ferner dazu bei, Kindern aufregenden, aber unbefriedigenden Ersatz für verlorene Erlebniswelten zu liefern und sie zu Voyeuren heranzubilden.

Darüber hinaus suggeriert die häufig stereotype Wiederholung von Gewaltdarstellungen eine nahezu magische Bedeutsamkeit von Gewalt als Konfliktlösungsmittel und den immerwährenden Sieg des Mächtigen und Beherrschenden. Die Medien spiegeln damit die fragwürdigen Wertvorstellungen unserer Kultur.

Die Vokabel „Wert" ist Picht (Vortrag von 1974 in: S 2 vom 2.6.94) zufolge ein „Schlüsselbegriff der kapitalistischen Gesellschaft" geworden; sie ist gebunden an den Warencharakter und zugleich Indikator für die Machtverhältnisse in der Industriegesellschaft.

Anläßlich der gegenwärtigen Wertedebatte setzt sich Volkholz (3/94, S. 27) mit Deutungen auseinander, die aus konservativen Kreisen kommen. Gegenüber der dort vertretenen Ansicht, Werte wie „Opferbereitschaft, Nächstenliebe, Rücksichtnahme" seien verloren gegangen, vertritt sie die nüchterne Auffassung, „daß Werte, wie sie im Menschenrechtskatalog und im Grundgesetz verankert sind, noch niemals in der Geschichte Deutschlands als Konsens das Handeln der Menschen bestimmt hätten". Dem Versuch der Konservativen, den angeblichen Werteverlust durch „abnehmende religiös-kirchliche und familiäre Bindungen" zu erklären, hält Volkholz (ebd.) gegenüber, „daß die Existenz intensiver sozialer Bindungen, z. B. in Familien, allein historisch noch nie dazu ausreiche, einen gesellschaftlichen Konsens bestimmter einzuhaltender Werte zu entwickeln".

Dieser Richtigstellung ist hinzuzufügen, daß gerade die genannten Bindungen bzw. Abhängigkeiten und gesellschaftlich geschätzte Werte wie Wettbewerb und Konsum in ihrer Zwanghaftigkeit, ihrer direkten oder unterschwelligen Gewalt und Doppelbödigkeit, Kinder schädigen und in Jugendlichen Wut und Gewaltbereitschaft erzeugen können.

Von Wissenschaftlern werden mittlerweile Gewalt gegen Kinder einerseits und Rücksichtslosigkeit und Druck bei der Verfolgung wettbewerbs- und konsumorientierter Zielsetzungen andererseits in einen Zusammenhang gebracht (Müther 7/91, S. 448). Wettbewerbs-, Konsum- und Machtstrebungen sind nicht nur wegen ihres Gewaltpotentials zu hinterfragen, sondern auch, weil sie nicht zu wirklicher Ich-Stärke beitragen. Vielmehr liefern sie durch äußere Mittel die Illusion, Defizite in der personalen Entwicklung ausgleichen zu können.

Wenn es in den Debatten darum geht, gewalttätigen Kindern und Jugendlichen „Werte" zu vermitteln, ist Maslows (1981, S. 133) Ansicht beizupflichten, es sei nicht nötig, „Werte durch Logik abzuleiten oder sie an Autoritäten oder Offenbarungen abzulesen", sofern ein Kind mit Achtung vor seiner Person und seinen Bedürfnissen und nicht mit Wut über sein reduziertes Menschsein aufwächst.

Wirklich ethische Wertevermittlung erfordert, daß Werthaltungen mit Wahrhaftigkeit vorgelebt werden. Das geschieht häufig nicht. Vielmehr ist zu verfolgen, wie mit Anstieg des materiellen Lebensstandards der geistig-moralische Lebensstandard gesunken ist (vgl. Picht, Vortrag von 1974 in S 2 vom 2.6.94). Die entscheidendsten Miterzieher unserer Kinder sind, so von Hentig (in Herz, 4/94, S. 12) „die Lebenslügen der Erwachsenen". In einem verlogenen sozialen Umfeld aber, das in der Regel zusätzlich auch an Macht und an Haben-Werten orientiert ist, machen Kinder Erfahrungen von zwei widersprüchlichen Welten, denen sie ohnmächtig gegenüberstehen und die sie verwirren, beschämen und wütend machen[2]. So sollen Kinder sich aggressionslos verhalten, erleben aber die Aggressivität von Erwachsenen und aggressive Erziehungsmethoden. Sie sollen nicht süchtig sein, aber eine hochgradig süchtige Gesellschaft macht sie süchtig (vgl. Schaef 1989, S. 16). Sie sollen sich nicht spielerisch sexuell betätigen, werden aber von verschiedenen Erwachsenen sexuell ausgebeutet.

Mit Unrechtsphänomenen, insbesondere mit Ausbeutung und Beherrschung, die die Lebensumstände des erleidenden Individuums bis in Einzelheiten hinein bestimmen, hat sich Jonas (1984, S. 300 f) eindringlich auseinandergesetzt. Seiner Ansicht nach wird der Ausbeutende nicht nur gegenüber der ausgebeuteten Person schuldig, sondern auch gegenüber sich selbst. Das geschieht durch die „sittlichen Verunschönerungen der Verhärtung und der Gewissenslüge", die zu der Rolle eines Ausbeutenden gehören (Jonas ebd.). Dieser wichtige Gedanke geht zurück auf Sokrates' Überzeugung, „daß der Unrechttuende zuerst sich selber schadet, da er seine Seele schlechter macht ..." ja, „daß für das Subjekt selber Unrechttun schädlicher ist als Unrechtleiden" (Jonas ebd.).

Zu denen, die Unrecht erleiden und sich kaum wehren können, gehören vor allem Kinder. Der Deutsche Kinderschutzbund schätzt, daß in Deutschland jedes Jahr etwa 1.5 Millionen Kinder Opfer von Gewalttaten werden, nicht eingerechnet die Gewalt, die ein Kind durch Gefühlsmanipulation oder -druck psychisch treffen kann (vgl. S 2 vom 2.7.94: „Zu Hause hatte ich immer Streß"). Ebenfalls nicht eingerechnet in dieser Zahl sind die beängstigenden und schädigenden Gewaltszenen, die Kinder zwischen ihren Eltern miterleben. Die Dunkelziffer der Gewalttaten an Kindern wird sehr hoch eingeschätzt (vgl. Schweins und Hamann 1992).

Daß außerdem viele Mädchen und Frauen von sexueller Gewalt betroffen sind, ist Ausdruck individueller Konflikthaftigkeit und kollektiver Komplizenschaft. Ein Beispiel für kollektive Komplizenschaft unter Männern sind die Massenvergewaltigungen von Frauen und Mädchen im Krieg.

Da vor allem Mädchen sexuelle Gewalt erleiden und Männer sie ausüben, ergibt sich eine gesellschaftlich brisante Konstellation, auf die Rush[3] aufmerksam macht:

> „Sexueller Mißbrauch von Kindern wird geduldet, weil er stillschweigend, aber wirksam dazu beiträgt, Frauen für ihre untergeordnete gesellschaftliche Rolle zu sozialisieren und vorzubereiten, sich schuldig zu fühlen, sich zu schämen und – aus Furcht – die von Män-

nern ausgeübte Macht zu tolerieren ... Die frühen sexuellen Erfahrungen einer Frau bereiten sie darauf vor, später in ihrem Leben die erwachsenen Formen sexueller Gewalt ... hinzunehmen".

Diesen Zusammenhang sieht auch Wieck (1987, S. 114): Der Wille des Mädchens werde im sexuellen Mißbrauch frühzeitig gebrochen, „damit es nie wieder wagt, sich einem Manne zu widersetzen".

Zu überlegen ist außerdem, inwieweit sexuelle Gewalt an Mädchen mit archaischer männlicher Angst vor der Frau zusammenhängt. Es ist dies eine Angst, die nicht nur in der Erfahrung des Jungen mit der eigenen, als übermächtig empfundenen Mutter wurzelt; sondern in einer tieferen Schicht ist es die Angst vor der Stärke, die Frauen in vorgeschichtlichen Zeiten hatten. Indem Mädchen und Frauen im Patriarchat, durch die Jahrtausende hindurch, von früh auf an der Entfaltung ihres Potentials gehindert und durch aktive Übergriffe in ihren Intimraum körperlich und seelisch massiv geschädigt wurden und werden, schwindet die „Gefahr" für die Männerwelt insgesamt, sich vermehrt potenten eigenständigen Frauen gegenüberzufinden. Petri (1992, S. 148) meint, Mädchen und Töchter würden nicht nur wegen ihrer Wehrlosigkeit zu Opfern, „sondern weil in ihnen der Ursprung des Frauseins getroffen und vernichtet werden soll".

Gewalt gegen Frauen und Kinder geschieht vor allem in der Familie. Neueren Berichten zufolge gelten drei von vier polizeilichen Gewalteinsätzen Familien (vgl. Magazin >Miteinander<, Südwest 4 vom 18.1.98).

Für Rückert und Gehrmann (1995, S. 27 f) ist Familie, „allen im Kopf als ein Hort der Geborgenheit und Wärme ... die gewalttätigste Institution der Gesellschaft ... [und] Keimzelle der Gewalt".

Nach ihrer Untersuchung erklärte die Gewaltkommission der Bundesregierung 1989:

> „Gewalt zwischen Familienmitgliedern erscheint nicht nur als die bei weitem verbreitetste Form von Gewalt, die ein Mensch im Verlaufe seines Lebens erfährt. Sie ist gleichzeitig die am wenigsten kontrollierte und sowohl in ihrer Häufigkeit als auch in ihrer Schwere am stärksten unterschätzte Form der Gewalt" (zit. nach Rückert und Gehrmann, ebd., S. 17).

Die Soziologen der Kommission zeigten sich von dem Befund nicht überrascht. Ihrer Überzeugung nach hat Gewalt in der Familie mit dem besonderen System zu tun, das Familie darstellt (vgl. Rückert und Gehrmann ebd.).

Diese Ansicht äußerte auch die ehemalige Bundestagsabgeordnete der Grünen, Schoppe. Familiäre Gewalttätigkeit stellt für sie ein Krankheitssymptom dar, das in dieser Familienform angelegt ist (vgl. ebd., S. 21). In den Bemühungen konservativer Politik vermutet sie eine „Riesenangst ..., die Familie als Keimzelle der Werte zu verletzen" (Schoppe, zit. nach Rückert und Gehrmann, ebd.).

Die seinerzeitige Bonner Familienministerin Nolte war zwar bereit, das Ausmaß der familiären Gewalt zu sehen und einzuschreiten, aber nur unter der Voraussetzung, daß das Opfer es so will. Ihr ging es eindeutig darum, im Sinne des Grundgesetzes „Ehe und Familie als höheres Gut im besonderen Maße zu schützen" (Nolte, zit. nach Rükkert und Gehrmann, ebd.).

Innerhalb des eingeschränkten und abgeschotteten patriarchalischen Familienkontextes sind Kinder ihren Eltern auf eine außerordentlich intensive und häufig schädigende Weise ausgesetzt. Viele Kinder müssen, zugunsten der unbewältigten elterlichen Schwierigkeiten, eine entlastende, kompensierende und somit stabilisierende Funktion übernehmen. Dazu gehört die Sündenbockrolle ebenso wie die Aufgabe, fehlende emotionale Zufriedenheit zwischen Vater und Mutter zu überbrücken.

Kinder, die – nicht selten auch durch das Medium der Sexualität – für die Wünsche, Begierden und Konflikte der Erwachsenen mißbraucht werden, können ihre eigenen Gefühle, Interessen und legitimen Bedürfnisse nicht wahrnehmen und entwickeln. Zugleich verleugnen und verdrängen sie die schmerzlichen Tatsachen, um ihre seelische Not besser ertragen zu können. Diese Bewältigungsstrategien entfremden das Kind von sich selbst und verhindern den Aufbau von personaler Autonomie. Ohne personale Autonomie wird sich ein Individuum nicht als Autor der eigenen Handlungen empfinden – mit der möglichen Folge, daß der betreffende Mensch wenig verantwortungsvoll mit sich selbst und anderen umgeht und etwa süchtig wird. Auch aggressives Verhalten von Kindern läßt sich nicht von dem trennen, was ihnen angetan worden ist. Postman (1993, S. 154) sagt: „Dem Angriff der Kinder auf die soziale Ordnung entspricht der Angriff der Erwachsenen gegen die Kinder". Das entspricht der Feststellung des Kriminololgen Prof. Pfeiffer, demzufolge Gewalt in der Familie die Hauptursache dafür ist, daß sich Kinder und Jugendliche zu Gewalt- und Straftätern entwickeln (vgl. Fränkischer Tag vom 19.9.98).

Destruktives Verhalten von Kindern und Jugendlichen muß somit als Ausdruck einer eklatanten sozialen Konfliktkonstellation erkannt werden. Erschwert wird diese wichtige Erkenntnis dadurch, daß, „die Einfühlung in das Kleinkind und in den Jugendlichen in den Krisen der Pubertät" so A. Mitscherlich (1992, S. 236), „die unterentwickeltste Sozialbeziehung in unserer Gesellschaft" ist. Das erklärt mit, warum die Verbindungslinien zwischen aggressivem Verhalten oder Drogensucht in der Pubertät einerseits und Traumatisierungen in der Kindheit andererseits bisher nicht ausreichend beachtet worden sind. Statt diese Zusammenhänge zu verfolgen, hat sich vielfach die Überzeugung festgesetzt, der Mensch sei von Grund auf destruktiv, und das kleine Kind komme bereits böse auf die Welt. Durch Erziehungsmaßnahmen gelte es, den Drang zum Bösen im Kind zu bekämpfen.

Die unterschiedlichen Auffassungen zur destruktiven Aggressivität und zum Bösen im Menschen verlangen eine kurze Auseinandersetzung mit den drei wichtigen Kategorien innerhalb der klassischen Aggressionstheorien (vgl. Nolting 1992, S. 41 f).

Dazu gehört die Frustrations-Aggressions-Theorie. Für sie sind aggressive Impulse Reaktionen auf bestimmte als unangenehm empfundene Ereignisse.

Die Lerntheorie (ebd., S. 42, 84) geht nicht von speziellen Impulsen, sondern von Lerngesetzen aus. Verhalten werde durch Vorbilder bestimmt. Daß ein aggressives Familienmodell zerstörerisch auf die nächste Generation wirkt, zeigen Ergebnisse einer repräsentativen Erhebung nach Kalmuss (1984) in Amerika (vgl. Nolting ebd., S. 88). Auch Miller (1988, S. 66) hebt den Aspekt des Lernens am Modell hervor: „Durch die Erziehung lernt das Kind die Muster des destruktiven Verhaltens, das ihm später von Fachleuten als Folge eines angeborenen Destruktionstriebes gedeutet wird".

Besondere Beachtung verdient die Triebtheorie. Sie nimmt eine innere Quelle an, aus der ständig aggressive Impulse gespeist werden und geht von einem angeboren tierisch Bösen im Menschen aus, das zur Destruktivität drängt. Diese wissenschaftlich nicht belegbare Theorie fußt auf Thomas Hobbes und hat vielfach immer noch Gewicht (vgl. Pilgrim 1986a, S. 15). Sie gleicht der Lehre von der Erbsünde, die auf Augustinus – nicht auf Jesus Christus – zurückgeht.

In neuerer Zeit ist die Triebtheorie sehr entschieden von dem Nobelpreisträger Lorenz vertreten worden. Wie Hobbes bezieht Lorenz das Böse auf die „animalische Natur" des Menschen. Dieser Ansatz kann nicht greifen; denn nur eingesperrte, domestizierte Tiere zeigen Verhaltensweisen, die auf ähnliche Entfremdungserscheinungen wie bei Menschen hindeuten und vom Normalverhalten der Tiere, die in ihrem natürlichen Umfeld leben, abweichen. Die Tierforschung belegt, daß z. B. „Primaten in der freien Natur wenig aggressiv sind, während bei Primaten im Zoo gelegentlich ein äußerst destruktives Verhalten zu beobachten ist" (Fromm 1977, S. 123). Auch Inzest kommt in der freien Natur so gut wie gar nicht vor (vgl. Bischof 1985, S. 27, S. 392).

Analog zur Tierforschung gibt Fromm (1977, S. 123) zu bedenken, der >zivilisierte< Mensch habe stets im >Zoo< gelebt.

Laing (1979, S. 57) sagt ähnlich:

> „Auf dem Gebiet der Ethologie ist nachgewiesen worden, daß Beobachtungen über das Verhalten von Tieren in der Gefangenschaft keine zuverlässigen Schlüsse über ihr Verhalten in ihrer natürlichen Umwelt zulassen. Die gesamte Zivilisation unserer Zeit ist vielleicht eine Gefangenschaft".

Auch Pilgrim (1986a) betont die gesellschaftlichen Einflüsse. Anhand von Tierforschungen habe Lorenz verbindliche Aussagen über den Menschen getroffen,

> „ohne die Erkenntnisse der Gesellschaftswissenschaften – der Soziologie, der Psychoanalyse und der Pädagogik – berücksichtigen zu müssen" (ebd., S. 263). „Wenn Lorenz

sich die Mühe gemacht hätte, wie Richter nicht in Aquarien, sondern in Bürgerstuben zu schauen, hätte er sehen müssen, wo der sogenannte >Aggressionstrieb< produziert wird" (ebd., S. 177).

Seine Theorie vom genetisch vorgegeben Bösen im Menschen brachte Lorenz großen Erfolg und machte ihn zu einer Art „Heilsdenker" (Richter 1986, 140). Das hängt vor allem mit der Entlastungsfunktion seiner Überzeugungen zusammen. Mit der angenommenen Voraussetzung, das kleine Kind sei von Grund auf destruktiv und böse, wird zum einen die Frage nach elterlichen Fehlern oder Vergehen vermieden, zum anderen erhalten kontrollierende und strafende Maßnahmen von Eltern und Erziehern ihre Legitimation. Mit der Prämisse vom Bösen im Menschen erscheine die gesamte Enkulturation, so Tart (1988, S. 199), „als notwendige Maßnahme zur Kontrolle der >animalischen< Natur des Menschen".

Anfang der siebziger Jahre äußert Lorenz, hinter dem Anstieg der Jugend-Kriminalität und der Feindseligkeit von Jugendlichen gegen ihre Eltern stecke ein „phylogenetisch programmierter Antrieb ... so stark wie Hunger oder Sexualität" (Lorenz 1973, S. 80 f). Durch Vernunft sei er nicht zu beherrschen und dränge den Jugendlichen in kollektive Aggression. Die destruktiven Äußerungen von Jugendlichen seien „auf genetische[n] Verfallserscheinungen" (ebd., S. 65, vgl. auch S. 108) zurückzuführen.

Indem die Zukunftsvision einer drohenden „Apokalypse" (ebd., S. 66) auf genetischen Verfall bezogen wird, bleibt der elterliche Anteil bzw. der Anteil der gesamten Erwachsenenwelt an der Zukunftsbedrohung der Menschheit im Verborgenen[4].

Anders als Lorenz erläutert Rattner (1969, S. 95), in Anlehnung an Sullivan:

> „Im Lichte der psychologischen Forschung erscheint die Annahme einer natürlichen Bösartigkeit des Menschen als absurd ... Wir können heute ziemlich genau angeben, unter welchen Bedingungen die kulturelle Formung des Kindes ins >Böse-sein< ausartet".

Zu den wesentlichen Bedingungen zählt, laut Rattner und Sullivan (Rattner ebd., S. 121 f, 95 ff), die Bedürfnisbefriedigung, insbesondere die des kleinen Kindes. Die auf Kulturprägungen zurückzuführende unzureichende Bedürfnisbefriedigung sei für Erkrankungen und Destruktivität verantwortlich. Als grundlegend hebt Sullivan das Bedürfnis nach Wachstum hervor. Dessen Beeinträchtigung oder Verhinderung reduziere den Menschen. Menschen unserer Kultur seien „infolge der unangemessenen und unglücklichen Erfahrungen ihrer Jugendjahre nur eine unglückselige Karikatur dessen", was sie ihrem Potential nach hätten werden können (Sullivan, zit. nach Rattner ebd., S. 99). Auch Fromm (1986, S. 164; Fromm 1977, S. 298) sieht in verhindertem Wachstum einen Entstehungsherd für das Böse.

Maslow (1981, S. 151) gehört zur Reihe derer, die bezweifeln, „daß Kinder primär destruktive, aggressive, feindliche kleine Tiere sind, denen durch Disziplin und Bestrafung ein klein bißchen Güte eingeprügelt werden muß". Er betont ebenfalls die Bedeutung, die mangelnde Bedürfnisbefriedigung und die damit verknüpften Traumen,

Verdrängungen und Abspaltungen für die Entstehung des Bösen haben. Seiner Ansicht nach sind

> „die Grundbedürfnisse (Motive, Impulse, Triebe) nicht böse oder sündig ... Das Rohmaterial der Menschlichkeit und der menschlichen Spezieshaftigkeit erklärt daher nicht an sich die große Menge des Bösen, die in unserer Welt, in der menschlichen Geschichte und in unseren eigenen individuellen Charakteren so deutlich wird" (ebd., S. 147).

Kindliche Destruktivität und Boshaftigkeit wird in den letzten Jahrzehnten vermehrt als reaktiv oder defensiv eingestuft (vgl. Nolting 1992, S. 16). So erkennt Maslow (1981, S. 8) hinter dem aggressivem Ausagieren von Kindern eine „Dynamik der Wut und Rache". Petri (1992, S. 157) bezeichnet diese Dynamik als „Vergeltungsaggression". Anders als in mythologischen Zeiten geschehe Vergeltung für das, was einem selbst angetan wurde, heute weniger bei den Verursachern der Leiden, vielmehr richte sie sich im Verlagerungsmechanismus gegen andere, meist Schwächere. Eine Untersuchung von Bandura & Walters (1959) zeigt, daß Kinder aggressiver Väter nicht ihnen, aber schwächeren Mitschülern gegenüber erhöhte Aggressivität an den Tag legten (vgl. Nolting 1992, S. 88, 95).

In einer derartigen Verlagerung sehen Böhnisch und Winter (1993, S. 199) sowie Fromm (1977, S. 266) einen Versuch oder eine Strategie, die eigene frühe Gewalterfahrung zu bewältigen. Fromm (ebd., S. 266) vermutet, daß man später

> „das aktiv ausübt, was man passiv zu erdulden hatte, daß man zu herrschen versucht, wenn man zu gehorchen hatte, daß man schlägt, wenn man geschlagen wurde – kurz, daß man das tut, was man zu erdulden gezwungen war ... Fast hat es den Anschein, als ob dieser zwanghafte Übergang von der passiven in die aktive Rolle den – wenn auch erfolglosen – Versuch darstellt, immer noch offene Wunden zu heilen".

Diese Prozesse sind im Wiederholungs- und Verlagerungsmechanismus Bestandteil vieler Familiengeschichten über Generationen hinweg. Bründel und Hurrelmann (1995, S. 61) verweisen auf die Kreisprozesse, die von familiärer Gewalt ausgehen:

> „Die Gewaltneigung, die in der Familie entsteht und dort gefestigt wird, dringt in alle Lebensbereiche ein ... und wirkt dort auch wieder auf sie zurück, so daß von wechselseitig sich verstärkenden Kreisprozessen gesprochen werden kann".

Die Beobachtung, daß Kinder zugunsten der Erwachsenengeneration geopfert werden, daß kollektiver Konsens über die Verdrängung dieser Tatsache herrscht und traumatisierte Kinder als Erwachsene im Verlagerungsmechanismus und Wiederholungszwang ihrerseits Kinder zu Opfern machen, ist Miller zufolge – neben dem Aspekt des Modell-Lernens (1988, S. 66) – auf das Motiv der Elternschonung zurückzuführen (ebd., S. 196 ff, 212). Hinter dem Bild von den unschuldigen Eltern stehen die „Angst vor dem Zorn der introjizierten Eltern" und die Angst „vor dem Verlust ihrer Liebe" (Miller 1983, S. 246). Der unbewußte, weil verdrängte Haß über die erfahrenen Verletzungen und Reduzierungen verlagert sich zerstörerisch auf andere, die zu Ersatzschuldigen werden (vgl. Miller 1988, S. 196 ff, 212; Pilgrim 1986a, S. 60). Elternschonung verhindere nicht nur, offensichtliche Zusammenhänge zu erkennen, sondern sorge auch für die Aufrechterhaltung des status quo (vgl. Miller ebd,, S. 9, 32 f).

Der Verlagerungsmechanismus, auf den Fromm, Miller, Böhnisch und Winter u.a. eingehen, entspricht der „Verschiebungstheorie" (Nolting 1992, S. 168 ff), die sich mit der Verlagerung von Aggressionen auf Sündenböcke beschäftigt. Sündenböcke, also Personen oder Personengruppen, die mit der Verursachung der ursprünglichen Verletzung oder Frustration nichts zu tun haben, stehen stellvertretend für die Verursacher von Schädigungen, die aus bestimmten Gründen nicht belangt werden können. An Ersatz-objekten, und das sind vielfach Kinder, werden die eigenen traumatischen Kindheitserlebnisse abreagiert und gerächt, während die wirklichen Gefühle, die an die Traumen gebunden sind, in der Verdrängung bleiben (vgl. Miller 1988, S. 38 f; Miller 1983, S. 246).

Das Bestreben, die Eltern zu schonen und schmerzliche Erlebnisse zu verleugnen, zu verdrängen und abzuspalten, bedingt Operationen an der eigenen Wahrnehmung. Eine Folge dieser Prozesse ist die allgemein beobachtbare „Krise der Wahrnehmung". Sie trägt zur Entfremdung und Verfälschung der Wirklichkeit bei und wirkt sich destruktiv auf die Gesamtgesellschaft aus (vgl. Gruen 1986, S. 49). In der „Entfremdung des Mannes vom Kind und von den eigenen Gefühlen" sieht Schmidbauer-Schleibner (1979, S. 149) „eine der Ursachen für eine defekte Entwicklungslinie des einzelnen Mannes wie der patriarchalischen Gesellschaft".

Entfremdung gehört zu den psychodynamischen Hintergrundsbedingungen sexuellen Mißbrauchs an Kindern. Sie zählt ferner zu den Folgen dieses Delikts, sowohl beim Opfer als auch beim Täter, der durch Verdrängung der sexuellen Übergriffe seine Entfremdung vorantreibt.

Das von Hobbes entworfene Bild vom angeborenen Bösen im Menschen, das zur Destruktivität drängt, will Fromm (1977, S. 163) von zwei Seiten her widerlegen. So findet er zum einen genügend Anhaltspunkte für die Annahme,

> „daß der Mensch – wenigstens seit seinem vollen Auftauchen vor 50.000 Jahren – höchstwahrscheinlich nicht das brutale, destruktive, grausame Wesen und daher auch nicht der Prototyp >Mensch, der Mörder<, war den wir in den fortgeschritteneren Stadien der Evolution antreffen" (ebd., S. 173; vgl. auch Schmidbauer 1976, S. 161 ff).

> „Es gibt einleuchtende Daten, die dafür sprechen, daß die neolithische Gesellschaft relativ egalitär, ohne eine Hierarchie, ohne Ausbeutung und ohne ausgesprochene Aggression war ... Der Grund hierfür dürfte im Geist der Lebensbejahung zu suchen sein, der nach der Überzeugung von J. J. Bachofen ein wesentliches Merkmal aller matriarchalischen Gesellschaften war" (Fromm ebd., S. 180).

Zur Änderung sei es „mit der Erfindung des Ackerbaus (und der Viehzucht) ... d. h. zwischen 9000 und 7000 v. Chr." gekommen (ebd., S. 173).

Des weiteren versucht Fromm anhand von verschiedenen noch im 20. Jahrhundert existierenden Naturvölkern, Belege für seine These zu finden. In einer „Analyse von dreißig primitiven Stämmen" (nach Forschungsberichten von Margaret Mead, Ruth Benedict u.a.) unterscheidet Fromm (ebd., S. 191) Merkmale, nach denen lebensbejahende und lebensverneinende Gesellschaften kategorisiert werden können.

Für lebensbejahende Gruppen ergibt sich folgendes Bild: Frauen sind gleichgestellt; Gewalttätigkeiten und Krieg fehlen fast gänzlich; Kooperation ist bezeichnend; Besitz spielt nur als funktionaler Besitz eine Rolle; Sexualität wird bejaht und tolerant behandelt. Depressive Stimmungen sind selten; gute Laune herrscht vor.

> Es „spricht nichts dafür, daß das Fehlen einer manifesten Feindseligkeit auf eine intensive Verdrängung der Aggression zurückzuführen ist, und daher ist kein Grund vorhanden, das Bild eines nicht-aggressiven, lebensbejahenden, kooperativen Systems in Frage zu stellen" (ebd., S. 196)[5].

In den lebensverneinenden, destruktiven Stämmen sieht es dagegen folgendermaßen aus:

> Es herrscht „eine sehr ausgeprägte Struktur. Diese ist gekennzeichnet durch interpersonale Gewalttätigkeit, Zerstörungslust, Aggression und Grausamkeit ... Die Gesamtatmosphäre ist erfüllt von Feindseligkeit, Spannungen und Angst. Gewöhnlich herrscht ein starkes Maß von Rivalität, das Privateigentum spielt eine wichtige Rolle ... es herrscht eine strenge Hierarchie, und Kriege sind häufig" (ebd., S. 193).

Als Beispiel für ein lebensverneinendes aggressives soziales System und für primitive Gesellschaften, die entweder ihrem primitiven und friedlichen Zustand schon teilweise entwachsen oder aber entartet sind, beschreibt Fromm (ebd., S. 199 ff) – unter Berufung auf Ruth Benedict – das Volk der Dobu-Inseln.

> Bei ihnen geht das „Tabu auf das Glücklichsein oder auf lustvolle Tätigkeiten Hand in Hand mit Promiskuität und einer hohen Bewertung sexueller Leidenschaft und sexueller Techniken ... Es hat den Anschein, daß für die Dobuaner ... die sexuelle Befriedigung fast das einzige lustvolle und anregende Erlebnis ist, das sie sich gönnen. Trotzdem ist ihr Sexualleben – wie zu erwarten – durch ihre Charakterstruktur gefärbt, und es sieht so aus, als ob ihnen ihre sexuelle Befriedigung nur wenig Freude machte und als ob sie in keiner Weise eine Basis für ein warmes, freundschaftliches Verhältnis zwischen Mann und Frau sei ... Tatsächlich kann ja sexuelle Leidenschaft als Kompensation für Freudlosigkeit dienen, genauso wie sie Ausdruck der Freude sein kann ... Die Besessenheit von der Sexualität bei sonst freudlosen Menschen kann man auch in der heutigen westlichen Gesellschaft ... beobachten ..., [die] im übrigen höchst gelangweilt, unglücklich und konventionell sind und die sich an die sexuelle Befriedigung als einzige Abwechslung in ihrer ewigen Langeweile und ihrer Einsamkeit klammern. Vermutlich unterscheiden sie sich nicht allzusehr von jenen Sektoren der Konsumgesellschaft ... für die der sexuellen Konsumtion keine Beschränkungen auferlegt sind und für die der Sex (genau wie die Drogen) die einzige Abwechslung in ihrer sonst gelangweilten und deprimierten seelischen Verfassung ist" (ebd., S. 201; vgl. auch Fromm 1983, S. 62 f).

Fromms Gruppenvergleich zeigt, zusammengefaßt, daß Sexualverhalten an die Charakterstruktur einer Gesellschaft geknüpft und Teil eines Syndroms ist. Merkmale der lebensverneinenden, sexbesessenen Dobu findet Fromm auch in unserer Kultur.

In Anlehnung an Fromm sollte schädigendes Verhalten als Syndrom angesehen werden, das seine Wurzeln in kulturellen Faktoren hat. Zerstörerisches Extremverhalten wird erst durch die allgemeine Neurose ermöglicht, und jedes individuelle Drama spielt sich auf einem bestimmten sozialen Hintergrund und auf einer geschichtsträchtigen Bühne ab.

Die andersartigen Formen von Gemeinschaftsleben, in denen Menschen ohne betonte Aggressivität leben, sind auch für Pilgrim (1986a, S. 27; vgl. auch S. 80) Beweis dafür, daß das Böse nicht angeboren ist und es einen „Werdegang ... eine Entwicklungsgeschichte ... zum Bösen geben" muß. Das Böse sei eine durch Wiederholungszwang (ebd., S. 63) immer wieder entstehende „Sozialkrankheit"; ihre Wurzeln habe sie in sozialen Bedingungen (ebd., S. 80). Verantwortlich macht er die „soziale Inzucht" (ebd., S. 78). Darunter versteht er die Ausschließlichkeit der Vater-Mutter-Kind-Konstellation, ihre Kontinuität und den Faktor „Dressur". Innerhalb der sozialen Inzucht herrsche vielfach >seelische Inzucht< (ebd., S. 63) oder ausagierter Inzest. Diese Gegebenheiten bestimmten die kindliche Verhaltensstruktur (ebd., S. 209) und ließen das Ich verkümmern (ebd., S. 58). Das entspricht einer Erkenntnis Neumanns (1990, S. 63), daß „Aggression und Sadismus des Kindes ... immer erst sekundär als funktionaler Ausdruck eines Not-Ich entstehen".

Zur Stützung seiner Ansicht, der Mensch sei nicht von seiner Natur her dazu programmiert, Böses zu tun, führt Pilgrim (1986a, S. 78, 258) den Fall des in der Wildnis aufgewachsenen „Victor" an[6]. Victors Verhalten beweise, daß es keinen Aggressionstrieb gebe.

> Victor „wehrte sich, wenn er angegriffen wurde. Er quälte keine Tiere, er haute nicht auf Sachen ein. Aggression kannte er nur als Wehr und Reaktion. Von einer Spontaneität, von einem Triebbedürfnis, auf Menschen aggressiv einzuwirken ... konnte bei Victor nichts beobachtet werden" (ebd., S. 258).

In letzter Konsequenz bedeuten die Stimmen, die gegen einen angeborenen Imperativ zum Bösen sprechen, daß das Böse und das Leid, das durch destruktives Handeln hervorgerufen wird, mehr oder weniger vermeidbar oder veränderbar ist (vgl. hierzu Miller 1988, S. 183; Fromm 1977, S. 487; Wilber 1988, S. 182).

Diese Prämisse ist auch Grundlage meiner Arbeit. Sie geht davon aus, daß es eine „Entwicklungslinie" hin zum Bösen und damit hin zu sexueller Gewalt an Kindern gibt. Das Böse, das sich in sexueller Gewalt an Kindern äußert, das große Ausmaß an Leid und der Schaden, der allen Betroffenen und im Endeffekt der Gesamtgesellschaft zugefügt wird, ist weitgehend vermeidbar. Die Voraussetzungen dafür zu schaffen, verlangt eine Auseinandersetzung mit der Täterproblematik sowie mit situativen und gesamtgesellschaftlichen Faktoren, die sich gegenseitig durchdringen. Daran fehlt es in Deutschland bisher immer noch. Damit fehlt ein wichtiger Baustein innerhalb der

Bemühungen um Prävention. Wirksame Prävention kann nicht an der Täterproblematik vorbeisehen.

Meine Arbeit soll dazu beizutragen, diese Lücke zu schließen.

Mittlerweile sind viele aufschlußreiche autobiographische Berichte veröffentlicht worden, und es ist eine umfangreiche Literatur entstanden, die insbesondere auf Rahmenbedingungen sexuellen Mißbrauchs, auf die Opferproblematik sowie auf Therapieansätze bei überführten Tätern eingeht. Über diese Schriften hinaus stützt sich mein Hintergrundswissen auf Begegnungen mit betroffenen Kindern und Frauen, auf aktuelle Medienberichte und Vorträge, auf Gespräche mit Therapeutinnen, Therapeuten und Polizeibeamten. Außerdem haben mir zahlreiche Unterredungen mit Menschen in sozialen Berufen sowie der fruchtbare Austausch im Arbeitskreis zu sexueller Gewalt an Kindern, Esslingen, wertvolle Hinweise und Einsichten vermittelt.

Ich habe versucht, das so entstandene Datenmaterial vor allem mit Hilfe des syndromorientierten Ansatzes der analytischen Sozialpsychologie zu bearbeiten. Insbesondere Erich Fromms Ausführungen über die wechselseitige Dynamik individueller und gesamtgesellschaftlicher Prozesse bietet grundlegende Einblicke in die Genese zerstörerischen menschlichen Verhaltens.

Wie jegliches Verhalten ist auch destruktives Verhalten auf dem Hintergrund einer bestimmten Charakterstruktur – in Verflechtung mit situativen und historisch-kollektiven Bedingungen – zu entschlüsseln. Die Gesellschaft fördert bestimmte Charakterzüge, um die Funktionalität ihrer Institutionen und den status quo zu erhalten. Fromm (1995, S. 104) versteht „die Charakterentwicklung in erster Linie als eine Antwort des Menschen auf die gesamte Konfiguration der Gesellschaft, deren Teil er ist, wobei diese Konfiguration ursprünglich durch die Familie vermittelt wird".

Als Agent der patriarchalischen Kultur sorgt die patriarchalisch bestimmte Familie entscheidend mit dafür, daß sich, auf der Basis eines bestimmten Charaktertypus', spezifische „Leidenschaften" herausbilden. Diese treten nicht als Einzelelemente auf, sondern haben Syndromcharakter (vgl. Fromm 1977, S. 287). Dem >lebensfördernden Syndrom< steht das >lebensfeindliche Syndrom< gegenüber. Zu diesem gehören „Sadomasochismus, Destruktivität, Gier, Narzißmus und inzestuöses Verhalten ..." (Fromm ebd.).

Der aggressiv zerstörerische Akt des sexuellen Mißbrauchs ist als Teil eines lebensfeindlichen Syndroms zu erkennen, das über den Täter hinaus an die „Pathologie der Normalität" (Fromm) und die gesamte Struktur unserer Gesellschaft geknüpft ist.

Entsprechend meiner Blickrichtung steht nicht die Beschreibung von Phänomenen im Vordergrund. Vielmehr geht es vorrangig um die Rekonstruktion von lebensgeschichtlichen Wirkzusammenhängen, die in dynamischer Wechselwirkung mit den Grundlagen unserer patriarchalisch bestimmten Kultur verbunden sind.

Zu den wesentlichen Grundlagen unserer Kultur gehört die spezifische Sozialisation der Geschlechter. Bestandteil vor allem weiblicher Sozialisation ist in vielen Fällen der sexuelle Mißbrauch in der Kindheit, und zwar nahezu ausschließlich durch männliche Personen. Zur männlichen Sozialisation gilt es zu klären, ob sie die stärkere Gewaltneigung und speziell die Tendenz zu sexueller Gewalt gegen Frauen und Kinder begünstigt. Ferner muß nach den Einfluß- und Handlungsräumen gefragt werden, die männlichen Zielvorstellungen und Begierden gestatten, sich durchzusetzen – vor allem gegen den Willen von Menschen, die schwächer sind als sie. Besonders rätselhaft ist für mich das Phänomen, daß Vergewaltiger und Kindesmißbraucher immer als sehr angepaßt und unauffällig geschildert werden. Was steckt dahinter?

Ein wichtiger Angelpunkt meiner Fragen und Überlegungen ist außerdem, was sexueller Mißbrauch und dessen suchthafte Wiederholung in ihrem tiefsten Wesen aussagen will und wie es zu sexuellem Suchtverhalten gegenüber einem Kind kommt. Auf der Basis einer spezifischen Charakterstruktur und in Verbindung mit bestimmten Rahmenbedingungen wählt der Täter aus einer Fülle von Möglichkeiten eine ganz bestimmte Möglichkeit, sich selbst, seinen Bedürfnissen und dem Kind zu begegnen. Was motiviert ihn dazu, entfremdete, zwanghafte und zerstörerische Sexualität mit einem Kind zu suchen? Und warum sucht er dazu vor allem Kinder des Bekannten- und Verwandtenkreises aus?

Der Kernfamilien-Inzest ist für mich von besonderem Interesse. Was spielt sich in diesen Familien ab, welche Dynamik herrscht hier? Warum wirken Inzestfamilien in der Regel ausgesprochen normal, und was ist mit den Müttern? Dieser Fragenkomplex fordert zur Auseinandersetzung mit den Grundlagen, Strukturen, Idealen und der Realität der bürgerlich-christlichen Familie und Ehe heraus. In Zusammenhang damit gilt es, den Faktor Ehebruch zu beleuchten; denn sexueller Mißbrauch an Kindern stellt oft eine Form von Ehebruch dar. Schließlich soll überprüft werden, welchen Anteil die christliche Ehe- und Sexualmoral an sexuellem Kindesmißbrauch hat.

Mit den genannten Fragen berühren wir tradierte Vorstellungen, Bilder und Konditionierungen sowie Strebungen, die in aller Regel unbewußt sind und gerade wegen ihrer Unbewußtheit eine so starke Macht entfalten können.

Eine umfassende Erklärung für das gesamtgesellschaftliche Phänomen sexueller Gewalt an Kindern zu finden, wird nicht möglich sein. Das ist mir klar. Allein die Gebiete, die berührt werden – wie Sexualität, Gewalt, Süchte, menschliche Motivation und Bedürfnisse sowie strukturelle Bedingungen des Patriarchats und der bürgerlich-christlichen Ehe und Familie – sind in sich außerordentlich komplex. Um so mehr gilt das für die wechselseitige Durchdringung dieser Bereiche, die vielfältigen Bezüge, Überschneidungen, Parallelen oder Analogien.

TEIL I

ASPEKTE UND BEDINGUNGEN SEXUELLEN MISSBRAUCHS AN KINDERN

Sexuelle Gewalt durch Männer ist in unserer Kultur ein alltägliches Delikt (vgl. Wyre und Swift 1991, S. 11 f). Auch sexueller Mißbrauch an Kindern ist ein Massenphänomen und ragt, ebenso wie die Vergewaltigung von Frauen, in den Bereich der „Normalität" hinein.

Sexuelle Gewalt prägt das gesamte soziale Klima unserer Gesellschaft. Andererseits hat unsere Gesellschaft Anteil an der Entstehung dieses Delikts, und seine große Verbreitung spiegelt in besonderer Weise die „Pathologie der Normalität" (Fromm).

Sexueller Mißbrauch an Kindern geschieht vor allem im Dunkeln. Er gehört sowohl zum individuellen als auch zum kollektiven Schattenbereich unserer Kultur. Die Bereitschaft, sich mit Schattenbereichen konstruktiv auseinanderzusetzen, ist gering. Das zeigen die von Abwehr bestimmten Reaktionen in den öffentlichen Diskussionen. Sie sind ein Ausdruck der weit verbreiteten Tendenz, unangenehme Tatsachen zugunsten des status quo und der bestehenden Machtverhältnisse zu verleugnen und zu verdrängen. Verdrängt wird insbesondere die Tatsache, daß in zahlreichen Familien körperliche, seelische und sexuelle Gewalt an der Tagesordnung sind.

Bevor näher auf individuelle und situativ-kollektive Hintergrundsbedingungen eingegangen wird, sind Einzelaspekte des sexuellen Mißbrauchs an Kindern zu umreißen. Dazu gehören die Verbreitung dieses Delikts und die Reaktionen des weiteren und näheren Umfeldes auf das Bekanntwerden der Verfehlungen. Sodann gilt es, charakteristische Merkmale und Vorgehensweisen von Tätern sowie die Auswirkungen auf das geschädigte Kind zu beleuchten.

Da sexueller Mißbrauch an Kindern vorwiegend durch vertraute paternale Autoritätsfiguren begangen wird, liegt der Schwerpunkt der Analyse auf dem Inzest.

1. Definition

Anders' (1981) globale Diagnose lautet, die Welt gelte seit der dritten industriellen Revolution als eine auszubeutende Mine. Man strebe nicht nur danach, alles Ausbeutbare auszubeuten. Darüber hinaus gehe es zudem darum, „die Ausbeutbarkeit, die angeblich in jedem Dinge (auch im Menschen) verborgen liegt, auszufinden" (ebd., S. 32).

Kant formulierte den kategorischen Imperativ, den Menschen nicht als bloßes Mittel oder Werkzeug zu gebrauchen (vgl. Anders ebd., S. 25 f). Menschen wie einen Rohstoff auszubeuten – Anders nennt es „postzivilisatorischen Kannibalismus" (ebd., S. 26) – verletzt dieses Verbot und ist Mißbrauch.

Als verwertbarer Rohstoff behandelt werden vor allem Menschen in schwacher, abhängiger und ausgelieferter Position. Dazu gehören Kinder. Kinder werden in vielfältiger Weise für die entfremdeten und egoistischen Zwecke Erwachsener instrumentalisiert, verdinglicht, ausgebeutet und somit mißbraucht – auch in sexueller Hinsicht (vgl. Miller 1983, S. 237).

Was ist sexueller Mißbrauch an Kindern?

Bange (1992, S. 50) geht davon aus, daß „jeder sexuelle Kontakt zwischen Kindern und Erwachsenen sexueller Mißbrauch" ist. Für Woititz (1993, S. 22) liegt das Vergehen bereits in der Absicht, das heißt, wenn Erwachsene mit Kindern so umgehen, daß sie sich davon sexuelle Erregung versprechen.

Selbst wenn keine körperliche Gewalt angewendet wird, ist sexueller Mißbrauch auch als sexuelle Gewalt zu verstehen. Sgroi (1989, S. 251) behauptet: „Child sexual abuse is always an agressive act by the perpetrator, even when there is no force or violence employed".

2. Verbreitung

Bange stellte 1992 (S. 28) fest, daß in Deutschland – im Unterschied zu anderen Ländern wie z. B. den USA oder Holland – kaum Untersuchungen über Hintergründe, Umstände und die Ausbreitung sexueller Gewalt gegen Kinder vorliegen. Das trifft weitgehend immer noch zu. Bange (ebd.) meint, die wissenschaftliche Forschung seit Freud habe in Deutschland wie anderswo mit ausgeklügelten Theorien eher dazu beigetragen, sexuelle Gewalt gegen Kinder zu verschleiern. Miller (1988, S. 85 f) führt das auf Freud selbst zurück. Er habe über Generationen hinaus dafür gesorgt, daß sexuelle Gewalt gegen Kinder und der Anteil von Eltern an der Zerstörung der Kinder nicht wahrgenommen wurden und im Verborgenen bleiben konnten.

Mittlerweile wird davon ausgegangen, daß etwa jede 3. bis 4. Frau in ihrer Kindheit sexuellen Mißbrauch erlebt hat. Bereits die Stichprobenuntersuchung an 4000 Amerikanerinnen durch das Kinsey-Team (1953) hatte gezeigt, daß 25 % der befragten Frauen vor dem 13. Lebensjahr „eine sexuelle Begegnung mit einem Erwachsenen hatten" (Rush 1991, S. 33).

Bange (1992, S. 89) zufolge ist in Deutschland mit einer Gesamtzahl von jährlich 300.000 sexuell mißbrauchten Kindern zu rechnen. Damit unterstützt er, ebenso wie Trube-Becker (2/93, S. 10 f), die Erhebung des Kriminalisten Baurmann. Zu der hohen Anzahl von sexuell mißbrauchten Kindern ist der Markt der Kinderprostitution zu rechnen. Bange (ebd., S. 89) bezieht sich auf Alexander (1989, S. 173 f) und gibt zu bedenken:

„Selbst wenn man >nur< von 5000 Kindern und Jugendlichen unter 16 Jahren ausgeht, die sich in den alten Bundesländern prostituieren: Bei zwei Kunden am Tag und 200 Arbeitstagen findet auf dem Prostitutionsmarkt jährlich etwa 2.000.000 mal sexueller Kindesmißbrauch statt".

Die Verharmlosungstendenzen bestimmter Autoren hält Bange (ebd., S. 180) für unverantwortlich[1].

Wird berücksichtigt, daß vielen Betroffenen ihr Mißbrauchserlebnis nicht mehr zugänglich ist, dann ist die Schätzung des Psychohistorikers de Mause von 1986 (de Mause, Lloyd 1987, Schreber and the History of Childhood, unver. Manuskript), die Miller (1988, 83) anführt, nicht ganz ins Reich der Utopie zu verweisen. Seiner Vermutung nach hat die Hälfte aller amerikanischen Frauen in ihrer Kindheit sexuellen Mißbrauch erlebt.

Allgemein gültige Zahlen über die Verbreitung dieses Deliktes wird es vermutlich niemals geben. Selbst Banges Studie zeigt, daß verbindliche genaue Aussagen nicht möglich sind (Bange 1992, S. 72, 179). Zum einen führte er seine Studie an Studenten und Studentinnen, also an einer hochselektionierten Bevölkerungsgruppe durch. In dieser sei das Ausmaß an sexueller Gewalterfahrung eher niedriger als bei Randgruppen, die sozial auffällig werden. Zum anderen ist die Verweigerungsquote zu berücksichtigen. Bange (ebd., S. 75) nimmt an, daß eher jene Studenten/innen die Befragung mitgemacht haben, die nicht betroffen sind; bei Betroffenen dürften die Fragen peinliche und schmerzhafte Erinnerungen hervorrufen. Bange (ebd., S. 77) schließt: „Nach Abwägung aller ... Überlegungen spricht m. A. nach mehr dafür, daß die Opfer unter den TeilnehmerInnen unterrepräsentiert sind".

Das Unwägbare aller einschlägigen Erhebungen ist überdies auf die Unzugänglichkeit schwerer Traumen zurückzuführen. Linda Williams Meyers (False memory syndrome) berichtet über Frauen, die in ihrer Kindheit nachweislich sexuell mißbraucht worden waren (zum Teil durch Geständnis des Mannes erwiesen); 40 % unter ihnen konnten sich an das Geschehen nicht mehr erinnern (vgl. Turczer 1994, unveröffentl. Manuskript).

Insbesondere Traumen aus der frühen Kindheit sind nicht nur durch lebensnotwendige Abspaltungs- und Abwehrmechanismen versperrt (vgl. Bange 1992, S. 179), sondern auch, weil in der frühen Kindheit die Sprache fehlt, um das Geschehene begrifflich fassen zu können (ebd., S. 76, 111).

Die Verdrängung sexueller Traumen erklärt Ferenczi (Tagebuch, 30.7.1932, zit nach Masson 1986, S. 171) damit,

„daß ein Teil unserer Person >sterben< kann, und wenn der übrige Teil doch das Trauma überlebt, erwacht er mit einer Lücke im Gedächtnis, eigentlich mit einer Lücke in der Persönlichkeit, da nicht nur die Erinnerung an den Todeskampf, sondern alle damit zusammenhängenden Assoziationen in selektiver Weise verschwunden, vielleicht vernichtet sind".

Janov (1992, S. 37; vgl. Janov 1993, S. 49 f) führt die Verdrängung von Traumen auf die Schockwirkung und den Schmerz über das Erlebte zurück. Ein besonders intensives Trauma – wie der Inzest durch den Vater – löse einen großen Schock aus. Durch ihn werde das Gehirnsystem „mit einem Übermaß an elektrischen Impulsen überschwemmt". Die Verdrängung helfe, sich vor dem Schmerz des Traumas zu verschließen. Von Verdrängung, und damit von Amnesie, könnten große Bereiche um das Geschehen herum betroffen sein.

Bei Erhebungen zur Verbreitung sexuellen Mißbrauchs an Kindern ist daher zu bedenken, daß ein Schock um so größer sein wird, je näher der Täter dem Kind steht. Das heißt, je vertrauter die Person ist, die die sexuellen Übergriffe startet, um so notwendiger ist die Verdrängung und um so wirksamer wird die Amnesie sein. Hinzu kommt die Tendenz des Täters, mit dem Vertrautheitsgrade und mit der Verfügbarkeit des Kindes die sexuellen Handlungen nicht nur zu wiederholen, sondern auch zu intensivieren (vgl. Steinhage 1989, S. 14). Aus der Wiederholung ergibt sich, daß der Vorgang der Verdrängung zu einem gewohnten Mechanismus werden kann, und aus der Intensivierung der sexuellen Handlungen folgt eine verstärkte Schockwirkung und damit die erhöhte Wahrscheinlichkeit, daß verdrängt bzw. abgespalten wird. Das gilt besonders für den Kernfamilien-Inzest und für Kinder, die von mehreren Personen sexuell mißbraucht werden oder einem Sadisten ausgeliefert sind.

Therapeutische Berichte bestätigen ebenso wie Freuds „Zur Ätiologie der Hysterie" (in Masson 1986, S. 306), daß Betroffene häufig erst nach geraumer Therapiezeit auf das verdrängte Material des Mißbrauchs stoßen (vgl. Wirtz 1991, S. 219 f; Janov 1993, S. 313). Folglich ist die Dunkelziffer bei sexuellem Mißbrauch an Kindern nicht nur auf die geringe Anzeigenzahl zu beziehen, sondern auch auf den verstellten Zugang zu diesem belastenden Erlebnisbereich.

Vor allem dann, wenn der Täter aus dem Verwandten- oder Bekanntenkreis stammt, wird nicht nur das Trauma besonders groß und daher besonders unzugänglich sein, es ist auch extrem unwahrscheinlich, daß es zu einer Anzeige kommt. In Banges Untersuchungen (1992, S. 93) hatten von den 130 Studentinnen und 28 Studenten, die in der Kindheit sexuell mißbraucht worden waren, nur 3 Personen eine Anzeige erstattet. In allen drei Fällen handelte es sich um fremde Exhibitionisten. Nicht eine einzige Person hatte eine Anzeige erstattet, wenn der Mißbraucher aus der Familie oder aus dem Bekanntenkreis kam.

Sehr hoch ist die Dunkelziffer auch bei Vergewaltigungen (vgl. Wyre und Swift 1991, S. 11). Duerr (8/1993, S. 31 f) vermutet, daß die Vergewaltigungsrate mit fortschreitendem >Zivilisationsprozeß< gestiegen ist. Seinen Informationen nach haben etwa 1/4 der amerikanischen College-Studenten zugegeben, wenigstens einmal in ihrem Leben einen Vergewaltigungsversuch gestartet zu haben. In der Dunkelziffer sieht er einen Spiegel der modernen Gesellschaften, in denen die Sozialkontrolle sich verringert und die Chance für einen vergewaltigenden Täter, nicht verurteilt zu werden, überaus hoch sei. Dürr (ebd.) führt aus:

> „In Massachusetts gingen Beobachter im Jahre 1790 bei Verbrechen im allgemeinen von einer Dunkelziffer von 90 % und bei Vergewaltigungen von 98 % aus – offenbar eine nicht ganz unrealistische Zahl, die sich nicht wesentlich von der unterscheidet, die man sowohl für das späte Mittelalter als auch für heute angenommen hat. Neuere Forschungen haben beispielsweise ergeben, daß in Schottland etwa 93 % der versuchten oder vollendeten Vergewaltigungen nicht angezeigt wurden".

Eine französische Studie an Sexualstraftätern in Gefängnissen oder in Therapie bekräftigt diese Negativbilanz. Sie zeigt, daß „nur eine von dreitausend der sexuellen Straftaten durch die Justiz erfaßt worden war" (Bongersma zit. nach Bange 1992, S. 93)[2].

Den verschiedenen Untersuchungen zufolge erfahren die Strafverfolgungsbehörden also nur von einem verschwindend geringen Teil sexueller Vergehen. Diese Tatsache resultiert aus der Amnesie und der Scheu der Opfer, sich zu offenbaren, sowie aus den perfekten Manipulations-, Täuschungs- und Tarnungsstrategien der Täter. Vor allem beim Inzest ist anzunehmen, daß die Dunkelziffer weiterhin hoch bleiben wird. Das Schweigen von Jungen und Mädchen ist in diesem Tabufeld verstärkt garantiert (vgl. Bange 1992, S. 92).

3. Historische Dimension

Die Tatsache, daß Erwachsene an Kindern sexuelle Handlungen ausüben, wird erst seit kurzem diskutiert. Gleichwohl hat diese Praxis, historisch gesehen, eine Jahrtausende alte, an das Patriarchat gebundene Tradition (vgl. Enders 1990, S. 11). Trotz der Schwierigkeiten, über die vorchristliche Zeit definitive Angaben zu machen, ist davon auszugehen, daß es in der Antike als weitgehend normal galt, Kinder sexuell zu mißbrauchen (vgl. Bange 1992, S. 9).

Daß schon kleine Kinder sexuell in Besitz genommen werden konnten, geht beispielsweise aus dem Talmud hervor. Diese hebräische Schriftensammlung, um 500 n. Chr. von jüdischen Rabbis nach der etwa 1000-jährigen mündlichen Tradition des Judentums zusammengestellt, beinhaltet folgende Legitimation:

> „Mit drei Jahren und einem Tag kann eine weibliche Person durch Begattung angetraut werden ... Ein Mädchen von drei Jahren und einem Tag kann mit Erlaubnis ihres Vaters durch Beischlaf verlobt werden" (zit. nach Rush 1991, S. 51).

Sexualität mit Kindern wurde bis ins Mittelalter hinein von Staat und Kirche insofern geduldet, als Kinderheirat möglich war und zum Vollzug, damit zur Gültigkeit, die Penetration gehörte. Die Kinderheirat besteht in manchen Ländern immer noch (vgl. Rush 1991, S. 47, 70 ff; Beuys 1980, S. 43, 180). Erst seit dem 16. Jahrhundert sind in unserem Kulturkreis Gesetze wirksam, in denen die Sexualität mit Mädchen unter 10 Jahren als Vergewaltigung gilt. Bis dahin konnten, laut Kanonischem Recht, sogar mit Kleinkindern Ehen geschlossen werden, die auch vollzogen wurden (vgl. Jäckel 1988, S. 26 f).

Weitere wichtige Anhaltspunkte zur historischen Dimension sexueller Gewalt gegen Kinder liefern die Berichte zu den Kinderhexenprozessen.

Die kollektive Hysterie zur Zeit der Hexenprozesse führte, vor allem im 17. Jahrhundert, also in der Hoch- und Endphase des Hexenmassenwahns, auch zu Kinderhexenprozessen. In einigen Gegenden betrug ihr Anteil etwa 25 % (vgl. Weber 1991, S. 199 f). Noch im 18. Jahrhundert gab es Prozesse, in denen Kinder entweder als Hexen angeklagt wurden oder selbst Ankläger waren (ebd., S. 214).

Webers Erklärungsversuche zum Phänomen der Kinderhexenprozesse kreisen vor allem um die Negativprojektionen auf Kinder, begründet in der kirchlichen Auffassung von der Erbsünde und dem Bösen im Kind. Ferner habe der im 17. Jahrhundert ergehende Erziehungsauftrag und das mächtig anwachsende Interesse am Kind eine Rolle gespielt. Weber (ebd., S. 82, 89) vermutet einen Widerstand der bisher recht freien Kinder gegen die religiösen Anforderungen und die excessive Bevormundung im Zuge der Erziehungsbemühungen. Das erkläre nicht nur zum Teil ihre Rolle als Opfer, sondern auch die Tatsache, daß Kinder aktiv an dem Hexenmassenwahn teilnahmen, indem sie andere und sich selbst der Hexerei beschuldigten (ebd., S. 38, 84 f, 250). Er hebt hervor, daß Kinder innerhalb des Prozeßgeschehens „nicht nur passiv und gefährdet, sondern durchaus aktiv, daß sie nicht nur machtlos, sondern auch gefährlich, daß sie nicht nur Opfer der Hexerei, sondern bisweilen auch Täter waren, nicht nur vom Teufel Verführte, sondern u. U. auch ihrerseits teuflisch Verführende" gewesen seien (ebd., S. 33).

Webers Überzeugung nach sind die „aggressiven und aufreizenden sexuellen Bilder" (ebd., S. 102) und „die aggressiven Phantasien und mörderischen Attacken der Kinder einem phantastischen Gemisch aus Hexenglauben, Aversion gegen die christliche Religion und kindlicher Sexualität" entsprungen (ebd., S. 39 f). Obwohl er auch Fälle von beweisbarem sexuellen Mißbrauch anführt (vgl. S. 248), sieht Weber in den aktiven Beschuldigungen der Kinder in erster Linie Rachephantasien und in ihrem verblüffenden sexuellen Detailwissen Wunschphantasien (ebd., S. 26, 37 f, 248). Er meint, die in ihren Bedürfnissen nach erotischer Gemeinschaft frustrierten Kinder hätten im Hexenglauben ein Ventil gefunden, „ihren sexuellen Phantasien nachzuhängen ... Die

Nähe des Teufels und der Hexe zur Sexualität mußte auch Kindern das Hexen- und Teufelsthema attraktiv erscheinen lassen" (ebd., S. 40).

Die Gutachter, die 1666 in Reutlinger Kinderhexenprozessen eingesetzt waren, unterstreichen allerdings, das Geschilderte könne nicht Ausgeburt kindlicher Phantasie sein. Die verblüffenden realistischen Beschreibungen, die nur aufgrund eigener Erfahrung möglich seien, ließen eindeutig auf reale sexuelle Begegnungen schließen (ebd., S. 104).

C. G. Jung sah sich einer ähnlichen Verblüffung gegenüber. Er behandelte ein sechsjähriges Mädchen, das exzessiv masturbierte. Ihre offensichtlich auf Wahrheit beruhenden Berichte, vom Pflegevater sexuell mißbraucht worden zu sein, betrachtete Jung als Lügen. Er erwog eine Schizophrenie, wunderte sich aber doch über das vorgetragene sexuelle Wissen des Kindes (vgl. Wirtz 1991, S. 43 f; Bange 1992, S. 10 f).

Mit den heutigen Erkenntnissen fällt es schwer, verschiedene Berichte aus „Regest, Reutlinger Stadtarchiv 7867" (zit. nach Weber 1991, S. 102 f) gänzlich ins Reich der Phantasie zu verweisen wie z.b. diesen: „Dort draußen verführten die Eltern ihre eigenen Sprößlinge ... und unterrichteten sie in den Liebesdingen. Angeblich waren es die eigenen Eltern, die sie in die Praxis des >Buhlens< eingeführt hatten".

Auch die Tatsache, daß „viele ältere Hexen behaupteten, sie seien schon in allerfrühester Kindheit dem Teufel übergeben worden" (Weber 1991, S. 35), sollte zu denken geben, ebenso wie die Schilderung von Sittlichkeitsdelikten, die zur Zeit der Kinderhexenprozesse von Kindern und ganzen Kindergruppen begangen wurden. Diese lassen darauf schließen, daß sexuell mißbrauchte Kinder ihre eigenen Traumen an andere Kinder weitergaben[3]. Dazu gehört das Beispiel des 12-jährigen Jungen, der enthauptet wurde, nachdem er sich an einem 8-jährigen Mädchen und an einem Kälbchen sexuell vergangen hatte (ebd., S. 91).

Indem Weber (ebd., S. 14) die Berichte der meisten Kinder und ihr verblüffendes Sexualwissen in das Reich der sexuellen Phantasie verweist und „verführendes" Verhalten oder „mörderische Attacken" der Kinder in den Brennpunkt der Interpretationsansätze stellt, verdunkelt er die Hinweise auf sexuellen Mißbrauch. Er schließt sich außerdem der üblichen, von der Psychoanalyse bestärkten Ignoranz gegenüber den möglichen Verletzungen an, die Kindern gerade in Zeiten großer Entfremdung und Gefährdung zugefügt werden.

Entfremdung wird zu einem spezifischen Kennzeichen der voranschreitenden Industrialisierung. Daher ist nicht zu verwundern, daß die sexuellen Angriffe auf Kinder im Laufe des 19. Jahrhunderts alarmierend zunahmen, wie Bebel und Krafft-Ebing feststellten (vgl. Rush 1991, S. 104). Zu der Erkenntnis, daß sexueller Mißbrauch an Kindern ein weit verbreitetes Delikt ist, gelangte auch der junge Freud.

4. Freuds Preisgabe seiner ursprünglichen Theorie zu Sexualdelikten an Kindern und die Entwicklung der Theorie des Ödipuskomplexes

Der junge Freud stellte im April 1896 dem Wiener Verein für Psychiatrie und Neurologie seine „Ätiologie der Hysterie" vor. Seinem Vortrag zufolge waren alle Patienten und Patientinnen, die er mit der Diagnose Hysterie behandelte, in der Kindheit Opfer sexueller Übergriffe durch Erwachsene geworden (vgl. Masson 1986, S. 13). Daß Freud von seiner Erkenntnis so überzeugt war, liegt u.a. an folgender Beobachtung: Während der Erinnerungsprozesse wurden sie „Opfer eines Gefühls, das nur schwerlich vorzutäuschen ist" (Freud, zit. nach Masson 1986, S. 112).

Masson Einschätzung nach muß Freud 1895 oder 1896 klargeworden sein, welchen Anteil vor allem Väter an den sexuellen Vergehen gegen Kinder, insbesondere an Mädchen, haben (Masson 1986, S. 114). In einem Brief an Fließ schreibt Freud 1897: „Dann die Überraschung, daß in sämtlichen Fällen der V a t e r (Hervorhebung im Brief) als pervers beschuldigt werden mußte, mein eigener nicht ausgeschlossen" (Freud zit. nach Masson ebd., S. 114).

Für das Phänomen der sexuellen Übergriffe auf Kinder bürgerte sich der Begriff „Verführungstheorie" ein. Er ist irreführend, weil er die Vorstellung eines Einvernehmens zwischen dem betreffenden Erwachsenen und dem Kind suggeriert.

Mit seiner „Verführungstheorie" stieß Freud auf eisiges Schweigen und geriet in die Isolation (Masson ebd., S. 13). Die Entdeckung, daß Kinder Opfer sexueller Verfehlungen von Erwachsenen werden – und dazu noch in der Familie – mußte schockieren. Zwar hatte es bereits vor Freud gleichlautende Berichte gegeben. Von Nervenärzten waren sie jedoch stets als Phantasiegebilde und Lügen abgetan worden (ebd., S. 12).

Für Masson ist Freuds Vortrag zur Ätiologie der Hysterie „der wichtigste Eckpfeiler der Psychoanalyse" und keine „Sackgasse", wie viele Psychoanalytiker annehmen (ebd., S. 12).

Freud widerrief die „Verführungstheorie" öffentlich im Jahre 1905 (vgl. Masson 1986, S. 28). Zugleich wandte er sich von seiner Theorie ab, pathogene psychische Äußerungen gingen auf verdrängte bzw. abgespaltene Erlebnisse zurück. Nicht auf konkrete Erlebnisse kam es ihm jetzt an, sondern auf unterschiedliche Verarbeitungsweisen; denn an „normal gebliebenen Personen" seien ähnliche sexuelle Kindergeschichten nachweisbar wie bei Neurotikern (Freud 1906, S. 90 f).

Außerdem maß er statt realen Erlebnissen wieder – wie zuvor – sexuellen Phantasien besondere Wichtigkeit zu. In der Neurose sah er den Niederschlag verdrängter Sexualität (ebd., S. 92), und die ihm berichteten sexuellen Traumen galten nunmehr als „Erinnerungstäuschungen" oder als „Abwehrversuch", um die Tatsache der Kinderonanie zu verdecken (ebd., S. 88, 92).

Im Hinblick auf seine ursprüngliche „Verführungstheorie" sagt Freud (s. Protokoll der Wiener Psychoanalytischen Vereinigung über die Sitzung vom 24.1.1912 – zit. nach Masson 1986, S. 28):

> „Der Kern von Wahrheit, den sie enthält, ist darin gelegen, daß der Vater tatsächlich durch seine harmlosen Zärtlichkeiten in der allerersten Kinderzeit die Sexualität des kleinen Mädchens geweckt hat ... Dieselben zärtlichen Väter sind es dann auch, welche sich bemühen, dem Kinde die Masturbation, deren unschuldige Ursache sie geworden waren, abzugewöhnen".

In seiner „Selbstdarstellung" geht Freud (1925, S. 34) noch einmal darauf ein, daß „bei den weiblichen Personen ... die Rolle des Verführers fast immer dem Vater zugeteilt" war und er „in diesen Erlebnissen sexueller Verführung in der Kindheit die Quelle der späteren Neurose aufgefunden hatte". Das erscheine ihm nunmehr gänzlich unwahrscheinlich und unglaubwürdig. Vielmehr handele es sich um „Wunschphantasien", und für die Entstehung einer Neurose sei die psychische Realität entscheidender als die materielle (Freud ebd.). Diese Auffassung wird bestimmend für die sich an Freud orientierende klassische Psychoanalyse.

Daß Berichte über sexuelle Übergriffe auf Kinder ausschließlich der kindlichen Phantasie oder weiblicher Hysterie und Lüge zugeschrieben wurden, kam der Lebensordnung der bürgerlichen Gesellschaft und den bestehenden Machtverhältnissen entgegen (vgl. Masson 1986, S. 145; vgl. Freud 1906, S. 88)[4].

Die Annahme von der „Macht der inneren Phantasie" führte, so Masson (1986, S. 17), zu der

> „vorherrschenden Meinung der Psychotherapeuten ..., das Opfer habe sich seine Qualen ausgedacht. Damit ließen sich insbesondere Sexualverbrechen der Vorstellungskraft des Opfers anlasten ... Für die Gesellschaft war dies eine tröstliche Ansicht". Sie stellte ihre Lebensordnung nicht in Frage, und „die Therapeuten konnten dadurch auf der Seite der Erfolgreichen und Mächtigen bleiben, statt sich auf die Seite der Opfer familiärer Gewalt zu stellen".

Nach Freuds Widerruf schlossen sich ihm eine Anzahl angesehener Ärzte an. Masson (1986, S. 28) sagt: „Damit war die psychoanalytische Bewegung geboren, wenn auch auf Kosten einer bedeutsamen Wahrheit".

Die Ursachen für Freuds Abkehr von seiner ursprünglichen Überzeugung sind in Bedingungen zu suchen, über die nur spekuliert werden kann.

Ein wichtiger Aspekt ist sicherlich Freuds berufliche Isolation. Als er seinen Patientinnen und Patienten glaubte, stellte er sich in „Widerspruch zur gesamten medizinischen Fachwelt in Deutschland" (ebd., S. 162). Indem sich Freud von seinen bedeutsamen Erkenntnissen distanzierte und „von einer kulturellen in eine biologische Bestimmung der Neurose" zurückfiel (Rush 1991, S. 156), entsprach er dem allgemeinen Wunschdenken. In dem Eingehen auf dieses Wunschdenken steckt für Masson (1986, S. 158) ein „Verlust an Zivilcourage".

Miller (1983, S. 395) meint: „Freud erschrak vor der Realität, die sich ihm auftat, und solidarisierte sich von nun an mit der patriarchalischen Gesellschaft ...".

Rijnaarts (1991, S. 96) vermutet, Freud sei vor allem darum zurückgeschreckt, weil sich in den meisten der ihm bekannten Fälle der Vater schuldig gemacht hatte. Die Vermutung, daß es vor allem um Väterschonung ging, bestätigt sich in der Manipulation von Berichten Betroffener. Nachgewiesenermaßen fälschte Freud Berichte seiner Klienten und Klientinnen und gab statt des wirklichen Täters, des Vaters, einen anderen Verwandten des Kindes an (Bange 1992, S. 14).

Die Väterschonung setzte sich fort. Wie Masson (1986, S. 114) berichtet, haben Ernst Kris und Anna Freud (die Herausgeber der Schrift >Aus den Anfängen der Psychoanalyse<), in Übereinstimmung mit Freuds späterem Gesinnungswandel, jene Fallgeschichten in Freuds Briefen

> „ausgelassen, in denen ein Vater sein Kind verführte, und damit der Nachwelt die Möglichkeit genommen, das Beweismaterial aus Freuds klinischer Praxis, das ihn in seinem Glauben an die Realität früher sexueller Traumen bestärkt hat, kennenzulernen und zu beurteilen".

Aus einem Brief Anna Freuds vom 10.9.1981 geht hervor, daß es der psychoanalytischen Bewegung um die Aufrechterhaltung der Theorie des Ödipuskomplexes und damit um die Bedeutung der Phantasie ging. Anna Freud schrieb an Masson (zit. nach Masson 1986, S. 135 f):

> „Wenn man die Verführungstheorie aufrechterhält, dann bedeutet das die Preisgabe des Ödipuskomplexes und damit der gesamten Bedeutung der bewußten wie der unbewußten Phantasien. Danach hätte es meines Erachtens keine Psychoanalyse mehr gegeben".

Die Preisgabe der ursprünglichen Theorie und die Entwicklung der Theorie vom Ödipuskomplex sind also nicht voneinander zu trennen.

Der Faktor der Väterschonung ist außerdem im Lichte von Freuds familiärem Hintergrund zu sehen. Miller (1988, S. 76) zitiert einen Brief Freuds von 1896 (Brief 120 in S. Freud 1986, S. 245): „Leider ist mein eigener Vater einer von den Perversen gewesen und hat die Hysterie meines Bruders ... und einiger jüngerer Schwestern verschuldet".

Bange (1992, S. 17) hält es sogar für möglich, daß nicht nur Freuds Geschwister, sondern auch Freud selber sexuelle Übergriffe des Vaters erlebt hat. Diese Vermutung leitet er aus folgendem Zusammenhang ab: Freud selbst war Hysteriker, und alle von ihm analysierten hysterischen Personen hatten in der Kindheit sexuellen Mißbrauch erlebt. Bange nimmt an, Freud sei, da er selbst keinen Lehranalytiker gehabt hat, nicht tief genug in die eigenen Kindheitserinnerungen eingedrungen.

Auch Miller (1988, S. 78) umreißt die Defizite Freuds aufgrund der mangelnden Einsicht in die eigene Geschichte und meint, daß sich „Unabhängigkeit und Klarheit der

Sicht" unter Therapeuten nur dann finden könne, wenn die Fragen nach den eigenen Eltern sowie nach den eigenen Schmerzen und Ängsten gestellt worden sind. Das habe Freud nicht geleistet. Miller (1983, S. 146) macht die Befangenheit Freuds in patriarchalischen Familienbildern, den Zwang zur Elternschonung und die zu Schuldgefühlen führenden Elternintrojekte verantwortlich für seinen Widerruf.

Ein weiterer Einflußfaktor für seine Abkehr von der ursprünglichen Überzeugung und die Wendung hin zur Theorie des Ödipuskomplexes war Freuds langjährige Freundschaft mit Wilhelm Fließ (vgl. Masson 1986, S. 168). Auch Wilhelm Fließ' Sohn Robert ist überzeugt, sein Vater sei mit verantwortlich dafür, daß Freud die Theorie von der kindlichen Traumatisierung durch sexuellen Mißbrauch fallenließ (vgl. Miller 1988 S.77). Masson (1986, S. 162 ff; 167) und Miller (1988, S. 77) sehen Hinweise darauf, daß Robert Fließ annimmt, sein Vater habe ihn als kleines Kind sexuell belästigt. In seinem Buch >Symbol, Dream and Psychosis< spricht sich Robert Fließ betont für Freuds ursprüngliche „Verführungstheorie" aus und vertritt die Ansicht, alle Menschen mit schweren Neurosen seien von einem psychotischen, dabei angepaßt wirkenden Elternteil in der frühen Kindheit entweder seelisch oder durch sexuelle Übergriffe schwer erschüttert und verletzt worden (vgl. Masson 1986, S. 164). Masson (ebd., S. 165 f) filtert aus Robert Fließ' Schriften mehrere Hinweise heraus, die auf eine leichte Psychose seines Vaters Wilhelm Fließ schließen lassen.

Wie Fromm betont Robert Fließ die „unglaubliche Häufigkeit der leichten Psychose" (zit. nach Masson ebd., S. 164). Folgen wir Fromm, dann ist darunter die schizoide Störung zu verstehen. In Verbindung mit Ich-Schwäche und mangelnder Autonomie ist die schizoide Störung d a s pathologische Kennzeichen unserer Gesellschaft und Quelle gravierenden Schädigungsverhaltens. Für die Genese sexuellen Mißbrauchs ist sie zentral und soll ausführlich behandelt werden, wenn es vertiefend um die Täterproblematik geht.

Robert Fließ (vgl. Masson ebd.) meint, die erwähnten Gewaltakte müßten sich sehr früh ereignet haben, noch vor dem 5. Lebensjahr. Die frühen Traumen bedingten eine weitgehende Amnesie; werde diese aufgehoben, „dann kommen sehr viel häufiger, als man nach der Lektüre von Freuds Schriften vermuten würde, Erinnerungen zum Vorschein, deren Echtheit über jeden Zweifel erhaben ist" (Robert Fließ zit. nach Masson ebd., S. 165).

Daß Wilhelm Fließ, als mutmaßlich mißbrauchender Vater, engster Ratgeber Freuds auf dem Gebiet sexueller Übergriffe auf Kinder war, ist für die Preisgabe der „Verführungstheorie" und die Entwicklung des „Ödipuskomplexes" nicht zu unterschätzen.

Freuds Gesinnungswandel wirkt bis in unsere Zeit hinein. Er wurde nicht nur wegweisend für die Einschätzung der kindlichen Sexualität und der kindlichen Phantasie, sondern auch für die Bewertung der kindlichen Aggressivität. Das Problem der Aggressivität wird ebenfalls erneut im Kind angesiedelt. Mit der Annahme, die „Verführungen" hätten nie stattgefunden, werden aggressive kindliche Äußerungen Impulsen zugeschrieben. Damit wird zum einen verstellt, daß sie Zeichen gesunden Protestes und eine verständliche Reaktion auf gravierende Verfehlungen von Erwachsenen sein können (Masson ebd., S. 135). Zum anderen wird die elterliche Bedeutung als Erziehungsinstitution gefestigt und aufgewertet, eine Auswirkung, die ebenfalls dem allgemeinen Wunschdenken der Zeit entsprach.

Zu den gesamtgesellschaftlichen Folgen von Freuds Widerruf merkt Miller (1988, S. 76) an: „Der für kurze Zeit gestörte Schlaf der Menschheit konnte nun fortgesetzt werden". Freuds Dogmen decken sich nunmehr wieder,

„mit der verbreiteten Auffassung, daß das Kind von Natur aus böse und schlecht ist und von den Erwachsenen zum Guten erzogen werden muß. Diese perfekte Übereinstimmung mit der Pädagogik verschaffte wiederum der Psychoanalyse ein hohes Ansehen in der Gesellschaft, und die Unwahrheit ihrer Dogmen blieb lange unbemerkt" (Miller ebd., S. 79).

Die neuerliche Diskussion zur weiten Verbreitung sexuellen Mißbrauchs an Kindern wird mitbestimmt von den Dogmen, die Freud und seine Nachfolger festgelegt haben. Damals wie heute ist das Bestreben groß, die bekannt werdenden Tatsachen zu leugnen und umzuinterpretieren. Auch für heute gilt, daß viele Menschen daran interessiert sind, ungestört weiterzuschlafen, das heißt, zu verschleiern.

Die Verfälschung der ursprünglichen und richtigen Theorie Freuds hat zahlreichen Individuen, die in seelischer Not professionelle Hilfe suchen, geschadet. Millers (1988, S. 85) Überzeugung nach wird eine nach Freud ausgerichtete Analyse eher darauf hinarbeiten, die Wahrheit weiterhin zu verbergen, um die Eltern zu schonen. Damit werde den geschädigten Menschen „geholfen, die alte Abwehr gegen die in der Kindheit erlittenen Verletzungen zu festigen und die Wahrheit über das Geschehene niemals herauszufinden" (ebd., S. 237).

Deren Tragik beschreibt Moser (1989, S. 80) wie folgt:

„Es gibt nichts Schlimmeres für Menschen, die über Erlittenes sprechen wollen ... als wenn man ihnen nicht glaubt. Von einem bestimmten Punkt an hörte Freud auf, seinen Patientinnen zu glauben, sie seien als Kinder die Opfer dauernder Verführung durch Erwachsene gewesen".

Masson (1986, S. 157) weist auf die Konsequenzen einer therapeutischen Haltung hin, bei der die Erinnerungen der Patientinnen und Patienten zugunsten von Dogmen nicht ernstgenommen werden:

„Eine wirkliche Erinnerung fordert ... Bestätigung. Wenn solche Erinnerungen ständig zurückgewiesen werden, kann dies zu einem Bruch mit der Realität und in der Folge zu einer Psychose führen. Ein Mangel an Interesse für den persönlichen Erinnerungsschatz eines Menschen tut der Integrität dieser Person Gewalt an".

Ein Analytiker, der nicht glaubt, wenn er über sexuelle Szenen in der Kindheit hört, werde den Schwierigkeiten im Gefühlsleben „unerklärlichen anlagebedingten Defekten zuschreiben ... Die gesamte Analyse ginge damit von vornherein in eine falsche Richtung" (ebd., S. 219).

Im Zuge der Entlastung von Vätern sei, so Rijnaarts (1991, S. 140), das Wahrnehmungsvermögen vieler Patientinnen zersetzt worden.

Wirtz (1991, S. 33) sieht in Freuds Widerruf einen „Verrat an den mißbrauchten Frauen ...". Sie weiß aus ihrer Praxis, daß die Realität und nicht Phantasien dahinterstekken, wenn sexuelle Traumen angesprochen werden und fühlt sich darum „außerhalb der psychoanalytischen Tradition" stehend (ebd., S. 31).

Aber nicht nur vielen Mädchen und Frauen hat die psycho-analytische Vorgehensweise Schaden zugefügt. Ein Beispiel für die falsche Deutung von Symptomen bei einem Mann ist der berühmte Fall Schreber Er zeigt besonders kraß, wie jemand zugunsten der Eltern- oder Väterschonung aufgeopfert wird. Miller (1983, S. 93) kommentiert Freuds Vorgehensweise in diesem Fall wie folgt: „Freud deutet die Wahnvorstellungen und Verfolgungsängste des Patienten als Ausdruck seiner abgewehrten homosexuellen Liebe zum Vater, ohne sich darum zu kümmern, was dieser Vater früher mit seinem Kind gemacht hatte".

Bislang fehlt eine grundlegende Auseinandersetzung der Psychoanalyse mit Freuds Widerruf zur Theorie des sexuellen Mißbrauchs an Kindern. Massons (1986, S. 29) Ansicht nach waren Psychoanalytiker „nie besonders neugierig auf die Gründe für den Gesinnungswandel Freuds, obwohl sie wie dieser davon überzeugt waren und sind, daß die Entwicklung der Psychoanalyse ohne die Preisgabe dieser Theorie nicht möglich gewesen wäre".

Daß die Psychoanalyse von jeher das Phantasieleben wichtiger genommen hat als das reale Geschehen, hat vielfach zu der Annahme geführt, sie sei unfähig zur Behandlung von Patienten, die in der Kindheit schwerwiegende emotionale Verletzungen erlebt haben (ebd., S. 158). Dabei könnte die Psychoanalyse, so Miller (1983, S. 142), die geeignete Methode sein, um einen tiefen Einblick in die Welt der kindlichen Traumen, auch der sexuellen Traumen, zu liefern. Freud sei mit seiner Studie zur Ätiologie der Hysterie „auf eine Wahrheit gestoßen ..., die alle Menschen betrifft, nämlich auf die Folgen der Kindheitstraumen im späteren Leben des Menschen" (Miller ebd.). Die psychoanalytische Triebtheorie dagegen unterstütze „die Tendenz des Patienten, sein Trauma zu leugnen und sich selbst zu beschuldigen"; somit neige sie eher dazu, „den sexuellen und narzißtischen Mißbrauch des Kindes zu verschleiern, als ihn aufzudecken" (ebd., S. 14).

Zum falschen psychoanalytischen Traumaverständnis, das in der Phantasie die krankheitserzeugende Instanz sieht, macht Wirtz (1991, S. 35) auf die neuere Forschung aufmerksam:

> „Die gegenwärtige Forschung, die sich an schweren Traumen wie Holocaust, Folter und Vergewaltigungen orientiert, hat klar herausgearbeitet, daß nicht die unbewußten Phantasien für die neurotischen Symptome verantwortlich sind, sondern reale Ereignisse, die die psychische Organisation verletzen und den Menschen krank machen können".

Die Rolle Ferenczis (1873 – 1933) bei der Einschätzung kindlicher Sexualtraumen verdient besondere Beachtung. Er war neben Fließ über lange Jahre „Freuds vertrautester Freund unter den Psychoanalytikern" (Masson 1986, S. 170), hob sich aber noch zu Freuds Lebzeiten von der offiziellen psychoanalytischen Lehrmeinung ab. Sein Tagebuch von 1932 bezeugt, welch herausragende Bedeutung er dem Trauma beimaß. Masson (ebd., S. 171) faßt die Tagebucheintragungen wie folgt zusammen: „In jedem der auf diesen Seiten behandelten Fälle führte Ferenczi die Neurose auf sexuellen Mißbrauch im Kindesalter zurück".

Ferenczis Schrift „Sprachverwirrung zwischen den Erwachsenen und dem Kind" (1933) bildet eine Parallele zu Freuds „Zur Ätiologie der Hysterie" und will klarstellen, daß von Patienten angesprochene sexuelle Übergriffe in der Kindheit nicht auf Sexualphantasien beruhen. Einen Beweis für die Echtheit entsprechender Aussagen fand Ferenczi (1982, S. 307 f) in den Bekenntnissen zahlreicher erwachsener Patienten, die ihm in der Analyse gestanden, sich an Kindern vergangen zu haben.

Mit seinen Erkenntnissen und Schlußfolgerungen geriet Ferenczi ebenso in die Isolation wie seinerzeit der junge Freud (vgl. Masson 1986, S. 173). Die etablierten Analytiker waren der Ansicht, die Verbreitung dieser Schrift, die den Anteil der Erwachsenen bei einer gestörten Charakter- und Sexualentwicklung des Kindes herausstellt, sei „eine Gefahr für die Gesellschaft" (ebd., S. 176).

Durch seine Überzeugung von der Realität der frühkindlichen Sexualtraumen verlor Ferenczi nicht nur die Freundschaft Freuds, sondern auch der Mehrzahl seiner Kollegen. Es gelang ihm nicht mehr, sich aus seiner Isolation zu befreien (ebd., S. 173). Freud vernichtete Ferenczis Glaubwürdigkeit, indem er ihm eine Geistesstörung unterstellte. Masson (ebd., S. 213) erläutert: „Freud glaubte, Ferenczi sei paranoid gewesen, als er den Patienten ... traute, die von grausamen Mißhandlungen und von Vergewaltigungen durch die Eltern berichteten".

Masson (ebd., S. 176) dagegen würdigt Ferenczi als einen konsequenten Fürsprecher des Kindes:

> „Wahrscheinlich hat das mißbrauchte Kind niemals zuvor einen beredteren Fürsprecher gehabt. Hier werden dieselben Gedanken ausgesprochen, die Freud in seinen Aufsätzen des Jahrs 1896 den skeptischen Medizinern vorgelegt hatte ... Es ist, als wolle Ferenczi der Analytikergemeinde zeigen, wie sich die Psychoanalyse entwickelt hätte, wenn Freud nicht von der Verführungstheorie abgerückt wäre".

Das Abrücken von der „Verführungstheorie" ist eng mit der Entwicklung der Theorie vom „Ödipuskomplex" verbunden. Anna Freud meint, wie erwähnt, beide seien nicht miteinander vereinbar, und eine Preisgabe des „Ödipuskomplexes" würde die Preisgabe der Psychoanalyse bedeuten (vgl. Masson 1986, S. 135 f).

Der „Ödipuskomplex" wurde für Freud der „Kern der Neurose" (Freud 1925, S. 54) und das „Zentrum der psychoanalytischen Persönlichkeitstheorie" (Wirtz 1991, 32). Mit einer Chimäre ersetzte Freud so die verborgene Wahrheit von Millionen von Kindern.

Einer der Gründe, warum die Ödipustheorie so populär geworden ist, mag in ihrer Funktion liegen, Erwachsene und speziell Männer zu entlasten (vgl. M. Hirsch 1987, S. 81; Miller 1983, S. 190).

Auf der Basis des „Ödipuskomplexes" betrachtet die Psychoanalyse Inzest nicht als Realität, sondern als den unbewußten sexuellen Wunsch des Kindes gegenüber dem gegengeschlechtlichen Elternteil (vgl. Pilgrim 1986a, S. 159 f; Miller 1988, S. 81).

Rutschky (1992), die sich als Freudianerin bezeichnet (ebd., S. 84), unterstützt Freuds Auffassung von den inzestuösen Wünschen des kleinen Mädchens und unterstellt feministischen Kritikerinnen „abgewehrte[n] Wunschphantasien aus der Kinderzeit ..." (ebd., S. 83). Sie steht damit psychoanalytischen Auffassungen nahe, denen zufolge, wie Miller (1988, S. 83) ausführt,

„jedes Kind sexuelle Beziehungen mit den Eltern genießen würde, wenn Inzest nicht verboten wäre. Schuldgefühle und Neurosen stellten sich nur ein, weil die Gesellschaft diese Art von Beziehungen verbiete und gerade mit diesem Verbot Schwierigkeiten schaffe".

Bange (1992, S. 15) zufolge gibt es jedoch „bisher keine einsichtigen und überzeugenden empirischen Beweise für den Ödipuskomplex". Auch Janov (1990, S. 233) ist überzeugt, daß weder Eifersucht noch der Ödipuskomplex angeboren sind.

In dem oft geäußerten Wunsch von Mädchen, ihren Vater zu heiraten, sieht Lowen (1980, S. 210) nicht den Wunsch nach Sexualität mit dem Vater, sondern das Bedürfnis, gehalten und geliebt zu werden.

Ferenczi (1982, S. 310) räumt ein, daß Kinder häufig mit der Idee spielen, „die Stelle des gleichgeschlechtlichen Elternteils einzunehmen ... doch wohlgemerkt, bloß in der Phantasie ...". Von Ferenczi stammt eine überlegenswerte Tagebuchnotiz (vom 24.7.1932). Hier spekuliert er über die Hintergründe der Fixierung des Kindes auf die erwachsene Person und bringt sie mit der möglichen Leidenschaft des Erwachsenen gegenüber dem Kind zusammen:

„Ist Oedipus Komplex auch Folge der Aktivität von Erwachsenen-Leidenschaftlichkeit? Also nicht Fixierung durch Lust (wie Freud behauptete), sondern Fixierung durch Angst: Mann und Frau tötet mich, wenn ich ihn nicht liebe (mich mit seinen Wünschen nicht identifiziere)" (Ferenczi, zit. nach Masson 1986, S. 173).

Rijnaarts (1992, S. 122) lenkt ebenfalls die Aufmerksamkeit auf die Strebungen der Erwachsenen und erklärt, es habe immer wieder Belege dafür gegeben, „daß eher bei Vätern ein Tochterkomplex existiert als bei Töchtern ein Vaterkomplex; daß nicht die Tochter den Vater, sondern der Vater die Tochter besitzen will ...".

Daß aus der Dreiecksbeziehung zwischen Eltern und Kind ambivalente heftige Gefühle entstehen können, ist unbestritten. Daraus abzuleiten, das Kleinkind habe den Wunsch nach Geschlechtsverkehr mit dem gegengeschlechtlichen Elternteil, sei jedoch ein grobes Mißverständnis, meint Miller (1983, S. 190). Die reduktionistische Triebtheorie räume frühkindlichen narzißtischen Bedürfnissen wie denen nach „Achtung, Spiegelung, Verstanden- und Ernstgenommenwerden" nicht den nötigen Raum ein (ebd., S. 186). Wie noch ausführlich zu erörtern sein wird, ziehen frustrierte frühkindliche Grundbedürfnisse Traumen nach sich, und die Persönlichkeits- und Gefühlsentwicklung wird gestört. Statt als „ödipal" sollten die Störungen differenzierter beschrieben und schädigendes Elternverhalten als Ursache erwogen werden. Analytiker, die auf der Basis des „Ödipuskomplexes" vorgehen, übersehen leicht den Anteil gleichgültiger, mißhandelnder oder die Kinder für ihre Zwecke mißbrauchender Eltern.

Hinter der Verhaftung vieler Analytiker in alten Konzepten stecke Machtpolitik, meint Miller (ebd., S. 188):

> „Wenn die Einschränkung auf die Triebebene trotzdem noch als obligatorisch gilt, dann verdankt der Ödipus seine Zähigkeit nicht der Erfahrung, sondern der Machtstruktur der psychoanalytischen Gesellschaften, die die Abwehr der Väter und Großväter schützen müssen" (ebd., S. 190)[5].

Malinowski (1975, S. 213 f; vgl. auch Rijnaarts 1991, S. 45; Miller 1983, S. 186) hat ebenfalls klargestellt, daß der als ödipal bezeichnete Konflikt an die Bedingungen der patriarchalischen Gesellschaft geknüpft ist:

> „Der alleinige Kernkomplex, den die Freud-Schule kennt und als allgemeingültig betrachtet, d. h. der Ödipus-Komplex, entspricht im wesentlichen unserer indoeuropäischen Familie, die patrilinear ist mit entwickelter patria potestas, gestützt durch das römische Recht und die christliche Moral und gefestigt durch den modernen europäischen Industrialismus der wohlhabenden Bourgeoisie ... Es können ... keine richtigen Resultate erzielt werden, wenn versucht wird, den Ödipus-Komplex, der ein patriarchalischer ist, in einer matrilinearen Gesellschaft vorzufinden ...".

Auch in Bettelheims Betrachtungen (1971) wird der ödipale Konflikt als Auswirkung der patriarchalischen Gesellschaft angenommen. Bettelheim gehört außerdem zu jenen, die unter diesem Konflikt nicht unbedingt sexuelle Wünsche verstehen. Vielmehr sieht er in ihm den Ausdruck kindlicher Abhängigkeit und den Wunsch, mit der Mutter eine ausschließliche Beziehung zu haben. Daß es dazu kommt, sei das Ergebnis nicht nur der psychologischen, sondern auch der strukturell-funktionellen Einheit der Familie in unserer Gesellschaft. Er meint:

„Die ödipale Situation entspringt aus der wirtschaftlichen und sozialen Abhängigkeit des Kindes sowie aus den wechselseitigen Gefühlen, die sich auf Grund des intimen Zusammenlebens zwischen Eltern und Kind entwickeln, und nicht aus der biologischen Tatsache der Elternschaft" (ebd., S. 171).

Die Voraussetzung für die ödipale Situation sei in der starken Bindung des Kindes an die Eltern zu sehen – egal, ob diese negativ oder posititv ausgerichtet ist (ebd., S. 48). Die traditionelle israelische Kibbuzerziehung verändere die ödipale Situation entscheidend (ebd., S. 47). Im Kibbuz fallen, konträr zur patriarchalischen Gesellschaft, viele Elternfunktionen weg. Der Mutterbezug und die Gefühlsverknüpfungen zu den Eltern seien schwächer (ebd., S. 171). Bettelheim ist überzeugt, daß eine geringere Abhängigkeit von den Eltern eine Minderung ödipaler Spannungen bringen (ebd., S. 194) und die ödipale Situation sich mit einer Änderung der Rolle von Müttern in Mittelstandfamilien grundlegend verändern würde. Der starke Bezug auf die Mutter führe dazu, daß das Kind starke Wünsche nach Ausschließlichkeit entwickle, und der Ödipuskomplex entstehe aus der Nichterfüllung dieses Wunsches.

Ein weiterer Faktor ist von Bedeutung. Im Kibbuz wird jedweder ausschließliche Besitz abgelehnt. Dadurch lerne das Kind von klein auf, „daß weder es selbst noch seine Eltern einer anderen Person allein gehören" (ebd., S. 169).

5. Formen sexuellen Mißbrauchs

Zu den Formen sexueller Ausbeutung von Kindern gehören die Pädophilie, die Kinderprostitution, die Kinderpornographie, der sexuelle Mißbrauch sowie der Inzest.

5.1. Pädophilie

Ein Teil des sexuellen Mißbrauchs an Kindern ist auf das Interesse und die sexuellen Übergriffe von Pädophilen bzw. Pädosexuellen zurückzuführen.

Mit seiner Ansicht, jeder sexuelle Kontakt, den ein Erwachsener zu einem Kind aufnimmt, sei sexueller Mißbrauch, stellt sich Bange (1992, S. 50) gegen Versuche, die Pädophilie zu rechtfertigen. Er spricht sich entschieden dafür aus, alle pädophilen Kontakte als Form sexueller Gewalt zu bezeichnen (Bange 1/90, S. 58)[6].

Pädophile bzw. Pädosexuelle sind anderer Ansicht. Sie betonen ihr Interesse am Kind und daß sie Kinder als gleichberechtigt behandelten sowie ihre Zärtlichkeit und Gewaltlosigkeit. Ihrer Ansicht nach schade Kindern gewaltloser Sex mit Erwachsenen nicht, er mache sie, ganz im Gegenteil, oft charmant und attraktiv. Außerdem wollten Kinder selbst die Sexualkontakte mit Erwachsenen (vgl. Rush 1991, 275 ff; Wirtz 1991, S. 79).

Organisierte Pädophile drängen seit einigen Jahren in die Öffentlichkeit, um das Recht „auf Sex mit Kindern als ein Bürgerrecht" (Rush 1991, S. 29) oder als ein „Kulturgut" (in ZDF 16.3.1992, Kinderpornographie) zu beanspruchen.

Auch der Sexualwissenschaftler Bornemann (vgl. Bange 1992, S. 105) sowie der Kinder- und Jugendpsychiater Lempp, der die Reform des Sexualstrafrechts mitbestimmt hat (vgl. Rutschky 1992, S. 115), vertreten die These, gewaltfreie sexuelle Kontakte zwischen Kindern und Erwachsenen seien ungefährlich.

Lempp (1986, S. 125) ist der Ansicht, sie sollten daher auch nicht bestraft werden. Wenn Lempp (ebd.) fernerhin annimmt, die große Verbreitung des sexuellen Mißbrauchs, vor allem innerhalb der Familie, und die relative Unauffälligkeit der meisten betroffenen Kinder spreche für seine Ungefährlichkeit, dann ist nach der Transparenz zu fragen, die seine kinderpsychiatrische Praxis ihm hätte eröffnen müssen. In einem Artikel der Zeitschrift für Sexualforschung (1990) versucht Lempp, seine früheren Aussagen insofern zu modifizieren, als er den Gewaltbegriff im Hinblick auf sexuelle Gewalt enger fassen will. Spricht er sich zum einen dafür aus, die körperliche Integrität des abhängigen Kindes zu schützen, so meint er zum anderen: „Es kommt wohl darauf an, ob das Kind – gleichgültig wie alt es ist – keine inneren Widerstände gegen das Handeln des Erwachsenen hat und diese Handlung selbst will" (ebd., S. 242).

Das Kriterium der „inneren Widerstände" oder der Zustimmung eines Kindes ist sehr problematisch. Zum einen können Kinder, die in vielen Fällen bereits im Säuglings- oder Kleinkindalter als sexuelle Objekte dienen müssen, schwerlich ihr Einverständnis geben. Auch bei älteren Kindern kann das Argument des Einverständnisses nicht greifen; denn aufgrund ihrer mangelnden Reife können sie die Tragweite einer sexuellen Begegnung mit einem Erwachsenen weder in sozialer, noch in seelischer oder körperlicher Hinsicht abschätzen (vgl. M. Hirsch 1987, S. 14; Bange, 1/90, S. 56; Abelmann-Vollmer 2/89, S. 4 ff). Zum anderen projizieren viele Erwachsene ihre eigenen Wünsche, auch sexueller Art, auf Kinder (vgl. Bange 1992, S. 50 f), so daß sie kindliches Verhalten im Sinne ihrer Strebungen interpretieren; und viele Kinder identifizieren sich, um geliebt zu werden, mit den Wünschen von Erwachsenen.

Auch Rush (1991, S. 280) durchschaut die Argumente der Pädophilen und ihrer Befürworter als Projektionen und meint: „Die Forderung nach sexueller Freiheit für Kinder ... zielt nur allzu offensichtlich auf die Befriedigung von Erwachsenenbedürfnissen ab".

Kavemann und Lohstöter (1984, S. 112) stellen fest: „ ... von Macht, Autorität, Abhängigkeit und Gewalt ist in den Veröffentlichungen der Pädosexuellen nicht die Rede, ebenso wenig von den sexuellen Wünschen oder gar den Verführungstaktiken der erwachsenen >Kinderfreunde<".

Pädosexuelle sind entweder dem Typus des „fixierten" oder des regressiven Täters zuzuordnen (vgl. Wyre und Swift 1991, S. 68). In bestimmten Bereichen ihrer Entwicklung sind sie auf einer frühen kindlichen Stufe stehen geblieben, oder sie regredieren zu ihr. Trotzdem sind sie gesellschaftlich gut integriert und angepaßt (vgl.

Friedrich 1998, S. 68). – Für Postman (1993, S. 116) ist der Kind-Erwachsene eine allgemeine Tendenz unserer Zeit. Kennzeichnend seien seine Entwicklungsdefizite, er hebe sich von Kindern nicht sonderlich ab.

80 % aller Pädophilen sind, so Masters und Johnson (1990, S. 425), „in ihrer Kindheit selbst sexuell mißbraucht worden". Die beiden Autoren vermuten, daß die traumatische sexuelle Erfahrung eine gestörte Persönlichkeitsentwicklung nach sich gezogen hat und sehen in dieser eine Ursache für die Pädophilie. Auch der Aspekt des Modell-Lernens sollte mit bedacht werden. Nicht alle, aber viele Menschen geben ein Muster weiter, das in ihrer Kindheit prägend war.

Fast die Hälfte der verurteilten Pädophilen ist verheiratet (vgl. Glötzner und Glötzner 1979, S. 26). Es gibt Pädophile, die bewußt den Kontakt zu Frauen mit Kindern herstellen und sie sogar heiraten, um an die Kinder heranzukommen (vgl. Wyre und Swift 1991, S. 75; Bange 1992, S. 126).

Pädophile scheinen vor allem auf Jungen ausgerichtet zu sein. So macht auf den Philippinen der Anteil von Jungen an der Kinder-Prostitution 60 % aus (vgl. Informationsbroschüre terre des hommes. Alles käuflich? – Kinderprostitution o.J.)

5.2. Kinderprostitution und Kinderpornographie

In der Kinderpornographie und Kinderprostitution wird die kindliche Sexualität gezielt kommerziell ausgebeutet. Wie aktuelle Berichte in den Medien (vgl. auch Rush 1991, S. 255) zeigen, weiten sich diese Bereiche drastisch aus.

Holst u.a. (1993, S. 118 ff) stellen fest, daß die meisten Männer, die zu Kinderprostituierten auf den >Babystrich< gehen, „Biedermänner mit Reihenhaus, Kindern, Tennis-club" sind und selbst Kinder haben.

In Tourismusländern ist Kinderprostitution, so Terre des hommes (Informationsbroschüre: Alles käuflich? – Kinderprostitution o.J.), „mit Blick auf die Zahl der Opfer und Täter ein Massenphänomen. Kinderprostitution ist eines der lukrativsten Geschäfte im Bereich der organisierten Kriminalität ... Die Nachfrage nach immer jüngeren Kindern wächst ständig".

Das ist vielfach auf die Angst vor Aids zurückzuführen. Thönnissen und Meyer-Andersen (1990, S. 142) zitieren einen Kindesmißbraucher, der argumentiert, „im Zeitalter von Aids und der damit verbundenen Angst, sich bei erfahrenen Sexualpartnern zu infizieren", müsse es verständlich sein, daß Erwachsene sich an Kinder halten.

In Thailand etwa arbeiten schätzungsweise 200.000 unter 14 Jahre alte Kinder in der Prostitution. Die Mädchen werden zu 63 % von den Eltern zur Prostitution geschickt. Wenn sie nach Hause zurückkommen, sind 50 - 70 % unter ihnen HIV positiv (vgl. Terre des hommes, Informationsbroschüre: Alles käuflich? – Kinderprostitution o.J.).

Mittlerweile stehen auch Sexualkontakte mit Kindern in Tourismusländern unter Strafe.

In der Kinderpornographie und bei Sex-Ringen werden ältere Kinder häufig angeleitet, jüngere zu mißbrauchen. Die Kinder werden regelrecht trainiert, u.a. mit Porno-Material, um sie für die Wünsche der Erwachsenen zurechtzubiegen (vgl. Masters und Johnson 1990, S. 469). Die Täter im Sektor der Kinderpornographie sind häufig nahe Verwandte der Kinder[7].

Rush (1991, S. 248) berichtet über einen Schriftsteller, der kurz in einer >Pornofabrik< gearbeitet hat:

„Der Schriftsteller Ron Sproat beschrieb nach einem kurzen Gastspiel in einer >Pornofabrik< die Formel, an die er sich bei Kinderpornos zu halten hatte: >Ich bekam ein Blatt mit Richtlinien: >Unschuld von Kindern, Geilheit von Erwachsenen betonen. Jungen von acht bis dreizehn, Mädchen sechs bis fünfzehn. Hervorhebung von Unbehaartheit, winzigen Geschlechsteilen ...<".

Thönnissens und Meyer-Andersens (1990, S. 173) journalistische Recherchen zum Thema Kinderpornographie mündeten in große persönliche Betroffenheit:

„Wir konnten uns zu Beginn der Arbeit nicht vorstellen, mit welch ungeheurer Brutalität und Menschenverachtung Kinderseelen und Kinderkörper zerstört werden. Zerstört von Erwachsenen ... Es ist das größte Verbrechen unserer Zeit ... Die Opfer, die Kinder, haben keine Chance. Wir waren schockiert und haben geweint, als wir auf Videofilmen sahen, wie kleine Mädchen brutal mißbraucht wurden".

Auch Wyre und Swift (1991, S. 67) betonen die Brutalität verschiedener Kinderpornos und weisen auf einen einschlägigen Artikel hin, in dem Leser aufgefordert werden „sich vorzustellen, wie schön es sei, kleine Kinder brutal zu vergewaltigen".

Im Internet wurden Kinder sogar für Sex-Foltern und – für besonders zahlungskräftige Kunden – zur Tötung angeboten (dpa. Esslinger Zeitung vom 3./4.5.97, S. 17).

Nach der Gesetzesänderung zum Schutz des Kindes ist nicht nur das Herstellen und Verbreiten von Kinderpornographie strafbar, sondern auch deren Besitz (vgl. Rückert und Gehrmann, 1995, S. 18).

5.3. Inzest

Inzest wird definiert als „Blutschande", als „Beischlaf zwischen Verwandten" (Knaurs Lexikon) und ist nach Par. 173 StGB strafbar. Der an Kindern ausgeübte Inzest ist eine besondere Kategorie des sexuellen Mißbrauchs (vgl. Sgroi 1989, S. 226).

Wenn es um sexuelle Übergriffe auf Kinder geht, dann versteht sich die Kategorie des Inzests vor allem von zwei Kriterien her. Das sind die Autoritätsstellung des Täters und die familiäre Vertrautheit. Marquit (1986, S. 118) faßt unter den Begriff Inzest „sexuelle Handlungen zwischen einem Erwachsenen in einer Autoritätsposition und einem Kind, wobei es keine Rolle spielt, ob die beiden miteinander verwandt sind".

M. Hirsch (1987, S. 7) rechnet sexuelle Vergehen durch Therapeuten, Lehrer, Ärzte und andere zu den Inzestfällen, weil für ihn die Kriterien Gefühlsbezüge, Abhängigkeiten und Machtverhältnisse entscheidend sind. Das Inzestverbot finde seine wichtigste Begründung in der „Notwendigkeit für das sich entwickelnde Individuum, sich aus den engen Bindungen der Kindheit zu lösen" (M. Hirsch, ebd.).

Covitz (1992, S. 127) möchte den Begriff Inzest auf all jene Vorgehensweisen anwenden, die in den sexuellen Privatraum des Kindes eindringen.

Die hier genannten Kriterien zielen auf die Kernaussage des Inzest-Tabus. Der Kern des Inzest-Tabus besteht, so M. Mead (1958, S. 9), in der Aufgabe, innerhalb einer Gesellschaft die sexuell Unreifen zu schützen. Gewöhnlicherweise werde das Inzest-Tabu so ausgeweitet, „daß das unreife Kind vor allen Erwachsenen geschützt ist" (ebd.; vgl. auch S. 156 ff).

Malinowski (1975, S. 199; vgl. auch Schmidbauer 1976, S. 125) hebt die Bedeutung des Inzest-Tabus für die soziale Struktur einer Gemeinschaft hervor und betont, Sexualität zwischen Eltern, Verwandten oder – bei Naturvölkern – Clangenossen einerseits und den Kindern andererseits sei sowohl in psychologischer als auch in sozialer Hinsicht nicht vereinbar „mit den engen kooperativen Bindungen", auf denen das Verhältnis beruht. Sowohl für den Kulturmenschen als auch für den „Primitiven" sei das Inzestverbot zur Aufrechterhaltung der sozialen Struktur von Familie oder Clan notwendig.

In unserer Kultur zeigt sich allerdings, daß es nicht selten genau umgekehrt ist und die Übertretung des Inzesttabus dazu beiträgt, Familien zu stabilisieren, zusammenzuhalten und ihre Unauffälligkeit zu gewährleisten.

Der Inzest gehört zu den Menschheitstabus[8].

Das Wort Tabu stammt aus dem Polynesischen und bedeutet >heilig machen<. Wirtz (1991, S. 43) weist auf die Konsequenz der Tabuverletzung Inzest hin:

> „Das, was tabuiert ist, wird mit Mana und Numinosität erfüllt. Tabuverletzungen entheiligen also. Wer sexuell ausgebeutet wurde, kann die sexuelle Vereinigung nicht mehr als etwas Heiliges erleben, sondern wird um die transzendente Dimension der Sexualität betrogen".

Die Begründung für das Inzesttabu ist Sache der Kulturanthropologie. Rijnaarts (1991, S. 31) bietet eine Zusammenschau der kulturanthropologischen Auffassungen zum Inzesttabu und deckt die unsachgemäße, voreingenommene oder blinde Behandlung dieses Themas bei verschiedenen Kulturanthropologen auf; sie schenkten, „ob sie aber mit biologischen, psychologischen oder sozialen Erklärungen aufwarten ..., der einseitigen Übertretung des Inzestverbots durch männliche Familienmitglieder so gut wie keine Beachtung". Darin gleichen sie der familiensystemischen Vorgehensweise, die der Verletzung des Inzesttabus vor allem durch paternale Autoritätsfiguren ebenfalls nicht genug Rechnung trägt (ebd., S. 145).

6. Reaktionen

Bei der Aufdeckung einer sexuellen Straftat an Kindern hängen die Reaktionsweisen davon ab, ob der Täter ein Fremder, ein Bekannter oder naher Verwandter des Kindes ist. Wird das Kind von einem fremden Täter belästigt, dann richtet sich die Wut vor allem gegen den als abartig beschuldigten Täter. Steinhage (1989, S. 62) vermutet in der Skandalisierung von fremden Tätern eine Strategie der Vertuschung, um den innerfamiliären sexuellen Übergriffen, insbesondere von Vätern auf ihre Töchter, nicht ins Auge sehen zu müssen.

Handelt es sich dagegen um die Kategorie des Kernfamilien-Inzests, dann wird in der Familie und der Öffentlichkeit zumeist die Glaubwürdigkeit des Kindes angezweifelt. Außerdem vermeiden betroffene Kinder in der Regel, den ihnen vertrauten und oft auch geliebten Täter anzuschuldigen. Statt das Verbrechen aufzudecken, identifizieren sich viele dieser Kinder mit dem Aggressor.

6.1. Entlastung und Verteidigung des Inzesttäters und der „Familienmythos"

Stammt ein Kindesmißbraucher aus dem inneren Familienkreis, dann wird er bei der Aufdeckung zumeist entlastet und verteidigt (vgl. Steinhage 1989, S. 94). Nicht ihm wird mit Härte begegnet, sondern eher – wie nachweislich bei vielen Sexualstraftaten – dem Opfer. Das trifft besonders auf Menschen mit konventioneller Ausrichtung zu (vgl. Wyre und Swift 1991, S. 80; Scully 1990, S. 86). Sie wollen den „Familienmythos" und die Grundlagen unserer patriarchalischen Kultur nicht infrage stellen.

An der Aufrechterhaltung des Familienmythos liegt auch vielen Opfern. Wirtz (1991, S. 126) sagt: „Es ist erschütternd zu sehen, mit welchem Energieaufwand der Mythos der normalen Familie aufrechterhalten wird, wo das Ungeheuerliche nicht wahr sein kann, weil es nicht wahr sein darf".

An dem Mythos, der die Familie in der Gesellschaft umgibt, hat auch die Schule Anteil. Sie hat mit dazu beigetragen, daß Familie als Ort groben Schädigungsverhaltens lange Zeit nicht ins Blickfeld geraten ist. Die Verantwortung der Institution Schule zur Prävention und Intervention gerade bei Inzest will Wölfl (3/94, S. 5 - 8) zu bedenken geben. Schule sei oftmals die einzige Einrichtung, die abhängig gehaltenen Kindern aus Inzestfamilien offenstehe. Andere außerhäusliche Sozialkontakte werden ihnen häufig verboten, um die Familienbindung zu stärken. Die Schule nehme ihre Verantwortung gegenüber diesen Kindern bisher nur recht unzulänglich wahr und lasse sie mit ihren Problemen allein. Das hängt zum Teil mit der äußerlich zumeist heilen Fassade von Inzestfamilien zusammen, die dem Familienmythos unserer Gesellschaft in besonderem Maße entspricht. Von Lehrkräften wird sie kaum hinterfragt. Wölfl (ebd., S. 6 f) ist der Ansicht, durch Ignoranz und durch fehlende Hilfsangebote werde „das Umfeld Schule ... zum Verbündeten des Tätersystems".

Aufgrund seiner Erfahrungen in der Praxis stellt auch der Kinderpsychiater du Bois (In Der Teckbote, Kirchheim, 12.4.1997) den Familienmythos infrage. Er geht davon aus, daß in zehn Prozent aller Familien Kinder in Erwachsenensexualität einbezogen werden[9]. Daher sei es unangebracht, Präventionsarbeit an die Familie zu delegieren. Vielmehr müsse die Schule, als ein wichtiger Lebensraum von Kindern, Aufklärungsarbeit leisten und sich der Verantwortung stellen, die das Thema sexueller Mißbrauch an Kindern mit sich bringt.

Eine Familie, in der der Vater als Täter entdeckt wird, fühlt sich existentiell bedroht, besonders dann, wenn die Mutter von ihm abhängig ist.

> „Man muß verstehen, daß die Familienmitglieder zutiefst davon überzeugt sind, ihr Überleben sei in Gefahr, um begreifen zu können, warum weder das Opfer noch die Mutter (der nicht-mißbrauchende Elternteil) Anzeige erstatten und warum alle Familienmitglieder den Mißbrauch in der Regel verleugnen, wenn er aufgedeckt wird" (Larson 1986, S. 106).

Ist der Inzest als Tatsache nicht zu leugnen, wird die Schuld, besonders wenn es sich um ein Mädchen handelt, häufig dem „verführerischen Verhalten" des Kindes zugeschrieben. Bis in die 30er Jahre unseres Jahrhunderts ging man davon aus, inzestuöses Verhalten sei auf eine verführerische Tochter, die ihre ödipalen Tendenzen auslebt, und auf einen perversen und soziopathischen Vater zurückzuführen (vgl. M. Hirsch 1987, S. 22 f). Dieses Bild wurde in der Folgezeit durch die familiendynamische Vorstellung ergänzt, wegen ihrer emotionalen Kälte sei hauptsächlich die Mutter für das Inzestgeschehen verantwortlich. Erst in den 60er/70er Jahren wurde eher dem Vater und seiner defizitären Sozialisation die Verantwortung zugewiesen.

Auch der berühmten französischen bildenden Künstlerin Niki de St. Phalle (5/95) wurde 1952 in der Psychiatrie „verführerisches Verhalten" (ebd., S. 116) zur Last gelegt. Zunächst glaubte man ihr nicht, daß ein Mann wie ihr Vater, mit dieser „Herkunft und mit dieser religiösen Erziehung" (ebd., S. 114) zu so etwas fähig gewesen sein könne. Später wurde betont, das kleine Mädchen habe die Situation herausgefordert. De St. Phalle (ebd., S. 116) faßt die Ansicht der Psychiater wie folgt zusammen:

> „So nahmen die Psychiater unbewußt Partei für meinen Vater ... Ihrer Meinung nach konnte man keinen Mann dafür verurteilen, daß er den perversen Verführungen eines kleinen Mädchens nicht widerstanden habe ... er sei nur Opfer einer Schwäche gewesen".

Mit verantwortlich für diese Haltung ist die klassische Psychoanalyse und ihr Mythos vom „verführerischen, heuchlerischen" Kind und dem verführten Erwachsenen (vgl. Wyre und Swift 1991, S. 70; M. Hirsch 1987, S. 93; Sgroi 1989, S. 234).

6.2. Anzweiflung der Glaubwürdigkeit des Kindes

Zu den öffentlichen und familieninternen Reaktionsweisen bei der Offenbarung eines Inzestgeschehens gehörte und gehört, daß dem Kind nicht geglaubt wird und seine Berichte mit Lügen oder Phantasiegeschichten abgetan werden. Miller (1988, S. 100 f) wendet sich entschieden gegen die auf Freud beruhende Theorie, daß Kinder Traumen erfinden, wenn sie ihre Eltern beschuldigen. Kinder wollten mit Hilfe der Phantasie ihre Eltern eher idealisieren. Sie führten einen inneren Kampf „um das Bild des guten Vaters oder der guten Mutter" und weigerten sich, die Eltern zu beschuldigen (ebd., S. 101; vgl. auch Miller, Interview in: Rush 1991, S. 13).

Zur Frage der Glaubwürdigkeit von Kindern ist eine Untersuchung von Belang, die in Amerika durchgeführt wurde (vgl. Karen J. Saywitz u.a. No.5/1991, S. 682 - 691): Bei der klinischen Untersuchung von 72 Mädchen im Alter zwischen 5 und 7 Jahren ging es darum, den Gedächtnisfaktor und die Glaubwürdigkeit zu überprüfen. In einer der Gruppen wurden Kinder allgemein, in einer Kontrollgruppe zusätzlich vaginal oder anal untersucht. Die Befragung der Kinder erfolgte 1 Woche oder 1 Monat später. Bei der Befragung erwähnten die meisten Kinder der Kontrollgruppe die zusätzlichen Untersuchungen nicht, demonstrierten sie auch nicht an Puppen (83 % erwähnten nicht die vaginalen, 89 % nicht die analen Untersuchungen). Sie berichteten über die spezielle Untersuchung erst, als sie mittels der anatomischen Puppen direkt danach gefragt wurden (86 % vaginal, 69 % anal).

Keines der Kinder der anderen Gruppe, die in diesen Regionen nicht untersucht worden waren, machte bei freien Berichten eine falsche Angabe. Auch demonstrierten sie keine entsprechende Handlungen an den Puppen. Die Untersuchung wird insgesamt bestimmt von einer hohen Rate des Verschweigens und davon, daß in keinem Fall eine falsche Angabe gemacht wurde. Erst, als in der Gruppe ohne vaginale oder anale Berührung mit in die Irre führenden Fragen nach solchen Kontakten gefragt wurde, kam es zu einer einzigen falschen Angabe bezüglich vaginaler und zwei falschen Angaben bezüglich analer Berührung.

Die Untersuchung widerlegt weitgehend die Auffassung, Kinder neigten zu sexuellen Phantasien, und anatomische Puppen stimulierten diese Phantasien.

Auch der gerichtlich beeidete Sachverständige für Psychiatrie und Kinder- und Neuropsychiatrie Friedrich (1998, S. 98) stellt mit Nachdruck fest:

„Nur 3 bis 5 % aller Aussagen von Kindern und Jugendlichen sind falsche Beschuldigungen. Die weitaus überwiegende Mehrheit der Opfer sagt – klar und beredt – die Wahrheit. Die reale Statistik straft nicht die Kinder, sondern die Erwachsenen Lügen!".

6.3. Identifikation mit dem Aggressor

Anna Freud (1985, S. 85) hatte die „Identifikation mit dem Angreifer" als eine Abwehrmaßnahme erkannt. Sie sei „eines der wichtigsten Mittel im Umgang mit den angst-erregenden Objekten der Außenwelt" (A. Freud ebd.).

Sich auch im Falle sexuellen Mißbrauchs mit dem Angreifer zu identifizieren und dem Opfer die Schuld zuzuweisen, erklärt sich aus Ängsten und aus der weit verbreiteten Tendenz, sich aus Sicherheitsstrebungen auf die Seite der Mächtigen und Stärkeren zu schlagen, und das sind in unserer Gesellschaft vor allem Männer. Wyre und Swift (1991, S. 80) sagen: „Wenn es darauf ankommt, glauben wir eher Menschen, die Macht besitzen, als den weniger starken, und darum haben kindliche Opfer sexuellen Mißbrauchs keine guten Karten".

Ein Beispiel für die verbreitete Tendenz, sich mit den Stärkeren zu identifizieren, ist die Publizistin Rutschky. Sie unterstützt die kollektiven Wünsche nach Verdrängung und Ignorierung unangenehmer Tatsachen und versucht, die Dimension des sexuellen Mißbrauchs im Feminismus und in einer hysterischen und männerfeindlichen Frauenwelt anzusiedeln, in der das Schweigen der „einzeln oder kollektiv so grob beleidigten Männer" verständlich sei (Rutschky 1992, S. 79).

Demgegenüber halten Böhnisch und Winter (1993, S. 206 f) Männern generell vor, sich kaum mit dem gesamten Bereich der sexuellen Perversionen zu beschäftigen. Die Verbreitung und die Einzelheiten zum Tatbestand wirklich an sich herankommen zu lassen, würde zwangsläufig Gefühle von Scham, Angst und Ohnmacht hervorrufen, also gerade jene Gefühle, die Männern besonders bedrohlich und unerträglich erscheinen.

Auch die betroffenen Kinder selbst nehmen häufig die Verantwortung für das auf sich, was Erwachsene ihnen antun. A. Mitscherlich (1992, S. 75) geht auf das Phänomen ein, daß die große Not der Kindheit nicht nur geleugnet, sondern daß – als Abwehrmaßnahme – die Eltern idealisiert und gerechtfertigt werden. Selbst im Erwachsenenalter geschehe das noch häufig. Die Verklärung der Kindheit und der Eltern sei „das Ergebnis einer Entstellung der Wirklichkeit, indem nämlich der spätere Erwachsene – wie schon das Kind selbst – dadurch einen Entlastungsversuch unternimmt, daß es sich mit dem Angreifer ... identifiziert" (A. Mitscherlich, ebd.).

Durch die Identifikation mit dem Aggressor binden sich Kinder an lieblose Eltern oder einen lieblosen Elternteil besonders eng – bis hin zur Hörigkeit. Das sei vor allem dann wahrscheinlich, so Bischof (1985, S. 474) „wenn fortgesetzt drohende Gewalt alle aufkeimenden Autonomiewünsche erstickt". Bischof (ebd.) erhellt die anthropologischen Zusammenhänge dieses Prozesses und veranschaulicht am Beispiel des geprügelten Hundes das Sieger-Besiegte-Verhältnis sowie die gegensätzlichen Strebungen von >Selbsterweiterung< und >Rückversicherung<:

Der Hund unterwirft sich nach der Niederlage. Voraussetzung, daß Einschüchterung wirksam werden und Unterwerfung stattfinden kann, ist, neben der Angst, eine bestehende Bindung. Auf diesem Hintergrund besteht das Ziel und die Konsequenz der Einschüchterung darin, daß der Betreffende sich anschließend „auch wirklich auf Schutz und Führung angewiesen fühlt. Er muß ... von >Selbsterweiterung< auf >Rückversicherung< geschaltet haben" (Bischof ebd.). Wird Bischofs Konzept auf ein Mißbrauchsopfer angewandt, dann müssen wir uns erneut vor Augen halten, daß es in überwiegendem Maße Mädchen sind, die sexuell mißbraucht werden.

Während das männliche Autonomiedilemma, wie später noch genauer erörtert wird, an die männliche Sozialisation in einem patriarchalischen Kontext geknüpft ist, wird die weibliche Sozialisation vielfach durch das Überwältigungserlebnis des sexuellen Mißbrauchs und die daran geknüpfte Angst geprägt. Das häufige Reaktionsmuster darauf, die Identifikation mit dem Aggressor, beeinflußt die individuelle Entwicklung des betroffenen Mädchens entscheidend und dämpft, zusammen mit sozialen Mythen im Patriarchat, die Entwicklung des Selbstbewußtseins und den Autonomieanspruch vieler Frauen. Auf diesem Hintergrund ist ein Großteil von Mädchen und Frauen widerstandslos bereit, sich den Rollenerwartungen der patriarchalischen Gesellschaft unterzuordnen. Sie haben weder Kraft noch Willen, um – in Bischofs Worten (ebd., S. 253; vgl. auch Wirtz 1991, S. 114) – ihre „Existenz in die eigene Hand zu nehmen".

Beim Inzest in der Kernfamilie kann folgendes hinzukommen: Die enorme Verletzung und die empfundene Niederlage, die aus dem sexuellen Überwältigungserlebnis resultieren, rufen besonders starke Schutz- und Sicherheitsbedürfnisse hervor. Diese richtet das Kind u. U. auf die sexuell mißbrauchende Autoritätsperson. Bischof (ebd., S. 463) erläutert: „In einer perfiden Beziehungsfalle qualifiziert sich derjenige, der meinen Autonomieanspruch bricht und damit mein Sicherheitsbedürfnis hochtreibt, zugleich als nächstliegender Attraktor für dieses Bedürfnis".

Hier wird deutlich, warum Kinder, die sexuelle oder andere Formen von Gewalt in der Familie erleben, einerseits besonders ängstlich und andererseits gegenüber dem verursachenden Elternteil besonders abhängig und klammernd sein können. Im späteren Leben sind eine neurotische Partnerwahl und symbiotische Tendenzen wahrscheinlich.

Die Bedeutung der Angst für die Identifikation mit dem Täter wird von Ferenczi (1982, S. 308; vgl. Wirtz 1991, S. 114) herausgestellt:

> Sexuell mißbrauchte Kinder sind „durch eine ungeheure Angst paralysiert ... ihre Persönlichkeit ist noch zu wenig konsolidiert, um auch nur in Gedanken protestieren zu können, die überwältigende Kraft und Autorität des Erwachsenen macht sie stumm, ja beraubt sie oft der Sinne. Doch dieselbe Angst, wenn sie einen Höhepunkt erreicht, zwingt sie automatisch, sich dem Willen des Angreifers unterzuordnen, jede seiner Wunschregungen zu erraten und zu befolgen, sich selbst ganz vergessend sich mit dem Angreifer vollauf zu identifizieren".

Die große Konfusion und Spaltung des Kindes, die aus „der traumatischen Trance" mit dem Aggressor resultiere, gehe „mit gebrochenem Vertrauen zur Aussage der eigenen Sinne" einher (Ferenczi ebd., S. 30).

Wirtz (1991, S. 39) geht, ebenso wie Ferenczi (1982, S. 30), auf die Verknüpfung von Identifikation und Schuldübernahme ein: „Aus unserer psychotherapeutischen Erfahrung wissen wir, daß Menschen versuchen, den narzißtischen oder sexuellen Mißbrauch in der Kindheit zu verbergen oder sich selbst dafür zu beschuldigen". [Dieser Vorgang sowie die Identifikation mit dem Täter zeige eine Parallele zu den Reaktionen von Holocaust-Opfern (Wirtz 1991, S. 124)]. Das Kind übernimmt in der Identifikation mit dem Aggressor also die Schuldgefühle, die dieser eigentlich haben müßte.

Die aus der Identifikation mit dem Aggressor resultierende Persönlichkeitsform besteht lediglich aus dem Es und dem Über-Ich, ist ohne Fähigkeit zur Selbstbehauptung und gespalten (Ferenczi 1982, S. 309). Fehlen dem Kind zum einen die eigenständigen Funktionen, so wird es in der Identifikation mit dem Aggressor andererseits quasi zum Psychiater, der sich in sein Gegenüber einfühlt. Die Einfühlung ist wichtig, um sich vor den Gefahren zu schützen, die in einer Person ohne Selbstkontrolle liegen.

Sich mit der Sichtweise des Aggressors zu identifizieren, bewahrt nicht nur vor dem Bruch mit den Eltern oder einem Elternteil, sondern auch davor, mit der Kirche zu brechen, die vorgeschrieben hat, den Eltern zu gehorchen und sie zu ehren (vgl. Woititz 1993, S. 116 f). Woititz (ebd.) berichtet von einer Frau, die überzeugt war, nicht nur die körperliche Mißhandlung verdient, sondern auch den sexuellen Mißbrauch selbst verschuldet zu haben – bei dem sie 3 Jahre alt war! Woititz erklärt dies mit dem Bestreben, an der Familie und an der Kirche (die betroffene Frau war zeitweise Nonne) festhalten zu wollen: „Statt allein und ohne Anker auf diesem Planeten umherzutreiben, zieht sie es vor, ihre Kindheitserlebnisse wegzurationalisieren" (Woititz, ebd.). Die zerstörerische Bindung an die Familie sowie an die Kirche und ihre Gebote verstelle den Weg in die Heilung (Woititz ebd.).

Die hier geschilderte Operation an der eigenen Wahrnehmung zugunsten von Identifikation und Rückversicherung bestätigten, was Keen (1985, S. 129) über die Aufopferung der Wahrheit zugunsten des Zugehörigkeitsgefühls sagt: „Wahrheit ist das erste Opfer, das wir für das Zugehörigkeitsgefühl bringen".

Daß in der Identifikation mit dem Aggressor auch die Identifikation des Schwächeren mit dem Stärkeren steckt, ist vor allem im Hinblick auf mißbrauchte Jungen wichtig. In der Identifikation mit dem starken Erwachsenen wird Ohnmacht in ein Machterlebnis verwandelt und die eigene Schwäche verdrängt. Dieser Mechanismus erhöht die Wahrscheinlichkeit von späteren Übergriffen auf Schwächere, um das ursprüngliche Erlebnis zu bewältigen. Die Beobachtung von Marquit (1986, S. 127), daß gewalttätiges Verhalten von Kindern oft erst dann beginnt, wenn „der Vater sie oder eines ihrer

Geschwister mißbraucht hat", ist ein Fingerzeig darauf, daß – wie erwähnt – Gewalttätigkeit bei Kindern als Signal der Not erkannt und als reaktives Verhalten gewertet werden muß.

Auch betroffene Mädchen übernehmen mitunter im Identifikationsmechanismus die Sichtweise des Vaters und richten ihre negativen Gefühle eher auf die Mutter (vgl. Steinhage 1989, S. 96; Hänel 1992/1993, S. 22). Merz (1988, S. 161) ist ein Beispiel dafür: „Ja, ich verachtete die Mutter mit den Worten und den Gefühlen des Vaters, ich verachtete sie so, wie dieser sie verachtete ...".

6.4. Reaktionen des Täters – Sexuelle Gewalt an Kindern vor Gericht

Sexuelle Gewalt gegen Kinder wird fast immer abgestritten. Die meisten Täter verteidigen sich auch vor Gericht[10] oft erfolgreich damit, das Kind phantasiere die Sexualszenen (Beispiele liefert Jäckel 1988, vgl. S. 19, 32).

Wie erwähnt, wird nur ein Bruchteil der sexuellen Vergehen gegen Kinder bekannt, und daß es hier zu einem Strafrechtsverfahren und zur Verurteilung des Täters kommt, ist – besonders, wenn Kernfamilien-Inzest vorliegt – höchst unwahrscheinlich. Zum einen kann das an der Reaktion der betroffenen Kinder liegen. Bevor es zu einer Gerichtsverhandlung kommt, waren sie neben dem Martyrium des sexuellen Mißbrauchs auch bedrückenden Befragungen, etwa durch das Glaubwürdigkeits-Gutachten, ausgesetzt. Haben sie diese Befragungen überstanden und steht schließlich am Ende des Aufdeckungsprozesses eine Gerichtsverhandlung, sind sie spätestens zu diesem Zeitpunkt häufig bereit, zugunsten des Familienerhalts sowie aus Angst vor dem Vater oder seiner Bestrafung ihre Aussage zurückzunehmen (vgl. Enders 1990, S. 16; Jäckel 1988, S. 32).

Zum anderen leugnen Täter nicht nur so lange, wie sie nicht eindeutig überführt sind, sondern nehmen auch nach einer eventuellen Überführung die verschiedenartigsten Entlastungsversuche vor. Um die Verantwortung für ihr Tun von sich abzuwälzen, weisen sie dem Opfer die Schuld zu. Ihm werden Sexualwünsche gegenüber dem Erwachsenen sowie die Initiative an dem Geschehen unterstellt (vgl. Scully 1990, S. 46). Selten nehmen Täter die Verantwortung für ihre Vergehen auf sich (vgl. Bentovim u.a. 1990b, S. 264; Armstrong 1985, S. 50, 74; Palmowsky 4/1994, S. 245; Enders 1990, S. 120; Woititz 1993, S. 35).

Bis vor wenigen Jahren konnten sie mit ihren Schuldzuweisungen fast immer auf das Wohlwollen der Gerichte zählen. Hier war es weitgehend üblich, Kindern ähnlich wie Opfern von Vergewaltigungen zu begegnen: Ihre Aussagen wurden angezweifelt, oder ihnen wurden Sexualwünsche gegenüber dem Erwachsenen sowie die Initiative und die Schuld an dem Geschehen unterstellt (vgl. Scully 1990, S. 46). In diesen Zuweisungen spiegeln sich Freudianisches Gedankengut sowie die Projektionen und Verdrehungen des Täters.

Bezeichnend für die Haltung in der Rechtssprechung ist ein Prozeß, der 1984 in Kempten stattfand. Einem Mißbrauchstäter wurden darum mildernde Umstände zugebilligt, weil die Initiative „bis zu einer gewissen Grenze von seinem frühreifen Opfer ausgegangen" sei. Das Mädchen war zur Zeit der Tat 7 Jahre alt! (zit. nach: Trube-Becker 1987, S. 151).

Selbst wenn ein Kind sexualisiertes Verhalten an den Tag legt (wie das bei bereits sexuell mißbrauchten Kindern der Fall sein kann), ist und bleibt stets die erwachsene Person für das Geschehen verantwortlich (vgl. Jäckel 1988, S. 16). Korczak (1970, S. 10) weist generell Erwachsenen die Aufgabe zu, gegenüber dem Kind „die moralisch und rechtlich Verantwortlichen, Wissenden und Vorausschauenden" zu sein.

Für Rijnaarts (1991, S. 240) ist der „Mangel an Schuldbewußtsein und Selbstkritik" das übergreifende Merkmal von Inzesttätern. In den Schuldzuweisungen an das Kind sieht sie nicht nur Entlastungsversuche, vielmehr auch Projektionen. Das zeige „allein schon die Tatsache, daß Mädchen die ihnen aufgezwungenen sexuellen Handlungen ausschließlich widerwärtig finden, wie sämtlichen bisher veröffentlichten Erfahrungsberichten zu entnehmen ist" (Rijnaarts ebd.). Auch für Wyre und Swift (1991, S. 70) ist die Annahme, eine Tochter möchte zu ihrem Vater eine sexuelle Beziehung aufbauen, „völlig unwahrscheinlich".

Die Verantwortung für das Vergehen schieben Kindesmißbraucher nicht nur den betroffenen Kindern zu, sondern – ähnlich wie bei Vergewaltigungen üblich – oftmals auch den Ehefrauen. Sie hätten durch ihre unzulängliche sexuelle Ansprechbarkeit den Mann in den Inzest getrieben (vgl. Groth 1989, S. 234). Die Motivation ihres Mannes, die kleine Tochter sexuell zu mißbrauchen, umreißt eine Ehefrau wie folgt: Er wollte „bei ihr das Verklemmte abbauen. Ich wäre beim Sex immer so prüde und würde so allerhand nicht genießen. Darunter hätte er als Mann immer gelitten" (Jäckel 1988, S. 77).

Mit dem Hinweis auf eine „prüde" und verweigernde Ehefrau konnten Sexualstraftäter vor Gericht häufig auf mildernde Umstände rechnen (vgl. Wyre und Swift 1991, S. 71, S. 103). Das spiegelt die populäre Auffassung, die Verantwortung für die männliche Sexualität liege bei der Ehefrau (vgl. Breitenbach 2/1993, S. 51).

> „Ein inzestuöser Vater ist überrascht, wenn er erfährt, daß sein Verhalten gesetzlich strafbar ist, denn er glaubt, sexueller Zugang zu seinen Kindern sei sein gutes Recht. Und dieses vermeintliche Recht wird durch Film, Werbung und Pornographie untermauert, die Kinder ständig erotisieren ..."

Es gibt Männer, die versuchen, sexuelle Übergriffe auf ihre Tochter oder ihren Sohn damit zu rechtfertigen oder zu verharmlosen, daß es um >Sexualerziehung< gegangen sei. Es tue dem Kind gut, „in der Sicherheit des eigenen Zuhauses zu erfahren, was Sex ist" (Wyre und Swift 1991, S. 71; vgl. auch Rijnaarts 1991, S. 243; Jäckel 1988, S. 19; Groth 1989, S. 234). In ihren Rechtfertigungsbemühungen berufen sich einige Täter auch auf die Bibel und führen biblische Beispiele von Inzest an (vgl. Bange 1992, S. 122).

Manche Väter sehen in ihren sexuellen Übergriffen die Äußerung von Zuwendung und Liebe. Bei einer Konfrontation erklärte ein Mann, er wisse nicht, wie er seine Tochter lieben könne, ohne dies sexuell auszudrücken (vgl. Elton 1990/b, S. 199).

Eine Reihe von Männern hält es für ehrbarer, innerhalb der Familie mit der Tochter sexuell zu verkehren, als außereheliche oder Prostituiertenkontakte aufzunehmen. Außerhäusliche Kontakte könnten, wie sie annehmen, den Bestand von Ehe und Familie eher gefährden als die Sexualität mit dem Kind (vgl. Rijnaarts 1991, S. 244; Wyre und Swift 1991, S. 71; Groth 1989, S. 234; Armstrong 1985, S. 260).

Finkelhor (in Bange 1992, S. 121) meint, die repressiven sexuellen Normen der Kirche hätten dazu beigetragen, daß gläubige Männer im Sinne der kirchlichen Gebote starke Schuldgefühle eher bei außerehelichen sexuellen Beziehungen entwickeln, als wenn sie sich ihren eigenen Kindern zuwenden.

Verschiedene Inzestväter sehen ihre sexuellen Übergriffe und die Folgen als eine reine Familienangelegenheit an. Somit sei das Problem, meinen sie, auch innerhalb der Familie zu lösen (vgl. Woititz 1993, S. 35).

Inzesttäter stellen die Übergriffe, selbst nach Bekanntwerden, selten ein. Ein Opfer berichtet: „Der Rechtsanwalt konnte die Sache niederschlagen, und mein Vater trieb sein Unwesen weiter" (Jäckel 1988, 32, vgl. ebd. S. 19; vgl. Rijnaarts 1991, S. 241). Statt aufzuhören, verstärken Inzesttäter den Druck, das Schweigen des Kindes zu erhalten (vgl. Steinhage 1989, S. 68). Hänel (1992/1993, S. 22) berichtet: „Therapieversuche in Amerika zeigen, daß während einer Familientherapie, bei der der Täter therapiert wurde, der Mißbrauch weitergeht, nur in verschärfter Form, weil der Geheimhaltungsdruck größer ist".

Wird ein betroffenes Kind aus der Familie entfernt, dann ist die Wahrscheinlichkeit groß, daß das nächste Kind zum Opfer gemacht wird. Oder Täter suchen sich nach einer Gefängnisstrafe „die nächste Frau mit einer Tochter" (ebd., S. 23). Elton (1990/a, S. 178) erwähnt das Beispiel eines Stiefvaters, der damit droht, andere Kinder zu mißbrauchen, wenn man ihn von der Familie entfernt.

Diese Beispiele sind ein Fingerzeig auf den Suchtcharakter sexuellen Mißbrauchs an Kindern.

7. Der Täter

Im folgenden soll es lediglich um eine kurze Skizzierung des Täterkreises und um bestimmte charakteristische Züge von Tätern gehen. Nähere Hintergrundbedingungen und tiefer liegende Motivationen hinter sexuellem Mißbrauch an Kindern werden in einem gesonderten Kapitel behandelt[11].

7.1. Täterkreis

Sexuelle Gewalt an Kindern geschieht vor allem durch Männer (vgl. Rijnaarts 1991, S. 18; Bange 1992, S. 114 ff). Der Anteil liegt wahrscheinlich bei über 90 % (vgl. Eckert-Groß (4/95, S. 3). Bei sexueller Gewalt gegen Jungen stellen Frauen einen vermuteten Anteil von etwa 10 - 15 %. Das heißt, auch der Mißbrauch von Jungen geschieht vor allem durch Männer, und zwar vorwiegend durch heterosexuelle Männer (vgl. Enders 1990, S. 249).

Die Hälfte der Täter sind der Altersgruppe zwischen 31 und 50 Jahren zuzurechnen (vgl. Jungjohann, Vortrag 1993). Wie bereits Freud herausgefunden hat, gibt es allerdings auch Kinder und Jugendliche, die kleinere Kinder sexuell mißbrauchen. Wenn dies durch präpubertäre Kinder geschieht, ist es als Anzeichen zu werten, daß das aktive Kind selbst Opfer sexuellen Mißbrauchs war oder ist (vgl. Marquit 1986, S. 127; Freud in: Masson 1986, S. 310). Sexuelle Vorgehensweisen sind schon bei zweijährigen Kindern beobachtet worden, die versuchten, Säuglinge sexuell zu stimulieren und damit wiederholten, was ihnen geschehen war (vgl. Mitnick 1986, S. 85).

Die meisten Schädiger stammen aus dem näheren Umfeld des Kindes und sind Respekts- und Vertrauenspersonen; nicht selten sind es leibliche Väter oder Vaterfiguren. Der Anteil an Fremdtätern ist gering (vgl. Wirtz 1991, S. 23).

Noch bis vor etwa 30 Jahren vermutete man eine beruhigend kleine Anzahl von Inzestvergehen an Kindern, und zwar einen Fall unter Millionen Einwohnern im Jahr (vgl. M. Hirsch 1987, S. 16). Heute wissen wir, daß eine erhebliche Anzahl von Kindern in den Wänden der eigenen Wohnung sexuell mißbraucht wird. Wie Wyre und Swift (1991, S. 67) nachweisen, fanden „80 % der aktenkundigen Fälle von sexueller Gewalt gegen Mädchen und Jungen in Großbritannien von 1983 bis 1987 ... im Elternhaus der Kinder statt".

Im vergangenen Jahrhundert hatte bereits Brouardel (vgl. Masson 1986, S. 51; vgl. auch Ferenczi 1982, S. 307) unmißverständlich klargemacht, daß die Vergewaltigung von Kindern und jungen Mädchen vor allem zu Hause geschieht. Kavemann (1992, S. 1) zufolge stammten 60 % der Männer, denen in der Beratungsstelle „Wildwasser" in Berlin sexueller Mißbrauch nachgewiesen werden konnte, aus den Familien der betroffenen Mädchen. Bei der Umfrage der Universität Hamburg (Teegen 1992, S. 1) gaben 46 % der insgesamt 576 Betroffenen an, vom eigenen Vater sexuell mißbraucht worden zu sein.

Nach Banges Überprüfung (1992, S. 95) kommen jedoch lediglich 22 % der Täter direkt aus der Familie; 50 % waren Bekannte oder Freunde. Bange (ebd., S. 98) räumt ein, daß mit einem höheren realen Anteil der Väter oder Stiefväter zu rechnen sei; denn „das Redetabu beim sexuellen Mißbrauch durch Väter" wirke am stärksten. Das gilt verstärkt für die Personengruppe (Studentinnen und Studenten), an denen Bange seine Studie durchführte.

Wie bereits ausgeführt, ist darüber hinaus bei allen Erhebungen das Ausmaß an Abspaltungen zu berücksichtigen. Durch die Nähe zum Täter und durch die Wiederholungs- und Intensivierungsmöglichkeiten, die im familiären Rahmen gegeben sind, ergeben sich besonders schwerwiegende Traumen. Schwere Traumen ziehen häufig Abspaltungen nach sich, so daß das Erlebte nicht mehr erinnert wird.

Täter kommen aus allen gesellschaftlichen Schichten (vgl. Bange 1992, S. 36; Rijnaarts 1991, S. 240). Aufschlußreich ist eine Erhebung aus den 80-er Jahren in Amerika, wonach „eine steigende Zahl der Fälle von Kindesmißbrauch in Ober- und Mittelschichtfamilien gemeldet" wurde (Carnes 1983, S. 95). Carnes (ebd.) zufolge könnte dahinter ein Komplex von Süchtigkeit stecken, bei dem sich verschiedene Süchte aneinander koppeln. Neben anderen Süchten ist an die Arbeitssucht zu denken. Viele Inzestväter werden als sehr arbeitsam geschildert, was nicht nur ihre Angepaßtheit und ihr Bemühen um „Normalität", sondern auch ihren Geltungsdrang und ihr starkes Anerkennungsbedürfnis spiegeln könnte (vgl. Rijnaarts 1991, S. 231 ff). Arbeitssüchtige entsprechen dem Typus des „Leistungsmannes". Carnes (1983 S. 98) deutet einen Zusammenhang zwischen der Arbeitssucht des „Leistungsmannes" und sexuellen Strebungen an: „Jemand arbeitet bis zur Erschöpfung und glaubt, sich die sexuelle Zerstreuung verdient zu haben".

Eine wichtige Korrelation besteht zwischen Alkoholismus und Inzest. Bertling (5/93, S. 14) zufolge stammen „laut amerikanischen Untersuchungen ... etwa 50 % der Inzestopfer aus Alkoholikerfamilien".

In der Regel sind Mißbraucher ganz „normale" Männer ohne psychiatrische Auffälligkeiten (vgl. Levold 7/93, S. 296) und stammen vorwiegend aus konventionellen „Familien mit traditioneller Rollenverteilung" (Rijnaarts 1991, S. 257). Sie haben zumeist den Ruf von „Ehrenmännern", werden von ihrer Umgebung geachtet und sind „nach außen hin vorbildliche Familienväter ..." (Jäckel 1988, S. 138; vgl. Masson 1986, S. 3, 51, 351). Als Folge der Vorbildlichkeit und Angepaßtheit von inzestuösen Familienvätern wird Kindern, die sich offenbaren, nicht geglaubt (vgl. Wölfl 3/94, S. 5).

7.2. Vorgehensweisen – Strategien

Zu den Vorgehensweisen von Kindesmißbrauchern gehören planhafte manipulative Strategien sowie Drohungen oder Gewalt. Das ungestörte Fortführen der sexuellen Ausbeutung wird durch den Geheimhaltungsdruck sowie durch das Stigmamanagement des Täters gewährleistet.

Die einzelnen Methoden, die zur Anbahnung der sexuellen Kontakte und zu ihrer Vertuschung gehören, erschließen sich aus authentischen Berichten von Opfern (s. vor allem Jäckel, Bange, Enders).

7.2.1. Planhaftigkeit

Die Vorgehensweise ist zum größten Teil ebenso planhaft wie bei einer Vergewaltigung (vgl. Wyre und Swift 1991, S. 11 f). Das ist ein Indiz gegen die Theorie, es handle sich bei sexuellem Mißbrauch um ein Triebgeschehen, das aus sexuellem Notstand resultiere (vgl. Steinhage 2/93, S. 61).

Zur Abgrenzung zwischen Zärtlichkeiten und sexuellem Mißbrauch führt Steinhage (1989, S. 62; vgl. auch Marquit 1986, S. 118 ff) aus:

„Der Übergang von Schmusen, Zärtlichsein mit Mädchen und sexuellem Mißbrauch ist nicht fließend, wenn das auch von Männern gerne so dargestellt wird ... Hinter jedem sexuellen Mißbrauch steckt die Intention des Täters. Sexuelle Handlungen an Mädchen sind vom Täter immer beabsichtigt; also bewußt inszeniert".

Dieses Verlaufsmuster ist darum so wichtig, weil in der Diskussion immer wieder nach den Grenzen zwischen Zärtlichkeit und sexuellen Übergriffen gestellt wird.

Jedes Kind sucht Nähe und Zärtlichkeit. Das wird von verschiedenen Männern erotisch-sexuell interpretiert und ausgenutzt. Die Kinder merken in der Regel, daß im Verhalten des Erwachsenen etwas nicht stimmt, wenn er die Grenze von Zärtlichkeit zu sexueller Tönung überschreitet (vgl. Bange 1992, S. 53). Jäckel (1988, S. 16) beurteilt derartige Situationen wie folgt: „Erfährt ein Kind diese Nähe, weil ein Erwachsener sich daran erregt und sexuell befriedigt wünscht, geschieht dem Kind Unrecht ..."

Wyre und Swift (1991, S. 86) gehen auf die Situation eines Mannes ein, der eine Erektion bekommt, während seine Tochter auf seinem Schoß sitzt, und erläutern:

„Jeder leichte Druck auf den Penis kann eine kleine Erektion hervorrufen. Ein Mann, dem das passiert, während er seine Tochter auf dem Schoß hat, ist noch lange kein Mißbraucher. Wenn er sie auf seinem Schoß behält, um sich weiter zu erregen, oder sie nur deswegen auf den Schoß nimmt, ist das etwas anderes".

Zur Planhaftigkeit der Vorgehensweise gehört in verschiedenen Fällen der Versuch, den Körper des Mädchens zu einer sexuellen Reaktion zu bringen. Dahinter verbirgt sich der Wunsch des Täters, sein eigenes Gewissen zu entlasten und dem Kind zusätzliche Scham- und Schuldgefühle zu vermitteln (vgl. Rijnaarts 1991, S. 205; Bange 1992, S. 151). Ein Opfer berichtet, ihr Vater habe im Anschluß an den Geschlechtsverkehr gesagt, „ich hätte ihn vor etwas Bösem gerettet und bewiesen, daß ich ihn liebe, und daß er es jetzt noch oft mit mir treiben müßte, damit ich auch Spaß daran bekäme. Wenn wir beide nämlich Spaß hätten, wäre alles okay" (vgl. Jäckel 1988, S. 105).

Ein taktisches Mittel, die Schuldgefühle des Kindes immer wieder zu reaktivieren, ist die Wiederholung (vgl. Wyre und Swift 1991, S. 78 f). Diese Taktik ist nur in einem Rahmen der Gewohnheiten und der Verfügbarkeit möglich. **Im Falle des Inzests erleichtern die Abgeschlossenheit des Häuslichen und das Wissen um die Gewohnheiten der einzelnen Familienmitglieder nicht nur die Anbahnung der sexuellen Übergriffe, sie gewährleisten mit Hilfe der Geheimhaltung auch deren Wiederholung** (vgl. Rijnaarts 1991, S. 162).

7.2.2. Manipulative Strategien

Bei Inzest werden manipulative Strategien in etwa 42 % der Fälle eingesetzt. Dazu gehört die Ausnutzung der kindlichen Zuneigung und des Vertrauens- und Abhängigkeitsverhältnisses (vgl. Bange 1992, S. 105 f). Beim Vater-Tochter-Inzest gehört außerdem die Lüge dazu, das Geschehen sei ganz normal, und jeder Vater gehe so mit seiner Tochter um (vgl. Rijnaarts 1991, S. 244).

Eine weitere übliche Taktik inzestuöser Väter ist, die Kinder mit Geld, Geschenken oder besonderen Privilegien zu ködern. Dahinter steht nicht nur der Gedanke, „das Kind in die Falle der Mitschuld zu locken", sondern u.U. auch ein Bestechungsversuch (ebd. S. 206; vgl. Enders 1990, S. 21; Armstrong 1985, S. 53 f). In verschiedenen Fällen handelt es sich um einen Erpressungsversuch. In einem Beispiel fordert ein Stiefvater sexuelle Gegenleistungen für die Bezahlung von Turnschuhen (Glade-Hassenmüller 1989, S. 64 f).

Mit diesen Taktiken wird das Kind, das noch in der Weise des Seins lebt, in die Welt des Habens (Fromm), also in die Welt des entfremdeten Erwachsenen hineingestoßen. Ihm wird vermittelt, daß Sex einen Marktwert hat. Eine Reihe von Mädchen wird in die Prostitution getrieben, weil sie von zu Hause fortlaufen, ohne Geld sind und im Elternhaus gelernt haben, daß man den eigenen Körper verkaufen kann.

Zu den manipulativen Mitteln gehört auch der Einsatz von Pornographie, die das Kind ebenfalls in die entfremdete Erwachsenenwelt drängt. Dem Kind wird, speziell durch Kinderpornographie, eine „Normalität" suggeriert, in der Kinder mit Erwachsenen Geschlechtsverkehr haben.

7.2.3. Einstieg über das Spiel

Vielfach geschieht der Einstieg zu sexuellem Mißbrauch an einem Kind über das Spiel. Ferenczi (1982, S. 308) gelingt es, am Beispiel des Rollenspiels Klarheit darüber herzustellen, daß das Spielerische zwischen einem Kind und einem nicht pathologischen Erwachsenen auf dem Niveau von Zärtlichkeiten bleibt, selbst wenn erotische Komponenten mit hineinspielen können. Bei mangelndem seelischen Gleichgewicht oder mangelnder Selbstkontrolle könnten allerdings „die Spielereien der Kinder mit den Wünschen einer sexuell reifen Person" verwechselt werden. So komme es zu vielfältigen Formen von Vergewaltigungen schon ganz kleiner Kinder.

In vielen Fällen werde das Kind gezwungen, so Rijnaarts (1991, S. 303) „eine Rolle in einem Stück zu spielen, das der Vater verfaßt hat und in dem er die Regie führt ... Daß es diese Rolle spielt, weckt in dem Kind Schuldgefühle. Sein Vater läßt es Dinge tun, für die es sich schämt". Die Kinder schämen sich nicht nur, sie fühlen sich auch schuldig und verantwortlich für die Entgleisung des Spiels, zumal Täter ihnen häufig eine Mitschuld oder die Initiative an den sexuellen Handlungen suggerieren.

Auf Erwachsene, die Kinder für sexuelle Zwecke in ein Spiel mit sexuellem Inhalt einbinden, treffen die Überlegungen zu, die Berne in seinem Buch „Spiele der Erwachsenen" beschrieben hat. Dies sind nicht Spiele, die im Sein ruhen. Vielmehr sind sie Ausdruck von Verdinglichungsstrebungen und Haben-Mentalität. Der Sieger dieser Spiele steht von vornherein fest.

Korczak (1970, S. 22) bezeichnet bestimmte Erwachsene als „Falschspieler". Sie nützten die Schwächen des Kindes aus in einem Spiel, das mit „gefälschten Karten" (Korczak ebd.) gespielt werde. In einer ihm noch weitgehend unverständlichen und fremden Welt seien dem Kind die Spielregeln nicht vertraut, und „ein gewissenloser Betrüger" könne es ausnutzen und in die Irre führen (ebd., S. 26).

7.2.4. Drohungen und körperliche Gewalt

In bestimmten Fällen werden Drohungen eingesetzt, um die sexuellen Handlungen zu erzwingen. Sie können bis zu Todesdrohungen gehen (vgl. Trube-Becker, 2/93, S. 10 f).

In Frasers (1988, S. 21) autobiographischer Darstellung wechselt der Vater von der Strategie des Bestechens zu Drohungen, als die Tochter sich weigern will. Er droht, ihr die Spielsachen wegzunehmen, sie komme ins Waisenhaus, in dem „die bösen Kinder eingesperrt werden, wenn ihre Eltern sie nicht mehr haben wollen". Als das Kind meint, die Mutter werde das nicht zulassen, entgegnet der Vater: „Deine Mutter wird tun, was ich sage".

Verschiedentlich ist sexueller Mißbrauch an körperliche Strafaktionen gekoppelt (vgl. Masson 1986, S. 54). Ein Täter gibt an, er sei durch Schläge auf den nackten Po der Tochter in die Mißbrauchssituation „hineingerutscht" (Wyre und Swift 1991, S. 70). Ein anderer berichtet, seine Stieftochter vergewaltigt zu haben, um sie zu strafen, weil sie ihn nicht richtig angenommen habe (Wyre und Swift ebd.).

Auf der Basis seines ausgedehnten Quellenstudiums nimmt Bange (1992, S. 106) an, daß in mehr als 50 % der Mißbrauchsfälle direkte Gewalt durch Drohungen oder körperliche Gewalt angewandt wird, um die Gefügigkeit der Kinder zu erzwingen. Der Anteil an körperlicher Gewalt steigt mit dem Grade der Unvertrautheit bzw. dem Grade abnehmender Autorität. Bei weniger oder gar nicht bekannten Tätern reichen emotionaler oder autoritärer Druck anscheinend selten aus, um das Kind manipulativ zu sexuellen Handlungen zu bewegen (ebd., S. 106).

7.2.5. Geheimhaltung

Damit sexueller Mißbrauch sich fortsetzen kann, muß er geheimgehalten werden.

Etymologisch bedeutete das Geheime zunächst als „zum Haus gehörig, vertraut". Es entfernte sich mit der Zeit aber von seinem ausschließlichen Bezug auf das Häusliche und entwickelte sich zu dem uns heute bekannten Sinn des Heimlichen, des zu Ver*heim*lichenden und Verbergenden (Duden, Das Herkunftswörterbuch).

Geschieht der sexuelle Mißbrauch innerhalb der Kernfamilie, dann erachtet der Täter es zumeist nicht für notwendig, dem Kind ein Schweigegebot aufzuerlegen (vgl. Bange 1992, S. 110). Mit der Rückendeckung, daß das Häusliche und seine Abgrenzung nach außen die Geheimhaltung auch der schlimmsten Vergehen gewährleistet, scheinen die meisten Inzesttäter sich des Schweigens der Kinder absolut sicher zu sein. Ein Vater-Opfer, ein 13-jähriges Mädchen, gibt an: „Er brauchte mir gar nicht einzuschärfen, daß es ein Geheimnis wäre" (Jäckel 1988, S. 105).

Die Verschwiegenheit wird ferner durch die Scham- oder Schuldgefühle des Kindes erreicht. Der Täter stimuliert sie nicht nur zur eigenen Entlastung, sondern auch, um mit der garantierten Geheimhaltung die Übergriffe fortführen zu können.

Mitunter wird das Schweigen des Kindes durch Drohungen erzwungen. Gedroht wird mit der Krankheit oder dem Tod der Mutter, mit Heimeinweisung und dem Ruin der Familie, falls der Vater ins Gefängnis kommt. In einem Beispiel erklärt der Vater, der beide Schwestern mißbraucht, „daß unsere Mutter uns umbringen würde, wenn sie dahinter käme – weil es böse und dreckig sei und weil wir ja mitmachten. Sie würde uns strafen, nicht ihn" (Armstrong 1985, S. 207).

Es gibt auch Männer, die Zeitungsartikel heranziehen „mit Berichten über die Unfähigkeit von Jugendämtern, um ihren jungen Opfern zu beweisen, daß es sinnlos ist, sie zu verraten" (Wyre und Swift 1991, S. 77).

Wie Postman (1993, S. 104) verdeutlicht, hebt ein Geheimnis zwischen Erwachsenen und Kindern die Generationenlinie zwischen ihnen auf. Demnach wird ein Kind, das sexuellen Mißbrauch erlebt, nicht nur durch das Geschehen selbst, sondern auch durch das gemeinsame Geheimnis mit dem Täter in die Welt des Erwachsenen manövriert. Dagegen begibt sich der Kindesmißbraucher, auch durch das Geheimnis, in die Rolle eines Kindes, das einem anderen Kind sagt: „Wir stellen etwas an, aber wir erzählen es Mommy nicht" (Armstrong 1985, S. 260).

7.2.6. Stigmamanagement

Ein Mensch, der Kinder sexuell mißbraucht, verletzt die normativen Erwartungen unserer Kultur schwer. Zu den möglichen Konsequenzen gehören Strafverfolgung, der Zusammenbruch von Ehe und Familie und damit Diskreditierbarkeit im Sinne Goffmans.

Goffman (1979, S. 10) zufolge führen normative Erwartungen zu Zuschreibungen, zu Charakterisierungen und zur virtualen sozialen Identität. Eine akzeptierte Person kann diskreditiert werden, wenn sich herausstellt, daß ihre aktuale soziale Identität nicht der virtualen sozialen Identität entspricht (ebd., S. 30; vgl. S. 159). Dieser Gefahr unterliegt ein Kindesmißbraucher; denn sexueller Mißbrauch ist eine Normabweichung: Er ist ein Tabubruch, ein Verbrechen und eine Sucht.

Da unsere Gesellschaft die Normbefolgung hoch belohnt, wird eine Person alles daran setzen, eine diskreditierbare Seite in sich zu verheimlichen und nicht sichtbar werden zu lassen. Sichtbarkeit, also >Visibilität<, würde die Andersartigkeit offenbaren und die Person zu einer stigmatisierten Person machen (ebd., S. 64).

Um im Falle einer Abweichung von der Norm als normal gelten zu können, ist Stigmamanagement – damit >Täuschen< (ebd., S. 57) und eine Fülle von Strategien – erforderlich, die mit Vorsicht, mit Abtastungsvorgängen oder Informationskontrolle zu tun haben[12].

Diskreditierbare Personen leben ein Doppelleben. Sie bewegen sich zwischen zwei Identitäten. Einerseits unterstützen sie die Normen der Gesellschaft und identifizieren sich mit ihnen (ebd., S. 125, 135). Andererseits werden sie ihnen durch ihre Andersartigkeit nicht gerecht. Das hat Distanzierungen (ebd., S. 125), Entfremdung von der Welt der „Normalität", Einsamkeit und Isolation zur Folge (ebd., S. 113). Allerdings gibt es „Normale", mit denen der Stigmaträger ein stillschweigendes Übereinkommen hat. Goffman (ebd., S. 160) sagt:

> „... der Abweichende kann es sich leisten, der Norm verhaftet zu bleiben, weil andere sorgfältig bedacht sind, sein Geheimnis zu respektieren, über seine Enthüllung leicht hinwegzutäuschen oder die Evidenz unbeachtet zu lassen ...".

Im Falle des sexuellen Mißbrauchs sind dies zuweilen die Ehefrauen, die bewußt oder unbewußt verhindern, daß das Familiengeheimnis aufgedeckt wird. Auch die betroffenen Kinder tragen zumeist dazu bei, das Familiengeheimnis zu wahren, weil sie ausgeliefert sind, Angst haben und sich schämen. Diese Rückendeckung hilft Tätern, den Anschein der Norm aufrechtzuerhalten.

Sollten sich Kinder mit wachsender Reife vermehrt der Außenwelt zuwenden, fühlen sich die Täter gefährdet. Um der „Visibilität", also der Enthüllung ihrer Abweichung zu entgehen, versuchen sie, verstärkt Kontrolle auszuüben. Das kann durch autoritäre Maßnahmen geschehen, oder das Kind wird von der Umwelt isoliert.

7.3. Die Bedeutung der Einweihung in die Sexualität und die Funktion des Rituals

Für viele Erwachsene, auch für Väter, liegt ein besonderer Reiz darin, dem unschuldigen Kind die >Sexualweihen< (Miller 1988, S. 169) zu erteilen und es in das „Mysterium" der Sexualität einzuführen. Dementsprechend gehören zur Inszenierung sexueller Handlungen an Kindern häufig Ritualisierungen (vgl. Enders 1990, S. 90). Die Einweihungsschritte in die Sexualität und die begleitenden Rituale müssen, wie es für jede Einweihung gilt, geheimgehalten werden.

Der Begriffskomplex „geheim" weitete sich aus, als im 16. Jahrhundert das Fremdwort „Mysterium" in unseren Sprachgebrauch übernommen wurde. Mysterium ist „Geheimlehre, Geheimkult; (religiöses) Geheimnis", zu dem Eingeweihte und Einweihende gehören (vgl. Duden, Das Herkunftswörterbuch).

In den sexuellen Mißbrauch fließen unübersehbar pseudo-religiöse sowie abgespaltene und daher unbewußte archaische Motive ein, auf die an anderer Stelle noch intensiver einzugehen ist. Zu den archaischen Motiven zählen das Tabu, das Mysterium, die Einweihung, das Opfer, das kultische Ritual und das Geheimnis. A. Mitscherlich (1992, S. 258) zufolge stammt das Tabu und das damit verknüpfte Ritual aus der Zeit „des magisch-animistischen Denkens".

Das Heim der Familie ist der Ort, der die Tabu-Verletzung Inzest ermöglicht und die Heimlichkeit der sexuellen Einweihungsschritte garantiert. Das wiederholte Mißbrauchsgeschehen wird zu einer Art „Geheimkult".

Das Geheimnis des quasi-kultischen Geschehens wird ebenfalls zu einem Tabu (vgl. Malinowski 1973, S. 60). Das heißt, das Tabu Inzest wird durch das Tabu des Schweigens ergänzt.

Eliade (1994) geht der kosmischen Bedeutung des Rituals nach und erläutert:

> Im frühzeitlichen Denken wird ein neu entdecktes Gebiet mit dem Chaos verglichen; wenn man ein solches Gebiet in seinen Besitz nimmt und „mit seiner Ausbeutung beginnt, vollzieht man ... Riten, die in symbolischer Form den Schöpfungsakt wiederholen ... Die Niederlassung in einem neuen, bisher unbekannten und unbebauten Landstrich kommt einem Schöpfungsakt gleich" (ebd., S. 22). „... eine territoriale Eroberung wird w i r k l i c h nur nach (genauer: durch) Vollzug der Riten, die zur Inbesitznahme gehören". Ein besetztes Territorium, das man nutzen möchte, wird also „zunächst vom >Chaos< zum >Kosmos< umgeschaffen; das heißt, durch die Wirksamkeit des Rituals wird ihm eine >Form< verliehen, die es w i r k l i c h werden läßt" (ebd., S. 23).

Legen wir Eliades Überlegungen zugrunde, dann stellen die Riten, die die territoriale Besetzung, die Inbesitznahme und Ausbeutung beim sexuellen Mißbrauch umgeben, den Versuch der Formgebung, der Umschaffung des Unberührten dar. Letztlich symbolisieren sie einen Schöpfungsakt.

Der Aspekt der Formgebung ist wichtig und soll noch einmal aufgegriffen werden, wenn es um Männer mit unaufgelöster Mutterbindung und der Formproblematik von Kindesmißbrauchern geht. Während es ihnen nicht gelungen ist und nicht gelingt, sich selbst zu formen, pressen sie das Kind in eine ihm wesensfremde Form.

Jäckel (1988, S. 145) und Badinter (1993, S. 102 ff) machen auf die Parallele aufmerksam, die zwischen der territorialen Besetzung neu entdeckten Landes und der Lust bestimmter Männer besteht, die kindliche Unberührtheit zu zerstören. Das Besitzen und die Zerstörung der Unberührtheit scheinen für das Identitätsgefühl dieser Männer eine wesentliche Bedeutung zu haben.

Ähnlich vergleicht Fromm (1986, S. 76) das materielle Inbesitznehmen mit der Zerstörung der sexuellen Unberührtheit: „Der Akt des Besitzergreifens ist eine Art Defloration, eine Steigerung des Gefühls, über etwas die Herrschaft zu haben, und je öfter ich das erlebe, desto größer ist mein Triumphgefühl".

Mehrere Autoren heben die Bedeutung des Rituals für die Gesundheit einer Gesellschaft hervor (vgl. Grof 1989, S. 89; Eliade 1994, S. 22 ff; Fromm 1980/1955a, S. 243; Illich 1972, S. 62). Für A. Mitscherlich (1992, S. 258 f) besteht die Funktion von ritualisierten Handlungen in „der Erhaltung des seelischen Gleichgewichts". Er ist beeindruckt, wie stark in traditionsgeleiteten Kulturen „rituelle Gestaltung den Weg des Menschen zur Reifung hin begleitet" (ebd., S. 140).

In Ritualen von Naturvölkern zeigt sich mitunter heute noch, daß insbesondere das männliche Kind gefordert ist, sich aus der Schwäche und Abhängigkeit der Kindheit und von der Mutter zu lösen, um sich in die Männergesellschaft einfügen zu können (vgl. Badinter 1993, S. 91 ff).

Initiationsriten können die sozial fundierte Bedeutungsebene aber auch transzendieren. Kelemans (1982, S. 113) Überzeugung nach liegt der tiefere Sinn von Initiationsriten darin, „die Türen zum Geheimnis aufzutun, einem Geheimnis, das etwas vom Wesen des Daseins offenbaren will".

Brunotte (1994, S. 60) setzt sich mit Initiationssehnsüchten und der Medienwelt auseinander und zeigt, wie sehr heutzutage Rambo-Helden diese Sehnsüchte auf sich ziehen. Sie mündeten jedoch nicht – wie echte Initiationen – in soziale Integration und Erfüllung, vielmehr in Abpanzerung und Partizipation an der Macht der Maschine, der Maschinerie, des Systems oder des Ungeheuers. Somit kommt es zur Unterwerfung und zur Identifikation des Schwächeren und Ohnmächtigen mit dem Stärkeren, statt daß Ich-Stärke aufgebaut oder die Tür zur Transzendenz aufgetan würde.

Die Werbung tut das ihre, um den rituellen Einbruch in die Welt der Erfolgreichen, Starken und Anerkannten mit magischen Mitteln der Dingwelt zu versprechen.

Sexueller Mißbrauch ist eine Form gewaltsamer, verfrühter und schädigender Initiation. Nicht selten führt sie, insbesondere wenn Jungen betroffen sind, zur Identifikation mit dem Aggressor.

Für den Aggressor selbst ist das Vergehen ein Medium, sich mit Hilfe von rituellen Inszenierungen, die auf pseudo-religiöse und magisch-archaische Einschübe schließen lassen, zumindest kurzfristig in die Welt der Starken, Erfolgreichen und Schöpferischen hineinzuversetzen.

7.4. Tätermerkmale

Wie Opfer sexuellen Mißbrauchs zeigen auch Täter keine allgemein gültigen Züge. Dennoch erschließen sich aus der einschlägigen Literatur eine Reihe von charakteristischen psychischen Merkmalen und ein bestimmtes Zustandsbild, die sich hinter der Unauffälligkeit bzw. hinter der Fassade der Normalität verbergen.

Der Überblick, den Groth (1989, S. 229; vgl. auch Wyre und Swift 1991, S. 71; Marquit 1986, S. 124) vermittelt, konzentriert sich auf den Lebenszusammenhang und die Empfindungen von Menschen, die Kinder sexuell mißbrauchen. Es sind dies:

° Ein Lebenszusammenhang, in dem Phantasien und passive Abhängigkeit vorherrschen. Der Täter empfindet sich als hilfloses Opfer von äußeren Mächten und Gegebenheiten und nicht als produktive, das Leben selbst kontrollierende und gestaltende Person.

° Ein wesenhaftes Gefühl der Isolation, des Getrenntseins, der Ferne von anderen. Der Täter erfährt sich psychologisch als Einzelgänger. Ihm fehlt jeder beständige Sinn für intime Bindung, Zugehörigkeit und die Beziehung zu andern.

° Eine zugrundeliegende Stimmung der Leere, Ängstlichkeit, Depression, die mit einem geringen Selbstwertgefühl und schwachem Selbstvertrauen einhergeht. Das macht ihn ausgesprochen empfindlich gegenüber Situationen, die er als Kritik, als Abweisung, Ausnutzung und Ablehnung von einer feindlichen und unfürsorglichen Welt deutet.

° Der empfundene Mangel an Trost, Sicherheit, Lebensfreude und seine unzulänglichen empathischen Fähigkeiten veranlassen ihn, von angsterzeugenden Erwachsenen-Beziehungen zu regredieren, Realität durch Phantasie und Erwachsene durch Kinder zu ersetzen, die seine eigene Unreife symbolisieren.

In der Zusammenschau dieser Symptome ergibt sich das Zustandsbild eines reduzierten, entfremdeten, gefühlsarmen und freudlosen Daseins. Dieses Zustandsbild bestätigt und erweitert sich durch das Psychogramm, das Wirtz (1991, S. 268) für den typischen Mißbraucher zusammengestellt hat:

„Narzißtisches Defizit, Verlassenheitserfahrungen in der eigenen Kindheit, frustrierte Abhängigkeitsbedürfnisse, mangelnde männliche Identität, wenig Ichstärke, Empathiedefekt, schwache Impulskontrolle, niedrige Frustrationstoleranz, soziale Inkompetenz, paranoide, eifersüchtige Haltung, Mangel an Selbstkritik, Schuldbewußtsein und Reue, starke Abwehrmechanismen wie Verleugnen, Rationalisieren, Schuldzuweisungen".

Trotz ihrer unbalancierten Gefühle und psychischen Gefährdung wirken Täter in der Regel unauffällig, normal und besonders angepaßt (vgl. Rijnaarts 1991, S. 239). Inzesttäter werden von Masters und Johnson (1990, S. 462) als „schüchtern, von konventioneller Denkart" und als „treusorgende Familienväter" mit freundlichen Manieren geschildert, die sich häufig religiös geben. Auch zu Hause sind Inzesttäter in der Regel solange nett, wie sie den sexuellen Mißbrauch ungestört fortsetzen können. Viele Inzest-Väter gebärden sich erst dann als Tyrannen oder Erpresser, wenn die Tochter anfängt, sich zu weigern, wenn sie sich abzulösen beginnt oder die Mutter informiert (vgl. Rijnaarts 1991, S. 239).

Die Angepaßtheit von Kindesmißbrauchern ist zum einen auf „Imagepflege" zurückzuführen, bei der es darum geht, nach außen hin den Normen und Regeln unserer Gesellschaft zu entsprechen, und dazu gehört die Gesetzestreue. Unter diesem Gesichtspunkt ist die Unauffälligkeit das Ergebnis eines gezielten Stigmamanagements. Wie noch näher zu erläutern sein wird, kann auch der Mißbrauch selbst Teil des Stigmamanagements sein und der Unauffälligkeit des im Grunde schwachen und dadurch seelisch gefährdeten Täters dienen. Der Mißbrauch soll ihm helfen, seine seelischen Defizite zu kompensieren und sein Selbstwertgefühl durch die Macht, die er über das Kind ausübt, zu stabilisieren.

Gruen (1986) bringt das Phänomen übermäßiger Anpassung mit der Abspaltung der Gefühle in Zusammenhang (ebd., S. 34). Weil sich der Mensch durch Abspaltungen vom eigenen Inneren entferne, erscheine dies formlos und bedrohlich. Als Folge klammere man sich an äußere Formen oder, in anderen Worten: man passe sich an (ebd., S. 155). Aus der Gefühlsabtrennung erkläre sich der äußere Anschein, „ohne Angst, Unruhe und Spannung zu sein ..." (ebd., S. 147). Die reduzierte Welt, in der wir leben, befähige den stark angepaßten, reduzierten und unlebendigen Menschen, der im Grunde kein echtes Selbst habe, besonders gut zurechtzukommen (ebd., S. 61).

Die Fassade der Angepaßtheit kann auch mit Feigheit zu tun haben. Feige Menschen riskieren nicht, sich offen gegen einschränkende und verbiegende gesellschaftliche Konditionierungen und Normen zu wenden. Dagegen wagen sie vielleicht heimlich, gegenüber einem wehrlosen Kind die Fesseln der Konvention abzustreifen. Auf diesen

Zusammenhang bezieht sich die gedankliche Auseinandersetzung von Niki de St. Phalle (5/95, S. 116) mit ihrem gut bürgerlichen und religiösen Inzestvater:

> „Mein Vater akzeptierte die Gesellschaft, so wie sie war. Er befolgte die Regeln der damaligen Moral, aber etwas in ihm träumte davon, alles zu zerstören, um sich selbst zu finden ... Männern fehlt es oft an Phantasie; nur wenige wagen es, die Barrieren, die sie von ihrem Selbst trennen, zu überschreiten. Sie können sich nicht vorstellen, daß sich ihnen jenseits von Anpassung und Achtbarkeit jederzeit ein anderes, an Möglichkeiten soviel reicheres Leben bietet ... Wahrscheinlich erstickte mein Vater heimlich an seinem Leben, aber es fehlte ihm der Mut zur echten Rebellion. Das kleine Mädchen, das ich einst gewesen bin, wird das einzige Opfer seiner erbärmlichen Auflehnung bleiben".

In der einschlägigen Literatur wird immer wieder auf die Verbindung zwischen inzestuösen Familien und rigidem oder fundamentalistischem religiösen Glauben hingewiesen[13].

Armstrong (1985, S. 229 f) vermutet, ein strenger Katholik etwa könne durch das Verbot von Ehebruch und Scheidung davon abgehalten werden, sich außerhalb der Familie sexuelle Befriedigung zu suchen und wende sich statt dessen lieber „einer Siebenjährigen zu". Immerhin bleibt das Geschehen dann in der Familie, und die Fassade der Angepaßtheit und Unauffälligkeit kann aufrecht erhalten werden.

8. Das Opfer

> „Sex zwischen einem Erwachsenen und einem Kind bedeutet immer seelische und körperliche Brutalität. Es ist ein Verbrechen, das verkrüppelt, gewöhnlich für das ganze Leben" (Fraser 1988, S. 286).

Im sexuellen Mißbrauch wird die Selbstbestimmung und die Integrität eines Kindes mißachtet und schwer verletzt. Die kindliche Persönlichkeitsentwicklung und die „Bildung eines autonomen Charakters" wird nicht nur durch die direkten sexuellen Übergriffe, sondern auch durch die Begleitumstände – etwa durch den Geheimhaltungsdruck – stark beeinträchtigt (Miller 1983, S. 205; vgl. Wirtz 1991, S. 20 f).

In Anlehnung an den von seinem Vater gequälten Paul Daniel Schreber, Sohn des bekannten Pädagogen Schreber, hat Wirtz (1991, S. 20 f) den Begriff „Seelenmord" gewählt, um auszudrücken, daß es beim sexuellen Mißbrauch um die zentrale Verletzung der Identität geht. Sie räumt jedoch (ebd., S. 81), ebenso wie Woititz (1993, S. 118), Heilungsprozessen eine gute Chance ein.

8.1. Überblick

1992 wurde durch die Universität Hamburg eine Umfrage zu sexuellem Mißbrauch in der Kindheit durchgeführt (Teegen u.a. 1992, Manuskript). Diese Umfrage zeigt:

Bei der Hälfte der 576 betroffenen Personen begann der sexuelle Mißbrauch bereits vor dem 7. Lebensjahr. Über die Hälfte unter ihnen wurde durch mehrere Täter (zwischen 2 und 9) mißbraucht. Zwei Drittel der Befragten gaben den Mißbrauch als schwerwiegend an, das heißt, es kam zu Penetrationen unterschiedlicher Art. Ein Viertel der Betroffenen hat zusätzlich körperliche Gewalt erlitten.

Die Therapeutin Woititz (1993, S. 19) berichtet, sie kenne niemanden, „der mehrfache oder länger andauernde Episoden sexuellen Mißbrauchs erlebt und dies unbeschädigt überstanden hat". Die Schädigungen gehen in erster Linie darauf zurück, daß ein unreifes Kind in Erwachsenensexualität und damit in einen ihm wesensfremden Erfahrungsraum hineinmanipuliert oder -gezwungen wird.

Wie Freud (1905, S. 178) bereits bemerkte, führt sexueller Mißbrauch dem Kind „vorzeitig das Sexualobjekt zu ..., nach dem der infantile Sexualtrieb zunächst kein Bedürfnis zeigt". Auch für Ferenczi (1982, S. 310 ff) ist sexueller Mißbrauch „die vorzeitige Aufpfropfung leidenschaftlicher und mit Schuldgefühlen gespickter Arten des Liebens auf ein noch unreifes, schuldloses Wesen ...". Er hebt „das Zärtliche der kindlichen Erotik" einerseits und das Leidenschaftliche sowie das aggressive Moment in der Erwachsenensexualität andererseits hervor. Ein sexuell mißbrauchtes Kind sieht sich also neben der Aggressivität des Übergriffs auch der Aggressivität, die den Sexualakt erwachsener Personen begleitet, gegenüber.

Die Schädigungen hängen darüber hinaus mit der Komplizenschaft eines Verbrechens zusammen, die das Kind nicht nur zur Geheimhaltung zwingt, sondern auch in die Isolation treibt und ihm Schuld- und Schamgefühle vermittelt. Sie sind ferner an den Vertrauensverlust sowie die Verwirrung über das Doppelleben der mißbrauchenden Person gebunden.

Folgender Ausspruch führt die Qual und Auswegslosigkeit insbesondere der Inzestopfer vor Augen: „Meine Kindheit war ein KZ" (vgl. Wirtz 1991, S. 114). Wirtz (ebd., S. 124) erkennt weitere Parallelen zwischen dem Holocaust und sexuellem Mißbrauch in der Familie: „Etwas Apathisches, Roboterhaftes haftet dem Ich an, es funktioniert automatisch, ohne Affekte, aber es gibt auch die gegenteilige Reaktion, die reizbare, labile, extrem irritierbare Persönlichkeit". Zudem kommt es in beiden Fällen zu der bereits besprochenen „Identifikation mit dem Aggressor".

Schließlich sind beide Themen tabu:

> „Es wird nicht darüber gesprochen. In beiden Fällen wird abgewehrt, verleugnet und verdrängt ... Die unerträglichen Geschehnisse in den Todeslagern, ebenso wie diejenigen in den Kinderstuben ... werden immer noch bagatellisiert, angezweifelt und als s o nicht geschehen dargestellt" (ebd., S. 115).

Die Auswirkungen sexuellen Mißbrauchs, die sich beim Kind in bestimmten Merkmalen direkt und als Langzeitauswirkungen bei Kindern und Erwachsenen zeigen können, sollen hier nicht im einzelnen, sondern nur schwerpunktmäßig dargestellt werden. Da auch viele Jungen sexuelle Gewalt erfahren und dadurch geschädigt werden, und weil hinter öffentlichem und geheimem Schädigungs- und Gewalthandeln von Jungen und Männern die Bewältigungsstrategie oder das Wiederholungsmuster eines kindlichen Sexualtraumas stecken kann, geht es im folgenden speziell um die Betroffenheit von Jungen.

8.2. Jungen als Opfer

Häufiger, als bisher vermutet, werden auch Jungen Opfer sexueller Gewalt. Banges (1992, S. 31) Untersuchungen zufolge liegt das Verhältnis der betroffenen Jungen im Vergleich zu betroffenen Mädchen bei etwa 1:3. Neuerdings spricht man sogar von einem Verhältnis von etwa 1:2.

In der Säuglings- und Kleinkindzeit sind Jungen und Mädchen in etwa gleich häufig vom Mißbrauch betroffen (vgl. Ehrentreich und Trube-Becker 12/91 - 1/92, S. 7)[14].

Von Otto Rank und C.G. Jung ist bekannt, daß sie als Kinder sexuell mißbraucht worden sind (vgl. Wirtz 1991, S. 38 ff). Rank (zit. nach Wirtz ebd., S. 38) beschreibt den sexuellen Mibrauch als „Grabstein seiner Freude"; er sei bestimmend für sein späteres Leiden geworden. Seine Erlebnisse verarbeitete er in dem Buch >Das Inzest-Motiv in Dichtung und Sage< (vgl. Wirtz ebd., S. 41 f).

Jung (zit. nach Wirtz ebd., S. 38) berichtet, „als Knabe einem homosexuellen Attentat eines von mir früher verehrten Menschen unterlegen" zu sein. Wie aus seinen Briefen zu ersehen, war dieser Mißbrauch durch einen älteren Mann so belastend, daß er verdrängt werden mußte. Hatte Rank seine frühen Traumen in sein Werk einfließen lassen, so fehlen „die in den ersten Jahren mißbrauchten und mißhandelten Kinder im archetypischen Wald der Jungschen Begriffsbildung" (Miller 1983, S. 255).

Die Auswirkungen sexueller Gewalt auf Jungen gleichen denen, die bei Mädchen feststellbar sind (vgl. Bange 1992, S. 146). Hinzu kommt jedoch die Angst, homosexuell zu sein oder eine weibliche Ausstrahlung zu haben (vgl. Rush 1991, S. 265, S. 271). Daß der prozentuale Anteil von Jungen und Mädchen bei Mißbrauchsdelikten in der frühen Kindheit etwa gleich groß ist, hat wichtige Konsequenzen. Durch die Erfahrungen der frühen Kindheit wird das weitere Leben eines Menschen zwar nicht determiniert, aber doch in entscheidendem Maße geprägt. Eine der Folgen sexuellen Mißbrauchs an Jungen ist, daß sie später „eher als Frauen mit nach außen gerichteten Verhaltensweisen auf ihre Verletzungen" reagieren (Bange 1992, S. 162; vgl. Mitnick 1986, S. 86).

Ferner versuchen mißbrauchte Jungen häufig, dem Gefühl der Demütigung und Erniedrigung durch die Identifikation mit dem Täter, der Macht und Stärke repräsentiert, zu entgehen (Rush 1991, S. 266). Im Zuge der Identifikation und in Zusammenhang mit dem Modell-Lernen kommt es leicht zur Imitation. Anders als betroffene Mädchen, die in Gefahr stehen, immer wieder in eine Opferrolle zu geraten, werden Jungen in der Identifikation mit dem Täter eher selbst wieder zu Tätern. Im Wiederholungs-

und Verlagerungsmechanismus geben sie ihr ursprüngliches Trauma in der Rolle des Stärkeren an einen schwächeren Menschen weiter. Darin ist der Versuch zu sehen, sich selbst als wirkend und machtvoll zu erleben, die Opferrolle zu verlassen und das ursprüngliche Trauma zu bewältigen (vgl. Bange 1/90, S. 61).

Bange (1992, S. 175) hat deutliche Unterschiede zwischen in der Kindheit sexuell mißbrauchten und nicht mißbrauchten Männern herausgefunden: Die Feststellung „Ich finde Kinder erotisch" bejahten 26 % der nicht mißbrauchten und 50 % der sexuell mißbrauchten Männer. Die Feststellung: „Ich habe sexuelle Phantasien mit Kindern" bejahten 8 % der nicht mißbrauchten gegenüber 14 % der mißbrauchten Männer. Der Wunsch nach sexuellem Kontakt mit Kindern wurde von nicht mißbrauchten Männern mit 2 % und von den mißbrauchten mit 14 % angegeben (vgl. auch Sgroi 1989, S. 226).

Allerdings kann keine simple Kausalität zwischen der Tatsache, daß viele Täter selber Opfer waren, hergestellt werden. Korrelation bedeutet nicht Kausalität, und Opfersein führt nicht zwangsläufig zum Tätertum (vgl. Wyre und Swift 1991, S. 100). Wie Scully (1990, S. 69) belegt, werden Jungen, die sexuelle Gewalt erlebt haben, in der Mehrzahl der Fälle nicht zu sexuellen Gewalttätern, und die Mehrzahl der Vergewaltiger hat weder Gewalt noch sexuelle Gewalt in der Familie erlebt.

Das wird durch neuere Untersuchungen in Australien bestätigt (Sexueller Mißbrauch: Wann aus Opfern Täter werden in: Psychologie Heute 12/1996, S. 13 - o. A.). Von 179 Männern mit Mißbrauchserfahrungen in der Kindheit hatten 84 ihrerseits Kinder sexuell mißbraucht. Die Studie deutet darauf hin, daß der Mechanismus der Wiederholung vor allem dann eintritt, wenn ein sexuell mißbrauchter Junge auch körperliche Gewalt und wenig körperliche Zärtlichkeit erfahren hat. Grundlegend ist ferner die Beurteilung und Verarbeitung des Geschehens.

Männer, die ihrerseits zu Kindesmißbrauchern wurden, beurteilten die sexuellen Übergriffe, die sie selbst als Kinder erlebt hatten, eher als normal. Sie gaben teilweise an, das Geschehen genossen zu haben und waren überzeugt, ihre Entwicklung sei dadurch nicht negativ beeinflußt worden.

Für die Autoren der Studie ist das mangelnde Bewußtsein der eigenen Schädigung der wichtigste Bedingungsfaktor für eine Wiederholung. Andererseits läßt sich folgern, daß jemand, der „die eigenen schrecklichen Erfahrungen ... nicht beschönigt und sich das eigene Leid eingestehen kann", vor einem „Wiederholungszwang" geschützt ist (vgl. hierzu ähnlich Böhnisch und Winter 1993, S. 209).

Auch die Tatsache, daß Frauen – die ja in der Kindheit viel häufiger als Männer Opfer von Sexualdelikten waren – nur sehr selten zu Täterinnen werden, läßt den Schluß zu, daß sexuelle Gewalterfahrung in der Kindheit nur einen begrenzten Teil der begangenen sexuellen Grenzverletzungen an Kindern erklärt.

Die Erfahrung sexuellen Mißbrauchs muß nicht direkt sein, um gravierende Folgen nach sich zu ziehen. Wenn ein Junge in einer Inzestfamilie von dem Mißbrauch an seiner Schwester weiß, oder wenn das Familienklima von latentem Inzest beherrscht wird, dann vermittelt sich eine bestimmte Struktur. Nähe wird sexualisiert, Grenzen werden überschritten, und Kinder dienen emotional oder sexuell zur Befriedigung der Bedürfnisse von Erwachsenen. In einer Familie mit inzestuösem Klima und autoritären Kontrollmaßnahmen sind Jungen in Gefahr, die entsprechenden Verhaltensmuster zu übernehmen (vgl. Marquit 1986, S. 126). Das kann bereits in der Herkunftsfamilie geschehen, indem die Schwester sexuell mißbraucht wird. M. Hirsch (1987, S. 152) vermutet bei einem Geschwister-Inzest, daß zuvor ein Vater-Tochter-Inzest stattgefunden hat. Die Dynamik der sexuellen Gewalt eines älteren Bruders gegenüber einer jüngeren Schwester sei die gleiche wie beim Vater-Tochter-Inzest.

Die sexuellen Übergriffe, die ein Junge auf seine vom Vater sexuell mißbrauchte Schwester startet, haben zudem mit dem Modell-Lernen zu tun. Adler (zit. nach Braun 1980, S. 32) meint, ein Junge werde danach streben, „in irgendeiner Form dem Vater nachzuleben. Das Kind verinnerlicht, so A. Mitscherlich (1992, S. 149 f), „das Ganze der Verhaltensgestalt" eines Vorbildes. Das treffe besonders intensiv auf die ausgeblendeten „zweifelhaften oder unzweifelhaft unmoralischen Verhaltensweisen" im Doppelleben dieser Person zu. Zum Doppelleben verschiedener Eltern gehört, daß sie zum einen die Normen vermitteln und zum anderen „den Trick, wie man sie umgeht". Das Kind findet „in der Art, wie sich Verbotenes beim Vorbild durchzusetzen vermag, einen Schlüssel, wie man Gebote umgehen kann"; denn der Triebaspekt der Vorbildfigur signalisiert: „Richte es auch so ein, und du wirst ein Stück Lust erlangen" (ebd., S. 150).

Nicht nur Kinder und Frauen werden vergewaltigt. Hin und wieder vergewaltigen Männer auch andere Männer, und zwar dann, wenn diese sich in einer schwachen ausgelieferten Position befinden. Der Roman „Menschenkind" von Morrison (1993, S. 151 f) schildert, wie angekettete Sklaven von ihren Bewachern zu oralen sexuellen Handlungen gezwungen werden.

Aus Hubers Bericht (9/89, S. 13 f) über Männer, die von Männern sexuell vergewaltigt wurden, gehen ähnliche Erfahrungen und ähnliche Auswirkungen hervor wie bei Kindern oder Frauen, die sexuelle Gewalt erleben. Huber berichtet:

> „Mehr als die Hälfte der Opfer erlebten während der Tat Todesängste und fürchteten um ihr Leben; insgesamt berichteten alle Opfer über intensive Gefühle von Angst, Furcht, Wut und tiefstem körperlichem Ekel, häufig auch begleitet von Unwirklichkeits- und lähmenden Hilflosigkeitsempfindungen ... Nur zwei Vergewaltigte (von insgesamt 22) wandten sich an die Polizei ...".

Die Opfer „berichteten übereinstimmend von Stigmatisierungs-Ängsten ... Für alle Opfer hatte die erlittene Tat schlimme psychische Auswirkungen ... sexuelle Störungen ... beeinträchtigtes Selbstwertgefühl ... Jeder zweite war irgendwann nach der Tat in psychiatrischer Behandlung, wobei nur zwei Männer ihrem Psychiater von der Vergewaltigung berichteten". Ihnen wurde nicht geglaubt. Es kam zu 2 Selbstmordversuchen; ein Opfer brachte sich um.

8.3. Auswirkungen

Sowohl sexuell mißbrauchte Kinder als auch Erwachsene, die in der Kindheit sexuelle Übergriffe erlebt haben, können durch bestimmte Symptome Anhaltspunkte für ihr traumatisches Erleben geben[15]. Ein spezifisches Einzelmerkmal bedeutet allerdings noch nicht, daß tatsächlich sexueller Mißbrauch stattfindet oder stattgefunden hat. Es kann auf ganz andere Ursachen zurückzuführen sein.

Das komplexe Störungsbild eines mißbrauchten Kindes erhellt sich besonders gut durch das einfühlsame Protokoll, das Ude (1978) über die Therapie des Mädchens „Betty" verfaßt hat.

Zum Zeitpunkt der Therapie vor über 20 Jahren war nicht bekannt, daß „Betty" ein sexuell mißbrauchtes Kind war. Mit heutigem Wissen schließt auch die Autorin auf sexuellen Mißbrauch (Der Verfasserin von der Autorin Ude persönlich mitgeteilt). Die aussagekräftigen Bilder des Kindes unterstützen diese Annahme.

Die vorrangigen Auffälligkeiten des Kindes „Betty" sind: Abspaltungssymptome mit geistiger Abwesenheit, gefühlsabwehrendem Verhalten und „Angst vor dem Auseinanderfallen" (ebd., S. 97 f); Angst vor Nähe; Entfremdung vom eigenen Körper; Schlaf-, Eß- und Verdauungsstörungen sowie Ekelgefühle; autodestruktive Tendenzen; Zwangshandlungen wie zwanghaftes Waschen, um „Flecken" loszuwerden (ebd., S. 39); ein schlechtes Verhältnis zur Mutter (ebd., S. 64); Erschöpfung, starkes Schutzbedürfnis, Denk- und Lernstörungen (ebd., S. 142 f).

Aufgrund von Erfahrungen aus der schulischen Praxis und der bisher erschienen Literatur kristallisieren sich weitere mögliche Indikatoren für sexuellen Mißbrauch heraus: Auf der körperlichen Ebene sind dies Bisse und Druckflecken, vor allem wiederkehrende Druckflecken am Kaugelenk (Hinweis auf oralen Mißbrauch), symmetrische Flecken an den Oberschenkelinnenflächen oder am Rücken. Aufhorchen lassen sollten auch Unterleibsschmerzen, Blutungen im Genitalbereich und plötzliche Lähmungserscheinungen.

Den von Ude genannten Verhaltensauffälligkeiten sind hinzuzufügen: Gefühlslabilität mit Weinerlichkeit und Schreckhaftigkeit, Destruktivität, Rückzugstendenzen sowie Regressivität, die sich in plötzlichem Wiedereinnässen und –einkoten äußern kann. Zu fragen ist ferner, ob nicht auch der Rückfall in kleinkindhaftes Sprachverhalten oder eine blockierte Sprachentwicklung auf sexuellen Mißbrauch hindeuten können.

Eskalierende sexuelle Ausdrucksformen bei Kindern sollten ebenfalls als mögliche Hinweise auf sexuellen Mißbrauch gewertet werden. Insbesondere übermäßige Masturbation legt die Vermutung nahe, daß das Kind durch einen Erwachsenen sexuell stimuliert worden ist (vgl. Wyre und Swift 1991, S. 103; Sgroi 1989, S. 234). Wegen ihres Sexualverhaltens, sei es durch übermäßige Masturbation oder durch sexuelle Ausstrahlung, die zum Bestandteil ihres Interaktionsrepertoires geworden sind, ziehen diese Kinder weitere potentielle Täter an und sind gefährdet, erneut mißbraucht zu werden (vgl. Bentovim u.a. 1990b, S. 265).

Die Symptome von sexuell traumatisierten Kindern speisen sich vor allem aus der Grenzverletzung, der Überflutung mit fremden und bedrohlichen Reizen sowie dem Energieverlust, der daraus resultiert.

8.4. Faktor Grenzverletzung und Reizüberflutung

Der Mensch ist ein „Nesthocker" (A. Portman) und lange Zeit auf die Betreuung und den Schutz von liebe- und verständnisvollen Erwachsenen angewiesen. Viele Jungen und Mädchen erleben jedoch bereits in den wichtigsten Entwicklungsphasen der frühen Kindheit nicht verläßlichen Schutz, sondern wiederholt schädigende Grenzverletzungen.

Grenzverletzungen gehören zu den territorialen Übertretungen; die Überschreitungen im Makro-Bereich finden ihre Parallele im Mikro-Bereich zwischenmenschlicher Interaktion. Hierzu gehört der sexuelle Mißbrauch.

Selbst bei latentem Inzest oder einem Mißbrauchsgeschehen ohne körperliche Gewalt oder Penetration werden die persönlichen Grenzen des Kindes durchbrochen. Damit wird ein Teil der kindlichen Biographie entscheidend und nachhaltig durch die beschädigte Identität des Täters sowie dadurch beeinflußt, daß es nicht so lange Kind sein darf, wie es seinen wirklichen Bedürfnissen entspricht.

Wird sein natürlicher Weg in die Reife verstellt, so kommt es andererseits zu einer ungünstigen Reifebeschleunigung in bestimmten Bereichen. Regressive Tendenzen vermischen sich mit gleichzeitiger Frühreife und sexualisiertem Verhalten. Das beeinträchtigt die Erziehbarkeit des Kindes (vgl. Freud 1905, S. 219, 225; Ferenczi 1982, S. 311).

Woititz (1993, S. 97) geht auf die scheinbare Paradoxie der Reifebeschleunigung bei gleichzeitiger Retardierung ein und sieht folgenden Zusammenhang: „Die früh übernommene Erwachsenenrolle hat einen Teil des Reifungsprozesses beschleunigt, doch die Fixierung auf das Trauma verlangsamt die Entwicklung in anderen Bereichen".

Die Quelle der Schädigung liegt zu einem erheblichen Maße in der Verletzung des kindlichen Reizschutzsystems. Das psychische System des Kindes wird von Reizen und Gefühlen überflutet und überfordert. Es erlebt die im normalen Alltag tabuisierte

Körperlichkeit des Erwachsenen und erfährt die Veränderungen des Gesichtsausdrucks und des Atems. Die vertraute Person wird dem Kind fremd und macht ihm in ihrer sexuellen Erregung Angst.

Der Schutz vor unangemessenen Reizen, also ein ungestörter Schonraum, auf den es sich verlassen kann, gehört zu den Grundbedürfnissen eines Kindes und ist entscheidend für sein gedeihliches Heranwachsen (vgl. Keen 1985, S. 51; Postman 1993, S. 109 f). Jedes Kind braucht das Vertrauen, in einem sicheren Rahmen experimentieren, sich entspannen, bewegen und wachsen zu können.

Eltern sollten fähig sein, die Bedürfnisse des Kindes richtig zu erfassen und zu respektieren. Das läßt sich am Beispiel des Körperkontakts verdeutlichen. Zum einen besteht das Bedürfnis des Kindes nach Körperkontakt und zum anderen die Gefahr der Überstimulierung. Janov (1990, S. 133) gibt zu bedenken: „Zuviel Körperkontakt kann freilich genauso schmerzvoll sein wie zu wenig ... Überstimulierung ist kein Eingehen auf ein Bedürfnis, denn sie basiert keineswegs auf dem Bedürfnis des Kindes, sondern auf dem seiner Eltern".

Die Überstimulierung durch körperliche, emotionale oder sexuelle Reize erzeugt im Kind große innere Erregung und einen Schock- bzw. Notzustand. Das gilt insbesondere für den Inzest. Miller (1983, S. 197) führt vor Augen: Das Kind, „unvermittelt dem Wutausbruch oder den sexuellen Manipulationen eines ihm plötzlich fremdgewordenen, geliebten Menschen ausgesetzt", befindet sich in einer grenzenlosen Ohnmacht.

Überflutende Reize und grenzenlose Ohnmacht können beim Kind Todesängste auslösen. Besonders eine orale Vergewaltigung kann das Kind, durch Erstickungsängste, in die Nähe einer Todeserfahrung bringen (vgl. Ferenczi, Tagebuch 30.7.1932, zit. nach Masson 1986, S. 171).

Auch zum Grenzerlebnis Geburt ergibt sich eine Verbindung[16].

Der Geburtsvorgang hat immer mit „Druck innerhalb eines geschlossenen Systems" zu tun (Grof ebd., S. 23). Das Kind empfindet im Geburtskanal „Schmerz, Ersticken, Angst"; normalerweise reagiert man auf diese Empfindungen motorisch, und zwar mit „Schreien, Umsichschlagen, Fluchtversuche, Kampf", die aber nicht auslebbar sind (ebd., S. 45). Der Mensch trägt jedoch weiterhin „das organismische Gedächtnis" an dieses Ursprungserlebnis in sich (Grof, ebd.). Grof (ebd.) folgert: „Eine unvollständig verarbeitete und integrierte Geburt bedeutet demnach, daß man Symptome aufweist und sich und die Welt auf eine Weise erlebt, als wäre man noch in der ursprünglichen Geburtssituation". Grofs Schilderungen treffen auf die Situation eines Kindes zu, das sexuelle Gewalt durch einen Erwachsenen erlebt. Seine Erklärungen über das Geburtstrauma lassen erkennen, daß Enge, Ausgeliefertsein, Angst, Schmerz, die ein Kind bei einer sexuellen Überwältigung erlebt, neben allen anderen schädigenden Aspekten zusätzlich das Geburtstrauma wiederbelebt. Der Angst- und Schmerzkomplex aus dem Mißbrauch potenziert sich also durch die Reaktivierung des Geburtstraumas.

Die Situation von Kindern, die einen affektgeladenen, außer sich geratenen Erwachsenen erleben, wird eindrucksvoll von A. Mitscherlich (1992, S. 71 f) beschrieben. Bei sexuellem Mißbrauch kommt zusätzlich die sexuelle Erregung der zumeist vertrauten erwachsenen Autoritätsperson hinzu.

„Der andere ist dann nicht mehr der Vertraute, sondern ein dämonisch Fremder. Er erweckt Angst, Todesangst, die sich noch dadurch zum äußersten steigert, daß für das Kind jetzt ja die natürliche Fluchtbahn in der Gefahr, der Schoß der Mutter, der Schutz des Vaters verlegt ist, da diese sich plötzlich in Fremde verwandelt haben. – Durch die Verfremdung in affektiver Erregung wird für das Erlebnis des kleinen Kindes die bekannte Rollenidentität aufgespalten; aus einem bekannten Wesen wird schlagartig ein furchterregend unbekanntes ... Mit der Verfremdung im Affekt ist ein sehr wichtiges soziales Grunderlebnis charakterisiert. Für die normale Entwicklung des Kindes sind Beziehungspersonen von konstantem Aspekt gefordert. Verfremden sie sich periodisch unter bestimmten Reizsituationen, so wird das Kind eben jene Gespaltenheit als Identifikationsangebot übernehmen müssen" (A. Mitscherlich ebd.).

Die Spaltungen beruhen zum einen auf dem Überlebensmechanismus, zum anderen auf der Identifikation mit dem gespaltenen Erwachsenen. Insbesondere beim Inzest – als einer Wiederholungstat – wird die oder der Betroffene nicht nur immer wieder der sexuellen Reizsituation und dem Überwältigungserlebnis, sondern auch der Gespaltenheit des affektiv verfremdeten Erwachsenen ausgesetzt. Damit wächst die Wahrscheinlichkeit, daß Spaltungsprozesse zu einem lebensbestimmenden Mechanismus werden.

Da in Inzestfamilien zur Übererregung und Verwirrung der gravierende Vertrauensverlust kommt, lösen sexuelle Übergriffe hier den größten emotionalen Streß aus (vgl. Bange 1992, S. 149). Sie sind „existentiell viel bedrohlicher als die übliche Streßerfahrung" (Wirtz 1991, S. 136). Janov (1993, S. 313) schildert das Entsetzen, Grauen und die Verzweiflung eines Kindes, dessen Leben durch die sexuellen Eingriffe des Vaters „zu einem schlaflosen Alptraum geworden" war.

Es darf nicht verwundern, daß Kinder mit diesem Hintergrund in der Schule abschalten, Konzentrationsschwierigkeiten haben und ständig versuchen, mit ihren inneren Spannungen fertigzuwerden (vgl. Spring 1988, S. 62). Viele werden verhaltensauffällig, und es können sich Lernschwierigkeiten anbahnen. „Bei mehr als der Hälfte der Inzestopfer treten Lernstörungen auf" (Mitnick 1986, S. 87).

Unter den belastenden Lebensumständen eines Inzestopfers leidet sein Energiehaushalt. Woititz (1993, S. 97) spricht die Einbrüche in das Energiesystem an, die das Sexualtrauma und die nötigen Bewältigungsstrategien verursachen: „Die zum Überleben des Traumas notwendige Menge an psychischer Energie kann gar nicht unterschätzt werden". Das Energiesystem leidet darüber hinaus durch das Schweigen und das Vertuschenmüssen. In der Reflexion über ihre Kindheit fragt Frazer (1988, S. 243): „Würde ich jemals die Verbitterung darüber loswerden können, wieviel von meiner Lebensenergie in die Vertuschung eines Verbrechens geflossen war?"

8. 5. Langzeitauswirkungen

In seiner Abhandlung „Zur Ätiologie der Hysterie" schildert Freud (in Masson 1986, S. 310) die Hilflosigkeit des Kindes gegenüber der Willkür des sexuell mißbrauchenden Erwachsenen. Er erklärt, es werde

„vorzeitig zu allen Empfindlichkeiten erweckt und allen Enttäuschungen augesetzt ... alle diese grotesken und doch tragischen Mißverhältnisse prägen sich in der ferneren Entwicklung des Individuums und seiner Neurose in einer Unzahl von Dauereffekten aus".

Langfristige Schädigungen durch sexuellen Mißbrauch sind umso ausgeprägter, je eher der Mißbrauch beginnt, je länger er andauert, je intensiver er sich gestaltet und je vertrauter der Täter dem Kind ist. Ein großer Altersunterschied zwischen Täter und Opfer wirkt sich ebenfalls erschwerend aus (vgl. Bange 1992, S. 139 f, S. 176 ff; Janov 1993, S. 313). Diese Kriterien ergeben sich beim Eltern-Kind-Inzest in besonderem Maße.

Zu den Langzeitauswirkungen sexueller Überwältigungserlebnisse gehören Merkmale, von denen viele Betroffene gar nicht wissen, daß sie mit einem Mißbrauchsgeschehen in der Kindheit zusammenhängen können. Dazu zählen: Beschädigtes Selbstwertgefühl, das Gefühl von Schuld und Scham, Angst, Mangel oder Verlust an Vertrauen, emotionaler Rückzug, Verschmelzungen mit den Eltern aufgrund unklarer Rollenabgrenzungen. Ferner zählen sexuelle Probleme, Drogen- und Alkoholsucht, Prostitution, Eßstörungen, Lern- und Sprachstörungen, mangelnde Wahrnehmungsfähigkeit, Selbstmordgefährdung, Neurosen oder Psychosen dazu[17].

Einige dieser Symptome sollen näher beleuchtet werden. Zuvor ist jedoch auf das Phänomen der Unauffälligkeit einzugehen.

8.5.1. Angepaßtheit, Unauffälligkeit

In verschiedenen Fällen korrespondiert die Unauffälligkeit des Täters mit der des Opfers. Hinter der Unauffälligkeit des Opfers, die sich oftmals in mechanischem Gehorsam niederschlägt (vgl. Ferenczi 1982, S. 309), steckt das Bemühen, sich aus Angst vor den Konsequenzen, die eine Abweichung mit sich bringen würde, den Erwartungen der Umwelt anzupassen. Zugleich kann sich ein gebrochenes Selbstwertgefühl dahinter verbergen. Ein Opfer berichtet, innerlich ein Wrack zu sein und sich gleichzeitig zu bemühen, daß nach außen hin alles in Ordnung erscheint: „Ich bin der totale Versagertyp. Deswegen muß die Fassade ja stimmen" (Jäckel 1988, S. 72). Eine andere Frau schildert: „Alles Weiche, Zarte ging damals in mir zu Bruch. Ich lebte wie in einem Panzer und machte Maske nach außen hin" (ebd., S. 153).

Aus der therapeutischen Erfahrung berichtet Woititz (1993, S. 101): „Viele Probleme, die mit sexuellem Mißbrauch in der Kindheit zusammenhängen, zeigen sich in Form von Verschleierungen der Kindheitsgeschichte". Verschleiert wird darüber hinaus der gegenwärtige Gemütszustand, so daß Betroffene auf ihre Umwelt sogar den Eindruck machen können, sie seien mit sich und der ganzen Welt zufrieden (Woitiz, ebd.). Die Unauffälligkeit des Opfers kann auch mit Abspaltungsprozessen zusammenhängen. Eine betroffene Frau berichtet, die Abspaltung der Realität bzw. ihre Uminterpretierung habe ihr erlaubt, „einen ganz normalen Alltag mit meiner Mom und meinem Dad zu leben und meine Rolle in der Familie zu spielen" (Armstrong 1985, S. 206).

8.5.2. Psychophysiologische Auswirkungen

Janov (1993, S. 117 ff) hat sich eingehend mit den psychophysiologischen Auswirkungen von schweren seelischen oder körperlichen Traumen beschäftigt. Für ihn ist das Trauma „eine Eingabe in das System, die mehr ist, als akzeptiert und integriert werden kann" (ebd., S. 117). Um trotzdem überleben zu können, wird ein Keil zwischen den fühlenden und den nicht fühlenden Teil der Person getrieben. Das heißt, es kommt zu einer Spaltung des Selbst (ebd., S. 118).

Besonders dann, wenn sie frühzeitig gesetzt werden, stören schwere Traumen empfindlich das psychische und chemische Gleichgewicht der Person (vgl. Janov 1990, S. 140) und erzeugen chronische Spannungen (ebd., S. 142 f). Kommen aktuelle Spannungen durch hohe Anforderungen hinzu, dann werden u. U. größere Denkbereiche abgeschnitten. Damit fehlt die Fähigkeit zur ruhigen Reflexion und zur Selbstbeobachtung, die Ich-Fähigkeiten und die Lernfähigkeit werden eingeschränkt.

Durch hohe Spannungen, die ein Trauma auslöst, entstehen >Fehlverbindungen< oder Umleitungen im Gehirn. Sie werden leicht immer wieder eingeschlagen, hauptsächlich in Belastungssituationen. Dieser Zusammenhang ist wichtig, weil er Wiederholungsmechanismen oder -zwänge von einer physiologischen Warte aus verständlich macht.

Das Ergebnis von >Fehlverbindungen< sind Verzerrungen der Wahrnehmung, der Unterscheidung und des Begreifens. Außerdem kommt es zu Störungen in der Hormonproduktion; denn „alle kontinuierlichen und damit Gefühlsunterdrückung verursachenden Primärtraumata" beeinträchtigen das Gleichgewicht der Hormone, die als die „biochemischen Vermittler von Gefühlen" fungieren (ebd., S. 142).

Janovs Ausführungen werden von Untersuchungen bestätigt, die auf >molekulare Erinnerungsspuren< im Organismus gestoßen sind[18]. Mit diesen Erinnerungsspuren seien biologische Veränderungen, die von traumatisierenden Erlebnissen aus Kindheit und Jugend stammen, biochemisch nachweisbar. Die Hypothese lautet:

> „Streß hinterläßt Narben in unserem Hormonsystem ... Was lange Zeit mit den Begriffen >frühkindliche Prägung< oder >psychosomatisch< umschrieben wurde, findet jetzt seine materielle Grundlage in einer >molekularen Erinnerungsspur<" (Sanides und Miketta 46/94, S. 197).

Ein Teil der Forschungsergebnisse betrifft sexuell mißbrauchte Mädchen. Auch bei ihnen waren „molekulare Streßnarben" und ungewöhnliche Veränderungen im Hormonspiegel – das bezieht sich vor allem auf das Hormon Cortisol – feststellbar. In Zusammenhang damit zeigte sich außerdem: „Schon kleinste alltägliche Belastungen führen zu psychischen Krisen, die Regulation des Streßhormonsystems ist dauerhaft außer Kontrolle" (ebd., S. 198)

Können diese Forschungsansätze weiter erhärtet werden, dann gehörten zu den möglichen Folgen sexuellen Mißbrauchs auch biochemische Auswirkungen der enormen Streßbelastung, die das Kind durch das Geschehen selbst sowie durch die umgebenden streßerzeugenden Faktoren erlebt.

Daraus erklärte sich ferner die Parallele zwischen psychischen Folgeerscheinungen bei Vietnamveteranen und in der Kindheit sexuell mißbrauchten Menschen. Die seelischen Auswirkungen nach massiven Streßerfahrungen sind unter der Bezeichnung „posttraumatische Streßstörung" bekannt geworden (vgl. Wirtz 1991, S. 85 ff; Woititz 1993, S. 95) Woititz (ebd.) erläutert:

> „Sowohl die Veteranen als auch Menschen, die in ihrer Kindheit sexuell mißbraucht worden sind, haben psychische und physische Angriffe auf den Kern ihres Seins erlebt. Die Symptome, die bei Kriegsveteranen beobachtet wurden, ähneln denjenigen von Menschen, die den Streß sexuellen Mißbrauchs erlebt haben".

Ähnliches gilt für Menschen, die vergewaltigt worden sind, als Geiseln gedient haben oder im Konzentrationslager waren[19].

Zwischen Behinderung und sexuellem Mißbrauch scheint ebenfalls eine Verbindung zu bestehen. Kline und Kline (1988, S. 3 f) meinen, behinderte Kinder seien nicht nur besonders gefährdet, sexuell mißbraucht zu werden. Vielmehr könne sexueller Mißbrauch auch – über emotionale oder Verhaltensprobleme hinaus – zu neurologischen Schädigungen sowie zu orthopädischen Behinderungen führen.

8.5.3. Drogensucht

Es besteht ein deutlicher Zusammenhang zwischen Drogensucht und sexuellem Mißbrauch in der Kindheit. Studien in den USA zufolge haben etwa 80 % der drogenabhängigen Frauen in der Kindheit sexuellen Mißbrauch erfahren[20].

Klös (1994, S. 7) berichtet, daß zwischen 80 und 90 % der suchtmittelabhängigen Frauen entweder in ihrer Kindheit sexuell mißbraucht worden sind oder als Erwachsene sexuelle Gewalt erlebt haben.

Sucht als Reaktion auf ein Sexualtrauma ist ein Distanzierungs-, Flucht- und Bewältigungsmittel (vgl. Holman 1986, S. 72, 104 ff; Wölfl 3/94, S. 6; Woititz 1993, S. 85). Sucht bedeutet außerdem Bindung. Die Sucht wird u. U. zum Ersatz für eine fehlende Bindung an Menschen.

Letztlich stellt die Sucht für sexuell mißbrauchte Menschen einen Überlebensmechanismus dar.

8.5.4. Prostitution

Auch zwischen Prostitution und sexuellem Mißbrauch in der Kindheit besteht eine Verknüpfung (vgl. Lowen 1980, S. 343). Jäckel (1988, S. 147) geht davon aus, daß 70 % aller Prostituierten in der Kindheit sexuell mißbraucht worden sind.

Wie Constabel (Referat vor dem Arbeitskreis „Sexuelle Gewalt gegen Mädchen/Kinder" Esslingen am 12.6.1996) berichtet, hat die Beratungsstelle für Haut- und Geschlechtskrankheiten in Berlin-Schöneberg bei einer Beratung von 53 aussteigewilligen Prostituierten herausgefunden, daß 95 % unter ihnen als Kinder sexuelle Übergriffe erlebt hatten. Constabel, die beim Stuttgarter Gesundheitsamt Prostituierte betreut, bestätigt, fast alle Prostituierten, mit denen sie und ihre Kolleginnen zu tun haben, seien in der Kindheit Opfer sexueller Vergehen gewesen; diese hätten überwiegend in der Familie stattgefunden.

Prostitution ist für viele Mädchen, die dem Inzest entgehen wollen und zu Hause ausreißen, der einzige Weg, um materiell überleben zu können (vgl. Wirtz 1991, S. 95). Außerdem sind diese Mädchen und Frauen oft jahrelang sexuell verdinglicht worden, haben gelernt, fremdbestimmt und verfügbar zu sein und ihre Gefühle abzuspalten. Ferner haben verschiedene unter ihnen erfahren, daß es materielle Belohnung bringen kann, Sex mit einem Mann zu haben.

Wirtz (ebd., S. 96) betont jedoch, der Weg in die Promiskuität oder Prostitution werde von nur wenigen Betroffenen gewählt. Entschieden häufiger sei die Ablehnung der Sexualität und die Angst vor Intimität – mit den entsprechenden Negativfolgen für Partner-schaft und Ehe (ebd., S. 101 ff).

8.5.5. Selbstmord

In den Berichten vieler Inzestopfer spielt Selbstmord eine große Rolle (vgl. Fraser, Bieler, Merz, Büch, Glade-Hassenmüller). Bange (1992, S. 168) sagt: „Für manche Kinder stellt ein Suizid den einzig wirksamen Schutz vor weiteren sexuellen Übergriffen dar".

Die Selbstmordgefährdung hängt auch mit dem hohen Energieeinsatz zusammen, der aufgebracht werden muß, um die schweren Traumen in der Verdrängung zu halten. Große Energiedefizite drosseln die Lebensfreude. Ein mögliches Ergebnis ist, daß Depressionen und Selbstmordgedanken auftauchen, ein anderes, daß die Verdrängung der quälenden Traumen nicht mehr aufrechtzuerhalten ist und die betreffende Person von ihnen überflutet wird. Das kann sie in den Selbstmord treiben[21].

8.5.6. Neurosen und Psychosen

Wie der Hamburger Nervenarzt-Professor Jan Gross berichtet, ist trotz ausgedehnter biologischer Ursachenforschung das Wissen um die Genese von Neurosen und Psychosen schmal (vgl. Bräutigam, 11/92, S. 41).

Daß außerdem, wie bereits Freud beklagte, selbst nach langjährigen therapeutischen Behandlungen die Heilungserfolge bei psychischen Krankheiten nur gering sind (Aliti 1991, S. 191), hat mit einem eingeschränkten Verständnis der Entstehung und Wirkungsweise frühkindlicher Traumen zu tun. Bei der Ursachenforschung und bei der Behandlung von Neurosen und Psychosen wurde bis vor kurzem die Möglichkeit einer sexuellen Traumatisierung ignoriert.

In „Zur Ätiologie der Hysterie" (Freud in Masson, S. 296) geht Freud ausführlich auf die Schädigungen durch traumatische sexuelle Erlebnisse in der Kindheit ein. Er vertritt die Überzeugung, mit diesem Wissen könnten bestimmte Symptome, die bisher als hereditär angenommen wurden, „als frühzeitig erworben" aufgeklärt werden. Der Hysterie liege die intensive „nie verwundene Kränkung im Kindesalter" – durch sexuellen Mißbrauch – zugrunde (ebd., S. 313).

In diesem Zusammenhang ist auf die hysterischen Besessenheitssymptome einzugehen, die während der Hexenprozesse beschrieben wurden. Wirtz (1991, S. 60, 93) sieht eine Analogie zwischen diesen Symptomen und denen, die nach sexueller Gewalt auftreten können. Auch die seinerzeit in verschiedenen Klöstern epidemieartig auftretenden „Besuche des Inkubus" – in Gestalt von Geistlichen – fallen in diese Kategorie. Es sei einfacher gewesen, betroffene Frauen des Geschlechtsverkehrs mit dem Inkubus (einem männlichen Dämon) zu bezichtigen, sie als Hexen zu bezeichnen und zu verurteilen, als die verursachenden Geistlichen oder Väter dafür verantwortlich zu machen (Wirtz, ebd.).

Fraser (1988, S. 255) berichtet über Krämpfe, die wieder auftauchten, als ihre Kindheitserinnerungen hochkamen. Sie meint, früher hätte man sie vermutlich als ein vom Teufel besessenes Kind behandelt. Dabei sei sie von ihrem sexuell mißbrauchenden Vater besessen gewesen.

Freud (in Masson 1986, S. 314) ist der Überzeugung,

> „daß die ätiologische Rolle der infantilen Sexualerlebnisse nicht auf das Gebiet der Hysterie eingeschränkt ist, sondern in gleicher Weise für die merkwürdige Neurose der Zwangsvorstellungen, ja vielleicht auch für die Formen der chronischen Paranoia und andere funktionelle Psychosen Geltung hat".

Auch in einem Brief an Fließ vom 11.1.1897 (Briefe an Wilhelm Fließ 1887 - 1904, zit. nach M. Hirsch 1987, S. 27) zieht Freud eine Verbindungslinie zwischen Psychose und sexuellem Mißbrauch und erklärt, gerade die sehr frühe sexuelle Traumatisierung könne zur Psychosenentwicklung führen. Wenn eine Psychose statt einer Neurose entsteht, sei anzunehmen, „daß sexueller Mißbrauch vor dem ersten intellektuellen Termin, also vor Fertigstellung des psychischen Apparates in seiner ersten Form stattfindet (vor 1 1/4 bis 1 1/2 Jahren)" (Freud, ebd.).

Auf die Verbindungsfäden zwischen sexuellem Mißbrauch und neurotischen und psychotischen Erkrankungen gehen verschiedene Autoren ein. So äußert Ferenczi (1982, S. 307; vgl. auch Masson 1986, S. 175) die Überzeugung, „daß das Trauma, speziell das Sexualtrauma, als krankmachendes Agens nicht hoch genug angeschlagen werden kann ..." und erkennt dessen Bedeutung bei der Entstehung von Neurosen, Psychosen und Sexualstörungen.

Aufgrund seiner jahrzehntelangen Praxis folgert Janov (1993, S. 313), daß Inzest als Psychosenauslöser an erster Stelle steht. Zu Beginn der Therapie sei er häufig nicht bewußt.

Bange (1992, S. 157) stellt fest: „Bei Erwachsenen, die als Kinder sexuell mißbraucht worden sind, finden sich deutlich häufiger als in der Allgemeinbevölkerung psychotische Erkrankungen". Schweins und Hamanns (1992, S. 3) Schätzung nach haben auf den geschlossenen Stationen der Psychiatrie etwa 80 % der Frauen in der Kindheit sexuellen Mißbrauch erlebt.

Die Behandlung von Patienten/innen in Psychiatrien hat diesem Phänomen selten Rechnung getragen. Hier wurde nicht begriffen, meint Miller (1988, S. 90), „daß die schweren psychotischen Zustände ... nichts anderes waren als Versuche, in der Symbolsprache über die Mißhandlungen und Verwirrungen der Kindheit zu erzählen". Diese seien mit der gesamten Familiensituation verknüpft (ebd., S. 69).

Auch Moser (2/92, S. 77 f) geht in der Buchbesprechung zu „Stell dich nicht so an – Geschichte und Therapie eines sexuellen Mißbrauchs" von Siegfried Petry auf die ärztliche Ignoranz gegenüber den Ursachen seelischer Erkrankung und auf das Ausgeliefertsein und die psychische Gefährdung der zentralen Person des Buches, einem sexuell mißbrauchten Kind, ein:

> „Es ist dem Erwachsenen ausgeliefert, wie es nur noch in der Folter möglich ist. Der Quäler dringt in die tiefsten Winkel der kindlichen Seele ein, bis diese zusammenbricht und in ein Exil geht, aus dem die Wiederkehr ungewiß ist".

Von den Ärzten wird es mit Psychopharmaka ruhig gestellt, statt daß erkannt wird, warum es an „die Grenzen des Wahnsinns" gerät, Selbstmordversuche unternimmt und mit einem Messer auf den Vater losgeht (Moser ebd.).

Der Roman von Büch (1989, vgl. 72 ff) ist ein weiteres Beispiel für institutionelle Ignoranz und für die Verdrehungsprozesse, denen Kinder ausgesetzt sein können. Während der Vater ganz „normal" erscheint, gilt der durch ihn mißbrauchte Sohn als Zumutung für seine Familie und kommt in die Kinderpsychiatrie. Hier bezeichnet man ihn als Geißel seiner Familie und macht ihn für den Kummer seiner Eltern verantwortlich. Er habe durch seine „sündige kleine Seele ... einen vernichtenden Einfluß auf das Eheglück und das Zusammenleben" der Eltern. Und weiter:

> „Armer Wicht! Es gibt Kinder, die solche satanischen Auswirkungen auf ein katholisches Ehebündnis haben können, daß sie das schönste Sakrament, das unser Glauben kennt, vor den Augen des Schöpfers und Seinen Engeln vernichten können" (ebd., S. 73 f).

Bemerkenswert sind die geschlechtsspezifischen Ausprägungen von Paranoia. Gaylin (1987, S. 196) umreißt sie wie folgt:

> „Es war bekannt, daß die Wahnvorstellungen paranoider Männer vorwiegend homosexuelle Tendenzen hatten. Die Stimmen, die paranoide Männer hörten, klagten sie höhnisch der Homosexualität an. Diese Assoziation war so häufig, daß Freud ursprünglich annahm, die Paranoia sei ein Schutzmechanismus, eine Abwehr gegen die Anerkennung der eigenen latenten und unbewußten Homosexualität ... Das beherrschende Thema jeder Paranoia ist die Angst vor sozialer Demütigung. In einer männlich dominierten Gesellschaft ist das äußerste Symbol der Reduktion der Verlust der phallischen Macht ... Das bestätigt, daß die äußerste in der Paranoia vorgestellte Erniedrigung des typischen heterosexuellen Mannes in unserer Gesellschaft darin besteht, seine männliche Rolle zu verlieren, die sexuelle Dominanz seiner Männlichkeit aufzugeben und mittels Homosexualität in die Unterwerfungsrolle einer Frau gedrängt zu werden".

Bei paranoiden Frauen in Freuds Fallbeispielen war jedoch „die monotone gemeinsame Botschaft ihrer Wahnvorstellungen ... die Anschuldigung, eine Hure zu sein" (ebd., S. 197). Gaylin (ebd.) schließt daraus:

> „Für eine Frau in dieser Kultur war die demütigendste Anklage die, sie könne ihre sexuelle Rolle erfüllen, die Sexualität tatsächlich genießen und aktiv daran teilnehmen – mit einem Wort, sie sei das, was ihre Kultur als Hure definierte".

Wird davon ausgegangen, daß bestimmte Fälle von Paranoia mit sexuellen Mißbrauchs-erfahrungen durch einen Mann zusammenhängen, wären die unterschiedlichen Wahnvorstellungen erklärlich. Sexuell mißbrauchte Jungen haben oft Angst, eine homosexuelle Ausstrahlung zu haben oder homosexuell zu sein. Mädchen, die sexuelle Gewalt erleben, wird häufig die Rolle einer Prostituierten aufgedrängt.

Indem Menschen mit Psychosen entfernt und „in Sicherheit" gebracht werden, entgeht die Gesamtgesellschaft der Aufgabe, sich mit den Ursachen der psychiatrischen Auffälligkeiten auseinanderzusetzen. Fraser (1988, S. 286) meint: „Nervenkliniken und Gefängnisse und Frauenhäuser und Obdachlosenheime und Suchtberatungsstellen sind voll von Menschen, die sexuell mißbraucht wurden und sich nie davon erholt haben".

8.5.7. Bewältigungsmechanismus Abspaltung

Unter den Bewältigungsmechanismen sexuellen Mißbrauchs spielen Spaltungsprozesse bzw. die Dissoziation eine besondere Rolle, vor allem beim Inzest. Die Dissoziation kann sich aus der lebensnotwendigen Abspaltung der bedrohlichen Traumen, aus der Identifikation mit dem Aggressor und seiner Gespaltenheit sowie aus der in Inzestfamilien herrschenden Doppelbödigkeit und den doppelten Botschaften, die das Kind empfängt, ergeben.

Die analytische Praxis habe gezeigt, so Ferenczi (1982, S. 311),

„daß es keinen Schock, keinen Schreck gibt ohne Andeutungen einer Persönlichkeitsspaltung ... Häufen sich im Leben des heranwachsenden Menschen die Erschütterungen, so wächst die Zahl und die Varietät der Abspaltung, und bald wird es einem recht schwer gemacht, den Kontakt mit den Fragmenten, die sich alle wie gesonderte Persönlichkeiten betragen, einander aber meist gar nicht kennen, ohne Konfusion aufrechtzuerhalten".

Bei sexuellen Übergriffen in der Familie wird ein Kind von widerstreitenden Gefühlen überflutet (Moser, 9/96, S. 15). Zum einen erreicht es für den Erwachsenen eine große, dabei beängstigende Wichtigkeit. Zum anderen werden

„die Wut, der Haß und die tiefe Verachtung, die es gleichzeitig als innere Bedrohung fühlt, ... abgespalten und können sogar in einer Therapie oft erst nach langer Zeit erlebt und ausgedrückt werden. Denn die vorzeitige Entidealisierung, ja ein vorzeitiger Sturz in die Verachtung von Elternfiguren, ist bei dem Bedürfnis des Kindes nach Halt, Vertrauen und Idealisierung, nicht zu ertragen" (Moser ebd.).

Wirtz (1991, S. 141) meint, mit dem Abwehrmechanismus der Dissoziation könne „vielleicht der Glaube an die liebenden und beschützenden Eltern gewahrt bleiben, doch u. U. nur um den Preis schwerster psychotischer Episoden oder Persönlichkeitsspaltungen".

Folgende Beispiele sollen den Vorgang der Dissoziation bei sexuellem Mißbrauch veranschaulichen:

„Ich schraube meinen Kopf von meinem Körper ab, als wäre es der Deckel eines Honigglases. Von nun an sollte es zwei Ichs geben – das Kind, das wußte, mit dem schuldigen von Daddy besessenen Körper, und das Kind, das es nicht mehr wagte, etwas zu wissen, mit unschuldigem Kopf, ganz auf Mommy eingestellt" (Fraser 1988, S. 253).

Ein Mädchen flüchtet sich bei den abendlichen sexuellen Belästigungen in den Kopf, hin „zu seinem Vogel im Käfig. Dann war es nicht mehr da. Nur der Körper lag im Bett, sie selbst saß auf der Stange im Käfig. Sie hat sich abgespalten, dissoziiert" (ps, ÖTV-magazin o.A., 1/92, S. 29).

Auch in folgendem Beispiel (Jäckel 1988, S. 98) geht es um die Abspaltung vom Körper: „Der handelt gegen mich oder ohne mich ... Als ob ich zwei Personen wäre ... Die eine, das ist die in meinem Kopf, die nie rauskommt, die nur denkt, und die andere, das ist der Körper ...".

Daß Abspaltungsprozesse und Operationen an der eigenen Wahrnehmung Hand in Hand gehen können, zeigt folgendes Beispiel: „Ich versuchte, mir einzureden, daß es nicht wahr sei, daß ich träumte, daß er nicht in mein Zimmer gekommen sei und das alles täte ... Ich spaltete ihn ab" (Armstrong 1985, S. 169, 206).

Wölfl (3/1994, S. 6) erläutert:

Viele betroffene Kinder „deuten ihre Empfindungen um, bagatellisieren sie oder spalten ihre Gefühle so ab, daß sie körperlich und seelisch gefühllos werden. Sie funktionieren nach außen und verschließen sich nach innen, um das Spiel der Tarnung und Täuschung ertragen zu können".

Mit den Operationen an der Wahrnehmung wird nicht nur das Vertrauen in die eigene Wahrnehmung, sondern auch das Vertrauen in die eigenen Gefühlsreaktionen gestört oder zerstört. Wenn das geschieht, herrscht Konfusion, die im schlimmsten Fall in den Wahnsinn führt (vgl. Laing 1982, S. 111; Ferenczi 1982, S. 309).

Die Wahrnehmung von betroffenen Kindern wird entscheidend auch dadurch beeinträchtigt, daß Täter sich zumeist benehmen, als sei nichts geschehen (vgl. Ferenczi 1982, S. 30). Eine Frau sagt: „Er [der Vater] hat mir das angetan, und doch tut er so, als wäre alles in bester Ordnung" (Rush 1991, S. 40 f).

Die Auswirkungen der Spaltung verstärken sich durch das Verbot, über diesen intensiven, affektiv geladenen Erfahrensbereich zu sprechen. Ein Opfer erläutert: „Dadurch, daß ich über die widerwärtigste und traumatischste Erfahrung in meinem Leben nicht sprechen kann, fühle ich mich in zwei Teile gespalten" (Rush, ebd., S. 40 f).

Den Borderline-Störungen, der Schizophrenie und der multiplen Persönlichkeit liegen Spaltungsvorgänge zugrunde (vgl. Mitnick 1986, S. 87; Fegert 1990, S. 176 f; Woititz 1993, S. 44). Wirtz (1991, S. 82 f), die auf neuere Forschungen zu Borderline-Störungen hinweist, sieht eine Verbindung zwischen dieser Erkrankung und sehr frühen sexuellen Mißbrauchserlebnissen.

Hinsichtlich der multiplen Persönlichkeit[22] haben Untersuchungen in den USA und Kanada ergeben, daß über 90 % unter ihnen

> „sexuell mißbraucht und körperlich mißhandelt wurden. Dabei handelt es sich in der Regel um sexuellen Mißbrauch, der schon im Kleinkindalter begonnen hat, viele Jahre dauerte, durch mehrere Verwandte oder nahe Bekannte verübt wurde und mit körperlicher Mißhandlung einherging" (Bange 1992, S. 159).

8.5.7.1. Schizophrenie

Charakteristisch für Schizophrenie ist das mangelnde Kontinuitätsempfinden. Somit fehlt dem Schizophrenen auch

> „das übliche Gefühl personaler Einheit, das Gefühl seiner selbst als des Akteurs seiner eigenen Aktionen anstatt eines Roboters, einer Maschine, eines Dings, und das Gefühl, Autor der eigenen Perzeptionen zu sein; statt dessen meint er, ein anderer benutze seine Augen, seine Ohren usw." (Laing 1982, S. 39).

Das entspricht der Verdinglichung und Fremdbestimmung, der totalen Hilf- und Kontrollosigkeit eines sexuell mißbrauchten Kindes. Ein Opfer berichtet z. B., seinen Körper als „von außen programmierbar" empfunden zu haben (Jäckel 1988, S. 98).

Die von Laing genannten Phänomene umreißen darüber hinaus zum Teil das Zustandsbild unserer schizoiden Gesellschaft.

Nicht nur früher galten Geisteskrankheiten – so auch die Schizophrenie – ausschließlich als organisch bedingt und >erblich<. Dieser zweifelhafte Erklärungsansatz hat auch heute noch Gewicht.

Im Lichte der verbreiteten sexuellen Gewalt an Kindern sollten dagegen die von Bateson, Laing und anderen erarbeiteten Konzepte zur Entstehungsgeschichte der Schizophrenie wieder besonders beachtet werden. Ihrer Überzeugung nach spielt der familiäre Mechanismus, das schwächste Familienmitglied zu pathologisieren, eine entscheidende Rolle bei der Entstehung der Schizophrenie (vgl. Laing, Bateson, Weakland, Lidz; vgl. Schmidbauer 1976, S. 143; A. Mitscherlich 1992, S. 11). Dementsprechend sehen sie in der Schizophrenie keine Krankheit, sondern die verständliche Reaktion auf ein bestimmtes Muster von interpersonalen Beziehungen, denen das Kind von früh auf ausgesetzt ist (vgl. Fromm 1977, S. 398)[23].

Für Laing (1979, S. 47 f) ist die Schizophrenie der Endpunkt eines Prozesses, in den andere Menschen verwickelt sind. Er erläutert:

„Jeder, der die Familien von Schizophrenen eingehend studiert hat, scheint darin übereinzustimmen, daß vieles, wenn nicht alles, an der sichtbaren Unvernünftigkeit des Individuums in seinem ursprünglichen Familienkontext seine Vernünftigkeit findet. Die Familie als Ganzes erscheint nun unvernünftig" (ebd., S. 49).

Die Familie wiederum sei vermutlich in einen größeren und noch größeren Kontext der Unvernünftigkeit eingebettet – bis hin zum „Total World System" (Laing, ebd.). Laing deutet hier auf das verbreitete schizoide Phänomen hin.

Aufschlußreich ist das Beispiel eines 13- bis 14-jährigen Jungen, das in einem psychiatrischen Lehrbuch des 19. Jahrhunderts beschrieben wird (vgl. ebd., S. 67 f). Zum einen wird hier starker Haß auf den Vater spürbar, zum anderen erschließt sich die Haltung der seinerzeit mit dem Fall befaßten Personen. Für diese besteht kein Zweifel daran, daß das Versagen beim Kind anzusiedeln ist und

„selbstverständlich ... bei dem Vater alles in Ordnung [ist} ... Wenn der Junge den Vater ... haßt, dann muß an dem Jungen etwas nicht in Ordnung sein ... Er hat seine Unbekümmertheit verloren, ist düster und verschwiegen geworden und neigt zum Einzelgängertum ... Er hat sein ganzes Interesse am Lernen verloren und redet nun mit niemandem mehr" (ebd., S. 69).

Laing (ebd., S. 70) dagegen stellt die wichtige Frage: „Warum haßt er seinen Vater, und warum hat er sogar daran gedacht, ihn umzubringen? ... Wie läßt sich die Diskrepanz zwischen dem öffentlichen Image des Vaters und der Erfahrung, von der der Junge spricht, auflösen?". In der Familienstruktur, meint Laing (ebd.), würden „die Gefühle des Jungen ihren verständlichen Kontext finden".

Vaterhaß und Vatermord sind Themen, die wir jenseits Freudianischer Konzepte mit der Möglichkeit sexueller Übergriffe des Vaters in Verbindung bringen sollten.

Das Forschungsmaterial, auf das sich Lidz u. a. (1969, S. 108 f) berufen, bestätigt den erheblichen Anteil, den Eltern bei der schizophrenen Entwicklung eines Kindes haben können. Die Autoren erwähnen die charakteristische Konzentration der Forschung auf psychopathologische Anteile der Mutter. Die Bedeutung des Vaters bei der Schizophrenieentwicklung sei dagegen bislang vernachlässigt worden. Dabei gebe es deutliche Hinweise „auf die stark psychopathologischen Befunde bei diesen Vätern" (ebd., S. 109).

Ihre Untersuchung an 14 Familien, in denen Kinder schizophren wurden, läßt folgende bedeutsame Einzelmerkmale erkennen, die auch für Inzestfamilien charakteristisch sind:

° Eine erheblich gestörte Ehebeziehung aller Eltern (ebd., S. 125; vgl. S. 109 f).

° „Das Fehlen jeglicher positiver Befriedigung in der Ehebeziehung (abgesehen von den Kindern) ist offenkundig, wenn auch in einigen Fällen ein starkes Abhängigkeitsbedürfnis auf masochistische Weise befriedigt werden mag" (ebd., S. 114).

° Ständige Herabsetzung der Partner vor den Kindern (ebd., S. 113).

° Verletzung der Generationengrenzen (ebd., S. 111, 124).

° Elterliche Abhängigkeit gegenüber dem Kind (ebd., S. 109) und „deutliche Tendenz zur Rivalität um die Anhänglichkeit und Liebe der Kinder, gelegentlich um dadurch einen Ersatz für die fehlende Zuwendung des Partners zu erlangen, manchmal auch einfach nur, um den Partner zu verletzen und ihm zu schaden" (ebd., S. 113 f).

° „.... unstillbare[n] narzißtische[n] Bedürfnisse" und

° das Streben nach männlicher Übermacht in verschiedenen dieser Familien (ebd., S. 115).

Zwischen den elterlichen und kindlichen Pathologien deutet sich folgender Zusammenhang an:

Die charakteristische Ich-Schwäche von Schizophrenen hängt mit der elterlichen Schwäche, die das Kind introjiziert, zusammen (ebd., S. 109). Ferner werden Kinder, die als „Erfüllungsgehilfen" elterlicher Glückserwartungen und in nicht wenigen Fällen als Partnerersatz dienen müssen, in ihrer Entwicklung zur eigenständigen Person stark behindert (ebd., S. 124). Außerdem können Kinder in solchen Familien in eine Inzest- und Schuldproblematik hineingeraten (ebd., S. 125).

Den Aspekt der Inzestproblematik hebt auch Searles (1969, S. 131; vgl. auch Laing 1982, S. 113) hervor. Er hat bei Schizophrenen in zahllosen Fällen „ein übermäßig verführerisches Verhalten" eines Elternteils festgestellt. Der Vater oder die Mutter habe im Kind somit einen internen Konflikt „zwischen sexuellen Bedürfnissen einerseits und regelmäßigen Einwendungen des Über-Ich ... andererseits" ausgelöst. Searles Deutungen sind wichtig insofern, als sie den Anteil der Eltern und des latenten Inzests an den kindlichen Pathologien unterstreichen. Anzuzweifeln ist jedoch sein auf Freudianisches Gedankengut zurückgreifende Annahme von internen Konflikten zwischen sexuellen Strebungen und dem Über-Ich des Kindes. Wie bereits erwähnt, stammen die Verwirrung oder der Wahnsinn eines Kindes nicht aus diesen angenommenen internen Konflikten, vielmehr aus den Irritierungen und Traumatisierungen latenten oder direkten Inzests.

8.5.7.2. „Double-bind" („Beziehungsfalle")

Die Verwirrung vieler Kinder und die Entstehung der Schizophrenie ist häufig an das Phänomen des double-bind geknüpft (vgl. Laing, 1982, S. 115). Das gilt besonders für Kinder, die in der Kernfamilie direkten oder latenten Inzest erleben (vgl. Larson 1986, S. 106).

In einer double-bind-Situation, „in der die andere Person in der Beziehung zwei Arten von Botschaft ausdrückt, von denen die eine die andere aufhebt", fühlt sich das Individuum gefangen (Weakland 1969, S. 222). Kinder in Inzestfamilien erhalten ständig „gespaltene Botschaften" (Armstrong 1985, S. 102). Die gespaltenen Botschaften können von einer einzigen Person und dabei von zwei Ebenen kommen, die in keinem erkennbaren oder fühlbaren Zusammenhang miteinander stehen (vgl. Laing, 1982, S. 111). Die Kombination der sexuellen Ebene mit der elterlichen Ebene dürfte unter den verschiedenen Möglichkeiten die schädigendste sein. Ein derartiges Doppelleben kann folgendermaßen aussehen:

> „... auf der einen Seite gab es Gutenachtgeschichten und Gutenachtküsse und man wurde jeden Abend warm zugedeckt – und auf der anderen Seite unterwarf ich mich aus Angst seinen sexuellen Forderungen. Wie konnte ich mich nur auf diesen beiden Wellenlängen verhalten?" (Armstrong 1985, S. 221).

Kinder in Inzestfamilien, die zum einen den sorgenden „guten" Vater, an den sie emotional gebunden sind, und zum anderen den sich in der Sexualität verändernden Mann erleben, hassen ihn (vgl. Eckart-Groß (4/95, S. 3 f), oder sie versuchen, die negative Seite des Vaters zu verdrängen. Die Erinnerungen an das Geschehen liegen dann im Verborgenen und sind später nur unter spezifischen Voraussetzungen wieder zugänglich.

Die zwei Welten, denen sich das Kind in einer double-bind-Situation gegenübersieht, erhellen sich durch Merz' autobiographischen Roman (1988). Die Doktorspiele des Mädchens mit Kindern werden vom Vater, einem Pfarrer, bestraft und als „Schweinkram" bezeichnet (ebd., S. 121). Andererseits bindet er das Mädchen regelmäßig in

Löwe-Sexualspiele ein. Diese sind hinsichtlich der Wirkungen auf das Kind sehr aufschlußreich (ebd., S. 184 ff) und daher ausführlich darzustellen:

„Der Löwe spielende Vater war mir verhaßt. Ich ekelte mich entsetzlich vor ihm. Die ganze Zeit über, während der er, Urlaute ausstoßend, im Vierbeinergang durch das Zimmer tappte, stand aus seinem kurzen Nachthemd sein erigierter Penis hervor, dick und fleischig, ein abstoßender Anblick, wie ich fand" (ebd., S. 184). „Ich glaubte ersticken zu müssen an meinen Ekelgefühlen, an meiner Ohnmacht, an einer hilflosen, sinnlosen Wut. Die Verwirrung und das Entsetzen über diesen anderen, diesen so gänzlich veränderten Vater, diesen plötzlich nur noch brutalen Mann ... der keinerlei menschliche Züge zu haben schien, der nur noch unartikulierte Laute von sich gab, tierische Laute, ein gieriges Stöhnen, entfernten mich gleichermaßen von meiner gewohnten Wirklichkeit wie von mir selbst. Auch ich verlor in dieser Deckenhöhle meine Menschlichkeit, meine Persönlichkeit, meine Würde. Meine Gefühle übersetzten sich in meinem Bewußtsein nicht mehr in Worte, ich dachte nicht mehr in Begriffen, in Sätzen, in sprachlichen Einheiten, ich konnte überhaupt nicht mehr denken, ich konnte überhaupt nichts begreifen, es war unfaßlich, ich konnte es nicht benennen, es gab keine Erklärung dafür" (ebda., S. 186 f).

„Nach einem letzten Aufstöhnen ließ er von mir ab ... Ich fühlte mich unbeschreiblich schmutzig, ich fühlte mich eklig, widerwärtig und verunstaltet, ich fühlte mich verseucht und vergiftet. Ich fühlte mich in meinem Innersten in den Schmutz gezogen, es war so, als wäre alles zu mir Gehörige, außen wie innen, von einem abscheulichen Aussatz bedeckt, nichts war mehr schön an mir, nichts war mehr rein, nichts war mehr heil geblieben, alles war häßlich und dreckig und zerstört ... Nicht eine einzige Sekunde lang ertrug ich den Gedanken an das in der Deckenhöhle Geschehene. Kaum hatte ich die Badezimmertür hinter mir verschlossen, spaltete ich das Erlebte von mir ab. Es war nicht wahr, es war einfach nicht wahr, es durfte nicht wahr sein, es konnte nicht wahr sein, ich ertrug es nicht. Mit allen mir zur Verfügung stehenden Kräften versiegelte ich die Schande in meinem Inneren ... Ich vergrub alles, so tief es ging, ich schüttete das Grab zu" (ebd., S. 188).

Es lassen sich hier deutlich die Zeichen tiefer archaischer Regression und der Dissoziation im Mißbrauchenden erkennen, die sich auf das Kind übertragen. Daß sich das Tierhafte des Täters auf das Kind überträgt, hat im späteren Leben die vielen Versuche des Mädchens zur Folge, das „Tier" in sich durch Aushungern zu besiegen; es wird magersüchtig (ebd., S. 23). Die Dissoziation dieses Mädchens beruht zum Teil auf der Übertragung durch den dissoziierten Vater, zum anderen Teil auf dem double-bind sowie der lebensnotwendigen Abspaltung.

Gespaltene Botschaften in der Familie können auch auf beide Elternteile verteilt sein: Ein Elternteil verbietet etwas, was der andere Elternteil ausdrücklich wünscht oder sogar erzwingt (vgl. Weakland 1969, S. 230; Laing 1982, S. 116). Im Fall des Inzests könnte z. B. die Mutter strengstens untersagen, an den Geschlechtsteilen zu spielen, während der Vater die Genitalien des Kindes für seine Zwecke benutzt. „Die Mami sagt, da unten faßt man nicht an, und der Papi tut es" (Merian 1990, S. 84). In einem anderen Beispiel schlägt die Mutter dem Kind auf die Finger, wenn es sich im Genitalbereich berührt. Der Kinderarzt hatte bei ihm Verletzungen festgestellt und der Mutter eingeimpft, das Kind an den genitalen Berührungen zu hindern. Die Verletzungen stammten jedoch vom Vater, der das Mädchen sexuell manipulierte (Jäckel 1988, S. 62).

Zu den Kriterien einer Doppelbindung gehört, daß es dem darin Gefangenen untersagt ist, „aus der Situation herauszukommen oder sie dadurch aufzulösen, daß er sich dazu äußert" (Laing 1982, S. 116). Für ein Kind, das Inzest erlebt, gilt das in besonderem Maße.

Weil es innerhalb der zwei getrennten und untereinander widersprüchlichen Welten weder eine Möglichkeit des Entweichens sieht noch die sich widersprechenden Botschaften auf einer Meta-Ebene kommunizieren kann, entstehen im Kind Hilflosigkeit, Angst, Erbitterung, Wut oder Rückzugs- und Isolierungstendenzen (Weakland 1969, S. 222 f; vgl. Bateson u. a. 1969, S. 28 ff). Die sich ausbreitende Angst sowie das Gefühl, den Eltern oder ihrem Zuhause auf der Körperebene ausweglos ausgeliefert zu sein, erzeugt eine Katastrophenlage (Laing 1982, S. 116 f). Unter diesen Voraussetzungen ist die Psychose für Laing (ebd., S. 119) ein Weg, die Eltern, an die man auf der körperlichen Ebene gebunden ist, verlassen zu können.

Mit seiner auf dem double-bind beruhenden Krankheit steuert das Kind dazu bei, das Gleichgewicht einer gestörten Ehe und Familie zu stützen (Bateson u. a. 1969, S. 34 f). Es zieht durch seine Auffälligkeiten die Aufmerksamkeit stark auf sich und kann in der Rolle des Symptomträgers und Sündenbocks die anderen Familienmitglieder entlasten und von ihren innerpsychischen und/oder interpersonalen Schwierigkeiten ablenken.

Wie dargestellt, beeinträchtigt sexueller Mißbrauch die Persönlichkeitsentwicklung des Kindes schwer und kann sein ganzes Leben negativ beeinflussen. Dieses Delikt wirkt sich darüber hinaus auf die Gesamtgesellschaft aus. Sexueller Mißbrauch an Kindern ist einerseits ein besonders krasser Ausdruck der „Pathologie der Normalität" (Fromm), und andererseits trägt er zu ihrer Perpetuierung bei. Das hervorstechende pathologische Merkmal unserer Gesellschaft ist, laut Fromm, das schizoide Phänomen. Es geht zu einem erheblichen Teil auf die unbewußten Verdrängungs- und Abspaltungsprozesse sowohl des Opfers als auch des Täters sexuellen Mißbrauchs zurück.

9. Kernfamilien-Inzest

Welche Hintergrundbedingungen kommen für die sexuelle Ausbeutung von Kindern in der Kernfamilie infrage, und womit ist der Vater-Tochter-Inzest zu erklären?

Diese Fragen verlangen eine theoretische Auseinandersetzung mit dem Inzest und der Inzestfamilie. Außerdem ist auf die Stellung des Inzesttäters in seiner Familie sowie auf die Loyalitätsbereitschaft der Kinder und die Rolle der Mütter in Inzestfamilien einzugehen.

Die gegenwärtige Diskussion zum Inzest wird von zwei unterschiedlichen Zugangsweisen, der familiensystemischen und der feministischen, bestimmt. Bevor auf sie eingegangen wird, ist das Problem des latenten Inzests zu erörtern.

9.1. Inzestuöse Verstrickungen/Latenter Inzest

Selbst ohne sexuelle Handlungen kann ein Erwachsener durch emotionale oder sexuelle Begierden inzestuös in den sexuellen Intimraum eines Kindes eindringen (vgl. Covitz 1992, S. 127). Werden durch Worte oder Blicke unterschwellige Botschaften an die Sexualität des Kindes gerichtet, dann ist das eine sexuelle Belästigung.

Von Braun (SWF 2, 1994) weiß, „daß der Blick als physische Verletzung erfahren werden kann" und verweist auf die Bedeutung des Blicks „auf den Körper der Mädchen und über die Phantasien, die diesen Blick begleiten". Für Kinder, insbesondere für Mädchen, ist die Botschaft deutlich genug, wenn die männlichen Verwandten zu Hause ihre „lüsternen Blicke" auf sie richten (von Braun ebd.). Auch diese Grenzverletzungen können bleibende Schädigungen hervorrufen und sollten als eine Form von Gewalt angesehen werden (vgl. Pilgrim 1986a, S. 13, 168 ff; Woititz 1993, S. 24, 75).

Die Beobachtung, daß in anscheinend „intakten" Familien nicht trotz, sondern gerade wegen der unveränderten „Vater-Mutter-Kind-Dreieinigkeit" Pathologien entstehen, führt Pilgrim (1986a, S. 154 f) auf elterliche Fixierungen zurück. Häufig hielten Eltern ihre Kinder umschlossen, als seien sie mit ihnen verheiratet. Die >Fixierung< sei „eine der bösartigen Folgen der familiären Druckverhältnisse", in der Erwachsene in einer Art „Triebgefangenschaft" sexuelle Wünsche an ihren Kindern auslassen. Familien mit inzestuöser Atmosphäre, in denen, bewußt oder unbewußt, sexuelle Begierden Erwachsener auf ihre eigenen Kinder zielen, seien außerordentlich zahlreich (ebd., S. 13, 168 ff).

Für Covitz (1992, S. 131 ff) und Woititz (1993, S. 75) sind alle Grenzverletzungen, in denen Kinder für individuelle oder partnerschaftliche Unzulänglichkeiten ihrer Eltern benutzt werden, inzestuös. Mitunter geraten Kinder in eine inzestuöse Bindung, so Covitz (1992, S. 131, 135), weil sie spüren, daß die Beziehung der Eltern nicht gut ist und sie „nur >um der Kinder willen< zusammenbleiben. Das Kind spürt das Vakuum zwischen den Eltern und sucht es zu füllen". Oder es drängt sich aus Angst vor dem Verlassenwerden zwischen die Eltern und versucht, die gefährdete Elternbeziehung zu kitten.

Zu den Folgeschäden einer inzestuösen Bindung gehören (Woititz 1993, S. 75; vgl. Fromm 1979, S. 97 ff):

> „Keine Individuation (Empfindung des völligen Getrenntseins) des Kindes von den Eltern; Keine Entwicklung sozialer Fähigkeiten im Kontakt mit Gleichaltrigen; Schuldgefühle, wenn sie sich von einem Gleichaltrigen sexuell angezogen fühlen; Permanente Versuche, den Eltern gegenüber die Rolle der Ehefrau oder des Ehemannes zu erfüllen, selbst noch als Erwachsene ...; Idealisierung eines Elternteils als Liebes-, und/oder als Sexualobjekt; Das Gefühl, von einem Elternteil als Liebes- und/oder Sexualobjekt idealisiert zu werden".

Die inzestuöse Verstrickung mit den Eltern bleibt nicht selten selbst dann bestehen, wenn die Kinder heiraten. Die Verantwortung, die Eltern zu beleben und das partnerschaftliche Vakuum auszufüllen, wird von beiden Seiten aufrecht erhalten. Weil sie erfahren, daß sie trotz ihrer Bemühungen die Eltern nicht glücklich machen können, haben diese Individuen wenig Chancen, in ihrem eigenen Leben glücklich zu werden. Sexuelle Schwierigkeiten sind vorprogrammiert (vgl. Woititz 1993, 75 f; Pilgrim 1986a, S. 13, 155; Covitz 1992, S. 127).

Ferner sind inzestuös gebundene Menschen dazu prädisponiert, das schädigende Eltern-Kind-Muster mit ihren eigenen Kindern weiterzuführen, so daß sich der Komplex von Grenzverletzungen, inzestuöser Atmosphäre und unbefriedigenden Partnerbeziehungen von einer Generation auf die nächste fortsetzt (vgl. Pilgrim 1986a, S. 160). Pilgrims (ebd., S. 13) Ansicht nach ist die „sexuelle Stimmung [und] lautlose Gewalt der sexuellen Irritation", der ein Opfer latenten Inzests ausgesetzt ist, außerdem eine mögliche Quelle späterer Gewalttätigkeit. An der höchst schädigenden sexuellen Konzentration von Eltern auf ihre Kinder werde sich nichts ändern, solange die Gesellschaft fordert, Kinder in der Kleinfamilie aufzuziehen und erwachsene Liebesbeziehungen an die Form der Ehe zu binden (ebd., S. 167).

9.2. Familiensystemischer oder feministischer Ansatz?

Der auf der Systemtheorie basierende familiensystemische Ansatz geht von der Prämisse aus, ein gestörtes Familiensystem trage in erheblichem Maße zum Inzest bei (vgl. Larson 1986, S. 109; Wirtz 1991, S. 170; Carnes 1983, S. 18 f).

In ihrer Kritik faßt Rijnaarts (1991, S. 156 f) den Kerngedanken des familiensystemischen Ansatzes wie folgt zusammen:

> „Der Kerngedanke des systemtheoretischen Ansatzes besagt kurz, daß abweichendes Verhalten nicht auf Faktoren im Innern des Individuums zurückzuführen sei, sondern aus einem interpersonalen Kontext heraus entstehe, ein Netz von Beziehungen, in dem Menschen aus der Bahn gerieten. Als ein solches Netzwerk wird die Familie angesehen".

Als Konsequenz dieser Sichtweise werden spezifische Interaktionsmuster in der Familie für die Entgleisungen einer Person verantwortlich gemacht und das Opfer häufig in die Rolle der oder des Schuldigen gedrängt (vgl. Goldner 7/93, S. 217). Im Täter wird demgegenüber ein Symptomträger der Familienpathologie gesehen, wie Larson (1986, S. 104) ausführt: „So gesehen ist die individuelle Störung des Täters ein Symptom gestörter Interaktionsmuster in dem Familiensystem".

Indem Inzest als das Symptom einer >kranken< Familie angenommen wird, ergibt sich eine Parallele zu den forensischen Untersuchungen, die Anfang des 20. Jahrhunderts die Inzestdebatte bestimmten. Seinerzeit hat die Pathologie des Täters im Mittelpunkt gestanden, nun ist es die Pathologie der Familie (vgl. Rijnaarts 1991, S. 156). Rijnaarts kritisiert, daß die gesellschaftlichen Bedingungen bei dieser Betrachtungsweise im Hintergrund bleiben.

Die Annahme, alle Betroffenen seien für den Inzest verantwortlich, negiert nicht nur die Schuldfrage. Es bleibt auch die Abhängigkeit des Kindes, das große Machtgefälle und die Verantwortung, die alle Erwachsenen gegenüber einem Kind haben, außer acht. Das Argument, die Kinder seien für den Inzest mit verantwortlich oder mitschuldig, arbeitet der üblichen Argumentation von Tätern zu.

Die Auffassung von der Partnerschaftlichkeit in familiären Interaktionen ist nicht nur problematisch, weil sie das Ungleichgewicht in der Familie, sondern auch, weil sie die Projektionsmechanismen von Eltern auf ihre Kinder übersieht. Das gilt auch für sexuelle Projektionen.

Larson (1986, S. 106 ff; vgl. Levold 7/93, S. 294) bringt einen interessanten Gesichtspunkt in die Debatte ein: Ebenso wie andere schwere Konflikte in der Familie hänge sexueller Mißbrauch an den eigenen Kindern mit beschränkten Ressourcen zusammen, um die alle konkurrierten. Zu den fehlenden Ressourcen gehörten sowohl soziale und emotionale als auch materielle Güter. Zugunsten dieser Güter und zugunsten von Zuwendung und dem Zugehörigkeitsgefühl opferten die Familienmitglieder ihre Autonomie und ihre Wachstumsmöglichkeiten. Das bedeutet, legen wir Maslows Bedürfnis-Hierarchie (auf die noch ausführlich einzugehen ist) zugrunde, daß höhere Bedürfnisse zugunsten von Bedürfnissen niederer Ebenen bzw. von Ersatzbedürfnissen geopfert werden.

Der Gedanke, fehlende Ressourcen wie etwa soziale Vernetzung und Hilfsangebote, Bindungsfähigkeit, Sicherheit oder Ich-Stärke förderten gegenseitige Abhängigkeiten und begünstigten ferner zerstörerische Konfliktlösungsstrategien – dazu kann sexuelle Gewalt gegen ein Kind gehören –, leuchtet ein. Übersehen wird allerdings, daß mangelnde Ressourcen sowie die verzweifelte Suche nach ihnen und ihren Ersatzmitteln keine Ausnahmeerscheinung darstellen. Vielmehr sind sie charakteristisch für die isolierte, patriarchalisch bestimmte bürgerliche Familie, die in unserer Kultur als die „normale" Familie gilt.

Auch im Falle des Inzests sind für die systemische Familientherapie die Funktionstüchtigkeit und der Erhalt der Familie vorrangig. Ziel ist, die Familienstruktur zu verändern, die Funktionalität aller Familienmitglieder zu verbessern, beide Elternteile zu therapieren und den Täter zur Schuldeinsicht zu bringen, so daß das Kind in der Familie bleiben kann (vgl. Bentovim u.a. 1990b, S. 252 f). Man gibt jedoch zu, sich mit dieser Zugangsweise in einem Dilemma zu befinden (vgl. Bentovim 1990a, S. 41). Das Dilemma resultiert aus der Verpflichtung gegenüber der Familie einerseits und aus der ethischen Verpflichtung gegenüber dem Kind andererseits; denn ein Kind, das in der Familie bleibt, unterliegt einem großen Risiko, weiterhin mißbraucht zu werden (vgl. Bentovim u.a. 1990b, S. 265). Inzest ist eine Wiederholungstat mit Suchtcharakter, und das Kind ist ständig verfügbar. Es ist unrealistisch, sich auf das Versprechen eines Täters, das Kind nicht mehr zu belästigen, zu verlassen (vgl. Steinhage 1989, S. 122).

Der Amerikanerin Herman ist es zu verdanken, daß die kulturell-gesellschaftlichen Dimensionen des Inzestthemas, die in der nicht-feministischen Theorie fehlen, ins Bewußtsein gerufen wurden (vgl. Rijnaarts 1991, S. 260). Sie hat damit die Weichen gestellt für eine übergreifende Betrachtungsweise, in der gesamtgesellschaftliche Bedingungen mit berücksichtigt werden. Dazu gehören – wie in Teil 3 und 4 noch ausführlich behandelt werden soll – der Machtstatus des Vaters, die spezifische Aufteilung der Rollen zwischen den Geschlechtern und die situativen Bedingungen in der patriarchalischen Institution Familie (vgl. Bange 1992, S. 37; Rijnaarts 1991, S. 156 f, 162 f; Bartels (12/92), S. 14).

Auch Bange (1/90, S. 60) ist der Ansicht, das Phänomen sexueller Gewalt gegen Kinder sei ohne Einbeziehung der soziokulturellen Ebene – also der patriarchalischen Struktur unserer Gesellschaft mit ihren geschlechtsspezifischen Sozialisationsmechanismen – nicht zu erfassen. Mit der Einbeziehung der soziokulturellen Dimension stehen die Kategorie >Geschlecht< und die nahezu einseitig von Männern ausgehende Verletzung des Inzesttabus im Brennpunkt (vgl. Rijnaarts 1991, S. 146, S. 252). Die feministischen Autorinnen messen

> „der einseitigen Übertretung des Inzesttabus fundamentale Bedeutung bei, d. h. also dem Umstand, daß der Inzesttäter fast durchweg ein erwachsener oder nahezu erwachsener Mann und das Opfer ein Mädchen ist. Und sie stellen einen Zusammenhang zwischen Inzest und anderen Formen sexueller Gewalt gegen Frauen her" (ebd., S. 146; vgl. Wirtz 1991, S.171 f).

Feministischer Überzeugung nach werden alle Formen sexueller Gewalt gegen Frauen und Mädchen weniger von sexuellen als von Machtmotiven geleitet und sind auf die Beziehungen und die Machtverhältnisse zwischen Frauen und Männern im Privatbereich zurückzuführen (vgl. Rijnaarts 1991, S. 254 ff). Als Ausdruck gesellschaftlicher Machtverhältnisse präge sich sexuelle Gewalt am deutlichsten im Vater-Tochter-Inzests aus. Er habe, so Rijnaarts (ebd., S. 131), „mit der Stellung der Frau in Familie und Gesellschaft ... [und] mit dem Frauen- und Mädchenbild unserer Kultur" zu tun.

Nach feministischer Auffassung kann es nicht um die Aufrechterhaltung einer inzestuösen Familie gehen. Vorrangig müsse der Schutz des Kindes sein. Entsprechend wird gefordert, den Täter und nicht das Kind aus der Familie zu entfernen (vgl. Wirtz 1991, S. 171). Diese Forderung ist allerdings nur erfüllbar, wenn sich die Mutter auf die Seite des Kindes stellt. Wie die Praxis zeigt, geschieht dies in vielen Fällen nicht.

Die feministische Haltung zum sexuellen Mißbrauch wird in Deutschland sehr lautstark und erregt von der Publizistin Rutschky (1992) angegriffen. Sie bringt ihre Kritik auf die ebenso spektakuläre wie gedankenlose Formel: „Kindesmißhandlung plus Feminismus gleich sexueller Kindesmißbrauch" (ebd., S. 23). Es sei nicht zu verstehen, warum dieses Thema, das zunächst unter „Kindesmißhandlung" lief, „unter feministischem Einfluß ... als sexueller Mißbrauch formuliert und populär gemacht worden ist" (ebd., S. 91).

Ihre bedenkliche Äußerung, daß wir „in Liebes- und anderen engen Beziehungen ... immer mit Affektdurchbrüchen und anderen Abweichungen vom sogenannten normalen Verhalten zu rechnen und – uns abzufinden haben" (ebd., S. 76), geht zu Lasten von Kindern und allen Schwachen und läuft auf Fatalismus und die Zementierung des status quo hinaus.

9.3. Familiensystemischer und feministischer Ansatz

Die Familientherapeutin Goldner versucht, familiensystemische und feministische Untersuchungen von gestörten Beziehungen miteinander in Einklang zu bringen. Sie ist überzeugt, daß beide ihre Validität haben, auch wenn sie widersprüchlich erscheinen. Zum einen vertritt sie feministische Ansichten, wenn sie sagt (7/93, S. 207): „Der Feminismus besteht mit Recht darauf, Beziehungsdilemmata innerhalb des sozialpolitischen und historischen Raums und moralischer Kriterien zu sehen". Vom Therapeuten fordert sie entprechend (ebd., S. 222):

> „Die moralisch orientierte Arbeit des Therapeuten stellt also die dominanten patriarchalischen gesellschaftlichen Normen in Frage, anstatt sie zu verstärken ... Als Feministen/innen bestehen wir darauf, Beziehungsdilemmata innerhalb des sozialpolitischen und historischen Raums und innerhalb moralischer Kategorien zu sehen".

Zum anderen geht es Goldner (ebd., S. 214) darum, die individuellen Verwirrungen und Wahrnehmungsstörungen innerhalb von Beziehungen bewußt zu machen: Die Partner kleben aneinander und sind wie gelähmt. „Sie würden sich trennen, wenn sie könnten" (Goldner ebd.).

Goldner ist zuzustimmen, wenn sie meint, daß beide Richtungen wertvolle Beiträge liefern können, um den Bedingungshintergrund von zerstörerischen Familienmustern zu erhellen. Der familiensystemische Ansatz liefert eine Fülle von Einsichten in zerstörerische Familienbeziehungen und in die Dynamik von Inzestfamilien. Auch der Hinweis auf mangelnde Ressourcen sowie auf individuelle und zwischenmenschliche Störungen ist hilfreich, um den Bedingungskomplex für die Entstehung und Fortführung des Inzests zu durchdringen. Weil diese Merkmale jedoch nicht als symptomatisch für die patriarchalisch bestimmte Familie und ihre kulturellen Grundlagen erkannt werden und sexueller Mißbrauch in erster Linie als eine Krise der betreffenden Familie angesehen wird, entsteht ein falscher Eindruck. Es wird verwischt, daß inzestuöse Verstrickungen oder sexuelle Übergriffe auf Kinder so verbreitet sind, daß sie in den Bereich der „Normalität" hineinragen. Ferner wird die Illusion aufgebaut, Inzestfamilien könnten im Sinne des Normalitäts-Ideals wieder funktionstüchtig gemacht werden (vgl. Rijnaarts 1991, S. 146). Jaeggi (1986, S. 128) meint generell, die systemische Familientherapie könne „die Familie nicht mehr heil machen". Zugunsten des Funktionierens fördere sie lediglich Verdrängungen.

Der familiensystemische Ansatz ist abzulehnen, wenn er – sowohl bei der Entstehung des Inzests als auch bei therapeutischen Konzepten – die Machtverhältnisse übersieht und eine gleichgestellte Familienkonstellation annimmt, in der alle Mitglieder, auch das Kind, gleichermaßen an der Entstehung des Inzests beteiligt sind.

Im Inzest jedoch lediglich ein Macht- und strukturelles Problem zu sehen, wie der Feminismus es tut, reicht als Erklärungsversuch auch nicht aus (vgl. Rijnarts 1991, S. 264). Vielmehr steckt die Brisanz sexueller Gewalt gegen Kinder in der Verquikkung verschiedener sozio-kultureller und individueller Faktoren. Viele Männer haben ein problematisches Verhältnis zur Macht und zur Sexualität und sind auf der Suche nach einer Mischung aus körperlicher Gewalt und Sex oder nach dem Reizfaktor, den entfremdeter Sex ohne personalen Bezug verspricht. Die Suche und die Möglichkeit des Ausagierens ist nur aus dem Zusammentreffen von sich gegenseitig bedingenden und durchdringenden gesamtgesellschaftlichen, familiär-häuslichen und individuellen Komponenten zu verstehen.

Das kulturelle Gebäude umschließt den Boden, der zum einen die Sozialisation der Geschlechter bedingt und zum anderen den Raum darstellt, in dem Kinder durch Grenzüberschreitungen massiv geschädigt werden können. Dieser Boden und Handlungsspielraum ist im Falle des Inzests die Familie. Sie wird weitgehend immer noch von der traditionellen Geschlechtsrollenverteilung und von Kontroll- und Unterordnungsprinzipien bestimmt, die in sich zerstörerisch sind und seit Generationen eine Spirale von massiven Schädigungen in Gang halten.

9.4. Theorien zum Vater als Täter

Die Merkmale, die bei Tätern sexuellen Mißbrauchs genannt wurden – wie tiefsitzende Gefühle der Hilflosigkeit, Verletzlichkeit und Abhängigkeit sowie Bedürfnisse nach Steigerung des Selbstwertgefühls, nach Anerkennung, nach Macht und Kontrolle und nach Stärkung des Identitätsgefühls – sind auch im Falle des Inzests durch Väter oder Stiefväter charakteristisch. Im Unterschied zu anderen Kindesmißbrauchern versuchen inzestuöse Väter jedoch, ihr Selbstwertgefühl im Raum der Familie wieder herzustellen. Andere stabilisierende Faktoren außerhalb der Familie „oder die Fähigkeit des In-Kontakt-Seins mit sich selbst" fehlen ihnen – wie vielen anderen Männern (Böhnisch und Winter 1993, S. 137).

Wie prägen sich typische Merkmale eines Inzesttäters in der Kernfamilie aus? Entsprechend dem individuellen Habitus sind zwei Hauptausrichtungen feststellbar:

Das ist zum einen der unsichere und anlehnungsbedürftige Täter mit einer symbiotischen Persönlichkeit und zum anderen der Haustyrann (vgl. Rijnaarts 1991, S. 236 f). Gemeinsames Merkmal ist ihre Egozentrik, die bewirkt, daß

> „Frau und Kinder nicht als eigenständige Persönlichkeiten mit eigenen Gefühlen und Interessen" angesehen werden, „sondern als Wesen, die ausschließlich dazu da sind, ihm zu dienen und ihm zu helfen, wenn er Probleme hat. Insofern ist er auf ungesunde Weise von seiner Familie abhängig" (ebd., S. 238; vgl. Sgroi 1989, S. 251).

Mit den genannten Merkmalen deuten sich nicht nur narzißtische, sondern auch Züge an, die auf Regressivität und Sadismus schließen lassen.

9.4.1. Regressivität und Fixierung – Der passiv-abhängige Typus

Hinter Regressivität steht das Streben nach Verantwortungslosigkeit und Abhängigkeit. Bei Konflikten wird versucht, auf eine niedere Entwicklungsstufe auszuweichen.

Auch Menschen, die in bestimmten seelischen Bereichen auf einer infantilen Entwicklungsstufe fixiert sind und sich nicht zu einem reifen Ich entwickelt haben, streben nach Verantwortungslosigkeit und Abhängigkeit. Im Extremfall – der aber nicht selten ist – sind es archaische Ebenen, zu denen Menschen regredieren oder auf die sie fixiert sind.

Regression oder Fixierung schlagen sich im Typus des passiv-abhängigen Mannes nieder (vgl. Groth 1989, S. 218 f). Ein stark abhängiger passiver Ehemann zieht sich aus der Erwachsenen- und der Ehe-Verantwortung zurück. Er zeigt sich weniger als Partner und eher als emotional bedürftiges Kind. Vielleicht haben sich die Ehepartner bereits auf einer Eltern-Kind-Basis gewählt, in der die Frau die Mutter- und Betreuerrolle und der Mann die Rolle des kleinen Jungen übernimmt. So entsteht eine Konstellation, in der die Grenzen, die zwischen dem Vater und den Kindern bestehen sollten, verwischt sind (vgl. Bentovim 1990a, S. 49) und die elterliche Verantwortung abgegeben wird.

Bei bestimmten Männern kommt es mit der Geburt eines Kindes zur Auslösung oder Verstärkung dieser Generationenverschiebung. Mit der Mutter-Kind-Symbiose vor Augen wird nicht nur die eigene frühe Kindheit mit ihren Traumen und Schmerzen – wie Deprivation oder gewalttätige Einbrüche in den kindlichen Grenzbereich – reaktiviert. Eine narzißtische Disposition des Mannes kann auch leicht dazu führen, daß er sich vernachlässigt oder verunsichert fühlt. Statt sich auf eine konstruktive Auseinandersetzung einzulassen, die partnerschaftlichen Schwierigkeiten zu bearbeiten und an der Kinderpflege teilzunehmen, wird ein solcher Mann eher regredieren und gegenüber der Ehefrau in eine Kinderrolle fallen. Oder er wird versuchen, den empfundenen Mangel bzw. die empfundene narzißtische Kränkung durch einen Ehebruch zu kompensieren.

Streßerfahrungen durch Belastungen in der Ehe, der Elternschaft oder im Beruf verstärken die Regressionsgefährdung des passiv-abhängigen Mannes. Wenn entsprechende moralische oder andere Hemmschwellen fehlen, richtet ein solcher Mann seine narzißtischen Strebungen u. U. auf das eigene Kind, insbesondere auf die Tochter. In ihr wird ein Ersatz für die ersehnte Partnerin-Ehefrau-Mutter gesucht. Sie soll für ihn sorgen und auch die Freizeit mit ihm verbringen. Auf dieser Basis entsteht leicht eine gefühlsmäßige und sexuelle Abhängigkeit gegenüber dem Kind.

9.4.2. Aggressiv-dominanter Typus – Sadismus

Dieser Typus entspricht in wesentlichen Zügen dem autoritären Charakter, wie er von der Frankfurter Schule beschrieben worden ist.

Der autoritäre Charakter in der Rolle eines Familienvaters zeichnet sich, so Lowen (1980, S. 376), durch Unterordnung und Unterwürfigkeit gegenüber Mächtigeren einerseits sowie durch Beherrschung der unter ihm Stehenden und durch Dominanzverhalten in der Familie andererseits aus. Sein autoritäres Verhalten äußert sich beispielsweise darin, daß er Frau und Kinder finanziell von sich abhängig hält, sie kontrolliert und nach außen hin isoliert. Zu seiner Stellung als Oberhaupt der Familie zählt er möglicherweise die Berechtigung, sexuellen Zugriff auf das eigene Kind zu haben.

Van der Kwast (zit. nach Rijnaarts 1991, S. 232 f) beschreibt den autoritären Charakter eines inzestuösen Vaters als sehr zwiespältig. Zum einen sei er umgänglich und gefügig, zum anderen zeige er starkes Geltungsbedürfnis und gebe sich „dort, wo er Autorität über andere ausübt, ... auch autoritär" (ebd., S. 233). Seine Macht drohe oft in Tyrannei auszuarten.

Wie Groth (1989, S. 222) erläutert, hat sich ein Mann, der in der Familie ausgesprochen rigide, kontrollierend und autoritär ist, mit Wahrscheinlichkeit eine Partnerin gesucht, die unsicher, hilflos und unreif ist und ihm dadurch gestattet, sich stark und mächtig zu fühlen. Folglich steckt auch hinter dem Typus des aggressiv-dominanten Inzestvaters im Grund Schwäche, die durch Kontroll- und Machtgebaren überspielt und kompensiert werden soll. Die Kompensation kann in patriarchalisch bestimmten Familien leicht gelingen. Hier ermöglicht die gesellschaftlich abgesicherte Dominanzposition dem Vater, sich immer wieder durch Beherrschung der Familie und, im Falle des Inzests, durch sexuelle Übergriffe auf das schwache Kind Macht, Zulänglichkeit und Effektivität zu bestätigen.

Aus den Berichten des Arztes Brouardel (in Masson 1986, S. 51 f) – bei dem Freud Vorlesungen gehört hat – sowie aus autobiographischen Berichten geht hervor, daß Inzesttäter nicht selten Züge offenbaren, die dem Sadismus nahe kommen oder sadistisch sind.

Wie Fromm (1995, S. 128 ff) aufzeigt, ist ein sadistischer Mensch auf uneingeschränkte Macht, Herrschaft und Freiheitsberaubung ausgerichtet. Sein Ziel ist die Verdinglichung des anderen Menschen. In dem Wunsch, ein Objekt sexuell total zu beherrschen (ebd., S. 138), wie etwa bei der Vergewaltigung von Frauen, komme das besonders deutlich zum Ausdruck (ebd., S. 141). Die weiteren Ausführungen Fromms treffen in besonderem Maße auf die Verdinglichung des Kindes bei sexuellem Mißbrauch zu: Dem Sadisten gehe es um das Gefühl der Omnipotenz und um das Verlangen, Dinge für sich nutzbar zu machen, „indem man sie sozusagen mit seinem eigenen Ego zertrampelt" (Fromm, ebd.).

Der Stiefvater in Glade-Hassenmüllers autobiographischem Roman „Gute Nacht, Zukkerpüppchen" (1989) ist ein Beispiel für den sadistischen Typus. Er erzwingt brutal sexuelle Kontakte, die für das Mädchen schmerzhaft sind, und mißhandelt die Heranwachsende aus Eifersucht schwer, als sie beginnt, sich mit Jungen zu treffen.

Der Überblick zeigt, daß sowohl der regressiv-abhängige als auch der aggressiv-sadistische Täter ich-schwach sind. Bei letzterem kommen noch Merkmale des autoritären Charakters hinzu. Weitere Kennzeichen beider Tätertypen sind Habenmentalität, Abhängigkeit und Symbiose, Narzißmus und mangelnde Empathiefähigkeit.

Es besteht eine wichtige Verbindung zwischen mangelnder Empathiefähigkeit und fehlender Vertrautheit.

9.5. Inzestbarriere Vertrautheit

Feldbeobachtungen an verschiedenen Tierarten lassen erkennen, „daß Inzestbarrieren ... als eine universale Naturerscheinung anzusprechen sind" (Bischof 1985, S. 27). Pilgrim (1986a, S. 71) sagt:

> „Die Natur reguliert die Vermeidung von Inzucht mit einem Sozialverhalten, das gelernt werden muß, mit so etwas wie sexueller Immunität der Exemplare gegeneinander, die zusammen aufgewachsen sind (Geschwister) oder im Eltern-Kind- Verhältnis zueinander stehen".

Bei Haus- oder Zootieren, also bei Tieren, die ihrer Natur entfremdet sind, lösen sich Inzestbarrieren allerdings auf (vgl. Bischof 1985, S. 392). Analog dazu meint Pilgrim (1986a, S. 71), sie lösten sich auch in der patriarchalisch strukturierten Familie auf – bei Menschen, deren Ich verkrüppelt ist.

Neuere Tierforschungen (vgl. „Natur", 7/95, o.A., S. 13) bestätigen, daß Vertrautheit und frühzeitiges enges Zusammenleben eine Inzest-Barriere aufrichten. Zärtlichkeiten etwa zwischen einer Affenmutter und ihrem Kind machen an der Inzestschranke halt. Die wenigen beobachteten Väter-Töchter-Paarungen ereigneten sich in der Regel dann, wenn die Tochter nicht in der Nähe des Vaters aufgewachsen war, beide einander also nicht kannten. Fazit der Beobachtungen an Tieren ist: „Die Natur kennt keinen Ödipus-Komplex" (ebd., S. 13). Wäre Ödipus nicht von seinen Eltern entfernt aufgewachsen, dann hätte sich eine natürliche Inzestschranke ergeben. Ödipus sei daher kein taugliches Objekt, um Freuds Theorie der innerfamiliären gegengeschlechtlichen sexuellen Anziehung zwischen Eltern und Kindern zu bestätigen.

Erfahrungen in den traditionellen israelischen Kibbuzim bekräftigen die Annahme, daß ursprüngliche Vertrautheit und sexuelle Intimität einander auszuschließen scheinen. Gemeinsam wie Geschwister aufwachsende nicht-verwandte Kinder und Jugendliche zeigen innerhalb ihrer Herkunftsgruppe kein sexuelles Interesse aneinander (vgl. Bettelheim 1971, S. 236).

Für die Schlußfolgerung, daß Vertrautheit und Empathiefähigkeit und damit der Respekt gegenüber der Verletzlichkeit des Kindes miteinander korrelieren, sprechen auch die Schilderungen des Hausmannes Dilloo (1992, S. 10). Dilloo, der bei der Geburt seiner Tochter anwesend war und sie betreut, während seine Frau arbeiten geht, stellt überzeugend dar, daß sorgende Nähe zu den Faktoren zählt, die sexuelle Übergriffe unwahrscheinlich machen. Er sagt: „Wer sein Kind von Anfang an intim erlebt, es jahrelang wickelt und versorgt, der wird es niemals mißbrauchen" (Dilloo ebd.).

Zahlreichen Vätern fehlt die wirkliche Nähe zum und die Vertrautheit mit dem Kind, obwohl sie in der Familie und für das Kind eine bestimmende Rolle einnehmen können. Zum einen haben sie ihre eigene Kindheit und die damit verbundene Hilflosigkeit abgespalten. Zum anderen nehmen sie keinen Anteil an der pflegerischen Sorge und erfassen daher die seelische und körperliche Verletzlichkeit eines Kindes nicht.

Auch Banges (1992, S. 127) wissenschaftliche Untersuchungen bestätigen, daß eine aktive Sorge von der Babyzeit an zu den Inzestbarrieren gehört. Das beweist sich deutlich an dem Verhalten von Stiefvätern. Den Untersuchungsergebnissen zufolge neigen eher Stiefväter zu sexuellen Übergriffen auf die Töchter der Familie als leibliche Väter. Dieser Tatbestand ändert sich jedoch, wenn Stiefväter in den ersten Lebensjahren aktiv an der Sorge und Erziehung ihrer Stieftöchter teilgenommen haben. Dann sind sie bei inzestuösen Übergriffen, im Vergleich zu leiblichen Vätern, nicht überproportional vertreten.

Dieses Phänomen erhellt sich durch Tarts (1988, S. 380) Hinweis, man könne sich in andere einfühlen, indem man ihren körperlichen Ausdruck nachahmt. Das ist – neben Bedingungen, die auf der unterschiedlichen Sozialisation der Geschlechter beruhen – eine mögliche Erklärung für die offensichtlich größere Empathiefähigkeit von Müttern, die im ständigen Zusammensein mit kleinen Kindern deren Mimik, Bewegungen oder Äußerungen nachzuahmen pflegen.

Dostojewski (1992, S. 183) hebt wirkliche Nähe als wegweisend für das Vater-Kind-Verhältnis hervor. Er macht die Abwesenheit und fehlende Vertrautheit von Vätern für den wenig empathischen und sinnvollen Umgang mit ihren Kindern verantwortlich und fordert sie zu seelischem Verkehr mit Kindern auf.

9.6 Die Inzest-Familie

Inzestfamilien sind, ebenso wie Inzesttäter, zumeist ausgesprochen angepaßt, erfüllen die Normerwartungen unserer Kultur in besonderem Maße und sind sozial unauffällig (vgl. M. Hirsch 1987, S. 74). Eine Ausnahme stellen die Alkoholiker-Inzest-Familien dar, in denen sich die individuelle und familiäre Fassade der Normalität nicht immer aufrechterhalten läßt.

Die Unauffälligkeit von Inzestfamilien wird zum einen durch die „Pathologie der Normalität" unserer Kultur gewährleistet, die es gestattet, daß Inzest und seine Zerstörungsmacht zum Zuge kommen und gleichzeitig verborgen werden kann. Die unauffällige Fassade dieser Familien wird außerdem durch ihren besonderen Gehorsam gegenüber Normen, durch die innerfamiliären Entlastungsmaßnahmen sowie durch die Loyalitätsbereitschaft von Frauen und Kindern erreicht (vgl. M. Hirsch 1987, S. 21; Spring 1988, S. 56).

Zu den Mitteln der Entlastung gehören Sündenbockstrategien sowie Mechanismen, mit deren Hilfe nicht nur individuelle, sondern auch partnerschaftliche Schwierigkeiten verleugnet und überdeckt werden. Einer dieser Mechanismen ist der Ehebruch, auf den später noch vertiefend einzugehen ist. Inzest als Form des Ehebruchs soll durch kompensierende, distanzierende und entlastende Maßnahmen Ehen und Familien stabilisieren, die im Grunde konfliktreich und unbefriedigend sind.

Familien, in denen Inzest herrscht, werden unterhalb einer unauffälligen Oberfläche von starker Abhängigkeit und Symbiose, mangelnder Autonomie und Ich-Schwäche der Individuen sowie double-bind-Verstrickungen bestimmt (vgl. Larson 1986, S. 108; Elton 1990a, S. 164). Das Bestreben, trotz partnerschaftlicher Störungen, Wut und Entfremdung den Schein der Normalität zu wahren, findet seinen Niederschlag in geheimer Gewalttätigkeit, Unaufrichtigkeit und Doppelbödigkeit. Die Mechanismen des Verleugnens und Vertuschens sind für Inzestfamilien ebenso charakteristisch wie individuelle Wahrnehmungsstörungen (vgl. Larson 1986, S. 108; Wirtz 1991, S. 56, 168) und eine Umkehrung der angemessenen Generationsgrenzen (vgl. Elton 1990a, S. 166, 196).

Im Gegenzug zu Grenzverletzungen innerhalb der Familie wird eine starke Grenzziehung nach außen hin verfolgt. Das treibt die soziale Isolation voran und zwingt die Familienmitglieder, „sich auf die Familie als zentraler Quelle für die Befriedigung ihrer Bedürfnisse zu stützen" (Larson 1986, S. 105).

Die Tendenz von Familien, sich zu isolieren und hermetisch nach außen abzuschließen, führt Adler (1966, S. 206 f) auf einen gestörten Lebens- und mitmenschlichen Zusammenhang sowie auf Ängste vor möglichen Veränderungen zurück. Die große Angst vor dem Zusammenbrechen des Zusammenhalts in Inzestfamilien sind unter diesem Gesichtspunkt nicht nur soziale, sondern im Grunde Lebensängste.

Entsprechend ihren intensiven Abhängigkeiten und Störungen ist das emotionale Klima in Inzestfamilien gespannt (vgl. Bange 1992, S. 37). Es wird außerdem von der Verwirrung bestimmt, die aus der Doppelbödigkeit, das heißt, aus den double-bind-Interaktionen, resultiert.

9.6.1. Inzest als Mittel der familiären und gesellschaftlichen Homöostase

Ehe und Familie unterliegen dem Konformitätsdruck der Gesamtgesellschaft, die daran interessiert ist, ihr soziales System zu erhalten (vgl. May 1983, der sich auf Hannah Arendt beruft, S. 221; Larson 1986, S. 112).

Der Konformitätsdruck kann bei intra- oder interpersonalen Schwierigkeiten zu vielfältigen Strategien führen, um dem gesellschaftlich geforderten Standard, zumindest dem Schein nach, zu entsprechen. Zur Regulierung von Schwierigkeiten zwischen Ehepartnern werden nicht selten die Kinder als Puffer herangezogen. Levolds (7/93, S. 300) Ansicht nach wird „das mehrgenerationale Muster von Paarkonflikten und fehlender Ablösung von den Herkunftsfamilien durch die Einbeziehung der Kinder als Sündenböcke, Parteigänger, Schiedsrichter, Sexualpartner usw. ... erweitert".

Werden Kinder als Sexualpartner mißbraucht, dann handelt es sich um eine Form von Ehebruch, und die Dynamik, die beim Ehebruch herrscht, fließt in den Inzest mit ein. Ehebruch hat vielfach, wie erwähnt, eine stabilisierende Funktion, und eine Tochter, die sich gezwungenermaßen in der Rolle einer Geliebten befindet, kann zum Gleichgewicht und zur Aufrechterhaltung der gestörten Ehe ihrer Eltern beitragen (vgl. Sgroi 1989, S. 225).

Eine betroffene Frau, deren Mutter seinerzeit genau wußte, was vor sich ging, berichtet: „So trug ich zu allem Elend plötzlich auch noch die Verantwortung für eine nach außen hin intakte Ehe" (Jäckel 1988, S. 68).

In Inzest ist demnach nicht nur ein Mittel zur Selbststabilisierung des Täters zu sehen, sondern häufig ist er auch ein Mittel der Ehe- und Familienhomöostase (vgl. Marquit 1986, S. 127; Bentovim 1990a, S. 42; Elton 1990b, S. 188, S. 225). Bereits Marquis de Sade war der zynischen Ansicht, der Inzest sei ein „weises Gesetz, das die Familienbande festigt" (zit. nach Henrichs 8/92, S. 53).

Diese Ansicht bestätigt sich in der autobiographischen Schilderung Glade-Hassenmüllers (1989) über den Familienfrieden, der herrschte, wenn sie ihrem Vater sexuell zu Willen war:

> „Wenn Pappi zufrieden war, machte er fröhliche Scherze mit Mutti, nahm Mark geduldig
> auf den Schoß, wenn der quengelte und ging auch abends nicht aus, um in der Eckkneipe

Bier und Korn zu trinken. Muttis Falte zwischen den Augenbrauen glättete sich, manchmal sang sie sogar" (ebd., S. 87).

Als das älter gewordene Mädchen sich verweigert, „war Pappis Stimmung nicht zum Aushalten. Die Luft war durchtränkt von Haß, Angst, Wut und Nicht-Begreifen" (ebd., S. 136).

Auch die aus dem Mißbrauch resultierenden Auffälligkeiten des Kindes tragen zur Homöostase von Ehe und Familie bei. Obwohl einerseits eine Reihe von betroffenen Kinder unauffällig und angepaßt wirkt, kann andererseits das Störungsbild eines kindlichen Inzestopfers gravierend sein. Die Auffälligkeiten des Kindes prädestinieren es, wie beschrieben, zum Sündenbock und Symptomträger der familiären Pathologien und tragen durch die Aufmerksamkeit, die es auf sich zieht, zur Entlastung einer gestörten Elternbeziehung bei.

Indem hauptsächlich Mädchen zu Opfern sexueller Gewalt gemacht werden, wird nicht nur die individuelle und familiäre, sondern auch die gesamtgesellschaftliche Homöostase gestützt. Durch sexuellen Mißbrauch an Mädchen entsteht ein großes Kontingent von geschädigten Frauen, deren sexuelle Traumen, wenn sie unbearbeitet bleiben, häufig in Überanpassung, Verfügbarkeit und Unterwerfung münden. Ihre frühe Programmierung als sexuelles Objekt eines dominierenden Mannes bringt sie dem traditionellen Ideal von Weiblichkeit, das Schwäche, Unterordnung und Dienstbarkeit beinhaltet, besonders nahe. Mit ihrem Erfahrungshintergrund sind sie auf eine Weise zugerichtet, die zur Stützung des patriarchalischen Systems beiträgt. Insofern ist sexuelle Gewalt gegen Mädchen in der Tat, wie Kavemann (1992, S. 14) es formuliert, „der wirksamste Beitrag zur geschlechtsspezifischen Sozialisation, den wir kennen".

Die Charakterstruktur und der verletzte Schutzraum von betroffenen Mädchen und Frauen erhöht außerdem die Wahrscheinlichkeit, daß sie immer wieder in eine Opferrolle geraten. Sie werden als Kinder u. U. wiederholt von verschiedenen Männern mißbraucht. Oder sie wiederholen später, in abhängigen Ehe- oder Geliebtenverhältnissen, als Prostituierte oder in klerikalen Berufen, die Erfahrung, daß über sie verfügt werden kann, daß ihre Rechte mißachtet werden und sie ausgeliefert und ohnmächtig sind.

Prostituierte dienten darüber hinaus auch stets – bis auf Ausnahmen wie z. B. die klassischen Hetären – als Projektionsfläche oder als Sündenböcke für die Frustrationen und Verbiegungen, die im Gefolge zivilisatorischer Verdrängungs- und Abspaltungsprozesse nach Entlastung suchten.

Der Jungen- und Babystrich steht ebenfalls im Dienst der Ehe- und Familienhomöostase. Wie die Mehrzahl der Kunden im Bordell, sind die meisten Männer auf dem Jungen- und Babystrich verheiratet (vgl. Pilgrim 1986a, S. 163). Ein Strichjunge berichtet: „In dem Park sieht man viele Autos mit Kindersitzen. Die meisten Männer sind wohl Familienväter ... Es waren auch Schwule dabei, aber nicht so viele wie Familienväter" (Bange, 1/90, S. 55).

9.6.2. Loyalität der Kinder

Eltern werden, selbst in der Psychotherapie, selten Vorwürfe gemacht. Das hängt mit der kindlichen Loyalitätsbereitschaft zusammen (vgl. Miller 1983, S. 77). Illoyalität wird wegen der Abhängigkeit gescheut, die in der Kernfamilie unserer Kultur besonders ausgeprägt ist. Auch der herrschende Familienmythos und die Schuldgefühle, die eine Verletzung des 4. Gebots nach sich ziehen würde, tragen zur Elternschonung bei. Da sich selbst Erwachsene noch ihren Eltern gegenüber zur Loyalität verpflichtet fühlen, wird verhindert, die schädlichen, Generationen übergreifenden Beziehungsmuster zu durchschauen (vgl. Swigart 1993, S. 225).

Auch sexuell mißbrauchte Kinder unterliegen einem starken seelischen Druck, die Eltern zu schonen und übernehmen „die Verantwortung für die realen oder nur befürchteten Auswirkungen der Aufdeckung" (Wölfl 3/94, S. 6). Sie wissen, daß der Zusammenhalt der Familie von ihnen abhängt und fühlen sich zur Loyalität ihr gegenüber verpflichtet. Außerdem haben sie gelernt, daß Kindern ohne ihren Vater und ihre Mutter nur das Heim bleibt, das die düstersten Vorstellungen hervorruft (vgl. Jäckel 1988, S. 8).

Väter setzen das Familienargument zum Teil sehr gezielt ein. Eine betroffene Frau erinnert sich: „Mein Vater sagte, wenn ich ihn nicht ließe, müßte er fremdgehen. Dann könnten wir sehen, wie wir ohne Geld auskämen, denn eine Nutte wäre teuer ... Ich ließ ihn nur an mich ran, um die Familie zu retten" (ebd., S. 66).

In einem Beispiel hat die Tochter nach dem Auszug des Vaters „Schuldgefühle, weil die Familie zerstört war" (vgl. Weber-Herfort 5/94, S. ZB 5). Ein anderes Inzestopfer ist überzeugt, die „Familienpropaganda" sorge dafür, daß man darüber nicht reden kann; das Reden würde als Verrat an der Familie und am Täter, als Zerstörung der Mutter, als Auflehnung erscheinen (vgl. Spring 1988, S. 53 f).

Die Auswegslosigkeit von Kindern und die Abhängigkeit von Müttern sind für viele Inzestfamilien kennzeichnend. Der Überblick über zahlreiche Mädchenschicksale veranlaßt Jäckel (1988, S. 152) zu dem Fazit: „Ihre Mutter beschützen zu müssen, die Familie und vor allem den Vater als Ernährer zu erhalten, war vielen Mädchen in der Zeit ihres Mißbrauchs eine fast unerträgliche Gewißheit".

Es besteht eine interessante Verknüpfung zwischen der Stabilisierungsfunktion von Kindern zugunsten von Ehe und Familie und der Loyalitätsbereitschaft gegenüber der Institution Kirche. Das zeigt sich an der Motivationsgeschichte des Klerikerberufs.

Drewermann (1989) hat psychogenetische Hintergründe und Konstellationen in Familien von späteren katholischen Klerikern untersucht. Mit dem Wissen um die Auswirkungen von sexuellem Mißbrauch in der Kindheit lassen Drewermanns Ausführungen darauf schließen, daß ein Großteil der Ordensschwestern in der Kindheit inzestuös mißbraucht worden ist.

Das übergreifende Phänomen in ihren Lebensgeschichten ist das belastete Eheleben der Eltern (ebd., S. 269 ff). Drewermann (S. 297) sagt: „Zur Aufgabe vieler Kleriker hat es von Kindesbeinen an gehört, die Ehe ihrer Eltern ... zu stabilisieren, aufrechtzuerhalten – zu retten!". Zu den Erinnerungen der meisten Kleriker gehöre jedoch der Eindruck, die Ehe ihrer Eltern sei gut gewesen. Drewermann erkennt hinter diesem Eindruck verfälschte Wahrnehmungen und verdrängte Aggressionen (ebd., S. 285). Erst nach längerer Therapiezeit sei der Widerstand gegen die verborgene Wahrheit aufzulösen (ebd., S. 291, 298).

Folgende charakteristische Einzelmerkmale innerhalb der Herkunftsfamilie von Klerikern sind auch bei sexuell mißbrauchten Kinder häufig anzutreffen: Ein „Übermaß an Verantwortung" (ebd., S. 269), das „Rettersyndrom" (ebd., S. 286 ff), Opfertum (ebd., S. 278 ff), Schuldgefühle (ebd., S. 275 f), Doppelbödigkeit und Ambivalenzen (ebd., S. 271 f) sowie die Verdrängung von Aggressionen und verfälschte Wahrnehmungen (ebd., S. 285).

Drewermann führt darüber hinaus Symptome weiblicher Sexualangst an, beispielsweise die Angst „vor männlichen Augen und den Händen eines Mannes" (ebd., S. 536), „Atemnot, Steifheit, Gefühlsabsperrung, Schuldgefühle und Rachephantasien aller Art" (ebd., S. 537 f). Ferner erwähnt er einen Einschlafritus, der gegenüber möglichen Berührungen durch den Vater schützen soll (ebd., S. 559).

Für diese Merkmale bzw. Symptome macht Drewermann (ebd., S. 544) eine restriktive sexuelle Erziehung sowie von der Mutter verursachte Sexualängste verantwortlich. Er übersieht dabei, daß die geschilderten Auffälligkeiten auf sexuelle Übergriffe durch eine nahe männliche Bezugsperson des Kindes hindeuten.

Aufschlußreich ist Drewermanns (ebd., S. 371) Beobachtung, die „Schwäche und Hilflosigkeit des Ichs" führe bei bestimmten Menschen dazu, daß sie

> „in einen Apparat hineinfliehen oder hineingezogen werden, dessen Mechanik objektiv allerdings von allen möglichen Formen der Entfremdung in Gang gehalten wird und im Ergebnis ganz massiv die Ausbeutung der klerikalen Mitarbeiter selbst betreibt". In diesem Gefüge gehe es „um die Unterwerfung des Willens, ... den Gehorsam in allen Dingen, mithin um außengelenktes Funktionieren ..." (Drewermann ebd.).

Drewermanns Erörterungen lassen erkennen:
Zur motivationellen Basis des Klerikerberufs gehören in vielen Fällen ein verhinderter Ich-Aufbau bzw. seelische Verbiegungen, die auf die Herkunftsfamilie zurückgehen. Vor allem auf viele Nonnen trifft zu, daß die freiwillige Unterordnung und Fügsamkeit innerhalb eines hierarchischen Männersystems die Wiederauflage des patriarchali-

schen Familiensystems ist, aus dem sie stammen. Als rechtlose, abhängige und dienstbereite Kinder ordneten sie sich den Belangen der Eltern und der Familie unter. Sie wurden Opfer des Systems Familie und zu einem gewissen Teil auch sexuelle Opfer. Die Entscheidung, ins Kloster einzutreten und sich „mit Leib und Seele in die Hände des himmlischen Vaters zu geben" ist nicht unbedingt, wie Drewermann als freudianisch ausgebildeter Analytiker typischerweise meint, auf die von Müttern stammenden „Vorurteile über die Triebhaftigkeit der Männer" zurückzuführen (ebd., S. 559). Vielmehr müßte die Entscheidung einer Frau, ins Kloster einzutreten, dahingehend hinterfragt werden, ob sie nicht auf frühe, real erfahrene sexuelle Übergriffe durch männliche Autoritätspersonen zurückzuführen ist. Hinterfragt werden müßte bei dieser Entscheidung auch, ob es nicht im Grunde um eine Flucht (vor Männern und der Sexualität) und um Schutz- und Sicherheitsbedürfnisse geht, die in der Kindheit verletzt worden sind.

Darüber hinaus bedeutet der Eintritt ins Kloster – und der Verzicht auf Autonomie – die Fortsetzung der Loyalität gegenüber der patriarchalischen Institution Familie und die Bereitschaft, loyal gegenüber einer weiteren patriarchalischen Institution zu sein. In der Kirche finden sich ähnliche Strukturen wie in der patriarchalisch strukturierten Familie, die Unterordnung, Fügsamkeit und Rechtlosigkeit der abhängigen Mitglieder festlegen.

9.6.3. Mütter in Inzest-Familien

Ein hoher Anteil von Müttern in Inzestfamilien ist in ihrer Kindheit selbst Opfer sexueller Gewalt geworden. Unbearbeitet können die daraus resultierenden Verdrängungen, Abspaltungen und Wahrnehmungsstörungen leicht dazu führen, daß Anzeichen auf einen Mißbrauch des eigenen Kindes übersehen oder ignoriert werden (vgl. Bentovim 1990a, S. 42; Marquit 1986, S. 123 f; Miller, 1988, S. 105 ff). Diese „Mehrgenerationentheorie" darf allerdings nicht zu der Vorstellung führen, der „Vater-Tochter-Inzest sei eine durch Frauen verbreitete >Krankheit<, ein Erbleiden, das von Generation zu Generation weitergegeben werde und dessen Ansteckungsherd Frauen (als Mütter) seien" (Rijnaarts 1991, S. 192 f). Denn andererseits sind Frauen mit Inzesthintergrund sehr darauf bedacht, daß ihren Kindern nicht ähnliches passiert (ebd., S. 194).

9.6.3.1. Das Mutter-Kind-Verhältnis

Ein sexuell mißbrauchender Vater versucht in der Regel von früh auf, einen Keil zwischen Mutter und Tochter zu treiben oder zwischen ihnen ein Konkurrenzverhältnis zu schüren (vgl. Enders 1990 S. 96; Rijnaarts 1991, S. 184).

Die Schwierigkeiten zwischen Mutter und Tochter sind demnach nicht, wie etwa Elton (1990a, S. 170) meint, zu den auslösenden Bedingungen sexueller Übergriffe des

Vaters zu zählen. Sie sind vielmehr als Resultat der väterlichen Strebungen zu erkennen, das Mutter-Tochter-Verhältnis zu untergraben. Auf diese Weise von der Mutter entfernt zu werden, entfernt und entfremdet Mädchen zugleich von der eigenen Weiblichkeit. Ihre Identitätsfindung und sexuelle Entwicklung werden dadurch nachhaltig beeinträchtigt.

Das Verhältnis eines sexuell mißbrauchten Kindes zur Mutter wird auch durch die Verheimlichung gestört oder zerstört, wie folgendes Beispiel zeigt:

> „Zu allem Überfluß zerstörte er die einzige Beziehung, die ich hatte – die zu meiner Mutter. Er entfremdete mich ihr, indem er sagte: >Wenn Du jemals Deiner Mutter etwas davon erzählst, bringe ich Dich um.< Er mißbrauchte mich nicht nur – er nahm mir auch meine einzige wirkliche Beziehung. Zerstörte sie vollkommen" (in: Armstrong 1985, S. 109).

Viele betroffene Kinder wollen die Mutter von sich aus vor der Wahrheit schützen und tun alles, um die sexuellen Übergriffe des Vaters zu verheimlichen (ebd., S. 65 f). Das Kind übernimmt also eine elterliche Funktion, die Schutzfunktion. In einer Inzestfamilie kann demnach nicht nur zwischen Vater und Kind, sondern auch zwischen Mutter und Kind ein Rollentausch stattfinden. Rijnaarts (1991, S. 185) betont, als „Regisseur dieses Rollentausches" müsse der Vater und nicht die Mutter erkannt werden.

Mitunter offenbaren sich Betroffene ihrer Mutter, wenn sie älter sind. Oder Kinder erzählen der Mutter erst dann von dem Inzest, wenn diese aus einem anderen Grund die Trennung vom Ehemann will. Wird die Trennung von der Mutter ins Auge gefaßt, fühlt das Kind sich nicht mehr für den Familienzusammenhalt zuständig (vgl. Enders 1990, S. 65).

Die Berufstätigkeit von Müttern für den Inzest verantwortlich zu machen, entbehrt jeglicher Grundlage. Rijnaarts (1991, S. 188) erläutert:

> „Den Lebensberichten von Opfern ist ... zu entnehmen, daß auffallend viele, vor allem Angehörige der vorigen Generation, vom Vater mißbraucht wurden, während die Mutter in der Kirche war. Andere wurden und werden mißbraucht, während die Mutter schläft".

Die Vermutung, die Berufstätigkeit der Mutter könne Ursache des Vater-Kind-Inzests sein, wird durch eine weitere Beobachtung widerlegt: Inzestfamilien sind vor allem traditionell ausgerichtete Familien mit Müttern, die in der Ehe vor allem Sicherheit und Versorgung suchen (vgl. Sgroi 1989, S. 198). Als Nur-Hausfrauen geben sie ihre Eigenständigkeit und Verantwortung in die Hände ihrer Ehemänner ab. Im traditionellen Rollenbild definieren sie sich über den Mann und die Kinder, sind von ihrem Mann finanziell abhängig und stützen somit dessen dominante Position. Der Tatsache des Mißbrauchsgeschehens können sich diese Mütter häufig nicht stellen, weil ihr gesamter Lebensplan, ihre Auffassung von einem normalen heilen Familienleben sowie ihre Rolle als gute Ehefrau, Hausfrau und Mutter als hinfällig erlebt würden (vgl. Steinhage, 2/93, S. 54).

Ihnen fehlt auch häufig die notwendige Stärke und Autonomie, um aktiv die Interessen des Kindes zu vertreten, sich gegen den Ehemann und die weitere Verwandtschaft zu stellen und sich mit den Institutionen auseinanderzusetzen (vgl. Steinhage 1993, S. 54).

9.6.3.2. Das Wissen der Mütter

Wie viele Mütter von dem Inzest wissen oder etwas ahnen, kann nur geschätzt werden. Dem Umfrageergebnis der Universität Hamburg (Teegen u.a., 1992) zufolge nimmt die Hälfte der Betroffenen an, ihre Mutter habe von dem Inzest gewußt.

Es gibt Mütter, die etwas ahnen, das aufkommende Wissen jedoch mit großem Kraftaufwand verdrängen, wie Sgroi (1989, S. 198) erklärt: „The mothers subsequently invest enormous amounts of energy into submerging conscious awareness of the incest relationship".

Die Bereitschaft von Müttern, ihre Wahrnehmung aus Schwäche und Abhängigkeit zu verbiegen, zeigt sich an folgendem Beispiel (Armstrong 1985, S. 103): „Ich bin fest davon überzeugt, daß sie es nur verkraften und ihre Ehe aufrechterhalten konnte, indem sie es ignorierte. Sie hätte nirgendwo hingehen können".

Die Haltung einer ignorierenden Mutter geht eindrucksvoll aus dem Roman von Merz (1988, S. 185) hervor. Das vom Vater umklammerte Kind hofft auf ein Eingreifen der Mutter; es wünscht, „sie möge im Raum bleiben und ihn daran hindern, weiterzumachen". Die Mutter kümmert sich jedoch nur um den mittlerweile weinenden kleineren Bruder.

> „Seine Tränen, seine Angst, sein Aufgelöstsein machte sie dem Vater zum Vorwurf. Was mit mir geschah, interessierte sie nicht. Eingeklemmt zwischen den Knien des Vaters, seinen heißen Atem in meinem Nacken, seinen erigierten Penis gegen meinen Rücken gepreßt, von seinen Armen fest umschlossen, starrte ich meine Mutter stumm an. Doch sie unternahm nichts. Statt dessen warf sie einen verächtlichen, ja feindseligen Blick auf mich, auf den Vater und verließ, ohne ein weiteres Wort zu sagen, den Raum".

Ein anderes Opfer berichtet (Jäckel 1988, S. 40):

> „Ich habe meine Mutter auf Knien gebeten, mich nicht mit ihm alleine zu lassen, wenn sie zu ihren Eltern fuhr oder einmal wöchentlich zum Singen ging. Aber sie hat es nie erhört. Sie hat mich ihm ausgeliefert, unter dem Deckmantel des Nichtwissens!".

Nach einer Offenbarung glauben viele Mütter ihrer Tochter nicht und meinen, den Ehemann vor den Anschuldigungen und der vermeintlichen Erpressung schützen zu müssen (ebd., S. 34). Mütter, die den sexuellen Mißbrauch nicht mehr verleugnen können, geben nicht selten aus Abhängigkeit von ihrem Mann und den gesellschaftlichen Normen eher der Tochter die Schuld. Verschiedentlich wird mit der Ernährerfunktion des Vaters argumentiert und der Tochter klargemacht, sie habe an ihre „Verantwortung für die Familie" zu denken (ebd., S. 137).

Einige Mütter reagieren mit Eifersucht (Jäckel ebd.). Für sie ist die Tatsache des Ehebruchs vorrangig, und sie sehen in ihrer Tochter vor allem eine Nebenbuhlerin.

In den genannten Fällen wird dem Partner gegenüber Loyalitätsbereitschaft bekundet, und die auftauchenden Wut- und Haßgefühle werden auf die Tochter projiziert (vgl. Armstrong 1985, S. 239). Das hängt nicht nur mit wirtschaftlichen und emotionalen Gründen zusammen, sondern auch mit der Tendenz der Mütter, sich mit dem Aggressor zu identifizieren. M. Mitscherlich (1985, S. 157) meint, „wie alle Schwachen und Unterdrückten einer Gesellschaft" neigten Frauen besonders dazu.

Die sich auf die Seite ihres sexuell mißbrauchenden Mannes stellenden Mütter werden nicht nur als abhängig und wenig autonom, sondern auch als angstbesetzt beschrieben. Ihres Körpers und ihrer Gefühle seien sie sich kaum bewußt (vgl. Sgroi 1989, S. 196). In anderen Worten: Sie zeigen Symptome der schizoiden Störung.

Charakteristisch ist ferner ihre konservative Ansicht von einer „naturgegebenen" Geschlechterpolarität, wonach Männer sexuelle Energie repräsentieren, ihren Trieben ausgeliefert sind und durch ihre sexuelle Triebhaftigkeit die sexuelle Interaktion dominieren. Ohne ihr Zutun könne sich ihr sexuelles Begehren auf nahezu jedes beliebige Objekt richten (vgl. Breitenbach 2/93, 52 f).

Einzelne Frauen berichten, ihre Mutter hätte die sexuellen Übergriffe des Mannes mehr oder weniger bewußt gefördert:

> „Meine Mutter muß etwas geahnt haben. Aber sie war froh, daß mein Vater sie sexuell in Ruhe ließ und unternahm nichts dagegen. Im Gegenteil, manchmal verkuppelte sie mich förmlich mit ihm, indem sie bat, in meinem Zimmer schlafen zu dürfen und mir ihres antrug" (Jäckel 1988, S. 83 f).

Ein weiteres Beispiel (ebd., S. 107): „Meine Mutter hat ihn doch zu mir getrieben. Die hat doch klammheimlich mitgemacht, wenn sie mich danach ausgefragt hat. Statt ihn von mir wegzuholen und selbst mit ihm zu schlafen, hat sie alles auf mich abgewälzt".

Es gibt Mütter, die bereit sind, ihre Kinder als sexuelle Objekte zur Rettung ihrer Ehe einzusetzen:

> „In gewisser Weise benutzten sie mich, um den Familienfrieden zu bewahren ... Mein Vater und meine Mutter kamen nicht allzu gut miteinander aus. Deshalb benutzte mich meine Mutter, um die Wogen in ihrer Ehe zu glätten ... Mich ihm sexuell zur Verfügung zu stellen – das war ein Weg, meinen Vater bei guter Laune zu halten. Und meine Mutter wußte es. Ich glaube, irgendwie wußte sie es" (Armstrong 1985, S. 225).

Mädchen sind besonders hart betroffen, wenn beide Elternteile sie als Objekt benutzen, „der Vater zur Befriedigung seiner sexuellen Bedürfnisse, die Mutter zur Befriedigung ihres Verlangens nach Ruhe vor körperlicher Belästigung" (Jäckel 1988, S. 151).

Daß es, wie aufgezeigt, Beispiele für ignorante oder verkuppelnde Mütter gibt, spricht den Täter nicht von der Verantwortung frei, sondern zeigt nur, daß sich in bestimmten

Fällen auch Mütter schuldig machen. Frauen werden schuldig in dem Moment, wo sie zugunsten von Schein-Sicherheiten und zugunsten des äußeren Familienbildes die sexuellen Verfehlungen an ihren Kindern ignorieren oder gar fördern. Schwäche und Abhängigkeit entbinden nicht von der Verantwortung, wenn sie als Mitwissende die Fortführung des Inzestgeschehens tolerieren und damit das Kind dem Mann ausliefern. Mütter, die aus Schwäche mit einem zerstörerischen Mann zusammenbleiben, beurteilt Janov (1990, S. 216) wie folgt:

> „Eine Mutter, die ihren Kindern auferlegt, mit einem grausamen Vater zusammenzuleben, ist genauso lieblos, wenn nicht liebloser, wie eine offen bösartige Mutter ... Die Kinder können das Gefühl nicht ertragen, daß ihre Mutter sie hintergangen hat, sie im Stich läßt und daß ihr Bedürfnis, von ihrem Mann geliebt zu werden, das Wohlergehen der Kinder übergeht. Da auch die Mutter noch ein kleines Mädchen ist, kann sich das Leben der ganzen Familie um >Vatis Launen< drehen; jeder verhält sich so, als gehe er auf einem Minenfeld, und die Kinder fragen sich, wann die Mutter endlich den Vater verläßt und sie aus ihrer Not befreit".

In vielen autobiographischen Äußerungen (siehe vor allem Jäckel 1988) wird die Rolle der Mutter mit Bitterkeit vermerkt. Zusammenfassend stellt Jäckel (ebd., S. 150) fest, daß die Kinder am Beispiel der Mutter erfuhren, „wie machtlos die Frau gegenüber dem Mann ist. Sie begriffen, daß Frauen und Kinder gleich minderwertig und dem Mann mit Leib und Leben ausgeliefert sind".

An der Mutter zeige sich exemplarisch, so die Ich-Erzählerin in Merz' Roman (1988, S. 161), daß Frauen so werden können wie sie. Also könne auch die Tochter so werden, nämlich „ein unglückliches, elendes Weib..., eine leidende Mutter und Ehefrau ..." (ebd., S. 171), „widerlich und fies" (ebd., S. 52).

Das Verhalten verschiedener Frauen wirft Fragen nach der Rolle der Kirche und ihrer Haltung zu Ehe und Sexualität auf. Manche der Frauen, die sich gegen das Kind und für den Partner entscheiden, werden von religiösen Motiven geleitet. Sie meinen, es gehöre zu den Pflichten einer Ehefrau, in jedem Fall ihren Mann zu stützen: „Sie habe doch vor Gott gelobt, in guten und in bösen Zeiten zu ihrem Mann zu halten", erklärt eine Mutter in einer Inzestfamilie (Jäckel 1988, S. 137). Besonders ausgeprägt ist diese Haltung bei katholischen Frauen (vgl. Armstrong 1985, S. 229).

Auch daß Töchter in einzelnen Fällen von ihren Müttern ausgeliefert werden, um den „ehelichen Pflichten" zu entgehen, kann mit kirchlichen Dogmen zu tun haben. Drewermann (1989, S. 559) vertritt die Ansicht:

> „Eine Frau, die im Umkreis der katholischen Sexualmoral sich infolge der eigenen Prüderie immer wieder ihrem Mann >opfern< muß, wird am Ende nicht anders können, als ihre eigene Tochter dem Untier von Mann in Gestalt des eigenen Vaters zu opfern".

Drewermann mag hier eine entscheidende Verbindungsstelle zwischen christlicher Sexualmoral und sexuellem Mißbrauch erkannt haben. Die Schlußfolgerung jedoch, eine prüde Frau könne nicht anders, als ihre Tochter dem Mann sexuell zu opfern, suggeriert die Alltäglichkeit einer aktiven Beteiligung der Mutter. Sie suggeriert ferner eine totale Unausweichlichkeit auf Seiten der Frau und auf Seiten des Mannes, so daß sich die wichtige Frage der individuellen Verantwortung nicht stellt.

10. Zusammenfassung

Viele Kinder erleben seelische, körperliche und/oder sexuelle Gewalt. Bei sexuellem Mißbrauch werden die kindlichen Menschenrechte in besonderem Maße verletzt.

Sexueller Mißbrauch geht zum überwiegenden Teil auf paternale Autoritätspersonen aus dem sozialen Nahraum des Kindes zurück, somit auf Menschen, denen das Kind vertraut und von denen es Schutz erwarten darf. Die Verwirrung durch überflutende, nicht kindgemäße Reize, der Schmerz über den Vertrauensbruch und über die Mißachtung seiner Schutzbedürfnisse sind groß. Besonders verstörend und schädigend ist Kernfamilien-Inzest.

Sexuell mißbrauchte Kinder sprechen selten direkt über das, was ihnen angetan wird. Sie stehen unter dem Schweigegebot, und dies verschärft ihr Elend und das Gefühl des Ausgeliefertseins. Allerdings senden viele betroffene Kinder Signale, etwa durch plötzlich auftretende Verhaltensauffälligkeiten.

Als Erwachsene erinnern sich ehemalige Opfer oft nicht an das traumatische Geschehen, weil sie es verdrängt haben. Das Verdrängte kann sich aber in mehr oder weniger schwerwiegenden Symptomen äußern wie in Ohnmachtsgefühlen, Depressionen oder einem schwachen Selbstwertgefühl. Viele Betroffene haben keine Ahnung, warum sie keine rechte Lebensfreude haben, schnell entmutigt und verletzt sind oder ständig versuchen – etwa durch Konsum jeglicher Art – bedrohliche Gefühle abzuwehren. Werden diese Symptome und die ihnen zugrunde liegenden Kindheitstraumen nicht bearbeitet, dann verstärken sich die Schwierigkeiten möglicherweise im Alter. Im Alter wird die eigene Kindheit reaktiviert. Gleichzeitig drängen auch die unbewußten Kindheitstraumen ins Bewußtsein, und der Mensch kann sich außerordentlich bedroht fühlen. Das mag einen Teil der rätselhaften psychischen und geistigen Störungen im Alter erklären.

Die Langzeitauswirkungen jeglicher Form von Gewalt, auch die sexueller Gewalt, haben zudem eine gesamtgesellschaftliche Dimension. Handelt es sich um männliche Opfer, dann ist die Wahrscheinlichkeit groß, daß sie ihr Trauma im Wiederholungszwang bereits in der Kindheit oder Jugend oder später als Erwachsene an Schwächere weitergeben und ihrerseits zu Tätern zu werden. Auch Jungen, deren Schwester vom Vater oder einem anderen vertrauten Mann sexuell mißbraucht wird, sind gefährdet, sich nach dem erwachsenen Vorbild zu modellieren und ebenfalls sexuelle Übergriffe zu starten.

Weibliche Opfer tendieren dagegen eher zu einer oft lebenslangen Opferrolle. Überdies führen ihr geschwächtes Selbstwertgefühl, ihre Hilflosigkeits- und Ohnmachtsgefühle leicht zu der Bereitschaft, sich unterzuordnen. In einem patriarchalischen Kontext wird dies als weibliche Tugend eingestuft. Unter diesen Bedingungen wagen Frauen kaum, die Machtverhältnisse im Patriarchat in Frage zu stellen. Insofern bilden die patriarchalischen Strukturen nicht nur den „Nährboden" für sexuelle Gewalt gegen Frauen und Kinder. Speziell die sexuellen Übergriffe auf Mädchen haben stets auch zur Festigung dieser Strukturen beigetragen.

Zu den von Männern dominierten machtgeprägten Handlungsräumen gehört die Familie, die als Raum des Besitzes und der Verfügungsgewalt galt und gilt. Die Macht-Ohnmachts-Verhältnisse in der patriarchalisch bestimmten Familie bilden nicht nur das Fundament für die Ausbeutung – auch sexueller Art – von Frauen und Kindern. Sie konstituieren auch die spezifische Abhängigkeit von Müttern, die ahnen oder wissen, daß Kernfamilien-Inzest stattfindet und trotzdem ihre Kinder nicht schützen oder sich im Fall der Aufdeckung auf die Seite des Ehemannes stellen.

Es gibt darüber hinaus viele Familien, in denen Kinder den ständigen Irritationen latenten Inzests ausgesetzt sind. Es existieren Generationen überspannende Wiederholungsmechanismen von latentem oder ausgeübtem Inzest. Verantwortlich für die Geheimhaltung dieser familiären Schädigungsmechanismen sind der Mythos von der „heilen" Familie, die Vertuschungsstrategien der Täter und der abhängigen Familienmitglieder sowie das Schweigegebot an die Kinder, das oft zu lebenslanger „Elternschonung" (Miller) führt.

Auch der seelische Mechanismus, sich im Falle großer Abhängigkeit und massiver Bedrohung mit dem Aggressor zu identifizieren, hat mit zur Verdunkelung der massiven Grenzverletzungen in der Familie beigetragen. In der Identifikation mit dem Aggressor introjiziert das mißbrauchte Kind die Schuldgefühle, die eigentlich der Täter haben müßte. Das ist ein weiterer Grund, warum betroffene Kinder schweigen. Die Identifikation mit dem Aggressor verstärkt ferner die Tendenz des Opfers, seine traumatischen Überwältigungserlebnisse und die sie begleitenden Gefühle von Angst, Schmerz, Ekel und Wut abzuspalten oder zu verdrängen.

Während er das Opfer oft ein Leben lang schwer belastet, kann der sexuelle Mißbrauch an Kindern die intrapersonale Homöostase des Täters sichern. Kindesmißbraucher versuchen, ihre innere Schwäche zu kompensieren oder eine seelische Gefährdung abzuwehren, indem sie über das Kind Macht ausüben. Oder sie benutzen das Kind als Sexualobjekt, um durch Reizzufuhr einer empfundenen Leere und Langeweile zu entfliehen. Viele Kinder müssen auch als Partnerersatz dienen und haben in dieser Rolle die Aufgabe, unbefriedigende Ehen zu stabilisieren, an denen die Täter aus Abhängigkeit festhalten möchten. Nicht nur der sexuelle Mißbrauch selbst sorgt wegen seiner entlastenden und kompensatorischen Funktion oftmals für die Homöostase von Ehe und Familie. Im Falle des Kernfamilien-Inzests können auch die aus dem Mißbrauch resultierenden Auffälligkeiten des Kindes und seine Sündenbockrolle in der Familie wesentlich dazu beitragen, ein gespanntes Verhältnis zwischen den Ehepartnern zu entschärfen und dadurch Ehe und Familie zu festigen.

Kindesmißbraucher verletzen zum einen das Kind und blockieren seinen Entwicklungsweg. Zum anderen schädigen sie sich durch ihr destruktives Verhalten auch selber. Sie verstellen sich die Möglichkeit der Weiterentwicklung. Letztlich wird die gesamte Gesellschaft zutiefst geschädigt. Die Auswirkungen von Sexualdelikten oder anderen Vergehen an Kindern fließen stetig in unseren Alltag ein – als steigende Verhaltensauffälligkeiten, Süchte, Jugendkriminalität, Neurosen oder Psychosen. Verbreitet ist auch der Wiederholungs- und Verlagerungsmechanismus, durch den das frühere Opfer zum Täter wird und sexuelle oder andere Formen der Gewalt gegenüber nunmehr Schwächeren ausübt.

Wie noch näher aufgezeigt werden soll, ist die Verfaßtheit der Gesamtgesellschaft an der Entstehung von Sexualdelikten mitbeteiligt. Sie hat außerdem – bewußt oder unbewußt – dazu beigetragen, diese Delikte zu verschleiern, zu bagatellisieren und vor allem die Verbreitung des Kernfamilien-Inzests nicht ins Bewußtsein treten zu lassen.

Um die komplexen individuellen und gesamtgesellschaftlichen Verflechtungen bei sexuellem Mißbrauch an Kindern geht es im folgenden Teil.

TEIL II

INDIVIDUELLE UND STRUKTURELLE HINTERGRÜNDE SEXUELLER GEWALT AN KINDERN

Mit der Frage nach tieferen Ursachen und Hintergründen sexuellen Mißbrauchs an Kindern stellt sich die Aufgabe, vielfältigen Aspekten unserer Lebenswirklichkeit nachzugehen. Die Fäden sind zu verfolgen, die den zerstörerischen Akt sexueller Gewalt mit individuellen und kollektiven Voraussetzungen verknüpfen.

Zunächst möchte ich einen Überblick über Äußerungsformen, mögliche Beweggründe und gesellschaftliche Bedingungen männlicher Gewalt, und sexueller Gewalt insbesondere, geben. Wegen der vielen Überschneidungen, die zwischen sexueller Gewalt gegen Frauen und sexuellem Kindesmißbrauch bestehen, werden sie zum Teil gemeinsam betrachtet.

Im Anschluß gilt es, verschiedene Motive zu analysieren, die in sexueller Gewalt gegen Kinder wirksam sind. Einen herausragenden Stellenwert als motivierende Kraft haben die menschlichen Bedürfnisse. Meines Erachtens wurden sie in der bisherigen Diskussion über sexuellen Mißbrauch an Kindern nicht genug beachtet. Nicht nur bei Opfern, auch bei Tätern dieses Delikts ist davon auszugehen, daß wesentliche Grundbedürfnisse in der Kindheit nicht befriedigt wurden. Die Mißachtung von authentischen kindlichen Bedürfnissen ist eng mit verbreiteten Persönlichkeitsstörungen verzahnt. Besonders wichtig ist das schizoide Phänomen, das in Zusammenhang mit Ich-Störungen, Autonomiemangel, Narzißmus sowie dem Problem der Sucht – vorrangig dem der Sexsucht und anderer Formen entfremdeter Sexualität – zu erörtern sein wird.

Sich mit den verschiedenen Hintergrundbedingungen sexueller Gewalt gegen Kinder zu beschäftigen, bedeutet gleichzeitig, an die Wurzeln unserer Kultur zu rühren. Es bedeutet, sich der Tatsache zu stellen, daß dieses Delikt in allgemein akzeptierte zwischenmenschliche, familiale und kulturelle Muster eingebettet ist. Werden diese durchleuchtet, dann erschließt sich deutlich das Schädigungspotential ihrer Machtstrukturen, ihrer eingeschliffenen Wiederholungszwänge und ihrer Doppelbödigkeit.

Neben den kulturellen Mustern, und mit diesen verbunden, verdient das Phänomen der anscheinenden „Normalität" und der Angepaßtheit von sexuellen Gewalttätern besondere Aufmerksamkeit. Hinter ihrer unauffälligen Fassade verbergen sich meiner Überzeugung nach spezifische Persönlichkeitsstörungen. An ihrer Entstehung ist die allgemeine Krankhaftigkeit unserer Kultur mit beteiligt. Außerdem sorgt die „Pathologie der Normalität" (Fromm) dafür, daß die seelischen Störungen des einzelnen nicht als abnorm auffallen. Hinzu kommen Errungenschaften des Patriarchats – wie soziale, wirtschaftliche und politische Machtträume – die Männern mit Persönlichkeitsstörungen gestatten, ihre personalen Defizite zu kompensieren und sich immer wieder ihrer

"Stärke" zu versichern. In der Regel geschieht dies zu Lasten anderer, nicht selten mittels Gewalt. Die Machtverhältnisse, die das Patriarchat konstituieren, müssen als potentielle Gewaltverhältnisse erkannt werden, und wir müssen der Tatsache ins Auge sehen, daß Gewalt gegen Frauen und Kinder, auch sexuelle Gewalt, alltäglicher ist, als sich die Gesellschaft eingestehen möchte.

Alltäglich ist ferner, daß im Raum der patriarchalischen bürgerlichen Familie viele Kinder, weitgehend unbeobachtet und unbeanstandet, durch ihre Eltern seelisch und körperlich mißhandelt und ausgebeutet werden. Zu den Auswirkungen der schweren Traumen, die Eltern oder andere Erwachsene dem Kind zufügen, gehört die Spaltung im Selbst, die das schizoide Phänomen erzeugt. Dieses Phänomen ist charakteristisch für unsere kranke Gesellschaft. Da die schizoide Störung nicht nur zu den häufigsten Auswirkungen sexueller Gewalt, sondern auch zu den wichtigsten Hintergrundsbedingungen dieses Delikts gehört, ist sie für die nun folgenden Überlegungen zentral.

1. Gewalt gegen Frauen und Kinder

Gewalt gegenüber Frauen und Kindern ist im Patriarchat ein legitimes Prinzip, das die Abwertung der Frau und den sexuellen Zugriff auf sie beinhaltet. Das schlägt sich u.a. in der Kommerzialisierung ihrer Sexualität nieder (vgl. Böhnisch und Winter 1993, S. 207), die als eine Form von Gewalt anzusehen ist.

Giddens (1993, S. 11; vgl. auch S. 204 f) beobachtet in unserer Kultur eine „ansteigende Welle männlicher Gewalt gegenüber Frauen". Carnes (1983, S. 83, 153) geht auf wissenschaftliche Untersuchungen ein, die feministische Auffassungen über verbreitete männliche Gewalttendenzen stützen. Demnach sind innerhalb der als normal geltenden Bevölkerung an vielen Männern ähnliche Einstellungen sowie psychologische und verhaltensmäßige Tendenzen nachweisbar wie bei Vergewaltigern (vgl. auch die Untersuchungen von Heiliger A./Engelfried C., 1995).

Mit verantwortlich dafür ist die Mystifizierung von Männlichkeit. Männlichkeitsideale fordern, „stärker als andere zu sein, zu siegen, andere zu unterjochen und auszubeuten ... nur wer kämpfen und erobern kann, gilt als Mann, wer keine Gewalt anwendet ist schwach und damit >unmännlich<" (Fromm 1986, S. 137).

Masters und Johnson (1990, S. 477 f) knüpfen die Tendenz zu Gewalttätigkeit an unser soziales System, das Frauen zu Opfern sexueller Zwanghaftigkeit und Männer zu Gewalttätern erziehe.

Dagegen existieren Kulturen, in denen Gewalt gegen Frauen und Kinder so gut wie nie vorkommt. Es sind dies Kulturen mit eher kommunitärem Gemeinschaftsleben, in denen Frauen geachtet werden und gleichwertige Positionen einnehmen (vgl. Badinter 1993, S. 172 f; vgl. auch Bettelheim „Kinder der Zukunft"). Die Berichte über derartige Kulturen lassen einen deutlichen Zusammenhang zwischen starker Frauenposition und dem Wohlergehen und Schutz von Kindern erkennen.

1.1. Vergewaltigung[1]

Für Groth (New York Times vom 5.2.1980, zit. nach Bancroft 1985, S. 410) ist Vergewaltigung weniger eine gewalttätige Form der Sexualität und eher „der sexuelle Ausdruck der Aggression". Diese gewalttätige Form der Sexualität wird erst seit knapp 30 Jahren sozialwissenschaftlich untersucht (vgl. Godenzi 1991, S. 22).

In den USA, die an der Spitze dieser Gewaltdelikte stehen, hat nach Schätzung des FBI jede Frau damit zu rechnen, in ihrem Leben einmal vergewaltigt zu werden (vgl. Badinter 1993, S. 172 f). Die Gefährdung von Frauen und Kindern wächst ständig, auch in der Familie. Darin äußert sich zum einen „die dunkle Seite des Familienlebens und die besondere Verletzlichkeit von Frauen und Kindern" und zum anderen das Machtgefüge in unserer traditionellen Familienform (Goldner 7/93, S. 212). Frauen wie Kinder sind im häuslichen Rahmen durch ihnen bekannte und vertraute Männer stärker bedroht als durch Fremde außerhalb. Steinhage (2/93, S. 67) sagt:

„Frauen stellen sich unter den Schutz eines Mannes, dem sie vertrauen, um vor sexuellen Übergriffen durch einen Fremden sicher zu sein. Aber: gerade im häuslichen Rahmen, in >vertrauensvollen Beziehungen< spielt sich die brutalste Gewalt gegen Mädchen und Frauen ab".

In Deutschland ist erst seit kurzem, nach 25 Jahren Reformversuchen, durch den neuen StGB § 177 die Vergewaltigung in der Ehe strafbar.

Scullys Studien (1990, S. 82 ff, 137 ff, 165) an überführten Vergewaltigern belegen eine Korrelation zwischen Feindseligkeit, Bestrafungs- und Rachegelüsten sowie Macht- und Kontrollverlangen, die sich in sexueller Gewalt gegen Frauen niederschlagen, und der Überidentifikation mit traditionellen Bildern von Männlichkeit. Die Identifikation mit dem männlichen Rollenvorteil führt zu Geschlechtsstereotypen. Zu ihnen gehören Rationalisierungen, wonach Männer angeblich das Recht haben, Frauen zu strafen, zu disziplinieren und sie auf ihren Platz zu verweisen.

Hinter einer Vergewaltigung steckt zum einen der Versuch, das persönliche Problem mit Frauen oder einer bestimmten Frau durch die Vergewaltigung einer anderen Frau zu bewältigen. Das Opfer steht also im Verlagerungsmechanismus stellvertretend für andere Frauen. Aus der Täterperspektive sind Frauen kollektiv haftbar (ebd., S. 138).

Zum anderen sind Kontrolle und körperliche Dominanz in der Vergewaltigung Medien, sich der psychologischen Dominanz und der Männlichkeit zu versichern (vgl. Bancroft 1985, S. 411 f). Giddens (1993, S. 11) meint, Männer tendierten vor allem dann zu sexueller Zwanghaftigkeit und Gewalt, wenn sie das Gefühl haben, ihre sexuelle Kontrolle über Frauen funktioniere nicht mehr.

Letztlich verbirgt sich hinter sexueller Gewalt ein schwaches Selbstwertgefühl, wie folgende Aussage eines Vergewaltigers zeigt: „Vergewaltigung war das Gefühl der vollständigen Dominanz ... Ich wollte Frauen erniedrigen, so daß es eine Person gab, die weniger wert war als ich" (s. Scully 1990, S. 141. Übersetzung: W.F.).

Bei Scullys Befragungen haben etliche der Männer außerdem angegeben, die Vergewaltigung sei für sie eine Art Freizeitbeschäftigung mit einem Abenteueraspekt gewesen, die sexuell befriedigt und ein Wohlgefühl verschafft (ebd., S. 113, 137). Das deutet auf den wichtigen Aspekt der Reizsuche hin, dem ich später ausführlicher nachgehen werde.

Auf ihre Gefühle während der Vergewaltigung angesprochen, erklärte die Mehrzahl der Täter, gar nichts empfunden zu haben (ebd., S. 113, 134). Mangel an Mitgefühl und die Verdinglichung der Frau schlagen sich besonders kraß in folgender frauenverachtenden Äußerung nieder, die von einem verurteilten Vergewaltiger stammt:

> „Männer haben ein Recht auf Vergewaltigung. Wenn eine Frau nicht nachgibt, sollte der Mann es sich nehmen. Frauen haben kein Recht, nein zu sagen. Frauen sind zum Sex gemacht, das ist alles, wofür sie gut sind ...". (s. Scully ebd., S. 166. Übersetzung W.F.).

In der Öffentlichkeit wird vielfach die jeder Grundlage entbehrende Ansicht vertreten, Frauen seien mitschuldig an der Tat und provozierten, etwa durch sexuelle Attraktivität, eine Vergewaltigung (vgl. Engelfried 1990, S. 25; M. Mitscherlich 1985, S. 140; Wyre und Swift 1991, S. 70). Die auch recht verbreitete Vorstellung, Frauen hätten Vergewaltigungsphantasien, geht auf Freuds frühe Überzeugungen zurück, Frauen hätten masochistisches Verlangen nach Vergewaltigung (vgl. Scully 1990, S. 150; Engelfried 1990, S. 24).

Ein Vergewaltiger kann relativ sicher sein, daß die betroffene Frau aus Angst, Scham und weil sie fürchtet, daß ihr nicht geglaubt wird, keine Anzeige erstatten wird (vgl. Masters und Johnson 1990, S. 449 f). Da nur etwa 2 % aller Vergewaltiger mit einer Verurteilung rechnen müssen (vgl. Godenzi 1991, S. 19), wird die Tendenz zu Wiederholungen bestärkt und verstärkt (vgl. Wyre und Swift 1991, S. 62). Wegen der geringen Anzeigen- und noch geringeren Verurteilungsquote ist Vergewaltigung ein ausgesprochen risikoarmes Verbrechen (vgl. Scully 1990, S. 137 f). Auf Vergewaltigungen in der Ehe, die den höchsten prozentualen Anteil an Vergewaltigungen gegen Frauen darstellen, trifft dies in besonderem Maße zu (vgl. Steinhage 2/93, S. 67).

1.2. Vergewaltigung im Krieg

Der Krieg ist ein Mittel, Männlichkeit unter Beweis zu stellen (vgl. Badinter 1993, S. 29, 35).

Duerr (8/93, S. 33) weist auf einen Artikel der amerikanischen Zeitschrift „Esquire" (11/94) hin, in dem Krieg als „a sexual turnon ... the secret love of a man's life, the closest thing to what childbirth is for women" bezeichnet wird. Daß die Bedeutsamkeit des Krieges für den Mann in die Nähe des weiblichen Gebärens gerückt wird, ist ein Fingerzeig auf den Gebärneid und weist ferner auf die Ersatzfunktion destruktiver Akte hin. Destruktivität ist das Negativ des Schöpferischen.

Die Vergewaltigung von Frauen und Mädchen in Kriegszeiten zählt zu den Jahrtausende alten Mitteln, den Gegner zu diffamieren. H. Hirsch (1992, S. 14) analysiert die planhaften Vergewaltigungen von Frauen in Bosnien und kommt zu dem Ergebnis:

> „Diese öffentlichen Vergewaltigungen haben nichts mit sexueller Begierde oder einem starken Geschlechtstrieb zu tun ... Sie demonstrieren vielmehr die Macht des Siegers über den Besiegten und führen bosnischen Ehemännern und Vätern vor Augen, daß sie unfähig sind, die körperliche Integrität ihrer Frauen zu schützen".

Nach neueren Erkenntnissen der Vereinten Nationen wird die Vergewaltigung von Frauen und Mädchen in kriegerischen Auseinandersetzungen „immer häufiger gezielt als psychologische Waffe benutzt" (Stuttgarter Zeitung Nr. 21. o.A., 16.9.95, S. 4). Es geht nicht nur darum, den männlichen Gegner durch Verletzung eines Besitztums zu treffen. Vielmehr ist die Vergewaltigung auch ein Medium, in dem sich Frauenverachtung und Frauenhaß niederschlagen. Brownmiller (1992, S. 39) sagt: „Der Krieg liefert den Männern den perfekten psychologischen Freibrief, um ihrer Verachtung für Frauen Luft zu machen".

In Kriegen oder in Kämpfen von Männern untereinander geht es zusätzlich darum, den Gegner in seiner weiblichen Seite zu treffen; denn ein Sieg unter Männern wird auch als Sieg über die weibliche Seite des anderen verstanden. Vor der weiblichen Seite in sich hat der Mann in der Regel Angst. Mit ihr will er nicht identifiziert werden, weil sie ihn, als seine abgespaltene Seite, mit Schwäche und Hilflosigkeit bedroht. Bei den amerikanischen Marines, die für ihre Härte bekannt sind, gilt: „Wenn ihr eine Gruppe von professionellen Mördern werden wollt, dann tötet die Frau in euch" (Badinter 1993, S. 100).

2. Hintergründe männlicher Gewalt

Daß Gewalthandeln vor allem durch Männer geschieht, ist statistisch nachweisbar. So geht fremdenfeindliche Gewalt zu über 95 % (vgl. Willems, S. 2/93, S. 488), Gewalt in der Ehe zu 90 % (vgl. Psychologie Heute 11/93, S. 8), sexuelle Gewalt zu fast 100 % (vgl. Hoffmann 2/94, S. 15) auf das Konto von Männern. Die Gefängnisinsassen sind zu über 95 % Männer, und 80 % aller Straftaten werden von Männern begangen. (vgl. Hoffmann ebd.).

Für die verbreitete Annahme, genetische Anlagen programmierten geschlechtsspezifisches Verhalten, gibt es keine Anhaltspunkte (vgl. Milhoffer 1/94, S. 6). Das trifft auch auf die Auffassung zu, Aggressivität sei biologisch stärker im Mann angelegt, und das erkläre die größere Gewaltneigung von Männern. Statt dessen setzt sich vermehrt die Ansicht durch, daß Aggressivität als eine dynamische, vorwärts drängende Kraft in beiden Geschlechtern angelegt ist und sich die Geschlechter lediglich darin unterscheiden, wie sie diese Lebenskraft bearbeiten und äußern (vgl. M. Mitscherlich 1985, S. 181).

Exemplarisch für eine traditionelle, bis heute vertretene Denkhaltung, die sich verhängnisvoll auf die Sozialisation des kleinen Jungen auswirkt, ist die Ärztin und freudianisch ausgerichtete Psychotherapeutin Robinson (o.J.)[2]. Aggressivität, meint sie, gehöre zum männlichen Wesen. Es sei männlich, herrschen, erobern und bemeistern zu wollen. Entsprechend sei der Mann für die Außenwelt zuständig. Weil dies viel Selbstvertrauen erfordere, räume die Gesellschaft bereits dem Jungen mehr Freiheiten ein als dem Mädchen. Als zukünftiger Mann brauche der Junge „den Schutz, den in der Kindheit Heim und Familie bieten, ... für wesentlich kürzere Zeit" als das Mädchen (ebd., S. 140).

Diese Ansichten beruhen auf patriarchalischen Rollenvorstellungen und bestärken sie. Dabei wird übersehen, daß das Schutz- und Sicherheitsbedürfnis bei Jungen und Mädchen gleich groß ist (vgl. Maslow 1981). Außerdem nimmt die vorzeitige Entfernung aus dem Raum der Geborgenheit, des Schutzes und der Sicherheit dem kleinen Jungen gleichzeitig den Raum der Zärtlichkeit. Das natürliche Zärtlichkeitsbedürfnis vieler Jungen bleibt somit ab einem bestimmten Alter ungestillt. Es wird zudem als unmännlich herabgesetzt. Aus diesen Gründen haben viele Männer später Schwierigkeiten, wirkliche Intimität zuzulassen (vgl. Adler 1966, S. 47 f). Das ist im Hinblick auf Gewalttendenzen wichtig: Im zwischenmenschlichen Raum sind zärtliche Gefühle und echte Intimität einerseits und Gewalttätigkeit andererseits nicht miteinander vereinbar.

Bedeutsam ist ferner, daß sich Jungen zugunsten von Männlichkeitsnormen früher als Mädchen von der Mutter lösen sollen. Unbefriedigte Bedürfnisse und eine vorzeitig erzwungene Loslösung von der Mutter führen zu Fixierungen. Daher ist ein Großteil der Männer in den Ablösungsprozessen der frühen Kindheit steckengeblieben und in ihrer Gefühlsentwicklung gestört (vgl. M. Mitscherlich 1985, S. 88). Mit unaufgelöster, unerlöster Mutterbindung verknüpfen sich Reifestörungen, Ich-Schwäche, Abhängigkeits- und Ohnmachtsgefühle, latenter Frauenhaß sowie irreale Phantasien und Sehnsüchte. Diese Merkmale gehören zu den Grundursachen sexueller Gewalt. Die unaufgelöste Mutterbindung wird uns daher noch mehrfach beschäftigen.

Mit männlichem Gewalthandeln haben sich bisher vor allem Frauen auseinandergesetzt. Eine Fülle feministischer Literatur hat in den letzten Jahren jene Fäden verfolgt, die tief in den Brunnen der Menschheitsgeschichte hinab reichen. Von der im Patriarchat herrschenden Unterordnungsstruktur in Gesellschaft und Familie bis hin zu Gewalt- und Vergewaltigungsstrategien im Alten Testament sind in vielfältiger Weise

Themenfelder beleuchtet worden, die Gewalttätigkeit gegenüber Frauen und Kindern in einen größeren räumlichen und zeitlichen Rahmen stellen.

Zu den wenigen männlichen Männerforschern gehören Böhnisch und Winter (1993). Sie haben sich, über soziologische Gesichtspunkte hinaus, wichtigen psychologischen Einsichten zum Mannsein und zu männlicher Gewalt geöffnet. In Gewalt sehen sie (ebd., S. 196) eine Folge männlicher Externalisierung und ein Medium männlicher Lebensbewältigung. Gewalt sei daher für die kritische Männerforschung ein zentrales Thema.

Obwohl für Böhnisch und Winter Gewalt ein Medium männlicher Lebensbewältigung ist, lehnen sie es ab, Männlichkeit mit Gewalt gleichzusetzen. Vielmehr sei Gewalt „über das Patriarchat als Herrschaftsform von Männern über Frauen ... mit dem Mannsein gekoppelt" (ebd., S. 196). Das beweise die Kulturanthropologie. Sie habe andere Modelle von Männlichkeit aufgespürt. Böhnisch und Winter wollen sich insofern von der feministischen Diskussion unterscheiden, als sie deren Auffassung von der >allgemeinen Potentialität< männlicher Gewalttätigkeit anzweifeln. Für sie ist „die Potentialität der Ideologie des Patriarchats" zuzuschreiben. Im Sinne kritischer Männerforschung gehen sie daher – wie ich meine berechtigterweise – von der grundsätzlichen Veränderbarkeit und der Möglichkeit eines anderen Mannseins aus (ebd., S. 211). „Männlichkeit – nicht aber das Patriarchat! – ist ohne Gewalt denkbar und möglich" (ebd., S. 212).

Sie können sich ein Mannsein vorstellen, das „aus dem Mann selbst und nicht aus seiner gesellschaftlichen Zurichtung kommt" (ebd., S. 217). Dazu gehöre vor allem, daß der Mann die im Laufe der kulturellen Entwicklung abgespaltenen Persönlichkeitsanteile, insbesondere die abgespaltenen weiblichen Anteile, wieder integriert und lebt. Das würde ihm gleichzeitig helfen, die im Sozialisationsprozeß verlorene Autonomie wiederzugewinnen.

2.1. Männliches Autonomiedilemma

Gewalt ausübende Männer zeigen Persönlichkeitsmerkmale, die auf ein inneres Autonomie-Dilemma hindeuten (vgl. Böhnisch und Winter 1993, S. 205; Gruen 1986, S. 93 ff).

Gruen bezieht Autonomie auf den Kontakt des Menschen mit seinen Gefühlen und inneren Kräften. Die Blockierung der Autonomie beginne mit der Angst vor der Hilflosigkeit. Vor allem dann, „wenn Eltern die Hilflosigkeit ihrer Kinder ausnützen, um sie zu Objekten zu machen, durch die sie ihre eigene >Selbstachtung< erhalten, wird Hilflosigkeit zu unserem Feind" (Gruen 1986, S. 93). Im Zuge elterlicher Manipulationen verlernt das abhängige Kind, auf das eigene Innere zu hören, es verliert den Zugang zur Autonomie (ebd., S. 94).

Gruen (ebd., S. 81 ff) siedelt das Autonomiedilemma vor allem beim männlichen Geschlecht an. Über elterliches Fehlverhalten hinaus hängt dies mit dem Männlichkeitsideal unserer Kultur zusammen, das bereits vom kleinen Jungen fordert, alle als weich und weiblich geltenden Gefühle wie Schwäche, Hilflosigkeit und Verletzlichkeit zu unterdrücken und abzuspalten. Daher sei das männliche Geschlecht in seiner Menschlichkeit weit mehr geschädigt als das weibliche Geschlecht (ebd., S. 18, 94 ff).

Folgenschwer ist, daß die Abspaltung von den Gefühlen auch immer die Abspaltung vom Körper bedeutet, an den die Gefühle gebunden sind. Gruen (ebd., S. 37) geht auf Erkenntnisse ein, die Feldenkrais hinsichtlich bestimmter Bewegungsabläufe machte. Bei der Behandlung bewegungseingeschränkter Personen wurde ihm klar, daß hinter ihren Funktionsverlusten bestimmte Denkmuster und Körpererfahrungen steckten. Gruen (ebd.) folgert:

„Durch den Sozialisierungsprozeß vermittelt, basieren die Denkmuster über unseren Körper auf Anpassung, denn diese verspricht soziale und affektive Sicherheit. Diese Art des Denkens führt unvermeidlich zu Phänomenen der Abspaltung von unseren Körperempfindungen. Und diese Art der Trennung, die eine Spaltung der Gefühle mit sich bringt, erschwert es uns ungemein, unser Selbst auf eigenen Erfahrungen aufzubauen".

Der Verlust wesentlicher innerer Erfahrungsbereiche zugunsten kulturell geforderter Anpassungsvorgänge bewirkt, so Gruen (ebd., S. 50, 35 ff, 41), daß Freiheit und Autonomie verloren gehen. Der eigentlich im Selbst angelegte Mann wird durch den „richtigen" Mann, also den Mann mit sozial erwünschten Merkmalen, ersetzt. In anderen Worten: Zum „richtigen" Mann gehören die Abspaltung vom Körper, das Elend einer abgespaltenen Innenwelt und somit das Autonomiedilemma.

Fatalerweise werden die verhärteten Charaktereigenschaften, die durch Abwehr und Abwertung der sogenannten weiblichen Gefühle entstehen, im Sinne von geschlechtsspezifischen Kriterien, „als gelungene Entwicklung zur Männlichkeit angesehen ..." (Hoffmann 2/94, S. 17). Böhnisch und Winter (1993, S. 67) erläutern, daß „der zunehmende Verlust der mit den weiblichen Anteilen unzertrennbar verbundenen Autonomie (androgyne Tendenz) ... zur sozialen Handlungsfähigkeit" führt. Unter der Oberfläche eines erfolgreichen, angepaßten Seins verbergen sich jedoch oft Schwäche sowie gesteigerte Angst vor der eigenen Schwäche, vor Leiden und Hilflosigkeit. Das Aufeinandertreffen von Schwäche und sozialisationsbedingter Forderung nach Stärke ist Böhnisch und Winter (ebd., S. 202) zufolge grundlegend für die Gewaltbereitschaft des männlichen Geschlechts. Sie erläutern:

„Männliche Gewalt ist Ausdruck dafür, daß dem Mann (mehr als der Frau) gesellschaftlich verwehrt ist, zu seiner Hilflosigkeit zu stehen, daß er den daraus resultierenden Selbsthaß externalisieren und auf andere projizieren muß" (ebd., S. 195).

Das kann sich in großem Umfang manifestieren, weil Männern im Patriarchat machtbestimmte Handlungsräume zur Verfügung gestellt werden. Diese und die patriarchalischen Muster unserer Gesellschaft schaffen, so Böhnisch und Winter (ebd., S. 204), das „>Anregungsmilieu< zur Gewalt sowie zur Legitimation von Gewalt als Form männlicher Lebensbewältigung und ihrer biographischen Integration".

Neben der Abspaltung der weiblichen sind die abgespaltenen kindlichen Anteile für die verbreiteten männlichen Gewalttendenzen verantwortlich. In der aktuellen Konfrontation mit der kindlichen Hilflosigkeit werden die Verletzungen der eigenen Kindheit und die eigene kindliche Hilflosigkeit reaktiviert. Das erscheint vielen Männern als bedrohlich, und durch Dominanz-, Kontroll- und Machtgebaren – die bis zu destruktiven Akten gehen können – versuchen sie, dieser Bedrohung entgegenzuwirken. Die Destruktivität schädigt, im Wiederholungszwang mit vertauschten Rollen, nunmehr ein hilfloses Kind.

Häufig geschieht dies mittels sexueller Übergriffe. Diese sollen nicht nur das Gefühl potenter Männlichkeit, Kontrolle und Macht vermitteln, sondern sie verheißen dem innerlich leeren und abgestorbenen Mann auch ein großes Maß an Reiz und Erregung.

2.2 Männliche Außenorientierung

Frauen und Kinder erinnern den Mann daran, daß er selber schwach und bedürftig ist. Männer, die dies nicht zulassen können, suchen Stärke und Macht im Äußeren. Sie überbewerten die äußeren Bereiche und tendieren zu betonter Rationalität und übersteigerter Aktivität (vgl. Böhnisch und Winter 1993, S. 131). Das beeinträchtigt ihre Wahrnehmung und kann zu Destruktivität (vgl. Gruen 1986, S. 49) sowie zu emotionaler Abhängigkeit von Frauen führen (vgl. Schmidbauer-Schleibner 1979, S. 131).

In zwanghaftem Agieren äußert sich das Bestreben nach Selbstsicherheit und Bestätigung der Männlichkeit. Weil dem kleinen Mädchen das Eingeständnis der Hilflosigkeit, das für personale Autonomie notwendig ist, erlaubt war, sind Frauen innerlich selbstsicherer als Männer (vgl. Gruen 1986, S. 96; Rohr 1988, S. 38 f; Böhnisch und Winter 1993, S. 27 ff). Der Versuch des Mannes, durch übersteigerte Aktivität mehr Selbstsicherheit zu gewinnen, mündet häufig in Machtgebaren oder in Maskenspiel zur Demonstrierung von Unabhängigkeit (vgl. Badinter 1993, S. 165; Herriger 1990, S. 87). Das geht mit Spannungen einher. Zur Spannung trägt der Haß auf die weiblichen Anteile im Selbst des Mannes bei (vgl. Badinter ebd., S. 154). Der Haß ist mit Angst vor der eigenen Hilflosigkeit verbunden. Um sie in der Abspaltung zu halten, muß die Hilflosigkeit, so Gruen (1986, S. 26), „zum Objekt der Ablehnung und des Hasses werden".

Auf diesem Bedingungsgefüge ist äußere Macht zentral und wird vielfach zur Sucht. Ist Macht zur Sucht geworden, dann wird die Hilflosigkeit anderer gezielt gefördert – sei es, indem eine Ehefrau abhängig gehalten oder einem Kind die Eigenständigkeit verwehrt wird. Viele Männer brauchen „Frauen als notwendiges Gegenstück, als Nicht-Mächtige, über die sich noch der ohnmächtigste Mann definieren kann" (Böhnisch und Winter 1993, S. 37). Diese Beobachtung weist erneut auf die verdrängte Ohnmacht und Hilflosigkeit hin, die hinter übersteigerten Machtdemonstrationen steckt.

Die Gesellschaft hat Anteil am Autonomiedilemma des Mannes und seinen Negativauswirkungen. Sie fördert nicht nur die Verdrängung der als weiblich definierten Gefühlsanteile des Mannes, sondern liefert Männern auch den Ausweg aus ihrem Autonomiedilemma. Der Ausweg besteht vor allem in „Macht und Herrschaft" (Gruen 1986, S. 97).

Die Machtstrukturen und Isolationstendenzen der traditionellen bürgerlichen Familie verstärken diese zerstörerischen Prozesse ebenso wie entfremdende Arbeitsbedingungen und die Massenmedien. Die Massenmedien unterstützen die Suche nach Macht als Ausdruck männlicher Identität. Ihre Bilder von „Supermännlichkeit" und fühllosen „Helden" gipfeln in der Erfindung der allmächtigen „Mannmaschine", die von allem Menschlichen befreit und unverletzlich ist. Badinter (1993, S. 162) sagt:

> „Die männliche Maschine ist ungleich weniger verletzlich als der Stärkste aller Männer. Genau das zu tun, was man will und wann man will: der geheime Traum aller kleinen Jungen, der in vielen Männern schlummert" (vgl. auch Böhnisch und Winter 1993, S. 82).

2.3. Männliche Sozialisation

Aus soziologischer Sicht bedeutet Sozialisation „vor allem die Integration des Menschen in die kulturell vorgegebenen sozialen (Rollen)Systeme" (Böhnisch und Winter 1993, S. 13), also das Erlernen und Ausfüllen von sozialen Rollen (ebd., S. 101). Die Rolle umschließt sowohl einen Symbolgehalt als auch eine bestimmte Funktion. Sie „symbolisiert eine bestimmte Vermittlung von Individuum und Gesellschaft. Rollen sind >Sets< von sozialen Erwartungen und Zumutungen, die dem Einzelnen gestellt werden" (ebd., S. 102). Das heißt, es gibt klare Vorgaben darüber, wie soziales Handeln auszusehen hat.

Die sozialen Rollensysteme, die durch Familie, Schule etc. als Konstrukte der Normalität eingeführt und eingeübt werden, sind je nach Geschlechtszugehörigkeit festgelegt. Für Jungen werden andere Schablonen des Verhaltens bereitgehalten als für Mädchen. Das bedeutet, daß sich die Entwicklung der Persönlichkeit und damit soziales und sexuelles Verhalten sowie die Selbstwahrnehmung des Kindes innerhalb des familiären und gesellschaftlichen Erwartungshorizonts geschlechtsspezifisch prägt.

Spezifische Sozialisationsbedingungen für Jungen werden von den Erwartungen nach Expansion, „Streben nach oben und vorn, nach Überlegenheit und Herrschaft" bestimmt (Richter 1986, S. 13). Jungen modellieren sich gemäß diesen Schablonen und den wahrgenommenen männlichen Eigenschaften und wachsen so in das Gefüge von Männlichkeitsnormen, Macht und Überlegenheitsstrebungen und deren gewalttätige Auswirkungen hinein. Ehe sie Sicherheit über sich und „ihr eigenes Geschlecht gefunden haben, assoziieren sie bereits das Stereotyp männlicher Überlegenheit" (Böhnisch und Winter 1993, S. 49). Sie übernehmen, so Adler (1966, vgl. S. 119 ff) die ihnen vorgegebenen Züge, „die Spuren dieses künstlich gezüchteten Größenwahns".

Adler (ebd., S. 116 f) führt aus:

> „Alle unsere Einrichtungen, traditionellen Festlegungen, Gesetze, Sitten und Gebräuche geben Zeugnis von der privilegierten Stellung des Mannes, nach der sie gerichtet und von der sie festgehalten sind. Sie dringen bis in die Kinderstube und nehmen ungeheuren Einfluß auf die kindliche Seele ... Hat das Geltungsstreben des Knaben einen bestimmten Grad erreicht, so wird es mit Vorliebe jenen Weg nehmen, der dem Knaben durch die Privilegien der Männlichkeit, die er überall wahrnimmt, gewährleistet erscheinen ... In jeder Hinsicht erscheint der Mann dem Kinde als der Starke und Mächtige".

Wie auf kirchlichen Konzilen immer wieder hervorgehoben, wird der weibliche Mensch, komplementär dazu, als von Natur aus minderwertig angesehen (ebd., S. 121).

Seine praktische Arbeit mit Jungen bringt Hoffmann (2/94, S. 15 f) zu der Überzeugung, daß die einseitig auf Männlichkeitsideale unserer Kultur bezogene Gefühlserziehung des kleinen Jungen für eine Vielzahl von negativen Folgeerscheinungen verantwortlich ist, zu denen die Abwertung des Weiblichen gehört. Das Bild vom coolen Jungen entlarvt er als Lüge. Jungen wachsen mit den gesellschaftlichen Verzerrungen auf, die dem Mann Stärke und der Frau Schwäche und Schutzbedürftigkeit zuweisen, und sie wachsen durch ihr Anpassungsstreben in sie hinein. Das bedeutet, sie werden von vorgeprägten Mustern und Bildern geleitet, und zugunsten dieser Vorgaben verdrängen und spalten sie unerwünschte Gefühle in sich ab. Im Umgang untereinander vermeiden sie körperliche Nähe. Wenn sie jedoch zustande kommt, wird sie schnell sexualisiert.

Jungen haben häufig den Eindruck, ihre wirklichen Gefühle seien nicht normal; denn sie nehmen bei Männern ihres Umfeldes ähnliche Gefühle nicht wahr.

> „Wenn der eigene Vater oder Vaterpersonen wie Lehrer u. a. nur als emotionales Phantom erlebt wurden, definiert sich Männlichkeit als nichtanwesende Fürsorglichkeit, als Wortkargheit, Berührungslosigkeit, mangelnde Ausdrucksfähigkeit, Härte gegen sich selbst und andere, Gefühlskontrolle usw." (ebd., S. 16).

Die Abwesenheit von Vätern, in Verbindung mit einer als erdrückend empfundenen Fürsorge der Mutter, stellt für Jungen eine Bedrohung der eigenen männlichen Identität dar. Diese Bedrohung spielt bei Gewaltaktionen eine entscheidende Rolle.

Wie wir sehen können, ist Gewalthandeln so verbreitet, weil die patriarchalische Gesellschaft den abgespaltenen, sich selbst entfremdeten und somit gewaltbereiten Mann fordert und fördert. Dieser Typus entspricht in besonderem Maße dem Ideal männlicher Entwicklung und erscheint besonders funktions- und handlungstüchtig. Der Preis, sich anzupassen und männlichen Rollenzwängen zu unterwerfen, ist allerdings hoch. Eine kürzere Lebensdauer gehört dazu, die auf Streß im Beruf, auf Angst und Konkurrenzdenken (vgl. Badinter 1993, S. 174), zurückzuführen ist. Auch selbst gesuchte Gefährdungen, gewählt, um sich extreme Reize zuzuführen oder um Männlichkeitsmythen zu entsprechen (z. B. schnelles Motorradfahren), tragen dazu bei, daß Männer, statistisch gesehen, eher sterben als Frauen.

Badinter (ebd., S. 175) meint, traditionelle Männlichkeit sei „lebensbedrohlich". Sie bedroht nicht nur den Mann selbst, sondern auch sein näheres und weiteres Umfeld durch die Zerstörungen, die er anrichtet. Dazu zählt die sexuelle Gewalt gegen Frauen und Kinder.

Bei sexueller Gewalt gegen Kinder und hinsichtlich der Rolle, die Männer in unserer Gesellschaft einnehmen, sind die Faktoren Rollendistanz und Empathie von besonderer Bedeutung.

Weil Männer von der Normalität ihrer gesellschaftlich anerkannten Lebensweise ausgehen und selten andere Rollenvorbilder sehen, erscheint es ihnen nicht notwendig, sich von ihrer Rolle zu distanzieren und sie zu überdenken (vgl. Böhnisch und Winter 1993, S. 113). Außerdem ist „Rollendistanz" wegen der wenig tragfähigen männlichen Geschlechtsidentität mit der Furcht belastet, sich verlieren zu können (ebd., S. 112).

Auch Empathie ist eine Fähigkeit, die in der Regel nicht mit Männlichkeit assoziiert wird. Empathie ermöglicht, sich in andere hineinzuversetzen, so daß >Rollenerweiterung< geschehen könnte. Empathiefähigkeit wird vorwiegend Frauen zugeschrieben, und weil Frauen kulturell abgewertet wurden und werden, ist sie für Männer ebenso komplexbeladen wie Rollendistanz. Hinzu kommt die wenig gefestigte Identität des Mannes und die Angst, durch Empathie die eigene Identität verlieren zu können (ebd., S. 112).

Mangelnde Empathie verknüpft sich mit der Außenorientierung von Männern, die, wie aufgezeigt, auf psychogene Faktoren zurückzuführen ist.

Außenorientierung und die Ausrichtung der Wahrnehmung und des Handelns nach außen gehen mit „einen Mangel an Bindungen und Verbindungen zu sich selbst, zu individuellen Anteilen und zur eigenen Geschichte, sowie zu anderen Personen" einher (ebd., S. 129). Dieser Komplex bewirkt letzten Endes „eine Art autistischer Störung, die Kontakt mit sich und anderen regelrecht verhindert" (Böhnisch und Winter ebd.). Wenn Böhnisch und Winter (ebd., S. 198) zudem darauf aufmerksam machen, daß Männer mit wachsender Einschränkung ihrer Sozialbeziehungen den Folgen ihres Handelns immer gleichgültiger gegenüberstehen, dann liefern sie einen wichtigen Erklärungsansatz für die Verantwortungslosigkeit und den Empathiemangel vieler Männer, die sich besonders kraß in sexuellem Mißbrauch an Kindern niederschlagen.

Die Medien haben Anteil an den genannten innerpsychischen und interpersonalen Defiziten. Als Vermittler der Illusion von Kontakt und Kommunikation verhindern sie wirkliche Kommunikation und Kommunion. Sie verwischen und verdecken die Sprach- und Verständnislosigkeit und den Mangel an echten zwischenmenschlichen Beziehungen in unserer Gesellschaft. Daß sie auch die Entfernung des Menschen von seinem kreativen Potential, seinem Körper und seinen Gefühlen fördern, wird zu einem zusätzlichen Hindernis im zwischenmenschlichen Raum; denn nur wer in Kontakt mit seinen inneren Kräften, seinem Körper und seinen Gefühlen ist, wird fähig sein, Mitgefühl zu entwickeln.

3. Motive

Eine der großen frühen Konzeptionen Freuds besagt, menschliches Verhalten sei stets motiviert (vgl. Gaylin 1987, S. 52). Maslow (1981, S. 84) gibt zu bedenken, daß es über die Motivation hinaus noch andere Verhaltensdeterminanten gibt, etwa die Determination durch „das sogenannte Außenfeld". Das „Außenfeld" könne „Anregungsmilieu" für bestimmte Handlungen sein (vgl. auch Böhnisch und Winter 1993, S. 204).

Der Aspekt der Motivation bei menschlichem Verhalten muß durch eine weitere Entdeckung Freuds ergänzt werden, die Unterscheidung zwischen scheinbaren und wirklichen Motiven (vgl. Gaylin 1987, S. 86). Einer offensichtlichen Motivation kann eine verdeckte, zumeist unbewußte Motivation unterliegen. Freuds Annahme, alles menschliche Verhalten enthalte verborgene sexuelle Aspekte, ja, jegliches Verhalten sei wesentlich sexuell, ist als Irrtum zu bezeichnen (vgl. Gaylin, ebd.).

Die Humanistische Psychologie hat sich mit der Bedeutung der Motivation und des oberflächlichen Scheins weiter auseinandergesetzt. Fromm (1983, S. 94), Maslow (1981, S. 49) und andere zielen darauf, die unbewußten Motive von Handlungen und Haltungen zu erhellen. Im Sinne langfristiger Prävention von sexuellem Kindesmißbrauch erscheint es mir unverzichtbar, Licht auf die im Dunkeln liegenden Motive von Tätern zu werfen.

Fromm (1983, S. 96) zufolge scheuen sich die meisten Menschen, nach wirklichen Motiven unterhalb empfundener Bedürfnisse zu forschen. Das könnte ihr Selbstbild infrage stellen. Statt dessen werden Wünschen und Handlungen Motive unterschoben, die den wahren Motiven erlauben, verdeckt zu bleiben.

Wünschen oder Handlungen können eine Vielzahl von Motivationen zugrunde liegen. Das gilt auch für den sexuellen Mißbrauch an Kindern. Die Motivationen stammen aus den Bereichen Gewalt und entfremdete Sexualität, die einander durchdringen.

Entfremdete Sexualität ist nicht mit „männlicher Hypersexualität" zu erklären. Sie ist vielmehr als Ausdruck nicht sexueller Strebungen zu erkennen, die in der Regel unbewußt sind. Fromm verdeutlicht, daß

> „die Intensität dessen, was subjektiv als Sexualwunsch erlebt wird (einschließlich seiner entsprechenden physiologischen Manifestationen), oft auf nichtsexuelle Leidenschaften

zurückzuführen ist, wie z. B. Narzißmus, Sadismus, Masochismus, Machtstreben und sogar auf Angst, Einsamkeit und Langeweile" (Fromm 1977, S. 94; vgl. 319).

Sexueller Mißbrauch an Kindern als eine Form gewalttätiger, entfremdeter Sexualität kann über die von Fromm genannten Gründe hinaus von einem gestörten Verhältnis gegenüber Frauen und Kindern und von ausgeprägtem Kontroll- und Besitzdenken bestimmt werden. Übergreifendes Motiv ist der Wunsch nach Herstellung des inneren und/oder interpersonalen Gleichgewichts (Homöostase).

Den „Leidenschaften" bzw. Wünschen und Befindlichkeiten, die zu den wichtigen (unbewußten) Motiven entfremdeter Sexualität gehören, liegen in der Tiefe verdrängte Bedürfnisse und Gefühle zugrunde. Das gilt auch für sexuellen Mißbrauch an Kindern. Unbewußte, da verdrängte Bedürfnisse und Gefühle führen zu einer bestimmten Charakterstruktur und zu Suchbewegungen. Weil die authentischen Bedürfnisse unbekannt sind, richten sich die Suchbewegungen auf Ersatzbefriedigungen und heften sich an sie. Nicht selten führt die Suche in eine Sucht.

Bevorzugte Ersatzbefriedigungen für unbewußte authentische Bedürfnisse sind Sexualität und Macht.

Ersatzbedürfnisse sind gemeint, wenn Bange (1992, S. 57) sagt: „Der Täter nutzt seine Macht und Autoritätsposition aus, um seine eigenen Bedürfnisse auf Kosten des Kindes zu befriedigen". Für die Genese sexueller Gewalt ist grundlegend, daß sowohl Machtstreben als auch entfremdete Sexualität von Ersatzbedürfnissen bestimmt werden. In sexueller Gewalt bündeln sich diese Motive.

3.1. Gestörtes Verhältnis gegenüber Frauen

Bei sexuellem Mißbrauch an Kindern, insbesondere an Mädchen, können Motive einfließen, die aus dem gestörten Bezug zu Frauen stammen.

Petri (1992, S. 148; vgl. M. Hirsch 1987, S. 13) betont die gesellschaftliche Dimension dieser Motive und stellt fest, daß

> „das ganze Arsenal destruktiver Grundeinstellungen von Männern gegenüber Frauen ... sich tief verinnerlichten patriarchalen Denk und Gefühlsstrukturen verdankt. Hinter der äußerlich als Sexualität in Erscheinung tretenden Gewalt dürfte sich häufig das wesentlichere Element der destruktiven Haltung verbergen, der Haß gegen Frauen. So mischen sich Sexualität und Gewalt zu einem tragischen Komplex aus Ablehnung, Erniedrigung und Verachtung, der in letzter Konsequenz auch die Opferung des kleinen Mädchens oder der jungen Frau auf dem Altar männlicher Herrschaftsansprüche einschließt. Dabei werden Mädchen und Töchter nicht nur zu Opfern, weil sie besonders wehrlos gegen das Unrecht sind, sondern weil in ihnen der Ursprung des Frauseins getroffen und vernichtet werden soll".

Eng mit dem Motiv des Frauenhasses, das sich auf Mädchen übertragen kann, ist das Motiv der Rache verknüpft. Sexuelle Gewalt gegen Mädchen kann der Ausdruck des Wunsches sein, sich ganz allgemein am weiblichen Geschlecht zu rächen (vgl. Wyre und Swift 1991, S. 71; M. Hirsch 1987, S. 75).

Den Ursprung dieses Wunsches siedelt Lowen (1980, S. 275) in der frühen Mutter-Kind-Beziehung an. Der Prototyp der Frau sei die Mutter, und der verdrängte Mangel an Befriedigung der frühkindlichen Wünsche, vor allem dem nach Körpernähe, bedinge die männlichen Reaktionen auf Frauen.

> „In dem Wunsch, die Frau zu durchbohren oder sie zu vergewaltigen, vereinigen sich der sadistische Impuls, das Liebesobjekt als Stellvertreterin der Mutter zu verletzen, und der Wunsch, so nah wie möglich an sie heranzukommen" (ebd., S. 277 f).

Mangelnde Befriedigung basaler Bedürfnisse darf nicht ausschließlich dem individuellen Versagen von Müttern zugeschrieben werden. Zum einen ist, speziell seit dem Aufkommen des Bürgertums und des „Muttermythos'", die Mutterrolle stark überfrachtet. An Mütter werden große Anforderungen gestellt. Gleichzeitig sind sie im Laufe der zivilisatorischen Prozesse zunehmend isoliert und mit ihrer Verantwortung für das Kind oder die Kinder alleingelassen worden. Außerdem ist es im Patriarchat üblich, daß sich der kleine Junge im Sinne von Männlichkeitsnormen vorzeitig von der Mutter entfernt.

Dieses Bedingungsgefüge wird ergänzt durch das Schädigungsverhalten vieler Männer, die sich nicht nur der Erfüllung wesentlicher basaler Grundbedürfnisse des Kindes entziehen, sondern sie sogar torpedieren. Das geschieht bei sexuellen Übergriffen in besonderem Maße. Erzwungene, dem Kind nicht gemäße und überwältigende Körpernähe eines Erwachsenen mißachtet und verletzt die kindlichen Grundbedürfnisse nach Sicherheit, Geborgenheit und Schutz vor überflutenden Reizen.

Für Rachsucht ist außerdem der Vorgang der Abspaltung grundlegend. Abgespaltene Traumen und Gefühle stehen mit jeglicher Form zerstörerischer Aggression in Zusammenhang. Gruen (1986, S. 59 f) erklärt:

> „... Gefühllosigkeit bedeutet immer gesteigerte Wut und Aggression. In dem Ausmaß, in welchem das eigene Selbst verlorengeht, die eigenen Mitgefühle und die Verantwortung für sie verschwinden, wird ein Mensch rachsüchtig ... Die Aggression ist eine Reaktion auf die Verminderung der eigenen Autonomie ...".

Defizitäre Autonomie und eingeschränkte Lebendigkeit sind eine Ursache der „Rachsucht gegenüber dem Lebendigen" (ebd., S. 147). „Unsere eigene Lebendigkeit und die des anderen machen uns Angst. Bricht diese Lebendigkeit doch einmal durch, so steigt Wut auf ... Es ist die Lebendigkeit selbst, gegen die wir uns stellen" (ebd., S. 39).

Dieser wichtige Gedankengang wirft Licht auf das vielfältige Schädigungsverhalten gegen die Natur sowie gegen Frauen und Kinder. Die Natur, die lebensspendende Kraft von Frauen und die kindliche Vitalität offenbaren die Prinzipien des Lebendigen in besonderem Maße. Wenn Lebendigkeit Angst und Wut erzeugen kann, dann sind Kinder, als Symbol des Lebendigen, in Gegenwart von innerlich erstarrten und sich selbst entfremdeten Menschen gefährdet. Stark entfremdete Menschen starten in dieser

Situation möglicherweise zerstörerische Übergriffe, die den (unbewußten) Wunsch ausdrücken, den Kern des Lebendigen im Kind und in sich selbst zu zerstören.

Männliche Rachegelüste und sexuelle Aggressionen gegen Frauen oder Mädchen dürfen aus einem weiteren Grund nicht allein auf individuelles mütterliches Versagen oder eine unbewältigte Haß-Liebe zur Mutter zurückgeführt werden. Wie bereits ausgeführt, richten sich unbewußte Bewältigungsversuche von Traumen in der Regel auf Personen, die schwächer sind als man selbst ist. Wut, Haß und Rachegelüste zielen dann nicht auf den Schädiger, sondern im Wiederholungs- und Verlagerungsmechanismus auf eine Person, die nunmehr ohnmächtig und hilflos ist, und das sind in unserer Kultur vor allem Frauen und Kinder. Dieser Mechanismus wird vor allem in konfliktgeladenen Situationen oder dann in Kraft treten, wenn emotionaler Mangel zu einem Problem wird (vgl. Swigart 1993, S. 230).

In zahlreichen Fällen verknüpft sich der Wiederholungs- und Verlagerungsmechanismus mit dem psychischen Abwehrmechanismus, der auf die Identifikation mit dem Aggressor zurückgeht. Das hilflose, traumatisierte Kind identifiziert sich mit dem Starken, der seine Qual verursacht. Das führt nicht nur zur Entfremdung vom eigenen Selbst, sondern kann auch, früher oder später, in die Imitation münden (vgl. A. Freud 1985, S. 86 ff). Die Imitation ist der Austausch, der den Schwachen, Bedrohten oder Angegriffenen in die Rolle des Starken, Bedrohers oder Angreifers verwandelt (ebd., S. 88).

Beim Vater-Kind-Inzest können außerdem – ähnlich wie bei der Vergewaltigung von Frauen (vgl. Scully 1990, S. 139) – Rachegelüste gegenüber der Ehefrau mit einfließen (vgl. Larson 1986, S. 108). Darauf deutet das häufig zitierte Argument inzestuöser Väter hin, ihre Ehefrau sei sexuell nicht ansprechbar genug. Daß manche Eltern sich mittels des Kindes aneinander rächen wollen, zeigt die therapeutische Praxis und folgendes Beispiel: „Mein Ex-Mann und ich benutzten Joel als Kampfplatz, um uns aneinander zu rächen. Das machte den Jungen kaputt" (s. Swigart 1993, S. 279).

Das Kind als Objekt der Rache zu benutzen, zielt in bestimmten Fällen auf die Verletzung eines Besitztums. Insbesondere in den ersten Lebensjahren ist der kindliche Bezug zur Mutter dominierend, und dem Vater mag das Kind als Besitz der Mutter erscheinen. Um sich etwa aus Eifersucht an der Ehefrau zu rächen, wird das Kind zerstört, das als Besitz der Ehefrau oder als ihr „Teil-Ich" gilt.

In Rache sieht Fromm (1977, S. 308) „einen magischen Akt ... Man kann in der Rache eine magische Wiedergutmachung sehen". Fromm bezieht sich hier nicht nur auf die Bewältigungsstrategie der Wiederholung, sondern auch auf archaische Motive, die bei sexuellem Mißbrauch eine prägende Rolle spielen.

Weitere wichtige Motive sind der Neid und Kompensationsstrebungen.

In unserer Normfamilie, mit ihrem autistisch nach innen gelenkten Gemeinschaftsgefühl, ist nicht nur Neid der Familie auf andere Einheiten und deren Besitz oder Erfolg üblich. Üblich sind auch Neid und Eifersucht der Familienmitglieder aufeinander. Neid ist, so Adler (1966, S. 196), an das „Streben nach Macht und Überlegenheit" gekoppelt. Dahinter offenbart sich Mangel an Empathie und der Wunsch, den anderen zu reduzieren (ebd., S. 198). Es offenbart sich ferner, daß das eigene Menschsein reduziert ist.

Der Wunsch, den anderen zu reduzieren, kann sich auf ein Kind beziehen, auf seine Lebendigkeit, seine Reinheit und seine Entwicklungsdynamik. Außerdem fühlen sich insbesondere narzißtische Männer durch die aktuelle Mutter-Kind-Verbindung leicht ausgeschlossen und gefährdet. Leben darüber hinaus eigene verdrängte Kindheitsgefühle wieder auf – etwa das Gefühl von Vernachlässigung durch die Geburt eines Geschwisterkindes –, dann entstehen möglicherweise Neid, Wut und Racheimpulse, die unter bestimmten inneren und äußeren Bedingungen in seelischer, körperlicher oder sexueller Gewalt ausgelebt werden.

Ein weiterer Sektor für Neid sowie für Haß und Angstgefühle ist die weibliche sexuelle Potenz und die „konstitutionell bedingte sexuelle Schwäche der Männer gegenüber den Frauen" (Gottschalch, W., Soziologie des Selbst, Heidelberg 1991, zit. nach Böhnisch und Winter 1993, S. 28). Sexueller Kindesmißbrauch ist zu einem gewissen Teil an diesen Gefühlskomplex gebunden (vgl. Böhnisch und Winter ebd., S. 205 f).

Neidgefühle können sich auch auf die weibliche Naturfähigkeit des Gebärens und Stillens beziehen. Dem steht der vielzitierte „Penisneid" des kleinen Mädchens gegenüber. Badinter (1993, S. 166 ff) erinnert daran, daß die Theorie vom Penisneid des Mädchens und der Mythos von der „Überlegenheit und Einzigartigkeit des männlichen Gliedes" (ebd., S. 168) von Freud stammen und daß Lacan die Überschätzung des Penis' weitergeführt hat. Lacan habe dem Penis als Phallus Symbolcharakter verliehen und ihm „magische Eigenschaften" und einen transzendentalen Sinn zugeschrieben (ebd., S. 168)[3].

Im Akt sexueller Gewalt wird der Penis als Phallus zu einem Machtsymbol (vgl. Petri 1992, S. 142) oder zu einem Instrument, um Haß, Wut und Racheverlangen auszudrücken. Daß der Penis zu einem Machtsymbol wird, zählt Giddens (1993, S. 131) zu den „typischen Formen männlicher sexueller Zwanghaftigkeit" in unserer Zeit. Das Bestreben, die phallische Macht aufrechtzuerhalten, konzentriere sich „auf die genitale Sexualität als seine primäre Ausdrucksquelle" (Giddens ebd.). Hinter der rastlosen, zwanghaften und manchmal wütenden und gewalttätigen sexuellen Suche des Mannes steckten Defizite (Giddens ebd.; vgl. auch S. 11). Vielen Männern fehle der Kontakt zu ihren Gefühlen und dem Bewußtsein ihrer selbst (ebd., S. 164).

Die Instrumentalisierung des Penis' als Phallus kann darüber hinaus auf Gebär- und Stillneid zurückgehen. Sie sind aus der psychotherapeutischen Arbeit wie aus der Völkerkunde und dem Studium der frühen Kulturen belegt (vgl. M. Mead 1958, S. 21; Petri 1992, S. 149 f). Badinter (1987, S. 136) zufolge ist er bereits beim kleinen Jungen zu beobachten.

Das Beispiel eines Südseevolkes deutet eine Relativierung und damit die Möglichkeit einer neuen Psychologie der Geschlechter an. M. Mead (1958, S. 199) geht auf den „Trieb ... zur Bestätigung des Männlichen durch Leistung" ein, der eine Kompensation zur nährenden Funktion der Frau darstellt. Am Beispiel der Arapesh zeigt sie, daß dieser „Trieb" leicht zu dämpfen ist. Zum einen unterscheiden bei den Arapesh „die Eltern nicht streng zwischen dem Geschlecht ihrer Kinder", und zum anderen übernehmen auch die Männer beim kleinen Kind eine sorgende nährende Funktion (M. Mead ebd.).

Ein spezifisch männliches Problem wird durch die Vaterschaft aufgeworfen: In der Menschheitsgeschichte war sie nie ganz zu beweisen. Dem Mann fehlt, anders als der Frau, das eindeutige Indiz der Elternschaft (vgl. M. Mead 1958, S. 239). Böhnisch und Winter (1993, S. 58 f, 145) meinen:

Angesichts des >Naturrechts< der gebärenden und stillenden Frau verlieren „die symbolischen Schutz- und Projektionsmechanismen >überlegener< Männlichkeit ... ihre Macht. Die Vaterschaft kann also tief am männlichen Dilemma der Autonomie rühren". In Ritualisierungen werde versucht, diesen Neid zu kompensieren (vgl. hierzu auch Gruen 1986, S. 87 ff; Badinter 1987, S. 217).

Das bestätigt sich an Bettelheims Versuch, Pubertätsriten neu zu interpretieren. Schmidbauer-Schleibner (1979, S. 153 faßt zusammen: „Bettelheim ... stellt bei der Neuinterpretation von Pubertätsriten eindeutig einen Neid des Mannes auf die weiblichen Sexualfunktionen fest" (vgl. Bettelheim, Die symbolischen Wunden, Pubertätsriten und der Neid des Mannes, München 1975). Im Gebärneid und seiner Abwehr sieht M. Mitscherlich (1985, S. 138) eine Ursache für die Entwertung von Frauen.

Ein Beispiel für die Koppelung von Gebärneid und Abwertung der Frau ist der Schöpfungsmythos der christlichen Kirche. Gen. 2 zufolge entsteht Eva aus dem Körper eines Mannes. „Geburtshelfer" ist ebenfalls ein Mann. Dieser Mythos, der das schöpferische Prinzip bzw. die Gebärfähigkeit im Mann ansiedelt, ist für die christliche Kirche und das Geschlechterverhältnis in unserer Kultur wegweisend geworden. Er schreibt die Unterordnung der „schwachen" Frau unter den „überlegenen" Mann fest und liefert bis heute die Argumentationsbasis, um die „Minderwertigkeit" der Frau zu beweisen.

In neuerer Zeit werden vermehrt Gefühle des Mangels und der Minderwertigkeit bei Männern thematisiert (vgl. Böhnisch und Winter 1993, S. 163 f). Ein belletristisches Beispiel ist der Roman „Perrudja" (Jahnn 1974/1929, S. 460):

„Der Mann wird ängstlich an den unerfüllbaren Wünschen, zu sein wie seine Genossin. Und hinfällig an dem erlaubten Genuß, der ihm Nachdenken erspart. Er wird vor Müdigkeit ein Beleidiger des Weibes ... Während der rätselvolle Organismus der Frau heimlich in neun Monaten ein Unvorstellbares vollbringt, bewegt sich der Mann durch die Tage wie ein Pendel. Wiederholt sich. Und begreift sich nicht. Es sei denn als nutzlos. Die Natur scherzt mit uns".

Petri (1992, S. 50) versucht, den Kronos-Mythos als Ausdruck des Gebärneides zu interpretieren. Er bringt ihn mit der Entwicklungsgeschichte des patriarchalischen Systems, dessen Abwertung der Frau sowie den entsprechenden Mißbrauchsformen in Verbindung:

„Indem er seine Kinder verschlingt, macht er ihre Geburt ungeschehen und entwertet die Frau in all ihren lebensspendenden Begabungen. Die Annahme wird diskutiert, ob hierin vielleicht der psychologisch tiefste Kern für die Entwicklung patriarchaler Systeme und die Formen ihres Mißbrauchs liegt" (Petri ebd.).

In den letzten Jahrhunderten hat sich unsere westliche Welt Gebärersatz ganz eigener Art geschaffen: die Maschine. Die Maschine wird häufig als das „Kind" des Mannes bezeichnet. Schmidbauer-Schleibner (1979, S. 154) deutet die gesamte Technologie als einen Gebärersatz, der sich besonders in der Maschinenwelt der Technik, im Computerwesen und in den Reagenzgläsern der biotechnischen Forschungslabors niederschlägt.

Neben dem Gebärneid steht der Stillneid. Sexuelle Gewalt gegenüber Säuglingen und Kleinkindern wird häufig oral vollzogen (vgl. die Beispiele, die Jäckel (1988) und Enders (1990) aufführen). Das kann, neben anderem, mit dem Vorgang des Stillens und seiner nährenden Funktion zu tun haben.

Badinter (1991, S. 215) zitiert Berichte von Männern, aus denen hervorgeht, daß der Stillvorgang zum einen als etwas Kannibalisches, zum anderen als „große Offenbarung", als mystischer Vorgang des gegenseitigen Nährens, empfunden wird. Neidgefühle gegenüber diesem Vorgang könnten bei bestimmten Männern den Wunsch auslösen, nicht nur das Kind zu „verzehren", um Leben zu bekommen, sondern ihm auch Nahrung zu geben. Diese Nahrung wäre das Sperma, durch das der Mann an der „Offenbarung", an dem Mysterium teilzuhaben meint.

Diese Annahme wird erhärtet durch Initiationsriten bei einzelnen patriarchalisch strukturierten Naturvölkern, auf die Badinter eingeht. Bei einem dieser Völker, den Sambia, wird eine „Assoziation zwischen der Erfahrung der Brust der Mutter und der des Penis des Initiators" hergestellt (Badinter 1993, S. 105), in einem anderen, den Baruya, wird dem Samen des Mannes große Heil- und Wirkkraft zugesprochen (Badinter 1987, S. 101 f). Im letzten Fall wird angenommen, der Mann ernähre beim Geschlechtsverkehr mit einer Schwangeren durch sein Sperma das Kind mit. Dieser Ritus ist mit der Vorstellung verknüpft, daß Frauen zwar Mädchen hervorbringen können, aber nicht fähig seien, Jungen zu erzeugen.

Insgesamt zielen die erwähnten Praktiken darauf ab, die regenerativen Fähigkeiten von Frauen zu schmälern, und sie offenbaren eine Besessenheit der Männer, „die schöpferische Macht der Frauen auszuschalten, um die der Männer um so besser zu begründen" (ebd., S. 103). Vor den Frauen dieser Gesellschaft wird strengstens verheimlicht, daß die Jungen, die initiiert werden, „mit dem Sperma von älteren ernährt werden und daß diese Nahrungsaufnahme viele Jahre lang wiederholt wird, damit sie größer und stärker werden als die Frauen, ihnen überlegen, imstande sie zu beherrschen, sie zu leiten" (Godelier, La Production des grands hommes, S. 91 f. zit. nach Badinter 1987, S. 102; vgl. Badinter 1993, S. 104 f).

3.2. „Männliche Hypersexualität" – Determination oder Freiheit der Wahl?

Bei den Rechtfertigungsversuchen sexuell mißbrauchender Männer geht es häufig um ihren angeblich „unkontrollierbaren Sexualtrieb" sowie um sexuelle Deprivation durch die Ehefrau (vgl. vor allem die vielen Beispiele in Jäckel 1988).

Sexuelle Gewalt ist jedoch – wie jede sexuelle Betätigung – durch den Faktor Sexualität allein nicht zu erfassen. Da es beim Sex häufig nicht um die Befriedigung sexueller, sondern tiefer liegender Bedürfnisse geht, die nicht erkannt werden (vgl. Berne 1982, S. 165; Fromm 1977, S. 94, 319), ist das sogenannte „Triebstaumodell" weder tauglich, sexuelle Gewalt noch eine Sexsucht zu erhellen (vgl. Rijnaarts 1991, S. 180; Wyre und Swift 1991, S. 30).

Das „Triebstaumodell" geht auf Freud zurück; es beinhaltet ein hydraulisches Modell der Sexualität und schließt den Eros aus. Fromm (1995, S. 50) sagt:

„Freuds Auffassung von Sexualität schloß den Eros nicht mit ein; er betrachtete den Sexualtrieb beim Mann als von innerchemischen Prozessen hervorgebracht, während er die Frau als das geeignete Objekt für diesen Trieb ansah".

Gaylin (1987, S. 53) faßt den Freudschen Libidobegriff wie folgt zusammen:

„Die Anstauung sexueller Energie (die nahezu in einer flüssigen Form gesehen wurde) erzeugte Druck und Spannung und verlangte nach einer Freisetzung. Die Lust lag in der Freisetzung und Lösung dieser Spannung. Der Trieb zu (sexueller) Befriedigung wurde als Lustprinzip etikettiert und in der psychoanalytischen Theorie sehr lange Zeit als einzige motivierende Kraft gesehen, aus der sich alles menschliche Verhalten herleitete (noch heute wird er von vielen Psychoanalytikern so aufgefaßt.)".

Freuds Libidobegriff, und damit das Triebstaumodell, gehe von einem falschen Energiemodell aus. Im Libidobegriff werde

"Lust nur in Begriffen der Befreiung von Leiden aufgefaßt ... wie sie durch die Abfuhr des Sexualtriebes erlebt wird. Der Libidotheorie zufolge ist Lust das, was man durch Libidoabfuhr erfährt, und Schmerz ist die Frustration der Libido" (ebd., S. 83).

Gaylin (ebd.) meint, diese Gedankenkonstruktion lasse sich eher auf den Mechanismus der Blasenfunktion und des Wasserlassens anwenden als auf das komplexe Gebiet menschlicher Motivation und Lust.

Auch von Fromm (1977, S. 30 f) werden die Ungereimtheiten des Triebstaumodells herausgestellt. Er wendet sich entschieden gegen das hydraulische Schema bei Freud und Lorenz[4].

Lorenz (1973, S. 14) geht davon aus, daß der Mensch „eine ungeheuer große Zahl unabhängiger Quellen des Antriebes [besitzt], von denen sich sehr viele auf phylogenetisch entstandene Verhaltens-Programme, auf >Instinkte<, zurückführen lassen". Wie das Tier sei der Mensch in seinem Verhalten durch „stammesgeschichtlich entstandene Strukturen des Zentralnervensystems" bestimmt (ebd. S. 101 f, vgl. auch S. 59, 109).

Entsprechend seiner Auffassung vom zerstörerisch Animalischen im Menschen ist für Lorenz (in Chatwin 1991, S. 154) nicht nur das Kampfverhalten der Tiere, sondern auch das der Menschen nicht reaktiv, sondern triebbedingt. Es steigere sich ebenso „wie der Hungertrieb oder der Sexualtrieb" und müsse „entweder an einem >natürlichen< Objekt oder ... an einem Sündenbock abreagiert werden" (Lorenz ebd.).

Fromm (1977, S. 13, 35, 45) sieht in Lorenz' Annahme, die Ursache von Kriegen liege in Tötungslust und einem Tötungstrieb des Menschen, einen Fehlschluß. Lorenz habe nicht klar zwischen der biologisch notwendigen Aggression einerseits und der irrationalen, lebensfeindlichen und spezifisch menschlichen bösartigen Aggression andererseits unterschieden. Lorenz wiederhole „das alte Klischee Hobbes' vom Krieg als dem natürlichen Zustand des Menschen ...". Stimme diese Auffassung, dann sei Krieg nicht ausrottbar (ebd., S. 35).

Destruktive Sexualität wäre dieser unhaltbaren Überzeugung nach ebenfalls nicht ausrottbar, weil als Aggressions- und Sexualtrieb instinktmäßig im Menschen vorgegeben.

Fromm (ebd., S. 121) ist überzeugt, „daß die instinktivistisch-hydraulische Interpretation von Konrad Lorenz nicht recht zum Modell des Funktionsmechanismus des Gehirns paßt ...". Zudem sieht er bei Lorenz und anderen Instinktforschern einen großen Irrtum darin,

„daß sie die beiden Arten von Trieben, die im Instinkt verwurzelten und die im Charakter verwurzelten, durcheinander brachten. Ein sadistischer Mensch, der gleichsam auf eine Gelegenheit wartet, seinem Sadismus Ausdruck verleihen zu können, erweckt den Eindruck, als ob auf ihn das hydraulische Modell des aufgestauten Instinktes paßte. Aber nur Menschen mit sadistischem Charakter warten auf die Gelegenheit, sich sadistisch betätigen zu können, genau so wie Menschen mit liebevollem Charakter auf die Gelegenheit warten, ihrer Liebe Ausdruck zu verleihen" (ebd., S. 95).

Die Schwächen des Triebstaumodells werden in neuerer Zeit von Böhnisch und Winter (1993, S. 190) herausgestellt. Statt mit mechanistischen Vorstellungen verknüpfen sie „Triebe" mit kulturellen Überformungen der Sexualität sowie mit der männlichen Sozialisation in unserer Gesellschaft. Zu den Auswirkungen der männlichen Sozialisation gehören u.a. latente Hilflosigkeit, Geschlechtsunsicherheit, Frauenabwertung und, daß die Sexualität des Mannes nicht emotional integriert ist. Statt dessen wird sie externalisiert in männlicher Dominanzsymbolik. Unter diesem Blickwinkel läßt sich ein „Triebdurchbruch" als das erfassen, was er wirklich ist, nämlich ein Mechanismus zur „Wiederherstellung des männlichen Gleichgewichts" (Böhnisch und Winter ebd.).

Einem weiteren Erklärungsansatz zufolge gehen sexuelle Übergriffe auf mangelnde Impulskontrolle zurück (vgl. Rijnaarts ebd., S. 234). Impulsivität – als eine unüberlegte, von Affekten gesteuerte Vorgehensweise – ist in der Sexualitat häufig ein bestimmendes Element. Ihren sexuellen Impulsen ausgeliefert fühlen können sich aber nur Menschen, die ihren Gefühlen und authentischen Bedürfnissen entfremdet sind. Sie werden von Spannungen bestimmt, die aus den Verleugnungen und Verdrängungen der Kinderzeit stammen. Diese Spannungen bestimmen ihre Affektivität und lassen auftretende Impulse als unausweichlich erscheinen. Janov (1992, S. 249) behauptet: „Der impulsive Mensch handelt nicht nach Gefühlen; er handelt nach verleugneten Gefühlen".

Impulsivität wird häufig mit Spontaneität verwechselt. Von dieser unterscheidet sie sich jedoch durch den mangelnden Kontakt zu den eigenen Gefühlen. Außerdem bleiben die Gefühle, die Integrität, die Rechte und die Bedürfnisse der anderen Person oft unberücksichtigt, und es fehlt das Moment der Verantwortung. Impulsivität als einen möglichen Bedingungsfaktor in die Überlegungen einzubeziehen, negiert nicht die Tatsache, daß der Großteil sexueller Übergriffe rational geplant und strategisch vorbereitet wird.

Im folgenden Beispiel spielt sowohl das Argument der Triebstärke als auch der Unausweichlichkeit des Impulses, sexuelle Handlungen einzuleiten, eine Rolle. Über einen Täter wird berichtet:

> „Wenn er sie bei sich hat und sie schmiegt sich an ihn und ihr Körper ist so weich und irgendwie neu, dann, sagte er, überkommt es ihn einfach. Der Trieb ist dann so stark, daß er nicht dagegen ankämpfen kann" (Jäckel 1988, S. 77).

Jäckel (ebd., S. 149) meint jedoch, jeder Mann sei grundsätzlich fähig, „sexuell Verzicht zu leisten, selbst wenn er den exotischsten Reizen ausgesetzt ist". Das entspricht einer Erklärung Fromms (1980/1930, S. 19), der zufolge Menschen ihren Sexualtrieben nicht in der Form ausgeliefert sind wie etwa dem Hunger.

Das Argument des Ausgeliefertseins berührt die Frage nach der Freiheit des Menschen.

Wäre der Mensch – im Sinne der Instinktivisten – das triebgesteuerte Wesen (Lorenz) oder – im Sinne der Behavioristen – das unbeschriebene Blatt, das beliebig beschrieben werden kann, dann wäre er determiniert. Dagegen setzt die „relative Freiheit eines handelnden Ich", wie Neumann (1990, S. 172) sagt, „die Loslösung von der Dirigiertheit durch das Unbewußte und die Instinkte ebenso voraus wie die Befreiung von der Übermacht der Umwelt".

Gänzliche Determination würde bedeuten, daß die Möglichkeit der Selbstbestimmung und -formung fehlt. Unter solchen Voraussetzungen erübrigte sich die uralte Frage nach der Freiheit und der Verantwortlichkeit des Menschen, auch hinsichtlich sexueller Delikte. Und die großen Lehrmeister dieser Welt hätten alle unrecht, wenn sie die Möglichkeit der Eigenbestimmung, der Wandlung und Erlösung annehmen.

In dieser Arbeit wird davon ausgegangen, daß jemand, der sich sexuellen Impulsen gänzlich ausgeliefert fühlt, stark entfremdet ist. Ihm fehlen Autonomie und eine leitende Instanz in seiner Psyche, so daß er zum Spielball ich-fremder Kräfte werden kann.

Fromm (1979) greift die Frage nach der menschlichen Freiheit auf, indem er sich in die Denktradition von Spinoza, Marx und Freud stellt, die zugleich Deterministen und Indeterministen waren. Ihrer Ansicht nach bestimmen unbewußte Motive und frühe Ursachen das Handeln des Menschen. Es sei jedoch möglich, sich „aus der Gewalt dieser Ursachen durch Erkenntnis und ernstes Bemühen" zu befreien (ebd., S. 154 vgl. S. 130 ff).

In der menschlichen Fähigkeit, „sich die Kräfte bewußt zu machen, die ihn sozusagen hinter seinem Rücken antreiben" (ebd., S. 131), liege die Chance, aus dem Räderwerk der Kausalität auszubrechen und die Freiheit zurückzugewinnen. Für Freud war es das Unbewußte, das bewußt gemacht werden sollte, für Marx waren es die sozioökonomischen Bedingungen und Kräfte. Beider Ansicht nach ist es nötig, die Bewußtmachung durch einen aktiven Willen und durch Kampfbereitschaft zu ergänzen (ebd., S.132).

Der Wunsch, das Unbewußte bewußt zu machen, muß mit dem Willen zum Handeln einhergehen und, so Fromm (ebd., S. 139), „mit der Bereitschaft, den Schmerz der Entbehrung auf sich zu nehmen, der nicht ausbleibt, wenn man seinen Leidenschaften zuwiderhandelt".

In einer konkreten Situation bedeute „Freiheit der Wahl", daß durch bewußte Erkenntnis zwischen verschiedenen Alternativen gewählt werden kann. Entscheidend sei, ob die Wahl von der Vernunft, also frei bestimmt, oder „von irrationalen Leidenschaften diktiert wird" (ebd., S. 136). Durch blindes und regressives Handeln werde der

Mensch Sklave seiner Leidenschaften, schwäche sich selbst und könne einen anderen schwer schädigen (ebd. S. 136 f).

Die meisten Menschen scheitern, meint Fromm (ebd., S. 145),

> „weil sie nicht aufwachen und sehen, wann sie am Scheideweg stehen und sich entscheiden müssen. Sie merken nicht, wann das Leben ihnen eine Frage stellt und wann sie noch die Möglichkeit haben, sich so oder so zu entscheiden".

Es gebe Lebenslagen, in denen ein Mensch nicht mehr frei handeln könne, weil sein Herz im biblischen Sinn durch eine Kette falscher Entscheidungen, durch Wiederholungsmuster und -zwänge verhärtet sei und keinerlei Wandlung mehr durchmache. Menschen büßten ihre Willensfreiheit häufig durch Ängste und und starke Sicherheitsbedürfnisse ein (ebd., S. 133, 143, 158). Buddhistischer Überzeugung nach kann ein Mensch zu dem entscheidenden Punkt kommen, „an dem keine Umkehr mehr möglich ist, wenn er zu lange zögert, das Leben zu wählen" (ebd., S. 132)[5].

Ein ausgezeichnetes Beispiel für den Antagonismus von Autonomie und Freiheit einerseits und dem Streben nach Sicherheit, Bequemlichkeit und Verantwortungslosigkeit andererseits ist die Novelle vom „Großinquisitor" (Dostojewski). In der Welt, die der Großinquisitor repräsentiert, ist Freiheit dem Sicherheitsstreben geopfert worden. Im Gegensatz zu seinem Gesprächspartner – dem wiedererschienen Jesus Christus, der den Menschen zur Freiheit auffordert – will der Großinquisitor dem Menschen die Last der „freie[n] Wahl in der Erkenntnis zwischen Gut und Böse" abnehmen.

> „ ... wir werden sie überzeugen, daß sie erst dann frei sein werden, wenn sie sich von ihrer Freiheit unserethalben lossagen und sich uns unterwerfen ... Wir ... werden ihnen beweisen, daß sie kraftarm, daß sie nur armselige Kinder sind, daß aber das Kinderglück süßer als jedes andere ist. Sie werden bescheiden und schüchtern werden und werden zu uns aufblicken und sich in Angst an uns schmiegen wie die Küchlein an die Henne ... Sie werden mit Freuden unserer Entscheidung glauben, denn sie wird sie von der großen Sorge und den furchtbaren gegenwärtigen Qualen einer persönlichen und freien Entscheidung erlösen" (Dostojewski 1958, S. 1555 ff).

Das heißt, die Kirche, wie sie durch den Großinquisitor repräsentiert wird, fördert die regressiven Tendenzen des Menschen und verheißt ihm eine „Freiheit", die im Lossagen von Freiheit und Verantwortung und folglich im Infantilismus liegt.

Die Möglichkeit einer bestimmten Wahl ist an Faktoren der Gesamtsituation gebunden (vgl. Fromm 1979, S. 150). Bezogen auf sexuellen Mißbrauch an Kindern gehören zur Gesamtsituation Bedingungsvariablen wie etwa die Jahrtausende alte patriarchalische Tradition mit ihren Macht-/Ohnmachtsstrukturen sowie das bürgerliche Ideal, die Familie im „Heim" abzuschotten. Ferner gehören die verbreitete negative Einstellung gegenüber Kindern dazu oder die Auffassung, Kinder seien ein Besitz, über den man nach Gutdünken verfügen könne. Auch die Entwicklung der Medien in neuerer Zeit spielt eine große Rolle.

Situativ-gesellschaftliche Hintergrundsbedingungen tragen entscheidend dazu bei, daß unfreie, willensschwache und entfremdete Erwachsene im Geheimen den kindlichen Willen durch schädigende Übergriffe brechen können. Kindern wird der Weg zu Autonomie und Freiheit durch jene Personen verstellt, die selber nicht zu Autonomie und Freiheit gelangt sind. Die unbearbeiteten Verletzungen ihrer eigenen Kindheit geben diese Personen im Wiederholungs- und Verlagerungsmechanismus an Kinder weiter, für die sie verantwortlich sind.

Jonas (1984, S. 10) rückt die „Verantwortung ins Zentrum der Ethik". Er meint, ohne Freiheit könne nicht von Ethik gesprochen werden. Für ihn ist Verantwortung untrennbar mit dem menschlichen Sein verbunden, der Mensch sei daher generell der Verantwortung fähig (ebd., S. 185). Über die Verantwortung für das konkret Gegenwärtige hinaus geht es Jonas besonders um die erweiterte Zeit- und Raumdimension, das heißt, es geht ihm auch immer um die Zukunft und um die vielfältigen Verknüpfungen über den Nahraum des Geschehens in die „Größenordnung der Fernwirkungen" (ebd., S. 9).

Seine Überlegungen zu neuen „Dimensionen der Verantwortung" (ebd., S. 26 f) sind auf die Verletzlichkeit der Natur bezogen, damit auf den verletzlichsten Teil der menschlichen Natur, die Kinder (ebd., S. 85 f). Jonas' Ansicht nach ist der Mensch verantwortlich für das, worüber er Macht hat (ebd., S. 27). Da, wo „eine deutliche Unebenbürtigkeit der Macht oder Befugnis" vorliegt, wo etwas unter die Kontrolle, unter die Obhut eines Menschen kommt, entstehe die Verpflichtung zur Verantwortung (ebd., S. 176). Gegenstand der Verantwortung kann alles Lebendige „in seiner Bedürfigkeit und Bedrohtheit" sein (ebd., S. 185). Die elterliche Verantwortung falle in diesen Bereich, müsse allerdings auf alle Erwachsenen ausgedehnt werden; denn:

„Verantwortung im ursprünglichsten und massivsten Sinn folgt aus der Urheberschaft des Seins, an der über die aktuellen Erzeuger hinaus alle beteiligt sind". In letzter Konsequenz betrifft dies die jeweilige „Menschenfamilie als solche" (ebd., S. 241).

In der Fürsorge für den unselbständigen Nachwuchs sieht Jonas den „Archetyp alles verantwortlichen Handelns", ist sich aber darüber im klaren, daß das hier angesprochene Prinzip von Männern nicht immer eingehalten wird (ebd., S. 85).

Vor der Verantwortung zu fliehen, meint Gruen (1986, S. 39), sei letztlich Ausdruck der „Furcht, ein eigenes Selbst zu haben. Es ist nicht Furcht vor einer abstrakten Verantwortung, sondern es ist die Verantwortung, sich selbst zu verwirklichen, die uns bedroht". Demnach ist die Verantwortung für das eigene Selbst entscheidend. Sie schließt die Verantwortung für das Selbst der anderen ein.

May (1983, S. 20, 120) geht auf den Stellenwert der Autonomie in diesem Gefüge ein und faßt Autonomie, Freiheit und Verantwortung als einen sich gegenseitig bedingenden Komplex zusammen (ebd., S. 20, 120). Dies läßt die Schlußfolgerung zu, daß viele Menschen nicht frei und somit auch nicht verantwortungsvoll sind, weil ihnen wirkliche Autonomie fehlt. Ihre Unfreiheit liegt nicht in gänzlicher Determiniertheit, sondern in Autonomiemangel, das heißt in der Ferne vom eigenen Selbst, dem Kern ihrer Existenz.

Wenn die Willensfreiheit des Menschen diskutiert wird, dann ist auch der Aspekt des bewußten Verzichts und der Askese (griech. Übung) zu erörtern. Scheler (vgl. Gehlen 1961, S. 15) hat den Gedanken vertreten, der Mensch sei prinzipiell zur Askese fähig, denn er sei in der Lage, Distanz zu sich zu selbst zu nehmen. Somit könne er auch zu eigenen Strebungen nein sagen und sie hemmen. Erst das

> „mache ihn der Möglichkeit nach zu einem moralischen Wesen. Er ist ein >Nein-Sager< zum Leben in sich selbst, wenigstens der Möglichkeit nach, und fähig, sich prinzipiell asketisch zu verhalten, die Triebimpulse in sich unterdrückend oder doch regulierend. Erst durch diese Selbstversagung gewinne der Geist seine eigentliche Energie" (Scheler, zit. nach Gehlen, ebd.).

Gehlen (1961) ist von der „Instinktreduktion" des Menschen und „der Freisetzung, der Emanzipation des Schaltkreises Motorik-Gehirn" überzeugt (ebd., S. 114). Dadurch komme es zu einer „Auflösung erbfest angelegter ... Bewegungsfiguren" und der grundsätzlichen „Möglichkeit der Totalhemmung, des >Neinsagens< ..." (Gehlen ebd.). Die mögliche „Lockerung des Kontakts zwischen Antrieb und Motorik" wird als „Hiatus" bezeichnet (ebd., S. 116).

Zukav (1990, S. 91 ff) geht von ähnlichen Überlegungen aus. Er sieht in der Intention das Zwischenglied zwischen Wunsch und Tun. Intention als der Gebrauch des Willens sei allerdings bei Menschen, die nicht integriert, sondern zersplittert sind, gestört. Zukav verweist hier auf den entfremdeten Menschen, der sich inneren oder äußeren Einflüssen – im Sinne der Instinktivisten oder Behavioristen – weitgehend oder gänzlich ausgeliefert fühlt. Er hat sich selbst nicht und ist ein Spielball von ich-fremden Kräften.

Mit der Störung des Willens und des Verzichtenkönnens ist die Selbstverwirklichung des Menschen beeinträchtigt, wie Vasse herausstellt. Für Vasse (1973, S. 180) gehört das Verzichten zum „Bereich der Selbstverwirklichung des Menschen". Nicht nur die Entwicklung des verzichtenden Individuums, auch die des möglichen Objekts als eines Subjekts mit eigenen Rechten, eigenen Wünschen und Entwicklungschancen werde im Verzicht berücksichtigt. Das gilt für die Ich-Du-Begegnung in der Sexualität in besonderem Maße. Gerade im Bereich der Sexualität sei allerdings das Vermögen gering, „die Differenz des Wunsches eines andern wirklich anzuerkennen" (ebd., S. 181). Der andere wird statt dessen häufig zugunsten von egoistischen Phantasien und Ersatzbedürfnissen manipuliert, funktionalisiert und verdinglicht (vgl. A. Mitscherlich 1992, S. 95), wie es z. B. bei sexuellem Mißbrauch geschieht. A. Mitscherlich (ebd., S. 94 f) sieht im bewußten Verzicht einen Ausdruck von Liebe. Er ist der Ansicht, Entspannung und Befriedigung sei auch dann erlebbar, wenn im liebenden Anteilnehmen am anderen Verzicht geübt und der Trieb bemeistert wird, und vermutet: „Vielleicht ist das überhaupt das Kerngeschehen jeder tätigen Liebe" (ebd., S. 95). Verzicht und Bemeisterung fordern die Ich-Kräfte in besonderem Maße heraus. Wie wir gesehen haben, sind diese bei vielen Menschen jedoch nur schwach entwickelt. Zudem begegnet uns ständig die Suggestion, nicht der Verzicht, nein, der Konsum jeglicher Art – etwa das Kaufen, der Fernsehkonsum, sexueller Konsum ... – müsse das Ziel sein.

Wenn einer Gesellschaft Konsummaximierung als Ideal gilt, dann ist sie gleichzeitig daran interessiert, die Ich-Kräfte des Menschen und seinen freien Willen schwach zu halten. Die aus der frühen Kindheit stammende Ich-Schwäche wird also durch gesamtgesellschaftliche Strebungen weiter vorangetrieben.

3.3. Macht-, Kontroll- und Besitzstreben

Nach Wyre und Swift (1991) wird sexuelle Gewalt als „ein komplexer verstandesmäßiger, emotionaler und physischer Prozeß ..." (ebd., S. 14) weniger sexuell als durch Machtverlangen und Wut motiviert (ebd., S. 30). Dies bestätigen Scullys Studie (1990, S. 82) über verurteilte Vergewaltiger, therapeutische Erfahrungen mit Sexualstraftätern (vgl. Wyre und Swift 1991, S. 30) sowie die Tatsache, daß Kastration keine Lösung bringt. Nach einer Kastration dringen Vergewaltiger häufig mit Hilfsmitteln – wie etwa Stöcken – in die Opfer ein. Das ist ein Hinweis auf das Vorherrschen der Gewaltkomponente bei Vergewaltigungen (vgl. Scully 1990, S. 104).

Machtstrebungen spielen bei sexuellem Mißbrauch an Kindern eine noch dominierendere Rolle als bei der Vergewaltigung von Frauen. Rush (1991, S. 31) nimmt an, ein Kinderschänder suche sich

> „ein Kind als Sexualpartner aus, weil ein Kind – mehr noch als eine Frau – ihm an Erfahrung und Körperkraft unterlegen, vertrauensseliger und abhängiger vom Erwachsenen ist und daher leichter genötigt, verführt, verlockt oder gewaltsam gezwungen werden kann".

Ein Opfer deutet die sexuellen Übergriffe ihres Vaters wie folgt: „Später erst habe ich begriffen, daß es weniger ein starker sexueller Drang war, als daß er seine Machtposition ausspielen wollte" (s. Jäckel 1988, 33).

Ein anderes Opfer stellt eine Verbindungslinie her zwischen dem Machtfaktor und dem Reiz, der in der Tabuverletzung Inzest liegt: „Seine Lust hätte er auch anderswo befriedigen können. Nein! Er war wie besessen von diesem Tabu und von der Versuchung, einen anderen absolut zu beherrschen" (de St. Phalle 5/95, S. 113).

Autoren, die vor allem den Macht- und Kontrollfaktor hervorheben[6], vertreten die soziokulturelle Sichtweise. Die soziokulturellen Hintergrundsbedingungen menschlicher Sexualität sind lange Zeit unerkannt geblieben. Entsprechend wurde sexueller Mißbrauch zunächst als rein sexuelles Problem aufgefaßt. Eine realistische Einschätzung des Vergehens wurde dadurch verhindert. Das hat die Entwicklung notwendiger professioneller Interventionsfähigkeiten verzögert (vgl. Sgroi 1989, S. 2).

Böhnisch und Winter (1993, S. 203) sprechen sich dafür aus, zur Erhellung sexueller Gewalt „Gewalttheorien und nicht Theorien über Sexualität heranzuziehen". Eine solche Vorgehensweise würde sicherlich genauso zu kurz greifen wie das Triebstaumodell. Insbesondere sexuelle Gewalt gegen Kinder kann meiner Überzeugung nach in ihrer ganzen Komplexität nur erfaßt werden, wenn sie gleichzeitig als Gewalttat und als eine sexuelle Handlung betrachtet wird, der sowohl das Verlangen nach Macht als auch nach dem Reiz entfremdeter Sexualität zugrunde liegt.

3.3.1. Macht-Ohnmachts-Komplex

Richter (1986, S. 195) ist der Ansicht, die kulturelle Tradition habe durch das zwischen Frauen und Männern „bestehende Unterdrückungsverhältnis den Ohnmachts-Allmachts-Komplex in repräsentativer Weise abgebildet".

Die Jahrtausende alte patriarchalische Tradition und ihre Machtmuster haben ferner – im Verborgenen – den Ohnmachts-Allmacht-Komplex zwischen Männern und Kindern, insbesondere den Mädchen, nachgeformt. Mädchen nehmen auf der Stufenleiter der Macht die unterste Stufe ein. Sie sind weiblichen Geschlechts; sie sind ein Kind; von ihnen ist somit keine ernsthafte Gegenwehr oder Gefährdung zu erwarten.

Der Macht-Ohnmachts-Komplex als Unterdrückungsverhältnis wirkt nicht nur interpersonal, sondern auch intrapsychisch. Zu männlichen Geschlechtsrollenklischees gehört die Jagd nach äußerer Macht, nach „Kommando, Kontrolle und Besitz" (Gruen 1986, S. 87). Daher werden im Zuge der Anpassung Gefühle der Ohnmacht und Hilflosigkeit verleugnet und verdrängt. Mit dieser Gefühlsunterdrückung verknüpfen sich oftmals Angst, innere Leere, Narzißmus und innerer Kontrollverlust. Diese Merkmale sind für sexuelle Gewalttäter charakteristisch[7].

Krisensituationen sind für derart reduzierte Männer besonders problematisch. Richter (1986, S. 13; vgl. ähnlich Miller 1983, S. 124) meint, Männer gingen generell mit Krisen wenig sinnvoll um und neigten zu dominantem Verhalten als Bewältigungsstrategie.

Eine unumschränkte Dominanzhaltung kann mit kindlicher Verlassenheitsangst zusammenhängen. Diese Angst resultiert in unserer Gesellschaft nicht nur aus der anthropologisch gegebenen Hilflosigkeit und Abhängigkeit des Kindes. Sie ergibt sich zusätzlich aus den Bedingungen des isolierten und reduzierten Kernfamilienkomplexes und dessen neurotischer und neurotisierender Verfaßtheit. Die Ausschließlichkeit der Mutter-Kind-Beziehung sowie Grenzverletzungen, die in der patriarchalischen Familie üblich sind, schaffen überzogene Abhängigkeiten und gegenseitige Fixierungen. Mit diesen werden Verlassenheitsängste geschürt. Im späteren Leben soll eine herrschende, manipulative Rolle helfen, die ursprünglichen Verlassenheitsängste abzuwehren und die Illusion eines selbstbestimmten Lebens zu bewahren (vgl. Richter, ebd., S. 32). Eine herrschende, manipulative Rolle deutet demnach auf einen Menschen hin, dem authentische Macht fehlt und dem es darum außerordentlich wichtig sein kann, einen Machtkampf zu gewinnen (vgl. Marquit 1986, S. 126).

Ein Mensch ohne authentische Macht, der sein Selbstwertgefühl vorwiegend aus nach außen gerichtetem Machterleben bezieht, hat Angst vor dem Verlust der Kontrolle und steht immer in Gefahr einer Vernichtung oder Auflösung (vgl. Gruen 1986, S. 88). Weil das Ausleben von Machtwünschen ein neurotisches Machtverlangen nicht sättigen kann, ist er gefährdet, süchtig nach Macht zu werden. Maslow (1981, S. 311) sagt: „Wie sehr er damit auch gefüttert wird, bleibt er noch immer hungrig (weil er tatsächlich nach etwas anderem verlangt)". Wonach er wirklich verlangt, ist authentische Macht, ist Autonomie, die sich aus dem Kontakt mit dem Körper und den Gefühlen speist.

In männlichem Dominanz-, Kontroll- und Machtstreben sieht Gruen (1986, S. 88) eine auf die ganze Menschheit gerichtete Gefahr. Über die „Notwendigkeit des Herrschens" sagt er: „Die daraus abgeleitete Formulierung des Selbst funktioniert nicht, und da man sich dies nicht eingestehen darf, kann der Mann sich und seine Welt nur zerstören" (Gruen ebd.).

Die Gesamtgesellschaft fördert die zerstörerischen Mechanismen (vgl. Gruen 1994). Sie hat Männern stets Werte vermittelt, die auf Ausdehnung äußerer Macht zielen (vgl. Zukav 1990, S. 46). Das spiegelt sich im privaten Machtstreben, im öffentlichen Wettbewerb und in den Symbolen der Macht ebenso wie in institutioneller Gewalt (ebd., S. 15 f).

Herrschaft, Besitz und äußerer Erfolg werden zu Medien, um der zugrunde liegenden Selbstschwäche zu begegnen. Dieser Weg verknüpft sich mit der „Ideologie der Macht", in deren Gefolge Mitmenschen zum Opfer gemacht werden. Die von der Gesamtgesellschaft gestützte Ideologie der Macht schädigt nicht nur andere Menschen oder Menschengruppen. Es wird auch verhindert, daß die Selbstschwäche des betreffenden Individuums geheilt und authentische Macht aufgebaut wird:

> „Indem unsere kulturellen Muster vorwiegend Kontrolle, Herrschaft und Macht als Heilmittel, richtigerweise müßte man Schmerzmittel sagen, offerieren, verhindern sie den wirklich heilenden Prozeß, der die Zerrissenheit rückgängig machen könnte" (Gruen 1986, S. 136; vgl. Gruen 1994).

Die „Zerrissenheit" ist ein Riß in der Seele, entstanden aus der Abspaltung individueller Traumen und/oder der Seelenanteile, die nicht den Männlichkeitsnormen unserer Kultur entsprechen.

Wieck (1987, S. 13 f) zufolge brauchen viele Männer die therapeutischen Kräfte der Frau, um sich funktionstüchtig zu erhalten. Der Mann hätte, „ohne die Macht, die er über die Frau ausübt", nur ein geringes Selbstbewußtsein und sei kraftlos (ebd., S. 115). Das treffe vor allem auf „Muttersöhne" zu (ebd., S. 13). Ihre Kraftlosigkeit gehe auf Ängste und deren Unterdrückung zurück (ebd., S. 166) und sei für „Haltungen wie Unterwürfigkeit, Infantilismus ... Selbstzweifel ... Selbstaufgabe" verantwortlich (ebd., S. 163). Kraftlose Menschen würden zwar keine Hilfe suchen, trotzdem aber die Mitmenschen belasten und sie zum Mitleiden zwingen (ebd., S. 170).

Die Belastung anderer um der eigenen Entlastung willen geschieht mit Hilfe der virtuellen Macht, die Männern zugestanden wird. Dazu gehörte und gehört die väterliche Macht in der Familie. Das Zusammentreffen von individueller psychischer Ohnmacht einerseits und virtueller Macht in den Institutionen andererseits ist ein Herd für Schädigungsverhalten gegenüber gesellschaftlich Schwächeren.

Die seelische Ohnmacht von Männern im Patriarchat stammt nicht nur aus der spezifisch männlichen Sozialisation, sondern viele Jungen haben öfter als bisher vermutet auch sexuelle Gewalt erlebt. Aktuelle Gefühle von Machtlosigkeit und Unzulänglichkeit können das ursprüngliche Kindheitstrauma reaktivieren und den Wunsch wecken, wenigstens kurzfristig das Gefühl von Macht über jemand anderen zu empfinden (vgl. Zukav 1990, S. 207).

Bange (1/90, S. 60) vermutet, daß Kindesmißbraucher, die selbst einmal Opfer waren, im sexuellen Mißbrauch das eigene Kindheitstrauma reinszenieren. Die Reinszenierung sei ein Versuch, sich von den Ohnmachtsgefühlen des selbst erlittenen Traumas zu befreien. Das entspricht dem, was Richter (1986, S. 23) als „Reaktionsmuster der Flucht aus narzißtischer Ohnmacht in die narzißtische Omnipotenz" beschrieben hat.

3.3.2. Besitz – Haben-Mentalität

Fromm („Haben oder Sein" 1986) geht es um die Analyse der beiden grundlegenden Charakterorientierungen des Altruismus und der Selbstsucht. Letztere ist die Haben-Orientierung. Einer Auffassung Freuds zufolge, die Fromm teilt, ist „das Vorherrschen der Besitzorientierung kennzeichnend für die Periode vor dem Erreichen der vollständigen Reife" (ebd., S. 85). Wenn diese Orientierung auch im späteren Leben dominiert, ist sie als pathologisch anzusehen. Das heißt, ein ausschließlich am Haben orientierter Mensch ist seelisch krank (ebd., S. 86).

Die Haben-Orientierung ist charakteristisch für die westliche Industriegesellschaft und ihre Ausrichtung auf Profit, Privateigentum, Macht und Ruhm. Viele Menschen definieren sich durch Besitzen und Beherrschen. Sie gründen ihre Identität auf ihr Eigentum (ebd., S. 80), das zu einem „Teil-Ich" wird (ebd., S.. 76). Menschen als Besitz versprechen den größten Genuß (ebd., S. 31, 74).

Glade-Hassenmüller (1989, S. 141) sagt über ihren Stiefvater, er sei von der Idee besessen gewesen, „ihren Körper zu besitzen".

Die Auffassung, daß Kinder zum Besitz gehören, basiert auf der Verfügungs- und Kontrollmacht des Vaters im Patriarchat. Verbunden mit der Verobjektivierung und Verdinglichung des Kindes führt dies zu der Annahme, das Kind für die Befriedigung eigener Bedürfnisse benutzen zu dürfen. Insofern trifft das Wort „Mißbrauch" den Sachverhalt sexueller Übergriffe auf das Kind, denn es weist auf das verbreitete menschenverachtende Verständnis hin, Menschen besitzen und benutzen und auf das Niveau einer Beute oder eines sich einzuverleibenden Objektes ansiedeln zu können. Menschen als Besitz anzusehen, beinhaltet immer die Gefahr des Mißbrauchs, entweder sexuell oder in anderer Form (Jäckel 1988, S. 142). Jäckel (ebd.) meint:

„... wenn Männer kleine Mädchen mißbrauchen, so deshalb, weil sie glauben, ein Recht dazu zu haben, und zwar ein mehrfaches Recht. Nämlich das Recht des Vaters, gleich Besitzers und Bezahlers, und das des Mannes, gleich rechtmäßigen Beherrschers".

In einem Beispiel erklärt ein mißbrauchender Vater, ohne ihn gebe es seine Tochter nicht. Daher sei sie sein Besitz (s. Jäckel ebd., S. 141). Ein anderer empört sich: „Ernähren darf ich sie. Aber anfassen darf ich sie nicht" (s. ZDF, Kinderpornographie vom 16.4.1992).

Im Haben- und Besitzstreben ist eine Suchttendenz angelegt. Die Suchttendenz ergibt sich u.a. aus dem hohen Sicherheitsbedürfnis, das für die Haben-Mentalität charakteristisch ist. Ungewißheit und Angst können das Verlangen nach Erweiterung und Vertiefung der Sicherheitsbasis hochtreiben (vgl. Bischof 1985, S. 567). Ein Mensch, der besonders stark auf Sicherheit angewiesen ist und nach sicherheitsspendenden Objekten fahndet, kann gierig nach „Besitz und Eigentum" werden (ebd., S. 553).

In der Existenzweise des Habens ist es problematisch, von „Liebe" zu sprechen. Denn Liebe bedeute hier, so Fromm (1986, S. 52), „das Objekt, das man >liebt<, einzuschränken, gefangenzunehmen oder zu kontrollieren".

Derartiges „Lieben" offenbart einen Mangel an Sein. Vasse (1973, S. 55) sagt: „Mangel an Sein, den ich empfinde, wie auch der Mangel am Sein selbst wecken in mir das Verlangen nach dem Sein des anderen".

An sogenannten Primitiven läßt sich nachvollziehen, daß ohne Besitzorientierung übermäßige Abhängigkeit entfällt. Partner bleiben so lange zusammen, wie sie einander lieben (vgl. Fromm 1986, S. 81 f). Dieser Punkt ist wichtig; denn Menschen, die in einer erfüllenden Liebesbeziehung stehen und einen positiven leiblich-seelischen Austausch haben, werden Kinder nicht sexuell mißbrauchen. Die hohe Anzahl von Kindern, die sexuell mißbraucht werden, ist somit auch ein Fingerzeig auf die desolate Verfaßtheit der patriarchalischen Ehe, deren Basis Abhängigkeit, Besitz und das Ideal der lebenslangen Dauer ist.

Angesichts der vielen liebeleeren konventionellen Ehen unserer Gesellschaft schließt Fromm (ebd., S. 52 f), Liebe unter Partnern scheine die Ausnahme zu sein, und mit Blick auf die Besitzgier und Grausamkeit gegenüber Kindern fragt er, „wie viele Eltern ihre Kinder lieben".

Fromm (ebd., S. 99) widerspricht der verbreiteten Auffassung, „daß die Existenzweise des Habens in der menschlichen Natur verwurzelt und daher praktisch unveränderbar sei"[8]. In der Maximierung von Lust das Glück, im Besitzen das Vergnügen und in unbegrenztem Konsum das erstrebenswerte Lebensziel zu sehen, gehöre keineswegs zu den natürlichen Anlagen des Menschen, sondern sei gesellschaftlich bedingt und pathogen (ebd., S. 19; vgl. S. 99 ff). Gesellschaften, in denen gegenüber dem Besitzstreben das Teilen und die Existenzweise des Seins gefördert werden, unterstützen diese These (ebd., S. 19, 86 f, 99 ff, 105).

Dagegen können in unserem Gesellschaftssystem selbst Menschen der unteren sozialen Schichten andere beherrschen.

> „Es stehen immer Kinder, Ehefrauen oder Hunde dafür zur Verfügung ... Das Erlebnis der absoluten Herrschaft über ein anderes Wesen, das Erlebnis der Allmacht gegenüber diesem Wesen schafft die Illusion, die Grenzen der menschlichen Existenz zu überschreiten, besonders für jemand, dessen wirklichem Leben Schöpferkraft und Freude abgehen" (ebd., S. 327).

Das Kind als Symbol des Lebens erinnert den Menschen an das, was er selbst verloren hat. Zur Habenausrichtung gehört, daß Kinder, statt sich durch sie verlebendigen zu lassen, parasitär besetzt und besessen werden. Im Gegensatz zur Stagnation entfremdeter und am Haben interessierter Erwachsenen ist ein kleines, noch nicht schwer traumatisiertes Kind immer wieder neu und lebendig. Zur Tragik vieler Kinder gehört, daß sie ihren Eltern nicht nur Objekte des Besitzes und „Teil-Ich" (Fromm 1986, S. 76) sind, sondern ihnen und ihrer Partnerschaft auch ein hohes Maß an Verlebendigung verheißen. Ein Kind durch Sexualität immer wieder neu in Besitz zu nehmen, deutet – neben anderen Motiven – auf den Wunsch nach Verlebendigung hin.

Einzelne Menschen haben das Verlangen, sich für das ihnen entgangene Leben zu rächen, indem sie das Kind zerstören. Fromm (1983, S. 139) deutet das Streben nach Zerstörung wie folgt:

> „Letzlich kann man sagen: Wer keine Freude an seinem Leben hat, will sich rächen und lieber das Leben zerstören, als zu fühlen, daß er gar keinen Sinn aus seinem Leben machen konnte. Er ist zwar physiologisch lebendig, aber seelisch tot. Deshalb kommt die aktive Zerstörungslust auf und die Leidenschaft, lieber alle, sich selbst auch, zu vernichten, als sich einzugestehen, daß man geboren wurde und es verfehlt hat, je ein lebendiger Mensch zu sein".

Fromm umreißt hier das Erscheinungsbild des Sadisten.

Der Sadismus ist für unsere Überlegungen wichtig, weil jegliche sexuelle Gewalt, insbesondere die gegen Kinder, sadistische Elemente beinhaltet.

3.3.3. Sadismus – Die Bedeutung der Hilf- und Wehrlosigkeit

Einem Sadisten geht es um Macht und die vollständige Beherrschung wenigstens eines einzigen Objektes, wenn auch nur für kurze Zeit. Das Mittel dazu ist häufig die Sexualität (vgl. Fromm 1995, S. 137 f). Starke Besitz-, Kontroll- und Machtwünsche deuten auf einen destruktiven Charakter hin, der das Objekt seiner Strebungen verdinglichen will: „Wer ein anderes lebendes Wesen völlig beherrscht, macht dieses Wesen zu einem Ding, zu seinem Eigentum, während er selbst zum Gott dieses Wesens wird" (Fromm 1977, S. 326)

In schweren Fällen des Sadismus geht es letztlich darum, das Leben des anderen zu verkrüppeln oder zu ersticken. Die Macht über den anderen Menschen braucht der Sadist, um „den Wurm, als den er sich fühlt, in einen Gott" zu verwandeln (ebd., S. 329).

Die Quelle sadistischer Strebungen liegt Fromm (ebd., S. 286) zufolge „im Charakter und nicht in einer phylogenetisch programmierten neuralen Zone". Sadistisch sei ein Mensch darum, weil er sich unlebendig und machtlos fühlt und „an einer Impotenz des Herzens leidet" (ebd., S. 218).

Fromm (ebd., S. 330) geht auf die enge Verknüpfung zwischen Sadismus und Masochismus ein. Er sieht in ihnen

> „zwei verschiedene Aspekte einer und derselben Grundsituation des Erlebnisses der vitalen Impotenz ... Beide suchen eine symbiotische Beziehung, weil sie beide keinen Mittelpunkt in sich selbst besitzen. Wegen der engen Beziehung zwischen Sadismus und Masochismus ist es korrekter, von einem sadomasochistischen Charakter zu sprechen ... Der Sadomasochist wird auch als >autoritärer Charakter< bezeichnet, wenn man den psychologischen Aspekt seiner Charakterstruktur in eine politische Haltung übersetzt" (Fromm ebd.).

Sexuell mißbrauchende Männer zeigen, wie erwähnt, oftmals Züge des autoritären Charakters.

Wenn totale Kontrolle über einen anderen Menschen das Ziel ist, dann sind Liebe, echte Intimität sowie Achtung und Empathie gegenüber dem anderen ausgeschlossen (vgl. Fromm 1995, S. 132, 128). Wegen der Verdinglichung der anderen Person kann es nicht zu einem wirklichen Ich-Du-Bezug kommen.

Fromm (ebd., S. 72 ff; vgl. Fromm 1977, 329) nimmt an, daß es viele Sadisten gibt, die nur aus Mangel an Gelegenheit ihren Sadismus nicht ausleben. Ihm ist jedoch klar, daß verschiedene Erwachsene ihre sadistischen Neigungen an ihren Kindern ausleben. Sind sie ansonsten ganz kleine und unwichtige Leute, die gehorchen müssen, so sind und fühlen sie sich gegenüber ihren Kindern mit relativ großer Macht ausgestattet (vgl. Fromm 1983, S. 72). Auch der Sadismus gegenüber Kindern kann sich auf den Bereich der Sexualität ausdehnen.

Sowohl für Sadisten als auch für die Phantasie von Vergewaltigern ist die Fügsamkeit des Opfers entscheidend, wie Wyre und Swift (1991, S. 44) aus ihrer therapeutischen

Praxis mit Sexualstraftätern berichten. Folgendes Beispiel zeigt, wie wichtig absolute Fügsamkeit, die Verdinglichung und Auslöschung der Individualität der anderen Person für den Sadisten sein kann:

> Meine sexuelle Lustkurve steigt in dem Moment rapid, wo die Frau anfängt, ganz zu tun, was ich will, wo sie nicht mehr eigensinnig und widerwillig ist. Dann ist plötzlich wie ein Fluß da, ... dann ist sie ein widerstandsloses Gefäß, aber von mir mit Lust erfüllt. Es muß der Moment der absoluten Gefügsamkeit und Widerstandslosigkeit kommen" (s. Boss 1984, S. 110).

Derselbe Mann bekennt, daß er „eigentlich nie eine direkte Beziehung zum menschlichen Körper hatte", weder zum eigenen noch zu dem anderer Menschen (s. ebd., S. 111). Boss (ebd., S. 118) führt über diesen Mann weiter aus: Er mußte Frauen

> „durch seine Beschimpfungen und moralischen Demütigungen zerbrechen, mußte ... ihr Jammern bei seinen Quälereien hören und sie zum hilflosen, wimmernden Kind machen, als handgreifliche Beweise absoluter Sanftmütigkeit und Gefügsamkeit".

Das Beispiel dieses Sadisten beweist einen hohen Grad an Entfremdung und deutet, wie Boss (ebd., S. 114) meint, auf ein „sinnverarmtes und existentiell entleertes Leben" hin.

Kranke oder Kinder sind durch sadistische Menschen besonders gefährdet (vgl. Fromm 1977, S. 327). Ihr Ausgeliefertsein, ihre Schwäche, Hilf- und Wehrlosigkeit rufen im Sadisten das Gefühl der eigenen verdrängten kindlichen Schwäche und Hilflosigkeit wieder wach. Auf diesem Hintergrund stellen sexuelle Übergriffe den Versuch dar, die eigenen Kindheitstraumen und gegenwärtige Gefühle der Unzulänglichkeit und Schwäche durch ein Handeln abzuwehren, das absolute Kontrolle und Omnipotenz suggeriert.

Nicht nur für den Sadisten scheint das fügsame Geschlechtswesen Frau einen besonderen Reiz zu haben. Giddens (1993, S. 136) meint vielmehr: „Der Impuls, sich Frauen fügsam zu machen und sie zu demütigen, ist ... wahrscheinlich ein allgemeiner Aspekt der männlichen Psyche". Das schlägt sich z. B. im Sex-Tourismus nieder (vgl. Heine-Wiedenmann u. a. 1992, S. 82). Hier wird die „Unterwerfung" der Prostituierten als besonders befriedigend erlebt (ebd. S. 84 f).

Auch verschiedene literarische Beispiele beschreiben die Wirkung von Wehrlosigkeit und Passivität auf bestimmte Männer. In „Die Brüder Karamasoff" berichtet Iwan über die Vergewaltigung von Frauen und Kindern (Dostojewski 1958, S. 296) und beklagt die Lust, gerade Kinder zu peinigen:

> „Da verführt eben gerade die Wehrlosigkeit dieser kleinen Geschöpfe ihre Peiniger, die engelhafte Vertrauensseligkeit des Kindchens, das ja nicht weiß, wohin es gehen und an wen es sich wenden soll – das gerade, das erhitzt das verdorbene Blut des Peinigers" (ebd., S. 300).

Mit der „Olympia" („Hoffmanns Erzählungen") hat E.T.A. Hoffmann eine weibliche Kunstfrau erstellt, die als Projektionsfläche für die Phantasien und Wünsche ihres

Schöpfers und der ihr begegnenden Männer das Ideal von Passivität und Willenlosigkeit darstellt. Hoffmann liegt jedoch daran, die Verwechslungsgefahr zwischen Mensch und Automat deutlich zu machen.

Nabokow („Lolita" 1959) schildert exemplarisch die Realitätsferne und die Besessenheit eines Mannes von seinem Phantasie-Besitztum, einem „lebenden Automaten" (ebd., S. 29), der Kind-Frau ohne eigene Individualität:

„Was ich so wahnsinnig besessen hatte, war nicht sie, sondern meine eigene Schöpfung einer anderen, einer Phantasie-Lolita ..., die über sie hinausreicht und sie umschließt, die zwischen ihr und mir schwebt, willenlos, unbewußt mehr noch: die kein eigenes Leben hat" (ebd., S. 70).

Will Dostojewski das ganz konkrete Ausgeliefertsein, die Wehrlosigkeit von Kindern und den Sadismus von Männern anprangern, so wollen sowohl Nabokow als auch Hoffmann ein wehr- und willenloses, fügsames Kunstprodukt vor Augen führen. Dieses Produkt ist vom Mann als seine Projektionsfläche geformt. Da es ohne Individualität ist, kann es kein wirkliches Gegenüber sein, kein Du. Ich-Werdung geschieht jedoch durch das Du und mit dem Du (Buber). Das läßt den Schluß zu, daß es Männern, die Sexualität ohne personalen Bezug suchen, nicht um ihre Ich-Werdung, sondern um Regression bzw. um das Fixiertbleiben im Infantilismus geht.

3.4. Selbststabilisierung, Konfliktbewältigung, interpersonaler Abwehrmechanismus

Laut Adler (1966, S. 235; vgl. auch Laing 1982, S. 100 f) baut sich „jedes Streben nach Macht auf einem Schwäche-, einem Minderwertigkeitsgefühl auf". Das ist ein weiterer Fingerzeig auf die Ich-Schwäche und Unsicherheit einer sexuell mißbrauchenden Person, für die der sexuelle Mißbrauch an Kindern, vor allem in konflikthaften Situationen, die existentielle Funktion der innerpsychischen Homöostase hat. Das bedeutet (vgl. Eckert-Groß 4/95, S. 3 ff):

Das Kind dient der Befriedigung der infantilen emotionalen Bedürfnisse des Erwachsenen. Mit Hilfe des Kindes und der Sexualität soll das Gleichgewicht wiederhergestellt werden, das durch Gefühle von Ohnmacht oder Kontrollverlust gefährdet ist. Diese Gefühle tauchen insbesondere bei jenen Menschen leicht auf, die in der Kindheit wiederholt durch Gewalt bedroht worden sind. Mit dem Ziel der Selbststabilisierung geben sie ihre Traumen nunmehr an Schwächere weiter.

Ein weiterer Gesichtspunkt kommt hinzu: Das schwache Selbstwertgefühl vieler Jungen trifft auf das Männlichkeitsideal unserer Kultur, zu dem Stärke, Dominanz und Durchsetzungsvermögen, vor allem im sexuellen Bereich, gehören. Dominieren, sich mächtig, stark und als „richtiger Mann" fühlen kann ein Heranwachsender oder Erwachsener sich häufig nur gegenüber einem Kind. Die meisten Menschen haben vor Kindern keine Angst (vgl. Fromm 1986, S. 110). Daher sind Kinder gegenüber Männern mit einem schwachen Selbstwertgefühl, denen dazu noch Empathie und Verantwortungsgefühl fehlt, besonders gefährdet. Das gilt vor allem für Krisen- und Konfliktsituationen. Viele dieser Männer benutzen in verunsichernden und belastenden Situationen Kinder als Sexualobjekte, um sich selbst zu stabilisieren.

Der Faktor Selbststabilisierung geht aus den Erklärungen eines Vaters hervor, der den Inzest an seiner Stieftochter wie folgt darstellt (s. Groth 1989, S. 228):

> „She made me feel good, like I was somebody again ... my daughter went along with it she was obedient ... I guess I felt more like a man with someone younger than I was; there was nothing between me and my wife sexually. She'd tell me I wasn't any good in bed. I didn't have my wife as a virgin, so I guess having my stepdaughter made up for that. I was the first with her and she didn't have anyone to compare me against".

Durch Kontrolle und Durchsetzungskraft gegenüber einem Kind gelingt es diesem schwachen und sexuell unsicheren Mann, sich als „Mann" zu fühlen, wie er von der patriarchalischen Gesellschaft gefordert wird. Mit diesem Gefühl erschließt sich ihm die Möglichkeit, im äußeren Alltag „jemand zu sein" und einen normgerechten „richtigen Mann" zu verkörpern.

Unter diesem Blickwinkel wäre sexueller Mißbrauch an Kindern auch Teil der Strategien einer diskreditierbaren Person, defizitäre Abweichungen zu vertuschen und normativen Erwartungen zu entsprechen. Stigmamanagement wäre demnach nicht nur eine zwingende Forderung, um sexuellen Mißbrauch zugunsten der Fassade der Normalität zu verbergen. Vielmehr ist davon auszugehen, daß die Fassade der Normalität bereits vor dem Mißbrauch gefährdet war; denn zu den normativen Erwartungen unserer Gesellschaft gehören für den Mann Dominanz, Aggressivität und Macht. Somit sind, werden Goffmans Kriterien (1979, S. 84) zugrunde gelegt, Männer mit mangelndem Selbstwertgefühl, Ohnmachtsgefühlen, Abhängigkeit und Ängstlichkeit im „Besitz eines diskreditierbaren geheimen Fehlers ...".

Für einen Teil dieser Männer ist die sexuelle Überwältigung eines Kindes möglicherweise eine Form der Imagepflege vor sich selbst, um die eigene nicht normgerechte Unsicherheit und Schwäche zu kompensieren oder zu überdecken und das Selbstwertgefühl zu stabilisieren.

Das Kind als Medium der Selbststabilisierung und Konfliktbewältigung garantiert die Unauffälligkeit des Erwachsenen. Indem er seine konflikt- und krankhaften Anteile am Kind abreagiert bzw. sie an das Kind delegiert und es zugunsten seiner Defizite parasitär besetzt, kann er sich immer wieder kurzfristig entlasten, regenerieren und stabilisieren. Damit hält er sich funktionstüchtig, und er bewahrt seine normgerechte unauffällige Fassade. Folglich muß sexueller Mißbrauch an Kindern auch als mögliche Reaktion auf „Standarderwartungen" (Goffmann ebd., S. 70) erkannt werden, die nicht erfüllbar erscheinen. Die genannten Standarderwartungen, das ist erneut zu betonen, sind mit der männlichen Sozialisation und den in unserer Gesellschaft bestimmenden Normerwartungen an Männer verknüpft.

Beim Stigmamanagement geht es nicht nur um das Verbergen der Andersartigkeit, es geht auch darum, die Abweichung zu heilen (ebd., S. 84 f). Der „Heilmittelcharakter" der Sexualität (vgl. Fromm 1995, S. 56) und der „Heilmittelcharakter" des Kindes (vgl. Asper 1990, S. 22, 47) sollen helfen, Defizite in der personalen Entwicklung und hinsichtlich der normativen Forderungen zu beheben und die empfundene Abweichung zu heilen.

Wirkungsvolle Informationskontrolle hat lange Zeit verhindert, das Ausmaß sexueller Verfehlungen an Kindern bekannt werden zu lassen, und somit blieb auch das Ausmaß der psychischen Gefährdung von ich-schwachen Männern lange Zeit im Dunkeln. Die Gefährdung dieser Männer ist in konfliktreichen aktuellen Situationen besonders groß. Zu den Konfliktbereichen kann die Sexualität unter Partnern zählen. Auf ein verfügbares Kind wird ausgewichen, weil es in der Sexualität keine Ansprüche stellt und keine partnerschaftliche Auseinandersetzung fordert. Ein Opfer (s. Armstrong 1985, S. 56) sagt: „Bei mir konnte er [der Vater] sicher sein, daß ich ihn nicht fallenließ". Er konnte auch sicher sein, vom Kind in seinen sexuellen Fähigkeiten nicht in Frage gestellt zu werden (ebd., S. 57).

Da hinter Inzest in verschiedenen Fällen der Versuch steht, „mit Leid und Konflikten fertig zu werden", hat Marquit (1986, S. 124) das Eriksonsche Stufenmodell herangezogen, um dem auffälligen Zusammenhang zwischen Traumatisierung, Entwicklungsstörungen und Unzulänglichkeitsgefühlen einerseits und späteren zerstörerischen Übergriffen andererseits nachzugehen. Das Eriksonsche Stufenmodell zeigt, wie Unzulänglichkeitsgefühle und Identitätsdefizite entstehen. Zugleich deutet sich die Bewältigungsstrategie der Wiederholung und Verlagerung an.

Erikson zufolge muß ein Kind auf jeder Entwicklungsstufe Neues bewältigen. Das gelingt dann nicht, wenn auf einer bestimmten Stufe ein schweres Trauma gesetzt wird, das die emotionale Entwicklung stört. Marquit (ebda.) hat interessanterweise festgestellt, daß alle durch ihn untersuchten Täter in der Phase zwischen dem 5. und 11. Lebensjahr stark traumatisiert worden waren, und zwar durch sexuelle oder andere körperliche Vergehen gegen sie[9].

Im Alter zwischen 5 und 11 Jahren hat das Kind, so Erikson, die besondere Aufgabe, unabhängig von der Familie eigene Fähigkeiten zu spüren und zu erproben. Wenn es mißlingt, diese Fähigkeiten zu entwickeln, folgen Unzulänglichkeitsgefühle und Identitätsdefizite (Marquit ebd.). Wie erwähnt, gehören diese zu möglichen Determinanten der schädigenden sexuellen Übergriffe von Heranwachsenden und Erwachsenen auf Kinder.

Die in der beschriebenen Lebensphase erlebten Traumen und die anschließenden Identitätsdefizite führen zur Fixierung an die Eltern. Der betreffende Mensch ist auch als Erwachsener noch unflexibel und rigide an die elterliche Moral gebunden (Marquit, ebd.). Die typische Konventionalität und das übermäßige Bindungsverlangen von Tätern sowie von Inzestfamilien ist folglich in Zusammenhang mit traumatischen Kindheitserfahrungen zu sehen.

Abwehrmaßnahmen auf Kosten anderer sind ein weiteres Beispiel für schädigende Mechanismen, die der eigenen Entlastung oder Stabilisierung dienen sollen. Wie Laing (1979, S. 21) erläutert, wird das Abwehrsystem eines Menschen nicht nur von den üblichen Abwehrmaßnahmen geprägt, die die Psychoanalyse herausgestellt hat:

„Die meisten in der Psychoanalyse beschriebenen Abwehrmaßnahmen sind intrapsychische Abwehrmaßnahmen z. B.: Spaltung, Projektion, Introjektion, Verleugnung, Verdrängung, Regression. Diese Abwehrmechanismen der Psychoanalyse sind das, was eine Person sich selbst antut".

Aufgrund seiner Erfahrungen ist Laing (ebd.) überzeugt, daß es auch zwischenmenschliche Abwehrmaßnahmen gibt, „durch die das Selbst versucht, das innere Leben des Anderen zu regulieren, um sein eigenes zu erhalten ...".

Um diese Strategien geht es auch Miller (1988, S. 104). Sie hält es für möglich, daß viele der lebensfeindlichen Traumatisierungen, die Kindern zugefügt werden, auf latent psychotische Eltern zurückgehen, die sich zum Schaden ihrer Kinder entlasten und sanieren. Noch wichtiger als dieses Wissen findet Miller (ebd.) die Erkenntnis, daß die elterlichen Psychosen „von der Gesellschaft unbeachtet bleiben, solange sie auf Kosten der eigenen Kinder ausgetragen werden".

Auch Summit und Kryso (zit. nach Armstrong 1985, S. 261) bringen eine bestimmte Kategorie von sexuellem Mißbrauch mit psychotischen Störungen der Erwachsenen in Verbindung: „Die Kinder werden als Objekte einem psychotischen System einverleibt".

Der Mechanismus, eine psychische Bedrohung durch die Regulierung oder Schädigung eines anderen Lebens abzuwehren, läßt sich besonders deutlich an der Perversion nachvollziehen. [Die hier vertretene Ansicht, daß sexueller Mißbrauch an Kindern zu den Perversionen zu rechnen ist, wird näher begründet, wenn es gezielt um die Perversion als eine Form entfremdeter Sexualität geht].

Khan (1983, S. 17) schließt aufgrund seiner praktischen therapeutischen Arbeit darauf, daß die Sexualität bei Perversen im Dienste eines reparativen Triebes steht. Hinter dem „reparativen Trieb" stecke nicht nur der Wunsch, eine Wiedergutmachung für das zu erhalten, was einem in der Kindheit angetan worden ist, sondern auch der Versuch, das eigene innere Drama mit Hilfe eines anderen Menschen abzuwehren oder aufzulösen.

Individuelle Strategien der Stabilitätserhaltung können sich auf die Rahmenbedingungen und die Struktur der konservativen Familie stützen (vgl. Böhnisch und Winter 1993, S. 144). Dazu gehören die abgeschotteten Räumlichkeiten und das strukturell bedingte psychosoziale Bedingungsgefüge der patriarchalischen Familie. Für die Genese und die Weiterführung des Kernfamilieninzests sind diese Faktoren zentral.

3.5. Energiezufuhr

Konflikthaftigkeit, Angst und Gefühle von innerer oder äußerer Bedrohung und Machtlosigkeit gehen mit Energieverlust einher. Dieser Verlust wird auf vielfältige Weise auszugleichen versucht. Selbstsüchtiges Verhalten, bei dem andere materiell, emotionell oder sexuell ausgenutzt werden, könnte neben anderem das Bestreben ausdrücken, sich durch Machtgewinn Energie zuzuführen (vgl. Zukav 1990, S. 189, 200 ff).

Einen anderen „anzuzapfen", um nicht selbst Bewältigungsarbeit leisten zu müssen und dennoch funktionstüchtig zu bleiben, ist nicht nur zwischen Mann und Frau üblich. Dieser Bewältigungsmechanismus trifft und schädigt in großem Maße auch Kinder. Kinder als Mittel für eigene Zwecke zu benutzen, hat eine lange Tradition in den Kinderopfern, die etwa aus der klassischen Antike und dem Alten Testament bekannt sind. In Zusammenhang mit den Kinderhexenprozessen weist Weber (1991, S. 173 f, 127 f) auf die Opferrolle hin, die Kinder schon immer gespielt haben. Außerdem wurde von Kindern stets angenommen, sie stünden dem Überirdischen näher als Erwachsene und verfügten über eine besondere innere Lebenskraft. Darum wurden in der Vergangenheit häufig gesunde Kinder neben einen alten oder kranken Menschen gelegt, um ihn mit Lebensenergie aufzutanken (ebd., S. 128; vgl. Asper 1990, S. 47). Die alttestamentarische Geschichte des Mädchens Abishag, das dem greisen König David ins Bett gelegt wurde, ist ein Beispiel für diese Praxis (1 Kön. 1,1.4).

Auch der Kontrollfaktor hat mit Energiezufuhr zu tun. Redfield (1994, S. 99; vgl. 114) sagt: „Sobald wir Kontrolle über einen anderen Menschen ausüben, eignen wir uns dessen Energie an. Wir tanken uns auf Kosten des anderen auf ...".

Ein derartiger Mechanismus erschließt sich aus den Tagebuchaufzeichnungen eines Pädophilen. Dieser Mann, den Thönnissen und Meyer-Andersen (1990, S. 132 f) als einen „braven Durchschnittsdeutschen" bezeichnen, schreibt:

> „Die reine, lebendige Art der Buben wirkt auf mich wie klares Quellwasser. Ich fühle mich erfrischt und angeregt. Ich stehle ihnen jeden Tag ein Stückchen ihrer strahlenden Jugend und bleibe somit selber jung. Ist das verachtenswert?" (in: Thönnissen und Meyer-Andersen ebd.).

Die Möglichkeiten einer Kompensation im energetischen Bereich verdeutlichen sich auch an den Energieabläufen im Gehirn. Popper (1991, S. 663) erklärt: „Jeder Energie-Verlust oder Gewinn an einer Stelle kann leicht durch Gewinn oder Verlust in seiner

Nachbarschaft stabilisiert werden ...". Häufig wird Energiestabilisierung weder durch eigene Leistung noch durch produktiven Austausch mit einem anderen Menschen angestrebt und zielt vielmehr auf das schwächende und destruktive System von Wirt und Parasit. Das ist bei sexuellem Mißbrauch an einem Kind der Fall.

Gruen (1986, S. 147) zufolge gibt es viele Beispiele für Menschen, denen Destruktivität zur Quelle ihrer Lebendigkeit wird. Ein Beispiel dafür ist der Vater in Kafkas „Die Verwandlung". Gregor Samsas Zerstörung und Verwandlung in einen Tierleib verjüngt und kräftigt seinen Vater.

3.6. Archaisches

Der Versuch, Sexualität mit einem Kind als Strategie der Selbststabilisierung, Konfliktbewältigung, Reparation oder Regeneration zu benutzen, deutet auf magische Motive hin. Magisches Wunschdenken steckt dahinter, wenn mit Hilfe des „Heilmittels" Sexualität und des „Heilmittelcharakters" des Kindes Störungen und Konflikte verschwinden sollen. Wird Sexualität als „Heilmittel" benutzt, dann ist eine Suchtentwicklung wahrscheinlich (vgl. Fromm 1995, S. 56).

Malinowskis Untersuchungen über Magie und Rituale (1973) sind geeignet, bisher vernachlässigte wichtige Einsichten in das Thema des Kindesmißbrauchs zu vermitteln. Er erläutert: In Zeiten des Scheiterns, der Angst und Ohnmachtsgefühle entsteht große emotionale Spannung. Es wird zu Ersatzhandlungen gegriffen, die dem Menschen die Illusion verschaffen sollen, mächtig und in Kontrolle zu sein und zum Ziel zu kommen (ebd., S. 59 ff). Auch dem modernen Menschen offenbare sich in ausweglos erscheinenden, stark emotional geladenen Situationen Aspekte des magischen Rituals. Selbst in zivilisierten Rationalisten stecke teilweise noch dieser Glaube an die Magie (ebd., S. 65 f). Magie (ebd., S. 121 f) habe eine Überbrückungsfunktion bei Unzulänglichkeiten und Lücken in Bereichen, die der Mensch noch nicht gänzlich beherrscht. Sie sei ferner ein Hilfsmittel, um das Gleichgewicht aufrechtzuerhalten.

Malinowskis Ausführungen zeigen die vielfältigen Funktionen der Magie. Sie kann als Abwehrmechanismus gegen Angst und Verzweiflung dienen und soll Ohnmachts- und Unzulänglichkeitsgefühle sowie Spannungen aufheben. Letztlich ist sie ein homöostatisches Mittel.

Die archaischen Bezüge differenzieren sich weiter, wenn der Symbolwert des Kindes und die archaischen Elemente, die hinter Regenerationsbemühungen stecken, in den Blick kommen. Eliade (1994) erklärt: Die Geburt eines Kindes läutet eine >neue Ära< ein. Das Kind ist „ein absoluter Anfang, tendiert also zur Wiederherstellung des anfänglichen Augenblicks, der Fülle einer Gegenwart, die keine Spur von >Geschichte< enthält" (ebd., S. 89). Es trägt zur Regeneration des Kosmos' und der Menschen bei (ebd., S. 93). Die Bedeutung des Kindes als Mittler zur Erneuerung und Regeneration erhellt sich am Beispiel der Fidschi:

„Jedesmal, wenn das Leben bedroht und der Kosmos in den Augen der Fidschi erschöpft und leer ist, fühlen sie das Bedürfnis, in principium zurückzukehren ... sie erwarten die Regeneration des kosmischen Lebens nicht von einer Wiederherstellung, sondern von einer Neuerschaffung dieses Lebens. Daher kommt die in allen Riten und Mythen zu beobachtende wesentliche Bedeutung all dessen, was den >Anfang<, das Ursprüngliche, das Primordiale bezeichnen kann (neue Behälter ... Magie und Heilkunst, die Themen des >Kindes< ..." (Eliade ebd.).

Die Magie und das Kind werden demnach auf die Erneuerung und die Fülle des Lebens bezogen. Ferner dienen beide der Stabilisierung und der Angstabwehr.

Werden Malinowskis und Eliades Beobachtungen und Gedanken auf den sexuellen Mißbrauch an Kindern bezogen, dann läßt sich folgern: Sexualität mit einem Kind stellt eine Ersatzhandlung und ein „Heilmittel" dar. Zusammen mit Magie als einem Medium, um ein verloren gegangenes oder bedrohtes Gleichgewicht wiederherzustellen oder zu sichern, dient sexueller Mißbrauch an einem Kind der Konfliktbewältigung, der Stabilisierung und Regeneration.

3.7. Bedürfnisse als motivierende Kategorie

Die Tatsache, daß sexuelle Gewalt an Frauen und Kindern zum Verhaltensrepertoire unserer Kultur gehört, ist auch auf dem Hintergrund verdrängter, abgespaltener und somit unbekannter Bedürfnisse zu analysieren. Diese drängen nach Befriedigung. Da sie unbewußt sind, richtet sich die Suche auf Ersatzbefriedigungen.

Zu den bevorzugten Ersatzbefriedigungen gehören konsumierendes Verhalten, die Haben-Orientierung, Macht, Gewalt, Sexualität oder Süchte. In sexueller Gewalt durchmischen sie sich. Somit kommt dem Komplex der Ersatzbefriedigungen eine besondere Bedeutung zu. Bevor näher auf ihn eingegangen wird, gilt es zunächst, die authentischen Bedürfnisse des Menschen sowie den Mangel an Bedürfnisbefriedigung und dessen Folgen zu umreißen.

Bedürfnisse gehören zu den entscheidenden motivierenden Kategorien (vgl. Maslow 1981, S. 28, 50, 83). Maslows Untersuchungen zur Motivation menschlichen Verhaltens sind wegweisend für die Erhellung menschlicher Bedürfnisse geworden.

Verhalten wird in der Regel durch ein Bündel von Bedürfnissen bestimmt (ebd., S. 83). Das gilt auch für sexuellen Mißbrauch an Kindern.

Ähnlich wie Maslow (ebd., S. 10) bezeichnet Fromm (1980/1955a, S. 347; vgl. Fromm 1977, S. 249) die Bedürfnisse als richtungsweisende Kraft im menschlichen Leben. Fromms Zweifel an der Libidotheorie führten ihn zu einer Theorie, „in deren Mittelpunkt die Bedürfnisse stehen, die sich aus den Existenzbedingungen des Menschen ergeben" (Fromm 1995, S. 35; vgl. Fromm 1980/1955a, S. 22). Wegen der Bedeutung der menschlichen Bedürfnisstruktur und der in ihr angelegten Möglichkeit zur Konflikthaftigkeit fordert Fromm (1980/1955a), ähnlich wie neuerdings Wilber (1988, S. 385 f), zur Untersuchung der subjektiv empfundenen Bedürfnisse auf. Die als Bedürfnisse erscheinenden Wünsche des Menschen müßten als das erkannt werden, was sie sein können, nämlich „Symptome von Dysfunktion oder Suggestion oder auch von beidem ..." (Fromm 1977, S. 295). Hier wird angedeutet, daß die subjektiv empfundenen Bedürfnisse häufig Ersatz- bzw. Pseudo- oder neurotische Bedürfnisse sind (vgl. Maslow ebd., S. 90), die auf eine Verbiegung authentischer Bedürfnisse zurückgehen.

Dieser Zusammenhang ist grundlegend, wenn es um die Motivationsfrage bei sexuellem Mißbrauch an Kindern geht. In der Tiefe wird er nicht von sexuellen, sondern von unbewußten anderen Bedürfnissen bestimmt.

3.7.1. Grundbedürfnisse

Grundlegende menschliche Bedürfnisse gehören Maslows (1981, S. 306) Ansicht nach zur Natur des Menschen.

Lowen (1980, S. 207) beschreibt die Grundbedürfnisse als „die narzißtischen Zufuhren, die für das Wachstum und die Entwicklung des Ichs und der Persönlichkeit notwendig sind". Unverfälscht zeigen sie sich bereits im Neugeborenen. In seiner Hilflosigkeit komme es, so Miller (1988, S. 7), „als ein Bündel von Bedürfnissen zur Welt".

Maslow faßt die Grundbedürfnisse im Bild der hierarchischen „Bedürfnispyramide" zusammen. Sie baut sich nach folgender Anordnung auf:

Auf der untersten Ebene (Ebene 1) geht es um die physiologischen Bedürfnisse, gefolgt von den Sicherheitsbedürfnissen (Ebene 2) und den sozialen Bedürfnisse mit dem Verlangen nach Zugehörigkeit und Liebe (Ebene 3). Es folgen die Bedürfnisse nach Achtung, Anerkennung und Selbstachtung (Ebene 4), und schließlich die Bedürfnisse, die auf Selbstverwirklichung zielen (Ebene 5)[10].

Maslow zufolge melden sich die tiefer angesiedelten Bedürfnisse in der Regel stürmischer als die höher angesiedelten. Erst bei „Selbstverwirklichern" ändere sich dies. Die niederen Bedürfnisebenen seien für sie nicht mehr zwingend (Maslow ebd., S. 128 ff).

Die Bedürfnisbefriedigung auf den niederen Ebenen – die nicht hundertprozentig sein müsse (ebd., S. 82) – sei die Voraussetzung für das Auftreten höherer Bedürfnisse im Bewußtsein (ebd., S. 100).

Der Überblick zeigt: Die erste frühkindliche Phase wird vor allem von den physiologischen Bedürfnissen, dem Bedürfnis nach Einheitserleben sowie dem Sicherheitsbedürfnis bestimmt. Das Sicherheitsbedürfnis wird durch Gewalterfahrungen oder sexuellen Mißbrauch besonders gravierend verletzt.

In der zweiten frühkindlichen Phase geht es vor allem um die Entwicklung der Autonomie. Eine Störung in dieser Entwicklungsphase ist zentral: Mangelnde Autonomie ist eine wesentliche Hintergrundsbedingung für sexuelle Gewalt an Kindern.

Bei kritischen Überlegungen zur männlichen Sozialisation in unserer Kultur ist zu beachten, daß Maslow von gleichartigen Bedürfnissen beider Geschlechter ausgeht. Nirgends findet sich bei ihm ein Hinweis auf unterschiedliche Bedürfnisse von Jungen und Mädchen bzw. von Männern und Frauen. Das ist ausschlaggebend, wenn wir nach der Verhaltensentwicklung des Menschen fragen. Sie wird maßgeblich von der Befriedigung der Grundbedürfnisse bestimmt. Seelische Gesundheit ist zwar nicht ausschließlich an diese Befriedigung gebunden (ebd., S. 96 f), aber sie trägt tendenziell „zur Verbesserung, Stärkung und gesunden Entwicklung des einzelnen" bei (ebd., S. 90). Erfüllte Bedürfnisse nach „Sicherheit, Liebe, Geborgenheit und Selbstachtung" (ebd., 151) fördern ein Verhalten, das nicht auf Selbst- oder Fremdzerstörung hinausläuft (ebd., S. 151 ff). Ein Fundament von befriedigten Grundbedürfnissen bilde außerdem die beste Voraussetzung, späteren Mangel ohne größere Frustrationen ertragen zu können (ebd., S. 81; vgl. 137).

Entbehrungen – ähnlich wie Bestrafungen – erträgt ein Kind dann leicht, wenn sie „nicht als Bedrohung seiner inneren Persönlichkeit, seiner hauptsächlichen Lebensziele oder Bedürfnisse betrachtet werden" (Maslow ebd., S. 137). Frustration wirkt auf Kinder oder Erwachsene vor allem dann bedrohlich, wenn sie „mit anderen bedrohlichen Situationen verknüpft ist als mit bloßer Entbehrung" (Maslow, ebd.). Das Fazit von Maslows Überlegungen (ebd.) lautet: „Entbehrung ist nicht psychopathogen, Bedrohung ist es".

Entbehrung kann bei Erwachsenen sogar positive Auswirkungen haben (vgl. Maslow ebd., S. 331; Illich 1980, S. 40; May 1983, S. 77; Jonas 1984, S. 263 f). Die bewußte Askese zeigt, daß Entbehrung nicht neurotisierend sein muß. Man kann durch sie zur Selbstbesinnung kommen und seelische Wachstumsprozesse auf dem Weg zur Selbstwirklichung vorantreiben. In diesem Fall gilt: „Wenn niedere Bedürfnisse nicht befriedigt werden, forciert dies höhere" (May ebd., S. 77). Bewußter Verzicht auf die Erfüllung niederer Bedürfnisse zugunsten eines höheren Ziels wird z. B. in östlichen Kulturen praktiziert (vgl. Maslow 1981, S. 88), etwa durch Fasten oder sexuelle Enthaltsamkeit. Phasen sexueller Askese gehörten in allen Kulturen zum institutionalisierten Kulturgut (vgl. Schellenbaum 1995, S. 103). Schellenbaum (ebd.) führt hierzu aus:

> „Jedes sinnvolle Opfer hat die Rettung eines wichtigen Gutes zum Ziel ... Um dieses wichtige Gut zu retten, müssen vorübergehend oder auf Dauer andere Güter geopfert werden ... So kann .... gerade das Grenzen setzende Opfer am weitesten vorwärts bringen".

Illich (1980, S. 40) weist auf die Freude hin, „die in gewolltem Verzicht liegt" und auf eine „durchaus nüchterne Trunkenheit am Leben" in einer armen, dabei freien Gesellschaft, die jedoch reich an Überraschungen ist.

In seinen Ausblicken für die Zukunft geht es Jonas (1984, S. 263 f) um die Vorteile „einer asketischen Moral" gegenüber der „Überflußverwöhnung". Und in Chatwins Roman „Traumpfade" (1991) steht der Satz: „Wenn die Welt noch eine Zukunft hat, dann ist es eine asketische Zukunft" (ebd., S. 184).

Die nichtpsychopathogenen Auswirkungen von Mangel lassen sich klarer durch Fromms (1980/1955a) schärfere Abgrenzung der physiologischen von den höheren Bedürfnissen erfassen. Fromm (ebd., S. 5; vgl. auch ebd., S. 24) bezieht sich auf die Hauptthese der humanistischen Psychoanalyse: „Die grundlegenden Leidenschaften eines Menschen wurzeln nicht in seinen triebhaften Bedürfnissen, sondern in den spezifischen Bedingungen der menschlichen Existenz ...". Die spezifisch menschlichen Bedürfnisse gingen „über die Funktion des Überlebens hinaus ..." (ebd., S. 311).

Mit dieser Überzeugung wird Freuds These von der Übermächtigkeit der Überlebenstriebe, wie dem Sexualtrieb oder dem Hunger, entgegengetreten. Der Fehler des von Freud erstellten psychologischen Systems sei auf den seinerzeit herrschenden mechanistischen Materialismus zurückzuführen (Fromm, ebd.). Fromm (ebd., S. 51) vertritt den Standpunkt, die geistige und seelische Gesundheit des Menschen hänge weniger von der Befriedigung der triebhaften als von der Befriedigung der spezifisch menschlichen Bedürfnisse ab. Das sind jene Bedürfnisse, die sich aus den Grundlagen der menschlichen Situation ergeben. Verwiesen wird auf die Bedürfnisse „nach Bezogenheit, nach Transzendenz, nach Verwurzelung, nach Identitätserleben und nach einem Rahmen der Orientierung und einem Objekt der Hingabe" (Fromm ebd.). Diese Bedürfnisse seien schwerer zu befriedigen als die physiologischen. Fromms Betonung der höheren Bedürfnisse als der typisch menschlichen wurzelt in seinem Menschenbild. Er ist überzeugt:

> „Der Mensch kann nicht als bloßer >Gegenstand< leben, als Würfel, der aus einem Becher rollt; er nimmt ernstlich Schaden, wenn man ihn auf das Niveau eines Fütterungs- und Fortpflanzungsautomaten reduziert, selbst wenn er dabei jede Sicherheit erhält, die er braucht" (Fromm 1980/1955a, S. 25). Der Mensch möchte „nicht nur wissen, was für sein Überleben notwendig ist, er möchte auch den Sinn des menschlichen Lebens erkennen ... Er möchte auch jene Fähigkeiten nutzen, die er im Prozeß der Geschichte entwickelte und die nicht nur dem bloßen biologischen Überleben dienen" (ebd., S. 311).

Zu den biologisch triebhaften Bedürfnissen gehört, daß sie den Menschen mit dem Tier verbinden. Fromm (ebd., S. 22; vgl. ebd., S. 311) erklärt:

> „Das Tier ist zufrieden, wenn seine körperlichen Bedürfnisse sein Hunger, sein Durst und sein sexuelles Bedürfnis befriedigt sind. Insofern der Mensch ebenfalls Tier ist, sind bei ihm diese Bedürfnisse ebenfalls gebieterisch und müssen befriedigt werden. Aber insofern der Mensch ein menschliches Wesen ist, reicht die Befriedigung dieser instinkthaften Bedürfnisse nicht aus, ihn glücklich zu machen".

Er meint ferner (1977, S. 127):

> „Wenn man der Ansicht ist, daß die Befriedigung aller physiologischen Bedürfnisse genügt, um beim Tier (oder Menschen) ein Gefühl des Wohlbehagens hervorzurufen, dann müßte das Leben im Zoo sie höchst zufrieden machen. Aber dieses Parasitenleben beraubt sie der Reize, die es ihnen ermöglichen würden, ihren körperlichen und geistigen Fähigkeiten aktiv Ausdruck zu geben".

Hier wird angesprochen, daß der Mensch nicht nur nach Sicherheit, sondern auch nach Erregung und Spannung strebt. Wird dieses Streben nach Reizen auf höherer Ebene nicht befriedigt, dann schaffe sich der Mensch selbst, so Fromm (ebd., S. 25), „das Drama der Zerstörung". Das heißt, es kommt zu dem bedeutsamen Kanalisierungseffekt, also zu einer Verlagerung der Reizsuche auf eine niedere Ebene. Die Suche richtet sich vorzugsweise auf Sexualität, Besitz, Konsum, Machtausübung oder auf „Spiele der Erwachsenen" (im Sinne Bernes).

In vielen Fällen gehören Kinder zu den Opfern der Ersatzsuche, die in ein Zerstörungsdrama mündet. Kinder sind u.a. darum so häufig betroffen, weil dem entfremdeten regressiven Menschen auf der Reizsuche auch das Sicherheitsbedürfnis wichtig ist. Sexueller Mißbrauch eines Kindes bedeutet nicht nur ein tabu- und risikobehaftetes und darum sehr aufregendes Unterfangen. Wegen des großen Machtgefälles ergibt sich auch ein hoher Sicherheitsfaktor. Im Falle des Inzests kommen die Verschwiegenheit des Kindes, seine Abhängigkeit und Verfügbarkeit sowie die abgeschotteten räumlichen Verhältnisse hinzu. Ein weiterer Sicherheitsfaktor war bislang auch der gesamtgesellschaftliche Mythos, kindliche Beschuldigungen gegen ihre Eltern beruhten auf Phantasien und Lügen.

3.7.1.1. Physiologische Bedürfnisse

An der Basis seiner Hierarchiepyramide siedelt Maslow (1981) die physiologischen Bedürfnisse an. Dazu gehören Hunger, Sexualität und Körperkontakt (ebd., S. 63). Beim Kind ist das sexuelle Bedürfnis nicht als genitale Sexualität zu verstehen, sondern, wie an anderer Stelle erwähnt, als das Ganzkörperbedürfnis nach Kontakt und altersentsprechender Stimulation.

Ihre Signifikanz gewinnen die physiologischen Bedürfnisse nicht nur durch ihren machtvollen Anspruch, sondern auch dadurch, „daß alle physiologischen Bedürfnisse und das konsumierende Verhalten, das mit ihnen verknüpft ist, als Kanäle für alle möglichen anderen Bedürfnisse dienen können" (ebd., S. 63). Auf der Suche nach Befriedigung, und bei entsprechender Disposition im Zuge der Wiederholung sogar suchtartig, kann sich ein bestimmtes Bedürfnis, das aus einer höheren Ebene stammt, dem konsumierenden Verhalten der physiologischen Bedürfnisse ankoppeln. Dieses Phänomen läßt sich aus der neurotischen Tendenz erklären, in Zuständen der Sorge, der Angst oder des Mangels zu regredieren (ebd., S. 10). Es ist unerläßlich, bei Entgleisungen – vor allem im Bereich der Süchte, des Gewalthandelns und sexueller Verfehlungen – den Kanalisierungseffekt von Bedürfnissen mit in Erwägung zu ziehen.

Die Bedürfnisse des kleinen Kindes ranken sich nicht nur um ausreichende Versorgung durch physische, sondern auch durch psychische Nahrung. Es möchte getragen, gehalten, liebkost werden. Hier zeigt sich die enge Verbindung zwischen der physiologischen und der Ebene der Bedürfnisse nach Liebe und Zugehörigkeit. Das Kind sehnt sich nach Stimm-, Augen- und vor allem nach Körperkontakt. Janov (1992, S. 55) sagt: „Das zentrale Verlangen des Körpers ist, gefühlt zu werden". Den zwischenmenschlichen Kontakt braucht das Kind zur Spiegelung, als notwendiges feedback, „um einen Bezug zur Realität und ein starkes Selbstgefühl zu entwickeln" (Swigart 1993, S. 23).

Montague (1971), ein englischer Anthropologe, hat sich intensiv mit der Bedeutung der Haut und der Berührung für die Entwicklung des Neugeborenen und des heranwachsenden Kindes beschäftigt. Seiner Überzeugung nach wirkt sich taktile Befriedigung in der frühen Kindheit folgenreich auf die Verhaltensentwicklung aus (ebd., S. 221). Er geht auf die Bedürftigkeit des Neugeborenen, auf sein zu frühes Geborenwerden und auf die Haut als erstes Kommunikationsmittel ein (ebd., S. 43). Mit der Haut der Mutter eröffnet sich dem Kind die Welt und die Welt des anderen, des Du (ebd., S. 64). Taktile Berührungen befriedigen nicht nur die Bedürfnisse nach Nähe, Zugehörigkeit und Sicherheit, sondern führen auch zu entsprechenden Wahrnehmungen. Ferner befähigt eine befriedigende taktile Stimulation der Haut dazu, Mangelerfahrungen in anderen sensorischen Bereichen zu bewältigen (ebd., S. 67).

Die Forschung bei Tieren und Menschen zeigt, „daß taktile Entbehrung in der Jugend im allgemeinen später zu Verhaltensmängeln führen" (ebd., S. 221). Zu den Verhaltensmängeln zählen zwanghafte Sexualität, Feindseligkeit und Gewalttätigkeit (vgl. Maslow 1981, S. 9, 92 f; Janov 1992, S. 17). Keen (1985, S. 66 f, 127) sieht ein über Generationen wirkendes Muster, das kindlichen Mangel an Körperkontakt mit zwanghafter Sexualität und mit Gewalttätigkeit verbindet.

Auf Mängel im frühkindlichen Berührungsbereich weisen Abscheu vor dem Körperlichen und vor Berührungen einerseits sowie zwanghafte Suche nach körperlichem Kontakt andererseits hin. Zu den Auswirkungen gravierender Mängel in diesem Bereich gehören ferner Kontaktschwierigkeiten oder Ersatzhandlungen, etwa das Spielen, Zupfen oder Saugen am eigenen Körper (Montague 1971, S. 127, 134, 167).

Zur Furcht vor Berührungen erläutert Ude (1978, S. 114):

> „Kinder, deren Bedürfnis nach Kontaktwärme, Hautkontakt und Zärtlichkeit in der Säuglingszeit und auch danach nicht ausreichend befriedigt worden ist, zeigen oftmals später eine Furcht vor Berührung, vor zu großer Nähe. Wenn ein lebenswichtiges Bedürfnis nicht befriedigt wird, entsteht ein Schmerz. Mit einem ständigen Schmerz kann der Mensch nicht leben, und darum muß er verdrängt werden. Später kann jede Zärtlichkeit,

jede Liebkosung diesen Schmerz wieder hochreißen, und darum wird zum Schutz eine Angst vor Berührung entwickelt".

Angst vor Berührungen lediglich auf defizitären Körperkontakt zurückzuführen, greift zu kurz. Es sollte auch die Möglichkeit aufgezwungener Berührungen erwogen werden. Wenn Keen (1985, S. 201) hinsichtlich der Berührungsscheu unserer Welt meint: „Wir werden hart, weil wir in einer Welt leben, in der man uns nicht berührt", dann ist hinzuzufügen, daß Menschen hart werden können, weil sie in der Kindheit gegen ihren Willen berührt worden sind. Viele Kinder müssen frustrierten entfremdeten Erwachsenen als Liebesobjekte dienen, und es wird auf zudringliche Weise in ihren Intimbereich eingedrungen – häufig auch sexuell.

Montague (1971, S. 73) siedelt die Zuständigkeit liebevoller Versorgung, wie kulturell üblich, ausschließlich bei der Mutter an, und darum wird allein sie für den kindlichen Mangel an Zuwendung verantwortlich gemacht. Er räumt zwar den Einfluß ein, den gesellschaftliche Mythen auf die emotionale Versorgung von Jungen haben, bezieht dies aber wiederum lediglich auf Mütter: „Viele moderne Mütter wehren die Zärtlichkeitsbeweise ihrer kleinen Söhne ab, weil sie sich fälschlicherweise fürchten, wenn sie es zulassen, eine zu starke Mutter-Sohn-Verbindung zu fördern" (Montague ebd., S. 135; vgl. auch 167). Wie auch Maslow (1981, S. 98; vgl. Janov 1990, S. 117; Zimmer 1992) betont, kommt es – genau umgekehrt – vor allem dann zur Fixierung (in diesem Fall an die Mutter), wenn Grundbedürfnisse (hier das Bedürfnis nach Zärtlichkeit) nicht befriedigt werden.

Adler (1966, S. 46 f, 119 ff) macht auf den wichtigen Zusammenhang zwischen frustrierten frühkindlichen Zärtlichkeitsbedürfnissen und Gewaltneigung aufmerksam. Die Bedeutung der Zärtlichkeitsbedürfnisse für die sozialen Fähigkeiten wird auch von Rattner (1969) herausgestellt: Bei angemessener Befriedigung entfalten sich die Zärtlichkeitsbedürfnisse „als Kontaktstreben zur sozialen Gesinnung" (ebd., S. 96).

Auf diesem Hintergrund läßt sich folgern: Die Alleinverantwortung für das Kind, die Müttern in unserer Gesellschaft zugewiesen wird, sowie die bereits diskutierte Annahme, Jungen brauchten emotional sinnliche Zuwendung in geringerem Maße und für kürzere Zeit als Mädchen, beeinträchtigen die emotionale Versorgung des kleinen Jungen erheblich. Hier liegt eine der Quellen der Mutterfixierung und, in Zusammenhang damit, der mangelnden Autonomie vieler Männer. Unaufgelöste Mutterbindung und mangelnde Autonomie sind wichtige Determinanten sexueller Gewalt gegen Kinder.

Dem Bedürfnis des kleinen Kindes nach Berührung – zur Befriedigung des physischen Kontaktbedürfnisses und der Vermittlung von wachstumsfördernden Reizen – ist das Bedürfnis nach Bewegung zur Seite zu stellen.

Lowen (1985, 132; vgl. auch Moser 1979, S. 106 f) erläutert: „Die Existenz des Körpers besteht aus dem Streben nach Lust durch Bewegung und physischem Kontakt". Ein Kind, dem das Bedürfnis nach Bewegung versagt wird, erfährt nicht nur eine Beeinträchtigung der motorischen Entwicklung und der an sie geknüpften Wahrnehmung. Es verliert, so Lowen (ebd.), auch die Fähigkeit zur Selbstbehauptung. Unter diesem Gesichtswinkel läßt sich körperliche Aggressivität auch als Versuch interpretieren, die Selbstbehauptung nicht zu verlieren. Plack (1976, S. 102) betont ebenfalls die Wichtigkeit des Bedürfnisses nach Bewegung und zwar für alle Altersstufen.

Bewegungsräume für Kinder und Jugendliche schwinden jedoch zunehmend, während die Überflutung mit nicht kindgerechten visuellen oder akustischen Reizen zunimmt. Neben anderem ist die Gewaltbereitschaft von Kindern und Jugendlichen auch auf dem Hintergrund des Bewegungsmangels bei gleichzeitiger Zufuhr von spannungserzeugenden Reizen zu sehen.

Im östlichen Kulturraum gilt Bewegung – und das Wandern insbesondere – als Medium der Harmonisierung. Die letzten Worte Buddhas an seine Schüler lauteten: „Geht weiter", und ein indisches Sprichwort heißt: „Das Leben ist eine Brücke. Gehe über sie hinweg, aber baue kein Haus darauf" (zit. nach Chatwin 1991, S. 247).

3.7.1.2. Sicherheitsbedürfnis

Auf der zweiten Ebene der Bedürfnishierarchie siedelt Maslow (1981, S. 66 f) das Sicherheitsbedürfnis an. Es zeigt sich in Kindern als das Verlangen nach Geborgenheit und Routine, nach einem bestimmten Tagesrhythmus, nach Ordnung und Konsequenz.

Die Verletzung von Sicherheitsbedürfnissen kann das Kind in Schrecken und Panik versetzen. Besonders in Alkoholiker- und Inzestfamilien werden Eltern ihrer Beschützerrolle und ihrer Verantwortlichkeit nicht gerecht, und die Kinder werden permanent Angstsituationen ausgeliefert. Trotzdem zeigen Kinder dieser Familien häufig anklammerndes Verhalten – selbst gegenüber ablehnenden Eltern. Anklammerung oder Fixierung hat, wie erwähnt, mit der Verletzung von Grundbedürfnissen zu tun.

Neurotische Erwachsene weisen ebenfalls ein übermäßiges Bedürfnis nach Sicherheit auf. Maslow (ebd., S. 69) meint, der Neurotiker halte der Welt gegenüber eine kindliche Haltung aufrecht und betrage sich,

> „als hätte er tatsächlich Angst vor Bestrafung oder Mißbilligung seitens seiner Mutter, oder davor, von seinen Eltern verlassen zu werden oder um seine Nahrung zu kommen. Es ist, als wären seine kindischen Attitüden der Angst und Bedrohungsreaktion auf eine gefährliche Welt in den Untergrund gewandert und bereit, unberührt vom Prozeß des Lernens und Erwachsen-Werdens, von jedem Reiz hervorgeholt zu werden, der ein Kind sich bedroht und gefährdet fühlen ließe".

Frustrierte Sicherheitsbedürfnisse äußern sich in Nervosität, in Spannungszuständen und Zittrigkeit (ebd., S. 95). Vielfältige zivilisationsbedingte Streßsituationen verstärken die Schädigungen, die auf Verletzung der frühkindlichen Sicherheitsbedürfnisse zurückgehen.

Besonders ausgeprägt schlägt sich die Sicherheitssuche in der Zwangsneurose nieder (ebd., S. 70).

Das Problem bedrohter Sicherheitsbedürfnisse stellt sich nicht nur dem Opfer sexuellen Mißbrauchs. Auch die starken Sicherheitsstrebungen von Tätern deuten an, daß ihre Sicherheitsbedürfnisse in der Kindheit frustriert worden sind. Viele unter ihnen waren selbst Opfer körperlicher Gewalt oder sexueller Übergriffe.

Hinzu kommt ein weiterer Gesichtspunkt. Maslow (ebd., S. 70) nimmt an, die Mehrzahl der Menschen werde auf eine Bedrohung durch Nihilismus oder Chaos mit einer „Regression von allen höheren Bedürfnissen auf das mächtigere Bedürfnis nach Sicherheit" reagieren.

Regressionsbereitschaft sollte nicht nur mit äußerem, sondern auch mit innerem Chaos in Verbindung gebracht werden. Das innere Chaos sexuell mißbrauchender Menschen ist ein bedingender Faktor für ihre Regressionsbereitschaft. Sie regredieren nicht nur auf die Ebene der physiologischen Bedürfnisse (Sexualität). Sie fallen auch auf die Ebene der Sicherheitsbedürfnisse zurück. Viele sind außerdem aufgrund schwerer Traumen seit ihrer Kindheit auf diese Ebene fixiert. Das erklärt ihre Verhaftung in der Konventionalität ebenso wie die Tatsache, daß sie sich eher an vertraute als an fremde Kinder wenden. Im häuslichen Rahmen und mit ihnen bekannten oder verwandten Kindern fühlen sie sich sicher, ihre sexuellen Vorstellungen durchsetzen zu können, ohne zur Rechenschaft gezogen zu werden.

3.7.1.3. Bedürfnis nach Liebe und Zugehörigkeit

Maslow (1981, S. 12) bezeichnet die 3. und 4. Ebene als zwischenpersönliche Motivationsebene. Die Ebenen der Bedürfnisse, die von materiellen Motivationen bestimmt sind, werden damit verlassen.

Die 3. Ebene beinhaltet das Bedürfnis nach Liebe und Zugehörigkeit. Liebe ist, so Maslow (ebd., S. 312), „ein Grundbedürfnis in der gesunden Entwicklung des menschlichen Wesens". Eine zuneigungsvolle Kindheit schafft alle Voraussetzungen für ein gesundes Erwachsenendasein und für die Fähigkeit, lieben zu können, ohne die eigene Autonomie und die Unabhängigkeit anderer zu gefährden (ebd., S. 94; vgl. Swigart 1993, S. 96). Das heißt, es kann ein Mensch heranwachsen, der die anderen und sich selbst achtet.

Es ist ein Irrtum, wenn Lorenz (1973, S. 16) meint: „Zu große Liebe verdirbt unzählige hoffnungsvolle Kinder ...". Entweder meint er die demonstrierte „Liebe", die sich in Anlehnung an die Ausrichtung des Habens im Bereitstellen von Ersatzbedürfnissen äußert, oder er sieht als Liebe an, was sich in elterlicher Überfürsorglichkeit oder

Verwöhnung zeigt, die im Grunde Angst und Unsicherheit ausdrücken (vgl. Swigart 1993, S. 78 f). Maslow (1981, S. 101) stellt klar, daß Bedürfnisbefriedigung des Kindes nicht Verwöhnung, Selbstverneinung der Erwachsenen oder totale Permissivität bedeutet. Vielmehr müßten Liebe und die Achtung, die dem Kind entgegengebracht werden, mit der Liebe und Achtung gepaart sein, die die Erwachsenen sich selbst entgegenbringen.

Wenn es um Verwöhnung geht, dann ist der grundsätzliche Unterschied zwischen den natürlichen und den neurotischen, das heißt, den Ersatzbedürfnissen, entscheidend. Lowen (1980, S. 175) erklärt:

> „Ein Kind wird durch die Befriedigung natürlicher Bedürfnisse nicht verwöhnt ... >Verwöhnte< Kinder sind neurotische Kinder, denen etwas fehlt. Gewöhnlich fordern sie nur deshalb die falschen Dinge, weil sie nicht wissen, was ihnen fehlt".

In der Verwöhnung werden Kindern „Füllsel" statt Erfüllung angeboten.

Unbefriedigte Bedürfnisse nach Liebe und Zugehörigkeit in unserer westlichen Gesellschaft sind für Lowen (ebd., S. 72) „der häufigste Kern der Fälle schlechter Anpassung und auch schwerer Pathologie". Kinder leiden vermutlich dann am meisten, wenn ihre Eltern auf dieser Bedürfnisebene zu kurz gekommen sind und auch in ihrer Partnerschaft zu kurz kommen. Hinter dem Leid der Kinder stecken die unbewältigten und oft unbewußten Mangelerlebnisse der Erwachsenen.

Viele Eltern sind aufgrund ihrer eigenen Kindheitserlebnisse in der traditionellen patriarchalischen Familie extrem bedürftig. Statt selber Liebe zu geben, erwarten sie Zuwendung und Liebe vom Partner bzw. von der Partnerin und den Kindern. In unserer Gesellschaft, die auf Gefühlserfüllung im reduzierten familiären Raum und auf Abgrenzung nach außen hin zielt, stehen Kindern, außer ihren Eltern, kaum andere erwachsene Bezugspersonen zur Verfügung. Daher werden legitime narzißtische Bedürfnisse des Kindes oft ebenso wenig gestillt wie dies bei der jeweiligen Elterngeneration der Fall war.

Maslow (ebd., S. 312) spricht von der Möglichkeit „der heilenden Liebe", also einer Liebe, die die Wunden aus den Verbiegungen der Kindheit überwinden hilft. Diese könnte sich im therapeutischen Raum einer guten zwischenmenschlichen Beziehung entfalten. Allerdings sind Partner in Beziehungen, die auf Abhängigkeit und einer Erwartungshaltung beruhen, am allerwenigsten dazu in der Lage. Das Verlangen nach der heilenden Liebe richtet sich darum nicht selten auf das eigene Kind.

Levold (7/93, S. 302 f) ist der Ansicht,

> „Wünsche nach Trost und Geborgenheit, Zärtlichkeit, aber auch erotischer Stimulation ... bei denen den Kindern bewußt oder unbewußt elterliche oder partnerschaftliche Aufträge zur effektiven oder realen Versorgung ihrer Eltern gegeben werden, [seien] in bestimmten Grenzen relativ normal".

Die „normalen" elterlichen Wünsche sind als Ausdruck der „Pathologie der Normalität" (Fromm) zu erkennen. Sie deuten auf neurotische Bedürftigkeit der Eltern, auf gravierende Befriedigungsmängel in deren früher Kindheit sowie auf wenig geglückte Erotik zwischen den Ehepartnern hin.

Levold (ebd., S. 303) relativiert seine Aussage insofern, als er der Autonomie und Sicherheit der Eltern einen großen Stellenwert einräumt:

> „Je autonomer und sicherer die Eltern sich fühlen, desto mehr werden sie den Kindern an Versorgung, Schutz und Zärtlichkeit bieten können, denn umso weniger brauchen sie die Kinder zur Herstellung ihrer eigenen Sicherheit. Umgekehrt läßt sich sagen: Das Scheitern der Versorgungsaufgabe manifestiert sich in der Vernachlässigung, das Scheitern der Schutzfunktion in der Mißhandlung und das Entgleisen der zärtlichen Zuwendung im sexuellen Mißbrauch – die Eltern werden ihrer Verantwortung nicht mehr gerecht".

3.7.1.4. Die niederen Bedürfnisse und die Entwicklung der Autonomie

In den Bedürfnissen der drei unteren Ebenen äußert sich übergreifend das Verlangen „nach totalem, uneingeschränktem Akzeptiertsein" (Taëni 1981, S. 41). Die Befriedigung auf diesen Ebenen fördert die Entwicklung von Ich-Stärke und Autonomie (vgl. Zimmer 1992, S. 48). Ich-Stärke und Autonomie sind für Bedingungen des sexuellen Mißbrauchs an Kindern zentral. Die Opfer werden in diesen Fähigkeiten schwer beeinträchtigt, und die Täter könnten ihre Tat nicht begehen, wären sie ich-stark und wirklich autonom.

Zimmer beschäftigt sich gezielt mit den Bindungsbedürfnissen des Kindes, also mit jenen Bedürfnissen, die auf Körperkontakt, Sicherheit und Geborgenheit sowie auf Zuwendung zielen. Sie berichtet von einem Stamm in Papua-Neuguinea (auf einer Trobriand-Insel), der die frühkindlichen physiologischen und zwischenmenschlichen Bedürfnisse im Rahmen einer Großgemeinschaft fast durchgehend erfüllt. Die solcherart befriedigten Kinder werden nicht zu verwöhnten Tyrannen, sondern vielmehr „zu früh autonomen, hilfsbereiten Kindern, die auch physisch beeindruckend gesund sind" (Zimmer ebd.). Die Mutter spielt innerhalb dieser Gemeinschaft insofern eine besondere Rolle, als sie das Kind stillt. In dem geschilderten Beispiel bestimmen die Kinder selbst, wann sie gestillt werden und wie lange sie den Körperkontakt wollen. Für den weiteren Körperkontakt stehen auch die anderen Mitglieder der Gemeinschaft, hauptsächlich die größeren Kinder, zur Verfügung. Es kommt zu einem „Einklang zwischen Bedürfnis und Bedürfniserfüllung", der keineswegs zu Verwöhnungssymptomen, sondern zur frühen Selbständigkeit des Kindes führt (Zimmer ebd.).

Werden Kinder dieses Stammes in ihren Grundbedürfnissen frustriert, dann zeigen sie, ähnlich wie betroffene Kinder der westlichen Gesellschaft, klammerndes Verhalten. Außerdem stellen sie ihre Explorationsfreude ein (Zimmer ebd.). Zusammenfassend stellt Zimmer (ebd.) fest: Je zuverlässiger Kindern die Bedürfnisse nach Sicherheit und

Bindung sowie nach Eigeninitiative gewährt werden, um so besser entwickelt sich ihr Selbstbewußtsein und ihre Autonomie.

Zimmers Erkenntnisse werden von klinischen Untersuchungen gestützt. Levold (7/93, S. 297) weist nach, „daß die systematische Frustrierung von Bindungsbedürfnissen die Entwicklung von Autonomie nachhaltig beeinträchtigen kann".

Wichtig ist, daß Selbstbewußtsein und Autonomie nicht nur auf selbständiges Handeln vorbereiten, sondern das Kind auch befähigen, Nähe und Hilfe zu erbitten, wenn es notwendig wird (ebd., S. 300). Kindern, die in der traditionellen Familie unserer Kultur ausgebeutet werden, ist nicht nur selbstbestimmtes Handeln verwehrt. Auch die Suche nach Hilfe und Alternativen wird durch fehlende Autonomie sowie durch die Ausschließlichkeit der Eltern-Kind-Beziehung und das Gebot, Vater und Mutter zu ehren, verstellt.

Die Beobachtungen, die Bettelheim (1971) über das Leben und die Bedürfnisbefriedigung von Kindern in einem Kibbuz machte, bestätigen Zimmers Ausführungen. Die frühkindlichen Bedürfnisse wurden in dem Kibbuz, den Bettelheim untersucht hat, verläßlich durch verschiedene Personen erfüllt, und zwar durch Erwachsene und durch die Gleichaltrigen-Gruppe (ebd., S. 198). Wegen der guten körperlichen und seelischen Gesundheit dieser Kinder vermutet Bettelheim (ebd.), daß nicht „alle Befriedigungen, Herausforderungen und Versagungen von derselben Person ausgehen müssen, um das Überleben oder die seelische Gesundheit zu garantieren".

Bettelheim (ebd., S. 201) geht auf die seinerzeit typische amerikanische Mittelstandsfamilie – mit einer allgegenwärtigen Mutter und einem zumeist abwesenden Vater – ein. Er stellt fest, daß Kinder innerhalb dieses patriarchalischen Familienmodells – anders als die Kibbuzkinder – vor allem von Ersatzbedürfnissen geleitet werden.

3.7.1.5. Höhere Bedürfnisse

Mit der 4. Ebene beginnen die Bedürfnisse, die mit der Individuation und der Stärkung der Individualität zu tun haben. Der 4. Ebene ist das Bedürfnis nach Achtung und Wertschätzung durch andere sowie Selbstachtung und Selbstvertrauen zugeordnet. Am wichtigsten schätzt Maslow (1981, S. 103) die Selbstachtung ein. Sie beruht auf dem Vertrauen in die eigenen Kräfte, also auf Ich-Stärke.

Kindern, die schon in der frühen Kindheit seelische oder körperliche Gewalterfahrungen machen, wird es schwerlich gelingen, Vertrauen in die eigenen Kräfte und Selbstachtung aufzubauen. Bei älteren Kindern führen Gewalterfahrungen zur Bedrohung oder Zerstörung des Selbstvertrauens und der Selbstachtung. Das gilt besonders für sexuelle Gewalterfahrungen. Auch für Täter sexuellen Mißbrauchs sind mangelnde Selbstachtung und ein mangelndes Selbstwertgefühl charakteristisch. Häufig waren sie in der Kindheit selbst Opfer schädigender Übergriffe durch Erwachsene.

Für Menschen mit mangelnder Selbstachtung ist Anerkennung durch die Außenwelt außerordentlich wichtig. Wird das Selbstwertgefühl bedroht, kann es zu einer Krise kommen. Besonders Männer versuchen in solchen Situationen, der Bedrohung durch verstärkte Kontrolle und Macht – über Menschen und die Situation – entgegenzuwirken. In vielen Fällen greifen sie zu dem Machtmittel Gewalt, auch zu sexueller Gewalt. Das heißt, sie regredieren.

Den verbreiteten Mangel an Selbstachtung führt Fox (1981, S. 2 ff) auch auf das kirchliche Dogma der Erbsünde zurück. Die Kirche vermittle den Menschen, in einem sündigen Zustand auf die Welt zu kommen, statt sie ihres göttlichen Ursprungs zu versichern. Den kirchlichen Lehren entsprechend, wird das Erscheinen Jesu Christi, sein Leben und sein Wirken, auf den Gedanken der Sündenerlösung hin interpretiert. Für Fox ist Jesus Christus jedoch vorrangig als „Erinnerer" erschienen, als Erinnerer an unseren göttlichen Ursprung, an die Urgnade, die im Menschen und dem menschlichen Leben angelegt ist. Dieser Gedanke geht auf Meister Eckhart zurück.

Fromm (1979, S. 121 f) findet den Erlösungsgedanken dann sinnvoll, wenn er auf die Wiederherstellung der verlorenen Einheit mit Gott und den Menschen bezogen wird. Sünde sei „als Getrenntsein" zu verstehen; auch verschiedene Kirchenväter hätten diesen nicht-autoritären, von Jesus Christus gemeinten Sündenbegriff vertreten.

Fromms und Fox' Ausführungen zeigen, daß es eine Verbindungslinie zwischen der auf Augustinus fußenden Lehre von der Erbsünde und dem geringen Selbstwertgefühl und der geringen Selbstachtung vieler Menschen gibt. Die direkte oder indirekte Vermittlung dieser Lehre erfolgt vorrangig durch die Eltern.

Die Bedürfnisse nach Selbstvertrauen, Achtung durch andere und Selbstachtung kommen der Selbstverwirklichung als einem spezifisch menschlichen Bedürfnis nahe (vgl. Maslow 1981, S. 130). Die im Dienste der Selbstverwirklichung stehenden Bedürfnisse finden sich auf der 5. Ebene. Maslow (ebd., S. 78) spricht auch ihnen „einen begehrenden Charakter" zu. Das Bedürfnis nach Wissen und Verstehen z. B. sei ebenso Ausdruck der Persönlichkeitsbedürfnisse wie die anderen Grundbedürfnisse.

Die Bedürfnisse der 5. Ebene tauchen in der Regel erst dann auf, wenn die physiologischen sowie die Bedürfnisse nach Sicherheit, Liebe und Achtung befriedigt sind.

Sich selbstverwirklichende Menschen sind „freigestellt für Wachsen, Reifen, Entwicklung, mit einem Wort, für die Erfüllung und Verwirklichung ihrer höchsten individuellen und spezieshaften Natur" (ebd., S. 231). In ihnen äußert sich der Drang, „immer mehr zu dem zu werden, was man idiosynkratisch ist, alles zu werden, was zu werden man fähig ist" (ebd., S. 74)[11]. Es geht ihnen darum, „die Bedürfnisse [der] Seele zu kultivieren und zu nähren ..." (Zukav 1990, S. 121). Sie gewinnen „Extase, Inspiration und Stärke aus den Grunderfahrungen des Lebens ..." (Maslow 1981, S.

194). Ihre Entwicklung wird eher von innen als von außen bestimmt (ebd., S. 164). Das Verhalten ist „... weniger von Angst, Furcht, Unsicherheit, Schuld, Scham determiniert und mehr von Wahrheit ..." (ebd., S. 331). Die Befriedigung ihrer Strebungen bringt eine Intensivierung der Freude, der Zufriedenheit oder des Genusses. Es kommt zur Änderung im Wunsch- und im Frustrationsniveau, zu einer „Bewegung zur Metamotivation und zu Seins-Werten", und es eröffnen sich die Möglichkeiten zu Grenzerfahrungen (ebd., S. 104).

Selbstverwirklichte Menschen sind von den Befriedigungsmöglichkeiten ihres physischen und sozialen Umfeldes unabhängig (ebd., S. 193). Ihre Unabhängigkeit und Freiheit beweist sich auch in der Fähigkeit, Mangel ohne größere Frustration ertragen zu können (ebd., S. 87) bzw. in ihrer Fähigkeit zum Verzicht (vgl. Vasse 1973, S. 180). Außerdem zeigt sie sich in dem Schwinden von Wiederholungsmechanismen, Prestigedenken oder der Anfälligkeit für Suggestionen (etwa durch Reklame) (ebd., S. 319).

Von Wichtigkeit für das spezifische Thema des sexuellen Mißbrauchs an Kindern ist, daß bei Selbstverwirklichern das Es, das Ich und das Über-Ich zusammenarbeiten. Sie sind „synergisch; sie kämpfen nicht untereinander, noch sind ihre Interessen in grundlegendem Konflikt wie bei Neurotikern" (Maslow 1981, S. 211). Das ist mit einer der Gründe für die außergewöhnliche Wahrnehmungsfähigkeit dieser Menschen (ebd., S. 235) und ihre Fähigkeit zu positiven zwischenmenschlichen Beziehungen. Ihnen geht es eher darum, Liebe zu geben als Liebe zu empfangen (ebd., S. 313). Wie Maslow (ebd.) betont, sind sie bemüht, andere Menschen – auch Kinder – nicht zu erniedrigen. Entgegen den Tendenzen unserer Kultur behandeln sie Kinder sehr respektvoll.

Alles menschliche Potential drängt danach, sich zu entwickeln und zu reifen. Ein Großteil des Potentials entwickelt sich nicht, und Maslow (ebd., S. 24) bedauert „die Leichtigkeit, mit der menschliches Potential vernichtet oder unterdrückt werden kann". Unterdrückung und Vernichtung führen dazu, daß viele Menschen sich mit einer niedrigen Bedürfnisebene zufriedengeben. Damit stumpfen ihre höheren Strebungen ab oder verschwinden (ebd., S. 80). Maslow sieht einen weiteren Bedingungsfaktor: Die Entwicklung des menschlichen Potentials mißlinge auch darum so oft, weil sich die höheren Bedürfnisse nicht so drängend äußerten wie die niedrigeren (ebd., S. 314). Diese Ansicht steht zu Fromms Einschätzung in Widerspruch. Für ihn sind die höheren Bedürfnisse die bestimmenderen. Der in dieser Frage bestehende Gegensatz zwischen Maslow und Fromm läßt sich auflösen, wenn angenommen wird, daß Maslow die Bedürfnisse des „normalen" Menschen im Blick hat, der regressiv oder auf eine niedrige Ebene fixiert ist. Für einen solcherart entfremdeten Menschen haben die höheren Bedürfnisse (noch) keinen „begehrenden Charakter".

3.7.2. Mangel und Mangelmotivation

Entscheidend für die Ausrichtung eines Menschen ist, ob er in erster Linie von Wachstumsstrebungen oder von Mangel motiviert wird.

Selbstverwirklicher sind Wachstumsorientierte. Ihr Streben wird, so Taëni (1981, S. 40 f – in Anlehnung an Freud), vom „Lebenstrieb" bestimmt, der sich in pulsierender Energie äußert. Fromm spricht in diesem Zusammenhang vom >Wachstumssyndrom< (1979, S. 118). Zu ihm gehören Biophilie, Liebe, Unabhängigkeit und Freiheit, die untereinander konvergieren.

Sexuell mißbrauchende Menschen sind nicht auf Wachstum ausgerichtet. Sie werden von Mangel motiviert. Über den mangelmotivierten Menschen sagt Maslow (1981, S. 193):

> „Mangelmotivierte Menschen müssen andere Menschen verfügbar haben, da die meisten ihrer Hauptbedürfnisbefriedigungen (Liebe, Sicherheit, Achtung, Prestige, Geborgenheit) nur von anderen menschlichen Wesen kommen können". Ein solcher Mensch ist also „abhängiger und weniger autonom und selbstbestimmt, das heißt, von der Umwelt geformter als von seiner eigenen inneren Natur" (ebd., S. 98).

Diese Beschreibung trifft auch auf fixierte Menschen zu.

Diese Menschen sind entweder auf die Person, die den Mangel verursacht hat, oder auf eine Ersatzperson fixiert. Sie können auch auf die Ersatzsuche fixiert sein. Fixierung ist mit klammerndem Verhalten und mit der Tendenz zur Sucht verknüpft.

Janov (1990, S. 117) zeichnet die Linie nach, die sich von Befriedigungsmangel über Gefühlsverdrängung hin zu Fixierungen zieht. Bezugnehmend auf Freud sagt er: „In einer Hinsicht hat Freud recht. Befriedigungsmangel hat Fixierungen zur Folge, unaufhörliche Versuche, den erlittenen Mangel im späteren Leben auszugleichen" (Janov, ebd.).

Auch Schmidbauer (1976, S. 95) geht auf den Aspekt der Fixierung bei frühkindlichem Mangel ein. Die fortgesetzte Suche des heranwachsenden Kindes nach Befriedigung äußere sich vielfach als Anspruchshaltung. Da die Bereitstellung von allen möglichen materiellen Dingen (also von Ersatz) nicht zu wirklicher Befriedigung führen könne, erschienen die betreffenden Kinder in ihrer Unzufriedenheit als „verwöhnte" Kinder.

Ein Großteil von Kindesmißbrauchern sind in entscheidenden Bereichen ihrer Persönlichkeit auf einer frühen Entwicklungsstufe stehengeblieben, also fixiert. Sie werden unbewußt von ungestillten Bedürfnissen bestimmt und klammern sich an die Befriedigungssuche und an das Objekt ihrer Suche oder Sucht.

Der Schluß liegt nahe, daß es sich beim Eltern-Kind-Inzest um besonders schwer geschädigte und besonders bedürftige Menschen handelt. Sie richten ihre Bewältigungs- und Befriedigungssuche auf das eigene Kind, weil es ihnen um die gesamte Palette der

Bedürfnisse von der 1. bis zur 4. Ebene geht, nämlich um physiologische Bedürfnisse, Sicherheits- und Zugehörigkeitsbedürfnisse sowie um Bedürfnisse nach Liebe und Achtung. Dem abhängigen Kind in der isolierten und reduzierten Kernfamilie unserer Kultur wird bei der Bewältigungs-, Kompensations- und Befriedigungssuche des entfremdeten und frustrierten Erwachsenen ein hoher Grad an Erfüllungsmöglichkeiten zugesprochen: Es vertraut dem Erwachsenen, ist ihm unterlegen, schwach und abhängig (2. Ebene), liebt (3. Ebene) und bewundert ihn (4. Ebene).

Daß die Suche des erwachsenen Mannes sich so häufig in Sexualität (1. Ebene) mit einem Kind kanalisiert, hat, wie ausgeführt, mit den Gegebenheiten unserer patriarchalischen Gesellschaft zu tun.

3.7.3. Verdrängung, Abspaltung

Während die Befriedigung der natürlichen, lebensdienlichen Bedürfnisse den kindlichen Reifungsprozeß begünstigt und das Selbstbewußtsein fördert (vgl. Lowen 1980, S. 175), führt fortgesetzte Entbehrung zu einem Katastrophenzustand. Um nicht von Schmerz überwältigt zu werden, trennt das Kind die traumatischen Erfahrungen und Gefühle vom Bewußtsein ab (vgl. Janov 1992, S. 15; Miller 1988, S. 8).

Die Traumen der frühen Kindheitsphasen sind besonders tief und unzugänglich. Die an sie gebundenen verdrängten Gefühle seien, so Ude-Pestel (die Autorin des Buches „Betty"), wegen der erst später einsetzenden Hirnreifung den höheren Regionen des Gehirns, also der Rationalität, nicht bekannt. Ihre Unzugänglichkeit und Unbekanntheit machten sie für den Menschen so bedrohlich. Im extremen Fall entstehe die Angst, von ihnen überflutet und verrückt zu werden.

Die Abtrennung oder Abspaltung verletzt die innere Struktur des Menschen und behindert sein Wachstum. Im ungünstigsten Fall tritt ein Zerfallsprozeß jener Kräfte ein, die im Sinne einer stützenden Kooperation eigentlich zusammenarbeiten müßten[12].

Abspaltung und die damit verbundene Desorganisation der psychischen Struktur ziehen ein reduziertes Gefühlsspektrum und eine defizitäre Wahrnehmung nach sich. Die Fähigkeit zu fühlen und Mitgefühl für andere zu entwickeln ist bei vielen Erwachsenen ebenso eingeschränkt wie ihre Fähigkeit, die Bedürftigkeit und Hilflosigkeit von Kindern richtig wahrzunehmen. Das gilt für Kindesmißbraucher in besonderem Maße. Ihre Wahrnehmung nach außen und innen ist gestört. Der Nicht-Wahrnehmung der kindlichen Bedürfnisse entspricht die nicht entwickelte Wahrnehmung der eigenen Gefühle und Bedürfnisse.

Ein weiteres mögliches Symptom von Verdrängung und Abspaltung ist eine permanente Kampfstimmung (vgl. Gruen 1986, S. 40), die auf Spannungen zurückgeht. Janov (1992, S. 15 ff, 43 ff) zeichnet den Weg von mangelnder Bedürfnisbefriedigung über Gefühlsverdrängung hin zur Neurose, zu körperlichen und seelischen Spannungszuständen nach. Spannung bezeichnet er kurz als „ein vom Bewußtsein abgetrenntes Fühlen" und folgert, erst mit Erfüllung authentischer Bedürfnisse könne der Mensch sich selbst wieder fühlen (ebd., S. 17). Aus Gruens und Janovs Feststellungen können wir den Schluß ziehen, daß die Befriedigung von Grundbedürfnissen die besten Voraussetzungen für einen fühlenden und damit friedlichen Menschen schaffen.

Wenn häufig abgespalten und verdrängt wird und somit der Kontakt zu den inneren Kräften, zur Quelle der Lebendigkeit und der eigenen wahren Natur verloren geht, dann sind außerdem Apathie und Erstarrung zu erwarten (vgl. Gruen 1986, S. 94). Aus den Verlusten erwächst das Verlangen, sich selbst und die eigene Lebendigkeit wieder fühlen zu können – ein Verlangen, das mit zu den tiefsten und grundlegendsten Motiven jeglicher Ersatzsuche gehört. Aber erst, wenn das Verborgene konfrontiert und das Abgespaltene bewußt gemacht wird, kann das Selbst sich befreien, die eigene Lebendigkeit wiedergewinnen und, wie viele Märchen zeigen, zur Verwandlung und Erlösung gelangen.

Statt den Weg nach Innen anzustreben, richtet sich die Suche nach Verlebendigung und Spannungsabbau zumeist auf die Außenwelt und mündet häufig in eine Sucht oder in destruktive Reizsuche. Das wissen die Medien geschickt zu nutzen, wie der steigende Sensations-Gewalt-Sex-Pegel ihrer Erzeugnisse zeigt. In der doppelten Bedeutung des Wortes „Sensationen" schlägt sich nieder, was hinter dem Reizhunger, bei dem es um Sensationen geht, wirklich steckt: Auf der Oberfläche geht es um Sensationen; in Wirklichkeit geht es um „sensations", also um Empfindungen für Menschen, die ihren wirklichen Empfindungen entfremdet sind.

3.7.4. Abwehr

Wiederholter, als bedrohlich empfundener Mangel an Befriedigung grundlegender Bedürfnisse erzeugt einen Gefühlsansturm, den das kleine Kind nicht bewältigen kann. Daher wird es die Bedürfnisse und Gefühle verdrängen. Um sie dem Bewußtsein fernzuhalten und die heftigen Gefühle wie Angst, Schmerz und Wut nicht spüren zu müssen, baut sich ein System zur Blockierung oder Abwehr auf.

Die authentischen Bedürfnisse und Gefühle des in der westlichen Kernfamilie aufgewachsenen Menschen sind in der Regel unter einem Wall von Abwehr verborgen (vgl. Maslow (1981, S. 125; Taëni 1981, S. 74). Somit liegt auch der Kern der Persönlichkeit unter vielen „Oberflächenschichten" vergraben.

Tart (1988, S. 200; vgl. Taëni 1981, S. 76; Keen 1985, S. 78) bezeichnet die verschiedenartigen Abwehrmechanismen, die er auch „Puffer" nennt, als Lügen. Sie beeinflussen unseren Alltag ständig und nachhaltig (vgl. Taëni 1981, S. 74) und verstellen eine klare Sicht auf unsere Wirklichkeit (ebd., S. 240). Auch Freud war sich darüber im klaren, „daß die Abwehrmechanismen eine falsche Wahrnehmung der Wirklichkeit zur

Folge haben und damit den Reifungsprozeß des Individuums schwer beeinträchtigen" (ebd., S. 72). Trotzdem gehen Freudianer von der Notwendigkeit des Abwehrsystems aus und setzen ein starkes Abwehrsystem mit Gesundheit und guter Integration gleich (vgl. Taëni ebd., Janov 1992, S. 25). Dagegen steht Janovs (1992, S. 25; vgl. ebd., S. 50) Ansicht: „Je stärker die Abwehr eines Menschen, um so kränker ist er, das heißt, um so irrealer".

Die Notwendigkeit der Abwehr werde von einer entfremdeten Gesellschaft geschaffen, gibt Taëni (1981, S. 240 f; vgl. S. 74) zu bedenken. In ihr gelte „zwanghaftes und lebensfeindliches Abwehrverhalten" als „normal". „Eine tragende Säule der Abwehr" sei das „Ersatz-Ich" und seine Charaktermaske (ebd., S. 79).

Das, was für Kinder notwendig und lebensrettend ist, also zu verdrängen, abzuspalten und abzuwehren, wirkt sich im Erwachsenenleben lebenszerstörend aus (vgl. Miller 1988, S. 57), auch auf das Umfeld. Zu den Auswirkungen gehört, wie erwähnt, die Suche nach den verlorenen Gefühlen und nach Verlebendigung. Es erscheint zunächst widersprüchlich, daß die verlorenen Gefühle einerseits abgewehrt und andererseits gesucht werden. Zu erklären ist das aus der Unbewußtheit dieser gegeneinander wirkenden Kräfte und aus der schwer aufzulösenden Paradoxie, daß Fühlenwollen mit Schmerzen verbunden ist. Diesen möchte man aus dem Weg gehen.

Sowohl Verdrängung als auch Gefühlsabwehr schlucken Energie. Zunächst wird Energie aufgewendet, um zu verdrängen. Wird das Verdrängte dann berührt, erfordert der Widerstand, dem man ihm entgegenbringt, erneut viel Kraft (vgl. Fromm 1983, S. 99). Dies behindert oder verhindert das Wachstum (vgl. Woititz 1993, S. 128; Tart 1988, S. 212 f). Wie erwähnt, versuchen viele Menschen, ihre Energiedefizite zu beheben, indem sie andere materiell, emotionell oder sexuell ausnutzen.

Unsere Gesellschaft unterstützt die Abwehr von Gefühlen und stellt die entsprechenden Mittel bereit. Begehrte Abwehrmittel sind das Kaufen, Süchte und sexueller Konsum. Taëni (1981, S. 240) ist überzeugt, „daß die gesellschaftlichen Strukturen in ihrer Gesamtheit prinzipiell der Abwehr dienen".

Die gesellschaftliche Mythenbildung ist ein weiterer Faktor, der Abwehr begünstigt. Zum Männermythos gehört das Bild vom Mann, der keine Gefühle zeigt und damit zu erkennen gibt, keine Gefühle zu haben. Männern ist darum, mehr als Frauen, verwehrt, ihren Abwehrschutz fallenzulassen. Hochsteigende Angst oder andere Gefühle, die mit Schwäche assoziiert werden, werden daher immer wieder mechanisch unterdrückt. An ihrer Stelle schaffen sich häufig Wut oder Aggressionen eine Bahn. Diese sind aber, wie Taëni (ebd., S. 59) erklärt, „keine wirklichen Gefühle, sondern nur ein unvollkommener emotionaler Ersatz dafür".

Statt eigene Angst zu fühlen, wird oft versucht, Angst auf andere abzuwälzen (ebd., S. 129 ff). Zu erinnern ist an zwischenmenschliche Abwehrmaßnahmen, die Laing (1979, S. 21) beschrieben hat. Ein mit starker Abwehr lebender Mensch überträgt seine Ängste häufig auf andere. Taëni (1981, S. 134) sagt: „Angst ist übertragbar wie eine ansteckende Krankheit". Neurotische Eltern übertragen ihre Ängste vorzugsweise auf die eigenen Kinder.

Bei sexuellem Mißbrauch an Kindern spielt Angst eine herausragende Rolle. Sichtbar und spürbar werdende Angst und Schreckgefühle des Kindes erhöhen die vom Täter gesuchte Lust (vgl. Moser 1996, S. 15). Außerdem könne der Täter, so Moser (ebd.), Schrecken einflößen, ohne sich selber gefährdet zu fühlen. Er leite Macht „vom Angstmacher-Gott" ab und übernehme sie für kurze Zeit. In diesem Vorgang sei eine „Umkehr auch von frühen Macht- und Demütigungstraumen" zu sehen (Moser, ebd.).

Neben dem Wiederholungs- und Verlagerungsmechanismus, der hier angesprochen wird, gerät auch der Aspekt der Angstabwehr in den Blick. Indem der Täter dem Kind Angst einflößt, wehrt er die eigene Angst ab und leitet sie auf das Kind über.

Angst pflanzt sich nicht nur durch Angstübertragung fort. Auch repressive autoritäre Erziehungsmethoden sowie gewalttätige Übergriffe sind Ursachen für Generationen umspannende familiäre Muster der Angst. Die wie durch Ansteckung verbreitete Angst fließt in unsere Lebenswirklichkeit ein und bestimmt sie maßgebend (vgl. Taëni 1981, S. 133 f, 187 ff). Zu den Forderungen unserer Gesellschaft an männliche Menschen gehört jedoch, keine Angst zu zeigen. Folglich muß das Abwehrsystem gegen Angst bei Jungen und Männern besonders stark sein.

Taëni (ebd., S. 209 f) ist überzeugt, daß in höheren beruflichen Positionen vor allem Menschen sitzen, die besonders gut verdrängen können und daher besonders abwehrbedürftig sind. Seiner Definition nach sind dies „ungewöhnlich stark angstgeprägte Menschen, die jedoch aufgrund ihrer erfolgreichen Abwehr besonders >normal<, also gerade besonders angstlos erscheinen". Es sind „entfremdete Menschen, die ... ihre Abwehr weit höherschätzen als das Leben".

Sexueller Mißbrauch an Kindern, darauf muß erneut hingewiesen werden, geschieht vor allem durch Männer aus dem Mittelstand, die sich nicht selten in gehobenen Positionen befinden. Erfolgsmenschen haben oft nicht nur eine besonders gute Abwehr, sie unterliegen in der Regel auch vielfältigen Streßfaktoren, ohne sie durch körperliche Bewegung abzubauen. Auf diesem Hintergrund wächst die seelische Not des von Abwehr bestimmten Menschen. Viele gefährdete Männer suchen Entlastung und Kompensation in konsumierender Sexualität. Häufig wird die Suche auf ein Kind gerichtet, da man einem Kind gegenüber weniger Angst hat und die eigene Angst eher auf ein Kind als auf eine erwachsene Person übertragen und somit abwehren kann.

3.7.5. Ersatzbedürfnisse – Ersatzbefriedigungen

Auf Scheler geht die „Surrogatbildungstheorie" zurück. Sie hat die Befriedigung tief liegender Bedürfnisse durch Ersatz zum Inhalt (vgl. Richter 1986, S. 169). Richter (ebd.) ist der Ansicht,

> „daß unsere Gesellschaft in hohem Maße genau von dem Mechanismus betroffen ist, den Scheler mit seinem Gesetz von der Surrogatbildung beschrieben hat: Das heißt: Wir sind überwiegend in einem so hohen Maß tief innerlich verzweifelt, daß wir darauf angewiesen sind, uns in oberflächliche Surrogatbefriedigungen zu flüchten".

Der Suche nach Surrogatbefriedigungen liegen Ersatzbedürfnisse und diesen, unbewußt, authentische Bedürfnisse zugrunde. Ersatzbedürfnisse sind Wünsche, die in ihrer Mächtigkeit des Verlangens die ganze Person, ihr Denken, ihre Emotionen sowie ihr Handeln bestimmen und zu zahllosen Erfüllungsversuchen drängen. Von den grundsätzlich vorhandenen authentischen Bedürfnissen sind sie schwer zu unterscheiden, weil sie ihnen phänomenologisch gleichen und sich gleich anfühlen (vgl. Maslow ebd., S. 311).

In Ersatzbedürfnissen, oder „neurotischen Bedürfnissen", sieht Janov (1992, S. 16) eine Tarnung für unbefriedigte wirkliche Bedürfnisse. Im Grunde symbolisiere der Ersatz die echten Bedürfnisse.

Zukav (1990, S. 194 f) ordnet die authentischen Bedürfnisse der Seele und die Ersatzbedürfnisse, die er als „künstliche Bedürfnisse" bezeichnet, der Persona zu. Ähnlich wie Janov (vgl. 1993, S. 38) erörtert er den Komplex der künstlichen Bedürfnisse unter dem Gesichtspunkt des Energieverlusts. Nicht nur das Individuum verliere durch die Ersatzsuche Energie, sondern letztlich die gesamte Umwelt. Künstliche Bedürfnisse seien „unnötige Abwehrmechanismen" und Auswüchse der „künstlichen Persönlichkeit", die uns zu einem bestimmten Verhalten zwinge (Zukav, ebd.). Zukav nimmt hier Bezug auf die Desorganisation und Desintegration der innerpsychischen Kräfte. Mächtige, unintegrierte und nach Ersatzbefriedigung drängende Teilaspekte des Ichs bestimmen die Wünsche und Handlungen des Menschen. Eine leitende innere Instanz, also ein starkes Ich bzw. eine wirkliche Persönlichkeit, fehlt.

In der „Methode, unerträgliches Leiden durch oberflächlich machbare Befriedigungen kompensatorisch abzuwehren", sieht Richter (1986, S. 166) „eine der zu höchster Virtuosität gediehenen Beschwichtigungsstrategien unserer Zivilisation". Zu den Surrogatbefriedigungen zählt er, neben Sexualität und Konsum, auch „Spiele" im Sinne Bernes (ebd., S. 166 ff). Die genannten Ersatzmittel sind häufig mit dem Ersatzbedürfnis nach Macht gepaart. Das ist ein Beweis für die in ihnen steckende Zerstörungskraft.

Den auf Ersatzbefriedigungen und Abwehr ausgerichteten Mechanismus nennt Taëni (1981, S. 207) „die Entartung der Bedürfnisbefriedigung". Repräsentanten seien u.a.

das Patriarchat (ebd., S. 212), der Funktionalismus (ebd., S. 214) und „die monopolitischen Fürsorger" (ebd., S. 217). Mit den monopolitischen Fürsorgern meint er die institutionalisierte Versorgung. Sie versorge den Menschen in seinem institutionalisierten „Kerker" aus Abwehr mit allem, wonach er verlangt (S. 218). Unsere „Abwehrgesellschaft" sei darauf ausgerichtet, „die Ersatzbedürfnisse derer, die ihre wahren Bedürfnisse nicht mehr kennen, zu befriedigen" (Taëni, ebd.).

Ein Beispiel für die Funktionalität einer Abwehrgesellschaft und für den Suchtcharakter der Abwehr (Taëni 1981, S. 218) ist Huxleys „Schöne neue Welt" (1932).

In Huxleys Utopie einer zukünftigen Welt sorgt ein ausgeklügeltes System von Ersatzbefriedigungen für das reibungslose Funktionieren der Gesellschaft. Das Versorgungssystem mit Ersatzbefriedigungen ist so aufgebaut, daß die genormten Menschen durch Verplanung ihrer Erfahrungsräume nicht zur Besinnung kommen. Somit merken sie nicht, wie gelenkt, fremdbestimmt und süchtig sie sind. Nachdenken und Erspüren ihrer wirklichen Bedürfnisse sind in der Grundplanung als Möglichkeiten ebenso ausgeschlossen wie Wut oder Rebellion.

In dieser Welt, in der „das Schwergewicht von Wahrheit und Schönheit auf Bequemlichkeit und Glück ..." (ebd., S. 198) verlegt worden ist, leben die sich gänzlich entfremdeten Menschen ihr Leben des Ersatzes in einem beständigen Trancezustand. Die Versklavung gelingt, weil sie versüßt wird durch gleichmäßiges, pillengesteuertes Wohlergehen, Befreiung von Verantwortung und Bereitstellung von Komfort sowie ständiger sexueller Befriedigung. Im Endeffekt gelingt die Versklavung, ähnlich wie in Dostojewskis „Großinquisitor" angesprochen, durch Infantilisierung.

Ebenso wenig wie der „normale Mensch" unserer Welt kann der Mensch in Huxleys Utopie als normal im Sinne der Humanistischen Psychologie gelten. Für diese ist Normalität mit dem Streben nach „Vollkommenheit, Vorzüglichkeit, idealer Gesundheit, der Erfüllung menschlicher Möglichkeiten ..." verknüpft (Maslow 1981, S. 312).

Aufschlußreich ist in diesem Zusammenhang eine Umfrage der Universität Michigan für die lokale Telephon-Gesellschaft. Ziel war, herauszufinden, welche Dinge die Befragten sich in einer >Welt von Morgen< wünschen (vgl. Riesman 1973, S. 343). Das Ergebnis gibt zu denken. Pläne für die Entwicklung des einzelnen oder der Gesellschaft wurden kaum genannt, vielmehr phantasievolle technische Einrichtungen. Unter anderem ging es bei vielen um den Wunsch, eine Maschine zu haben, „die ihnen auf Wunsch jede Szenerie, jeden Laut und Geruch, jedes Klima beischafft, ohne daß sie das Haus verlassen müssen". Hierin äußert sich, was Riesman (ebd., S. 344) „den Kult der Mühelosigkeit" nennt.

Dieser Kult ist Ausdruck von Regressivität und dem Vorherrschen von Ersatzbedürfnissen. Anders als nicht entfremdete Menschen, die mit ihrem Körper, ihren Gefühlen und ihren wirklichen Bedürfnissen in Kontakt sind, tendieren entfremdete Menschen offensichtlich dazu, sich eine Art Befriedigungsmaschine in unmittelbarer Nähe, zu Hause, zu wünschen. Diese Maschine soll sie der Mühe entheben, sich dem Unbekannten und den Herausforderungen eines weiteren Umfeldes zu stellen.

In die geschilderten Wunschphantasien spielt der Mythos von Familie und Heim als Ort der Glücksversprechungen mit hinein. Viele Kinder werden für ihre Eltern oder andere Familienmitglieder zu einer Art Befriedigungsmaschine. Das wird bei Inzest besonders deutlich. Im Sinne des „Kults der Mühelosigkeit" werden zahlreiche Kinder in der Familie für die entfremdeten neurotischen Wünsche von Erwachsenen in Anspruch genommen und nun ihrerseits in die Entfremdung und Neurose getrieben (vgl. Janov 1993, S. 32).

Wilber (1988, S. 28) und Taëni (1981, S. 289 f) wollen neben individuellen auch kollektive Gründe für den Aufbau von Ersatzbedürfnissen ins Bewußtsein rufen. Ersatzbedürfnisse seien ursächlich mit der Entwicklung der Menschheitsgeschichte verknüpft. Hinter allen Strebungen nach Ersatzbedürfnissen wie Konsum, Sex oder Macht stecke in der tiefsten unbewußten Schicht das Verlangen des Menschen nach der spirituellen Sphäre, nach integraler Einheit. Es gehe um den „Wesenskern" als Quelle der Ganzheit und Lebensenergie. Die mögliche Verbindung zu dieser Quelle werde durch den Zustand permanenter Angst blockiert.

Wilber (1988, vgl. vor allem S. 349 ff)) stellt das „Atman-Projekt" als ein umfassendes kollektives Ersatzsystem vor. Die aus dem Garten Eden entfernte Menschheit habe auf der Suche nach „Atman", also nach der Urquelle, der Einheit und Ganzheit, ein illusionäres System errichtet. Es beruhe auf dem Trugschluß, die erreichte evolutionäre Stufenleiter sei bereits die Endstufe. Das Bewußtsein identifiziere sich auf der jeweiligen Ebene der Evolution

> „ausschließlich mit dieser Ersatzbefriedigung, bis es diese durch und durch genossen hat und ihrer müde geworden ist; bis der Eros dieser Ebene seine Anziehungskraft verloren hat; bis seine Wünsche und Begierden aufhören, zu verlocken und zu motivieren" (Wilber, ebd. S. 350).

Alle Bedürfnisebenen seien im Grunde Ersatzebenen und jeder Ersatz im Grunde ein Ersatz für den Geist. Ähnlich wie Maslows Bedürfnispyramide – über diese jedoch hinausweisend – hat die von Wilber (ebd.) beschriebene „Große Kette des Seins" folgende Stufenfolge: „Materie/Nahrung/Geld, Sexualität, Macht, Zugehörigkeit zu einer Gemeinschaft, begriffliches Wissen, Selbstachtung, Selbstverwirklichung, subtile Transzendenz, höchste Erleuchtung".

Wegen der Unbewußtheit dieser Hintergründe verstricke sich nicht nur der Suchende in „symbolische Ersatzbefriedigungen" (ebd., S. 29), er ziehe auch seine Mitmenschen und die ganze Mitwelt in die Verstrickungen und Schädigungen hinein (ebd., S. 33).

In besonderem Maße trifft dies auf den sexuellen Mißbrauch an Kindern als eine symbolische Ersatzbefriedigung zu.

3.7.5.1. Sexualität als Ersatz

Hinsichtlich der Stärke des Sexualtriebs ist Fromm (1980/1955a, S. 24) anderer Ansicht als Freud und erklärt:

> „Aber so mächtig der Sexualtrieb und alle seine Ableitungen auch sein mögen, sie sind keineswegs die mächtigsten Kräfte im Menschen, und ihre Nicht-Befriedigung ist nicht die Ursache für psychische Störungen. Die mächtigsten Kräfte, welche das Verhalten der Menschen motivieren, stammen aus der Bedingung seiner Existenz, aus seiner >menschlichen Situation<".

Sexualität sei wie der Hunger den rein physiologischen Bedürfnissen zuzurechnen, und diese gehörten in den Überlebensbereich. Fromm (ebd., S. 311) macht darauf aufmerksam, daß das psychologische System Freuds auf dem seinerzeit herrschenden mechanistischen Materialismus basiert. Dessen Grundirrtum habe Freud übernommen und den Fehler begangen, seine Psychologie auf Überlebenstriebe aufzubauen.

Hatte Freud die Verdrängung der Sexualität als zentralen Ursprung psychischer Auffälligkeiten angesehen, so stellte Scheler, wie erwähnt, das psychoanalytische Konzept der Verdrängungen auf den Kopf (vgl. Richter 1986, S. 169). Richter (ebd., S. 170) sagt, neuerdings stoße man

> „eher auf den umgekehrten Zusammenhang ..., nämlich auf einen ausufernden Sex- und Pornokult zur Verdrängung einer unerträglichen Verzweiflung. Aus dem soziokulturellen Sexualtabu als Krankheitsursache ist neuerdings als gesellschaftliches Krankheitssymptom ersten Ranges der Sexkult entstanden. Aus dem Problem der pathogenen Triebunterdrückung ist das Problem des pathologischen triebhaften Ausagierens geworden, das deutlich auf den von Scheler beschriebenen Mechanismus der Surrogatbildung verweist".

Die Ersatzfunktion von Sex und der besondere Stellenwert, den er bei der Abwehr oder Erleichterung von Gefühlen hat (vgl. auch Janov 1992, S. 16), sind zentral für die Erhellung aller Formen entfremdeter Sexualität.

Die Freudsche These, in der Befreiung der Sexualität liege das Allheilmittel psychischer Störungen, wurde von Reich weiter entwickelt. Keen (1985, S. 25) faßt Reichs problematische Auffassung und deren Auswirkungen wie folgt zusammen:

> „Nach W. Reich galt der perfekte Orgasmus als das Elixier der Glückseligkeit, das Sinnbild für Freiheit und Authentizität. Sex sollte nicht nur Vergnügen bereiten, er gab darüber hinaus unserem Leben Sinn ... Eine Erfahrung, die keinerlei emotionalen oder moralischen Inhalt hatte, wurde zum Sinnstifter erhoben, ein sicheres Rezept für die Schizophrenie ... Die einen zeichneten Sex als den Teufel, die anderen als Gott; die einen versprachen uns Glück, wenn wir verzichteten, die anderen, wenn wir uns hingaben. Beide logen. Schließlich tauchte Sex immer häufiger im Zusammenhang mit Gewalt auf. Beziehungslose Sexualität und psychotische Gewalt waren Kennzeichen der siebziger Jahre. Die sexuelle Revolution ging Hand in Hand, oder Faust im Gesicht, mit der wachsenden öffentlichen Verherrlichung von Gewalt. Die Erwartung, ungehemmte Sexualität würde die Aggressivität verringern, erwies sich als falsch. Warum? Weil die Reduktion der Gemeinschaft zwischen Personen auf die Berührung von Körpern, anonymen Sexualorganen

und Nervenenden selbst schon ein Gewaltakt ist. Die Berührung, die heilt, fühlt und schätzt den andern als eine einmalige Person".

Nähe, Intimität und Entfaltung wirklicher Lust sind nur auf einem einigermaßen heilen seelischen Fundament möglich. Ohne eine solche Basis besteht die Gefahr, daß die Partnerin oder der Partner zu einem Werkzeug oder zu einer Art Pille für das Wohlbefinden degradiert wird und daß Sexualität als Medium der Konfliktbewältigung, der Abwehr von Gefühlen (wie Schmerzen, Unterlegenheitsgefühle, Ängste) oder zur Reiz- und Abenteuersuche benutzt wird. Die sexuelle Betätigung überdeckt zwar momentan die bestehenden Schwierigkeiten, kann sie aber nicht beheben. Statt Heilung wird die Entstehung einer Sexsucht gefördert.

Zum Verständnis der vielschichtigen und komplexen Motivation hinter sexuellem Verlangen erläutert Maslow (1981, S. 50):

„Auf der bewußten Ebene mag das sexuelle Verlangen bei jedem einzelnen denselben Inhalt haben, und wahrscheinlich würden alle den Fehler begehen, zu denken, daß sie nur sexuelle Befriedigung suchen. Doch wir wissen jetzt, daß dies nicht richtig ist, daß es für das Verständnis des einzelnen nützlich ist, sich damit zu befassen, was sexuelles Verlangen und Verhalten grundsätzlich darstellen, mehr als damit, was jeder einzelne denkt, daß sie darstellen. (Das stimmt sowohl für das vorbereitende wie auch für das konsumierende Verhalten.)".

An einem Beispiel versucht er zu klären, welche Motive in Sexualität einfließen können. Das sind, neben sexueller Befriedigung, die Bestätigung der Männlichkeit, das Verlangen nach Zuneigung und Macht (ebd., S. 83; vgl. auch Gaylin 1987, S. 85 ff). Weitere wichtige Motive sind Spannungslinderung und Reizsuche (vgl. Taëni 1981, S. 80). Hier geht es vor allem um das Verlangen, innerer Unruhe und empfundenem Unlebendigsein zu entrinnen (ebd., S. 101). In allen genannten Motiven ist ein Suchtpotential angelegt (ebd., S. 102 ff), weil die sexuellen Wünsche tiefer liegende Bedürfnisse symbolisieren, die durch Ersatz nur momentan kompensiert und beschwichtigt werden können.

3.7.5.2. Konsum und Habenorientierung als Ersatz

Die Unersättlichkeit des ökonomischen Menschen ist ein weiteres Beispiel für die Suche nach Ersatzbefriedigungen (vgl. Keen 1985, S. 233). Man suche hier, meint Keen (ebd.), nach Ersatz „für die Güte, die man uns ursprünglich verwehrte".

Daß menschliche Güte in der Kindheit häufig nicht erfahren wird, ist dem unbefriedigenden humanen Zusammenleben und Zusammenwirken in unserer Kultur zuzuschreiben (vgl. Illich 1980, S. 33). Diese Gegebenheiten sind eng mit der Aufblähung der wirtschaftlichen Produktivität und den krankhaften Symptomen unserer Zeit verknüpft (vgl. ebd.; vgl. auch Riesmann 1973, S. 269). Hinter dem Drang nach Besitz stecke im Grunde, so Riesmann (ebd.), das Bedürfnis nach Zugehörigkeit. Er erklärt diesen Zusammenhang von gleichartigem Besitzstreben her. Indem man das gleiche besitzt, gehöre man dazu, sei man eingeschlossen in eine größere Gemeinschaft. Das natürliche Bedürfnis, von Menschen umgeben zu sein, werde durch die im Überfluß produzierten Gegenstände ersetzt, mit denen man sich umgibt. Statt den Austausch mit Menschen zu erleben, werde der Austausch im Erwerben und im Umgang mit Dingen gesucht.

Simon (1992) setzt sich, ähnlich wie Riesmann und Illich, mit entfremdeten Bedürfnissen und dem Massenkonsum auseinander. Sie sagt: „... nicht ‚Hedonismus' macht uns zu unersättlichen Käufern, sondern – groteskerweise – die zunehmende Entfremdung von unseren Bedürfnissen ...". Auch sie weist auf den Zusammenhang zwischen Ersatzbedürfnissen und dem Verlust tragender Gemeinschaften hin:

„Die Entwicklung zum allseits bedürftigen Konsumenten brachte den Verlust von Erfahrungen gelebter Solidarität. – Nachbarschaftshilfe ... Überall dort, wo ein Gewebe von Solidarität bislang für soziale Sicherheit sorgte, setzt sich nun die Anonymität der Warenbeziehung durch. Soziales Leben wird durch Konsum ersetzt" (Simon ebd.).

Simons Ausführungen sind insofern zu modifizieren, als der Verlust der tragenden Gemeinschaft nicht erst mit dem Massenkonsum, sondern bereits mit dem Aufkommen des Bürgertums einsetzte. Die Industrialisierung und der Massenkonsum haben diese Entwicklung lediglich intensiviert.

Folgen wir Illich, Riesmann und Simon, dann ist das fehlende humane Zusammenleben als eine der Säulen der Konsumgemeinschaft und des Wirtschaftswachstums anzusehen. Auch konsumierendes Verhalten in entfremdeter Sexualität sowie die „Spiele der Erwachsenen" hängen mit Verlusten im zwischenmenschlichen Bereich, etwa dem fehlenden Zugehörigkeitsgefühl, zusammen[13].

Der Wirtschaft ist es nicht möglich, die wirklichen Bedürfnisse der suchenden Menschen zu befriedigen, weil sie nur Ersatz anbieten kann. Die „Verdrossenheit im Wohlstand und die mürrischen Gesichter in einer x-beliebigen deutschen Einkaufspassage" (Simon ebd.) beweisen, wie sehr weiterhin und in steigendem Maße innere Not herrscht. Mit Unzufriedenheit und Not ist die Bereitschaft des entfremdeten Menschen für Ersatz durch Konsum und für die Glücksversprechungen der Werbung garantiert. Plack (1976, S. 105) weiß: „Die Reklame, die Ersatzbefriedigungen anpreist, fußt schon auf Ersatzbedürfnissen, ohne die sie gar nichts ausrichtete". Den Werbestrategen ist klar, daß mit entfremdeten Menschen gute Geschäfte zu machen sind. Sie bauen auf deren Habenausrichtung und Bedürftigkeit. Simon (1992) sagt: „Die Welt der Bedürfnisse, der Gelüste und des Begehrens ist ein beliebiges Investitionsterrain für Marketingstrategen".

Der Werbeerfolg beruht vor allem auf dem Mangel an „elementarer Lebensfreude" (Plack 1976, S. 332) und auf der Botschaft, Gefühle des Unwohlseins seien durch Konsum zu beheben (Richter 1986, S. 167). Die Gleichsetzung von Leiden mit Warenbedürfnis schafft es immer wieder, dem Konsumenten Mangel zu suggerieren (vgl.

Illich 1980, S. 33). So wird der Komplexbereich Einsamkeit und Verlassenheit, der auf mangelndes Gemeinschaftserleben zurückgeht, gezielt durch entsprechende Slogans und Bilder angesprochen. Heilung und Erlösung werden auf magische Weise – nicht selten in Verbindung mit sexuellen Tönungen – verheißen. Der Konsument erfährt z. B., ein bestimmtes Konsumgut sei der Schlüssel für spannende Begegnungen.

Die den großen Massen zur Verfügung stehenden Konsumgüter bezeichnet Maslow (1981, S. 101) als „die Pathologie des materiellen ... Überflusses". Da die materiellen Werte Ersatzgüter sind, bringen sie nicht wirkliche Befriedigung. Vielmehr herrschen eher „Langeweile, Egoismus, elitäres Verhalten, >verdiente< Überlegenheit, Fixierung auf dem niedrigen Niveau der Unreife, Vernichtung der Brüderlichkeit", und dies geht mit dem „Fehlen der Werte, der Sinnhaftigkeit und der Erfüllung im Leben" einher (Maslow, ebd.). Die genannten Phänomene bilden den Nährboden oder gar das „Anregungsmilieu" für individuelles und kollektives Schädigungsverhalten, zu dem der sexuelle Mißbrauch an Kindern gehört.

Swigart (1993, S. 268) sollte sich nicht wundern, daß „unersättlicher Konsumzwang" sich „von einer Generation auf die nächste" überträgt. In der Familie wird gelernt, wie man mit innerer Unruhe, Leere oder Verzweiflung umgeht. In vielen Familien gehört konsumierendes Verhalten dazu. Im Zuge von Wiederholungsmechanismen kommt es zur Perpetuierung der eingeübten und eingeschliffenen Muster.

Zudem sozialisiert und reproduziert die uns als „normal" geltende Familie durch die Art ihrer Verfaßtheit immer wieder deprivierte und entfremdete Menschen mit einem schwachen Selbstwertgefühl. Viele Eltern, meint Covitz (1992, S. 15), seien „aufgrund eigener ungestillter Urbedürfnisse selbst derart bedürftig, daß sie die Bedürfnisse ihrer Kinder nicht erfüllen können". Die zu kurz gekommen Kinder ihrerseits brauchen Konsumgüter als Ersatz- oder Schmerzmittel und zur Stützung ihres Selbstbewußtseins.

3.7.6. Zusammenfassung

Fundamentale Defizite bei der Befriedigung von Grundbedürfnissen bedingen Verdrängung bzw. Abspaltung der Gefühle, die an den Mangel gebunden sind. Die sich anschließenden Maßnahmen zur Abwehr der bedrohlichen Gefühle stehen in enger Verbindung zu den Krankheitssymptomen unserer Welt.

Maslow (1981, S. 132) hat die wichtige Rolle der Kultur bei der Befriedigung von Grundbedürfnissen herausgestellt. Für unseren Kulturkreis ist zu verfolgen, daß die authentischen Bedürfnisse von Kindern, Jugendlichen oder Erwachsenen mit fortschreitender Moderne immer weniger befriedigt werden. Für den eklatanten Befriedigungsmangel sind vor allem die drastischen Veränderungen und Einschränkungen in der natürlichen Umwelt sowie die Verfaßtheit der konservativ-patriarchalischen Familie verantwortlich.

Gründlich zu hinterfragen ist ein Familienmodell, das von Mauern nach außen und Grenzverletzungen nach innen bestimmt wird. Zu hinterfragen sind Geschlechtsrollenstereotypen und das Ideal der Mutter-Kind-Dyade. Kindliche Bedürfnisbefriedigung ist durch eine einzelne Person kaum oder gar nicht zu leisten. Sie wird um so wahrscheinlicher, je ausgedehnter das Beziehungsspektrum des Kindes ist und je mehr die Mutter durch eine haltende Umgebung unterstützt wird (vgl. Swigart 1993). Nicht das individuelle Versagen verschiedener Mütter sollte die Diskussion zur mangelnden Bedürfnisbefriedigung von Kindern beschäftigen. Vielmehr sollten die gegebenen gesellschaftlichen Verhältnisse in Frage gestellt werden. Dazu gehört, daß an Mütter übersteigerte Erwartungen gerichtet und sie gleichzeitig in der Isolation des „Heims" allein gelassen werden.

Zu berücksichtigen sind ferner die Verletzungen von basalen kindlichen Sicherheitsbedürfnissen durch sexuelle Übergriffe, die zumeist durch Männer verursacht werden. Sie sind ein Indiz für das Schädigungspotential der tradierten männlichen Rolle. Im Falle des Kernfamilieninzests weisen sie auf das pathologische Potential hin, das in der väterlichen Gewalt und in der patriarchalischen Auffassung steckt, Kinder seien Besitz, über den verfügt werden könne.

Überdacht werden müssen vor allem die männlichen Sozialisationsbedingungen. Sie lassen wesentliche Bedürfnisse des kleinen Jungen unberücksichtigt. Dieser Mangel und die darauf beruhenden Gefühlsverdrängungen und Abwehrmechanismen bilden, in Verbindung mit Männlichkeitsnormen, das Fundament männlichen Schädigungsverhaltens.

Das Wissen um die Verbreitung sexueller Delikte an Kindern sollte der Ausgangspunkt für gesellschaftstheoretische und sozialpsychologische Untersuchungen sein, wie sie von Fromm, Taëni, Wilber und anderen gefordert werden. Diese Forderungen sind heute aktueller denn je. Es gilt, über die menschliche Bedürfnisstruktur und über die Bedeutung mangelnder Bedürfnisbefriedigung für die seelische Gesundheit des Individuums und der Gesellschaft vertiefend nachzudenken.

Maslow (ebd., S. 133) kann sich eine „Besserung der menschlichen Natur" und damit eine „Verbesserung der Kultur" vorstellen, wenn „den inneren biologischen Tendenzen des Menschen eine bessere Gelegenheit zur Selbstverwirklichung" gewährt wird.

Fromm (1979, S. 122) ruft den Menschen insbesondere dazu auf, sein „Gefühl des Abgesondertseins zu überwinden und ein Gefühl für Einheit, des Einsseins und der Zusammengehörigkeit zu gewinnen", und zwar in wachstumsorientierter und nicht in regressiver Weise. Bei Menschen, die sich wirklich innerlich und nach außen verbunden fühlen, die aufgrund einer guten Absättigung ihrer legitimen Bedürfnisse autonom und wachstumsorientiert sind, ist ein Delikt wie der sexuelle Mißbrauch an Kindern nicht denkbar.

3.8. Reizsuche

Es gehört zur Natur des Menschen, nach Spannung und Erregung zu streben. Werden diese authentischen, in der menschlichen Existenz wurzelnden und wachstumsfördernden Bedürfnisse nicht befriedigt, dann kann es, wie erwähnt, zu einer destruktiven Reizsuche kommen (vgl. Fromm 1977, S. 25).

Auf der suchthaften Suche nach Stimulanz und Reizen sind Menschen, die den Kontakt zu ihren Gefühlen verloren haben, sich in ihrer Entwicklung gehemmt oder erstarrt fühlen und deren inneres Gleichgewicht gefährdet ist. Zur Kompensation und Stabilisierung versuchen sie, sich Situationen zu schaffen, die ihnen das Gefühl von Spannung, Erregung und Lebendigsein vermitteln. Es kommt zur Suche nach „Stimulus-Zufluß" (Gruen S 2 vom 4./5.5.1994), das heißt, es geht ihnen um äußere Stimulation, die Reaktionen auslösen soll. Der Versuch, Verlebendigung mittels äußerer Stimulation statt durch innere Produktivität zu erreichen, muß fehlschlagen. Wirkliches Lebendigsein kann nur aus dem Kontakt mit den Gefühlen hervorgehen. „Um wirklich lebendig zu sein, muß man fühlen, nicht nur reagieren" (Gruen ebd.).

Im Extremfall richtet sich die Reizsuche auf Situationen, die mit Risiko behaftet und mit Selbst- oder Fremdgefährdungen verbunden sind. Der Komplex der Reizsuche und seine Hintergrundsbedingungen schlagen sich exemplarisch in den „Spielen" nieder, die Berne analysiert hat.

Der Einstieg zu sexuellem Mißbrauch geschieht nicht selten über ein Spiel, dessen Ablauf der Mißbraucher vor Spielbeginn in seinem Sinne plant. Häufig handelt es sich um ein Rollenspiel, das in Kontrast zur rationalen Planung von magischen Motiven durchsetzt ist. Die weit verbreiteten „Zauberspiele", bei denen die Veränderungsmöglichkeiten des Penis im Mittelpunkt stehen, sind ein Beispiel dafür (vgl. Enders 1990, S. 90 f). Sexuelle Handlungen am Kind tarnen sich auch oft als Doktorspiele, durch die dem Kind angeblich Schmerzen „weggezaubert" werden (ebd., S. 91). Nicht nur sexuell motivierte Rollenspiele, sondern der gesamte Komplex sexueller Gewalt gegen Kinder weist Merkmale wie die „Spiele der Erwachsenen" auf.

3.8.1. „Spiele der Erwachsenen"

Berne (1982, S. 19, 22) stellt fest, „daß ein Großteil der Sozialaktivität darin besteht, bestimmte Spiele zu spielen ... die bedeutsamsten sozialen Verbindungen vollziehen sich in den meisten Fällen in Form von Spielen ...".

„Spiele", die Erwachsene spielen, sind nicht mit Kinderspielen zu verwechseln, die „ein Phänomen des Seins" (vgl. Maslow 1981, S. 274) sind. Im Spiel als einem Phänomen des Seins kann sich Kreativität, Spontaneität und Fröhlichkeit melden – fern von den Rollenspielen, der Mechanik und Zweckgebundenheit des alltäglichen Leben.

Dadurch, daß Erwachsene zu Eltern werden, wird die eigene Kindheit reaktiviert. Das bietet die Chance zu einer bewußten Regression, in der übliches Rollenverhalten zugunsten von spontanen, emotional getönten Fähigkeiten abgelöst wird (vgl. Böhnisch und Winter 1993, S. 156 f). Das Spiel mit einem Kind wäre ein geeignetes Feld für eine zeitweilige Regression im Dienste der Fortentwicklung (im Französischen unter dem Begriff „réculer pour mieux sauter" bekannt).

Dagegen sind die destruktiven „Spiele", die Berne beschreibt, nicht Phänomene des Seins, sondern des Habens. Sie sind der Ausdruck entfremdeter Bedürfnisse, denen unbewußte echte Bedürfnisse zugrunde liegen, die aus der Kindheit stammen (vgl. Berne 1982, S. 12, 57).

Den sexuellen Mißbrauch an Kindern mit Hilfe von Bernes Spieltheorie zu beleuchten, läßt sich zum einen damit begründen, daß Berne (ebd., S. 19) Verhaltensweisen wie Süchte, Kriminalität oder Schizophrenie zu den >Spielformen< rechnet. Sexueller Mißbrauch ist eine Form von Sucht; er ist ein krimineller Akt, und die Täter zeigen Merkmale der schizoiden Störung bzw. einer latenten Schizophrenie.

Zum anderen lassen sich an folgenden „Spiel"-Merkmalen Parallelen zu sexuellem Mißbrauch nachweisen:

- Verdeckte Motive (ebd., S. 57)

- Der trügerische Trick, die Falle (ebd., S. 57)

- Ein Nutzeffekt (ebd., S. 68)

- Rollenverteilung (ebd., S. 54, 65)

- Das rational Planhafte einerseits (vgl. ebd., S. 75) und das

- Irrationale (ebd., S. 135) andererseits.

3.8.1.1. Spielanalyse

Die Spielanalyse gehört zu der von Berne entwickelten Transaktions-Analyse, und diese ist ein Teilgebiet der Sozial-Psychiatrie (vgl. Berne 1982, S. 62). Es kann hier nicht darum gehen, das von Berne erarbeitete Schema detailliert darzustellen. Vielmehr soll gezielt auf jene Aspekte der Spieltheorie eingegangen werden, die Parallelen zu den Interaktionen, die bei sexuellem Mißbrauch an Kindern üblich sind, erkennen lassen.

Die verdeckten Motive und damit die Ursprünge der „Spiele der Erwachsenen" stammen aus der Kindheit (ebd., S. 66). Zu den Motiven gehören der Hunger nach Anerkennung sowie der Reiz- und der Strukturhunger (ebd., S. 14).

Die zutiefst unehrlichen „Spiele" sind „mit einer Falle bzw. einem trügerischen Trick verbunden", und ihr Ergebnis ist voraussagbar. Sie sind „erregend" und „von echter Dramatik" erfüllt (ebd., S. 57). In der Vorgehensweise gleichen sie „Manövern" und „Schachzügen" (ebd., S. 58). Der Nutzeffekt, auf den „Spiele" zielen, ist vor allem auf die stabilisierende, also homöostatische Funktion bezogen (ebd., S. 68).

Im Grunde sind „Spiele" „Ersatzformen für echte Intimerlebnisse" (ebd., S. 19). Wichtig ist Bernes (ebd., S. 248) Hinweis, daß es eine >Intimität< gibt, die einseitig ist. Einseitige Intimität ist für Perverse charakteristisch. Ihnen gelingt es, eine anziehende Atmosphäre der Schein-Intimität aufzubauen, ohne selbst innerlich engagiert zu sein. Dagegen bedeutet wirkliche Intimität Offenheit, Echtheit, Bewußtsein des eigenen Selbst und die Fähigkeit zu Liebesempfindungen (ebd., S. 248; vgl. auch Gruen 1986, S. 98).

Aber nur wenige Menschen sind zu wirklicher Intimität fähig. Berne (ebd.), Gruen (ebd., S. 99) und Lowen (1985, S. 248 f) führen dies auf die Anpassung des Kindes an das offiziell Gewünschte und an die ihm zugedachte Rolle zurück. Der Anpassungsprozeß beinhaltet auch immer die Korrumpierung des Bewußtseins, und die strikte Einhaltung der Normen wird durch den Verlust der Freiheit und den Verlust des Selbsts erkauft. Mit diesen Verlusten geht die Möglichkeit zu wirklicher Intimität verloren. Die genannten Verluste sind ein entscheidender Grund für die vielfach gesuchten Ersatzbegegnungen im „Spiel" der Erwachsenen.

Zur existentiellen Notwendigkeit der „Spiele" für bestimmte Personen führt Berne (ebd., S. 76) aus:

> „Über ihre soziale Funktion hinaus: Zeit zufriedenstellend zu strukturieren, sind einige Spiele dringend erforderlich zur Aufrechterhaltung der Gesundheit in bestimmten Individuen. Die psychische Stabilität dieser Menschen ist so prekär und ihre Position so unsicher, daß sie einer abgrundtiefen Verzweiflung oder sogar einer Psychose anheimfallen können, wenn man sie ihrer Spiele beraubt. Leute dieser Art wehren sich gewöhnlich mit aller Kraft gegen jede antithetische Aktion".

Unter diesen Umständen ist es verständlich, daß die intensivsten „Spieler" jene mit geistigen Störungen sind (ebd., S. 236).

Im Falle eines sexuellen „Spiels", in das ein Erwachsener ein Kind hineinmanövriert, ist der „Nutzeffekt" demnach nicht nur die erhoffte Befriedigung von Machtstrebungen und sexuellen Wünschen, sondern in einer tieferen Schicht geht es um die psychologische Homöostase (ebd., S. 68). Das erklärt mit, warum Kindesmißbraucher den Mißbrauch kaum aufzugeben fähig sind. Selbst wenn man das betroffene Kind aus der

Familie entfernt, ist die Wahrscheinlichkeit groß, daß einem anderen Kind dasselbe „Spiel" angetragen wird.

Weil Präsenz und Zugänglichkeit eines Spielpartners für die Befriedigungsquote entscheidend sind, eignen sich alle Arten von „Spielen" in besonderer Weise für das „Sozialaggregat" Familie (ebd., S. 20). Die emotionelle Dynamik in der Kernfamilie schafft – auf dem Hintergrund der Ausschließlichkeit und Isoliertheit, der festgefügten, oft unentrinnbaren Verfaßtheit sowie durch die verbreitete Doppelmoral – die Grundvoraussetzungen für eine Vielzahl psychischer Schädigungen. Ein Großteil unter ihnen ist an intensive, oft familienspezifische „Spiele" mit festen Rollenverteilungen, Wiederholungen und Variationen gebunden. Viele Familien sorgen nachdrücklich für die Weitergabe von „Spielen" an die folgenden Generationen. „Spiele" sind, wie Berne (ebd., S. 74) sagt, „ihrer Natur nach imitativ".

Später suchen sich Menschen, die als Kinder zerstörerische „Spiele" erlebt haben, in der Regel unbewußt entsprechende Partner aus, um im Wiederholungszwang das gleiche Szenario wieder zu arrangieren und zu „spielen". Denn es scheint „in sehr starkem Maß die Neigung zu bestehen, sich sozusagen in einer Art Inzucht immer wieder mit Menschen zu verbinden, die Spiele ... der gleichen Art spielen" (ebd., S. 233).

Sexualität mit einem Kind in die Kategorie der „Spiele" einzuordnen, erfordert eine Ausweitung des Merkmalkatalogs, den Berne erstellt hat:

Bei sexuellem Mißbrauch geht es immer auch um Gewalt, selbst wenn keine körperliche Gewalt angewendet wird. Zu dem Gewaltaspekt gehört, daß der Erwachsene das Geschehen in seinem Sinne plant, initiiert, die Regeln bestimmt und das Kind manipuliert oder zwingt. Das Spiel und das Kind unterliegen somit gänzlich seiner Kontrolle. Ferner steht der Erwachsene, der als Planender die Fäden in der Hand hat, von vornherein als Sieger fest.

Das sexuelle „Spiel"-Geschehen muß darüber hinaus der Geheimhaltung unterliegen, weil es sanktioniert werden kann. Wie Berne (ebd., S. 19) erläutert, zieht selbst ein verhängnisvolles „Spiel" nur dann ernsthafte Sanktionen nach sich, „wenn die gültigen Spielregeln mißachtet werden". Zu den gültigen Spielregeln einer Gesellschaft, in der vor allem das gilt, was an der Oberfläche zu sehen ist (vgl. Richter 1986, S. 172, 155 f), gehört der verbreiteten Überzeugung nach, daß man alles darf, solange man nicht erwischt wird. Bei einem ausgeklügelten sexuellen Erwachsenen-„Spiel" mit einem Kind ist die Chance sehr gering, erwischt zu werden. Das betroffene Kind wird das Geheimnis wahren, vor allem dann, wenn der Initiator dieses Spiels eine vertraute Person oder gar der Vater ist und wenn er dem Kind die Mitschuld an dem Geschehen gibt.

3.8.1.2. Auslöser

„Spiele" werden zum einen durch den Hunger nach sensorischen und sozialen Reizen, zum anderen durch den Strukturhunger bestimmt. Beide Bereiche durchdringen einander.

Sensorische und emotionelle bzw. soziale Reize haben für den Menschen Überlebenswert und dienen der innerpsychischen Homöostase (vgl. Berne 1982, S. 13). Das Streicheln, also die sensorische Zärtlichkeit, fördert die biologische Homöostase, und die Bestätigung einer Position fördert die emotionale Stabilität (ebd., S. 68 f; vgl. 14 ff).

Wird jemand im Erwachsenenalter von einer gravierenden sensorischen oder sozialen Deprivation betroffen, dann kann das „zu einer vorübergehenden Psychose führen oder zumindest, zeitlich begrenzt, geistige Störungen hervorrufen ..." (ebd., S. 12). Zu beobachten war das immer schon an Menschen, die längere Zeit in Einzelhaft lebten (ebd., S. 12 f).

Die Suche nach Bestätigung einer Position durch das „Spiel" ist, wie Berne (ebd., S. 14) klarmacht, ein Ersatzbedürfnis für das zugrunde liegende authentische Bedürfnis nach sensorischer Zärtlichkeit. Das heißt, der ursprüngliche Reizhunger des Kindes nach zärtlichem Körperkontakt, der nicht gestillt worden ist, verwandelt sich in den sozialen Hunger nach Anerkennung.

Im Streben nach Anerkennung und Selbstbestätigung den symbolischen Ausdruck für die Suche nach uneingeschränkter Zuwendung und sensorischer Zärtlichkeit zu sehen, öffnet den Blick auf einen wichtigen, kulturell bedingten Aspekt sexueller Gewalt gegen Kinder. Sowohl die Suchbewegungen als auch die ihnen zugrunde liegenden ungestillten Bedürfnisse sind an Vorstellungen über Männlichkeit und die Sozialisationsbedingungen unserer Kultur gebunden. Dazu gehört die Forderung an den kleinen Jungen, die als nicht-männlich geltenden Gefühle zu unterdrücken und sich frühzeitig aus dem Raum der Gefühlsintensität und Zärtlichkeit zu lösen.

Wie erwähnt, geht Maslow von gleichartigen Grundbedürfnissen bei beiden Geschlechtern aus. Folglich bleiben entscheidende Grundbedürfnisse des Jungen unbefriedigt. Weil das zur Fixierung führt – an die jeweilige Bedürfnisebene und die Person, auf die sich der Mangel bezieht –, sind viele Männer noch an ihre Mutter gebunden und somit nicht wirklich autonom. Hinzu kommt, daß im späteren Leben kulturelle Vorstellungen über Männlichkeit viele Väter hemmen, die emotionalen und sensorischen Befriedigungsmöglichkeiten im intimen sorgenden und pflegenden Kontakt mit Säuglingen und Kleinkindern wahrzunehmen.

Unsere patriarchalisch bestimmte Kultur fordert vom Mann ferner, in der Familie und im Beruf Überlegenheit und Stärke, Durchsetzungsvermögen und Kontrollfähigkeit zu zeigen. Der erfolgreiche Professionelle, der nach außen hin Überlegenheit und Macht signalisiert, ist jedoch unter der Maske seiner sozialen Rolle im emotionalen Bereich nicht selten außerordentlich bedürftig, abhängig und ängstlich. Er fühlt sich als Verlierer im Lebensspiel, weil seine grundlegenden Bedürfnisse schon in der Kindheit darbten und nun u. U. wieder Hunger leiden. Der Erfolg im sozialen Raum mag seinen ursprünglichen Hunger nach sensorischer Zärtlichkeit zwar dämpfen, wirklich stillen kann er ihn aber nicht (ebd., S. 14 f).

Besonders gefährdet sind Menschen, deren narzißtische Bedürfnisse in der Kindheit nicht ausreichend befriedigt wurden und die auch im sozialen Raum wenig Anerkennung finden. Wird ihr Selbstwertgefühl zudem durch Mißerfolgserlebnisse und Abwertung erschüttert, dann neigen sie, wie erwähnt, zur Regression. Diese mündet bei Männern häufig in Machtgebaren und Gewaltaktionen. Zu den zerstörerischen Auswirkungen einer Regression zählen auch „Spiele". Nicht selten sind es sexuelle „Spiele" mit Kindern.

Ein weiterer kulturell bedingter Faktor ist die enge Koppelung des männlichen Selbstwertgefühls und der männlichen Geschlechtsidentität an die sexuelle Potenz. Dies wird vor allem in jenen Ehen zu einem Problem, die emotional und körperlich-erotisch verarmt sind. Eine Ehe ohne wirkliche Intimität kann nicht nur die Kindheitstraumen sensorischer Entbehrung wieder heraufbeschwören, sondern den Mann auch in seiner Geschlechtsidentität verunsichern. Trotz der gegenseitigen Behinderungen und Frustrationen sind diese Ehen oft sehr dauerhaft. Das hängt nicht nur mit gegenseitigen Abhängigkeiten und normativen Forderungen, sondern auch mit den Schlupflöchern und Ausweichmöglichkeiten zusammen, die Männern in unserer Kultur traditionell immer offenstanden. Diese gestatten ihm, sich seiner sexuellen Potenz durch außereheliche sexuelle Aktivitäten zu versichern. Zu ihnen gehört das spannungs- und gefahrgeladene „Gesellschaftsspiel" mit einer Geliebten (vgl. Hüper 1987, S. 83). Ferner gehören Bordellbesuche dazu. In der Prostitution treffen Männer fast durchweg auf Frauen, die in ihrer Kindheit sexuell mißbraucht worden sind. Diese Frauen sind an sexuelle „Spiele" gewöhnt und haben gelernt, ihre Gefühle abzuspalten. Ähnlich wie der sexuelle Mißbrauch an Kindern ist das Bordell ein Schauplatz, auf dem das Oberflächenphänomen Sexualität zur Befriedigung tiefer liegender – unbewußter – Bedürfnisse und zur Abwehr einer psychischen Gefährdung dienen soll. Wie beim „Spiel" mit einem Kind entgeht der Mann im Bordell der Gefahr, sich auf der Erwachsenen-Ebene auseinanderzusetzen und sich als Person einbringen zu müssen. Von der Ehefrau oder Geliebten könnte er abgewiesen werden. Im Bordell werden die „Spiele" jedoch von ihm bezahlt. Damit werden sie auf eine durch ihn kontrollierte Geschäftsebene gebracht. Auch im „Spiel" mit einem Kind ist der Mann von vornherein der Kontrollierende und der Überlegene. Er bestimmt die Spielregeln und kann relativ sicher sein, das „Spiel" fortsetzen und immer wieder gewinnen zu können.

Sexuell ausgerichtete „Spiele" sind u.a. darum so verbreitet, weil die von körperlicher Intimität ausgehenden Reize die begehrtesten sind (Berne 1982, S. 12).

Nicht nur der Hunger nach sensorischen und sozialen Reizen hat einen Überlebenswert, sondern auch der Strukturhunger. Er zeigt das Bestreben an, Langeweile zu vermeiden (ebd., S. 20). „Spiele" werden vor allem dann gespielt, wenn andere Möglichkeiten zur Vermeidung oder Aufhebung von Langeweile fehlen, nicht gesehen oder abgelehnt werden. Häufig erfüllen Kinder „für ihre Eltern die Funktion der Zeit-Strukturierung" (ebd., S. 70).

Im Problem der Langeweile sieht Fromm (1986, S. 126; vgl. Fromm 1977, S. 273 ff) ein Produkt unserer industriellen Haben-Gesellschaft. Er meint (1977, S. 274): „Die chronische Langeweile ... stellt eines der wesentlichsten psychopathologischen Phänomene in unserer heutigen technotronischen Gesellschaft dar ...". Der heutige Mensch wisse nichts Sinnvolles mit seinem Leben anzufangen.

Einem Menschen mit chronischer Langeweile mangele es an innerer Produktivität (ebd., S. 272)[14]. Fromm (ebd., S. 283) sieht eine Verbindung zwischen Langeweile und dem Bedürfnis, wirken zu wollen. Nicht wirken zu können, erzeuge Langeweile. Zur Schubkraft von Langeweile erläutert Fromm (ebd., S. 275): „Nur wer die Intensität der Reaktionen auf nicht kompensierte Langeweile richtig einschätzt, kann sich eine Vorstellung von der Macht der von der Langeweile erzeugten Impulse machen".

Reizsuche kann ein Mittel sein, ihr zu entfliehen (ebd., S. 274). Momentane Erregung, >Spaß<, >Nervenkitzel<, der Konsum von Alkohol oder Sexualität haben die Aufgabe, das unbehagliche Gefühl der Langeweile zu >narkotisieren< (ebd., S. 276; vgl. Keen 1985, S. 141). Sexuelle Aktivität soll zum einen verhindern, daß die Langeweile ins Bewußtsein tritt (vgl. Fromm 1983, S. 25), zum anderen versuchen viele Menschen durch wiederholte sexuelle „Lustübungen", die empfundene Langeweile zu durchbrechen (vgl. Chia 1985, S. 94).

Fromm (1977, S. 275) vermutet, daß die Flucht vor der Langeweile heutzutage zu den Hauptzielen des Menschen gehört. Den meisten Menschen gelingt es, durch eine Fülle von Aktivitäten der Langeweile zu entgehen. Ihnen steht dabei eine ganze Industrie zur Verfügung. So bemüht sich z. B. die Erlebnis-Orientierung darum, die Aktivitäts- bzw. Reizsuche des gelangweilten Menschen in Bahnen zu lenken. Erlebnisproduzenten und -anbieter organisieren die Nachfrage und funktionalisieren äußere Umstände rational-planhaft für das Innenleben des Konsumenten. Das Arrangieren äußerer Umstände ist auf Gefühlssteigerung gerichtet. Es kommt darauf an, etwas Besonderes zu erleben, das der kollektiven Auffassung vom „schönen Leben" entspricht (vgl. Schulze 1993, S. 35). „Schönes Leben" ist der allgemeinen Auffassung nach untrennbar mit der Lust- und Erlebnisqualität verknüpft, die in der Sexualität angesiedelt wird. Dementsprechend ist das Angebot, das direkt auf sexuellen Konsum zielt oder mit Hilfe des Mediums Sexualität für andere Erlebnisbereiche wirbt, explosionsartig angewachsen. Wird die Erlebnis-Orientierung, ähnlich wie die Haben-Orientierung, vom Verlangen nach immer mehr und immer neuen Reizen bestimmt, dann geht es im Grunde um Ersatzbedürfnisse. Wenn – wie in der Haben-Orientierung – die eigene innere Produktivität zu kurz kommt, wird dem Konsum von aufregenden Abenteuern zwangsläufig innere Leere folgen.

3.8.2. Extreme Reizsuche

Über den Strukturhunger und das Verlangen nach sensorischen und sozialen Reizen hinaus sind für unsere Überlegungen die Strebungen nach starker Stimulierung und Erregung bedeutsam. Sie stellen in der Suche nach dem Risiko oder dem Verbotenen Extremformen der Reizsuche dar.

Schaef (1989, S. 117, 120) veranschaulicht den Prozeß, der in extreme Reizsuche führt. Ausgangspunkt ist der fehlende Kontakt zu den eigenen Gefühlen. Auf dieser Basis suchen sich viele Menschen

> „Situationen von nahezu übermenschlicher Intensität; möglicherweise erreichen diese sogar das Ausmaß von Krisen. In diesem Prozeß, in diesen Situationen fühlen sie sich lebendig, wenn auch nur für kurze Zeit ... Je lebloser sie werden, desto höher müssen sie die Intensität ihrer Gefühle dosieren, um überhaupt etwas zu spüren. Sie erzeugen sich extreme Wut, Schmerz oder Angstsituationen – nur, um sich selbst daran zu erinnern, daß sie noch am Leben sind".

Die erregende, risikoreiche und abweichende Reizsuche ist vielfach mit Selbst- oder Fremdgefährdung verbunden. Das geschieht etwa im Gewalthandeln, das u. a. als Versuch zu sehen ist, sich mittels körperlicher Auseinandersetzungen selbst zu spüren und sich Reize und Energien zuzuführen. Energien, die sich in destruktiven Aktionen entladen, können rauschartige Zustände erzeugen, zumal die Schubkraft der sich im Gewalthandeln mit entladenden Wut den Energiefluß verstärkt. Die Verknüpfung von Erlebnishunger, Spannungsauf- und -abbau und rauschähnlicher Abfuhr in der Gewalt weisen auf ein Suchtpotential hin. Die stärksten Reize verspricht eine Mischung aus Gewalt und Sexualität. Auf diese Mischung setzen nicht nur Vergewaltiger, sondern auch die geschäftstüchtige und oft skrupellose Sensationspresse.

Richter (1986, S. 186) ist überzeugt, daß die Risikosuche mit der Angst zusammenhängt, dem Leiden, der eigenen Schwäche und der Endlichkeit ins Auge zu sehen. Er entlarvt die Vorliebe für Gewagtes als eine Methode der Selbststabilisierung.

Für Gruen (1986, S. 118) ist die ständige Suche nach äußerer Stimulation Ausdruck reduzierten Bewußtseins und führt zur weiteren Reduzierung des Bewußtseins. Die gesuchten Stimuli stehen mit dem Inneren des Menschen nicht in Verbindung, vielmehr machen sie ihn zu einem Roboter, weil sie lediglich Reaktionen auslösen. Sie führen nicht zu Lebendigkeit und Kreativität, und beide versiegen mit der Zeit, ähnlich wie die nicht beachteten echten Gefühle (vgl. ebd., 121 f). Als Indiz dafür, daß das Innere trotz der starken Stimuli unberührt bleibt, dominieren schließlich „Gelüste", also Ersatzbedürfnisse. Das empfundene Unwohlsein über diesen Zustand kann in Wut und Zerstörungsdrang münden (ebd., S. 124).

Eine Form der Reiz- und Risikosuche, die Selbst- und Fremdgefährdungen einschließt, ist die Sexsucht. Carnes (1983, S. 92) erläutert:

> „Abweichendes Verhalten beinhaltet ... immer ein Risiko, und Risiko scheint nach allem, was wir wissen, eine der wichtigsten Bedingungen für den stimmungsverändernden Suchtprozeß zu sein. Es kann die sexuelle Erregung steigern, wenn man durch die Handlung kulturelle und sexuelle Normen verletzt. Das Riskio, das in den Normenverstößen steckt, hat eine zentrale Bedeutung für den Prozeß der Eskalation, von dem Süchtige in der Therapie so oft berichten".

Nicht nur der sexuelle Mißbrauch selbst – als eine Form von Sexsucht, bei der gegen verschiedene Normen verstoßen wird – dient der Reizsuche. Die Reizsuche schlägt sich bereits in den Vorbereitungen und der Planung des Ablaufs nieder. Diese spielen beim Mißbrauch, wie bei allen Perversionen, eine große Rolle und vermitteln einen Zustand der Spannung und Aufregung.

Auch im Geheimnis steckt ein Reizfaktor. Hüper (1987, S. 82; vgl. Gaylin 1987, S. 217) sagt: „Geheimhaltung, Versteckspiel, Täuschungsmanöver [können] rasend aufregend sein".

Im Hinblick auf die Reiz- und Risikosuche, die sich in Gewalt äußert, beobachtet Willems (2/93, S. 22), daß „die richtige Mischung aus Risiko und Kontrolle" gesucht wird. Sexuelle Gewalttäter begeben sich in einen Raum der Tabuverletzung und der Gesetzesübertretung, also in einen Risikobereich. Speziell einem Kind gegenüber befinden sie sich zugleich in einer Autoritätsposition, und sie haben die Kontrolle über die Aktionen. Als zusätzlicher Sicherheitsfaktor kommt die Rückendeckung der abgeschotteten Räumlichkeiten hinzu. Somit ergibt sich, gerade beim Inzest, die begehrte Mischung aus gewagtem Verhalten in einem Rahmen der Sicherheit und Kontrolle.

Reizsuche als das Verlangen, stimuliert und erregt zu werden, ist individuell unterschiedlich stark ausgeprägt. Das hängt nicht nur mit genetischen Faktoren, sondern auch mit Gegebenheiten der frühen Kindheit zusammen. Kinder sind, wie Fromm (1977, S. 272) darlegt,

> „bis zu einem gewissen Alter (etwa fünf Jahren) ... so aktiv und produktiv, daß sie sich ihre eigenen Reize >machen< ... Aber mit etwa sechs Jahren, wenn sie in die Erziehungsmühle geraten, werden sie fügsam, unspontan und passiv, und sie verlangen nach Stimulationen, bei denen sie selbst passiv bleiben können und nur zu >reagieren< brauchen ... sie benehmen sich genau so, wie es die Erwachsenen mit ihren Wagen, Kleidern, Reisezielen und Sexualpartnern machen".

Auch ein wirklich lebendiger Erwachsener braucht „zu seiner Aktivierung nicht unbedingt einen speziellen Außenreiz; er schafft sich in Wirklichkeit seine Reize selbst" (Fromm ebd.).

Die Reizsuche des einzelnen und gesamtgesellschaftliche Phänomene durchdringen sich (ebd., S. 271 f). So sind z. B. die Medien mit ihren Sensationsmeldungen darauf ausgerichtet, die Menschen mit kräftigen Reizen zu versorgen. Sensationen sind vor allem darum so begehrt, weil sie zu einer schnellen Erregung und zu einem schnellen Schwinden der Langeweile verhelfen, ohne innere Aktivität zu fordern (ebd., S. 273, 280). Die Medien nutzen außerdem geschickt aus, daß die Gier, Sexualität und Destruktivität sowie der Narzißmus vieler Menschen außerordentlich ansprechbar sind. Sie stimulieren Wünsche und operieren mit einfachen Reizen, die insbesondere dem Menschen entgegenkommen, „der in seinem seelischen Wachstum zurückgeblieben ist" (ebd., S. 272).

Die Suche nach verbotenen oder gefährlichen Reizen wird vor allem da auftauchen, wo Menschen in der Alltäglichkeit steckenbleiben, wo permanente Freudlosigkeit herrscht, der Kontakt zu den Gefühlen gestört ist und die Lebendigkeit fehlt (vgl. Fromm 1986, S. 114 f; vgl. Gruen 1986, S. 12).

Mit Blick auf die verbreitete Langeweile stellt Fromm (1980/1955a, S. 12) das komfortable, materiell abgesicherte Leben, wie es die Mittelklasse in unserer westlichen Welt führt, in Frage:

> „Könnte es sein, daß das Wohlstandsleben der Mittelklasse zwar unsere materiellen Bedürfnisse befriedigt, uns aber das Gefühl einer intensiven Langeweile gibt und daß Selbstmord und Alkoholismus pathologische Auswege sind, um dieser Langeweile zu entrinnen? ... und daß sie zeigen, daß die moderne Zivilisation es nicht fertigbringt, die tiefen Bedürfnisse des Menschen zu befriedigen?".

Die moderne Zivilisation ist nachhaltig von den Idealen des Bürgertums geprägt, die ihren Anteil an der verbreiteten Langeweile und der Deprivation authentischer Bedürfnisse haben. Die bürgerlichen Ideale von Beständigkeit, Seßhaftigkeit und Rechtschaffenheit haben vor allem in der kleinbürgerlichen Lebensweise einen zwanghaften und gleichförmigen Niederschlag gefunden. Unterhalb der geforderten Anpassung an Normerwartungen und der Fassade der Normalität und Prüderie entsteht – im Gegenzug zur Langeweile des immer Gleichen – leicht das Verlangen nach dem Außerordentlichen, also nach jenen Reizen, die der Alltag versagt und die im Kleinbürgertum verpönt sind.

Wegen des normativen Drucks ist die Reizsuche nach außen hin mit dem Risiko verbunden, als normabweichend aufzufallen. Die Suche nach Reizen, die gesellschaftlich nicht geschätzt oder verboten sind, verlagert sich darum häufig ins Innere des Heimes. Sie richtet sich nicht nur auf die Bilderwelt der verschiedenen Medien, sondern in vielen Fällen auch auf Kinder.

Die Tabu-Schwelle des Inzests zu durchbrechen, ist neben anderen Motiven als eine Form der extremen Reizsuche zu werten.

Zusammenfassend lassen sich folgende Verbindungsfäden zu sexueller Gewalt gegen Kinder erkennen:

Im Zuge von Verdrängungs- und Verleugnungsmechanismen wird der Mensch seinen Gefühlen und authentischen Bedürfnissen immer mehr entfremdet. Um Konflikten und Leiden sowie mangelnder innerer Produktivität und Langeweile zu entgehen, die aus den innerpsychischen Verlusten resultieren, flieht er in Ersatzbefriedigungen. Sexualität ist ein bevorzugtes Ziel bei der Ersatzsuche, die nicht selten in „Spiele der Erwachsenen" mündet. Diese stellen eine der Techniken dar, um unbefriedigte Bedürfnisse des Menschen nach authentischen sensorischen und emotionellen Reizen zu dämpfen und um der Langeweile zu entgehen.

„Spiele" und entfremdete Sexualität gehören zu den „Surrogatbefriedigungen" des entfremdeten Menschen (vgl. Richter 1986, S. 166). Die Ersatzsuche, besonders die extreme Reizsuche, hat Suchtpotential und gefährdet, im Zusammenwirken mit der Suche nach Macht und Kontrolle, nicht selten auch andere Menschen. Beispiele dafür sind die Sexsucht, sexuelle Gewalt und sexuelle Perversionen. Sexueller Mißbrauch an Kindern ist nicht nur eine Kategorie des „Spiels", sondern auch Ausdruck von Sexsucht, sexueller Gewalt, sexueller Perversion und extremer krimineller Reizsuche.

4. Psychische Störungen

In der Diskussion über Täter sexueller Gewalt an Kindern wird häufig ihre Unauffälligkeit und Normalität betont. Wenn von „Normalität" die Rede ist, dann muß unbedingt die „Pathologie der Normalität" (Fromm; vgl. Goffman, der von „Phantom-Normalität" spricht) mit erörtert werden.

Fromm (1980/1955a, S. 10) findet Mitte des 20. Jahrhunderts sowohl bei Europäern wie in den Vereinigten Staaten „schwerste Symptome einer seelischen Störung". Trotz materiellen Wohlergehens und aller sexuellen und politischen Befreiungen sei die Welt noch kränker als die des 19. Jahrhunderts (ebd., S. 75). Man müsse „von einer >geistesgestörten Gesellschaft<" ausgehen (Fromm 1977, S. 400). Fromms düstere kulturelle Diagnose würde heute vermutlich noch düsterer ausfallen.

Für Fromm ist eine Gesellschaft vor allem dann krank, wenn sie den „Menschen in ein Werkzeug verwandelt, das von anderen benutzt und ausgebeutet wird, wenn sie ihn seines Selbstgefühls beraubt ..." (Fromm 1980/1955a, S. 55). Das geschieht bei jeglicher Form sexueller Gewalt in besonderem Maße.

Zu den Anzeichen von Entfremdung und Krankhaftigkeit unserer westlichen Gesellschaft zählt Fromm neben „Eroberung, Ausbeutung, Gewalt und Unterdrückung"

(1986, S. 137) Einzelmerkmale des „Gesellschaftscharakters" (ebd., S. 74) wie das Haben-Wollen, krankhaft übersteigerten Konsum (ebd., S. 168) und „Gleichgültigkeit gegenüber sich und anderen" (Fromm 1980/1930, S. 284).

Wie Fromm greift Laing (1979, S. 91) das Thema der Gleichgültigkeit auf und prangert die Teilnahmslosigkeit gegenüber den Leiden von Kindern und Tieren an. Auch er siedelt das Versagen nicht nur bei den direkten Verursachern der Leiden an, sondern bei all denen, die nicht wissen wollen, was hinter den Oberflächenphänomenen steckt: Beim Anblick von Speisen wollen wir nicht wissen, „wie es in den Tierfabriken und Schlachthäusern aussieht ... Unsere eigenen Städte sind unsere eigenen Tierfabriken; Familien, Schulen, Kirchen sind die Schlachthäuser unserer Kinder" (Laing ebd.).

Verantwortlich dafür, daß gemeinsame Laster und seelische Störungen nicht auffallen und als „normal" erscheinen können, ist – über Angst, Gleichgültigkeit und Wahrnehmungsstörungen hinaus – der Konsens über die Gültigkeit bestimmter Vorstellungen, Gefühle und Verhaltensweisen (vgl. Fromm 1980/1955a, S. 15; vgl. auch Taëni 1981, S. 76). Hier wird der allgemein verbreitete Zustand reduzierten Bewußtseins angesprochen, für den Mangel an Autonomie, Lebendigkeit und Wahrnehmung charakteristisch ist. Tart (1988, S. 132 ff) bezeichnet ihn als „Konsensus-Trance".

Wie bereits angedeutet, heißt das letzten Endes, daß die allgemein gewordenen Pathologien den Nährboden oder das „Anregungsmilieu" bilden, auf dem die Pathologie einzelner entstehen und sich zerstörerisch entfalten kann. Die Allgemeinheit habe, so A. Mitscherlich (1992, S. 285; vgl. auch Marcuse 1990), „diese Naturen durch ihr System bereitgestellt".

Außerdem hält die Allgemeinheit – durch Angst oder Gleichgültigkeit und mit Hilfe ihrer Institutionen – den Deckmantel bereit, hinter dem sich zerstörerische Pathologien wie die sexuelle Gewalt gegen Kinder verbergen konnten und können. Folglich ist die Gesamtgesellschaft mit verantwortlich sowohl für die schweren Schädigungen, die Kindern zugefügt werden, als auch für deren Geheimhaltung.

Unter der Prämisse, daß die „Pathologie der Normalität" die individuelle Pathologie fördert und die Pathologie von Tätern als „Norm" erscheinen läßt, ist es sinnvoll, verschiedene weit verbreitete seelische Störungsbilder und deren Äußerungsformen mit Merkmalen, die für sexuell mißbrauchende Menschen kennzeichnend sind, in einen Zusammenhang zu bringen. Folgen wir Fromm (vgl. 1980/1955a, S. 291; 1995, S. 37), dann gilt es, vor allem die chronischen Formen leichter Psychosen, insbesondere die schizoide Störung (vgl. hierzu auch Lowen 1985, S. 11, 28), ins Auge zu fassen.

Im Sinne seines sozialpsychologischen Ansatzes fordert Fromm (1995, S. 37) eine revidierte Psychoanalyse dazu auf, nicht nur die unbewußten Aspekte krankhafter Symptome wie Entfremdung, Freudlosigkeit und Angst, sondern auch die „krank machenden Bedingungen in Gesellschaft und Familie" zu erforschen. Ähnlich verlangt Gruen (1986, S. 131), der die gesamte Kultur für die verbreiteten Spaltungsvorgänge verantwortlich macht, für jede psychische Erkrankung eine umfassende Perspektive, „in der die ganze Beziehung der Kultur zur Entwicklungsgeschichte des einzelnen mit einbezogen wird ...".

Neben dem Anteil, den die gesamte Kultur an der Entwicklungsgeschichte des einzelnen hat, sind die kompensatorischen Mechanismen der Gesellschaft bedeutsam. Sie tragen dazu bei, daß die Pathologien nicht in schwerere Geisteskrankheiten münden. Die Gesellschaft produziere, so Fromm (1977, S. 401),

> „ein Gegenmittel gegen eine derartige Verschlimmerung ... Die gesamte Kultur ist ... auf diese Art der Pathologie eingestellt und findet Mittel und Wege, die passenden Befriedigungen für diese Pathologie bereitzustellen".

Mit Hilfe der entsprechenden kompensatorischen Mittel halten sich die Menschen funktionsfähig, unauffällig und dem Schein nach gesund. Es wird vermieden, daß die potentielle Verrücktheit ausbricht. Wird die Kompensation in Frage gestellt oder angegriffen, dann fühlt sich der betreffende Mensch außerordentlich bedroht und antwortet mit heftigen Aggressionen (vgl. Fromm 1995, S. 107).

Ein Befriedigungs- und Kompensationsmittel kann das Kind sein.

Erwachsene konnten sich in unserer Kultur schon immer an Kindern abreagieren, sich dadurch entlasten, stabilisieren und den Schein der Normalität wahren. So hat etwa ein schizoider oder latent schizophrener Elternteil im Isolationsraum der Familie die Möglichkeit, seine Pathologie an das Kind zu delegieren und selbst unauffällig zu bleiben (vgl. Laing). Entsprechend herrscht in den Familien von Schizophrenen und Schizoiden eine massive Inzestproblematik (vgl. Schmidbauer 1976, S. 125).

Nach Auskunft von Dr. Jungjohann (Vortrag vom 28.3.1993), der die Kinderschutz-Ambulanz Düsseldorf leitet, geben viele Täter bei der Konfrontation mit der Tat an, sie müßten wohl verrückt sein, sie erinnerten sich nicht. Bei gebildeten Männern taucht auch der Hinweis auf Jeckl und Hyde auf, die ein gängiges literarisches Beispiel für schizophrenes Verhalten sind.

4.1. Das schizoide Phänomen

Eine sexuelle Gewalttat ist für Böhnisch und Winter (1993, S. 206) nicht denkbar ohne eine große innere „Distanz zum Opfer und zu sich selbst ... sie ist wohl eine Extremform der Abspaltung des Selbst. Jeder Kontakt mit sich, sowie jede Form von Einfühlung in das Opfer würde ja die Tat verunmöglichen". Böhnisch und Winter beziehen sich hier auf den Empathiemangel von Tätern und auf Phänomene, die der weit verbreiteten schizoiden Störung entsprechen.

4.1.1. Entstehung und Merkmale

Die schizoide Störung wird von einem Bruch oder einer Spaltung in der Persönlichkeit bestimmt. In deren Gefolge ist der Kontakt zum Körper und zu den Gefühlen verloren gegangen (vgl. Lowen 1985, S. 10 f, 17). Das verursacht die Entwicklung zwei miteinander in Widerspruch stehender Identitäten, von denen die eine auf dem Körper und den Gefühlen und die andere auf dem Ich-Ideal beruht. Hier liegt der Grund, warum sich die Identität des Schizoiden nicht auf den Körper und die Gefühle, sondern auf die Rolle stützt, die er in der Gesellschaft spielt. Lowen (ebd., S. 9) zieht folgende Verbindungslinie: „Das Aufrechterhalten einer Fassade oder das Spielen einer Rolle als Mittel zur Herstellung einer Identität läßt auf eine Spaltung zwischen Ich und Körper schließen". Rollenspiel und Fassade verheißen einen Ersatz dafür, daß der Körper nicht mehr die Quelle des Identitätsgefühls sein kann (Lowen ebd.). Eine Identität jedoch, die sich auf diese Ersatzmittel stützt, ist gefährdet (ebd., S. 11).

Gefährdet ist – aufgrund seiner autistischen Rückzugstendenzen – auch der Kontakt des Schizoiden mit der umgebenden Wirklichkeit (vgl. Riemann 1981, S. 48). Um ihn nicht zu verlieren und um normgerechtes Verhalten zu zeigen, unterhält er >Pseudokontakte< und greift zu >Intellektualisierungen< (vgl. Lowen 1985, S. 50). Riemann (1981, S. 32 f) macht auf die Aggressionsdurchbrüche des von seinen Emotionen isolierten Schizoiden aufmerksam. Die „archaischen schizoiden Aggressionen" (ebd., S. 32) dienten der Spannungsabfuhr und könnten bis hin zum Sadismus gehen. Im Grunde seien sie Mittel, mit denen der isolierte Schizoide Kontakt aufnehmen möchte (ebd., S. 33 f).

Typische Merkmale einer Person mit schizoider Struktur sind ferner: „Grauen, Wut, Verzweiflung, Illusion und schließlich ein perverses oder abweichendes Verhalten, in dem seine negativen Gefühle ein Ventil finden" (Lowen 1985, 143 f). Lowen (ebd., S. 101) sieht im Schizoiden eine selbstzerstörerische Tendenz mit Zwanghaftigkeit und Getriebensein, die dem Wiederholungszwang unterliegt. Das heißt, der Schizoide ist suchtgefährdet.

Zu den weiteren Kennzeichen gehören eine gestörte Selbstwahrnehmung, körperliche und emotionale Starre, reduziertes Lusterleben (ebd., S. 44, 27 f) sowie Gefühlsdistanz und innere Leere (ebd., S. 50). Darüber hinaus ist eine Tendenz zu infantilen Streßreaktionen zu beobachten (ebd., S. 166 f). Infantilität oder die Neigung zur Regression zeigt sich vor allem in der Angst vor dem Verlassenwerden (ebd., S. 48) und in der Panik, wenn es um Unabhängigkeit bzw. darum geht, auf eigenen Füßen zu stehen (ebd., S. 166 f; vgl. auch S. 172). Lowen (ebd., S. 167) erläutert hierzu, ähnlich wie der Schizophrene sei der Schizoide, nur in geringerem Maße, „nicht vollständig auf eine unabhängige Existenz vorbereitet" und habe die Tendenz, auf frühkindliche Entwicklungsphasen zu regredieren. „Der Schizoide klammert sich an die Illusion, er könne nur dann überleben, wenn er eine Mutterfigur fände, die seine Bedürfnisse nach Wärme, Schutz und Sicherheit befriedigt" (Lowen ebd.).

Entsprechend wird die Sehnsucht des schizoiden Menschen von einer – geleugneten – unaufgelösten Mutterbindung bestimmt. Andererseits handeln die Träume des Schizoiden oft davon, in der Falle zu sitzen; die Falle assoziiert er mit dem Mutterschoß und dem Grab (ebd., S. 192).

Unterhalb des Abwehrverhaltens des Schizoiden verbergen sich tiefliegende Ängste (ebd., S. 28). Die Ängste des Schizoiden sind, neben der Angst vor Unabhängigkeit, vor allem Ängste vor dem „Weltverlust" als einem „Fallen ins Nichts, in die absolute Leere ..." (Riemann 1981, S. 50) sowie Ängste vor Nähe (ebd., S. 24) und Hingabe (ebd., S. 29). In der Regel sind dem Schizoiden seine Ängste nicht bewußt, weil sie verdrängt sind. Statt dessen herrscht das Grauen, das Lowen (1985, S. 48) als „ein gestaltloses Entsetzen" beschreibt. Der Mensch fühlt sich von Wahnsinn und Zerstörung bedroht und von dem Gefühl, auseinanderzufallen, gegen die verzweifelte Abwehrmaßnahmen eingesetzt werden. Ohne wirksame Abwehr wäre das Grauen nur „durch die vollständige Flucht in die Unwirklichkeit der Schizophrenie zu vermeiden" (ebd., S. 47).

Grundlegend für den Zusammenhang zwischen schizoider Störung und sexuellem Mißbrauch an Kindern ist, daß Sexualität eine Abwehrmaßnahme gegen psychische Gefährdungen darstellen kann (ebd., S. 17; vgl. Lowen 1980, S. 103; Herriger 1990, S. 54). Auch Fromms Hinweis (1977, S. 222), hinter der Suche nach sexueller Erregung stecke möglicherweise der Versuch, Furcht und Angst loszuwerden, zeigt zum einen die Bedeutung der Sexualität als Abwehr- und Bewältigungsstrategie und zum anderen den Stellenwert, den sie gerade für eine schizoide Persönlichkeit erhalten kann. Das Bild vervollständigt sich durch Riemanns (1981, S. 28) Hinweis, bei schizoiden Menschen sei „nicht selten eine infantil gebliebene Sexualentwicklung auch bei sonst hochdifferenzierten Persönlichkeiten" anzutreffen. Daher falle die Wahl dieser Menschen, neben anderen, auch auf kindliche Sexualpartner.

Ein für unsere Fragestellungen außerordentlich wichtiges Merkmal der schizoiden Störung ist das Lustdefizit (vgl. Lowen 1985, S. 49 f).

4.1.2. Lustdefizit

Freud hatte Lust ausschließlich in physiologischen Begriffen definiert und als sexuelle Entspannung aufgefaßt. Er habe dabei, meint Gaylin (1987, S. 53), „die transzendierende Macht menschlicher Vorstellungskraft" außer acht gelassen. Im Libidobegriff Freuds wurde

> „Lust nur in Begriffen der Befreiung von Leiden aufgefaßt ... wie sie durch die Abfuhr des Sexualtriebes erlebt wird. Der Libidotheorie zufolge ist Lust das, was man durch Libidoabfuhr erfährt, und Schmerz ist die Frustration der Libido" (ebd., S. 83).

Dagegen möchte Gaylin die Lust einem weiten Feld von Erlebens- und Befriedigungsmöglichkeiten zuordnen. Er wehrt sich dagegen, diesen Teilbereich gesteigerter menschlicher Emotionalität auf einer Ebene mit primitiven tierischen Instinkten anzusiedeln und kommt zu dem Fazit:

„Wenn Lust und Schmerz ausschließlich die Produkte von Triebfreisetzung oder Triebfrustration wären, dann wären wir nicht auf das Niveau eines Affen herabgesetzt, sondern auf das einer Maus" (ebd., S. 62).

Als mögliche Lustquellen, die die physiologische Ebene überschreiten, nennt Gaylin das Spiel (ebd., S. 66), die Entdeckung (ebd., S. 68), Erweiterung, Meisterschaft (ebd., S. 72), Kreativität (ebd., S. 75) und das Versinken in Aktivitäten (ebd., S. 76). In gemeinschaftlicher Aktivität sieht er eine Form der Selbsterweiterung und sagt: „Gemeinsame und verbundene Aktivitäten aller Art sind eine große Wonne und kommen jener Verschmelzung nahe, die ich als zentralen Zustand von Liebe postuliere" (ebd., S. 78).

Die transzendentale Erfahrung sei ein weiterer Bereich der Lusterfahrung, sie könne das Gefühl vermitteln,

„Teil einer Kontinuität über die Grenzen unserer persönlichen Existenz hinaus zu sein, einer Kontinuität, die unsere begrenzte Lebensspanne an einen fortdauernden und endlosen Vorgang bindet ... Es bestätigt unseren Platz in der größeren Ordnung der Dinge, und wir fühlen uns dadurch erregt und gesteigert" (ebd., S. 79).

Erregung und Steigerung führen zu erhöhter Selbstwahrnehmung (vgl. Lowen (1980, S. 226 f). Dies wiederum kann den „Prozeß der inneren Transformation" vorantreiben (Grof 1989, S. 226 f).

Daß die genannten Möglichkeiten des Lusterlebens, der Lebensfreude und der Selbstverwirklichung selten zur Blüte gelangen, hängt mit unserem kulturellen System zusammen (vgl. Gaylin 1987, S. 72). Es verlangt zum einen vom Kind, bei der Anpassung an gesellschaftliche Normen eine große Palette von vitalen Strebungen zu unterdrücken, zum anderen läßt es zu, daß vielen Kindern, unbeobachtet und unbeanstandet, im Elternhaus gravierende Traumen zugefügt werden. Dies reduziert das Kind und entfremdet es von sich selbst, seinem Körper, seinen Gefühlen, seiner Sinnlichkeit und Sensorik. Damit sind die Voraussetzungen zu wirklichem Lusterleben verstellt. Das verschärft sich im Erwachsenendasein durch zunehmende Entfremdungserscheinungen im privaten und öffentlichen Sektor.

Lowen (1985, S. 26) führt das Lustdefizit seiner schizoiden Patienten u. a. auf fehlende Aggression zurück, die zur Erreichung von Lust notwendig ist; er sagt: „Die schizoide Persönlichkeit ... versagt sich das Recht, unverhüllte Forderungen an das Leben zu stellen". Die schizoide Persönlichkeit besitzt aufgrund von Abhängigkeiten und „Verlustangst" (Riemann 1981, S. 70) zwar nicht genug gesunde Aggression, um wirkliche Bedürfnisse unverhüllt zu befriedigen, dagegen stellt sie u. U. verhüllte Ersatzforderungen an das Leben. Die verbreiteten inzestuösen Übergriffe auf Kinder deuten darauf hin.

4.1.2.1. Lustdefizit und Körper

Lowen (1980, S. 226 f) vermittelt einen Eindruck von der körperlichen und seelischen Bewegung sowie dem energetischen Faktor bei wirklichem Lusterleben. Hinsichtlich sexuellen Lusterlebens geht er davon aus, daß der Sexualtrieb, als ein energetisches Phänomen, „abhängig vom Vorhandensein überschüssiger Energie im Organismus" ist (ebd. S. 227) und führt aus:

> „Normalerweise verteilt sich diese überschüssige Energie über den ganzen Organismus ... sie existiert als Zustand latenter Erregung, die gewöhnlich als ein Zustand des Wohlbefindens oder der Lebendigkeit erlebt wird. In ihrer verteilten Form ist sie für jede beliebige Situation verfügbar" (ebd., S. 228).

Problematisch ist allerdings, daß selbst der „Normale" aufgrund von Verdrängung und Abspaltung die Identifikation mit dem Körper verloren hat (ebd., S. 276). Ein abgespaltener und unter Kontrolle des Ichs stehender Körper ist desintegriert und starr, ihm fehlt Harmonie (vgl. Lowen 1985, S. 59). Körperliche Erstarrung und herabgesetzte Motilität ergeben sich ferner aus der Neigung zu Angst, Panik und ständiger Fluchtbereitschaft sowie aus den daraus entstehenden Notsignalen, die den Stoffwechsel stören und die Atmung drosseln (ebd., S. 167, 172).

Außerdem führen kulturelle Gegebenheiten zu leiblich-seelischen Abpanzerungen, die als Schutzmaßnahmen zu verstehen sind (vgl. Keen 1985, S. 118 f). Diese Körperzurichtung bleibt nicht ohne Folgen: Einem abgepanzerten und reduzierten Körper ist es kaum möglich, sich wirklich aufzuladen und in der Entladung, etwa beim Geschlechtsakt, höchste Lust und Entspannung zu erfahren. Der Körper, der unfähig ist, Motion (Bewegung) und Emotion zusammenzubringen, wird nicht zum „Wesen der Lust" vordringen können (ebd., S. 63). Die reduzierten Lustmöglichkeiten erzeugen schließlich chronische Spannungen, die sich in Verspannungen und Schlaffheit sowie in chronischer Suchhaltung nach Entspannungs- und Lustmöglichkeiten niederschlagen. Begierde lenkt schließlich die Handlungen. Das Handeln wiederum schafft bestimmte Strukturen, die sich auf die Sinnesempfindungen auswirken, so daß es zu einem Kreislauf der Lustsuche des zur Lust Unfähigen kommt.

Das verminderte Bewegungsvermögen des Schizoiden kann als teilweiser Schockzustand gedeutet werden, dessen Ursprung in der frühen Kindheit liegt (vgl. Lowen 1985, S. 169; vgl. ebd., S. 196). Über individuelle Bedingungen hinaus hat das verminderte Bewegungsvermögen des Schizoiden mit der kulturell bedingten Feindseligkeit oder Nachlässigkeit gegenüber dem Körper zu tun.

Lowen (1985) führt die Gefährdung, die in der reduzierten Körperlichkeit des Schizoiden liegt, vor Augen und meint, von einem leb- und lustlosen Körper, der nur noch mechanisch funktioniert (ebd., S. 42), werde sich das Ich trennen (ebd., S. 44). Die Folgen können katastrophal sein: „Ein Mensch, der den Kontakt zu seinem Körper verliert, sieht der Schizophrenie ins Auge. Die verzweifelten Manöver sind letzte Versuche, den Kontakt wiederherzustellen" (ebd., S. 114).

Zu den Manövern des Schizoiden zählt die verstärkte „Kontrolle über den Körper" (ebd., S. 53). Die Kontrolle über den eigenen Körper ist in vielen Fällen mit der Kontrolle über einen anderen Körper verknüpft. Dies zeigt sich etwa an der planhaften, kontrollierenden Vorgehensweise, die für sexuelle Perversionen und für sexuellen Mißbrauch an Kindern, als einer Form von Perversion, typisch ist.

4.1.2.2. Lustdefizit und Sexualität

Erotisches Erlebnisvermögen hängt entscheidend von der leiblich-seelischen Verfaßtheit des Menschen ab. Diese läßt, wie erwähnt, in unserer Kultur sehr zu wünschen übrig. Keen (1985, S. 60 ff) macht Beschädigungen in der Kindheit dafür verantwortlich. Die daran gebundenen Abwehrmechanismen, neurotischen Muster und Abhängigkeiten führten zu einer frühzeitigen Perversion des Eros.

Zu den Perversionen des Eros gehört, daß die Sexualität des Mannes häufig eher auf Ich-Befriedigung und Bestätigung der Männlichkeit zielt und weniger im Dienste der Gefühle oder des Körpers steht (vgl. Lowen 1980, S. 240). Das orgiastische Erlebnis eines Ganzkörper-Orgasmus wird dadurch verhindert. Statt einer Überflutung von den Zehen bis zum Kopf kommt es zu einem begrenzten Teilorgasmus (ebd. und S. 262; vgl. Janov 1992, S. 60). Dieser bringt zwar nicht das Gefühl von „Wiedergeburt und Erneuerung" (Lowen ebd., S. 240), setzt aber „zumindest vorübergehend die sexuelle Spannung des Organismus herab" (ebd., S. 247).

Daß die sexuelle Energie nicht als ganzkörperliche Empfindung erlebt wird und sich lediglich auf den Genitalbereich konzentriert, ist außerdem an die Gefühlsabspaltung, körperliche Starre und Abpanzerung gebunden, die für den schizoiden Charakter typisch sind. Die weite Verbreitung des schizoiden Phänomens erklärt mit, warum Männer oder Frauen nach dem Sexualakt selten voll befriedigt sind (ebd., S. 296; vgl. auch Masters und Johnson 1990, S. 479).

Der Schizoide, dem aufgrund seiner Abspaltung ein Ganzkörper-Orgasmus nicht möglich ist, strebt „verzweifelt nach genitaler Stimulation und Erregung, weil dies für ihn der einzige Weg zu der körperlichen Empfindung ist, lebendig zu sein und Lust zu spüren" (Lowen 1980, S. 198 f). Weil sich die kurzfristige Entladung jedoch lediglich auf die Sexualorgane beschränkt, ist die erhoffte Verlebendigung nicht zu erreichen. Statt dessen ist der Schizoide gefährdet, eine Sexsucht zu entwickeln.

Die Bedeutung der Sexualität für einen abgespaltenen Körper, in dem die Vitalität unterdrückt und eingeschränkt ist, wird auch von Wilber (1988, S. 249) hervorgehoben:

> In einem reduzierten Körper „konzentriert und begrenzt der Organismus seine Libido auf einige wenige Bereiche des Körpers – vor allem den Genitalbereich. Als Folge davon empfindet das normale Ego echte Vitalität und Intensität nur während eines genitalen Orgasmus ... Das ist die einzige Gelegenheit, bei der das Ego einmal >loslassen< und der Zirkulation von echter Vitalität, Intensität und Lust freien Lauf lassen kann. In diesem speziellen Sinne ist Sexualität das, was Freud eine >wohlorganisierte Tyrannei< nannte, weil sich die volle Vitalität und Intensität des Körpers nur auf diese eine Aktivität beschränkt" (vgl. auch Lowen 1980, S. 400).

Der Mensch, der auf dieser Stufe stehenbleibt, weigere sich, so Wilber (ebd.), „jenseits der genitalen Ekstase höhere Stufen der Gesamtkörper-Ekstase zu entdecken".

Chia (1985, S. 88) meint, viele Menschen blieben ein Leben lang unreif, indem sie dem Lustmechanismus, der sich auf die Genitalien bezieht, nachjagten. Dieses Problem siedelt er, ebenso wie Lowen, vor allem beim Mann an. Bei manchen Männern, so Lowen (1980, S. 120) seien nur zwei Bereiche lebendig, „das Gehirn und die Genitalien". Chia (1985, S. 217) fügt seinen Überlegungen hinzu: „Der ejakulatorische Orgasmus, an dem die meisten Männer so sehr hängen, beschränkt ihre Lebenskraft lediglich auf die Genitalien" (ebd., S. 165). Für ihn ist „der Unterschied zwischen dem Ganzkörper-Orgasmus und dem ejakulatorischen Orgasmus" fundamental, im Grunde handele es sich dabei um den „Unterschied zwischen tierischer und menschlicher Liebe" (ebd., S. 290).

Um die komplexe Verflechtung zwischen der Abspaltung des Körpers und der Gefühle einerseits und der Begierde bzw. der Suche nach Reiz und Verlebendigung durch Sex andererseits zu erhellen, geht Lowen (1980, S. 106) auf die Wirkweise von energetischen Ladungen ein: In den abgespaltenen, abgestorben oder stark verspannten Körper der „Normalen" fließe die durch Aufregung entstehende energetische Ladung in die Genitalien. Dies könne als starker Imperativ zu sexueller Handlung empfunden werden. Dieser Gesichtspunkt ist geeignet, eine Verbindungslinie zwischen körperlichen Strafaktionen und sexuellem Mißbrauch an Kindern zu ziehen. Jahrtausende hindurch wurde körperliche Züchtigung im Zusammenhang mit Erziehungspflichten stets als rechtens und im Dienste der Gesellschaft als förderlich empfunden. Sie wurde kaum von der Dynamik her betrachtet, die sich im Strafenden abspielt. Die Dynamik besteht in der möglichen Koppelung zwischen der Aufregung durch Gewalt, speziell körperlicher Gewalt, und der Energieform Sexualität. Dostojewski (1958, S. 299) hat diese Koppelung durchschaut: „Ich weiß mit Bestimmtheit, es gibt Prügelnde, die sich mit jedem Hiebe bis zum Wollustempfinden erregen, bis zum Empfinden echter Wollust, mit jedem folgenden Schlag immer mehr und mehr ...".

Der Zusammenhang zwischen Aggressivität und Sexualität (vgl. Bancroft 1985, S. 151; Mitscherlich 1992, S. 135)[15], zeigt sich auch darin, daß für manche Sexualstraftäter die Gewaltkomponente in der Sexualität besonders erregend ist (Bancroft ebd., S. 412). Ein Opfer berichtet, ihr Vater habe sie als Kind geschlagen, „um sich dabei sexuell abzureagieren bzw. aufzugeilen" (s. Jäckel 1988, S. 41). Pilgrim (1986a, S. 155) erwähnt ein Bestrafungszeremoniell, bei dem die Tochter „Erektionen des Vaters" bemerkte. Daß manche Väter in der Sexualität ein Mittel sehen, die Tochter zu bestrafen (vgl. Groth 1989, S. 230; Wyre und Swift 1991, S. 70), ist ein weiterer Hinweis auf die Koppelung von Sex und Gewalt.

Ein anschauliches Beispiel liefert auch der Roman „Die 40 Tage des Musa Dagh". Werfel (1968, S. 126) schildert die große Erregung bei brutalen Massentötungen, die zu sexueller Gier wird. Sie mündet in Massenvergewaltigungen gegnerischer Frauen.

Die Psychoendokrinologie (vgl. Bancroft 1985, „Hormonelle und biochemische Grundlagen menschlicher Sexualität" S. 64, 108) gibt weitere wichtige Aufschlüsse über die biologische Natur menschlicher Sexualität. Grundsätzlich müsse „zwischen der Fähigkeit, auf einen sexuellen Reiz mit sexueller Erregung und Lust zu reagieren und der Tendenz, primär nach einem derartigen Reiz zu suchen" unterschieden werden (ebd., S. 150). Der zweite Fall betrifft die Lustsuche des zur Lust Unfähigen, der die Sexualität – häufig in Verbindung mit Gewalt – benutzt, um das Gefühl der Leblosigkeit aufzuheben und wieder zum Fühlen zu kommen. Seine Suche ist zwanghaft und rücksichtslos egoistisch dem Objekt der Lust- und Reizsuche gegenüber (vgl. Lowen 1980, S. 231). Unter diesen Voraussetzungen ist die Wahrscheinlichkeit groß, daß Liebe und Sexualität getrennt werden (ebd., S. 36), daß im Partner lediglich das Sexualobjekt und in der Sexualität ein rein funktioneller Vorgang gesehen wird (vgl. Riemann 1981, S. 25 f). Riemann (ebd., S. 30) meint, „daß der schizoide Mensch ... es wohl am schwersten hat, seine Liebesfähigkeit zu entwickeln".

Eine besondere Äußerungsform der weit verbreiteten schizoiden Störung stellen sexuelle Perversionen dar. Wie Khan (1983, S. 42 f) erläutert, ist der Perverse nicht mit dem eigenen Körper verbunden, nicht in ihm zu Hause. Daher werde ein Übergewicht des planenden, dirigierenden Verstandes begünstigt. Mit dessen Hilfe ist zwar Ekstase, aber keine wirkliche Lust und Befriedigung zu erreichen. Die mangelnde Fähigkeit des Perversen, Lust zu empfinden, wird von Unersättlichkeit und Gier begleitet. Sie sind ein Indiz für Zwanghaftigkeit und dafür, daß Perversionen mit einer Suchttendenz verbunden sind. Nicht selten äußert sich eine sexuelle Perversion als sexuelle Gewalt an Kindern. Sie ist das zwanghafte sexuelle Ausagieren einer entfremdeten und von ihrem Körper abgespaltenen Person, das sich auf einen extrem unterlegenen und hilflosen Menschen richtet.

Unsere moderne Gesellschaft ist mit verantwortlich für die geschilderten Gegebenheiten. Sie fördert die Abspaltung des Menschen von seinem Körper und den Gefühlen, sie bombardiert ihn zudem mit starken sexuellen Reizen und fördert die Illusion von Sexualität als einem Heil- und Erlösungsmittel. Das Versprechen, das in starken Reizen und dem Sex-Konsum steckt, erfüllt sich jedoch höchstens kurzfristig, so daß die Suche von vorn beginnt und der Wiederholungszwang schließlich in die Sucht führt. Hinter der öffentlichen Vermarktung von Sexualität vermutet Giddens (1993, S. 191) ein Kalkül:

„Sexualität produziert Lust, und Lust, oder zumindest das Versprechen auf Lust, hat in einer kapitalistischen Gesellschaft Einfluß auf die Warenwelt. Wir werden fast überall mit sexuellen Bildern als einer Art gigantischer Verkaufslust konfrontiert; die Verdinglichung des Sex ... ist ein Mittel, um die Masse der Bevölkerung von ihren wahren Bedürfnissen abzulenken ...".

Der Preis, den die Gesellschaft für ihre Mitwirkung an den Abspaltungsprozessen und der Verdinglichung der Sexualität zahlen muß, ist hoch. Das gilt besonders dann, wenn Kinder der Lustsuche und der sexuellen Zwanghaftigkeit von entfremdeten Menschen zum Opfer fallen.

4.1.3. Hintergrundsbedingungen und -phänomene

Das schizoide Phänomen ist der Niederschlag von wechselseitig aufeinander bezogenen individuellen und kollektiven Bedingungen.

Der Einfluß von Eltern bei der Entstehung des schizoiden Phänomens ist zentral. Zum Schädigungsverhalten vieler Eltern gehört, daß sie neurotische Wünsche an das Kind herantragen oder es zur Projektionsfläche ihrer negativen Gefühle machen. Lowen (1985, S. 13) verdeutlicht, wie im Zuge elterlichen Fehlverhaltens das persönliche Fühlen des Kindes geopfert und sein Körper instrumentalisiert wird. In diesem Entfremdungsprozeß verliere das Kind „sein Selbst-Gefühl, sein Identitätsempfinden und seinen Kontakt zur Wirklichkeit" (Lowen ebd.).

Eltern sind außerdem die Vermittler gesellschaftlicher Normen und für die Erziehung zur Konformität verantwortlich. Der Kanon sozial vermittelter Normen variiert von Kultur zu Kultur. Zugunsten der Anpassung an kulturspezifische Normen muß das Kind unerwünschte Strebungen, Gefühle und Bedürfnisse verdrängen bzw. abspalten. Gruen (1986, S. 131) vertritt die Ansicht, die meisten Zivilisationen seien Instrumente, um durch Anpassungsforderungen „Spaltungen im menschlichen Bewußtsein zu erzeugen und aufrechtzuerhalten". Für Gruen (ebd.; vgl. auch Richter 1986, S. 13) ist angepaßtes Dasein „die Endstufe einer Entwicklung ..., die auf Bewußtseins-Spaltung ruht".

Asper (1990, S. 65) zufolge gilt dies insbesondere für rigide Familien. Das Kind und später der Erwachsene huldigten zunächst „der Familienideologie und dann anderen Wertvorstellungen, um angenommen zu sein" (ebd. S. 65). Neben dem „System der Anpassung" entstehe ein Sektor aus verdrängten unerwünschten Gefühlen (Asper ebd.).

Mit der Spaltung und dem verstellten Zugang zu wichtigen Seelenanteilen geht, wie bereits dargestellt, die Autonomie im Sinne Gruens verloren. In diesen Verlusten steckt für Gruen (1986, S. 145) die Grundlage des Zerstörerischen:

> „Das Zerstörerische im Menschen hat sich entwickelt. Es ist ihm nicht angeboren, sondern braucht im Gegenteil eine komplizierte Entwicklung, die um das Scheitern der Autonomie kreist. Was dem Zerstörerischen im Menschen zugrunde liegt, ist eine Spaltung in seiner Seele".

Beispielhaft für diese psychischen Prozesse ist Kafkas „Verwandlung". Im Zusammenwirken mit der Familiendynamik seiner Herkunftsfamilie wird Gregor Samsa zum Käfer und zeigt, so Robert (1985, S. 232),

> „die für einen schizophrenen Zustand charakteristische Entwicklung mit bemerkenswerter klinischer Präzision ... Gregor, der anfangs geistig noch sehr rege ist, zeigt nach und nach alle Symptome des Autismus, das heißt des inneren Todes, an dessen Ende sein wirklicher Tod steht".

Die vielen Kafkaschen Helden haben darüber hinaus häufig Grenzprobleme. Man kann in ihren Schutzraum eindringen, und sie sind „in zwei oder mehrere nicht wiederzuvereinende Ichs" zersplittert (ebd., S. 187). Kafka hat somit die schizoiden Tendenzen und zunehmenden Entfremdungserscheinungen unserer Zeit seismographisch aufgenommen und ihnen dichterisch Gestalt verliehen.

Die Entfremdungserscheinungen unserer Gegenwart wurzeln zu einem erheblichen Teil in Prozessen, die die Industrialisierung mich sich brachte.

4.1.3.1. Industrialisierung

Sexuelle Angriffe auf Kinder nahmen, wie erwähnt, im Laufe des 19. Jahrhunderts alarmierend zu (vgl. Rush 1991, S. 104). Wie der französische Gerichtsmediziner Tardieu feststellte, waren bei Vergewaltigungen in Frankreich (zwischen 1858 und 1869) weit mehr als die Hälfte der Opfer Kinder, und unter diesen fast ausschließlich Mädchen (vgl. Masson 1986, S. 39).

Als Ursachen für die drastische Zunahme sexueller Verfehlungen an Kindern kommen vor allem einschneidende Veränderungen im Zuge der Industrialisierung in Frage, die sich in der Arbeitswelt und ferner in der sozialen und natürlichen Umwelt niedergeschlagen haben. Die Veränderungen in allen Lebensbereichen gingen mit einem Anstieg seelischer Störungen einher. Von herausragender Bedeutung wird, verstärkt im 20. Jahrhundert, das schizoide Phänomen als Ausdruck zunehmender Abspaltungs- und Entfremdungsprozesse.

Wird die Rolle der Industrialisierung bei der Zunahme von seelischen Störungen und sexuellen Übergriffen auf Kinder betrachtet, dann fallen hauptsächlich folgende Einzelfaktoren ins Gewicht:

Im Zuge der Industrialisierung werden die Bereiche Reproduktion und Produktion zunehmend voneinander getrennt. Damit vertieft sich die vom Bürgertum vorgeprägte „geschlechtshierarchische Arbeitsteilung" (Böhnisch und Winter 1993, S. 123). Sie bringt eine weitere Abwertung und Schwächung der Frauenposition mit sich und wird Grundlage des reduzierten Familienkerns und Grundlage der Industriegesellschaft. Beck (1986, S. 174) meint, die Beziehungskonflikte zwischen den Geschlechtern seien ohne diese gesamtgesellschaftliche Entwicklung nicht zu erfassen. Er stellt fest:

„Die Zuweisung zu den Geschlechtscharakteren ist Basis der Industriegesellschaft ... Ohne Trennung von Frauen- und Männerrolle keine traditionale Kleinfamilie. Ohne Kleinfamilie keine Industriegesellschaft in ihrer Schematik von Arbeit und Leben" (Beck ebd.; vgl. auch Schmidbauer-Schleibner 1979, S. 124).

Die zur Regel werdende Trennung der Bereiche Arbeit und Familie vergrößert den Abstand des Mannes von der Welt der Frau und der Kinder und schränkt die Möglichkeiten, eine wirkliche Beziehung zu den Kindern aufzubauen, weiter ein. Die Versorgerposition und die Ferne des Vaters steigern zum einen seine Wichtigkeit, zum anderen ziehen sie einen Verlust an direkten Erziehungs- und Kontrollmöglichkeiten und damit einen Bedeutungsverlust nach sich.

Obendrein schränkt unselbständige Fabrikarbeit die Möglichkeiten des Vaters, seinen Kindern in anschaulicher Selbständigkeit natürliche Autorität zu vermitteln, erheblich ein. Durch den Bedeutungsverlust seiner Rolle sei das Ich des Mannes entscheidend „eingeschrumpft", meint Marcuse (1990, S. 100). Als eine Folge dieser Verluste bildet sich, anstelle der verlorenen natürlichen Autorität, vermehrt irrationale Autorität aus.

Die Trennung der Bereiche Familie und Arbeit bedeutet darüber hinaus, daß der Vater im Familienraum als Identifikationsobjekt, mehr noch als zuvor, ausfällt (vgl. Badinter 1993, S. 151). Das wirkt sich beeinträchtigend auf die Sozialisation des Jungen und seine Loslösungsprozesse von der Mutter aus.

Einen entscheidenden Stellenwert haben ferner die entfremdeten und entfremdenden Arbeitsbedingungen und Zwänge, die das industrielle Leistungsprinzip mit sich bringt. Dazu gehören die Kontrollmechanismen über die Triebe und den Eros (Marcuse 1990, S. 95, 51 ff). Marcuse (ebd., S. 54) meint, die Unterdrückung von Körper und Sinnlichkeit, die „Versklavung des Lust-Ichs durch das Realitäts-Ich" in entfremdeten Arbeitsbedingungen dränge zwangsläufig nach einem Ausweg. Für viele – vor allem Männer – gehörte und gehört zu den Kompensations- und Fluchtmitteln die sexuelle Lustsuche, auch in Tabuzonen.

Teil der entfremdeten Arbeitsbedingungen ist ferner der Mangel an Kontrolle über die Produkte und über die Produktion. Auf dem Bedingungsgefüge von Kontrollverlust, vermehrter Abhängigkeit und Anonymität entsteht, so Badinter (1993, S. 33), eine durch Identitätsangst charakterisierte „Krise der Männlichkeit", in deren Gefolge Männlichkeit (neben der sexuellen Potenz) mit Erfolg und Geld gleichgesetzt wird.

Auf der Basis patriarchalischer Familienstrukturen ragt in einer verunsichernden und entfremdeten Welt das „Heim" als eine Stätte heraus, wo der kontrollierte und verdinglichte Mann andere Menschen kontrollieren und verdinglichen, irrationale Autorität ausüben und so seiner Identitätsangst entgegenwirken kann.

Im Industriezeitalter entsteht Fromm (1986, S. 141) zufolge ein neuer Gesellschafts-Charakter mit folgenden Kernelementen:

„Angst vor mächtiger männlicher Autorität und Unterwerfung unter diese, Heranzüchtigung von Schuldgefühlen bei Ungehorsam, Auflösung der Bande menschlicher Solidarität durch die Vorherrschaft des Eigennutzes und des gegenseitigen Antagonismus".

Schmidbauer (1976, S. 177) betont das Zwanghafte dieser Charakterstruktur und führt sie auf die Sauberkeitserziehung und die Drosselung der kindlichen Motorik zurück. Für ihren Produktionsprozeß brauche die Industrie gerade solche Menschen, also Menschen, die gelernt haben, sich anzupassen und Zwängen unterworfen zu sein. Die Industrie braucht diesen Typus Mensch nicht nur wegen seiner Bereitschaft, sich Zwängen zu unterwerfen, sie braucht ihn außerdem als Absatzmarkt. Dieser wird garantiert durch die Befriedigungssuche des entfremdeten Menschen sowie durch das wachsende Spannungspotential in der Gesamtbevölkerung, das nach Entlastung, etwa durch konsumierendes Verhaltens, drängt.

Die zunehmenden Spannungen resultieren aus der entfremdeten Arbeit, der sich stetig entfremdenden Umwelt sowie aus den erzwungenen Anpassungsvorgängen an soziale Normen. Das Genormte, das in der Technisierung des Maschinenzeitalters steckt, wirkt sich verstärkend auf den sozialen Normenzwang und damit auch auf die Normierung der Männlichkeit aus.

In Form ihrer Überflußproduktion verspricht die Wirtschaft ebenso die Reduktion von Spannungen wie die Befriedigung jener entfremdeten Bedürfnisse, die sie begünstigt oder selbst erzeugt. Die Werbung unterstützt diesen auf steigenden Konsum hinauslaufenden Prozeß. Sie nutzt ferner gezielt die Lust- und Sexsuche des entfremdeten Menschen aus. Fromm (1986, S. 180) und Böhnisch und Winter (1993, S. 188 f) entlarven die suggestiven Techniken der Werbung mit ihren ständigen Wiederholungen und ihren unterschwelligen sexuellen Appellen als einen Versuch, das rationale Denken auszuschalten. Die Werbung kann dabei auf eine Persönlichkeitsstruktur zählen, die ihren suggestiven Strategien als einer neuen Form von Gehorsamsgebot folgen wird.

Damit fördert und stützt sie die durch Industrialisierung und Kapitalismus geschaffene mentale Struktur. In ihr arbeiten Profit- und Habendenken der Verdinglichung und Verobjektivierung von Mensch und Natur zu, und Selbstsucht wird zur bestimmenden Verhaltensweise (vgl. Fromm 1986, S. 105). Sloterdijk (1993, S. 79) gibt den Verschleiß an natürlichen und menschlichen Reserven, der hinter den industriellen Prozessen steckt, zu bedenken und sagt: „Was mehr als zweihundert Jahre lang fast unangefochten als menschliche Produktivität gefeiert wurde, wird zunehmend in seinem destruktiven und suchthaften Charakter durchschaubar".

Zu den destruktiven und suchthaften Elementen gehört die sexuelle Gewalt gegen Kinder. Der Anstieg dieser Delikte ergibt sich, neben der skizzierten Konstellation, auch durch die noch näher zu erörternde gesellschaftlich geforderte Überwachung der kindlichen Sexualität (vgl. Elias, 1976, S. 259). Sie hat vor allem die Unterbindung der Onanie zum Ziel und wird insbesondere seit dem 18. und zunehmend im 19. Jahrhundert in der bürgerlichen Familie strengstens verfolgt. Dies begünstigt ein sexuell aufgeheiztes Klima und legitimiert die Beschäftigung der Erwachsenen mit dem kindlichen Intimraum. Durch die Kontrolle seiner Sexualität wird das Kind vom eigenen Körper entfremdet (vgl. Bettelheim 1971, S. 71). Das gilt erst recht, wenn entfremdete Erwachsene sexuelle Übergriffe starten.

Vor allem im Viktorianischen Zeitalter verknüpfen sich diese Bedingungen mit Prüderie. Das Sprechen über sexuelle Dinge ist verpönt. Daher haben vom sexuellen Mißbrauch betroffene Kinder kaum Möglichkeiten, sich Hilfe zu holen. Eine Anklage brauchen Kindesmißbraucher auch wegen der kindlichen Abhängigkeit kaum zu fürchten. Darüber hinaus hatten sich offenbarende Kinder kaum eine Chance, ernstgenommen zu werden[16].

Es greifen demnach verschiedene Faktoren ineinander, die sexuellen Mißbrauch an Kindern begünstigen. Das sind vor allem entfremdete Arbeitsbedingungen, die schwache Frauenposition und eine repressive Sexualmoral bei gleichzeitiger Triebüberwachung der Kinder. Hinzu kommt die Distanz des Mannes von den Kindern, sein Verlust an Bedeutung und authentischer Autorität im Arbeits- und Familienleben sowie die Entwicklung eines neuen Gesellschaftscharakters mit Merkmalen des autoritären Charakters und der Haben-Mentalität.

Das übergreifende Merkmal dieses Bedingungskomplexes ist die Entfremdung des Menschen von sich selbst und von seinem näheren und weiteren Umfeld.

4.1.3.2. Entfremdung

Für Fromm (1980/1955a, S. 90) ist Entfremdung eine charakteristische Erscheinung der modernen Gesellschaft. Sie durchdringt alle Bereiche des menschlichen Lebens, die berufliche und soziale Sphäre ebenso wie die innerpsychische und stellt eine ernste Bedrohung für „die geistigen Qualitäten des Menschen" dar (ebd., S. 245). Innerhalb einer entfremdeten Kultur kennzeichnet Entfremdung einen Menschen,

> „der wie ein Automat handelt und fühlt, der niemals etwas erlebt, was wirklich zu ihm gehört, der sich ganz als die Person erlebt, die er seiner Ansicht nach sein sollte ..., dessen dumpfe Verzweiflung den Platz eines echten Schmerzes einnimmt" (ebd., S. 16).

Wird die individuell begründete Entfremdung vom eigenen Körper zusätzlich durch eine von Streß, Spannung und Angst bestimmte Arbeit in entfremdeter Produktionsweise verschärft, sind verheerende Auswirkungen auf die körperliche und seelische Gesundheit der Betroffenen zu erwarten. Die Beeinträchtigung des einzelnen wirkt sich negativ auch auf die innerfamiliären Beziehungen und letztlich auf die verantwortlichen gesellschaftlichen Funktionen aus (ebd., S. 286).

Da die Kultur jedoch, wie erwähnt, funktionstüchtige Menschen braucht, liefert sie den meisten Menschen, so Fromm (ebd., S. 16),

„das Modell, welches es ihnen ermöglicht, mit einem Defekt zu leben, ohne krank zu werden. Es ist, als ob jede Kultur ein Gegenmittel gegen den Ausbruch manifester neurotischer Symptome produziere, die der von ihr erzeugte Defekt ansonsten nach sich ziehen würde".

Als Mittel, die Manifestation pathologischer Symptome zu verhindern, dienen vor allem konsumierendes und aggressives Verhalten. Dieser Schluß ergibt sich aus folgender Beobachtung Fromms (1980/1955a, S. 315): Die intellektuelle Entwicklung des Industriemenschen gehe mit dem Vorherrschen jener Sinnesempfindungen bzw. Strebungen einher, die der Mensch mit dem Tier teilt wie Sexualität, Aggression und Nahrung. Folglich bezieht sich die große Bedeutung von Gewalt und von konsumierendem Verhalten – mittels Sex und „Nahrung" jeglicher Art – nicht nur auf mangelnde Bedürfnisbefriedigung und auf die Abspaltung des Verstandes vom Körper und den Gefühlen. Die große Bedeutung von Sex, Konsum und Gewalt bezieht sich zusätzlich auf ihre Funktion als eine Art „Gegenmittel", um dem Ausbruch manifester psychopathologischer Symptome in unserer Gesellschaft entgegenzuwirken.

Dieses „Gegenmittel" richtet sich häufig auf Kinder.

Schmidbauer (1976, S. 69) wundert sich, daß trotz abnehmender körperlicher Züchtigung die Zahl der Verhaltensstörungen bei Kindern in den Industriegesellschaften immer mehr zunimmt. Kindliche Verhaltensstörungen und die gegenwärtig alarmierende Kinder- und Jugendkriminalität sind den zunehmenden Entfremdungserscheinungen unserer Kultur anzulasten, die in steigendem Maße die Befriedigung kindlicher Grundbedürfnisse vereitelt. Dazu gehört die Bewegungseinschränkung des Kindes aufgrund schrumpfender Bewegungsräume und zunehmenden Mediumkonsums ebenso wie die Überflutung mit Reizen. Hinzu kommt die Tatsache, daß Kinder entfremdeten und seelisch gefährdeten Erwachsenen vermehrt zu Projektionsflächen aggressiver Impulse oder individueller und partnerschaftlicher Probleme werden. Vielfach dienen sie auch als Objekte des Konsums, der Stimulation und der Streßabfuhr. Nicht selten geschieht dies mittels Sexualität. Die schweren Schädigungen, die entfremdete Erwachsene auf ihrer Suche nach Kompensation, Entlastung und Stabilisierung anrichten, sind maßgeblich für die Verhaltensauffälligkeiten und die Entfremdung der neuen Generation verantwortlich.

Das Kompensations- und Konsumverlangen des entfremdeten und seelisch gefährdeten Menschen schlägt sich vor allem in der Familie nieder. Das hängt mit der historisch bedingten und als selbstverständlich angenommenen Verfügungsgewalt, insbesondere des Vaters, innerhalb des abgeschotteten häuslichen Rahmens zusammen. Ein Beispiel für die Verfügungsgewalt im häuslichen Bereich ist die Bedienung des Fernsehens, die Parallelen zur Inanspruchnahme von Kindern aufweist. Fromm (1983, S. 116) beschreibt, welche Instinkte das Fernsehen anspricht:

> „Man kann sich eine zweite Welt mit dem Druck eines Knopfes in sein Wohnzimmer holen. Das appelliert an tiefe magische Instinkte ... Das Fernsehen macht mich zu einer Art Gott. Ich schaffe die Realität, die mich tatsächlich umgibt, ab, und statt dessen schaffe ich mir eine neue Realität, die kommt, wenn ich auf den Knopf drücke. Ich bin beinahe Gott, der Schöpfer".

Über das Fernsehen und über zahlreiche Kinder wird wie ein Gott verfügt. Mit beider Hilfe wird die Realität so umgeschaffen, wie der Erwachsene sie für sein inneres oder für das partnerschaftliche Gleichgewicht braucht.

Das innere Gleichgewicht des entfremdeten Menschen wird zusätzlich durch steigende Streßfaktoren in unserer Gesellschaft gefährdet.

4.1.3.3. Streß

Zunehmende Entfremdungs- und Enthumanisierungstendenzen, in deren Gefolge Frauen vergewaltigt (vgl. Scully 1990, S. 127) und Kinder Opfer sexueller Gewalt werden (vgl. Rush 1991, S. 104), sind in erheblichen Maße an Streßfaktoren gebunden, die aus der Gefährdung des Selbstwertgefühls stammen.

„Wir leben nicht in einer Leistungsgesellschaft" meint Plack (1976, S. 174), „sondern in einer Streßgesellschaft, die den Streß weniger durch Überarbeitung als durch die Angst vor dem Scheitern oder durch die Demütigung des weniger Erfolgreichen erzeugt". Das gilt heute, mit steigender Gefährdung der Arbeitsplätze, mehr denn je. Ein Berufsleben, das von Existenz- und Versagensangst und darüber hinaus von Demütigungen begleitet wird, erzeugt Dauerstreß und gefährdet das Selbstwertgefühl und innere Gleichgewicht (Plack, ebd.). Um dieser Gefahr entgegenzuwirken, wird nach Maßnahmen der Streßreduktion gesucht. Viele Menschen schaffen dies, ohne Gewalt auszuüben. Wie Levold (1993, S. 298) jedoch aufzeigt, neigen bestimmte Menschen in einer „extrem streßreichen Lebens- und Beziehungslage" zu gewalttätigem Verhalten als einem Medium, um „beängstigende oder traumatisierende Ereignisse und gefährdete Beziehungen unter Kontrolle zu bekommen und daraus Sicherheit zu beziehen".

Wichtig ist, daß durch aktuelle Streßsituationen auch die mit Streß beladenen Traumen der Kindheit hochgerissen werden können. Um sowohl Kontrolle über die aktuelle Konfliktsituation als auch über die reaktivierten frühen Traumen zu gewinnen, greifen bestimmte Kinder, Jugendliche oder Erwachsene zum Problemlösungsmittel Gewalt.

Der schizoide Mensch ist durch Streß besonders gefährdet. Er kann bei ihm einen akuten psychotischen Schub auslösen (vgl. Lowen 1985, S. 57). Deshalb wird der Schizoide besonders verzweifelt nach Spannungslinderung suchen. Häufig werden Kinder dazu herangezogen, nicht selten mittels Sexualität. Das hat mit dem allgemeinen stillschweigenden Übereinkommen zu tun, daß Kinder zur Spannungsabfuhr benutzt werden dürfen (vgl. Pilgrim 1986a, S. 18). Außerdem dient zahlreichen Menschen Sex als ein Medium des Spannungsabbaus und der Streßreduktion (vgl. Keen 1985, S. 234). Das gilt insbesondere für Inzestfamilien (vgl. Larson 1986, S. 112). Auch viele sexuell Süchtige weisen auf den Streßfaktor hin, wenn es um den Beginn ihrer Suchtproblematik geht (vgl. Carnes 1983, S. 41).

Montague (1971, S. 127 ff) zieht ebenfalls eine Verbindungslinie zwischen der intensiven Ausrichtung auf alles Geschlechtliche und Streß. Er meint, sexuellem Interesse liege häufig das Bedürfnis nach Kontakt zugrunde, und dies nehme in Streßsituationen zu. Folglich lassen sich entfremdete Sexualstrebungen, neben anderem, auch mit den streßreichen Lebensbedingungen unserer Welt erklären.

Der Orgasmus kann einem Neurotiker zum Sedativ oder Narkotikum werden. Das verdeutlicht Janov (1992, S. 57 f) am Beispiel eines zwanghaft seine Sexualität auslebenden Mannes. Nachdem der aus alten Gefühlen stammende Spannungszustand dieses Mannes durch Therapie aufgehoben werden konnte, zeigte er sich „viel weniger sexuell motiviert, und sein Sexualtrieb nahm radikal ab" (Janov, ebd.). Sogenannte Hypersexualität müsse, regt Janov (1990, S. 153) an, mit inneren Spannungen in Verbindung gebracht werden, „die über den Hypothalamus in sexuelle Kanäle abgeleitet werden".

Neben Menschen, die versuchen, Streß abzubauen, gibt es jene, die ihr Lebensgefühl aus streßerzeugenden Gelegenheiten beziehen. Dazu gehört der arbeitssüchtige „Leistungsmann" als eine Extremform des „Marketing-Charakters".

4.1.3.4. Marketing-Charakter

Der Marketing-Charakter entsteht mit der Industrialisierung (vgl. Fromm 1986, S. 143 ff). Er ist sich selbst ebenso entfremdet wie der Natur, seiner Arbeit und den Mitmenschen. Kennzeichnend sind seine Anpassungsfähigkeit und seine Ich-Schwäche. Prestige oder Komfort sind ihm wichtig, weniger die Bindung zu sich selbst oder zu anderen. Dem Schicksal der eigenen Kinder und Enkel gegenüber zeigt er sich gleichgültig. Er meidet Gefühle, weil er den Kontakt zu den eigenen Gefühlen verloren hat. Fromms (1986, S. 144) Beschreibung deutet auf die schizoide Störung des Marketing-Charakters hin: „Die Trennung des Verstandes vom Herzen ist fast vollständig ... Die Herrschaft des rein verstandesmäßigen, manipulativen Denkens entwickelt sich parallel zu einem Schwund des Gefühlslebens".

Anders (1988, S. 272) geht auf das Fragmentarische dieser Charakterstruktur ein. Die Aufspaltung in die Fragmente des Agierenden und des Fühlenden führe zu „spezialisierten Menschfragmenten", die einander kaum oder gar nicht kennen. In entsprechenden Jobs fühlen diese Menschen sich relativ wohl und sind unauffällig, weil sie in einer Umgebung wirken, die ähnlich ist wie sie (vgl. Fromm 1986, S. 144 ff).

Der Prototyp des Marketing-Charakters ist der „Leistungsmann" (Schellenbaum 1995, S. 46 f). Ein „Leistungsmann" stürzt sich in die Arbeit und sucht streßerzeugende Situationen. Zu Hause läßt er seine Frustrationen aus, oder er ist „süchtig nach mütterlicher Betreuung durch seine Frau" (ebd., S. 46). Er hat kein Gespür für seinen Körper, ist seelisch verkümmert und wirkt auch auf andere zerstörerisch ein. Sein Leistungsstreben kann als verzweifelter Versuch gelten, sich wieder lebendig und wertvoll zu fühlen.

Schmidbauer-Schleibner (1979, S. 149 f) beschreibt den aggressiven Leistungstypus wie folgt:

> „Dieser männliche Typus wehrt seine Bedürfnisse nach Hingabe und Anlehnung durch Hyperaktivität ab. Er unterdrückt sie so brutal, daß sie sich nur noch als psychosomatische Leiden äußern können ... Es verwundert nicht, daß er, der seine eigenen Bedürfnisse verleugnet, Projekte plant und Entscheidungen fällt, die häufig in keiner Weise an den Bedürfnissen der Menschen, vor allem der Kinder, orientiert sind".

Der „Leistungsmann" ist der Prototyp des schizoiden Charakters. Er fühlt sich, bedingt durch die Abspaltung vom Körper und den Gefühlen, innerlich leer und ist auf der Suche nach Streß, in anderen Worten: nach Stimulation durch streßerzeugende Reize. Ist sein Arbeitseinsatz zum einen eine Form der Reizsuche, so ist sie zum anderen als Versuch zu erkennen, durch Leistung sein schwaches Selbstwertgefühl zu stärken.

Unter Umständen wird er nicht nur süchtig „nach mütterlicher Betreuung" (Schellenbaum), sondern auch süchtig nach Sexualität mit einem Kind. Indem er das Kind „konsumiert", versucht er, die Defizite seines gespaltenen, defizitären und entfremdeten Seins zu kompensieren und sein Selbstwertgefühl zu stärken.

4.1.3.5. Konsum und Gier

Die für westliche Industriegesellschaften kennzeichnende Haben-Orientierung (vgl. Fromm 1986) äußert sich in dem Drang nach Besitz und Konsum. Konsum ist Illich (1980, S. 30) zufolge mittlerweile zur Sucht geworden. Der Mensch werde zum einen in der Produktion versklavt, zum anderen als Konsument süchtig gemacht. In unserer Konsumwelt würden „Massenmenschen für Massen-Produkte geschult" (ebd., S. 9)

Man produziere Massenmenschen, meint Anders (1988, S. 103), indem man sie Massenware herstellen und in ihrer Mußezeit konsumieren läßt. Durch Massenkonsum und die Medien werde der Mensch im häuslichen Rahmen entindividualisiert, obwohl der

Schein gerade „die Freiheit der Persönlichkeit und das Recht der Individualität ... wahrt" (ebd., S. 104).

Für Anders ist das Familienheim zu einer Art „Container" für Menschen geworden, die nicht mehr ein gemeinsames Leben führen, sondern sich gemeinsam um das Medium Fernsehen gruppieren. Der Tisch als zentrales Möbelstück der Kommunikation und Communio sei dem Fernsehapparat als „Fluchtpunkt der Familie" gewichen. Vor ihm geschehe das Einander-Anschauen oder Miteinander-Sprechen nur zufälligerweise (ebd., S. 106). Das geschilderte Szenario führt plastisch vor Augen, daß ein fruchtbares Gemeinschaftsleben in der modernen Familie kaum noch einen Platz hat. Die zwischenmenschliche Ebene wird weitgehend durch den gemeinsamen Medienkonsum ersetzt, der sich ebenso drastisch ausweitet wie der Konsum anderer Güter.

Illich (1972, S. 73) hält der kapitalintensiven Industrie vor, sie fördere ständig künstliche Nachfragen. Gleichzeitig rechtfertige sie ihre ausufernde Produktion mit der Befriedigungssuche des Menschen. Eine Welt aber, die durch Ausnutzen der menschlichen Schwachstellen immer wieder für künstliche Nachfragen sorgt, sei nicht einfach nur böse: „Man kann sie nur als Hölle bezeichnen" (ebd., S. 147). Im Zuge von Bedürfniserzeugung und -befriedigung werde die Erde verbraucht (ebd., S. 150).

Sie wird durch bedenkenlose Produktion, gedankenlosen Konsum und das nachlässige Wegwerfen von Konsumgütern, das sogleich neuen Bedarf suggeriert, verbraucht. Im Zuge von Naturzerstörung, Verlust an Ästhetik und an mitmenschlicher Wärme wird es immer schwieriger, die wirklichen Bedürfnisse des Menschen zu befriedigen.

Eine Extremform konsumierenden Verhaltens ist die Gier.

Für Fromm (1977, S. 234) ist Gier „eine der stärksten, nicht instinktiven Leidenschaften im Menschen und ... eine pathologische Manifestation einer nicht geglückten Entwicklung der Persönlichkeit". Fromm beruft sich auf M. Eckhart, der in egoistischer Gier – ähnlich wie im buddhistischen Denken dargelegt – ein Hindernis auf dem Wege zu Freiheit und Selbstverwirklichung sieht (vgl. Fromm 1986, S. 65 ff).

Schellenbaum (1995, S. 47) meint, der Gierige werde von Angst getrieben und komme weder zur Ruhe noch zur Selbstbesinnung. Es fehle ihm völlig an Achtung für das Objekt der Begierde und dessen Rechte. Anders als bei einem gesunden Bedürfnis sei Gier dem Objekt ihrer Strebungen in keiner Weise angemessen: „Sie nimmt es ungebührlich in Beschlag, mißbraucht seine Autonomie und Eigenart" (Schellenbaum, ebd.; vgl. Fromm 1986, S. 79). Viele Menschen richten egoistische Gier auf ein Kind und mißbrauchen es, häufig auch sexuell, ohne sich über die schädlichen Folgen ihres Tuns Gedanken zu machen.

Obwohl Gier sich kurzfristig Befriedigung schaffen kann (vgl. Fromm 1983, S. 16), tritt nicht wirkliche Zufriedenheit ein. Fromm (1986, S. 111) führt aus, warum dies so ist:

> „Im Gegensatz zu körperlichen Bedürfnissen wie Hunger, bei denen es physiologisch bedingte Grenzen gibt, ist die psychische Gier – und jede Gier ist psychisch, selbst wenn sie über den Körper befriedigt wird – unersättlich, da die innere Leere und Langeweile, die Einsamkeit und die Depression, die sie eigentlich überwinden soll, selbst durch die Befriedigung der Gier nicht beseitigt werden können".

Sie kann auch deshalb nicht befriedigt werden, weil der gierigen Befriedigungssuche unbewußte Bedürfnisse zugrunde liegen, die durch Gier nicht zu stillen sind.

Fromm (1995, S. 115) stellt ein Anwachsen von Passivität, von Konsumhaltung und Gier in unserer Zeit fest und charakterisiert die Konsumhaltung folgendermaßen: „Die Konsumhaltung ist die entfremdete Weise, mit der Welt in Kontakt zu sein, weil die Welt zu einem Gegenstand der Gier gemacht wird, statt daß der Mensch an ihr interessiert und auf sie bezogen ist".

Wirklicher Bezug zur Welt gehe mit produktiver Aktivität einher (Fromm 1977, S. 334; vgl. Eliade 1994, S. 30 f). Diese unterscheidet sich fundamental von entfremdetem, konsumorientiertem Erleben:

> „Bei jeder produktiven und spontanen Tätigkeit ... geht etwas in mir vor. Ich bin nach dem Erlebnis nicht mehr derselbe wie zuvor. Bei der entfremdeten Form des Vergnügens geht nichts in mir vor. Ich habe dann dies oder jenes konsumiert; in meinem Innern hat sich nichts verändert ..." (Fromm 1983, S. 99).

Die charakteristische Konsumhaltung zeige sich auch bei sexuellem Konsum (Fromm 1995, S. 116). Er sei unpersönlich und ohne Erfahrungstiefe. Sexueller Konsum bringe zwar keine wirkliche Zufriedenheit, verhelfe jedoch wie jeder Konsum dazu, „die Sorgen und Schmerzen des Alltags zu vergessen" (Fromm ebd.). In der Proklamierung sexueller Freiheit sieht Fromm (ebd.; vgl. Giddens 1993, S. 191) das Interesse einer Konsum fördernden Kultur. Sexueller Konsum stimuliere den allgemeinen Konsum.

4.2. Ich-Schwäche

Zu den Merkmalen von Kindesmißbrauchern gehört eine ausgeprägte Ich-Schwäche und Mangel an Autonomie. Daher sind nunmehr die Entwicklung und die Funktionen des Ichs sowie die Störungsformen der Ich-Entwicklung zu beleuchten. Für unsere Themenstellung muß es, neben dem Autonomiemangel, insbesondere um Regressivität und Narzißmus und damit verknüpft, um Empathiemangel und Destruktivität gehen.

Störungen in der Ich-Entwicklung sind an gesamtgesellschaftliche Faktoren gebunden. Die gesellschaftlichen Bedingungen zu erforschen, die die Ichreifung entweder fördern oder hemmen, ist eines der Anliegen der Sozialpsychologie (A. Mitscherlich 1992, S. 152).

4.2.1. Ich-Entwicklung

Für die Entwicklung beider Geschlechter ist die sogenannte vorödipale Phase, also die Phase der Ich-Entwicklung, von zentraler Bedeutung. In dieser Phase, die Fromm (1979, S. 99) zufolge „eine der Hauptursachen von Neurose und Psychose" ist, äußern sich die fundamentalen „Leidenschaften" des Menschen. Dazu gehören die narzißtischen Bedürfnisse. Dies sind, greifen wir auf Maslows Bedürfnispyramide zurück, die Bedürfnisse nach Nahrung, nach sensorischer Befriedigung, nach Sicherheit, Liebe und Zugehörigkeit.

Werden die narzißtischen Bedürfnisse nicht ausreichend befriedigt, dann entwickelt sich ein mehr oder weniger ausgeprägter Narzißmus. Narzißmus zählt zu den wesentlichen Hintergründen sexueller Verfehlungen an Kindern.

Bestandteil der sensorischen Bedürfnisse ist das Bedürfnis nach Zärtlichkeit. A. Mitscherlich (1992, S. 121; vgl. Rattner 1969, S. 95 ff) unterstreicht, wie wichtig Zärtlichkeit für die Ich-Erfahrung ist. Wie bereits dargestellt, wurde und wird Zärtlichkeit in unserer Kultur jedoch zumeist mit Weiblichkeit und Verweichlichung gleichgesetzt und daher dem Jungen, zugunsten des männlichen Rollenverständnisses, ab einem frühen Alter vorenthalten. Da bei fehlender Zärtlichkeit in der Kindheit die „Erinnerungsspuren" an sie fehlen, ist im späteren Leben kein Rückgriff auf sie möglich. Das ist u.a. darum so bedauerlich, weil Zärtlichkeit zum einen aggressive Regungen verwandeln und mildern kann (Mitscherlich ebd.). Zum anderen schlägt das kulturell bedingte Defizit sich in der Unfähigkeit vieler Männer nieder, zwischen Zärtlichkeit und Sexualität zu unterscheiden. So deuten viele Kindesmißbraucher die kindliche Zärtlichkeit sexuell.

Darüber hinaus ist deutlich geworden, daß die Deprivation sensorischer Bedürfnisse zu zerstörerischen „Spielen" führen kann, die auf Anerkennung und Machterlebnisse im sozialen Raum zielen.

Ähnlich wichtig wie das Zärtlichkeitsbedürfnis ist das kindliche Verlangen nach Sicherheit und Schutz. Werden diese Bedürfnisse geachtet und befriedigt, kann das Kind Vertrauen in die Umwelt und in sich selbst gewinnen. Es lernt, in seinem Körper zu Hause zu sein und mit Hilfe der eigenen körperlichen Kräfte und des wachsenden Intellekts die Umwelt zu bewältigen und Einfluß auf sie zu nehmen (vgl. Bettelheim 1971, S. 224).

Mit der Entwicklung innerer Sicherheit, also mit Ich-Sicherheit, geht die Fähigkeit zum Aufgeben äußerer Sicherheiten einher (vgl. Bischof 1985, S. 469; Gebser 1987, S. 109). Das betrifft vor allem die notwendigen Loslösungsprozesse von der Mutter. Das Ich muß sich aus der Symbiose mit der Mutter lösen, um Eigenständigkeit zu erlangen. Sonst bleibt es auf sie fixiert, passiv und „anpassungsbereit mit Erwartungen an das Leben als einer weiterhin verwöhnenden Mutterinstanz" (Riemann 1981, S. 78 f).

Aufgrund ihrer Biographie fehlt vielen Menschen das Fundament befriedigter Grundbedürfnisse und innerer Sicherheit und damit das Gefühl, in ihrem Körper wirklich zu Hause zu sein. Der frühkindliche Mangel kann sich im späteren Leben in Ängsten oder in einer verzweifelten Suchhaltung, die zur Sucht führt, niederschlagen. Charakteristisch sind ferner starke Sicherheitsstrebungen, die auf die Außenwelt, also auf andere Menschen oder auf soziale Systeme, gerichtet sind.

A. Mitscherlich (1992, S. 170, 107) geht auf die Verknüpfung zwischen der Befriedigung von Bedürfnissen und dem Aufbau von Ich-Stärke ein und fordert eine Pädagogik, die den >Ichbedürfnissen< und damit der Ich-Stärkung dient. Ich-Stärke und weniger die im Über-Ich verankerten Gebote führten zu verantwortlichem Handeln. Er meint, „daß eine Moral, die zu einem Anwachsen der Verantwortung im Ich statt in einem Verharren unter den Geboten im Über-Ich erzieht, vom soziogenetischen Prozeß der Evolution gefordert ..." ist (ebd., S. 107).

Götz (1993, S. 36) ruft ebenfalls dazu auf, die innere Stabilität des Menschen zu fördern und die Über-Ich-Pädagogik in Frage zu stellen: „Gefragt ist das starke Ich – und damit eine Ich-Pädagogik, die zur Mündigkeit und Verantwortung ermutigt; nicht eine Über-Ich-Pädagogik der Gebote, der Einschüchterung und Einschwörung auf vorgegebene Normen".

Auch Wilber (1988, S. 314) hebt den Faktor der Verantwortung hervor. Ein gelungener Ich-Aufbau werde das Kind befähigen,

> „seine eigene Person, sein eigenes Eigentum, sein eigener Autor oder verantwortlicher Urheber seiner eigenen Handlungen [zu] werden ... Eine wirkliche Person sein heißt, Verantwortung und Urheberschaft übernehmen und dadurch von der präpersonalen Sklaverei zur personalen Autonomie übergehen".

Khan (1983, S. 60) und A. Mitscherlich (1992, S. 156) betonen nicht nur die extreme Gefährdung und Verwundbarkeit des entstehenden Ichs, sondern auch das ihm innewohnende Potential zu wachsen, sich zu strukturieren und zu überleben. Pilgrim (1986a, S. 57; vgl. ebd., S. 97) ist ebenfalls überzeugt, daß dem Menschen „bei aller charakterlichen Verstümmelung ein Bedürfnis nach autonomer Komposition seines Ichs geblieben" ist. Der Komposition des autonomen Ichs stehe jedoch die Monopolisierung der Erziehung in der Nukleusfamilie entgegen (ebd., S. 54 f).

Durch familiäre Behinderungen und Zwänge kann nicht nur die Komposition des Ichs verstellt werden. Unter bestimmten Umständen tritt sogar eine Dekomposition ein. Die versklavte Existenz des Gregor Samsa (Kafka, „Die Verwandlung") in Beruf und Familie ist ein groteskes Beispiel dafür. Gregors Identitätsverlust äußert sich zunächst sinnfällig in der Mißgestalt eines Käfers. Nach seinem vom Vater verursachten Tod wird er wie Abfall behandelt und weggeschaufelt.

4.2.2. Ich-Funktionen und Ich-Leistungen

Das Ich als Ort der Synthese verschiedener Bewußtseinszentren und als Ort der Integration erschließt sich durch seine Leistungen. Diese entwickeln sich auf der Basis kultureller Gegebenheiten und unter dem Einfluß von individuell verschiedenen zwischenmenschlichen Beziehungen.

Im Ich vereinigen sich Bewußtsein und Vernunft, Wahrnehmungsfähigkeit und Denkkraft. Diese ermöglichen vernunftgeleitetes verantwortliches Verhalten. Selbst in Krisensituationen ist ein von Vernunft bestimmtes Handeln realitätsbezogen und zugleich moralisch. Das Ich bemüht sich unter diesen Voraussetzungen, die Folgen einer Handlung für sich selbst und für die Mitwelt empathisch abzuschätzen. Eine solche Vorgehensweise ist dem impulsiven bzw. von Spannungen bestimmtem oder unbedachtem Verhalten entgegengesetzt[17].

A. Mitscherlich (1992, S. 51) hebt das Verstehen und Erkennen des anderen als Zentrum der humanen Aufgaben und als Grundlage der Ichwerdung und des Selbstverstehens hervor. Erst dies mache den Menschen fähig zu wirklicher Liebe (ebd., S. 113). Liebesfähigkeit wird durch mangelnde Reifung, durch Angst oder durch fehlende Weite des Ichs beeinträchtigt. Diese existentielle Verstümmelung ist Boss (1984, S. 56) zufolge in unserer Gesellschaft so verbreitet, daß man sie nicht zu den Pathologien zählt.

4.2.3. Ich-Schwäche – mangelnde Autonomie

A. Mitscherlich (1992, S. 157) äußert Bedenken gegenüber dem Stand der allgemeinen Ichreifung: „Die im Sozialisierungsprozeß erzielte Ichreifung ist durchschnittlich gering, die Widerstandsschwelle des Ichs gegen Überflutung durch innere Triebansprüche und Diktate von außen bleibt niedrig".

Ein schwaches Ich läßt sich „durch dranghaft erlebte Impulse und durch äußere Reize" leicht überrumpeln (ebd., S. 93), vor allem, wenn ein Lustgewinn lockt (ebd., S. 157). Eine wichtige Rolle zur Neutralisierung der Kräfte, die von innen (im Freudschen Sinne das „Es") oder von außen drängen, spielt der Energiehaushalt (ebd., S. 151 ff). Der Energiehaushalt ist dann gestört, wenn der Kontakt zu den eigenen inneren Kräften blockiert ist und viel Energie für Verdrängungen und für Abwehrmechanismen aufgewendet wird. Das ist bei vielen Menschen der Fall.

Generell gilt, daß Ichleistungen bei starker Erregung schrumpfen (ebd., S. 157). In besonderem Maße trifft dies auf Konfliktsituationen zu. „In konfliktgeladenen Situationen bestimmen Ich-Fragmente die Entscheidung des einzelnen ..." (ebd., S. 369). Die darin enthaltene potentielle Gefahr verschärft sich, wenn ein akutes äußeres Drama als Bedrohung empfunden wird. Dann können bei einem schwachen Ich panikartige Zustände mit verzweifelten Reaktionen ausgelöst werden (vgl. Badinter 1987, S. 239).

Ein bedrohlicher Zustand im Berufs- oder Familienleben geht zudem häufig mit einer Abwertung des Ichs einher. Bedrohung und Abwertung reaktivieren ursprüngliche Kindheitstraumen, die als „gefährliche Erinnerung" verdrängt wurden (Maslow 1981 S. 264). Auf diesem affektiv geladenen Hintergrund wird nach Maßnahmen gesucht, die Gefährdung abzuwehren. Zu den begehrtesten Abwehrmaßnahmen gehören Konsum und Sex.

Durch Merkmale wie Regressivität, Mangel an Empathie und Autonomie, Entfremdung, Wahrnehmungsstörungen, Zwanghaftigkeit und Suchttendenzen (A. Mitscherlich 1992, S. 32 ff, 153 f, 157) besteht eine Verbindungslinie zwischen Ich-Schwäche und dem „autoritären Charakter" (vgl. Schmidbauer 1976, S. 105 ff). Schmidbauer (ebd., S. 107) erkennt unterhalb einer autoritären Fassade Ohnmacht und Schwäche und verdeutlicht, warum die Suche des autoritären Charakters nach Machterlebnissen sich oft auf Kinder konzentriert.

> „Der autoritäre Charakter ist also nicht aus (Ich)Stärke stark, sondern muß zwanghaft aus seiner (Ich)Schwäche heraus stärker sein als andere ... Das Kind, wehrlos und formbar, ist ein mächtiger Anreiz für die Suche des autoritären Charakters nach einem Schwachen, in dessen Beherrschung er seine eigene Schwäche verleugnen kann".

Die Beherrschung des Kindes durch einen ich-schwachen Erwachsenen geschieht vor allem im Geheimen. Der Ich-Schwache tendiere, so A. Mitscherlich (1992, S. 156), „zu einer einsamen Gebotsübertretung". Das heißt, ein schwaches Ich, das sich nicht durch die ethischen Imperative des Ich-Gewissens bzw. durch Ich-Gehorsam leiten läßt, wird dazu neigen, zugunsten von Lustgewinn die Über-Ich-Gebote dann zu übertreten, wenn keine Entlarvung droht. Die von Elias (1976, S. 258, 280 f) angenommene „Selbstzwangapparatur" mittels Über-Ich greift also bei ich-schwachen Individuen nur dann, wenn die Gefahr des Erwischtwerdens gegeben ist.

Die Entwicklung des Ichs ist an die Entwicklung der Autonomie gebunden (Maslow 1981, S. 192). Maslow bezieht Autonomie, ähnlich wie Gruen, auf den Kontakt zum eigenen Selbst. Durch diesen ist der Mensch weder inneren noch äußeren Zwängen gänzlich ausgeliefert und fähig zur „Selbstentscheidung" und „Selbst-Regierung". Ohne wirkliche Autonomie sind Menschen allerdings

> „Schachspielfiguren, die von anderen bewegt werden, und nicht selbstbewegende, selbstdeterminierende Individuen. Deshalb neigen sie dazu, sich hilflos, schwach und total determiniert zu fühlen ... Was diese Nichtverantwortlichkeit für die Politik und Ökonomie der Selbstentscheidung bedeutet, ist selbstverständlich offensichtlich: es ist katastrophal" (Maslow, ebd.).

Für Levold (1993, S. 297) ist ein Mensch dann autonom, wenn er von den Eltern abgenabelt, im Besitz der eigenen Kompetenzen und fähig ist, diese „handelnd und entscheidend im sozialen System umzusetzen". Ohne Abnabelung von den Eltern ist die eigene Identität an die der Eltern geknüpft, und es bestehen große Vorbehalte und Ängste, die Eltern oder die Familie in Frage zu stellen.

Zu den Auswirkungen mangelnder Autonomie gehören, so Gruen (1986), folgende weitere Merkmale: Wut, Rachsucht und Destruktivität (ebd. S. 60) und, im Verlagerungsmechanismus, das Suchen nach Opfern, um die Wut auszudrücken (ebd., S. 65); ferner die Furcht vor der Freiheit (ebd., S. 38) sowie die Furcht und die Flucht vor der Verantwortung zur Selbstverwirklichung (ebd., S. 39). Hinzu kommt die Schwierigkeit, Nähe und Intimität zuzulassen (ebd., S. 98 f), sowie die Suche nach Reizen (ebd., S. 118 ff). Macht, Eroberung und Besitz, als Ausweg aus dem Dilemma der Hilflosigkeit, sind für das Subjekt Garanten der Sicherheit (ebd., S. 39). Einem ständig bedrohten Ich erscheint die Jagd nach Macht außerdem als Ausweg, „das innere Chaos und die drohende psychotische Auflösung abzuwenden" (ebd., S. 159 f).

In der nicht geglückten Entwicklung der Autonomie sieht Gruen (ebd., S. 11) den „Kern des Pathologischen und letzten Endes des Bösen im Menschen".

4.2.3.1. Hintergrund von Ich-Schwäche und mangelnder Autonomie

Vielen Kindern wird der Weg in eine gelungene Ich-Entwicklung verstellt. Der Grund dafür sind vor allem Gefühlsverdrängungen infolge schwerer Traumatisierungen sowie die Anpassungsvorgänge zugunsten gesellschaftlicher Normen und familiärer Forderungen.

Lowen (1985, S. 241) verdeutlicht folgende Zusammenhänge:

> „Wenn ein Kind am Ausdruck seiner Gefühle gehindert wird oder wenn man ihm beibringt, sich seiner Körper-Gefühle zu schämen, kann sein Ich nicht reifen. Wenn man es daran hindert, sich selbst zu finden, sowohl seine Kraft wie seine Schwächen zu entdecken, wird sein Ich keinen sicheren Halt in der Realität haben, und es kann nur eine verschwommene Identität entwickeln".

Dafür ist nicht, wie häufig angenommen, ausschließlich das Fehlverhalten von Müttern verantwortlich. Häufig sind es Väter oder Männer in vaterähnlichen Positionen, die durch traumatisierende, auch sexuelle Übergriffe, den Entwicklungs- und Lebensweg des Kindes behindern.

Darüber hinaus ist unsere gesamte Kultur – als Trägerin der sozialen Tradition und ihrer Normen und Zwänge – für die zahlreichen Fehlschläge in der Ich-Entwicklung mit verantwortlich.

A. Mitscherlich (1992, S. 157) meint, „daß die Erziehung zur Ichstärkung in dem Gesamt von tradierten und aktuell wirksamen Stereotypen unserer Gesellschaft schwach, sehr schwach gesichert ist". Die gesellschaftlichen Herrschaftsverhältnisse – dazu zählt er die „typische[n] Familienstruktur" und andere „Befehlsverbände[n]" (ebd., S. 158) – hielten die Menschen unmündig und kritikschwach und machten sie zu guten Befehlsempfängern.

Für Gruen (1986, S. 39 ff; vgl. auch A. Mitscherlich 1992, S. 27 f) verhindern vor allem Forderungen nach sozialer Anpassung, daß sich die autonomen Kräfte des Kindes entfalten können. Im Zuge der Anpassung gingen dem Selbst wichtige Teile verloren. Dieser Verlust führe zum Scheitern der Autonomie, und es komme zum Verrat am eigenen Selbst, also zum „Verrat an dem, was wir sein könnten" (ebd., S. 90). Im Gefolge werde der Mensch ständig danach suchen, „sich selbst zu besitzen, nämlich jenen inneren Teil, der ihm abhanden gekommen ist, und zwar in einer Suche nach außen" (ebd., S. 145). Das mag in gesellschaftlich gebilligten Formen oder auch kriminell geschehen. Was aber jeweils dahinter steckt, „ist Ausdruck einer früh entwickelten Begierde, das Innere durch einen äußeren Besitz zu erobern" (Gruen, ebd.).

Soziale Anpassung und damit das Streben nach Konformität ist im Erwachsenendasein weiterhin ein bestimmender Faktor. Ebenso wie hinter dem Besitzstreben sieht Fromm (1986, S. 76 ff; vgl. Fromm 1980/1955a, S. 48; A. Mitscherlich 1992, S. 319) hinter dem Streben nach Konformität und Anerkennung im Grunde das Verlangen nach einem >Ich-Gefühl<. Der Mensch werde alles versuchen, um es sich zu verschaffen, weil er es für seine geistige und seelische Gesundheit brauche.

Das Ringen des Menschen um Autonomie wird im Prozeß der Sozialisierung auch durch Widersprüche in der elterlichen Liebe blockiert. In der Normfamilie unserer Kultur stellen Mutter und Vater die überaus prägenden, weil nahezu ausschließlichen direkten Einflußmächte für das kleine Kind dar. Eltern sind jedoch häufig selbst außerordentlich bedürftig, haben innerpsychische oder partnerschaftliche Schwierigkeiten. Wegen der elterlichen Lebens- und Liebesproblematik werden die natürlichen Bedürfnisse vieler Kindern nicht befriedigt. Um geliebt zu werden, passen sie sich nicht nur gesellschaftlichen Normen, sondern auch den elterlichen Bedürfnissen an, oder sie unterwerfen sich ihnen. Damit manipulieren sie, in einem „selbstbetrügerischen Arrangement" (Gruen 1986, S. 132), die eigene Wahrnehmung. Mit dieser Manipulation verlieren sie den Zugang zu den eigenen Bedürfnissen und Gefühlen, werden besonders abhängig, und ihr Ich kann nicht reifen.

Nach Gruen (ebd., S. 94 ff) sind Ich-Schwäche und mangelnde Autonomie vor allem bei Männern anzutreffen. Er führt dies auf die männliche Sozialisation in unserer Kultur und den „Druck auf Männer, sich der Ideologie der Macht zu fügen" zurück (ebd., S. 95). Im Zuge der Anpassung an gesellschaftliche Forderungen verdrängen Jungen und Männer wesentliche Gefühlsbereiche, in erster Linie die, die als weiblich gelten. Zu ihnen gehört die Hilflosigkeit. Als Folge dieser Prozesse kommt es zur Einschränkung der inneren Erlebnismöglichkeiten. Gruen (ebd. S. 97) ist überzeugt: „Ein Selbst, das vor der Hilflosigkeit davonläuft, kann nur sehr beschränkt Teile seines inneren Geschehens erfahren". Diese Beschränkung bedinge den Mangel an Autonomie.

Die aufgezeigten Hintergrundbedingungen und Auswirkungen von Ich-Schwäche und mangelnder Autonomie verdeutlichen, daß sexuelle Gewalt – und besonders sexuelle Gewalt gegen Kinder – ohne die personalen Defizite von ich-schwachen Menschen nicht zu erfassen ist. Zu den entscheidenden Defiziten ich-schwacher Menschen gehören Infantilismus und Regressivität.

4.2.3.2. Regressivität – unaufgelöste Mutterbindung

Entfremdete Sexualität an ein Kind heranzutragen, weist, neben anderem, auf starke Regressivität (vgl. Wyre und Swift 1991, S. 29 ff) und eine unaufgelöste Mutterbindung hin.

In unserer schizoiden westlichen Kultur ist Regressivität ein alltägliches Phänomen. Der Kind-Erwachsene ist ein Beispiel dafür. Durch seine Entwicklungsdefizite hebt er sich nicht sonderlich von Kindern ab (vgl. Postman 1993, S. 116). Postman (ebd., S. 156 f) vermutet, „daß immer mehr Amerikaner heute nicht mehr so sehr Eltern von Kindern als vielmehr selbst Kinder sein wollen". Dahinter stecken die Versorgungswünsche des Ich-Schwachen und – in A. Mitscherlichs Worten (1992, S. 307) – das Verlangen nach einer „Dämmerhaltung von Sattheit".

In der westlichen Welt wird der Versorgungssuche auf der wirtschaftlichen Ebene durch überreichliche Produktion von Gütern entsprochen. Auf der Ebene der Zeitstrukturierung und der Versorgung mit Reizen spielt das Fernsehen eine maßgebliche Rolle. Für Postman (ebd., S. 122) ist das Fernsehen ein „Narkotikum, das den Verstand ebenso einschläfert wie die Wahrnehmungsfähigkeit". Er sieht einen direkten Zusammenhang zwischen den regressiven Tendenzen unserer Gesellschaft und der Berieselung durch die Medien. Daß übermäßiger Konsum zwar zu kurzfristigen Befriedigungsempfindungen, aber nicht zur Stillung der zugrunde liegenden authentischen Bedürfnisse führt, ist der Hauptgrund für die Eskalationsdynamik des Massenkonsums.

Die Bereitschaft zu regredieren und in einer Regression zu verharren, kann besonders stark bei der Geburt eines Kindes zum Vorschein kommen. Sie aktiviert die kindlichen Anteile des Erwachsenen und wird zum Prüfstein für seine Reifeprozesse. Im nahen Kontakt mit dem Kind ist eine vorübergehende Regression nichts Ungewöhnliches und kann sehr förderlich sein; denn sie beinhaltet nicht nur die Möglichkeit, sich in das eigene Kind einzufühlen, sondern auch in das Kind, das man selbst einmal war und noch ist. Viele Männer gehen der Chance, die in einer dienlichen Regression und im sorgenden Umgang mit dem Kind liegt, aus dem Weg. Swigart (1993, S. 155) vermutet:

> „Wegen der Regressionen, die das Aufziehen von Kindern mit sich bringt, erfordert es von einem Mann vielleicht mehr Ich-Stärke, Mut und Engagement, sich intensiv mit seinen Kindern zu befassen. Durch das Sorgen für ein Kind wird man unweigerlich in die >Welt der Mutter< zurückgeholt ...".

Außerdem sind viele Männer weiterhin an die >Welt der Mutter< gebunden und auf sie oder auf „Ersatzmütter" fixiert.

Fromm (1979, S. 97 ff) zufolge hat eine inzestuöse Mutterbindung wenig oder gar nichts mit sexuellen Strebungen, sondern in erster Linie mit Sehnsüchten nach Liebe und Schutz zu tun. Er unterstreicht, „daß die Mutterbindung ... viel stärker und elementarer ist als Freuds >ödipale Bindung<, von der er annahm, daß sie auf sexuelle Wünsche zurückgehe" (ebd., S. 109; vgl. S. 99; vgl. Fromm 1977, S. 261) Generell betonen amerikanische Psychoanalytiker, im Gegensatz zu Freud, die Sehnsucht nach der Rückkehr zur Mutter-Kind-Symbiose und die gleichzeitige Angst vor dieser archaischen Einheit. Sie sehen in der „vorödipalen" eine größere Gefährdung als in der ödipalen Phase (Badinter 1993, S. 66). Freuds Überlegungen faßt Fromm (1980/1955a, S. 33) wie folgt zusammen:

> „Freud sah in der Mutterbindung das entscheidende Problem in der Entwicklung sowohl der menschlichen Rasse als auch des Individuums. Seinem System entsprechend erklärte er, die Intensität der Bindung an die Mutter komme daher, daß der kleine Junge sich sexuell zu ihr hingezogen fühle. Hierin komme das der menschlichen Natur innewohnende inzestuöse Begehren zum Ausdruck. Er führte die Fortdauer der Mutterbindung im späteren Leben auf die Fortdauer des sexuellen Begehrens zurück".

Freuds Irrtum bestehe darin, daß er „in den kleinen Jungen das sexuelle Empfinden des erwachsenen Mannes ... projizierte" (ebd., S. 34). Dadurch sei ihm Grundlegendes entgangen, und zwar

> „die Tiefe und Intensität der irrationalen, affektiven Bindung an die Mutter, der Wunsch, in ihren Bereich zurückzukehren, ein Teil von ihr zu bleiben, die Angst, sich ganz von ihr zu lösen ... Indem er dem inzestuösen Verlangen eine überragende Bedeutung zuerkennt, anerkennt Freud die Wichtigkeit der Bindung an die Mutter; dadurch daß er sie als sexuell bezeichnet, verleugnet er ihre wahre, nämlich emotionale Bedeutung" (Fromm ebd.).

Eine Mutterfixierung zeigt demnach, daß jemand in einem primitiven Verschmelzungsstadium feststeckt, oder sie deutet auf den Wunsch hin, in dieses Stadium zu regredieren. In beiden Fällen wird die autonome Entwicklung blockiert (vgl. Giddens 1993, S. 117; Wilber 1988, S. 54 f).

Ohne die Entwöhnung von der Mutter, so Fromm (1980/1955a, S.33; vgl. Fromm 1977, S. 407), bleibt eine starke Sehnsucht nach einer sorgenden und schützenden Mutterfigur. Er erläutert:

> „Es sind die ewig Abhängigen, die angstvoll und unsicher sind, wenn ihnen der mütterliche Schutz entzogen wird, und die optimistisch und aktiv werden, wenn ihnen eine liebevolle Mutter oder ein Mutterersatz entweder in der Realität oder in der Phantasie zur Verfügung steht" (Fromm 1980/1955a, S. 33).

In einer Fixierung auf die Mutter und der Abhängigkeit von ihr sieht Fromm (1995, S. 63)

> „das Streben nach dem >paradiesischen Zustand<. Dies ist durch den Versuch charakterisiert, das Erreichen der vollen Individuation zu vermeiden, indem man auf Kosten von Individualität und Freiheit in der Phantasie von absolutem Beschütztsein, von Sicherheit und Zuhausesein in der Welt lebt" (vgl. auch Vasse 1973, S. 68 f; Riemann 1981, S. 68 ff).

Fixierung, Anklammern und die „Jagd nach irrealer Sicherheit" (Gruen 1986, S. 149) sind Aspekte der Haben-Orientierung. Für diese Strebungen zahlt der Mensch mit einem Verlust an Sein, an Lebendigkeit und Wandlungsfähigkeit (ebd., S. 151).

Die „Sehnsucht nach Eingebunden-Bleiben in den mütterlich-matriarchalen Familienkreis" (Weidenhammer und Zepf 1987, S. 110) ist deshalb so weit verbreitet, weil die Mutter nicht nur die erste, sondern in unserer Kultur lange Zeit auch die einzige schützende und sicherheitspendende Macht verkörpert. Im späteren Leben mit seinen vielfältigen Verunsicherungen stellt das Verlangen nach umfassender Sicherheit und Risikolosigkeit, nach Liebe und Schutz, in Wirklichkeit eine Wiederauflage der Sehnsucht nach der Mutter dar (vgl. Fromm 1979, S. 97 ff).

Die Stärke der Mutterbindung und -sehnsucht erklärt Fromm (1986, S. 107) außerdem mit der allgemeinen Tendenz, aus Angst vor dem Unbekannten im Vertrauten zu verharren. Diese Tendenz sei auch für die Furcht vor der Freiheit grundlegend:

> „Sich nicht vorwärts zu bewegen, zu bleiben, wo man ist, zu regredieren ... ist eine sehr große Versuchung, denn was man hat, kennt man; man fühlt sich darin sicher, man kann sich daran festhalten ... Jeder neue Schritt birgt die Gefahr des Scheiterns, und das ist einer der Gründe, weshalb der Mensch die Freiheit fürchtet" (Fromm ebd.).

Statt dessen werde ein zweiter Mutterschoß in der Ehe, im Beruf oder in anderen Institutionen erlebt oder gesucht. Institutionen oder bestimmte Figuren könnten zu „Idolen" werden. Fromm (1995, S. 65) erklärt: „Das Idol ist ... jene Figur, auf die ein Mensch seine eigene Stärke und seine eigenen Kräfte überträgt. Je mächtiger ein Idol wird, desto ärmer wird man selber".

Der Wunsch, in den Mutterschoß oder in seine Repräsentanten einzutauchen, wird kontrastiert durch die Furcht, die man vor ihnen hat. Die hier angesprochene Ambivalenz schlägt sich deutlich in den antagonistischen Strebungen nach Abhängigkeit und Autonomie nieder, die vor allem in der kindlichen Entwicklung prägend sind.

4.2.3.3. Antagonistische Strebungen: Abhängigkeit – Autonomie

Für Fromm (1980/1955a, S. 23; vgl. hierzu ähnlich Swigart 1993, S. 187; Riemann 1981, S. 68) stellt die Individuation eine fortschreitende Geburt des Menschen dar. Dieser Geburtsprozeß wird von zwei gegensätzlichen Tendenzen bestimmt: Freiheit zu gewinnen und den Mutterschoß zu verlassen einerseits und in ihm zu bleiben bzw. in ihn zurückzukehren andererseits (vgl. Fromm 1979, S. 100; Fromm 1977, S. 262).

Die individuelle Entscheidung zwischen Regression oder Progression findet eine Parallele in der Menschheitsgeschichte. Am deutlichsten äußert sich das im universell verbreiteten Inzesttabu, das Fromm (1980/1955a, S. 33) auf die Mutterbindung bezieht und wie folgt interpretiert:

> „Das Inzesttabu ist die notwendige Voraussetzung für jede menschliche Entwicklung, und dies nicht wegen seines sexuellen, sondern wegen seines affektiven Aspekts. Um ge-

boren zu werden, um Fortschritte machen zu können, muß der Mensch die Nabelschnur durchtrennen; er muß sein tiefes Verlangen, an die Mutter gebunden zu bleiben, überwinden. Das inzestuöse Verlangen bezieht seine Macht nicht aus der sexuellen Anziehungskraft der Mutter, sondern aus dem tiefen Verlangen, in dem allumhüllenden Mutterschoß ... zu bleiben oder dorthin zurückzukehren. Das Inzesttabu ist nichts anderes als die beiden Cherubim mit dem Flammenschwert, die den Eingang zum Paradies bewachen und den Menschen daran hindern, in seine vorindividuelle Existenz des Einsseins mit der Natur zurückzukehren".

Hinter der Furcht vor der Individuation steckt Fromm (1980/1930, S. 195) zufolge die Furcht, alte Sicherheiten zugunsten neuer Entwicklungsschritte aufzugeben. Der Mensch sei jedoch gefordert, nicht nur die zur Mutter führende Nabelschnur zu durchtrennen, sondern auch das Band zu lösen, das zur Familie und zum Boden hinführt. Erst mit der Befreiung von inzestuösen und anderen pathologischen Bindungen sei der Mensch wirklich geboren und eigenständig; damit werde die Öffnung zur Welt hin möglich (ebd.; vgl. Fromm 1979, S. 110). Bei einer normal verlaufenden Entwicklung werde sich die Wachstumstendenz durchsetzen (Fromm ebd.).

Die nicht zu vereinbarenden antagonistischen Strebungen des Menschen zwischen Autonomie und Festhalten an der infantilen Nestwäre sind auch für Bischof (1985, S. 471) bedeutsam. Um sie zu erhellen, versucht er, Bindung und Abhängigkeit voneinander abzugrenzen.

Im Gegensatz zur Bindung, bei der es um „eine Beziehung zu einem Objekt" gehe, versteht Bischof unter Abhängigkeit „einen primär objektlosen Zustand des Subjekts. Abhängigkeit meint die Bedürftigkeit, das Angewiesensein auf irgendwen, der Geborgenheit zu spenden vermag" (ebd., S. 169).

Erfährt ein heranwachsendes Kind genügend äußere Sicherheit, darf es außerdem eigene wichtige Erfahrungen machen, dann kann sich innere Sicherheit entwickeln; mit vermehrter innerer Sicherheit sinkt der Grad der Abhängigkeit, und Sicherheit wird vermehrt als Selbst-Sicherheit erfahren (ebd., S. 469). Bischof (ebd.) sagt: „Die Rolle des vertrauten Spenders von Geborgenheit ist gewissermaßen von der Mutter auf das eigene Ich ... übergegangen". Sind diese günstigen Bedingungen nicht gegeben, dann entstehe ein „Not-Ich" (ebd., S. 475). Mit einem schwachen Ich oder einem „Not-Ich" sei das Individuum nicht wirklich bindungs- bzw. beziehungsfähig. Sein auf Angst beruhender „Charakterpanzer" hindere ihn, wirkliche Nähe und Bindung zuzulassen (ebd., S. 476). Neben frühkindlichen Erfahrungen ist für Bischof (ebd., S. 489) die Ablösung von der Herkunftsfamilie wegweisend:

> „Von den Anfängen der sozialen Motivation im Tierreich bis hinauf zum Menschen steht jedes Individuum vor der großen Lebensaufgabe, rechtzeitig vor dem Eintritt in die reproduktive Phase die Abhängigkeit von den ersten Objekten mit Heimvalenz zu lösen".

Die Emanzipation von den familiären Primärobjekten werde in der Regel jedoch nicht erstrebt, sondern aus Angst eher gemieden. Statt dessen werde „das Heil in der Scheinsicherheit einer identifikatorischen Anklammerung an das primär Vertraute gesucht"; das bedeute Verdrängung und „eine Ideologie der zur Rückbindung verklärten Regression ..." (ebd., S. 593). Dies werde von der Gesamtgesellschaft begünstigt, meint Fromm (1979, S. 109). Denn die Fixierung auf die Mutter, die Familie oder das Volk gelte als Tugend. Das führe zu verzerrten Urteilen, die allerdings als Wahrheit gelten, weil sie von der Allgemeinheit geteilt werden.

Wenn eine Gesellschaft regressive Tendenzen begünstigt, dann ermutigt sie Eltern, ihre Kinder symbiotisch oder parasitär zu besetzen und somit die biologisch bedingte Abhängigkeit des Kindes über Gebühr zu verstärken. Besonders gefördert wird die kindliche Abhängigkeit durch Schuldzuweisungen sowie dann, wenn unzufriedene Eheleute ihre Kinder seelisch und/oder sexuell als Partnerersatz heranziehen. Diese Bedingungen sorgen dafür, daß zahlreiche Menschen ein Leben lang unauflöslich mit ihren Eltern verstrickt sind. Ein solcherart in der Vergangenheit festsitzender und kindlich abhängiger Mensch wird sich im Kreise bewegen. Er wird unfähig zu Loslösungsprozessen und ein Spielball der Verhältnisse sein (vgl. Weidenhammer und Zepf 1987, S. 110).

Fixierung und Regressivität sind wichtige Kategorien, wenn es um die ethische Dimension sexuellen Mißbrauchs geht. Denn: „In dem Maß, wie ein Mensch in seiner Abhängigkeit befangenbleibt, sind seine Unabhängigkeit, seine Freiheit und sein Verantwortungsgefühl reduziert" (Fromm 1979, S. 103).

4.2.4. Das „Muttersohn-Syndrom"
Verschiedene Autoren wie Fromm, Bischof, Pilgrim, Wieck, M. Mitscherlich, Badinter, Wolff u. a. haben sich eingehend mit dem Phänomen befaßt, daß viele Männer unabgelöst dem Bereich des Mütterlichen verhaftet bleiben. In ihren Beziehungen zu Frauen, vor allem zur Ehefrau, geht es diesen Männern im Grunde stets um die Wiederauflage der Mutterbeziehung. Das nahe Zusammenleben mit einer Frau reaktiviert und verstärkt ihre Mutterbindung (vgl. Pilgrim 1986b, S. 257).

Das schlägt sich, in der Regel unbewußt, bereits in der Wahl der Partnerin nieder. Wird etwa in Frauen der Typus der mütterlichen Helferin gesucht, dann deutet das auf eine Suche nach Bewunderung, Trost und Ermunterung hin, die gestattet, die Kindheit oder gar das passiv nehmende Säuglingsdasein zu leben (vgl. Wieck 1987, S. 75; Wöller 1992, S. 78). Wieck (ebd., S. 78) meint, diese Strebungen könnten bei Männern noch vordringlicher als die nach Sexualität sein. Ein an die Mutter gebundener Mann aber bleibt, so Fromm (1977, S. 407), „mehr Kind, als ein Erwachsener dies zu seinem eigenen Besten sein sollte".

Parallel zur Abhängigkeit von der Mutter oder von Mutterfiguren können sich Furcht, Haß und Wut auf sie entwickeln. Für verschiedene Männer ist, so M. Mitscherlich

(1985, S. 16), ihre Abhängigkeit von der Frau eine Quelle des Hasses, und „die Aufkündigung der Mütterlichkeit erzeugt bei ihnen oft ohnmächtige Angst und Wut". Nicht selten kommt ein Verlangen nach Rache hinzu. Das kann sich in sexueller Untreue niederschlagen. Eine Form des Ehebruchs ist der sexuelle Mißbrauch an Kindern.

Merkmale des Mannes mit unaufgelöster Mutterbindung werden von Pilgrim (1986b) unter dem Begriff des „Muttersohn-Syndroms" zusammengefaßt. Zu ihm gehören innere Spannungen. Diese erträgt er nur, so Pilgrim, „wenn er Leben um sich beschädigen und auslöschen kann" (ebd., S. 17). Charakteristisch sind ferner Gefühle der Ohnmacht und des Nicht-Könnens (ebd., S. 134), die Tendenz zu Grenzüberschreitungen, Machtanfälligkeit und Gewalttaten (ebd., S. 8, 93, 209). Diese Phänomene sind auch für Männer typisch, die Kinder sexuell mißbrauchen, und weisen außerdem auf die bereits erwähnte grundlegende Ohnmacht des Gewalttätigen hin.

Daß der muttergebundene Mann in der Vergangenheit festsitzt, bedingt seine Ich-Schwäche (ebd., S. 134) und wirkt sich negativ auf die Bildung des Du-Bezuges aus (ebd., S. 94). Folglich können Schwierigkeiten, die viele Männer im zwischenmenschlichen Bereich haben, mit einer unaufgelösten Mutterbindung zusammenhängen.

Zum „Muttersohn-Syndrom" gehören ferner ein fehlendes Körperbewußtsein, Ungeformtheit, das Schemenhafte und Uneindeutige. Das deutet auf den defizitären Aufbau einer inneren Struktur und damit auf „strukturelle Not" hin (ebd., S. 134). Diese Männer brauchen eine Struktur, die von außen kommt, sie brauchen ein „Gerüst" bzw. einen „Panzer" (ebd., S. 197, 322).

Zu den Mutterkrankheiten zählt Pilgrim (ebd., S. 252; vgl. Riemann 1981, S. 77 ff) Depressionen, die das Ich demontieren.

Weil „Muttersöhne" aufgrund ihrer Entwicklungsstörungen infantil bleiben, sind weder Einsichten, Erkenntnisse und Veränderungen noch Verantwortungsübernahme von ihnen zu erwarten (Pilgrim 1986b, S. 29; vgl. S. 255)[18]. Auch Wolff (1975) hebt die Schwäche, Infantilität und die damit verknüpfte Verantwortungslosigkeit sowie die Verweigerung notwendiger Entwicklungsschritte des muttergebundenen Mannes hervor (ebd., S. 46). Außerdem stellt sie Energiemangel und eine Verkümmerung des Eros fest (ebd., S. 48) und ist überzeugt, niemand sei so wenig als Ehemann geeignet wie ein muttergebundener Mann (ebd., S. 45).

Diese Männer können sich nicht wirklich an eine Frau binden und einen Bezug zu ihr aufbauen, weil sie fatalerweise immer noch an ihre Mutter gebunden sind.

4.2.4.1. Bedingungshintergrund des „Muttersohn-Syndroms"

Der archaische Wunsch, in die Mutter-Kind-Symbiose zu regredieren, ist bei beiden Geschlechtern stark verbreitet[19].

Für beide Geschlechter ist die Mutter das primäre Liebes- und Identifikationsobjekt (vgl. M. Mitscherlich 1985, S. 123). Zur besonderen Aufgabe des Jungen gehört allerdings, sich nicht nur aus der Symbiose und Identifikation mit der Mutter zu lösen, sondern sich auch von ihr zu differenzieren (vgl. hierzu Badinter 1993, S. 60; M. Mead 1958, S. 118 f; Böhnisch und Winter 1993, S. 53). Hierzu bräuchte er männliche Bezugspersonen, die ihm Gleichsein spiegeln, auf der Gefühlsebene begegnen und ihm helfen, das in unserer Kultur übermäßig enge Band zwischen Mutter und Kind zu lockern. Unter diesen Voraussetzungen wäre es für den Jungen nicht nötig, Gefühle abzuwehren und das Weibliche abzuwerten, um sich ein männliches Identitätsgefühl zu verschaffen. In unserer Kultur ist jedoch weiterhin die Mutter die nahezu einzige Bezugsperson des kleinen Kindes, obwohl Väter beginnen, sich vermehrt um ihren Nachwuchs zu kümmern.

Wolffs (1975, S. 48) Ansicht, der infantile, muttergebundene Mann sei von seiner Mutter daran gehindert worden, die volle Selbständigkeit zu erlangen, ist zu hinterfragen. Die vereitelte Entwicklung der Autonomie und das „Muttersohn-Syndrom" sind nicht ausschließlich mit individuellen Fehlern von Müttern zu erklären, zu denen die seelische Besetzung des Kindes als Partnerersatz zählen kann. Entwicklungsdefizite gehen vielfach auch auf Schädigungen durch männliche Bezugspersonen des Kindes zurück. Insbesondere Merkmale wie Grenzüberschreitungen, Machtanfälligkeit, Ich-Schwäche und fehlendes Körperbewußtsein des muttergebundenen Mannes sind möglicherweise an inzestuöse Übergriffe durch den Vater oder andere männliche Autoritätspersonen – auf den Jungen selbst oder auf seine Schwester – gebunden.

Die Entstehung des „Muttersohn-Syndroms" ist überdies kulturspezifisch. Die intensive Mutter-Kind-Beziehung, die Ferne des Vaters, die Spannung, die aus dem Bruch mit der Mutter resultiert, die verdeckte und verleugnete Abhängigkeit von ihr und von Frauen im allgemeinen, ist kennzeichnend für unsere patriarchalisch geprägte bürgerliche Gesellschaft (vgl. Giddens 1993, S. 140, 131). Diese Gegebenheiten verstärken sich mit der Industrialisierung, wie noch näher zu erläutern ist. Unsicherheit und das Gefühl der Ungeborgenheit in einer sich drastisch wandelnden Welt schüren die Sehnsucht nach dem Mütterlichen. Verknüpft mit Rousseauschen Bildern kommt es zu einer Hochstilisierung des Mütterlichen im „Muttermythos" (Badinter 1981, S. 113). Während sich der Vater, mehr als bisher, von den Kindern entfernt, wird die allgegenwärtige und allein zuständige Mutter Dreh- und Angelpunkt im isolierten „Heim" der Familie. Die mit Erwartungen und Forderungen überfrachtete Mutterrolle führt zur Einschränkung der außerfamiliären Beziehungsmöglichkeiten von Mutter und Kind und intensiviert die sozialen Bindungen an den zweiten Uterus, also an Mutter und Familie (vgl. Pilgrim 1986a, S. 23, 114).

Im intensiven Bezug auf die Mutter erfährt das Kind die Ambivalenz der großen mütterlichen Macht einerseits und der gesellschaftlichen Abwertung der Frau andererseits. Für das männliche Kind ist dies von ausschlaggebender Bedeutung; denn das mit der Mutter durchlebte Muster von Brauchen und Abwertung lebt im späteren Kontakt mit dem weiblichen Geschlecht wieder auf (vgl. Böhnisch und Winter 1993, S. 93). Das Brauchen zeigt sich etwa darin, daß Frauen „als Gefühls-Stütze, Sexualobjekte oder -partnerinnen, als Projektionsfläche für eigene abgespaltene androgyne Anteile" gesucht werden (Böhnisch und Winter ebd.).

Zu den Vorgaben unserer patriarchalisch bestimmten Kultur gehört ferner die Erwartung an den kleinen Jungen, sich zugunsten von Männlichkeitsnormen früher als das kleine Mädchen von der Mutter zu lösen. Unter der Prämisse, daß Bedürfnisse nicht geschlechtsspezifisch sind (vgl. Maslow), folgt aus dieser Forderung, daß die natürlichen Bedürfnisse des kleinen Jungen nach Schutz, Geborgenheit und Zärtlichkeit nicht ausreichend befriedigt werden. Somit unterliegen Jungen in unserer Kultur einem kollektiven Trauma. Traumen durch mangelnde Bedürfnisbefriedigung führen, wie bereits dargestellt, zur Fixierung auf die Entwicklungsstufe und die Person, an die das Trauma gebunden ist. Oder es entsteht der Hang, unter bestimmten belastenden Umständen auf eine niedere Entwicklungsstufe zu regredieren. Die ausgeprägte Tendenz vieler Männer zur Regressivität und zur Mutterfixierung hat hier eine ihrer Wurzeln.

4.2.4.2. Extreme Mutterfixierung – Archaisches

Eine Mutterfixierung existiert in verschiedenen Schweregraden, die den Grad der Abhängigkeit und der Regressivität spiegeln. Zu den schwereren Graden führt Fromm (1979, S. 104) aus:

> „In schwereren Ausprägungen findet man vielleicht einen Mann, der sich eine strenge Mutterfigur zur Frau aussucht. Er fühlt sich dann wie ein Gefangener, der nicht das Recht hat, etwas zu tun, was nicht im Dienst dieser Weib-Mutter steht, und hat ständig Angst davor, er könne sie vielleicht erzürnen. Vermutlich rebelliert er unbewußt dagegen und fühlt sich dann schuldig und unterwirft sich ihr nur um so gehorsamer. Die Rebellion kann sich als sexuelle Untreue, depressive Stimmungen, in Form plötzlicher Wutausbrüche oder auch in psychosomatischen Symptomen oder einer allgemeinen Widerspenstigkeit äußern. Ein solcher Mann kann auch unter ernsten Zweifeln an seiner Männlichkeit ... leiden".

Kommen schwere narzißtische Störungen hinzu, dann ergibt sich – aufgrund von Infantilität, Racheimpulsen, mangelnder Empathie und fehlendem Verantwortungsgefühl – der Nährboden für Grenzüberschreitungen, auch sexueller Art. Im Umfeld eines solchen Menschen sind andere gefährdet, insbesondere Kinder. Gefährdet sind sie wegen der lebensfeindlichen Ausrichtung, der geistigen Bedrohung des stark Regressiven sowie durch seine latente Rebellionsbereitschaft gegen die Ehefrau, die im Grunde eine Mimikry der verfehlten Rebellion gegen die eigene Mutter ist.

Zu den weiteren Schweregraden einer inzestuösen Fixierung erklärt Fromm (ebd., S. 107): „In extrem regressiven Formen der Symbiose besteht unbewußt der Wunsch, in den Mutterschoß zurückzukehren ... Es handelt sich um die Sehnsucht, die eigene Individualität völlig zu verlieren ...".

Aufschlußreich ist in diesem Zusammenhang Ferenczis (1982) Versuch, den Sexualakt in seiner Bedeutung für das Individuum zu erfassen. Ferenczi finde, so Dupont (vgl. Dupont, Einleitung zu Ferenczi, Schriften zur Psychoanalyse, Band II, S. XVIII), „am Grunde sowohl der ontogenetischen Entwicklung als auch der phylogenetischen Evolution eine mächtige regressive Tendenz bzw. den Wunsch, ins Meer, in den Mutterleib zurückzukehren". Der Schlaf und auch der Koitus ahmen „die intrauterine Existenzform nach" (Ferenczi ebd., S. 382). Das heißt, daß der Sexualakt selbst das Verlangen symbolisieren kann, in den mütterlichen Schoß zurückzukehren.

Die Tiefe einer Regressionsebene bestimmt die Intensität von Angst und Abhängigkeit. „Auf der ganz archaischen Ebene", erklärt Fromm (1979, S. 109), „haben sowohl Abhängigkeit wie auch Angst einen Grad erreicht, der die geistige Gesundheit bedroht". Im extremsten Fall (ebd., S. 117 f) seien nekrophil-destruktive, narzißtische und inzestuös-symbiotische Strebungen miteinander verknüpft. Die Tendenz zum Konvergieren hänge von der Tiefe der Regression innerhalb dieser drei Orientierungsweisen ab. Konträr zum >Wachstumssyndrom< (ebd., S. 118) führt die Extremform des >Verfallssyndroms< zum „Verrat an Leben und Wachstum" (ebd., S. 111). Das >Verfallssyndrom< sei das eigentlich Böse; denn es sei der

„Versuch, zu einem vormenschlichen Zustand zu regredieren und das spezifisch Menschliche auszumerzen: Vernunft, Liebe und Freiheit ... Im Bösen verliert der Mensch sich selbst bei dem tragischen Versuch, sich der Last seines Menschseins zu entledigen" (ebd., S. 156). „Dem jeweiligen Grad des Bösen entspricht der jeweilige Grad der Regression" (ebd., S. 157).

Die Tendenz zu einer archaischen Regression wird bei gestörter Persönlichkeitsentwicklung und bei mangelnder Autonomie besonders stark sein. Auch Lebenslagen, die unerträglich erscheinen, fördern die Wahrscheinlichkeit einer archaischen Regression.

Die von Fromm dargestellten Phänomene der pathologischen archaischen Regression lassen folgenden Schluß zu: Bei sexuell mißbrauchenden Menschen ist ein „Verfallssyndrom" anzunehmen. Das „Verfallssyndrom" hindert den Menschen an der Menschwerdung – ein weiterer Fingerzeig darauf, daß sexueller Mißbrauch den Täter u. U. mehr schädigt als das Opfer.

Eine archaische Regression ist nicht unbedingt auf die eigene frühe Kindheit zu beziehen. Sie kann auch auf frühe Phasen der Menschheitsentwicklung verweisen – wie in Teil III noch näher erläutert werden soll – und läßt sich am Motiv der Höhle veranschaulichen. Die menschliche Ursehnsucht besteht Gebser (1974, S. 43 f) zufolge in der Sehnsucht nach Geborgenheit, der Sehnsucht nach der Höhle. Er erklärt: „Die Höhle ist ein mütterlicher, matriarchalischer Weltaspekt" (ebd., S. 44).

In diesem Aspekt liegt eine Gefahr. Die erträumte Geborgenheit der Höhle ist ein Ausdruck für Rückzugstendenzen, für das Verlangen, in die Ungeborenheit, die Zeitlosigkeit und die Unbewußtheit zurückzukehren. Manche Menschen sind in magischer Weise an die Welt der Höhle und der Mutter gebunden.

In Merz' autobiographischer Schilderung (1988) spielt eine aus Decken gebildete Höhle eine wichtige Rolle. Sie ist der Schauplatz eines Rollenspiels, das einerseits von rationaler Planung und andererseits von einer tiefen archaischen Regression geprägt wird. Das Mädchen wird vom Vater, der sich im Rollenspiel zu einem Löwen verwandelt, regelmäßig sexuell mißbraucht (ebd., S. 184 ff). Merz schildert den rational geplanten und von irrationalen Momenten bestimmten Vorgang wie folgt:

> „Der Vater, das fühlte ich, der Vater war sehr erregt. Von Minute zu Minute steigerte sich seine Erregung. Lauter und wilder wurden seine Urlaute, röter und röter wurde ... sein Gesicht, und der Ausdruck seiner Augen veränderte sich in erschreckender Weise. Er wirkte brutal und gierig, und man hörte keine anderen Worte oder Sätze mehr von ihm als das immer und immer wieder hervorgestoßene Wort Wuien" (ebd., S. 184 f). ... „Ich kannte den Vater nicht wieder. Er war ein anderer geworden. Er hatte sich in ein Tier verwandelt ... ich bin mit einemmal einem wilden Tier ausgeliefert, ich bin gefangen, niemand sieht uns, niemand sieht, was in dieser Deckenhöhle geschieht, niemand kommt, niemand greift ein, ich bin allein mit diesem Tier, allein in dieser stickigen, heißen Höhle, das Tier hat mich in seiner Gewalt, ich entrinne ihm nicht" (ebd., S. 186). „Plötzlich war dieser nur noch Körper, körperliche Erregung, nichts als die reine körperliche Gier. Keine Worte mehr, keine Sprache, keine Gedanken, keine Gefühle, kein Ich und kein Du, keine Beziehung, keine Menschlichkeit, nichts als die körperliche Erregung eines Tiers, dessen Instinkte nicht gezügelt wurden durch Erziehung und Kultur. Ein wildes, rohes Tier, das sein Opfer an sich reißt, das dieses zwischen seinen Krallen gefangenhält, das eine Weile noch mit ihm spielt, es quält, bis es ihm durch einen tödlichen Biß mitleidlos den Garaus macht" (ebd., S. 187).

Das Mädchen fühlt, daß der Vater „sich in einer entsetzlichen, einer grauenhaften Not" befindet (ebd., S. 188). Die Not des gesellschaftlich geachteten Vaters stammt ebenso aus der fehlenden Integration des Körpers, der Gefühle und der Sexualität wie aus seiner umfassenden Lebenslüge zugunsten von Angepaßtheit und seinem Prestige als Pfarrer. Unterhalb der unauffälligen Fassade deuten die sexuellen Übergriffe auf seine Tochter und seine tiefe archaische Regression auf Verantwortungslosigkeit, Empathiemangel und eine ausgesprochene Ich-Schwäche hin.

4.2.5. Ich-Schwäche und Narzißmus[20]

Narzißmus ist eine biologische Notwendigkeit, die das Überleben sichert. In der frühen Kindheit gehört der Narzißmus zur normalen Entwicklung, und das Kind hat das Recht auf totale Befriedigung seiner Bedürfnisse, ohne eine Gegenleistung erbringen zu müssen. A. Mitscherlich (1992, S. 81) meint:

„Eine Verwöhnungsproblematik scheint es für die Zeit des >extrauterinen Frühjahres< (Portmann) offenbar nicht zu geben. In dieser Zeit darf das Kind alles verlangen und braucht nichts dafür zu leisten. Frühzeitige Gewöhnungs- und Erziehungsmethoden nach dem Lohn-und-Strafe-Prinzip sind hier vom Übel. Die besondere frühgeburtliche Exponiertheit des Menschenkindes fordert eine Betreuung, die Unlustspannungen auf vielen Wegen rasch beseitigt".

Viele Kinder können ihre legitimen narzißtischen Bedürfnisse nicht befriedigen, weil ihre Eltern sie zugunsten der eigenen Bedürftigkeit narzißtisch besetzen (ebd., S. 129). Muster narzißtischer Besetzung und Einverleibung bestehen in etlichen Familien seit Generationen (vgl. Covitz 1992, S. 9).

Für die Wiederholungskette von behinderter geistig-emotionaler Entwicklung und Narzißmus ist die Ausschließlichkeit der Eltern-Kind-Beziehung in unserer Kultur grundlegend. Dies und die Versagens- und Verletzungserfahrungen der frühen Kindheit sind für die Verbreitung von ausgeprägtem Narzißmus verantwortlich. Bezugspersonen, die elterliche Defizite kompensieren könnten, fehlen weitgehend.

Extremer Narzißmus beruht laut Neumann (1990, S. 85) auf einem „Not-Ich". Darunter versteht er ein „auf sich selber zurückgeworfenes Ich", dem die Erfahrung der Sicherheit fehlt (Neumann ebd.). Es wird von Angst (Zur Angst des Narzißten vgl. auch Fromm, 1979, S. 75, 78) und Mangel an Vertrauen bestimmt. Entsprechend fehlt ihm nicht nur der Kontakt zu sich selbst, der Kontakt „zur eigenen Tiefenschicht", sondern auch die wirkliche Beziehung zu einem Du und zur Welt (Neumann 1990, S. 89).

Zwischen Narzißmus und Regressivität bzw. der inzestuösen Fixierung besteht eine enge Affinität (vgl. Fromm 1979, S. 111). Nach Däumling (1982, S. 163) ist ein narzißtischer Mensch regressiv, liebesunfähig, unabgenabelt und symbiotisch mit dem Mütterlichen verbunden. Er tendiere zur Regression insbesondere dann, wenn Belastungen auftreten oder er sich vom Leben enttäuscht fühlt. Däumling (ebd.) führt aus:

„In seiner archaisch-ouroborischen Innenwelt – unabgenabelt in Symbiose mit dem Mütterlichen lebend – hegt er >kosmische Gefühle< von Sicherheit, Unverwundbarkeit, ja Unsterblichkeit. Dies stellt das Gegenteil zur grausamen Außenwelt dar, die ihm alles Glück vorenthält ... Statt in das Leben mit all seinen Beschränkungen, Belastungen und Enttäuschungen einzusteigen, wird eine >regressio in uterum<, ein Rückzug ins Paradies versucht. Wenn das äußere, materielle Leben nicht höchste Wonnen und Erfolge gewährt, lehnt man es einfach ab ... oder baut sich eine Welt, in der alles die eigene Person bestätigen muß ...".

Kennzeichnend für narzißtische Menschen ist nicht nur die Neigung zur Regressivität, sondern auch Empathiemangel.

4.2.5.1. Empathiemangel

Durch Mitgefühl und Mitleid wird der Mensch verstehend und wissend. Darauf geht bereits das mittelalterliche entwicklungsgeschichtliche Epos „Parzival" ein und läßt erkennen, daß Empathie Bestandteil des Individuationsprozesses ist.

Grundlegend für Empathiefähigkeit ist die Wahrnehmung (vgl. Tart 1988, S. 379). Wahrnehmungsfähigkeit nach außen und Einfühlungsvermögen werden von der Fähigkeit zur richtigen Selbst-Wahrnehmung und Selbst-Kenntnis bestimmt. Ohne Kontakt zu den eigenen Gefühlen ist Kontakt zum eigenen Leid nicht möglich. Beim Narzißten ist die Wahrnehmungsfähigkeit, die in unserer Gesellschaft allgemein gering ist, besonders stark gestört (vgl. Däumling 1982, S. 163; Fromm 1979, S. 70, 74 f). Da ihm das wirkliche Mitgefühl mit sich selbst fehlt, ist er auch unfähig zur Einfühlung oder zum Mitleid mit anderen. Dem Narzißten fehlt „das grundlegende emotionale Wissen" (Tart 1988, S. 379).

Emotionale Defizite sind sehr verbreitet. Das beweist der häufig wenig empathische und traumatisierende Umgang mit Kindern in unserer Gesellschaft. Ein betroffenes Kind verleugnet, interpretiert um, verdrängt oder spaltet ab. Diese Bewältigungsstrategien verhindern wiederum, daß die neue Generation Empathiefähigkeit, wirkliche Autonomie und eine gute Wahrnehmungsfähigkeit nach innen und nach außen entwickelt. Wichtig ist die enge Verzahnung zwischen Empathiefähigkeit und Autonomie. Gruen (1986, S. 24) bezeichnet Empathie als „Katalysator der Autonomie".

Ein narzißtischer Mensch wird in bestimmten Situationen zwar die eigenen Wünsche erkennen, erfaßt dagegen sein Gegenüber nicht als eine Person mit eigenen Lebensumständen und eigenen Bedürfnissen. Er kann sich vor allem nicht in Menschen hineinversetzen, die anders sind als er (vgl. Fromm 1979, S. 67, 89). Wegen seines Empathiemangels und seiner affektiven Distanziertheit geht auch das Luststreben des ausgeprägten Narzißten oft auf Kosten anderer Menschen (vgl. Fromm 1980/1955, S. 29; Fromm 1977, S. 226).

Sein Empathiemangel macht den Narzißten nicht nur bemerkenswert unsensibel für die Belange anderer, sondern es entgehen ihm auch die Probleme, die sein Verhalten auslöst, oder er ignoriert sie (vgl. Rush 1991, S. 46). Über einen Mann, der ein Kind sexuell mißbraucht hat, berichtet Woititz (1993, S. 35): „Daß er einen anderen Menschen geschädigt hat, interessiert ihn kaum".

Elterlicher Narzißmus und Empathiemangel sind in vielen Fällen mit der Haben-Orientierung und der Vorstellung vom Kind als einem Teil-Ich verknüpft. Miller (1983, S. 13) erklärt: „Das narzißtisch besetzte Kind wird vom Erwachsenen als ein Teil seines Selbst erlebt. Darum kann sich dieser kaum vorstellen, daß das, was ihm Lustgefühle bereitet, für das Kind eine andere Bedeutung haben könnte".

Marquit (1986, S. 119) schildert ausführlich und beispielhaft die suchthafte Suche eines Kindesmißbrauchers nach der Nähe seiner Tochter. Ohne zu berücksichtigen, wie das Mädchen sich dabei fühlt, deutet der Vater ihre Bedürfnisse im Sinne seiner narzißtischen Strebungen. Die Einstellung dieses Narzißten deutet auf eine Verknüpfung von Empathiemangel mit der Suche nach Sexualität ohne Intimität hin. Ein klassisches

Beispiel für die narzißtische Haltung und den Empathiemangel eines sexuell mißbrauchenden Mannes ist der Stiefvater der kindlichen „Lolita" (Nabokov).

Jonas (1984, S. 320) ist der Ansicht, „daß Entfernung genügend verhärtet", wenn es um das Wohlergehen anderer geht. Empathiefähigkeit ist somit auch an körperliche und seelische Nähe gebunden. Das läßt darauf schließen, daß sexuell mißbrauchende Männer sehr weit von Kindern und von dem Kind, das sie selbst einmal waren, entfernt sind. Die spezifisch männlichen Sozialisationsbedingungen unserer Kultur haben ihren Anteil daran. Bereits vom kleinen Jungen wird die Verdrängung der als nicht männlich geltenden Gefühle verlangt, so daß dem Heranwachsenden oder dem erwachsenen Mann nicht nur der Zugang zu großen Bereichen seiner weiblichen, sondern auch seiner kindlichen Anteile fehlt. Folglich kann er sich weniger gut in die Schwäche und Hilflosigkeit eines Kindes einfinden (vgl. Wieck 1987, S. 65 f).

Obwohl sie in der Familie und für das Kind bestimmende Rollen einnehmen, fehlt zahlreichen Vätern die wirkliche Nähe zum Kind und die Vertrautheit mit ihm. Daher erfassen sie die seelische und körperliche Verletzlichkeit des Kindes nicht. Wirkliche Nähe und Vertrautheit gehen mit Empathiefähigkeit Hand in Hand, wie der erwähnte Aspekt zeigt, daß Vertrautheit eine Inzestbarriere darstellt.

Zu den familiären Bedingungen unserer Kultur gehören ferner die eingeschränkten Möglichkeiten des Modell-Lernens. Empathie kann ein Kind nur dann erlernen, wenn ihm selbst mit Empathie begegnet wird (vgl. Tart 1988, S. 192). Viele Eltern sind jedoch, wie erwähnt, zu einem empathischen Umgang nicht fähig. Nach Ansicht von de Mause (1977, S. 35) ist es fraglich, „wie groß heute der Anteil jener Eltern ist, die mit einer gewissen Konsistenz die Stufe der Empathie erreicht haben". In unserer Kultur stehen dem Kind, besonders in den ersten Lebensjahren, andere Bezugspersonen zum Modell-Lernen kaum oder gar nicht zur Verfügung. Das ist mit einer der Gründe, warum die Weitergabe von Empathie – als einer sozial erwünschten wichtigen Fähigkeit – nicht gewährleistet ist.

4.2.5.2. Narzißmus und Liebe

Narzißmus ist weder mit Vernunft noch mit Liebe zu vereinbaren (vgl. Fromm 1979, S. 89).

Narzißtische Züge äußern sich u.a. darin, daß eher danach getrachtet wird, geliebt zu werden als danach, selber zu lieben. „Für viele besteht das glorreiche Ideal darin, Liebe mühelos zu empfangen wie ein Kind – unverdiente Liebe" (Gaylin 1987, S. 48). Das sei typisch für unsere Kultur, meint Gaylin (ebd.), und deute auf eine nicht geglückte Ich-Entwicklung hin.

Fromm (1979, S. 68) wertet egoistische narzißtische Eigenliebe als Hinweis, daß der Mensch weder sich selbst noch andere lieben kann. Dagegen sei wahre Liebe zum eigenen Selbst nicht von der Liebe zu anderen zu unterscheiden. Dieser Hinweis erhellt sich durch Keens (1985, S. 182) Abgrenzung zwischen gesunder Selbstliebe und Narzißmus: Für ihn ist der Unterschied

„eine Sache der Tiefe. Narziß verliebt sich nicht in das Selbst, sondern in ein Bild oder eine Spiegelung des Selbst – in die Persona, die Maske. Der Narziß sieht sich durch die Augen eines anderen, ändert seinen Lebensstil, um sich dem anzupassen, was von anderen bewundert wird".

Das Kennzeichen einer gesunden Selbstliebe ist demnach der Kontakt mit der inneren Tiefendimension – der Tiefendimension in sich selbst und im anderen Menschen. Diese Verbundenheit ist die Voraussetzung für das Verstehen und für wirkliche Liebe.

Neid und Eifersucht sind Anzeichen dafür, daß die Tiefendimension fehlt. Auf diesen, für die sexuellen Übergriffe auf Kinder wichtigen Gesichtspunkt geht Zukav (1990, S. 174) ein, wenn er sagt:

„Wenn wir uns nicht selbst lieben, können wir auch niemand anderen lieben und werden es nicht ertragen, andere geliebt zu sehen. Wenn wir uns selbst nicht liebevoll behandeln, werden wir es anderen verübeln, wenn wir diese Umgangsweise bei ihnen sehen".

Die Säuglings- und Kleinkindzeit ist eine Lebensphase liebevoller und zärtlicher Begegnungen. Viele Erwachsene gestatten sich lediglich Kindern gegenüber zärtliche Gefühlsäußerungen. Außerdem gehen Kinder, die noch nicht stark traumatisiert worden sind, auf eine unbefangene, lust- und liebevolle Weise mit dem eigenen Körper um. Ein Mensch, der in seinem Narzißmus gefangen ist, wird den liebevoll körperbetonten Umgang, den das Kind mit sich und anderen pflegt, unter den Vorzeichen der eigenen Defizite empfinden. Besonders bei schwer narzißtisch gestörten Menschen können Eifersucht, Neid und Rachegelüste aufkommen. Diese Konstellation ist wegen der Neigung zur Regressivität und der mangelnden Empathiefähigkeit des Narzißten hochbrisant. Auf diesem Hintergrund werden möglicherweise zerstörerische Übergriffe gestartet. Hier liegt ein Erklärungsansatz für die Frage, warum viele Kinder schon vor dem 6. Lebensjahr sexuell mißbraucht werden.

4.2.5.3. Selbstbestätigung und Allmachtsphantasien

Der Narzißt braucht die Bestätigung der anderen und sucht sie daher unausgesetzt (vgl. Fromm 1979, S. 164). Um in unserer Gesellschaft anerkannt und bestätigt zu werden, muß man den öffentlichen Erwartungen entsprechen, man muß also ein korrektes Image vermitteln. Für den Mann bedeutet das, Aspekte wie Hilflosigkeit und Schwäche verdrängen zu müssen.

Gruen (S 2 vom 4./5.5.1994) meint, der in unserer Kultur gezüchtete Narzißmus laufe darauf hinaus, daß man sich „für das korrekte Self-Image [liebt], wodurch man den Selbstzweifeln entrinnt". Da die gesellschaftliche Bestätigung jedoch auf die Persona und nicht auf die Tiefenschicht im Menschen, auf das Selbst, zielt, wird Bestätigung oder Bewunderung, die der Narzißt erfährt, weder zu einer gesunden Selbstliebe führen noch die tief liegenden Selbstzweifel beseitigen können. Daher wird er immer wieder nach neuer Bestätigung suchen. Das heißt, der Narzißt wird bestätigungssüchtig. Gaylin (1987, S. 211) geht näher auf die Hintergründe der Bestätigungssucht ein und erklärt:

„Für das narzißtische Individuum sind Beliebtheit und Bewunderung kein Luxus – keine wirkliche Lust; sie sind Versicherungspolicen und Sicherheitsmaßnahmen ... Wie ein Kokain- oder Alkoholrausch schaffen sie eine Illusion von Wohlbefinden und Sicherheit, die rasch nachläßt und in den meisten Fällen zu einer verstärkten Reaktion von Verzweiflung und Angst führt und den armen Bestätigungssüchtigen in immer neue Räusche treibt".

Wegen seiner Selbstzweifel und zugrunde liegenden Schwäche braucht der Narzißt Menschen, die ihm gestatten, sich groß zu fühlen und seinen Illusionen und Allmachtsphantasien nachzugehen. Gegenüber einem hilflosen kleinen Kind können Narzißten sich besonders mächtig fühlen. Richter (1986, S. 165) erläutert, narzißtische Größenideen brauchten die Kleinheit und das Leiden anderer Menschen. Zum einen sei der Narzißt immun dagegen, „sich mit dem Leiden der anderen zu infizieren" (Richter, ebd.). Zum anderen brauche er deren sichtliches Leiden für das Gefühl der eigenen Grandiosität. Das Leiden anderer halte ihn stabil, und er könne von Vernichtung oder Selbstauflösung bedroht werden, wenn der Partner, der ihm diese Stabilität gibt, verlorengeht.

„Je gewaltsamer und fanatischer Menschen ihr gefürchtetes Elend durch Omnipotenzdrang überkompensieren, um so dringender benötigen sie den Kontrast von Hilflosigkeit und Impotenz, um sich durch die Genugtuung über die Polarität stabilisieren zu können ... Man braucht das fremde Elend, um das eigene ausblenden zu können" (ebd., S. 164).

Das Helfen ist ein Bereich, um das eigene Elend und die eigene Hilflosigkeit auszublenden und Bestätigung und Bewunderung zu erlangen. Fromm (1979, S. 69) meint, daß narzißtische Personen helfen, „weil sie sich in dieser Rolle gefallen; sie verwenden ihre gesamte Energie darauf, sich selbst zu bewundern, anstatt die Dinge vom Standpunkt dessen aus, dem sie helfen, zu sehen".

Der enorme Arbeitseinsatz des „Leistungsmannes" deutet ebenfalls auf narzißtische Selbstbestätigungssuche hin.

Auch die Sexualität steht häufig weniger unter dem Vorzeichen sexueller als narzißtischer Wünsche (vgl. Miller 1983, S. 156). In die Bestätigungssuche mittels Sexualität werden nicht nur Erwachsene hineingezogen, sondern vielfach auch Kinder.

Ebenso wie Kindesmißbrauchern geht es Therapeuten, die ihre Patientinnen sexuell mißbrauchen, nicht in erster Linie um Sexualität, sondern vielmehr um narzißtische Motive (vgl. Wirtz 1991, S. 267). Wirtz meint, vorrangig sei vor allem das suchthafte Suchen nach Selbstbestätigung und Macht.

Selbstbestätigung und Allmachtsphantasien sind für den Narzißten so wichtig, weil sie dem Identitätsgefühl dienen (vgl. Fromm 1979, S. 75 f; Däumling 1982, S. 163) und einer psychischen Gefährdung entgegenwirken sollen.

Die Allmachtsphantasien des Narzißten werden in spezifischer Weise von den Medien genährt. Brunotte belegt aufgrund verschiedener Studien, daß der typische jugendliche Horrorkonsument in der Kindheit narzißtische Verletzungen erlitten hat. Die Ohnmachts- und Demütigungserlebnisse erzeugten „das Bedürfnis, hilflos durchlittene Erfahrungen so zu wiederholen, daß man dabei Distanz zu ihnen gewinnt und die eigene Angst ... zu bewältigen versteht ..." (ebd., S. 60). Zur Bewältigungsstrategie im Wiederholungsmechanismus gehöre die „rigorose Spaltung der Welt in Gut und Böse ... ebenso wie Projektion, Allmachtsgefühl und Vernichtungsvisionen" (ebd., S. 53). Ängste und Wünsche richteten sich auf die „Helden" einer Sendung. Diese entlarvt Brunotte als „Helden der Fühllosigkeit", denen „einzig Wut und Vernichtung als Angstabwehr" zur Verfügung stünden (ebd., S. 55). Die suchtartige Faszination, die die grausamen Szenen hervorrufen, seien Ausdruck eines immensen inneren Zwangs und regressiver Phantasien, die sich aus den frühen Traumen und Fixierungen speisten (ebd., S. 54).

Die seelische Gefährdung des Narzißten äußert sich besonders stark bei aktuellen narzißtischen Verwundungen. Sie bedrohen das Selbstbild und reaktivieren das ursprüngliche Kindheitstrauma, das den Narzißmus verursacht hat. Dadurch kann es zum Zusammenbruch des Ichs mit den Elementen der Melancholie, der Trauer und der Depression kommen. Weil er die Depression fürchtet, unternimmt der Narzißt verzweifelte Bemühungen, narzißtische Verwundungen zu verhindern und „die Wirklichkeit so umzuformen, daß sie bis zu einem gewissen Grad zu seinem narzißtischen Selbstbild paßt" (Fromm 1979, S. 76). Dazu kann die Strategie gehören, das Selbstbild durch Bewunderung und Popularität abzusichern. Fromm (1977, S. 228; vgl. Fromm 1979, S. 76 f) sieht folgenden Zusammenhang:

> „Ungewöhnlich narzißtische Personen sehen sich oft fast gezwungen, berühmt zu werden, da sie sonst unter Depressionen leiden oder sogar dem Wahnsinn anheimfallen würden ... Populärer Erfolg ist sozusagen Eigentherapie gegen Depressionen und Wahnsinn. Wenn sie um ihre Ziele kämpfen, kämpfen sie in Wirklichkeit um ihre geistige Gesundheit".

Die gefährdete geistige Gesundheit von außergewöhnlich narzißtischen Menschen erklärt ihre Neigung zur Destruktivität.

4.2.5.4. Narzißmus und Destruktivität

In einem bestimmten Schweregrad wird Narzißmus lebensfeindlich. Extremer Narzißmus steht „mit dem Prinzip der Lebenserhaltung in Konflikt" (Fromm 1979, S. 73; vgl. Fromm, 1983, S. 107; May 1983, S. 165). Zum Zerstörerischen des Narzißmus gehört die Selbstzerstörung, etwa durch eine Sucht oder durch Selbstmord (vgl. Däumling 1982, S. 163).

Eine besondere Form des Narzißmus liegt, so Fromm (ebd., S. 65), „auf der Grenze zwischen Normalität und Geisteskrankheit". Sie kann sich bei Personen finden, die absolute Macht und Entscheidungsgewalt besitzen. In ihrer vermeintlichen Gottähnlichkeit versuchen sie,

> „eine Lösung für das Problem der menschlichen Existenz zu finden, indem sie den verzweifelten Versuch machen, die Grenzen dieser Existenz zu überschreiten. Sie versuchen, so zu tun, als gebe es keine Grenzen für ihre Gelüste und für ihre Machtgier" (ebd., S. 65).

Am Beispiel Hitlers zeichnet Fromm (ebd.) das Bild eines destruktiven und größenwahnsinnigen Menschen, dessen vermutlich latente Psychose sich nicht zu manifestieren brauchte, weil es ihm gelang, Menschenmassen „zu veranlassen, an das Bild, das er sich von sich selbst zurechtgemacht hatte, zu glauben". Fromm (ebd., S. 77) meint, die Skrupellosigkeit und Destruktivität, mit der extrem narzißtische Menschen ihre Ziele verfolgen, beinhalte ein Element des Wahnsinns, der ihren Erfolg begünstigt.

Fromms Überlegungen zum schweren Narzißmus treffen auf Menschen zu, die Kinder sexuell mißbrauchen. Einem stark narzißtischen regressiven Erwachsenen mag die Macht über ein Kind und dessen Benutzung als Sexualobjekt reichen, um sein aufgeblähtes narzißtisches Bild immer wieder neu zu bestätigen und damit seine latente psychische Gefährdung zu überspielen.

Individuelle Tendenzen, ein hilfloses Objekt heranzuziehen, um narzißtische Bedürfnisse zu befriedigen oder um es aggressiv zu überrumpeln, finden ihre Parallele im gesellschaftlichen Narzißmus. Auch in ihm zeigt sich die Tendenz zur „Ideologie der Überlegenheit" (ebd., S. 87). Es geht darum, eine Minderheit zu erspüren, „deren Hilflosigkeit groß genug ist, sie zu einem Objekt der narzißtischen Befriedigung zu machen", oder die in aggressiven Eroberungsakten einverleibt werden kann (Fromm, ebd.). Auch der gesellschaftliche Narzißmus wird vor allem von Männern bestimmt. Die verdrängte innerpsychische Hilflosigkeit und Schwäche von Männern bildet die Grundlage sowohl für den individuellen als auch für den Gruppen-Narzißmus im Patriarchat.

4.2.5.5. Überwindung von Narzißmus

May (1983, S. 163) geht auf therapeutische Schwierigkeiten hinsichtlich des Narzißmus ein:

> „Seit Freud ist anerkannt, daß die völlig narzißtische Person die Psychotherapie vor ihre schwerste Aufgabe stellt, denn der Therapeut vermag zu diesem Patienten einfach keine Beziehung zu finden. Der Patient ist gewissermaßen von einem auch für ihn selbst undurchdringlichen Nebel umgeben".

Der ausgeprägte Narzißmus von Kindesmißbrauchern mag mit einer der Gründe für die Schwierigkeit sein, sie zu therapieren.

Alle großen humanistischen Religionen fordern den Menschen zur Überwindung des Narzißmus' und damit der Gier auf (vgl. Fromm 1979, S. 90 f). Der Mensch müsse statt dessen mit der Welt in eine wirkliche Beziehung treten, meint Fromm (ebd.). Das schließt die Fähigkeit zum Lieben ein – auch des Fremden. Erst im Freiwerden vom Narzißmus könne der Mensch zur vollen Reife gelangen. Fromm (ebd., S. 91 f) stellt die Frage: „Besteht denn die geringste Hoffnung, daß der narzißtische Wahnsinn nicht zur Zerstörung des Menschen führen wird, noch bevor er eine Chance hatte, zur vollen Menschlichkeit zu gelangen?".

Optimistischer als Freud räumt Fromm (ebd.) der Menschheit – unter bestimmten Voraussetzungen – Chancen ein. Zu den Voraussetzungen zählen „die Erweiterung der Selbst-Wahrnehmung, die Transzendierung des Bewußtseins und die Durchleuchtung der Sphäre des gesellschaftlichen Unbewußten" (ebd., S. 95). Dem einzelnen Menschen erschließe sich dann die Möglichkeit, die ganze Menschheit in sich zu erleben. Somit könne er, im biblischen Sinne, zu der zentralen Erkenntnis des >Ich bin du< kommen (ebd., S. 90, 95), die den Narzißmus überwindet. Fromm geht allerdings davon aus, daß es „Generationen in Anspruch nehmen wird ..., das Maß des Narzißmus in jedem einzelnen von uns zu reduzieren" (ebd., S. 94).

4.3. Zusammenfassung

Ich-Schwäche, Entfremdung und die schizoide Störung, die einander durchdringen und bedingen, sind für einen Kreislauf von Schädigungsverhalten verantwortlich, das von einer Generation an die nächste weitergegeben wird.

Die schizoide Störung, als kennzeichnende Pathologie unserer Kultur, ist eng an die industriell-technologische Entwicklung der letzten Jahrhunderte geknüpft, die zur fortschreitenden Entfremdung und Schwächung des Ichs beigetragen hat. Zum andern ist sie an Forderungen nach sozialer Anpassung, an Defizite in der Bedürfnisbefriedigung und vor allem an schädigende Übergriffe – auch sexueller Art – gebunden, die das Kind innerhalb der reduzierten und reduzierenden patriarchalischen Kernfamilie erfährt.

Zur Bewältigung dieser frühkindlichen Traumen wird das Geschehen uminterpretiert, verleugnet, verdrängt oder abgespalten. Damit nimmt das Subjekt Operationen an der eigenen Wahrnehmung vor. Es wird in diesem Prozeß den eigenen Gefühlen und dem Körper entfremdet, und der Kontakt zu wichtigen Teilen seiner Persönlichkeit und seiner Geschichte gehen ihm verloren. Diese Verluste sind für inneren Autonomiemangel und für die verbreitete schizoide Störung verantwortlich.

Zu den Merkmalen ich-schwacher schizoider Menschen gehören Lustdefizite, Fixierung, Regressivität und Narzißmus. Ebenso wie ihre Fähigkeit zur Empathie und zur Wahrnehmung ist auch ihre innere Autonomie eingeschränkt.

Der von seinem Körper und seinen Gefühlen entfremdete und somit psychisch gefährdete Mensch tendiert zu Ersatzbefriedigungen, zu Mitteln der Kompensation, Entlastung, Betäubung oder Flucht. In krassen Fällen entsteht eine Neigung zur Destruktivität sowie zu extremen Reizen und Risiken. „Spiele" im Sinne Bernes, Süchte, Perversionen und sexuelle Gewalt gehören dazu. Hinter der Suche nach Gewalt, Reiz und Risiko des entfremdeten schizoiden Menschen liegt im Grunde die Sehnsucht, wieder fühlen zu können.

Rilke (1988, S. 273) sieht im Fühlenkönnen die Aufgabe des zukünftigen Menschen und im unzureichenden Fühlen einen entscheidenden Defekt. Dieser Defekt hat sich in den letzten Jahrzehnten eher verstärkt, und es ist eine zunehmende Reiz- und Lustsuche zu beobachten. Anders (1988, S. 313), dem es ebenfalls um die Aufhebung der Gefühlsdefizite geht, schlägt eine „willentliche Erweiterung des Fassungs-Volumens unseres Fühlens" vor, beispielsweise mit Hilfe der Kunst, insbesondere der Musik. Statt diesen kreativen, produktiven und innerlich bereichernden Weg einzuschlagen, versuchen die meisten Menschen, ihr latentes Unwohlsein und ihre Leere durch äußerliche Mittel, die Befriedigung verheißen, abzuwehren. Neben dem Konsum von Gütern nimmt das Medium Sexualität eine herausragende Rolle ein. Angeheizt durch die Sexualisierung unserer Gesamtgesellschaft ist Sex vielen Menschen eine Art „Allheilmittel", das einen hohen Befriedigungsgrad verspricht. Es wird entsprechend seiner Zugkraft von den Werbestrategen der Industrie bewußt und gezielt ausgenutzt.

In den Sog der suchthaften Suche des entfremdeten und psychisch gefährdeten Erwachsenen nach Entlastung, Kompensation und letztlich nach Selbststabilisierung werden häufig Kinder mit hineingezogen, nicht selten mittels Sexualität. Somit werden die Grundlagen zur Entfremdung und zur schizoiden Störung der neuen Generation gelegt.

Werden Mädchen und Frauen vor allem durch sexuelle Übergriffe geschädigt, so sind für die Entfremdung und Ich-Schwäche des Mannes in erster Linie spezifische Sozialisationsbedingungen unserer patriarchalischen Gesellschaft verantwortlich. Entscheidend ist die Forderung an den kleinen Jungen, zugunsten von Männlichkeitsnormen seine legitimen kindlichen Bedürfnisse nach Zärtlichkeit und Geborgenheit frühzeitig aufzugeben und die als weiblich geltenden Persönlichkeitsantei-le, insbesondere die Hilflosigkeit, zu verdrängen. Dies ist ein Erklärungsansatz für

die charakteristische unaufgelöste Mutterbindung ich-schwacher Männer und ihre Abhängigkeit von sicherheitsspendenden Objekten – bei gleichzeitiger Angst vor ihnen, die mit Wut gemischt sein kann. Er erklärt ferner, warum Autonomiemangel ein vorwiegend männliches Problem ist.

In einem patriarchalischen Kontext treffen Ich-Schwäche und Autonomiemangel des reduzierten Mannes auf entfremdete Arbeitsbedingungen und auf gesellschaftliche Forderungen nach Stärke und Durchsetzungsvermögen. Unter diesen Bedingungen erhalten Maßnahmen der Kompensation, Entlastung und Selbststabilisierung noch mehr Gewicht. Weil nicht bewußt ist, was ihnen im Innern zugrunde liegt, werden diese Strategien auf die Außenwelt gerichtet.

Machtgeprägte Handlungsräume, die Männern im Patriarchat offenstehen, erlauben ihnen nicht nur, ihre Stabilisierungswünsche in gesellschaftlich anerkannte Bahnen zu lenken. Sie gestatten ihnen darüber hinaus durch Schädigungsverhalten im Geheimen – dazu gehört der sexuelle Mißbrauch an Kindern – ihr Selbstwertgefühl zu stärken, einer drohenden seelischen Gefährdung entgegenzuwirken und somit die Fassade der Normalität zu wahren

5. Sucht

Sexueller Mißbrauch an Kindern ist den schweren Formen von Sucht und Abhängigkeit zuzurechnen (vgl. Carnes 1983, S. 81).

„Sucht" steht etymologisch mit dem Adjektiv „siech", also „krank sein", in Zusammenhang und wird im Neuhochdeutschen als „krankhaftes Verlangen" verstanden und mit dem Verb „suchen" verknüpft (Duden, Das Herkunftswörterbuch).

Bräuer (1966, S. 21 ff) zufolge war das „Suchen" ursprünglich vor allem auf die niederen Sinne und auf den Bereich der Jagd bezogen. Das Suchen hatte in diesem Zusammenhang mit Verfolgung, Angriff und Beutemachen zu tun, und es konnte eine „spezifische Gnadenlosigkeit" (ebd., S. 23) ins Spiel kommen.

Für unsere Themenstellung ist bedeutsam, daß das Suchen nicht nur von einer „spezifischen Gnadenlosigkeit", sondern auch von einer Einengung des Bewußtseins begleitet werden kann. Bräuer sagt: „Die Welterfahrung schränkt sich ein auf die Spannung zwischen dem erlebten Mangel und dem zu erreichenden Ziel" (ebd., S. 24). Das gilt besonders dann, wenn die Jagd nach einem bestimmten Ziel zur Sucht geworden ist.

Die Vorstellung, daß es Süchte gibt, existiert erst seit Mitte des 19. Jahrhunderts (vgl. Giddens 1993, S. 86).

Schaefs (1989, S. 32; vgl. Zukav 1990, S. 129) Definition nach ist unter Sucht ein Prozeß zu verstehen, dem wir machtlos gegenüberstehen, der uns kontrolliert und unsere Verhaltensmuster in einer zwanghaften Weise bestimmt.

Für das Thema des sexuellen Mißbrauchs an Kindern ist weniger die Sucht nach bestimmten Substanzen als die Kategorie der prozeßgebundenen Süchte wichtig. Unter diese Kategorie fallen, so Schaef (ebd., S. 36 f), „alle Süchte, bei denen ein Prozeß eine ganz bestimmte Abfolge von Handlungen und Interaktionen in die Abhängigkeit führt. Nahezu jeder Prozeß vermag als suchterzeugender Mittler zu dienen ...". Prozeßgebundene Süchte bewirken, „daß wir unsere Moral und unsere sozialen Perspektiven verlieren und an einer Zerstörung mitwirken, die weit über unser eigenes Leben und unsere unmittelbare Umgebung hinausgeht" (ebd., S. 190). Sexueller Mißbrauch an Kindern ist ein solcher Prozeß, und seine Folgen stimmen mit der von Schaef beschriebenen Zerstörungsmacht überein.

Starke Süchtigkeit hat Syndromcharakter. Merkmale wie Rücksichtslosigkeit, fehlende Empathie, geringe Verantwortungsbereitschaft, innere Kontrollprobleme sowie die Schwierigkeit, sinnvoll mit Grenzen umzugehen, gehören dazu (ebd., S. 56 ff). Dieser Komplex entspricht dem Autonomiemangel, der inneren Machtlosigkeit und gravierenden Ich-Schwäche, die für Kindesmißbraucher charakteristisch sind.

Von Bedeutung sind ferner die Lebenslüge, das Doppelleben und die Verleugnungsmechanismen von stark Süchtigen (vgl. Giddens 1993, S. 31, 38, 78, 118; vgl. Schaef 1989, S. 32, 73). Sie unternehmen große Anstrengungen, um zu zeigen, „wie ehrenhaft, anständig und gesetzestreu" sie sind (Carnes 1983, S. 120). Die ganze Familie wird als Geheimnisträger in das Doppelleben des Süchtigen hineinmanövriert und soll mithelfen, die Lebenslüge aufrechtzuerhalten (vgl. Schaef 1989, S. 73). Während die sozialen Kontakte zunehmend eingeschränkt werden, erhält die Phantasiewelt einen immer größeren Stellenwert. Auf diesem Hintergrund verzerrt sich die Wahrnehmung in steigendem Maße (vgl. Carnes 1983, S. 29, 42, 118 f, 136).

5.1. Wiederholungsmuster

Nicht jede Gewohnheit oder jedes Handlungsmuster, das der Wiederholung unterliegt, ist eine Sucht. Es gibt Gewohnheiten oder Wiederholungsmuster, die für ein sinnvolles menschliches Zusammenleben unerläßlich sind. In allen wiederkehrenden Verrichtungen bzw. in der Tendenz des erfahrenden Subjekts, auf Bekanntes zurückzugreifen, steckt allerdings die Möglichkeit der Zwanghaftigkeit, die in eine Abhängigkeit oder Sucht führen kann (vgl. Riemann 1981, S. 146; Giddens 1993, S. 88).

Auf Bekanntes und Vertrautes zurückzugreifen, könnte mit einem Lernprozeß zusammenhängen. Wie Schaef (1989, S. 98 f) jedoch bemerkt, fehlt Süchtigen durch Vernebelung und Blockierung des Gedächtnisses die bewußte Erinnerung an frühere Szenarien der Suchtvorgänge. Daher kann kein Lernprozeß entstehen. Weil das Suchtsystem ein lernunfähiges System ist und weil ein Süchtiger seine eigene Geschichte nicht kennt, ist er zu ihrer Wiederholung verurteilt.

Hinter dem Wiederholungskreislauf einer Sucht stecken auch hirnorganische Prozesse. B. Russell (1982, S. 96) erklärt: „Unsere Erinnerungen und Gewohnheiten sind an die

Gehirnstruktur gebunden, und zwar ungefähr so, wie ein Fluß an sein Flußbett gebunden ist ...". Häufige ähnliche Geschehnisse bilden Gewohnheiten, die Auswirkungen auf die materielle Struktur des Gehirns und des Nervensystems haben. Poppers (1991, S. 179; vgl. Janov 1990, S. 142 f) Erläuterungen vertiefen das Verständnis für diese Zusammenhänge:

> „Jede Erfahrung führt zu Wiederholungsregelkreisen im Gehirn (ein dynamisches Engramm ...), die eine große Zahl von Synapsen beteiligen ... die Wiederholungsregelkreise benutzen eine bestimmte Synapsengruppe; und es kann experimentell gezeigt werden, daß die Wirksamkeit der Synapsen mit ihrem Gebrauch zunimmt; es gibt auch Hinweise darauf, daß die Synapsen selbst mit dem Gebrauch wachsen".

Im Fall der Sucht führen die hirnorganischen Vorgänge zur Verfestigung der Wiederholungsmuster. Richtungsweisend für Wiederholungsmechanismen ist das Sicherheitsbedürfnis. Das erfahrende Subjekt hat die Tendenz, innerhalb der Fülle von Möglichkeiten etwas zu wählen, an das sich aufgrund vorhergehender Erfahrungen anknüpfen läßt. Maslow sagt: „Das Wiedererkennen gewährt eine Grundsicherheit, die Sicherheit der Orientierung, und ist darum affektiv hoch besetzt" (Maslow 1981, S. 272).

Die empfundene Sicherheit wird dann zu einer Gefahr, wenn Langeweile aufkommt und wenn, um der Langeweile zu entkommen, nach Reizen gesucht wird. Dann kann folgendes geschehen:

> „In einer vertrauten sozialen Situation kann ich mich auf Inhalte einlassen, die ... mich mit mir selbst in Konflikt bringen, ich kann mich auf eine Praxis einlassen, für deren Bewältigung ich nicht auf eine bereits bewährte Handlungskompetenz zurückgreifen kann" (Maslow 1981, S. 273).

Der Aspekt der Sicherheit ist insbesondere beim Kernfamilien-Inzest von nicht zu unterschätzender Bedeutung. Der isolierte häusliche Rahmen mit den gewohnheitsmäßigen Mustern des Familienalltags, den Unterordnungsstrukturen und der konstanten Verfügbarkeit derselben bekannten Personen stellt einen Ort großer Sicherheit dar. In der Sicherheit des Familienheims werden im Inzest risikobehaftete und konfliktträchtige Inhalte gewagt, die man andernorts vielleicht scheuen würde. Nicht nur der häusliche Rahmen hat mit Sicherheit zu tun. Wiederholte sexuelle Gewalt gegen ein Kind aus dem Bekannten- oder Verwandtenkreis ist der Übergriff auf ein vertrautes Objekt, das man nicht fürchten muß und dessen man sich relativ sicher sein kann.

Konfliktträchtige Inhalte in Wiederholungsmechanismen, die der Sicherheit dienen und zur Abwehr neuer Erfahrungen aufrechterhalten werden, sind Maslow (ebd., S. 278) zufolge verhängnisvoll; denn: „Das ist Sicherheit durch Perfektionierung der Mittel, das ist das Ende der Erfahrung, das ist die Abtötung der Lebendigkeit, und das ist die Voraussetzung der Selbstzerstörung".

Inzest ist ein riskantes Unterfangen in einem Kontext, der Sicherheit verspricht. Im Wiederholungsmechanismus kommt es zur Zerstörung des Kindes und gleichzeitig zur Selbstzerstörung. „Das Ende der Erfahrung" (Maslow ebd.) steckt nicht nur in der unmittelbaren Selbstschädigung durch das Unrechttun (Sokrates), sondern auch in der Abtötung des Lebendigen und damit der Chance zur Verlebendigung durch das Kind. Das Ende der Erfahrung steckt ferner darin, daß Sexualität mit einem Kind den Erwachsenen nicht zu einem Reifeprozeß führen kann, wie es in einer Sexualbegegnung auf Gegenseitigkeit möglich ist.

5.2. Zwanghaftigkeit

Erst, wenn jemand – selbst, wenn es nicht mehr sinnvoll ist – nicht anders kann als bestimmte Dinge auf bestimmte Art zu tun, ist von Zwanghaftigkeit zu sprechen (vgl. Riemann 1981, S. 147). Bei Zwanghaftigkeit erlebt der Betreffende, so Riemann (ebd., S. 115; vgl. ebd., S. 148), seine Zwangshandlungen selbst „oft wie unter einer fremden Macht stehend, weil sie ihm ichfremd vorkommen". Giddens (1993, S. 83) zufolge sind Zwangshandlungen an das Gefühl gebunden, „die Kontrolle über sich selbst zu verlieren". Indem die zwanghaften Handlungen ausgeführt werden, lösen sich Anspannungen. Die Unterlassung dieser Handlungen kann einen Angstschub hervrorufen. Eine Verhaltensform, die zwanghaft wiederholt werden muß, nimmt normalerweise „die Form stereotyper persönlicher Riten an" (Giddens ebd.).

Es ist außerordentlich schwierig, zwanghafte Verhaltensformen aufzugeben. Das liegt an ihrer Funktion, ihrer tiefen Verwurzelung und an den erwähnten hirnorganischen Prozessen. Die Verwurzelung der Zwänge reicht weit in die individuelle Biographie und ihre ungelöste Problematik zurück. In der Zwangshandlung ist der Versuch zu sehen, „altes Geschehen neu in Szene zu setzen, um es zu lösen" (Reddemann 1987, S. 118). Andererseits soll zwanghaftes Verhalten – und eine Sucht insbesondere – schmerzhafte Gefühle abwehren, die an traumatische Erfahrungen der Kindheit gebunden sind.

In unserer Gesellschaft ist eine zwanghafte Einstellung und zwanghaftes Verhalten beim Sex ebenso verbreitet wie bei der Arbeit oder beim Spiel (vgl. Lowen, 1980, S. 401). Zwanghaftes Verhalten in der Partnerschaft und in der Sexualität weist nicht nur auf eingeschränkte Autonomie (vgl. Giddens 1993, S. 91), sondern auch auf Erosfeindlichkeit (vgl. Riemann 1981, S. 120 ff) hin. Die Erosfeindlichkeit der zwanghaften Person steckt in ihrem Macht-, Kontroll- und Dominanzverlangen und in dem Fehlen eines lebendigen leiblich-seelischen Austauschs. Zwanghafte Menschen machen den Partner/die Partnerin aus Sicherheitsbestrebungen, aus Risikoangst und Machtbedürfnis von sich abhängig. Es geht ihnen darum, den anderen oder die andere ihrem Willen entsprechend zu formen. Dahinter steckt der Besitz- und Eigentumsgedanke und die Auffassung, vom anderen könne Anpassung und Fügsamkeit verlangt werden.

5.3. Gesellschaftliche und familiäre Bedingungen und Hintergründe

Nach A. Mitscherlichs Ansicht (vgl. 1992, S. 333) hat eine Suchtentstehung weniger mit einer biologischen Defektstruktur als mit gesellschaftlichen Faktoren zu tun. Gruen (S 2 vom 4./5.5.1994) meint, das kulturelle Gefüge unserer Gesellschaft treibe den Menschen von sich selbst, seinen Gefühlen, seiner Wahrnehmung und seinen Bedürfnissen fort. Die Folge sei eine „allgemeine Selbstschwäche". Die Selbstschwäche, der man sich nicht stellt, ist für Gruen das Fundament der Sucht.

Zu den gesellschaftlichen Bedingungen einer Suchtentwicklung gehören Belastungen durch starken Streß. Wie erwähnt, weisen Süchtige häufig auf den Streßfaktor hin, wenn es um den Beginn ihrer Suchtproblematik geht (vgl. Carnes 1983, S. 41).

Schaef (1989, S. 124) führt Süchte außerdem auf die Überlebensangst des modernen Menschen zurück:

„Angst bedingt unsere Süchte. Wenn die Wahrscheinlichkeit der totalen Vernichtung stets gegenwärtig ist, dienen sucherzeugende Substanzen oder Prozesse dazu, die Wahrnehmung unseres eigenen Entsetzens über diesen Zustand zu blockieren".

Schaef (ebd., S. 40, 123) meint, das gesellschaftliche System, in dem wir leben, sei nicht nur für die Entstehung von Süchten verantwortlich. Sie ist überzeugt, daß Süchte – wie andere Pathologien – dazu beitragen, das gesellschaftliche System zu stützen und erläutert:

„Im Suchtsystem sind wir aufgefordert, uns in der eigenen Leblosigkeit gemütlich, aber suchtfördernd, einzurichten. Eine Sucht läßt uns stumpf werden, sie blockiert Einsichten ..., sie beschäftigt uns fortwährend, so daß wir das System nicht anzweifeln. Aus diesem Grund braucht das System die Sucht" (ebd., S. 31).

Süchte würden unterstützt, „damit die Menschen bloß nicht mit ihren Gefühlen und ihrem Bewußtsein in Berührung kommen, andernfalls nämlich könnten sie das System in Frage stellen" (ebd., S. 188).

Nicht in Frage gestellt werden sollte lange Zeit auch die patriarchalisch bestimmte Familie. Sie ist für Wieck (1987, S. 114) der „Prototyp aller anderen Abhängigkeitssituationen in dieser Gesellschaft". Vor allem die männliche Abhängigkeit von der Mutter und von der Frau im allgemeinen sei auf „das familiäre Drogenmodell" zurückzuführen (Wieck ebd.).

Hinter interpersonalen Abhängigkeiten steckt häufig mangelnde Bedürfnisbefriedigung. Auch für Erwachsene gilt, daß sich Abhängigkeiten intensivieren, wenn wesentliche Bedürfnisse nicht gestillt werden (vgl. Carnes 1983, S. 148). In Familien, deren System auf starken Abhängigkeiten beruht, erläutert Holmann (1986, S. 71), seien die einzelnen Mitglieder nicht in der Lage, für einander zu sorgen und ihre wirklichen Bedürfnisse zu erfüllen. Gerade das bedinge ihre Abhängigkeit: „Jeder einzelne in einem abhängigen Familiensystem erscheint gefühlsmäßig wie ein Kind und außerstande, unabhängig von dem System zu handeln" (Holman ebd.).

Die Botschaften in diesen Familien lauten zum einen, daß man gebraucht wird, zum anderen, daß man es alleine, ohne die Familie, nicht schaffen wird. Menschen aus solchen Familien lernen es auch in der Tat nicht, Probleme zu lösen. Es gelingt ihnen zudem nicht, die zerstörerische Familie zu verlassen, weil es ihnen an Reife und einem guten Selbstwertgefühl mangelt. Unter bestimmten persönlichen Bedingungen münden Probleme in diesen Familien darin, „daß der Vater eine Woche lang trinkt oder in das Schlafzimmer seiner vierjährigen Tochter geht, um sein Begehren nach Macht, Intimität oder Anerkennung zu stillen" (Holman ebd.).

Das Geflecht aus Abhängigkeit, mangelndem Selbstwertgefühl und der Unfähigkeit zu Problemlösungen intensiviert sich im Stadium der Sucht und Co-Süchtigkeit. Dann werden sich, so Carnes (1983, S. 148), „die emotionalen Bande in die Gitterstäbe eines Gefängnisses verwandeln".

Gleichen die wechselseitigen Abhängigkeiten in einer Familie mit Suchtproblematik einerseits einem Gefängnis, so garantieren sie andererseits das Gleichgewicht der Familie (ebd. S. 148 f). Die familiäre Homöostase wird außerdem durch die Schwierigkeit, Familiengeheimnisse zu offenbaren (ebd., S. 115) und durch den Anspruch, nicht als abweichend aufzufallen, gewährleistet. Die Unauffälligkeit ist wichtig, denn, wie Carnes (ebd., S. 105) erklärt: „Einzelnen Familienmitgliedern mag das Leid solange erträglich sein, wie es ihnen gelingt, das öffentliche Ansehen der Familie zu wahren". Das gilt insbesondere für Familien, aus denen Sexsüchtige stammen. Sexsüchtige kommen vornehmlich aus Familien, in denen Inzest stattgefunden hat (ebd., S. 82), und diese Familien sind häufig ausgesprochen sittenstreng (ebd., S. 53). In ihnen spielt die Fassade und die Loyalität gegenüber der Familie eine besonders große Rolle. Loyalität garantiert, daß die Familie nicht verlassen wird und ihr Ansehen und ihre Unauffälligkeit erhalten bleiben können (vgl. Holman 1986, S. 71). Seine Loyalität hindert das geschädigte Individuum an der Erkenntnis, durch die Familie zum Opfer gemacht worden zu sein (ebd., S. 114).

5.4. Individuelle Hintergründe

Für Gebser (1987, S. 85) ist Sucht der Ausdruck einer Sehnsucht, die „durch falsche Mittel fehlgeleitet" worden ist.

Die Sehnsucht richtet sich auf das Außerordentliche, auf einen Zustand gesteigerten Lebensgefühls. Weil der Kontakt zur Innenwelt gestört ist, bezieht sie sich auf die Außenwelt, auf äußere Erlebnisbereiche und mündet oft in extreme Reiz- oder gar Risikosuche, die zur Sucht wird. Das heißt, hinter der Sucht steht die verzweifelte Suche nach Ersatzbefriedigungen. Ferner kann Sucht die Funktion haben, Gefühle abzuwehren.

5.4.1. Suche nach dem Außerordentlichen

Novalis (1989, S. 393) wußte, daß das Verlangen nach dem Reiz eines leidenschaftlichen Zustandes um so mächtiger sein wird, je schwächer der Mensch ist. Einen leidenschaftlichen oder ekstatischen Zustand würden wir heute mit >Highsein< bezeichnen. Giddens (1993, S. 84) hat das >Highsein< und das >Fixiertsein< als entscheidende Kategorien der Sucht erkannt. Mit dem Außerordentlichen eines ersehnten Hochgefühls soll das Alltägliche überschritten und ein Gefühl der Befreiung vermittelt werden. Manchmal beinhaltet das >Highsein< „ein Gefühl des Triumphes wie der Entspannung" (Giddens ebd.).

Mit dem >Fixiertsein< tritt die Person „in die narkotische Phase der Abhängigkeit" ein (Giddens 1993, S. 84). Diese Phase befreit zwar von Angst, aber früher oder später folgen Depressionen und Gefühle der Leere. Damit beginnt der Suchtkreislauf wieder von vorne.

Sowohl im >Highsein< als auch im >Fixiertsein< wird subjektiv die Zeit aufgehoben. „Die gewöhnlichen Anstrengungen des Individuums sind vorübergehend unterbrochen, und sie erscheinen weit weg" (ebd., S. 85). Giddens betont das Empfinden des Speziellen der durch nichts zu ersetzenden Erfahrung sowie die Eskalationstendenz von Abhängigkeiten.

Ein Beispiel für die Suche nach dem Außerordentlichen ist der Prostitutionstourismus. Hier liegt der Hauptanreiz „in der Außeralltäglichkeit der (Sexual)Erfahrungen" mit ausländischen Mädchen und Frauen (Heine-Wiedenmann u.a. 1992, S. 3).

Kriterien des Außerordentlichen sind vor allem in Tabu-Bereichen angesiedelt. Sie beinhalten die Faktoren Risiko und Reiz und bringen eine Bedeutungssteigerung dessen, was dem Tabu unterliegt. Sexueller Mißbrauch an Kinder ist ein solcher Bereich. Der Reiz des Verbotenen wird erhöht durch den Reiz der Heimlichkeit, die das Geschehen der Alltagswelt entheht (vgl. Carnes 1983, S. 36 f).

Neben der Suche nach Reizen geht es bei sexuellem Mißbrauch auch darum, einen anderen Menschen zu beherrschen und zu kontrollieren. Das erfüllt weitere Ansprüche an das Außergewöhnliche: Die sexuelle Abfuhr schafft nicht nur Entspannung, sondern sorgt auch für ein Gefühl des Triumphes.

5.4.2. Ersatzbefriedigung – Kompensation – Betäubung

Abhängigkeit und Sucht sind, wie erwähnt, eng an mangelnde Bedürfnisbefriedigung gebunden (vgl. Richter 1986, S. 155, 208; Carnes 1983, S. 111). Auf dem Hintergrund defizitärer Bedürfnisbefriedigung stellt Sucht eine Ersatzbefriedigung sowie eine Selbstbetäubung und einen momentanen Schutz dar, um dem Zusammenbruch zu entgehen (vgl. Richter ebd., S. 202).

Das zeigt den großen Stellenwert der Bedürfnisse des kleinen Kindes nach körperlicher und seelischer Nahrung sowie nach Sicherheit und Geborgenheit. Werden diese Bedürfnisse befriedigt, dann kann das Kind innere Stärke, innere Sicherheit, Vertrauen in die eigenen Kräfte und somit innere Autonomie aufbauen. Das geschieht häufig nicht. Vielen Kindern fehlt ein sicherer und verläßlicher Bezugsrahmen, in dem sie angenommen und geliebt werden und in dem sie sich ohne Angst entspannen und ihre Autonomiestrebungen verfolgen können. Diese ungesicherten Grundlagen sind Carnes (1983, S. 111) Vermutung nach der Schlüssel für die Suche nach Trost, die in eine Sucht führt. Entsprechend handelt es sich bei schweren Formen von Süchtigkeit fast durchweg um Menschen, die in ihrer Kindheit sexuell mißbraucht worden sind (ebd., S. 113). Jungen aus Familien, in denen die Töchter sexuell mißbraucht werden, sind später ebenfalls stark suchtgefährdet (ebd., S. 115).

Die der Sucht unterliegenden wirklichen Bedürfnisse sind durch ein suchthaftes Ausleben nicht zu befriedigen (vgl. Zukav 1990, S. 132). Durch den Suchtgegenstand, also durch eine negative Kompensation, werden die authentischen Bedürfnisse nur kurzfristig zum Schweigen gebracht. Denn, wie Miller (1983, S. 110) meint: „Jede Sucht schafft die alte Sehnsucht nicht ab, sondern perpetuiert in der Wiederholung die ehemalige Tragik".

In jeder Sucht herrscht, kurz zusammengefaßt, die Tendenz zur Kompensation. Eigene Defizite sollen durch eine Quelle ausgeglichen werden, die außerhalb des Selbst liegt (vgl. Zukav 1990, S. 129). Auch Giddens (1993, S. 88) betont das Defizitäre der Suchtstruktur; in jeder Abhängigkeit stecke „eine defensive Reaktion und eine Flucht, die Anerkennung eines Mangels an Autonomie, der die Handlungsfähigkeit des Selbst einschränkt".

Mangelnde Autonomie und die Abhängigkeit in der Sucht zerstören die Freiheit, nach den wirklichen Bedürfnissen und dem wirklichen Begehren zu fragen. Statt dessen fühlt sich der Mensch gezwungen, die Forderungen der Sucht zu erfüllen. Dabei wird der Eros, die Freiheit und Liebe zerstört (Keen 1985, S. 157). Keen (ebd.) sagt: „Ein Liebender ist bereit, sich zu bewegen. Der Süchtige klammert sich an den status quo".

Das Anklammern an den status quo deutet, in Verbindung mit starken Sicherheitsstrebungen, auf Ängste hin. Ein schwaches Ich, das sich seinen Ängsten ausgeliefert fühlt, wird in der Sucht ein Medium der Abwehr bzw. ein Betäubungsmittel sehen (vgl. A. Mitscherlich 1992, S. 209; Richter 1986, S. 155).

Hinter den Ängsten des Erwachsenen liegen verdrängte und abgespaltene kindliche Ängste, die sich vor allem auf die Angst beziehen, die Mutter zu verlassen oder von ihr verlassen zu werden (vgl. Keen 1985, S. 156 f).

Über die vorhandenen Ängste hinaus erzeugt die Sucht neue Ängste – vor allem dann, wenn versucht wird, sich von ihr zu befreien (vgl. Giddens 1993, S. 84).

5.5. Sexsucht

In der westlichen Gesellschaft gehört die Sexsucht zu den schnell anwachsenden Formen von Abhängigkeit (vgl. Giddens 1993, S. 78).

Sexsucht bedeutet nicht, daß es beim Agieren des Sexsüchtigen in erster Linie um Sexualität geht. Hinter sexueller Abhängigkeit steckt eine tiefere Dynamik. Sie bezieht sich auf Bedürfnisse und Gefühle, die dem Abhängigen in der Regel unbekannt sind. Ohne Verständnis dieser Tiefendimension ist eine Sex-Sucht nicht zu heilen (vgl. Zukav 1990, S. 132 f).

Alle Sexualstraftäter sind süchtig und brauchen daher entsprechende Therapien (vgl. Wyre und Swift 1991, S. 106 f). Das gilt auch für Kindesmißbraucher (ebd., S. 81 ff). Als eine Form von Sexsucht steht sexueller Mißbrauch, so Wölfl (3/94, S. 5),

> „in der Ambivalenz zwischen Straf- und Krankheitsauffassung. Der Erwachsene ist süchtig nach dem Kind ... Dieser Sucht ist, wie anderen Suchtkrankheiten auch, mit Bestrafung kaum beizukommen. Im Gegenteil, der Reiz der Gefahr steigert noch die Abhängigkeit".

Diese Bedingungen veranlassen Armstrong (1985, S. 258), „Väter als Opfer zu bezeichnen: als Opfer ihrer Sexualität und Promiskuität – als Opfer mit Macht jedoch". Die äußere Macht eines Kindesmißbrauchers wird kontrastiert durch die für Süchte charakteristische innere Ohnmacht und eingeschränkte Autonomie (vgl. Giddens 1993, S. 91).

5.5.1 Erscheinungsbild und Psychodynamik

Zu den Merkmalen sexsüchtiger Personen zählen, wie für Süchte üblich, Rückzugstendenzen sowie Bemühungen um eine Fassade der Unauffälligkeit, zu denen Heimlichkeit und die Lebenslüge gehören (vgl. Carnes 1983, S. 42). Außerdem ist die Wahrnehmung der Realität sowie der Bezug zu sich selbst und den Mitmenschen gestört (ebd., S. 29). Hinzu kommen ein geringes Selbstwertgefühl, Entfremdung und die Annahme, Sexualität eigne sich dazu, Schmerzen zu lindern (ebd., S. 155, 224) oder generell Probleme zu lösen.

Die genannten Kennzeichen finden ihren Niederschlag in den Rationalisierungen von Sexsüchtigen. Zu ihnen zählt das Argument, Sex sei eine harmlose Art der Spannungs- und Streßlinderung, wie folgende Beispiele zeigen: „>Das ist meine Art, mich zu entspannen< ... >Bei all dem Alltagsstreß habe ich es mir verdient<. >Es tut doch niemandem weh< ..." (vgl. Carnes 1983, S. 33).

Aus den weiteren von Carnes (ebd., S. 32 f) zitierten Beispielen gehen außerdem Mythen zur männlichen Sexualität und Schuldzuweisungen an andere hervor:

„>Wenn ich es nicht alle paar Tage tue, wird der Druck zu stark<. >Meine Sexualität ist sehr stark ausgeprägt<. ... >Wenn nur meine Frau nicht so zurückhaltend wäre<. ... >Das Verlangen der Männer ist viel stärker ausgeprägt als das der Frauen<. ... >So, wie sie sich aufgeführt hat, war es doch nicht meine Schuld<".

Seine Rationalisierungen treiben den Sexsüchtigen in eine immer ausgeprägtere Wirklichkeitsverzerrung und fort von der Verantwortung für sein reales Handeln. Außerdem werden andere Menschen – u. U. sind es Kinder – nicht nur als Objekte der Sucht verdinglicht, sondern darüber hinaus beschuldigt, durch Lügen und Vertuschungsstrategien verwirrt und in die Wirklichkeitsverdrehungen des Süchtigen hineingezogen.

Die von Carnes (ebd., S. 37) geschilderten leiblich-seelischen Symptome sexueller Süchtigkeit spiegeln zum einen den Mißbrauch der Sexualität und zum anderen die Wirkung von Reiz- und Risikofaktoren auf den Sexsüchtigen:

„Stimmung und seelische Befindlichkeit des Süchtigen verändern sich, wenn er in den Zustand der Besessenheit eintritt. Die Stoffwechselveränderungen wirken wie ein Stromstoß. Das Adrenalin erhöht die Frequenz der autonomen Körperreaktionen. Das Herz beginnt schneller zu schlagen, wenn sich der Süchtige dem Objekt seiner Begierde nähert. Risiko, Gefahr, sogar Gewalt wirken hier stimulierend".

Die Sexualerfahrung wird in diesem Zustand „die Quelle des Bewußtseins, der Zielpunkt aller Energie und der Ursprung aller Erregung" (ebd., S. 44).

Die einzelnen Etappen im Kreislauf einer Sexsucht weisen folgendes Muster auf (ebd., S. 35 f):

„1. Besessenheit – die Stimmung, in der die Gedanken des Süchtigen vollkommen von sexuellen Vorstellungen beherrscht werden. Dieser mentale Zustand führt zu einem zwanghaften Verlangen nach sexueller Stimulation.

2. Rituale – jeder Süchtige hat seine speziellen, rituellen Verhaltensweisen, mit denen er das sexuelle Erlebnis vorbereitet. Die Rituale intensivieren den Zustand der Besessenheit und fügen ihm weitere Erregung hinzu.

3. Zwanghaftes sexuelles Verlangen – der eigentliche sexuelle Akt, das Ziel von Besessenheit und Ritual. Sexuell Süchtige sind unfähig, dieses Verhalten zu kontrollieren oder gar zu unterlassen.

4. Verzweiflung – das Gefühl der vollkommenen Hoffnungslosigkeit, das den Süchtigen im Zusammenhang mit seinem Verhalten und seiner Machtlosigkeit befällt. Das Gefühl des Schmerzes und der Verzweiflung, das den Süchtigen am Ende des Kreislaufs überkommt, kann am besten durch erneute Belebung des Zustands der Besessenheit überdeckt oder betäubt werden ...".

Sexualität wird schließlich zum zentralen Gegenstand der empfundenen Bedürfnisse und der Strebungen des Sexsüchtigen (ebd., S. 120).

Kontrastierend zum inneren Kontrollverlust zeigt sich ein starker Drang nach Kontrolle über Situationen und Menschen. Es geht vor allem darum, den >Nachschub< an Objekten für die sexuelle Befriedigung sicherzustellen:

Die „Stufen süchtigen Verhaltens reflektieren das Bedürfnis des Süchtigen, seinen Zugang zur sexuellen Befriedigung unter Kontrolle zu haben. Mit anderen Worten: Promiskuität, Besuch bei Prostituierten, Exhibitionismus, Voyeurismus, Inzest, Notzucht etc. haben miteinander gemeinsam, daß sie dazu dienen, den Nachschub an Objekten zur sexuellen Befriedigung zu sichern" (Carnes ebd., S. 121)[21].

Indem Kinder durch Inzest zu Objekten des „Nachschubs" werden, wird ein fataler Wiederholungsmechanismus in Gang gesetzt oder weitergetrieben. Carnes (1983, S. 82) bezeichnet den Mißbrauch an Kindern als einen der Hauptfaktoren „bei der Übertragung sexueller Zwanghaftigkeit und Süchtigkeit von einer Generation auf die nächste. Nirgends wird das deutlicher als in der Familie, in der inzestuöse Handlungen stattfinden".

Wie bereits ausgeführt, bringt sexueller Mißbrauch, und der Inzest insbesondere, einen Ansturm von unübersehbaren und unkontrollierbaren Affekten mit sich, sowohl beim Kind als auch beim Täter. Die Erfahrung ist für das betroffene Kind außerordentlich verwirrend und schmerzhaft und kann oftmals nicht in ihrer vollen Wucht im Bewußtsein gehalten werden. Überlebensstrategien werden notwendig, zu denen die Abspaltung vom Körper und den Gefühlen sowie die Verdrängung oder Uminterpretierung des Erlebten gehören. Das heißt, es werden die Grundlagen zu Wahrnehmungsstörungen und zu einer schizoiden Persönlichkeit gelegt, die suchtgefährdet ist. Das Suchtmittel soll die Gefühle abwehren bzw. narkotisieren und das Verdrängte daran hindern, ins Bewußtsein zu treten.

Häufig geht sexuelle Süchtigkeit – und damit sexueller Mißbrauch – mit weiteren zwanghaften Verhaltensstörungen einher (vgl. Larson 1986, S. 107; Marquit 1986, S. 129; Carnes 1983, S. 48). Das betrifft vor allem die Alkoholsucht.

Es ist anzunehmen, daß sexueller Mißbrauch an Kindern und Alkoholismus zwei verschiedene Symptome eines darunter liegenden gemeinsamen Problems sind, das dem Täter nicht bewußt ist oder mit dem er nicht umgehen kann (vgl. Groth 1989, S. 234; Carnes ebd., S. 48). Überdies kann der Alkoholkonsum dazu dienen, den Mißbrauch auszublenden oder in der Verdrängung zu halten (vgl. Holman 1986, S. 72, 104 ff).

Sexuelle Ausschreitungen gegenüber Kindern finden häufig unter Alkoholeinfluß statt. Folglich sind Kinder in Alkoholikerfamilien besonders gefährdet, Opfer sexueller Gewalt zu werden (vgl. Wirtz 1991, S. 184; Bertling 5/93, S. 14). Wut und Ärger schaffen sich unter Alkohol nicht selten in Gewaltbereitschaft ihre Bahn. Wie aufgezeigt, fließen bei körperlicher Mißhandlung eines Kindes zuweilen sexuelle Energien mit ein. Giddens (1993, S. 81) berichtet über eine sexsüchtige Frau, deren Alkoholiker-Vater im Rausch zu gewalttätigen Wutanfällen neigte und dann seine vier Töchter sexuell mißbrauchte.

Außerdem herrschen unter Alkohol verringerte Wahrnehmungs-, Urteils- und Empathiefähigkeit, und es werden kulturell bedingte Schutzmechanismen abgebaut oder aufgehoben. Unter Alkohol wird leicht die Schamgrenze verletzt. Ist die Mutter ebenfalls betrunken oder alkoholabhängig, dann wird auch sie in ihrer verantwortlichen Eltern- und Schutzfunktion ausfallen.

Eine weitere Parallele zwischen Alkoholismus und Inzest zeigt sich im Familiensystem. Das typische Verleugnungs-, Verdrängungs- und Verheimlichungssystem in Alkoholikerfamilien und die damit zusammenhängende verzerrte Realitätswahrnehmung und Grenzproblematik finden ihre Entsprechung in Inzestfamilien (vgl. Woititz 1993, S. 31). Innerhalb dieses Systems wird alles dafür getan, den Schein aufrechtzuerhalten, sowohl den Schein der Beziehung als auch den Schein einer intakten Familie. Das schließt, so Carnes (1983, S. 136), „... eine vollständige krankhafte Verleugnung der Wahrheit ein, um die man eigentlich sehr genau weiß".

5.5.2. Gesellschaftliche Bedingungen

Für Fromm (1986, S. 82) ist sexuelle Gier gleichzeitig Besitzgier und Kennzeichen der verbreiteten Haben-Orientierung. Sexbesessenheit gehört zu den Rätseln unserer westlichen Kultur. Außer dem Beispiel der römischen Gesellschaft ist sie bislang (soweit bekannt) ein einmaliges Phänomen in der Menschheitsgeschichte (vgl. May 1983, S. 185).

Chia (1985, S. 67) nimmt an, „der allgemeine Grad sexueller Stimulierung und Aktivität" liege heutzutage höher als früher. Sex ist zweifelsohne zu einer beherrschenden Macht (vgl. Giddens 1993, S. 191) oder gar zu einer Art „Götzendienst" geworden (vgl. Fromm 1980/1955, S. 245, 292). Das gilt vor allem für Männer. Rohr (1988, S. 29) ist überzeugt: „Nimm ihnen Geld, Sex und Macht und die meisten Männer dieser Erde haben keine Lebensmotivation mehr. Sie sind unfähig zu entscheiden, wie und wofür sie leben und wer sie wirklich sein wollen".

Daß Sexbesessenheit und Perversionen vor allem bei Männern anzutreffen sind, hängt neben individuellen Faktoren mit gesellschaftlich bedingten falschen Vorstellungen zusammen wie: Männer müßten Frauen erobern; Männer seien sexuell leicht verführbar; Männer seien ihren sexuellen Bedürfnissen gegenüber weitgehend machtlos (Carnes 1983, S. 155).

Valtin (1987, S. 64) meint dagegen, Sex-Besessenheit spiegele „zu einem Teil ein erlerntes kulturelles Muster ..., das Männern in unserer heutigen Gesellschaft als Ausdrucksmittel für ihre Gefühle von Zärtlichkeit, Wärme und Geborgenheit nur die Sexualität bereitstellt".

Die Unbewußtheit dessen, was hinter entfremdeter Sexualität und Sexsucht steckt, läßt die Sexualität als eine nicht zu bändigende Macht erscheinen. Das veranlaßt Keen (1985, S. 169) zu der Überlegung, eine Zeitlang freiwillig sexuell enthaltsam zu leben, „um herauszufinden, welche Leidenschaften wir haben, die nicht mit Sexualität zusammenhängen". Ähnlich hatte bereits D.H. Lawrence (1885 – 1930) (zit. nach Foucault 1991, S. 187) zur Reflexion aufgefordert:

> „Es hat so viel Aktivität in der Vergangenheit gegeben, insbesondere sexuelle Aktivität, eine so monotone und ermüdende Wiederholung ohne eine entsprechende Entwicklung im Denken und Verstehen. Gegenwärtig ist es unsere Aufgabe, die Sexualität zu verstehen. Heute ist das voll bewußte Verstehen des sexuellen Triebes wichtiger als der sexuelle Akt".

Sex-Süchtige weisen oft auf die Sex-Besessenheit unserer gesamten Kultur hin, die es ihnen schwermache, ihrer eigenen Obsession entgegenzuwirken (vgl. Carnes 1983, S. 154).

Die Medien haben einen wichtigen Anteil an der sexuellen Stimulierung der Gesamtbevölkerung. Sie heizen durch unterschwellige oder offene sexuelle Reize den Hunger nach sexuellem Kontakt an. Postman (1993, S. 155) ist der Ansicht, das Fernsehen erzeuge „in der gesamten Bevölkerung ständig ein hohes Maß an flanierender sexueller Energie". Hinzu kommen erlebnisorientierte Werbestrategien mit der Botschaft, sexuelle Betätigung und Bestätigung sei der Prüfstein für ein gutes Leben (ebd., S. 154). Wir merken gar nicht, meint Keen (1985, S. 21), „daß die Werbefritzen ständig ihre Hände auf unseren Genitalien haben".

Zudem wird die sexuelle Verfügbarkeit von Frauen und Mädchen suggeriert (vgl. Carnes 1983, S. 155, 224). Die Generationengrenzen verwischen sich, und nicht nur Frauen, nein auch Kinder, vor allem Mädchen, werden als verlockende und verbotene Sexobjekte porträtiert und vermarktet (vgl. Wyre und Swift 1991, S. 115).

Der weibliche Körper, so von Braun (1994, S. 11 f), sei vermehrt zu einem Objekt des Blicks geworden. Der Blick auf den entkleideten weiblichen Körper entkleide diesen seiner Gefährlichkeit, vor allem dann, wenn er durch mediale Vermittlung zwar Objekt, aber nicht sehendes Subjekt sein kann. Von Braun (ebd.) meint:

> „Die Technik selbst und mit ihr die Dominanz des Sehens über den Tastsinn impliziert die Herausbildung eines Eros, in dem es das sehende Subjekt und ein blindes Objekt der Betrachtung gibt ... Männlichkeit wird durch Sehen, Weiblichkeit durch Betrachtetwerden definiert".

Eine weitere Auswirkung sei in dem anscheinend wachsenden Bedürfnis zu sehen, Sexualität mit Gewalttätigkeit zu verbinden.

Die Verdinglichung der Sexualität in den Medien ist für Giddens (1993, S. 191) Kalkül und „ein Mittel, um die Masse der Bevölkerung von ihren wahren Bedürfnissen abzulenken". Mit der Ablenkung von den wahren Bedürfnissen werden die Ersatzbedürfnisse gestärkt und dadurch der Absatzmarkt für die Ersatzgüter garantiert.

5.5.3. Menschliche Sexualität

Sexualität ist ein Teilaspekt der Persönlichkeit. Daher spiegeln sich in den sexuellen Problemen die Störungen, die in der Persönlichkeit wurzeln (vgl. Fromm 1995, S. 122; Lowen 1980, S. 10). Für Freud (1905, S. 194) sind krankhafte Störungen im Geschlechtsleben der Ausdruck von Entwicklungshemmungen[23].

Nach Fromms (1977, S. 319) Überzeugung treten in der Sexualität die Charakterzüge eines Menschen noch klarer hervor als in anderen Sphären seines Verhaltens. Das bedeutet, daß die letzte Wahrheit, die allerletzte Evidenz des Menschen in seiner Sexualität liegen muß und Sex somit als Schlüssel gelten kann, um zu wissen, wer wir sind (vgl. Foucault „Sexualität und Wahrheit").

Auch Masters und Johnson (1990, S. 63 ff) meinen, der physiologische Prozeß in der Sexualität sei von der sexuellen Identität und der Gesamtpersönlichkeit eines Menschen nicht zu lösen. In ihrer „Physiologie der Sexualität" wollen sie Sexualität als ein mehrdimensionales Phänomen verstanden wissen, in das sowohl biologische, individuelle als auch kulturelle Gegebenheiten einfließen. Sie warnen vor der Versuchung, „menschliches Sexualverhalten als hormonbestimmt zu begreifen" (ebd., S. 91), und betonen, der Mensch sei nicht, wie das Tier, hormonellen Prozessen ausgeliefert. Die endokrinen Regulations- und Angleichungsprozesse ließen vielmehr einen auf Ausgleich angelegten Mechanismus erkennen (Masters und Johnson, ebd.). Außerdem sorgten beim Mann nächtliche Samenergüsse dafür, daß ein starkes sexuelles Erregungsniveau sich „auf völlig natürliche, reflexhafte Weise" lösen könne (ebd., S. 331). Masters und Johnson (ebd., S. 431) sind von der gesundheitlichen Unbedenklichkeit sexueller Enthaltsamkeit überzeugt und machen ferner deutlich: „Wenn die körperlichen sexuellen Spannungen ein kritisches Niveau erreichen, werden sie durch Orgasmus während des Schlafes entladen".

Maslow (1981, S. 150) geht auf eine weitere Facette des menschlichen Sexualverhaltens ein und belegt anhand von Tierbeispielen, daß „weiter oben auf der tierischen Skala ... Reflexe, Hormone und Instinkte immer weniger wichtige Determinanten [sind] und ... fortschreitend von Intelligenz, Lernen und sozialer Determination ersetzt" werden.

Grundlegend für den Stellenwert, den jemand sexueller Aktivität beimißt, ist das Selbstwertgefühl (ebd., S. 136 f; vgl. A. Mitscherlich 1992, S. 237). Klinische Erfahrungen zeigen, daß sexuelle Entbehrung im engeren Sinne pathogen erst dann wird,

„wenn sie der einzelne als Ablehnung durch das andere Geschlecht empfindet, als Minderwertigkeit, Wertlosigkeit, Mangel an Achtung, Isolierung oder andere Vereitelung der Grundbedürfnisse. Sexuelle Entbehrung kann relativ leicht von solchen Personen ertragen werden, für die sie keine solchen Implikationen hat" (Maslow ebd.).

Sexuelle Entbehrung wird demnach nur unter bestimmten Prämissen, die mit dem Selbstwertgefühl eines Menschen zu tun haben, zu einem schweren Problem. Hiermit wird die Ansicht von der Übermächtigkeit der Triebe bezweifelt, wie sie von Freud und Lorenz und – in modifizierter Form – auch von Plack (1991, S. 249 f) vertreten wird.

Die Triebe sind für Lorenz (1973, S. 55) so bestimmend, daß „Vernunft und Verantwortlichkeit" nur beim Gesunden ausreichten, „um seine Einordnung in die Kultursozietät leisten zu können". Auch Plack (1976, S. 169, 346 f) meint, der Mensch könne seine vitalen Antriebe – gemeint ist die Sexualität – kaum durch die Vernunft steuern, und Verzicht habe fatale Folgen. Jeder Triebverzicht, der in Sublimierung mündet, schiebe die Triebbefriedigung nur auf und verstärke die Triebspannung. Es komme zu einem schmerzhaften organischen Spannungszustand, der sich explosionsartig in Aggression entladen könne. Plack stellt also eine Verbindung zwischen Aggressionen und frustrierter Sexualität her und folgert:

> „Wenn heute doch als gesichert gelten darf, daß gerade sexuelle Frustration von klein auf jenes >Aggressionspotential< erst aufbaut, von dem einige sagen, es sei uns völlig angeboren, dann dürfte ein solches >Potential< bei optimal frustrationsfreier Erziehung als nennenswerte Kraft nicht entstehen" (ebd., S. 101).

Diese auf Reich zurückgehende Ansicht ist anzuzweifeln. Es gebe keine kulturanthropologischen Beweise, so Schmidbauer (1976, S. 205), „daß eine nicht-unterdrückte kindliche Sexualität in jedem Fall zu einer nicht-autoritären und nicht-aggressiven Persönlichkeit des Erwachsenen führt (wie Reich annahm)".

Ähnlich sieht Miller (1983, S. 381 f; vgl. Miller 1988, S. 65) nicht in Triebentbehrungen, sondern in schweren Traumatisierungen die Ursache von Neurosen:

> „Die Wahrheit ist, daß nicht Triebentbehrungen und -konflikte, sondern schwere narzißtische Traumatisierungen (wie Demütigungen, Kränkungen, sexueller Mißbrauch ...) gepaart mit der Notwendigkeit ihrer Verdrängung unsere heutigen Neurosen bewirken".

Plack (1976, S. 230) siedelt das Problem der sexuellen Frustration vor allem beim Mann an, der sexuell stärker reizbar sei als die Frau. Mit dieser Auffassung stellt er sich in die Tradition derer, die nicht die weibliche (wie noch z. Z. der Hexenprozesse), sondern die männliche Sexualität als übermächtig ansehen. Masters und Johnson (1990, S. 68) zufolge sind jedoch die sexuellen Reaktionen von Männern und Frauen im wesentlichen ähnlich. Die angeblich „höhere Sex-Kapazität" von Männern entlarven sie als Mythos (ebd., S. 87). Männer seien vielmehr in der Regel „der Fähigkeit ihrer weiblichen Partner zu wiederholter Sexualaktivität nicht gewachsen" (ebd., S. 88).

Ich-schwache Männer, deren Identität an ihre sexuellen Fähigkeiten gebunden ist, können durch die weibliche sexuelle Potenz besonders leicht verunsichert werden. In Sexualität mit einem Kind mögen sie dagegen eine Möglichkeit sehen, ihr Selbstwertgefühl zu stärken; denn ein Kind wird ihre sexuellen Fähigkeiten nicht in Frage stellen (vgl. Böhnisch und Winter 1993, S. 205 f; Bancroft 1985, S. 151; M. Hirsch 1987, S. 13).

Für die geschlechtliche Entwicklung und die sexuellen Bedürfnisse beider Geschlechter ist das Sexualhormon Testosteron zentral, besonders beim Mann (vgl. Masters und Johnson 1990, S. 57). Zwar gebe es, so Masters und Johnson (ebd., S. 92) unterschiedliche Sexualhormonspiegel, auch innerhalb der Geschlechter. Aber diese Unterschiede ließen keine Prognose auf „sexuelles Verhalten oder Interesse zu" (Masters und Johnson ebd.). Neuere Tests zeigen ebenfalls, daß sich „am allgemein vermuteten libidinösen Potential" des männlichen Sexualhormons Testosteron zweifeln läßt (Degen 2/92, S. 52)[22]. Nachweisbar ist allerdings, daß eine äußerliche Erregung, etwa ein Erotik- oder Pornofilm, den Testosteron-Spiegel deutlich ansteigen lassen kann (Degen ebd.). Das entspricht Puryears (1989) Überlegungen zu sexuellen Reaktionen: „Bedürfnismuster, Gedankenformen und bildliche Vorstellungen, mit denen sich das Denken beschäftigt, führen zu der biologischen Reaktion, die wir als biologischen Imperativ deuten" (ebd., S. 99). Es zeige sich, „daß das, worauf wir das Bewußtsein richten, die Auswahl und Deutung unserer Wahrnehmungen bestimmt und uns zu spezifischen Arten von Reaktionen veranlaßt" (ebd., S. 100; vgl. Wyre und Swift 1991, S. 44).

Charakteristische psychische und mentale Muster und ihre Ausrichtung beeinflussen demnach unsere biologischen Reaktionen maßgebend. Entscheidet sich jemand z. B. dafür, Pornokonsument zu werden, dann entscheidet er sich nicht nur für körperliche Reaktionen als Antwort auf massive sexuelle Reize. Er richtet vielmehr auch seine Wahrnehmung auf Sexualität, in der der personale Bezug fehlt und in der u. U. sadistische Motive einfließen oder Kinder zu Sexualobjekten herabgewürdigt werden.

Zur Frage eines von der Norm abweichenden Testosteron-Spiegels stellt sich die bisher ungeklärte Frage, ob er eher Auswirkung denn Ursache eines bestimmten Persönlichkeitsgefüges oder bestimmter Lebens- und Verhaltensweisen ist. An kreativen Versuchspersonen ist interessanterweise ein „androgyner" Testosteron-Spiegel nachweisbar. Das heißt, im Vergleich zu ihrer Geschlechtsnorm liegt bei kreativen Frauen ein erhöhter und bei kreativen Männern ein niedrigerer Testosteron-Wert vor (vgl. Degen 2/92, S. 52).

Die Bedeutung der Hormone, der Phantasie, der selektiven Wahrnehmung und des Selbstwertgefühls lassen darauf schließen, daß es keinen Anhaltspunkt für einen „biologischen Imperativ" (Puryear 1989, S. 99) und damit für den viel strapazierten sexuellen „Triebstau" gibt. Diese Schlußfolgerung wird durch M. Meads (1958, S. 164) ausgedehnte Untersuchungen bei Naturvölkern gestützt. Sie zeigen, daß kulturelle

Ausrichtungen das Sexualverhalten von Männern regulierend, formend und begrenzend festlegen.

5.5.3.1. Sexualität und Eros

„Eros", der geflügelte Gott der griechischen Mythologie, liebt „Psyche", und diese Geschlechterverbindung steht sinnbildhaft für die Einheit von Körper, Seele und Geist. In ihrer ursprünglichen Bedeutung ist sie nicht unbedingt sexuell (vgl. Keen 1985, S. 10). Keen betont die geistige Dimension des Eros. Darunter versteht er das Streben nach Vervollkommnung und die Kraft, „die jede Lebensform von einem Zustand bloßer Möglichkeit in die Wirklichkeit drängt" (ebd., S. 11).

Der Platonischen Vorstellung zufolge ist Eros die Sehnsucht nach der fehlenden Ergänzungshälfte (ebd., 10 f). Keen interpretiert dies nicht im Sinne des bürgerlichen Komplementaritätsgedankens. Vielmehr sei Eros „in der Platonischen Tradition ... ein Rückblick oder eine Wiedererinnerung des Selbst, ein Bemühen ... das Gesicht zu entdecken, das wir vor unserer Geburt hatten" (ebd., S. 40). Dies verweist auf die kosmische Dimension des Eros. Keen sagt: „Der Eros ist nur dann vollends engagiert, wenn wir den kosmischen Zusammenhang herstellen" (ebd., S. 255).

„Das Wesen des Eros" ist für Schellenbaum (1995, S. 98) „Einswerdung, und zwar in allen Bereichen, wo Menschen sich begegnen". Lowen (1980, S. 74, 81) verbindet den Einheits- und Ganzheitsgedanken mit der Biologie des Menschen. Die Erfahrung des Strömens, des Schmelzens und Verschmelzens im Geschlechtsakt bringe „uns zum Ursprung unseres Seins, zu der einzelnen Zelle zurück, aus der wir hervorgegangen sind ... Der ursprüngliche Zustand des Menschentieres ist Einheit". Über den biologischen Aspekt hinaus sei das Einheitsstreben „nicht nur ein Drang nach Nähe zu einem anderen Organismus, sondern auch ein Drang zur Vervollständigung des eigenen Selbst" (ebd., S. 113).

Eros als Verbindung zum eigenen und zum Selbst des anderen und darüber hinaus als Liebe zum Leben und zu allem Lebendingen wird von Wilber (1988, S. 179; vgl. Chia 1985, S. 100, 165) im weitesten Sinne als „ontologischer Hunger" verstanden. Wegen der blockierenden Ängste des Menschen werde dieser jedoch kaum gestillt. Statt dessen richte sich das Verlangen auf Ersatzbefriedigungen – bevorzugt auf Sexualität. Durch Ersatz werde das erotische Streben nach Einheit und Ganzheit aber nie zufriedengestellt. Ersatzstrebungen deuten auf die Entfremdung des Menschen von seinem Körper und seinen Gefühlen hin.

Keen (1985, S. 255) durchschaut, daß der Sexwahn mit der Verkümmerung des Eros und der Entfremdung des Menschen von sich selbst und von der Natur zusammenhängt und meint:

„Wir können uns nur dann von unserer Entfremdung gegenüber dem Körper und der Natur heilen, wenn wir die Krankheit der modernen Sexualität und die ökologische Krise als ein einziges Problem auffassen, das in einer erotischen Unordnung begründet ist".

In ähnlichem Sinne fordert Marcuse (1990, S. 207), die historisch bedingte „feindliche Trennung des körperlichen vom geistigen Teil des Organismus" müsse überwunden werden. Die Trennung ist vor allem auf die lange Tradition der kirchlichen Körperfeindlichkeit und, insbesondere seit dem 18. Jahrhundert, auf die Überwachung der kindlichen Sexualität zurückzuführen. Hinzu kommt – in Zusammenhang mit der Industrialisierung – die Vereinnahmung der Körper für Produktionsprozesse und Profitmaximierung.

Zudem wachsen namentlich Jungen in unserer Kultur – trotz des ins Auge fallenden Körper- und Fitneßkults – mit einer ausgesprochen leib- und gefühlsfeindlichen Erziehung auf. Im Jugend- und Erwachsenenalter sind sie mit der allgemeinen Gleichgültigkeit und Feindseligkeit gegenüber den authentischen Körperbedürfnissen konfrontiert und sehen sich andererseits einem starken sexuellen Leistungsdruck ausgesetzt (vgl. Herriger 1990, S. 51). Diese Widersprüchlichkeit trägt mit zu der suchthaften Suche nach entfremdeten, entpersonalisierten Sexualbegegnungen bei, in denen die Sexualität vom Eros abgekoppelt wird.

Freud hat die kulturell bedingte Unterdrückung des Eros mit Destruktivität in einen Zusammenhang gebracht (vgl. Marcuse 1990, S. 108). Marcuse (ebd., S. 137) greift diesen Gedanken auf und will eine direkte Linie von der „fortschreitenden Schwächung des Eros ... zum Anwachsen der Aggressivität und des Schuldgefühls" aufzeigen. Somit wird, anders als bei Reich oder Plack, zerstörerische Aggressivität auf die Unterdrückung des Eros und nicht auf die Unterdrückung der Sexualität bezogen.

Freuds Entdeckungen „der beinahe unbegrenzten erogenen Zonen" des kindlichen Körpers nimmt Marcuse als Ansatz, Eros „im Sinn des Lebenstriebes" (ebd., S. 29) und als „eine quantitative und qualitative Erweiterung der Sexualität" zu deuten (ebd., S. 203). Er wünscht und stellt sich eine Transformation der Libido vor, bei der die genitale Vorherrschaft zugunsten der Erotisierung des Gesamtkörpers und der Gesamtgesellschaft zurücktritt. Eine derart verwandelte Libido werde eine geringere Manifestation bloßer Sexualität nach sich ziehen (ebd., S. 199 f).

Wenn Marcuse in der polymorphen Sexualität der frühen Kindheit die wiederherzustellende Urstruktur der Libido entdeckt, dann geht es ihm nicht um einen regressiven Prozeß. Vielmehr möchte er im Sinne einer Transformation und Beseelung „das Primat der genitalen Funktion" brechen. Kurz: Es geht ihm um die „Umgestaltung der Sexualität in den Eros" (ebd., S. 202).

Giddens (1993, S. 218) schließt sich dem von Marcuse vorgegebenen Modell an und meint, Erotik könne, „befreit von jedem Machtungleichgewicht ... diejenigen ästhetischen Qualitäten gewinnen, von denen Marcuse spricht". Aus Giddens Aussagen geht hervor, daß ein auf Macht beruhendes Geschlechterverhältnis ein Feind des Eros ist. Mit der Verhinderung von Eros in der Sexualität schwindet nicht nur die geistige Dimension, es gehen auch die zärtlichen Elemente verloren. In diesen Verlusten steckt im Grunde die wahre Perversität. Parallel zur Verdrängung des Ganzheitsbildes von Eros und Psyche ist eine entschiedene Aufwertung des Sex zu beobachten. Dies und die zunehmende Durchsetzung der Sexualität mit entfremdeten und zerstörerischen Elementen sind weitere Anzeichen für die fortschreitende Pervertierung des Eros. Überdies wird Erotik in unserer Gesellschaft vermehrt durch Pornographie ersetzt (vgl. May 1983, S. 179). Pornographie, Perversität und Sexsucht sind Äußerungsformen entfremdeter Sexualität, in denen Gier, Reiz- und Risikosuche die Stelle der treibenden Kraft eingenommen hat, die eigentlich dem Eros zukommt.

5.5.3.2. Funktion und symbolischer Stellenwert der Sexualität

Wie erwähnt, können subjektiv empfundenen Wünschen nach sexueller Betätigung bestimmte Unlustgefühle sowie unbewußte nicht-sexuelle Bedürfnisse zugrunde liegen. Unter diesen Voraussetzungen ist Sexualität ein Abwehrmittel und Ersatzbedürfnis. Sexuelle Wünsche sind auch häufig mit der Suche nach Reizen und mit dem Wunsch verbunden, Langeweile zu vermeiden. Über den Reiz- und Ersatzaspekt der körperlichen Wollust schreibt Rilke (1989, S. 66) in einem Brief: „... schlecht ist, daß fast alle diese Erfahrung mißbrauchen und vergeuden und sie als Reiz an die müden Stellen ihres Lebens setzen und als Zerstreuung statt als Sammlung zu Höhepunkten".

Sexualität als Reiz und Zerstreuung fällt in die Kategorie der „Spiele", bei denen es um die Suche nach sensorischen, emotionellen oder sozialen Reizen und um die Vermeidung oder Aufhebung von Langeweile geht. Mit dieser Zielrichtung geht es bei einer sexuellen Begegnung nicht um die Nähe zum anderen Menschen, sondern um einen >Kick< (vgl. Schaef 1989, S. 37).

Der Gedanke an Nähe ist häufig von Angst bestimmt. Aktuelle Beziehungen rufen angstbesetzte Erfahrungen der Kindheit, etwa Verlustangst oder Übergriffe in den seelischen oder körperlichen Intimraum, in Erinnerung. Auf Angst vor Nähe und Intimität deutet es hin, wenn jemand episodische Sexualität ohne wirkliche Intimität, also entfremdete Sexualität, anstrebt (vgl. Giddens 1993, S. 160). In entfremdeter Sexualität, die Reizgenuß ohne zwischenmenschlichen Bezug zum Ziel hat, sieht May (1983, S. 186) eine Flucht und die Weigerung zu lieben.

Der defensive Aspekt entfremdeter, auf Reiz ausgerichteter Sexualität kann sich, neben der Angst vor Nähe, auch auf andere Ängste beziehen (vgl. Fromm 1995, S. 56; Chia 1985, S. 94, 319). Wie May (1983, S. 185; vgl. 25) erklärt, ist Sex

„ein wirksames Mittel gegen die Angst; die Nervenbahn, die die sexuelle Erregung weiterleitet, schaltet die Bahn für Angst aus. Es ist verständlich, daß wir angesichts der unzähligen beunruhigenden Probleme in unserer Gesellschaft, die wir nicht lösen können, unsere Aufmerksamkeit dem Sexuellen zuwenden".

Aliti (1991, S. 43) meint, hinter Ängsten stecke die Grundangst des Menschen, die Angst vor dem Tod. Sexuelle Gewalt sei eine Methode, um sowohl die Angst als auch die von ihr erzeugte Spannung zu lindern (ebd., S. 50).

Häufig geht es auch um Schmerzvermeidung. Carnes (1983, S. 75, 37; vgl. auch Miller 1983, S. 190) veranschaulicht am Beispiel einer sexuellen Perversion, daß „die Erregung während des tranceartigen Zustands ... den Zugang zu den wirklichen Gefühlen, auch denen des Schmerzes", blockiert. Daß es möglich ist, durch Sex Gefühle zu blockieren oder abzuwehren, wird von einer sexsüchtigen Frau bestätigt: „Normalerweise kann ich mit Sex alles andere in den Hintergrund drängen" (vgl. Giddens 1993, S. 80). Die Blockade ist jedoch kurzfristig, denn „Sex vermag, ebenso wie alle anderen Süchte auch, den Schmerz nur vorübergehend zu lindern" (Woititz 1993, S. 88). In der Funktion, Gefühle durch entfremdete Sexualität abzuwehren, sieht Carnes (1983, S. 75) den Schlüssel für die Eskalationsdynamik sexueller Süchtigkeit.

Entfremdete Sexualität treibt die weitere Entfremdung voran und führt zur Segmentierung der psychischen Kräfte (vgl. May 1983, S. 176 ff). May (ebd, S. 180) wählt den Vater der „Brüder Karamasoff" (Dostojewski) als Beispiel für Sexualität ohne Intimität, die im Endeffekt zum tödlichen Schaden dessen gerät, der sie vollzieht. (Der Vater Karamasoff hatte eine Schwachsinnige vergewaltigt. Aus der Gewalttat stammt ein Sohn, der als Erwachsener seinen Vater tötet).

Obwohl entfremdete schizoide Menschen oft Angst vor Nähe und wirklicher Intimität haben und ihre Gefühle blockieren, treten andererseits Sehnsüchte nach Nähe, Verschmelzung, Regression oder Auflösung der Ich-Grenzen auf. Sexualität erscheint dann als ein Mittel, das Vakuum an Mitmenschlichkeit und Wärme, das bei ihnen besonders groß ist, zu füllen (vgl. Lowen 1985. S. 17; Herriger 1990, S. 54). Der Versuch, das Verlangen nach Nähe und Wärme durch Sexualität zu befriedigen, symbolisiert im Grunde den Wunsch, wieder fühlen zu können, wieder lebendig zu werden (vgl. Lowen 1980, S. 103; Aliti 1991, S. 30).

Besonders Männer können Nähe häufig kaum anders als durch Sex herstellen (vgl. Wirtz 1991, S. 169). Woititz (1993, S. 88) vermittelt ihren sexsüchtigen Patienten/Patientinnen, daß es ein Trugschluß sei, den Mangel an wirklichem Bezug und Wärme durch Sex füllen zu können: „Da Sex die einzige Form von Zuneigung ist, die Sie verstehen, und da Sex Ihnen nicht die Nahrung gibt, die Sie brauchen, bleibt Ihr Hunger weiterhin bestehen, und Sie sind ständig auf der Suche nach Befriedigung".

Der symbolische Stellenwert von Sexualität kann sich auch auf Machtlosigkeit beziehen (vgl. Zukav 1990, S. 133 f). In Momenten der Unsicherheit, der Bedrohung oder

Machtlosigkeit wird eine sexuell süchtige Person eine sexuelle Anziehung zu jemandem fühlen. Die sexuelle Anziehung ist in diesem Fall ein Problem der Macht und zeigt an, daß nach Wegen gesucht wird, sich auf Kosten anderer zu stabilisieren und zu stärken. Zukav (ebd., S. 133) präzisiert:

> „Jemand, der sich im Zentrum seiner Macht befindet, kann nicht sexuell außer Kontrolle sein oder von einem sexuellen Energiestrom beherrscht werden. Beides gleichzeitig ist nicht möglich ... Das Auftreten von sexueller Abhängigkeit ist für den Betroffenen ein Signal für Machtlosigkeit ...".

Auf diesem Hintergrund beruht die Dynamik der Handlungswünsche einer sexsüchtigen Person weniger auf der physischen Anziehung als auf der Dynamik, die aus der Machtlosigkeit stammt. Für bestimmte Menschen, insbesondere Männer, denen authentische Macht und darüber hinaus Ehrfurcht und Empathievermögen fehlen, scheint die Sexualität mit einem Kind eine besonders einfache Möglichkeit darzustellen, wenn auch nur kurzfristig, Momente der Macht oder zumindest der Nicht-Ohnmacht zu erleben. Ein Kind läßt sich leicht instrumentalisieren, und mit einem Kind lassen sich eigene Vorstellungen besonders leicht inszenieren.

Der Machtlosigkeit des Sexsüchtigen sowie den nicht-sexuellen Leidenschaften, die subjektiv als sexuelle Wünsche empfunden werden (vgl. Fromm 1977, S. 94), unterliegen alte verdrängte und abgespaltene und daher unbekannte Gefühle und Bedürfnisse (vgl. Janov 1992, S. 56; Lowen 1980, S. 175; Gaylin 1987, S. 94). In defizitären Ehen werden diese besonders stark stimuliert. Die Ehen von Sexsüchtigen sind in der Regel ausgesprochen unbefriedigend und lassen vertrauensvolle und sensible partnerschaftliche Aspekte ebenso vermissen wie wirkliche Intimität und sexuelle Erfüllung (vgl. Carnes 1983, S. 18). Sexsüchtige halten an ihrer Ehe jedoch suchtartig fest und sind überzeugt, „das sexuell abweichende Verhalten werde andere Beziehungen, wie z. B. die eigene Ehe, schon nicht nachhaltig gefährden. Im Gegenteil ist es eine der gebräuchlichsten Rechtfertigungen für verheiratete Süchtige, wenn sie vorgeben, >es< zu tun, damit sie ihre Ehe ungestört weiterführen können" (Carnes ebd.).

Studien belegen, daß im Schnitt Männern die Sexualität wichtiger ist als Frauen (vgl. Böhnisch und Winter 1993, S. 192). Männern gehe es, so Böhnisch und Winter (ebd., S. 185; vgl. Lowen 1980, S. 240; Badinter 1993, S. 14), vor allem um die Bestätigung der Männlichkeit. Sie führen weiter aus:

> Sexualität ist gerade „für Männer mit geringem Selbst(wert)gefühl und einem schwachen Selbstbild – also für viele Männer – so wichtig ... Die hinter der Chiffre >Sexualität< verborgenen Wünsche bleiben dabei aber unbewußt, weil die sexuelle Symbolik dem Verstand unzugänglich ist" (Böhnisch und Winter ebd.).

Männer seien auf Sexualität >angewiesen<, weil sie eine Möglichkeit „der Bewältigung des Mannseins in der Externalisierung ihres fragilen männlichen Selbst" darstelle (ebd., S. 192).

Im Zuge des Beweiszwanges büßt der Penis seine Bedeutung als Organ der Lust ein und wird zu einem Werkzeug, das Männlichkeit bestätigen soll (Badinter 1993, S. 169). Rush (1991, S. 286) vermutet: „Für die unzähligen Machtlosen in dieser Welt mag das >Bett< die einzige Arena sein, wo man ein angeknackstes Ego wieder aufpäppeln, angekratztes Selbstwertgefühl aufpolieren und sich selbst etwas beweisen kann".

Der Drang und Zwang, das Selbstwertgefühl mittels Sex aufzuwerten, deutet auf ein schwaches Ich hin. Levold (1993, S. 391) meint, ein schwaches Ich oder „Not-Ich" werde in einer von Anfang an distanziert gehaltenen Beziehung die Sexualität abspalten und auf die Funktion der Selbstbestätigung reduzieren.

Der Wunsch nach Bestätigung der männlichen Geschlechtsidentität kann zu einem heiklen Unterfangen werden, da diese in hohem Maße an die sexuelle Potenz gebunden ist (vgl. M. Mead 1958, S. 239). Potenzängste sind nicht selten (vgl. Giddens 1993, S. 132). Einem Kind gegenüber sind sie aber eher unwahrscheinlich, und ein Kind kann den Mann in seiner Geschlechtsidentität nicht bedrohen. Das ist mit einer der Gründe, warum zahlreiche Kinder unsicheren und ängstlichen Männern als Sexualobjekte dienen müssen.

Männern ist nicht nur Sexualität wichtiger als Frauen. Auch unpersönliche Sexualität ohne Intimität, also entfremdete Sexualität, ist bei Männern stärker verbreitet als bei Frauen.

Belegt wird der Hang zu entfremdeter Sexualität durch den hohen Prozentsatz von Männern, die zu Prostituierten gehen. In Deutschland versorgen etwa 300.000 Prostituierte rund 1 Millionen Kunden pro Tag, die aus allen Schichten stammen („Wortwechsel", Radio Berlin vom 14.8.1999). Der wachsende Trend zur Pornographie und Kinderpornographie, der männliche Sextourismus in Fremdländer, bei dem auf Prostitution und, in bestimmten Fällen, auf Kinderprostitution gezielt wird, sind weitere Indikatoren für das männliche Interesse an unpersönlichem Sex.

Männliche Sexbesessenheit ist ein kulturelles Phänomen. Das beweist sich beispielsweise an der Tatsache, daß Prostitution in Afrika nicht zum einheimischen Kulturgut gehört. Sie wurde erst durch die Europäer während der Kolonialzeit eingeführt (vgl. Heine-Wiedenmann u.a. 1992, S. 31).

Wie die Studie zum Umfeld und Ausmaß des Menschenhandels mit ausländischen Mädchen und Frauen (ebd., S. 82) zeigt, dominiert im Sex-Tourismus der „genußorientierte oder >hedonistische< Sexkonsument", dem es, neben dem Reiz des sexuellen Konsums, vor allem darum geht, symbolisch Macht und Überlegenheit auszuüben.

Die auf sexuelle Aktivität gerichtete Suche nach Reizen, (um wieder zum Fühlen zu kommen), die Blockierung der Gefühle mittels Sexualität (um Angst und Schmerzen zu entgehen), sowie die Suche nach Ersatzbefriedigungen, zu denen das Macht- und Dominanzverlangen gehört, weisen darauf hin, daß im Grunde ein gefährdetes innerpsychisches Gleichgewicht stabilisiert werden soll.

Entsprechend wird sexuelle Entbehrung nur dann zu einem Problem, wenn entweder, wie erwähnt, das Selbstwertgefühl bedroht ist (vgl. Maslow 1981, S. 136 f), wenn es darum geht, bedrohliche aktuelle oder verdrängte Gefühle aus der Kinderzeit abzuwehren (vgl. Miller 1983, S. 381 f) oder wenn versucht wird, (unbewußte) authentische Bedürfnisse durch Sexualität zu befriedigen.

5.5.4. Pornographie

Parallel zur steigenden Entfremdung und zum wachsenden Einfluß der Medien in unserer Kultur hat der Umfang und die Verbreitung der Pornographie stark zugenommen. Das gilt insbesondere für die Kinderpornographie, die durch die Entwicklung im Internet einen kräftigen Schub bekommen hat.

Als Pornokonsumenten besonders stark vertreten sind Familienväter. Einer Studie zufolge stellen sie 85 % der Benutzer von Pornovideos im Internet-System der USA (vgl. S 2 Kultur vom 13.7.1995).

Böhnisch und Winter (1993, S. 193) führen die männliche Tendenz zur Pornographie auf die „Angst vor der sexuellen Unterlegenheit und Abhängigkeit gegenüber der Frau" zurück. Giddens (1993, S. 134) meint, die weibliche Sexualität werde durch pornographische Zeitschriften „neutralisiert und die Bedrohung durch Intimität weggewischt".

Wie in anderen Formen entfremdeter Sexualität liegt auch in der Pornographie die Tendenz zur Sucht, hauptsächlich darum, weil ihre Benutzung im Grunde unbefriedigt läßt (vgl. Böhnisch und Winter ebd., S. 194). Am Beispiel der Pornographie läßt sich besonders gut erhellen, wie entfremdete Sexualität wirkt. Khan (1983, S. 319) erklärt:

> „Ich bin der Meinung, daß die Pornographie ihre Komplizen, man kann sie nicht als Leser bezeichnen – nicht nur ihrem eigenen Selbst, sondern auch dem Anderen entfremdet. Das, was somatische Vorgänge als gemeinsame ekstatische Intimität maskieren, ist in Wirklichkeit eine sterile und verfremdete seelische Erfindung. Dieses Merkmal veranlaßte mich einmal zu der Feststellung, daß Pornographie ein Dieb der Träume sei. Sie bietet weder Raum für Träumereien noch für Objektbeziehungen".

Pornographie zielt auf intensiven, dabei aber gefühllosen Sex und ist eine Form der Verdinglichung durch Sex. Sie stützt sich auf die Gefühlsabspaltung des Mannes und verstärkt sie, indem sie die Körperfunktionen vom Personalen trennt und den Frauenkörper verobjektiviert. Wyre und Swift (1991, S. 115 f) meinen, in der Pornographie schlage sich das Klischee vom Mann als Jäger und der Frau als Beute nieder.

Pornographie baut ganz rational auf die Unterwerfungsphantasien von Männern. Daher geht es vor allem um die wiederholte Darstellung von Willigkeit und Fügsamkeit, deren Wichtigkeit für verschiedene Männer bereits hervorgehoben wurde.

Als eine Form entfremdeter Sexualität ist Pornographie nicht in erster Linie sexueller Natur, sondern Ausdruck von Gewalt und Zorn, die gegen den eigenen oder einen anderen Körper gerichtet sind (vgl. Khan 1983, S. 323). Infolgedessen wird die Pornographie vermehrt durch sadistische oder masochistische Inhalte bestimmt. Böhnisch und Winter (1993, S. 193) meinen, Pornographie diene der „>Kanalisierung< von Frauenhaß und Frauenangst".

Sexualforscher, Psychiater und Psychologen nehmen zwar den Ausdruck von Feindseligkeit in der Pornographie wahr, verharmlosen das Problem jedoch, indem sie den infantilen Phantasiecharakter der Pornographie betonen (vgl. Rush 1991, S. 250). Rush sagt (ebd.): „Sie ziehen es vor zu glauben, Pornographie diene zur gesunden Entladung, als ein Sicherheitsventil, das Feindseligkeit und Phantasien freisetzt und tatsächliche sexuelle Aggressionen eindämmt". Dieses Argument könne jedoch nicht greifen; denn:

> „Es haben schon so viele von denen, die hemmungslos sadistische Phantasien pflegen, diese auch tatsächlich ausgelebt und damit einen >starken Zusammenhang< zwischen ihrer Vorstellung und ihrem Verhalten bewiesen" (ebd., S. 251; vgl. Heilinger/Engelfried 1995, S. 51).

Für Wyre und Swift (1991, S. 114) ist es eine Tatsache,

> „daß viele Vergewaltiger und Kindesmißbraucher Pornographie einerseits als Stimulans für ihre regelmäßigen Überfälle und andererseits als Rechtfertigung benutzen. Für sie stellt Pornographie den Beweis dar, daß Frauen – und in geringerem Umfang auch Kinder – in unserer Gesellschaft vorwiegend als Sexualobjekte gelten".

Scully (1990, S. 155) findet insbesondere die in der Pornographie enthaltene Suggestion, Frauen würden aus einem sexuellen Gewaltakt Lust ziehen, bedenklich. Durch diese Art der Darstellung werde die Vergewaltigung trivialisiert, und Männer würden ermutigt, ihre Phantasien auszuagieren.

Richter (1986, S. 170) erkennt in der Pornographie ein „Krankheitssymptom ersten Ranges" und meint, Männer sollten „die Frauenproteste gegen den männlichen Sex- und Pornokult" als Chance betrachten, „die eigene Krankheit zu durchschauen, deren symptomatischer Ausdruck dieser Kult tatsächlich ist".

5.5.5. Perversionen

Dem allgemeinen Verständnis nach ist Perversion die „Abweichung vom Normalen, besonders in sexueller Hinsicht" (Knaurs Lexikon).

Die Bedeutung der „Abweichung vom Normalen" ist umstritten. Sowohl die psychoanalytische als auch die anthropologische Theorie der sexuellen Perversionen können das Phänomen nicht angemessen erfassen (vgl. Boss 1984, S. 17).

Vielen Heterosexuellen gilt vor allem die Homosexualität als Perversion. Dagegen wird in der medizinischen Literatur der Begriff >Perversion< kaum noch auf die gleichgeschlechtliche sexuelle Orientierung angewendet (vgl. Giddens 1993, S. 23). Giddens (ebd., S. 44 f) nimmt aufgrund der sich herauskristallisierenden Veränderungen in der sozialen Lebenswelt ein „Ende der Perversion" an. Die >normale Sexualität< sei „nur ein Typ von Lebensstilen unter vielen anderen" geworden (ebd., S. 194 f). Innerhalb des „sexuellen Pluralismus" vermöge nur wenig noch zu schockieren. Für viele Menschen wird stets die auf Kinder gerichtete sexuelle Orientierung schockierend bleiben.

Wegweisend bei neueren Diskussionen zur Perversion sollten Khans und Fromms Definitionsansätze sein. Khan (1983, S. 282) erklärt:

> „Die einen haben aus Verlangen sexuellen Verkehr, die anderen aus Absicht. Letzteres sind die Perversen. Laut Begriffsbestimmung schließt nämlich eine Absicht die Ausübung von Willen und Macht zur Erreichung ihrer Ziele mit ein, während die Befriedigung von Verlangen mit einem gegenseitigen Austausch verbunden ist".

Khan (ebd, S. 321) bezieht sich auf De Sade, der in >Die Philosophie im Boudoir< „nicht nur die omnipotente Rolle des Intellekts, sondern auch das Fehlen des Triebes bei derartigen somatischen Vorgängen" aufgezeigt hat.

Fromm hat die psychoanalytische Perversionslehre neu formuliert (Funk in Fromm 1995, S. 12). Für ihn ist echte Perversion destruktives Handeln, das durch den Wunsch zu verletzen oder zu beherrschen gelenkt wird und sich lebensfeindlich und negativ sowohl auf das Objekt als auch auf den Handelnden selbst auswirkt (vgl. Fromm 1995, S. 113 147 und 1977, S. 27, 319).

Fromms und Khans Auffassungen beinhalten die wichtigsten Kriterien für Perversionen, also das absichtsvoll Planhafte, den Macht- und Beherrschungsaspekt, Destruktivität und Lebensfeindlichkeit. Diese Phänomene treffen in besonderem Maße auf jede Form sexueller Gewalt gegen Kinder zu, sei es in der Kinderprostitution oder Kinderpornographie, sei es als Pädophilie, sexueller Mißbrauch oder Inzest. Hier kann nicht von „einem gegenseitigen Austausch" (Khan 1983, S. 282) die Rede sein; es fehlt der personale Bezug, und die andere Person verbleibt im Objektstatus. Sexuelle Gewalt gegen ein Kind ist demnach als Perversion zu bezeichnen (vgl. auch Blomkvist in Enders 1990, S. 10).

Aus Berichten von Beratungsstellen für mißbrauchte Kinder (z. B. Kobra, Stuttgart) geht zudem hervor, daß Kinder, neben sadistischen, auch anderen ausgesprochen abartigen sexuellen Handlungen ausgesetzt sind. Bereits Freud („Zur Ätiologie der Hysterie" in Masson, S. 309 f) wußte, daß Kindern „Surrogathandlungen" aufgezwungen werden und berichtet:

> „Die infantilen Sexualszenen sind ... arge Zumutungen für das Gefühl eines sexuell normalen Menschen; sie enthalten alle Ausschreitungen, die von Wüstlingen und Impotenten bekannt sind ... Von Personen, die keine Bedenken tragen, ihre sexuellen Bedürfnisse an Kindern zu befriedigen, kann man nicht erwarten, daß sie an Nuancen in der Weise dieser Befriedigung Anstoß nehmen ...".

5.5.5.1. Hintergründe und Erscheinungsbild

Weil alle Störungen in der Sexualität, also auch Perversionen, Teilaspekte der Persönlichkeit sind, dürfen sie nicht abgetrennt von ihr betrachtet werden (vgl. Fromm 1995, S. 122; Janov 1992/1975, S. 268; Lowen 1980, S. 10; Boss 1984, S. 170).

Khan (1983, S. 21 f) zufolge gründet die Perversionsbildung in einer „Pathologie des Ichs". Der Betreffende selbst mag seine Perversion nicht als etwas Krankes oder Fremdes empfinden. Seine Entfremdung, Abspaltung und Distanzierung hindern ihn daran (ebd., S. 172). Khan (ebd, S. 7) verweist auf Marx und Freud, die aus unterschiedlichen Blickwinkeln die Krankheit der westlichen jüdisch-christlichen Kultur diagnostiziert haben, Marx als Entfremdung des Menschen von der Gesellschaft, Freud als Entfremdung des Menschen von sich selbst. In der Entfremdung des Perversen sieht Kahn (ebd.) beides – sowohl die Entfremdung „von sich selbst als auch ... vom Objekt seines Verlangens".

Khan meint, Freuds ursprüngliche Theorie der sexuellen Übergriffe auf Kinder könne stichhaltig und „Ursache einer akuten Dissoziation im Ich" sein (ebd., S. 59). Er bezieht diese Vermutung jedoch nicht auf den Vater oder einen anderen Mann, sondern auf die leiblich-seelische Intimität zwischen Mutter und Kind. Indem Khan die Basis der Störungen in der Mutter-Kind-Beziehung annimmt, kommt der Anteil des Vaters oder anderer Männer bei der Entwicklung von Perversionen nicht in den Blick.

Obwohl Khans Erklärungsansatz – der auf seine Verwurzelung in klassischen psychoanalytischen Denkmodellen hinweist – unbefriedigend ist, sind seine Einblicke in das Störungsbild perverser Patienten sehr geeignet, zur Erhellung der Täterproblematik bei sexuellem Mißbrauch an Kindern beizutragen.

Khan entdeckt bei seinen perversen Patienten eine Ich-Verzerrung und „eine pseudopsychische Struktur" (ebd., S. 43). Diese kann „einerseits neurotische und psychotische Elemente umfassen ... und andererseits mit einem normalen Leben vereinbar sein" (ebd., S. 171).

Auch die Ich-Verzerrung und „pseudo-psychische Struktur" von Kindesmißbrauchern fällt in der Regel nicht auf. Das gilt insbesondere für Täter von Kernfamilien-Inzest. Im Gegenzug zu ihrem geheimen abartigen Handeln führen sie an der Oberfläche ein unauffälliges „normales" Leben. Miller (1988, S. 88) erläutert, warum das möglich ist:

„Ihre Perversion beschränkt sich oft ausschließlich auf die eigene Familie ... Da das eigene Kind als Eigentum gilt, kann jedes abartige, absurde, perverse Verhalten ungehindert das Leben anderer zerstören, ohne daß das jemandem auffällt".

Inzesttätern gelingt es auch darum, ein „normales" Leben zu führen, weil, wie erwähnt, das Ausagieren von Macht und Sex zur momentanen Stabilisierung eines fragilen seelischen Gleichgewichts beitragen kann. Weil er innerhalb der Familie immer wieder die Möglichkeit hat, das Kind zur Befriedigung seiner entfremdeten Wünsche zu benutzen, erhält sich der Perverse funktionstüchtig und dem Schein nach „normal".

Der Gefühlshaushalt des Perversen ist stark gestört. Von seinen Gefühlen ist er weitgehend entfremdet. Deshalb schafft er es nicht, mit einem Objekt in einen wirklichen Gefühlskontakt zu treten und versucht statt dessen, mit den Elementen „von Spiel, Täuschung, Omnipotenz und Manipulation" sein Gegenüber zu einer emotionalen Reaktion zu bringen (Khan 1983, S. 32).

Khan (ebd., S. 23) bezeichnet den Perversen als ein Mangelwesen, das mit Hilfe der „Technik der Intimität" Erregungsabfuhr und Ich-Befriedigung anstrebt. Darüber hinaus sei die zwanghafte Triebabfuhr ein Kommunikations- und Austauschversuch durch und über den Körper. Hier deutet sich an, daß es dem Perversen auch um einen Heilungsversuch geht. Dieser zielt letztlich darauf, wieder zum Fühlen zu kommen.

Der Perverse sehnt sich nach wirklicher Intimität. Er kann sie aber nicht erleben, da seine „abgespaltene, dissoziierte manipulative Ich-Kontrolle der Situation" sowie seine Hingabeängste ihn daran hindern (ebd., S. 26). Das Ausbleiben wirklicher Intimität und erhoffter Ich-Befriedigung wird „durch die Idealisierung der Prozesse der Triebabfuhr" kompensiert (ebd., S. 28). Weil das Gefühl der Leere jedoch nur zeitweilig überwunden wird (Khan ebd.), setzt sich der Wiederholungskreislauf erneut fort (ebd., S. 26).

Um Einblick in das Problem sexueller Perversionen zu bekommen, muß auch kurz auf das Moment der Distanzierung eingegangen werden. Der Perverse versucht, eine „unpersönliche Haltung gegenüber dem Begehren und dem Objekt (eigener Körper oder der des anderen) aufrechtzuerhalten" (ebd., S. 289). Zu den Maßnahmen, sich von sich selbst und dem Objekt seiner Strebungen zu distanzieren, gehört außerdem die Abspaltung der perversen sexuellen Aktivität zugunsten von Über-Ich-Forderungen (ebd., S. 68). Das heißt, sexueller Mißbrauch an Kindern als eine Form von Perversion beruht nicht nur auf Spaltungsprozessen, sondern vergrößert den Bestand an abgespaltenem Material und verstärkt die Entfremdung des Täters.

Ein weiteres Distanzierungsmoment ist der große Aufwand, den der Perverse für das Genießen seiner Zwangshandlungen betreibt. In Kontrast zu seiner mangelnden Gefühlsfähigkeit zeigt er großes Talent, Scheinsituationen zu schaffen und mit spielerischen Elementen eine besonders emotionale Atmosphäre herzustellen (ebd., S. 34, 25).

5.5.5.2. „Reparativer Trieb"

Für das Verständnis perverser Sexualität ist, Khan (1983, S. 22) zufolge, der „reparative Trieb" von besonderer Bedeutung.

Die innere Welt des Perversen wird als äußerst verzweifelt geschildert (ebd., S. 31 ff, 43, 67). Seinen eigenen reparativen Fähigkeiten steht er hoffnungslos gegenüber. Daher ist er auf der Suche nach einem Objekt, das ihm mittels perverser Sexualität hilft, inneren Konflikten und Spannungen auszuweichen, die Störungen in der Persönlichkeit aufzuheben und zu einer echten Ich-Integration zu kommen (ebd., S. 43, 67). Folglich wird auf den „Heilmittelcharakter" der Sexualität gezielt.

Die Inszenierung der perversen Handlungen wird von der rationalen Beherrschung der Triebkräfte und des Objektes bestimmt. Mit Hilfe von Kontrolle und Beherrschung will das Ich der passiven Hingabe und einer drohenden Auflösung und Desintegration entgegenwirken.

Durch Beherrschung der anderen Person und durch Projektionen auf sie entgeht der Perverse, zumindest kurzfristig, seiner Einsamkeit, Ohnmacht und Hoffnungslosigkeit. Während er sich seine Handlungsfähigkeit bewahrt, schädigt er das Objekt seiner Projektionen und Machtausübung oft schwer. Das gilt besonders dann, wenn der Perverse ein Kind zum Opfer seiner Strategien macht. Die Verlagerung eigener innerpsychischer Bedrohungen auf andere ist, wie ausgeführt, ein interpersonaler Abwehrmechanismus im Sinne Laings.

Bei bestimmten perversen Patienten stellt die sexuelle Abfuhr, so Khan (ebd., S. 14), „eine Schutzfunktion gegen Angstzustände dar". Es handle sich vor allem um paranoide und um Kastrationsängste, die mit der Empfindung einer akuten Persönlichkeitsspaltung einhergingen. Dieser Komplex dränge zu primitiven Körpererfahrungen und zu impulsivem, zwanghaftem sexuellen Agieren. Beim Ausagieren des reparativen Triebes mittels Sex komme es zur

> „Mobilisierung archaischer psychischer Prozesse ... in der Hoffnung, das Ich zu befreien und zu erweitern und ihm zu Unabhängigkeit und Kohärenz zu verhelfen. Gleichzeitig soll dadurch ein Gefühl der Identität entwickelt werden" (ebd., S. 22).

Der kontraphobische Mechanismus des Agierens erlaube dem Perversen, „aus seiner erstarrten inneren Welt mit ihren pathologischen Elternbeziehungen und archaischen Identifikationen" zu fliehen (ebd., S. 34). Unter Berufung auf Winnicott zeigt Khan (S. 34 f), daß es dem Perversen durch das Agieren gelingt, „den totalen Zusammenbruch seines Ichs und die irreversible Regression in die Psychose zu verhindern".

Khan (ebd., S. 31 ff) stellt die Frage, warum der reparative Trieb des Perversen sich in die Sexualität und nicht in ein anderes Ausdrucksmittel kanalisiert. Seinen klinischen Erfahrungen nach fallen Perverse keineswegs durch einen besonders starken natürlichen Sexualtrieb auf. Vielmehr werde alles rational ausgedacht, und dann erst würden die Sexualfunktionen im Sinne der zuvor geplanten Programme ausgebeutet.

Wenn gefragt wird, warum der reparative Trieb sich gerade auf zwanghafte perverse Sexualität richtet, dann muß unbedingt die Möglichkeit in Erwägung gezogen werden, daß der Erwachsene das ausagiert, was ihm oder einem Geschwisterkind in der Kindheit angetan worden ist. Ferner sind gesellschaftliche Faktoren zu berücksichtigen, vor allem die verbreitete Auffassung vom „Heilmittelcharakter" der Sexualität.

Khan und Boss machen wiederholt auf die Hilflosigkeit der Fachwelt gegenüber den Phänomenen, den möglichen Hintergrundsbedingungen sowie den therapeutischen Schwierigkeiten bei sexuellen Perversionen aufmerksam. Solange jedoch das Konglomerat von Wut und Haß, von Ich-Schwäche und Reifestörungen weiterhin lediglich mit dem Versagen von Müttern und der Abwesenheit von Vätern erklärt wird und gesellschaftliche Hintergründe sowie die Möglichkeit der aktiven Schädigung durch den Vater oder eine andere männliche Person im Umkreis des Kindes nicht in den Blick geraten, müssen alle Deutungsansätze zu kurz greifen.

6. Zusammenfassung

Mit Unterstützung des patriarchalisch fundierten Kernfamilienkomplexes wird unsere Gesellschaft – insbesondere seit der Industrialisierung – von der Verdinglichung des Menschen, der Haben-Ausrichtung und von Streß bestimmt. Auf dem Hintergrund wachsender Entfremdung entwickeln viele Menschen Strategien der Entlastung und Kompensation. Im Zuge dieser verbreiteten Selbststabilisierungsmaßnahmen werden viele Kinder zutiefst geschädigt, nicht selten durch sexuelle Übergriffe. Um die schweren Traumen zu bewältigen, spalten sie ihren Körper und die Gefühle ab. Hilft dieser Vorgang zum einen, überleben zu können, so führt er andererseits zur Entfremdung. Er erzeugt die schizoide Störung, Ich-Schwäche und Autonomiemangel und verhindert ferner, daß wirkliche Lust erlebbar wird. Die genannten Defizite sind wegen der spezifischen männlichen Sozialisierung in einem patriarchalischen Kontext bei Jungen und Männern besonders ausgeprägt. Das ist ein Erklärungsansatz für ihre größere Neigung zu sexueller Süchtigkeit, sexueller Gewalt und sexuellen Perversionen. Diese Erscheinungsformen entfremdeter Sexualität zielen im Grunde auf Gefühlsabwehr, die Befriedigung unbewußter Bedürfnisse und auf die Heilung der zugrunde liegenden schizoiden Störung.

Wenn „Mangel an altersgemäßer Geborgenheit in der frühesten Kindheit die Kurzformel für die Entwicklung schizoider Persönlichkeitsstrukturen" (Riemann 1981, S. 41) und Sucht eine „Selbstbetäubung zur Überdeckung einer trostlosen Ungeborgenheit und eines existentiellen Verlorenheitsgefühls" ist (Richter 1986, S. 202), dann zeigt die weite Verbreitung der schizoiden Störung und der Suchtgefährdung, daß Kinder in unserer Gesellschaft außerordentlich ungeborgen und gefährdet aufwachsen. Es zeigt sich ferner, daß die reduzierte und reduzierende patriarchalische Kernfamilie der Ort ist, der im Wiederholungsmechanismus kontinuierlich entfremdete, ich-schwache schizoide Menschen in die Gesellschaft einbringt und damit für eine Spirale der Entfremdung, Regressivität und Suchtgefährdung sorgt (vgl. Lowen 1985, S. 13).

Die historischen Grundlagen und die Wechselwirkung zwischen individueller Entfremdung und kollektiven Entfremdungsprozessen sollen im Brennpunkt des folgenden Teils stehen.

TEIL III

PRÄHISTORISCHE, HISTORISCHE UND SOZIALPSYCHOLOGISCHE BEDINGUNGEN DES INZESTS

Das Inzestverbot gilt als ein wichtiger Eckpfeiler der familialen und gesellschaftlichen Ordnung und letztlich der gesamten Zivilisation (vgl. Horkheimer 1966, S. 211; Vasse 1973, S. 169). Nach Ansicht der Kulturanthropologie unterliegt Inzest einem Tabu, weil er die Familie zerstören würde (vgl. Rijnaarts 1991, S. 156).

Wie bereits erwähnt, legen neuere Erkenntnisse jedoch die Vermutung nahe, daß es häufig umgekehrt ist und der Inzest – als eine Form des Ehebruchs – eine unbefriedigende Ehe kompensieren und entlasten und somit den Familienzusammenhalt festigen kann. Inzestfamilien wirken in der Tat zumeist beständig und unauffällig. Sie verkörpern den Prototyp der patriarchalisch bestimmten, bürgerlich-christlichen Familie. Im Binnenraum herrschen starre Regelbildung, strikte Rollenaufteilung zwischen den Geschlechtern, Macht-/Ohnmachts-Strukturen und starke Abhängigkeiten. Während interne Grenzverletzungen an der Tagesordnung sind, wird die Familie nach außen betont abgegrenzt und abgeschirmt, damit die innerfamilialen Vergehen im Dunkeln bleiben.

Ein Indiz dafür, daß der Inzest nicht nur zur Stabilisierung von Ehe und Familie, sondern letztlich des gesamten patriarchalischen Systems beiträgt, ist die Prostitution. Zahlreiche Prostituierte sind als Kinder inzestuös mißbraucht worden und hatten als Sexualobjekte die Aufgabe, Ehe und Familie zu festigen. Als Prostituierte stehen sie weiterhin im Dienste dieser Funktion. Die meisten ihrer Kunden sind verheiratet. Dies läßt einen auf Reproduktion hinauslaufenden Mechanismus erkennen, der die Machtverhältnisse im Patriarchat sichert. Da vor allem Mädchen sexuell mißbraucht werden, schafft sich die patriarchalische Gesellschaft ein Reservoir an Mädchen und Frauen mit beschädigtem Selbstwertgefühl, die gelernt haben, sich im Sinne der bestehenden Machtverhältnisse kontrollieren, verdinglichen und instrumentalisieren zu lassen. Ein Teil dieser ausgebeuteten Menschen geht in die Prostitution und setzt das Kindheitsmuster, durch sexuelle Dienste Ehe und Familien zu stabilisieren, fort. Darüber hinaus spielten Prostituierte stets eine die Gesamtgesellschaft entlastende Sündenbockrolle. Ihre Kunden, die „ehrbaren" Bürger, und deren „anständige" Ehefrauen konnten in der Öffentlichkeit auf die Außenseiterin, die „Käufliche", herabse-hen und sie zur Projektionsfläche ihrer seelischen und sexuellen Verbiegungen machen.

Die Frage, wie sexuelle Gewalt an Kindern als Massenphänomen entstehen und weitgehend im Verborgenen bleiben konnte, ist nur zu beantworten, wenn die patriarchalische Struktur von Familie und Gesellschaft, der Mythos, den „Familie" umgibt, sowie die Quelle der Macht in Augenschein genommen wird, die dem Mann seit Beginn des

Patriarchats traditionell zusteht. Ferner müssen das Bedingungsgefüge und der situative Kontext untersucht werden, die dieser Macht gewähren, in grob zerstörerischer Weise – und dabei weitgehend unbehelligt – hilflose Mitmenschen zu Opfern zu machen. Selbst da, wo die sexuellen Übergriffe auf das Kind nicht durch direkte Familienmitglieder stattfinden, spielt Familie d i e entscheidende Rolle. Sie ist der prägende Lebens- und Lernraum der Kindheit. Das Kind lernt am Modell des Vaters und der Mutter, wie man mit anderen umgeht. Geschieht dies respektvoll, oder wird die andere Person in aller Heimlichkeit auf das Niveau einer Beute herabgewürdigt?

Zu den Erfahrungen und Lernprozessen vieler Kinder gehört, daß Konflikte durch Gewalt gelöst und im Geheimen ungestraft sexuelle Handlungen an ihnen vollzogen werden können. Vor allem Jungen und Männer tendieren dazu, das hilflos Erlittene mittels gewalttätiger Übergriffe an Schwächere weiterzugeben. Begünstigt wird dieser Wiederholungs- und Verlagerungsmechanismus durch die sozialen Macht- und Unterordnungsstrukturen im Patriarchat, die Ausbeutung erst ermöglichen. Teil dieser Strukturen ist die dominante Stellung des Hausvaters.

Mit dem Bürgertum kommt etwas Entscheidendes hinzu: die Abschottung und Isolierung der Familie. Sie sind für die Geheimhaltung innerfamiliärer Vergehen, wie Gewalt und Inzest, zentral.

In der Menschheitsgeschichte hat es verschiedenartige Gemeinschaftsmodelle gegeben, und es gibt sie immer noch (vgl. Malinowski 1975/1944, S. 31; Rerrich 1988, S. 21, 29 f). Sie belegen, daß nicht biologische Gründe die Paarbildung und die Aufzucht der Kinder regeln und das Bild von der „richtigen" Familie aktivieren und es zum Sehnsuchtsträger machen. Weder die traditionelle Familienform noch die Familiensehnsucht sind Naturkonstanten. Sie sind „etwas historisch Gewordenes" (Heinsohn und Steiger 1990, S. 209). Auch die allgemein gültigen Vorstellungen von Vater und Mutter sind „keine archaischen, ursprünglichen Bilder", vielmehr ethnologisch und historisch bestimmt; sie haben sich erst mit dem Bürgertum und der bürgerlichen Familie ausgeformt (Levend 1992, S. 29; vgl. auch Gamm 1965, S. 60), die im Laufe der Zeit Leitbildcharakter für alle Gesellschaftsschichten gewann.

Die Herrschenden in Kirche und Staat zeigten stets größtes Interesse für diesen Ort der Reproduktion, weil hier nicht nur die zukünftigen Staats- oder Kirchenmitglieder geboren, sondern auch funktional auf die bestehenden sozialen Machtverhältnisse hin erzogen werden.

Entsprechend ist die Familie in Deutschland unter den besonderen Schutz des Grundgesetzes (Artikel 6) gestellt worden.

Die Geschichte der Menschheit ist, ebenso wie die individuelle Geschichte eines Menschen, neben historischen Motiven auch an prähistorische, also archaische Motive, gebunden. Diese Bindung ist besonders intensiv, weil sie weitgehend abgespalten und daher unbewußt ist. Die individuelle und die kollektive Geschichte werden weniger vom Offensichtlichen als von dem Unbewußten bestimmt, das im Verborgenen ein Schattendasein führt. Die Erklärungsversuche zur Entstehung sexueller Gewalt und ihrer Geheimhaltung wären unvollständig, wenn neben den individuellen, familialen und gesellschaftlichen nicht auch die im Schattenbereich liegenden archaischen Hintergründe untersucht würden.

1. Vorrationale Bewußtseinsstrukturen – das Archaische

In jedem Menschen schlummern, verborgen und geheimnisvoll, archaische Bewußtseinsschichten (vgl. hierzu insbesondere Gebser 1970, 1974, 1987 und Wilber 1988, 1995). Sie gehen zum einen auf die früheste Entwicklungsgeschichte des Individuums zurück. Zum anderen sind sie an die graue Vorzeit, an die rätselhaften und weitgehend im Dunkeln liegenden Ursprünge der Menschheit gebunden. Freud hat darauf hingewiesen, wie stark der Mensch nicht nur von seiner individuellen archaischen Vergangenheit, sondern auch vom Fortleben der kollektiven „archaischen Erbschaft" beeinflußt wird (vgl. Marcuse 1990, S. 63). Er hatte entdeckt, „daß die ausschlaggebenden Kindheitserlebnisse mit den Erfahrungen der Spezies in Zusammenhang stehen – daß der Einzelne das allgemeine Schicksal der Menschheit lebt" (ebd., S. 61). Dies deutet auf die Parallele zwischen Ontogenese und Phylogenese hin[1].

Für unsere Fragestellungen hat die Parallele zwischen der individuellen und kollektiven Bewußtseinsentwicklung besonderes Gewicht. Bei sexuellem Mißbrauch an Kindern wirken unbewußt sowohl individuelle als auch kollektive archaische Bewußtseinsstrukturen. In den Diskussionen zu sexueller Gewalt haben sie bisher kaum Beachtung gefunden, obwohl sie für jede Form von Gewalt und entfremdeter Sexualität von ausschlaggebender Bedeutung sind.

Die Bewußtseinsentwicklung der Menschheit soll vorrangig mit Hilfe der Erkenntnisse von Gebser und Wilber nachgezeichnet werden. Beide verfolgen die Linie, die sich von prärationalen – das sind zunächst die archaischen im engeren Sinne, dann die magischen und mythischen – hin zu rationalen Bewußtseinsstrukturen zieht. Ihnen geht es weniger um bestimmte archaische oder historische Lebensvollzüge als um die Evolution des Bewußtseins in den verschiedenen Zeitaltern.

Legen wir die Parallele von Phylogenese und Ontogenese zugrunde, dann entsprechen Welt und Struktur des archaischen und magischen Menschen denen des Säuglings- und Kleinkindalters. Sie sind dunkel und undurchsichtig. Es existiert noch kein rationales Denken und keine Ich-Empfindung. Der Mensch wird vom primären Narzißmus bestimmt (vgl. Marcuse 1990, S. 226) und ist noch ganz und gar mit dem mütterlichen Bereich verschmolzen (vgl. Gebser 1987, S. 16 ff).

Fromm (1983, S. 129) hat sich intensiv mit dem Phänomen der narzistisch-inzestuösen Mutterbindung auseinandergesetzt, die seinem Verständnis nach nicht sexuell bestimmt ist. Die ihr zugrunde liegenden Tiefenstrukturen weisen über die individuelle Mutter hinaus auf

> „die tiefste Bindung, die es für einen Menschen gibt, nämlich die Sehnsucht nach einer außerordentlichen Figur, nach einer Göttin, die den Menschen die Verantwortung abnimmt, das Risiko des Lebens, ja sogar die Angst vor dem Tod, und die ihn birgt in einer Art von Paradies, für die der Mensch allerdings bezahlt mit seiner Abhängigkeit von der Mutter, mit seinem nicht ganz Er-selbst-Werden."

Hier wird die Repräsentanz des Weiblichen in der Transzendenz und das Mütterlich-Weibliche in der Natur angesprochen. Als >Große Göttin< und >Große Mutter< waren sie beherrschende Kräfte im Leben des vorpatriarchalischen – archaischen – Menschen. Im Patriarchat nehmen sie weiterhin, wenn auch zumeist unterhalb der Bewußtseinsschwelle, Einfluß. Die unbewußte Bindung an diese archaischen Bereiche blockiert, Fromm hat es verdeutlicht, die Entwicklung des Menschen.

Das Dunkle und Unheimliche der kollektiven archaischen Welt stellt unser aller Erbe dar. Es ist aber nicht nur weitgehend abgespalten, sondern auch tabuisiert. Marcuse (1990, S. 63) zufolge ist keine andere Theorie Freuds mehr bekämpft worden als die der „archaischen Erbschaft" in jedem von uns.

Verhängnisvoll ist nicht, daß in jeder menschlichen Seele die uralte Geschichte der Menschheitsentwicklung nistet, verhängnisvoll ist die Verdrängung und Verleugnung dieser Tatsache. Damit berauben „wir uns der Kenntnis unserer Wurzeln, der Kenntnis jener Lebensvorgänge und Reaktionen, die uns durch den ganzen Tag hindurch begleiten" (Gebser 1974, S. 18; vgl. Gebser 1987, S. 19).

Auch die persönliche Geschichte ist zum Großteil nicht bewußt. Ihre Unbewußtheit ist in erheblichem Maße auf schwere Traumatisierungen in der frühen Kindheit zurückzuführen, die verdrängt worden sind. Hinzu kommen Abspaltungen infolge der noch näher zu erörternden gesellschaftlichen Konditionierung. Ein Beispiel ist die unterschiedliche Sozialisation der Geschlechter in einem patriarchalischen Kontext. Hier werden sie auf geschlechtsspezifisches Verhalten konditioniert. Dazu gehört, daß Jungen und Männer die als weiblich geltenden und Mädchen und Frauen die als männlich geltenden Persönlichkeitsanteile abspalten. Verdrängung und Abspaltung entfremden den Menschen von seiner Lebensgeschichte, von seinen Gefühlen und inneren Kräften. Außerdem entsteht ein Schattenbereich, ein Ort der >geheimen Persönlichkeit<. Hier mischen und durchsetzen sich auf höchst brisante und explosive Weise die unbewußten individuellen und archaischen Kräfte (vgl. Wilber 1988, S. 314 ff).

Das Ego vieler Personen ist in eine akzeptable Person und eine abgespaltene Schatten-Persona aufgespalten. Daraus entsteht eine Art Versteckspiel vor sich selbst und anderen. Bei diesen Menschen dreht sich alles um die äußere Fassade oder Maske. Im Bemühen um Anpassung und Anerkennung entfremden sie sich in steigendem Maße von sich selbst. Das trägt zur Verfälschung ihrer und letztlich unser aller Wirklichkeit bei. Versteckspiel und Entfremdung hindern das Individuum, sich selbst zu erkennen und Selbstachtung zu entwickeln. Infolge seiner geringen Selbstachtung ist es stark auf die Wertschätzung, Bestätigung und Bewunderung durch andere angewiesen und von ihnen abhängig.

Bei Kindesmißbrauchern ist dies in ausgeprägtem Maße der Fall. Sie sind abgespalten, entfremdet und verfälschen ihre eigene Wirklichkeit und die der anderen ständig. Ihre inneren Defizite und ihr mangelndes Selbstgefühl und Selbstwertgefühl versuchen sie, durch entfremdete Sexualität und Macht über ein Kind zu kompensieren. Während sie das Kind sexuell überwältigen, werden sie, auf der Basis ihrer grundlegenden Ich-Schwäche und Ohnmacht, unbewußt auch von kollektiven prärationalen (oder irrationalen) Kräften beherrscht. Das verstärkt ihre Entfremdung und die Tendenz zur Sucht.

Daß individuelle Verdrängungen und Abspaltungen die Persönlichkeitsentwicklung behindern, läßt sich am Beispiel der magischen Phase in der frühen Kindheit veranschaulichen.

Vorauszuschicken ist die Erkenntnis der Entwicklungspsychologie, wie wichtig es für die seelische Gesundheit ist, beim Wechsel auf eine nächst höhere Entwicklungsebene die vorhergehende Ebene nicht nur zu transzendieren, sondern gleichzeitig auch mitzunehmen und einzubinden (vgl. Wilber 1995, S. 180). Freud hatte gewisse krankhafte Symptome auf mangelnde Integration vergangener Entwicklungsstufen zurückgeführt und festgestellt, daß die krankhaften Symptome in ihrer Struktur den Strukturen entsprechen, die zu der nicht-integrierten Entwicklungsstufe gehören (vgl. Wilber, 1988, S. 105). Wird ein Kind etwa in der magischen Phase seiner Entwicklung schwer traumatisiert, dann verdrängt es nicht nur dieses Trauma, sondern auch den magischen Bereich. Folglich wird es auf diesen Bereich fixiert und in der Tiefe an kindlicher Magie festhalten. Wilber (ebd., S. 104) zufolge bricht das nicht überwundene, in der Verbannung lebende Magische „heute in Form neurotischer Symptome und gefühlsmäßiger Besessenheit an die Oberfläche – es sind konfliktgeladene Zwangsideen, hinter denen sich der ... Wunsch nach emotional-sexuellen Impulsen und Befriedigungen verbirgt".

Wie erwähnt, versucht eine Reihe von überführten Kindesmißbrauchern, sich mit ihrer angeblichen Triebstärke zu verteidigen. Diese mache es ihnen schwer, ihre sexuellen Impulse zu kontrollieren. Das Grundproblem von Sexualstraftätern und Sexsüchtigen liegt jedoch nicht in einem übermäßig ausgeprägten „unkontrollierbaren" Sexualtrieb, vielmehr in ihrer Entfremdung und Ich-Schwäche. Aufgrund von Verdrängungen sind sie ihren wirklichen Bedürfnissen entfremdet, werden von Ersatzbedürfnissen bestimmt und sind in Teilbereichen ihrer Persönlichkeit auf frühkindliche Ebenen, damit gleichzeitig auf das Magische fixiert. Weil ihnen somit eine kompetente innere Führung fehlt, können sie dem Eindruck unterliegen, ihren als zwanghaft erlebten sexuellen Impulsen – in denen Ersatzbedürfnisse zu sehen sind – gänzlich ausgeliefert zu sein.

Gebser (1974, S. 19; vgl. auch Gebser 1987, S. 22 f) meint, wenn Triebhaftes magische Elemente enthält, müsse es in erster Linie als ein magischer Vorgang begriffen werden. Das trifft auf sexuellen Mißbrauch an Kindern zu. Es sind unübersehbar mehrere in das Gebiet der Magie verweisende Elemente zu erkennen. Dazu gehören die Entlastungsversuche und Schuldzuweisungen an andere, also Sündenbockstrategien, die Initiation (in die Sexualität), das Geheimnis und die Rituale, die das Geschehen umgeben. Das magische Wunschdenken, durch Sexualität könnten Konflikte und Ängste beseitigt und Defizite kompensiert werden, gehört ebenfalls dazu. Somit sollte sexuelle Gewalt gegen Kinder nicht nur als Ausdruck des Verlangens nach Macht und entfremdeter Sexualität, sondern zusätzlich als magischer Vorgang begriffen werden.

Auf archaische Bewußtseinsstrukturen fixierte Menschen streben in der Tiefe nach Erlösung. Es gehe ihnen darum, so Wilber (1988, S. 288) die „dualistische Spaltung zwischen Gott und Mensch" aufzuheben. Das Verlangen nach Erlösung durch Wiederherstellung der Einheit richte sich allerdings weniger auf den Geist als auf den Körper und die Sexualität, und daraus entstehe dann sexuelle Begierde (ebd., S. 279). Das verstelle nicht nur die Entwicklung des Menschen auf sein wirkliches Menschsein hin, sondern verhindere auch die im Sinne der Evolution geforderte Transformation in höhere Entwicklungsstadien.

Das Fixiertsein vieler Menschen auf das Archaische trägt zu den Gefährdungen bei, die unsere Welt bedrohen oder ist vielleicht sogar die größte Gefahr. Das gilt für Kindesmißbraucher in besonderem Maße. Sie öffnen den archaischen Kräften immer wieder Tür und Tor. Weil sie nicht integriert und in positive Bahnen gelenkt werden, können sie ihren unheilvollen Einfluß ausdehnen. Das ist ein weiterer Erklärungsansatz zum Suchtcharakter sexuellen Mißbrauchs.

Dieses Delikt blockiert die Weiterentwicklung des Täters wie des Kindes und hält einen fatalen Wiederholungskreislauf von Schädigungsverhalten, Leid und der Suche der Leidenden nach Entlastung und Erlösung – auch durch Magie – in Gang.

Menschen, die auf mythische Ebenen fixiert sind, werden von starken Konformitäts- und Zugehörigkeitsbedürfnissen bestimmt. Gruppennormen werden absolut gesetzt. Autoritätsgläubigkeit, kultische Rituale sowie die Abgrenzung der >In-Group< gegenüber der >Out-Group< sind kennzeichnend (vgl. Gebser 1987, S. 16 ff; vgl. Wilber 1995, S. 170 ff, 186 f). Wie erwähnt, wirken Inzesttäter und Inzestfamilien in der Regel höchst angepaßt und grenzen sich nach außen hin betont ab. Neben anderem deutet dies an, daß sie in mythischen Bewußtseinsstrukturen verhaftet sind. Die Bindung an diese Bewußtseinsstrukturen wird durch gesamtgesellschaftliche Faktoren gefördert, etwa durch die Mythenbildung des Bürgertums. Das betrifft den „Familienmythos" ebenso wie den „Muttermythos".

In magischen und/oder mythischen Strukturen gefangene Menschen sind besonders dann gefährdet zu regredieren, wenn Belastungen und Unsicherheiten auftauchen oder ein Zusammenbruch droht (Wilber 1995, S. 174). Sie können dann leicht von archaischen Seelenanteilen überwältigt werden. Am Beispiel des Volkstempels in Jonestown läßt sich nachverfolgen, wie die Sektenmitglieder in eine fortschreitende Regression bis hin zum Massenmord bzw. Massenselbstmord verfielen. Diese Gruppe regredierte „vom Bereich des Mythischen und der Zugehörigkeitsbedürfnisse zu magisch-sexuellen Ritualen und schließlich zum archaischen Opferkult" (ebd., S. 184 f).

Gebser hat die Evolution des Bewußtseins in der westlichen Welt als gradlinig angenommen: vom prärationalen – also vom archaischen über das magische und mythische – hin zum mental-rationalen, dem Ich-Bewußtsein. Alle Bewußtseinsstufen integrierten und transzendierten sich im anzustrebenden integralen Bewußtsein. Dies werde gekennzeichnet von überwacher Bewußtheit und einer „Welt des Miteinander und ... der Teilhabe" (Gebser 1987, S. 86). Im integralen Bewußtsein sieht Gebser eine Instanz, die „lebens- und geisterhaltend alle bisherigen Bewußtseinsstrukturen verwaltet und nicht mehr von ihnen vergewaltigt wird" (Gebser 1970, S. 92).

Anders als Gebser meint Wilber (1988, 370), die Mehrheit der Menschen habe bisher noch gar kein tragfähiges Ich-Bewußtsein entwickelt und befinde sich immer noch auf der Stufe des Prärationalen. Verbreitete narzißtische Strebungen, Regressivität, Verantwortungslosigkeit und Ich-Schwäche sind für Wilber Anzeichen, daß die Menschheit sich heute in der äußersten Entfernung vom Mittelpunkt, vom Geist, befindet. Damit befinde sie sich „auf dem höchsten Punkt der Kurve der Entfremdung", also „in der Halbzeit der Evolution" (ebd., S. 331, 351). In einer zweiten Phase, nach Überwindung dieser Position, könne die Evolution als Rückkehr zum Mittelpunkt, zum Geist, vonstatten gehen (ebd., S. 351). Voraussetzung sei zunächst eine Ich-Entwicklung auf breiter Basis. Es gelte, die für den größten Teil der Menschheit noch bestimmenden präpersonalen Stadien zu transzendieren (ebd., S. 370). Wilber (ebd., S. 376) ist der Ansicht:

> „Am gegenwärtigen Punkt der Geschichte würde eine radikale, durchdringende und die Welt erschütternde Transformation schon darin bestehen, wenn jedermann zu einem wahrhaftig reifen, rationalen und verantwortungsbewußten Ego evolvieren würde, einem Ego, das imstande wäre, frei am offenen Austausch gegenseitiger Achtung teilzunehmen".

Es sind vor allem Männer, die Kinder in ihr nicht geleistetes Reifungsdilemma ziehen, indem sie sexuellen Mißbrauch begehen. Das läßt den Schluß zu, daß Männer in besonderem Maße von archaischen Strukturen bestimmt werden. Ursachen dafür sind die männliche Sozialisation und die Lebensbedingungen im Patriarchat. Zur männlichen Sozialisation im Patriarchat gehört die Verdrängung der frühkindlichen Schwäche und Hilflosigkeit. Wie aufgezeigt, zieht Verdrängung Fixierung nach sich, und deshalb sind viele Männer auf die frühe Kindheit – die archaisch-magisch-mythische Phase – fixiert. Sie haben somit Entwicklungsdefizite, und darum ist ihr inneres Gleichgewicht gefährdet. Weil eine patriarchalische Gesellschaft jedoch den starken, durchsetzungsfähigen und rationalen Mann fordert, versuchen viele Männer, ihre empfundene Schwäche durch Machtdemonstrationen und betonte Rationalität zu kompensieren und sich somit zu stabilisieren. In einem patriarchalischen Kontext wird das männliche Streben nach Kompensation und Selbststabilisierung leicht gemacht. Es kann sich entweder im Beruf oder gegenüber Frauen und Kindern durchsetzen. Unterhalb der äußeren Schale betonter Rationalität und Kontrolle wirken allerdings die nicht integrierten, da abgespaltenen irrationalen archaischen Bewußtseinsstrukturen[2]. Ihre Unbewußtheit und die Ich-Schwäche des Individuums machen sie so unberechenbar und gefährlich. Männliche Irrationalität gehört als mächtiger Gegenpol ausgeprägter Rationalität zu den wesentlichen und bedenklichsten Merkmalen einer patriarchalischen Gesellschaft. Namentlich in Situationen empfundener Kontroll- und Machtlosigkeit tendieren viele Männer zu Gewalt, sexueller Besessenheit oder einer Kombination von beidem.

Die weite Verbreitung dieser Phänomene ist neben anderem ein Fingerzeig darauf, wie unbewußt unsere Gesellschaft mit dem Archaischen umgeht, wie wenig es integriert ist und wie sehr insbesondere Männer davon bestimmt werden.

Die verdrängte Hilflosigkeit und Schwäche des Mannes wird durch Kinder besonders leicht reaktiviert. Darum schrecken viele Männer vor der Begegnung mit der frühen Kindheit zurück. Sie weichen ihrer eigenen Kindheit und der ihrer Kinder aus. Damit entgeht ihnen Entscheidendes: In der frühen Kindheit wiederholen sich (in der Parallele von Phylogenese und Ontogenese) die archaischen, also vorrationalen Bewußtseinsstrukturen unserer frühen Menschheitsgeschichte und die ihnen entsprechenden Entwicklungsprozesse. Statt bewußt in diese Strukturen und Prozesse einzutauchen, ihre eigene Kindheit und die Kindheitsgeschichte der Menschheit zu reaktivieren und zu integrieren, stehen Männer aufgrund kultureller Verquickungen diesen Bereichen fern, fliehen sie oder versuchen, sich durch betonte Rationalität, Machtgebaren oder entfremdete Sexualität – teilweise auch mit Kindern – zu bestätigen und zu stabilisieren.

2. Matriarchat und Übergang zum Patriarchat

Hinweise über matriarchalisch ausgerichtete Kulturen, über die schöpferische Rolle der Frau sowie das Weibliche in der Transzendenz und im Kultischen verdanken wir vor allem der Matriarchatsforschung sowie der Forschung, die sich mit der Entwicklung des Bewußtseins beschäftigt.

Bestimmend für die vorpatriarchalischen Formen unseres Kulturraumes sind die Mythen von der Großen Mutter und ihren Repräsentanten in der Natur wie „Materie, Instinkte, Körper ... Fruchtbarkeit, Sexualität, Gefühle" (Wilber 1988, S. 149) sowie von der Großen Göttin oder von Göttinnen, die die Transzendenz und die mystischen Aspekte repräsentieren (ebd., S. 143). Innerhalb der Menschheitsgeschichte nehmen die Mutter- und Göttinnen-Mythen einen großen zeitlichen Raum ein (vgl. Biedermann 1989, Wilber 1988). Selbst nach der Seßhaftwerdung um etwa 10.000 v. Chr. wird die Große Mutter und die Große Göttin noch Jahrtausende lang verehrt. Das beweisen folgende Textbeispiele:

Gebet der Priester im Lande der Sumer zur Göttin Gatumtug (um 2000 v. Chr.):

> „MEINE KÖNIGIN, Tochter des reinen Himmels ..., die du den ersten Rang im Himmel einnimmst, die du Leben verleihst dem Lande ... Ich habe keine Mutter: Du bist meine Mutter Ich habe keinen Vater: Du bist mein Vater ... Im Heiligtum hast du mich geboren. Meine Göttin Gatumtug, du hast das Wissen von allem Guten ... Du hast in mir sein lassen den Hauch des Lebens ..." (zit. nach der Übersetzung von A. Falkenstein in Narciß 1969, S. 28).

Von Homer stammen folgende Worte:

> „Erde, du Mutter aller, du festgegründete, singen will ich, älteste dich, du aller Lebenden Amme! ... Heil dir, Mutter der Götter, o Weib des sternebesäten Himmels ..." (zit. nach der Übersetzung von Christian zu Stolberg in Narciß 1969, S. 27).

Zur schöpferischen Rolle der Frau ist zu erwähnen, daß allem Anschein nach in der Frühzeit der Menschheitsentwicklung die Verbindung zwischen Paarung und der Geburt eines Kindes noch nicht bekannt war (vgl. M. Mead 1958, S. 127; Gaylin 1987, S. 42 f). Es herrschte die Vorstellung von „der weiblichen Schöpferin und dem männlichen Geschöpf" (Mulack 1988, S. 34; vgl. Wilber 1988, S. 152). Wöller (1992, S. 14) erläutert:

> „Nach archaischen Vorstellungen wurde die junge Frau nie durch einen Mann schwanger, sondern ihre Bereitschaft für die numinos göttliche Kraft des Schöpferischen wurde symbolisiert durch Mond oder Wind, Goldregen oder ein wildes Tier".

Badinter (1987, S. 45 f) stellt sich vor, daß die vorpatriarchalischen Menschen von der Gebärfähigkeit der Frau fasziniert waren.

Bis ins 20. Jahrhundert hinein existieren primitive Kulturen, die matrilinear ausgerichtet sind und denen der Zusammenhang zwischen Geschlechtsakt und Geburt eines Kindes weiterhin unbekannt ist (vgl. Malinowski 1973/1948, S. 208 ff; Gaylin 1987, S. 42; Lowen 1980, S. 332). Bestandteil dieser Kulturen ist die Erbfolge nach der mütterlichen Linie. Die Mutter gilt als Oberhaupt der Familie, was aber keineswegs eine Abwertung des Mannes beinhaltet (vgl. Biedermann 1989, S. 171; Badinter 1987, S. 19, 35).

Die soziale Einheit von Frauen und Kindern und der Zusammenhalt von Frauen sind weitere typische Merkmale (vgl. Aliti 1991, S. 97). Ihre angesehene Position und ihr Zusammenhalt untereinander verleihen Frauen eine Stärke, die Übergriffe der Männer unwahrscheinlich machen. Das wird bestätigt durch anthropologische Untersuchungen, wonach sexuelle Gewalt gegen Frauen in Kulturen mit starker Frauenposition kaum vorkommen kann (Scully 1990, S. 48; vgl. Bettelheim 1971). Die Stärke und Gemeinschaft der Frauen garantiert nicht nur ihren eigenen Schutz, sondern auch den Schutz und das Wohlergehen von Kindern. Wie Sloterdijk (1993, S. 23) verdeutlicht, war die Mutter-Kind-Beziehung vor Aufkommen des Patriarchats durch die Gemeinschaft außerordentlich beschützt und behütet[3].

In matrilinearen Kulturen leben Mann und Frau nicht unbedingt zusammen. Eine besondere Variante ist die sogenannte „Besuchsehe". Die Frauen bleiben mit den Kindern in ihrem Herkunftsclan, und die Männer kommen auf „Besuch" (Schenk 1987, S. 20). Auch bei den Hebräern bestand in der frühen Antike teilweise ein „metronymisches Familiensystem" (Rush 1991, S. 61). Die Ehefrauen blieben in der eigenen Sippe, während der Ehemann zeitweise zu Besuch kam. Kinder wurden in der Sippe der Frau aufgezogen.

Zu den Merkmalen matriarchalisch ausgerichteter Kulturen gehören ferner das Fehlen von Privateigentum, von Rivalität und Machtstreben, sowie die Geschlechterzuordnung nach Zuneigung und nicht nach Recht (vgl. Herriger 1990, S. 17 f). Die Sexualität hat nicht den Stellenwert wie in patriarchalischen Kulturen. Sie ist eher nebensächlich, in das Gesamtleben integriert und ohne moralische Konstrukte oder Verbote (ebd., S. 22). Kinder und Jugendliche dürfen ihre Sexualität, unbeeinflußt von den Erwachsenen, ausleben (vgl. Giddens 1993, S. 177).

Fromm (1983, S. 64; vgl. 1977, S. 182) zufolge ist bei den Gemeinschaftsformen, in denen Frauen und Mütter eine starke Position einnehmen, von einem Syndromcharakter auszugehen. Als übergreifende Merkmale nennt er die Zusammenarbeit und ein friedliches Gemeinschaftsleben. Starke Frauenpositionen finden sich bis in die heutige Zeit bei verschiedenen Jäger-Sammler-Gesellschaften. Dazu zählen der Eskimo-Stamm der Inuit (vgl. Biedermann 1989, S. 22) und einzelne Südseevölker (vgl. Malinowski 1975/1944, M. Mead 1958; vgl. Fromm 1977, S. 178 f).

Ein derartiges Volk, die Trobriander, wird Anfang dieses Jahrhunderts von Malinowski (1975/1944, S. 21; vgl. auch Lowen, 1980, S. 398) beschrieben. Seinen Schilderungen zufolge kommt es bei den Trobriandern nicht vor, daß Kinder ihre Mutter „in einer kläglichen Abhängigkeit vom Gatten" (Malinowski ebd., S. 230) oder „durch den Vater eingeschüchtert sehen" (ebd., S. 217). Der Vater hat seinen Kindern gegenüber weder Vorrechte, noch kann er Ansprüche an sie stellen. Dem Säugling begegnet er wie ein Kindermädchen, ist liebevoll und zärtlich. Er „spielt mit dem Kind, trägt es herum und lehrt es so viel unterhaltende Beschäftigungen und Spiele, als seine Phantasie es nur zuläßt" (ebd., S. 229). Die Kinder „fühlen nie seine schwere Hand über sich; er ist nicht ihr Verwandter und weder ihr Eigentümer noch ihr Wohltäter" (ebd., S. 230). Aufschlußreich ist das Verhältnis des Vaters zu seiner Tochter. Er sieht in ihr „eine Wiederholung von ihm selbst in einer weiblichen Form" (ebd., S. 234).

Betrachten wir dagegen Petris Ausführungen zum Vater-Tochter-Verhältnis in unserem Kulturbereich: Petri (1992, S. 145 f) nimmt aufgrund seines Quellenstudiums an, daß körperliche und sexuelle Gewalt oder ihre Mischformen auf „eine destruktive Beziehungsstruktur zwischen Vätern und Töchtern" zurückgeht, „die in die Anfänge des Patriarchats zurückreicht". Diese weitreichende zerstörerische Verknüpfung habe auch Freud ausgeklammert.

Die unterschiedlichen Bedingungen von eher matriarchalisch ausgerichteten oder patriarchalischen Lebensformen üben also nicht nur starken Einfluß auf das Verhältnis zwischen Mann und Frau, sondern auch auf die Vater-Tochter-Beziehung aus und sind maßgeblich dafür, was als weiblich oder männlich gilt und was, diesen Vorgaben gemäß, geschlechtsspezifisch verdrängt und abgespalten werden muß. Spaltet der Mann die als weiblich geltenden Persönlichkeitsanteile ab, dann wird der Kontakt zum Weiblichen in der Außenwelt ebenso beeinträchtigt wie der Kontakt zu wichtigen Seelenteilen im Inneren des Mannes. Das ist im Patriarchat die Regel.

Zwischen dem 4. und 2. Jahrtausend v. Chr. ist ein Gleichgewicht, ist Ebenbürtigkeit zwischen Mann und Frau anzunehmen (vgl. Badinter 1987, S. 69). Dazu trägt das Wissen um die Fortpflanzung als einem Vorgang bei, an dem zwei Menschen beteiligt sind.

Im Kultischen regieren Gott und Göttin, das Paar. „Männer und Frauen teilen sich die Erde und den Himmel" (ebd., S. 62). Auf der Erde ist weiterhin das Prinzip der Großen Mutter bestimmend (Wilber 1988, S. 260).

Diese Übergangszeit, in der sich die Wende hin zum Patriarchat vollzieht, ist menschheitsgeschichtlich von großer Bedeutung und bildet den Stoff verschiedener antiker Tragödien. Dazu gehören z. B. die >Antigone< von Sophokles (496 - 406 v.Chr.) und >Die Orestie< von Aischylos (525 - 456 v.Chr.) (Aischylos hatte den Stoff von Homer übernommen). >Die Orestie< schildert den Kampf zwischen Mutter- und Vaterrecht sowie die Auseinandersetzung zwischen weiblichen und männlichen Gottheiten.

Die große menschheitsgeschichtliche Wende findet ihre Verarbeitung ferner in der Matriarchatsforschung, der ethnologischen Forschung, der Sozialpsychologie und in anderen Wissenschaftsbereichen. Sie ist Anlaß für vielfältige Analysen, speziell solcher, die sich auf Folgen für die Bewußtseinsentwicklung, das Geschlechterverhältnis, die Sozialformen sowie auf psychologische Auswirkungen beziehen.

3. Patriarchat

Ab etwa 3000 - 2000 v. Chr. ist die Vorrangstellung des Weiblichen in unserem Kulturraum weitgehend aufgehoben (vgl. Wilber 1988, S. 260). Das Patriarchat löst die matrizentrische Gesellschaft ab.

Die entscheidende Wende hatte sich mit dem Wandel zur Ackerbaugesellschaft und der Entstehung des Ich-Bewußtseins angebahnt. Seßhaftigkeit sowie die Erfahrungen beim Ackerbau und der Züchtung von Haustieren haben zudem das temporale Bewußtsein entstehen lassen. Der Mensch sieht sich und seine Umwelt in Zeitläufe eingebunden. Wenn temporale Zusammenhänge erfaßt werden, besteht auch die Möglichkeit, kausale Zusammenhänge zu erfassen und Zukunft zu planen. Kausale Zusammenhänge zu begreifen, bildet die Grundlage für einen Entwicklungsschritt, der hinsichtlich der Themen Ausbeutung und Gewalt großes Gewicht hat: Der Mensch ist gefordert, Impulsivität aus momentan empfundenen Bedürfnissen heraus „zugunsten zukünftiger mentaler Zielsetzungen" zu überwinden (ebd., S. 112). Die momentan empfundenen Bedürfnisse – etwa sexuelle Impulse – sind oft Ersatzbedürfnisse, die in heutiger Zeit vermutlich beherrschender sind denn je. Das zeigt, wie gering die Bereitschaft ist, Verwantwortung für die Zukunft zu übernehmen und Verzicht zu leisten (vgl. Jonas 1984). Es zeigt ferner, daß die Menschheit weitgehend noch auf niedere Bewußtseinsebenen fixiert ist.

In Zusammenhang mit der Erkenntnis temporaler Zusammenhänge wird auch die männliche Rolle bei der Zeugung bekannt. Das trägt zur grundlegenden Veränderung des Geschlechterverhältnisses und der Gemeinschaftsformen bei. Der Vater, als „Haupt der Familie", ist fortan nicht nur für die wirtschaftliche Versorgung, sondern auch für die Abstammung maßgebend (vgl. Malinowski 1975/1944, S. 227). In ihm wird der Erzeuger, in der Mutter lediglich das Gefäß gesehen.

In der Orestie läßt Aischylos Apollon sagen:

> „Die Mutter bringt, was uns ihr Kind heißt, nicht hervor.
> Sie ist nur frisch gesäten Keimes Nährerin.
> Der es befruchtet, zeugt. Sie, wie der Wirt den Gast,
> Beschützt, sofern kein Gott es schädigt, nur das Gut."

(„Modell dafür war offensichtlich das in den Boden gelegte Samenkorn" (Gaylin 1987, S. 43).)

Die Rolle der Mutter wird von der Entwertung des Weiblichen und der Unterdrückung von Frauen im Patriarchat überschattet. Diese tausendjährige Entwertungs- und Unterdrückungsgeschichte ist noch nicht überwunden. Das beweisen die Minderwertigkeitsgefühle und die Abhängigkeit vieler moderner Frauen.

Das neue Zeitbewußtsein wird von einem veränderten räumlichen Bewußtsein begleitet. Seßhaftigkeit, die Bindung an ein Territorium und Besitz sowie das Bewußtsein von Grenzen sind wichtige Bestandteile innerhalb der Bedingungsvariablen bei aggressiven Übergriffen. Territoriale Aggressivität und Grenzverletzungen schlagen sich etwa in Kriegen, in der Kolonialisierung oder in der gewaltsamen Besitznahme eines schwächeren Körpers nieder. Wie Schmidbauer (1976, S. 163 ff) erläutert, haben diese Phänomene bei den Jägern und Sammlern weitgehend gefehlt, ebenso wie Besitzunterschiede, Hierarchien und die festgelegte Bindung an Einzelpersonen[4].

Mit der Entwicklung des Ich-Bewußtseins und dem neu gewonnenen Verhältnis zur Zeit tritt auch die Endlichkeit alles Kreatürlichen verschärft ins Bewußtsein.

3.1. Tod – Angst – Opfer

Das sich aus dem Prärationalen entwickelnde Ich-Bewußtsein macht das Getrenntsein vom Ganzen, die Vereinzelung, und darüber hinaus das Bewußtsein der „existentiellen Verwundbarkeit" und ein deutlicheres Todesbewußtsein erfahrbar (Wilber 1988, S. 113).

Die Angst vor dem Tod erzeugt einerseits die Idee der Unsterblichkeit. Andererseits werden der Tod und damit auch Verwandlung und Transzendenz geleugnet. Das ist äußerst zerstörerisch, wie Wilber (ebd., S. 100) erläutert:

> „Um den unmittelbaren Tod durch Transzendenz zu vermeiden, bringen die Menschen sich langsam um. Schrittweise verstümmeln sie ihr Wesen, um ihr Ich zu erhalten. Gestern wie heute schneidet, verdrängt, projiziert der einzelne aus seinem Leben jeden Aspekt, der an den Tod erinnert ...".

Die Angst vor dem Tod ist mit der wachsenden Angst vor der als verschlingend gefürchteten Großen Mutter verbunden. Davon zeugen die Mythen der Jahrtausende, die der großen Wende zur Ackerbaugesellschaft folgen (ebd., S. 152). Die Angst vor der Großen Mutter bezieht sich nicht nur auf die Angst vor dem Verschlungenwerden. Es ist auch die Angst, die große Mutter und damit das Unbewußte zu verlassen (ebd., S. 144). Diese Ängste finden ihre Wiederauflage bei der persönlichen Mutter und ihren negativen, bedrohlichen Anteilen sowie bei dem Vorgang, sich von der Mutter ablösen und dem Unbekannten stellen zu müssen.

Wie noch näher aufgezeigt werden soll, verstärken sich die Ängste mit der Entwicklung des Kernfamilien-Komplexes und dem Muttermythos. Außerdem kommt eine neue Angst hinzu, da die Mutter nun weitgehend allein für das Wohl und Wehe des Kindes zuständig und es mehrere Jahre sehr stark auf sie bezogen und von ihr abhängig ist. Das begründet die zusätzliche Angst, von der Mutter verlassen zu werden (etwa durch Krankheit oder Tod).

Die auf die Mutter bezogenen Ängste werden prägend für die Kindheit in der bürgerlichen Familie, ebenso die damit verknüpften Verdrängungs- und Verleugnungsphänomene. Die Ängste wiederholen sich in modifizierter Form im Erwachsenendasein, vor allem in Liebesbeziehungen. Hier schwingen häufig, insbesondere zu Beginn oder bei einer drohenden Trennung, sehr intensiv Gefühle mit, die auf die Eltern-Kind-Beziehung und auf archaische Ängste zurückweisen. Daß der Kernfamilien-Komplex für eine Ausdehnung des Reservoirs an Ängsten, Verdrängungen und folglich der Entfremdung sorgt, hat ebenso Negativfolgen für die kindlichen Autonomiebestrebungen wie für eine spätere Partnerschaft und Familie.

Die wachsende Angst vor der Großen Mutter geht mit ganz neuen Opferformen einher. Existierten zuvor so gut wie keine Morde und Kriege, sondern lediglich Selbstopfer (etwa in Form eines Fingers), so werden nun andere Menschen aufgeopfert. Wilber sagt:

> „Was wir Zivilisation nennen und was wir Menschenopfer nennen, trat gemeinsam in Erscheinung" (ebd., S. 155). Es beginnt „die Geschichte der Ersatzopfer ... Je mehr Blut eines anderen fließt, desto geringer die Wahrscheinlichkeit, daß es das eigene sein könnte ... Es war ein magischer Versuch, sich eine Zukunft zu sichern, indem man den Tod in der Gegenwart besänftigte" (ebd., S. 177).

Vom Beginn der Ersatzopfer, zu denen häufig Kinder zählten (vgl. Altes Testament und die antike Mythologie), bis zu den millionenfachen Kinderopfern unserer Zeit zieht sich eine direkte Linie. Müther (1991, S. 447; vgl. Petri 1992, S. 137 f) erinnert daran, daß Kinderopfer in fast allen Religionen ihren rituellen Platz und ihre Bedeutung hatten. (Das bekannteste Beispiel in der jüdisch-christlichen Tradition ist Gottvaters Forderung an Abraham, seinen Sohn Isaak zu opfern)[5].

Auch Mythen und Märchen berichten von blutigen oder unblutigen Kinderopfern.

Damals wie heute werden Kinder vielfach einem Götzen geopfert, sei es dem zu besänftigenden patriarchalischen Vatergott, dem Familienzusammenhalt oder dem Götzen Sexualität. Die Kinderopfer haben eine Ersatz- und Abwehrfunktion, die die Entfremdung aller Beteiligten vorantreibt. Die patriarchalischen Kindesopfer – und dazu gehört der sexuelle Mißbrauch an Kindern – deuten auf die Unfähigkeit oder die Weigerung hin, ein echtes Opfer zu leisten. Das echte Opfer wäre der Verzicht, der in notwendigen Loslösungsprozessen bzw. im Verlassen einer Entwicklungsstufe liegt. Statt dessen wird das Kind zum Ersatzopfer einer Konstellation, in der die Motivbereiche Angst, Tod, Religiösität und Sexualität einander durchdringen; Magie ist der Verbindungsstrang zwischen ihnen.

3.2. Das Verhältnis zwischen den Geschlechtern

Der historische Übergang von den Jägern und Sammlern hin zu Ackerbaugesellschaften und zum Patriarchat wirkte sich tiefgreifend auf das Schicksal der Geschlechter und ihre Beziehung zueinander aus. Folgende Hintergründe sind dafür verantwortlich:

Im Laufe des Übergangs zum Patriarchat wurde quasi ein fester Keil zwischen den fühlenden und denkenden Teil im Menschen getrieben. Je tiefer der Keil eindrang, um so mehr wurden beide Teile deformiert und um so entschiedener sah man in ihnen schier unüberbrückbare Pole. Wilber (1988, S. 224, 288) nennt diesen Spaltungsvorgang „Europäische Dissoziation". Er sieht in ihm den kollektiven Niederschlag der Abspaltung von Geist und Körper, von Mensch und Natur und erläutert: „Der Organismus dissoziierte in den ichhaften und den somatischen Pol, und beide Pole wurden deformiert" (ebd., S. 240) Wilber beruft sich auf L. L. Whyte und zitiert ihn wie folgt: „Die Europäische Dissoziation dieser beiden Komponenten des Systems führt zur Deformation beider. Das instinktive Leben verlor seine Unschuld, sein ureigener Rhythmus wurde durch zwanghaftes Verhalten ersetzt" (Whyte zit. nach Wilber ebd., S. 240).

Am Endpunkt dieser Entwicklung steht die einseitige Identifizierung der Frau mit der Materie und des Mannes mit dem Geist. Dies lief auf eine negative Bewertung des zuvor positiv eingeschätzten Weiblichen hinaus:

> „Materie, Natur, Körperlichkeit und Sexualität wurden im Bereich des Sündhaften, Bösen angesiedelt und dem weiblichen Geschlecht zugeschlagen, während alles Geistige zum Göttlichen gehörte, als gut angesehen und dem männlichen Geschlecht zugesprochen wurde" (Mulack 1988, S. 13).

Diese Prozesse zogen, so Wilber (1988, S. 269 f), „nach außen gerichtet eine soziologische Unterdrückung des Feminen durch das Maskuline" nach sich. „Natur, Körper und Frau wurde als eine Ganzheit gesehen, eine Ganzheit, die unterdrückt werden sollte. Anders ausgedrückt, alle drei waren Ersatzopfer des männlichen Ego ..." (ebd., S. 270). Lowen (1980, S. 335) vermutet, die scharfe Abgrenzung des Mannes gegenüber dem Weiblichen sowie seine Angst vor der Frau und der Natur hänge in der Tiefe mit seiner Angst vor der Großen Mutter und mit dem Tod zusammen.

Die mit der Furcht vor der Frau gekoppelte Furcht vor der Großen Mutter schlägt sich in der Gründung von geheimen Männerbünden nieder. Wilber (1988, S. 272) stellt sich vor, daß die Männer bereits in vorpatriarchalischen Zeiten geheime Bünde schlossen, um ihrer relativen Bedeutungslosigkeit und der Dominanz des weiblichen Prinzips auszuweichen. Vermutlich sei hier das Unterdrückungsprinzip des Patriarchats vorgeformt worden. Böhnisch und Winter (1993, S. 167) zufolge liegt der tiefenpsychologische Sinn von Männerbünden in der Funktion, „Hilfestellung bei der Bewältigung der Mutter-Sohn-Beziehung leisten zu können, bzw. als Ersatz für diese Beziehung zu fungieren".

Infolge der kollektiven Abspaltungsprozesse wird die Frau zur Projektionsfläche der verdrängten Persönlichkeitsanteile des Mannes und seiner seelischen Gefährdung (von Jüchen 1981, S. 39). Projektionen, als eine Folgeerscheinung von Abspaltungen, sind eine Art Magie oder Zauberei. Novalis (Logologische Fragmente Nr. 117, S. 393) hat das wie folgt dargelegt: Mit Hilfe von Projektionen, als „eine Art von Zauberei", werde die Welt so zurechtgebogen, wie man sie jeweils zu brauchen meint. Zu den Jahrtausende alten Projektionen gehört der Mythos vom Sündenfall im Paradies, der auf eine Frau zurückgeführt wird. Der Frau ist im Patriarchat immer wieder eine Sündenbockrolle zugewiesen worden. Kollektiv gesehen sollen die Projektionen des Bösen und Gefährlichen auf die Frau die patriarchalischen Macht- und Autoritätsverhältnisse sichern. Auch in individueller Hinsicht haben Projektionen die Funktion der Stabilitätssicherung.

Statt sich dem eigenen Versagen, den eigenen Ängsten, Konflikten, der eigenen Schuld – kurz: statt sich selbst in Frage zu stellen, werden andere Menschen durch Sündenbockstrategien instrumentalisiert und zu Opfern gemacht.

3.3. Herrschaft und Besitz

Fromm (1986, S. 137; vgl. auch Böhnisch und Winter 1993, S. 196) zufolge beginnen mit dem Patriarchat Unterjochung, Ausbeutung und Gewalt und die „Herrschaft des Mannes über die Frau". Diese Prinzipien seien „in allen patriarchalischen Gesellschaften ... nach dem Sieg der Männer zum Fundament des männlichen Charakters geworden". (Fromm ebd.).

Herrschaft wird von Sloterdijk (1993, S. 39) „als die Macht oder das Vermögen, Menschen als Mittel zu benutzen" definiert. Sie spiegelt die Vorstellung von Privateigentum, verknüpft mit der Annahme, Menschen könnten in Besitz genommen werden, und es gehe niemanden etwas an, was ich mit meinem Eigentum mache (vgl. Fromm 1986, S. 73). Gestützt durch „ein vom Gesetz verkörpertes kollektives Bewußtsein" und abgesichert durch die Muskelkraft des Vaters werden Kinder und Frauen im Patriarchat zu Objekten des Besitzes und der Kontrolle (Wilber 1988, S. 311; vgl. Herriger 1990, S. 26). Unsere Kultur werde immer noch von den Privilegien bestimmt, denen von Beginn an die Körperkraft zugrunde lag, meint A. Mitscherlich (1992, S. 284).

Je entschiedener sich das patriarchalische System im Laufe der Geschichte durchsetzt, um so wichtiger wird der Eigentumsgedanke und um so häufiger dienen Frauen als Objekte des Kaufs, Verkaufs oder des Tausches. Sexuelle Untreue einer Frau gilt hauptsächlich darum als so verwerflich, weil durch sie ein männliches Eigentum veruntreut wird (vgl. M. Mitscherlich 1985, S. 115). Da die Frau lediglich als Sache gilt, fällt ihr Ehebruch unter die Kategorie des Diebstahls (vgl. Denzler 1988, S. 72). Eifersucht und die Unsicherheit, auch wirklich der Vater des Kindes zu sein, für das man sorgt, sind weitere Gründe für die außerordentliche Härte gegenüber ehebrüchigen Frauen. Russell (1982, S. 162) ist überzeugt, ohne die Sicherheit der Vaterschaft sei „die patriachalische Familie unmöglich gewesen, und die Vaterschaft mit allen wirtschaftlichen Folgerungen hätte nicht die Grundlage sozialer Einrichtungen werden können".

Zum patriarchalischen Besitzdenken gegenüber Frauen und Kindern stellt Fromm (1986, S. 74) fest: „In der patriarchalischen Gesellschaft war selbst der ärmste Mann noch Eigentümer seiner Frau, seiner Kinder und seines Viehs, als deren absoluter Herr er sich fühlen durfte". Vermutlich verspreche es noch mehr Genuß, nicht materielle Dinge, sondern Lebewesen zu besitzen. Gruens (1986, S. 100) Ansicht nach erscheint der Besitz von Lebewesen darum so verlockend, weil er in besonderem Maße das Machtempfinden fördert.

Der Faktor Besitz – und der Besitz von Menschen insbesondere – gehört somit zu den ersten wichtigen Insignien männlicher Macht. Indem sich das patriarchalische System auf Macht, Besitz, Gewalt, Ausbeutung, Unterwerfung und dem psychischen Mechanismus der Angsteinflößung stützt, hat es alle Merkmale irrationaler Autorität (vgl. Fromm 1977, S. 188; Fromm 1983, S. 33).

Auch hinter dem Inzestverbot der Antike stecke in erster Linie der Eigentumsgedanke, meint Rijnaarts (1991, S. 58; vgl. 52). Im Patriarchat bedeutet das Inzestverbot „ein Verbot von Männern für Männer ..., das nur von Männern übertreten werden kann. Die Übertretung des Verbots ist kein Verbrechen an einer Frau, sondern an dem Mann, dem die Frau >gehört<". Inzest mit der Mutter ist „strengstens verboten, weil die Mutter dem Vater gehört" (ebd., S. 57).

Daß in patriarchalischen Kulturen die Frauen der Familie traditionell zum Besitzstand des Vaters gehören, macht

> „die Position der Tochter so außerordentlich prekär. Die Beziehung zwischen Vater und unverheirateter Tochter ist die einzige Beziehung, in der das Verbot des Geschlechtsverkehrs mit weiblichen Verwandten nicht durch die Rechte anderer männlicher Familienmitglieder verstärkt wird" (ebd., S. 57).

Das geht beispielsweise eindeutig aus dem Alten Testament hervor (s. Leviticus, IV, Das Heiligkeitsgesetz, 18 Vorschriften über den ehelichen Verkehr).

Das Alte Testament sowie Märchen und Mythen spiegeln die Vater-Tochter-Beziehung so, wie sie historisch häufig als Realität bestand. Im Patriarchat haben Väter immer wieder ihre Töchter ausgenutzt, sogar ihr Leben aufs Spiel gesetzt und sie zum Opfer gemacht, um eigene egoistische Ziele zu verfolgen. Töchter stellten Mittel zum Zweck dar (vgl. Wöller 1992, S. 69, 9; Levend 1992, S. 29). Ein beredtes Beispiel für Besitzdenken und die Strategie, der Tochter die Verantwortung für die Familie und das Wohlergehen des Vaters aufzubürden und sie zum Opfer zu machen, ist das Märchen >Das Mädchen ohne Hände< (vgl. Wöller ebd., S. 69).

Weil sie als Privateigentum des Vaters galten, gelangte das, was Mädchen im Patriarchat angetan worden ist, nie an die Öffentlichkeit. Wöller (1992, S. 31) sagt: „ ... niemand will sich in die >Privatangelegenheiten< anderer einmischen. Privat – das Wort kommt von private = rauben – ist das, was einem Mann gehört".

Erst mit ihrer Heirat entgeht die Tochter der Gewalt des Vaters. Sie wird nun Eigentum des Ehemannes, unter dessen Kontrolle und Verfügungsgewalt sie fortan steht (vgl. Rush 1991, S. 53).

Das patriarchalisch bestimmte Zusammenleben läßt nicht nur eine Gemeinschaftsform entstehen, die zum Kristallisationspunkt der Durchsetzungsstrategien von Macht und Herrschaft und zu einem Ort wird, an dem es „Privateigentum" gibt. Im Zusammenhang mit der Idee des Privateigentums verliert auch das Kollektiv nach und nach seine Bedeutung (vgl. Herriger 1990, S. 25). An seine Stelle tritt die Polarisierung im Gemeinschaftsleben. Beim Vater liegen Macht, Kontrolle, Besitz und Herrschaft über die Menschen seines Hauses und die Natur. Er hat das Recht zu richten und zu strafen (vgl. Badinter 1981, S. 15). Die Verfügungsgewalt über die zum Besitzstand gehörende Ehefrau und die Kinder erklärt deren Jahrtausende lange Ausbeutung.

Untrennbar mit dem Gehören ist das Gehorchen und der Gehorsam verbunden. Die Entstehung sexueller Gewalt gegen Kinder sowie ihre ungehinderte Fortsetzung ist ohne die Aspekte Herrschaft, Besitz und Gehorsam nicht denkbar. Deren Grundlagen wurden lange Zeit nicht hinterfragt. Erst in neuerer Zeit, insbesondere seit das Thema familiärer Gewalt die Schlagzeilen füllt, wird die Verfügungsgewalt gegenüber dem „Privateigentum Mensch" im Raum der Familie auf den Prüfstand gehoben.

3.4. Gehorsam

Für die Aufrechterhaltung der patriarchalischen Unterordnungs- und Herrschaftsprinzipien in Kirche und Staat ist der Gehorsam die wichtigste Tugend (vgl. Mulack 1988, S. 79; Rerrich 1988, S. 32; Badinter 1981, S. 28). Gebser (1987, S. 20) meint, durch das Gehören und Gehorchenmüssen werde die Individualität des anderen ausgeschaltet: „Und wenn mir etwas gehört, dann lösche ich das andere Ding oder den anderen Menschen aus, an den ich diesen Anspruch stelle".

Seit vorchristlicher Zeit und lange Zeit unangefochten stellen der Vater im Hause, die Obrigkeit im Staate und Gottvater im Himmel die autoritäre Trias der Männerherrschaft dar (vgl. Gamm 1965, S. 12 ff; Braun 1980, S. 16). Die äußeren Herrschaftsstrukturen spiegeln sich in der Familie. Der Vater gilt als Stellvertreter Gottes auf Erden und als Stellvertreter des jeweiligen Fürsten (vgl. Badinter 1981, S. 16, 18). Während ein männliches Kind im Patriarchat immer die Aussicht hat, später selber in eine Autoritätsposition zu gelangen – sei es im Beruf oder gegenüber Frau und Kindern – war Mädchen diese Aussicht lange Zeit verschlossen. Für ihren Lebensweg waren lebenslange Unterordnung und unbediger Gehorsam vorgesehen und vorgeschrieben, wie Rousseau im >Emile< ausführlich dargelegt hat.

Das starke Interesse der Mächtigen in Staat und Kirche, den Ungehorsam gegen äußere Autoritäten als sündhaft zu vermitteln, ist für Fromm (1986, S. 118) eine Strategie zum Schutz ihrer eigenen Hierarchien. Staat und Kirche setzten auf Familie als Institution, um mit Hilfe des Über-Ichs den Eigenwillen des Kindes zu brechen, damit es wunschgemäß funktioniert und den Autoritäten gehorcht.

Das theologische Lexikon >Religion in Geschichte und Gegenwart< bezeichnet den Gehorsam als Mittelpunkt und Schlüsselgedanken der ganzen christlichen Botschaft" (s. Grotjahn, SDR vom 23.10.1994). Zielen die Kirchenoberen auf Gehorsam gegenüber den kirchlichen Lehren und Geboten und somit auf Über-Ich-Gehorsam, so geht es Jesus Christus um Ich-Gehorsam, der auf das eigene höhere Gewissen bezogen ist, und damit um Selbstverantwortlichkeit (vgl. von Jüchen 1981, S. 43; Mulack 1988, S. 78 f). Wolff (1975S. 166) meint, Jesus Christus wollte die Menschen zu Selbständigkeit und Verantwortlichkeit führen „um der wirklich selbständigen Personwerdung willen ... Er wollte nicht halbe Kinder".

Nicht nur der katholischen Kirche ist die Forderung nach und die Erziehung zum Gehorsam der Pfeiler einer Lehre, die auf Gefügigkeit und Unterordnung im Sinne der Herrschenden zielt. Auch Luther setzt den Gehorsam gegenüber Gott, der Obrigkeit im Staat und gegenüber den Eltern gleich und fordert von der Familie, „zum Nutzen der Obrigkeit Kinder aufzuziehen" (Beuys 1980, S. 245).

Im Zwang zum Gehorsam sieht Fromm (1986, S. 119) ein Merkmal der Haben-Orientierung:

„Im üblichen theologischen und säkularen Sprachgebrauch ist Sünde ein an autoritäre Strukturen gebundener Begriff, und diese Strukturen entsprechen der Existenzweise des Habens, in welcher die Mitte des Menschen nicht in ihm selbst liegt, sondern in der Autorität, der er sich unterwirft. Wir verdanken unser Wohl-Sein nicht unserem eigenen produktiven Tätigsein, sondern unserem passiven Gehorsam und dem dadurch erkauften Wohlwollen der Autorität".

Der von seiner „Mitte", also von seinem Selbst entfernte Mensch ist abgespalten und somit entfremdet. Er hat aufgrund der gesellschaftlichen Konditionierung sowie durch schwere Kindheitstraumen den Zugang zu Teilen seiner inneren Kräfte verloren. Aus Ich-Schwäche entwickelt er ein an äußeren Mächten orientiertes Gewissen und bezieht daraus äußerliche Sicherheit[6].

Die Gehorsamsforderung, mit der Kinder gegenüber Autoritätspersonen aufwachsen, hat einen wesentlichen Beitrag dazu geleistet, daß Auschwitz geschehen konnte. Grotjahn (1994, SDR vom 23.10.1994) zitiert autobiographische Aufzeichnungen des Kommandanten von Auschwitz, Rudolf Heß. Heß schreibt:

„Ganz besonders wurde ich immer darauf hingewiesen, daß ich Wünschen oder Anordnungen der Eltern, der Lehrer, Pfarrer und so weiter unverzüglich zu befolgen hätte ... Was sie sagten, sei immer richtig. Diese Erziehungsgrundsätze sind mir in Fleisch und Blut übergegangen".

Die Erziehung zum Gehorsam spielt auch bei sexuellem Mißbrauch an Kindern eine folgenreiche Rolle. Sind es bekannte paternale Autoritätsfiguren, die sexuelle Übergriffe starten, dann ist – mit dem Gebot des Gehorsams als Rückenwind – meist keine körperliche Gewalt nötig, um Kinder in das Geschehen einzubinden. Ohne die patriarchalische Schutzdecke und das kirchlich abgesicherte Gehorsamsgebot wären weder die Ausbreitung dieses Vergehens noch seine Geheimhaltung so lange Zeit möglich gewesen.

Die Verpflichtung des Kindes zu Gehorsam, Respekt und Liebe garantiert, so Miller (1988, S. 46), die Schonung der Eltern bis über ihren Tod hinaus. Wegen der schweren Schuldgefühle, die sie verursachen würde, bleibt die Auseinandersetzung mit und die Kritik an den Eltern aus. Die Wut, die eigentlich den Eltern gilt, wird häufig stellvertretend an den eigenen Kindern abreagiert.

3.5. Das Kultische im Judentum und Christentum

Für unseren Kulturraum sind die Entwicklungen im Judentum und Christentum zentral, wenn es um den sozialen Wandel des Geschlechterverhältnisses, der Gemeinschaftsformen sowie den Raum des Kultischen geht, auf den sich die historischen Veränderungen analog auswirken.

Im Zuge des Übergangs zum Patriarchat setzt sich gegenüber den weiblichen Gottesvorstellungen ein Religionstypus mit Vatergöttern und mit männlich bestimmten Mythen und Werten durch. Das nunmehr abgewertete Weibliche wird aus dem Kult gedrängt (vgl. M. Mead 1958, S. 10; Wöller 1992, S. 19). Die gesellschaftliche Minderwertigkeit der Frau legt ihre religiöse Kultunfähigkeit fest (vgl. Rush 1991, S. 52).

Mit der Übernahme des Priestertums durch den Mann wird „der größte Teil des kultischen und praktischen Wissens an die Überlieferung durch die Väter und Vaterfiguren geknüpft" (A. Mitscherlich, 1992, S. 183), und der Frau wird suggeriert, „daß nächst ihrem Vater oder Ehemann der Priester für sie an Gottes Stelle steht und ihm zu dienen sie dem Heiligen am nächsten bringt" (Wöller 1992, S. 87).

Die Männer der christlichen Kirche übernehmen das Bild des richtenden und strafenden alttestamentarischen Gottvaters. Ähnlich wie das Judentum identifiziert sich die christliche Kirche mit dem männlichen Prinzip, das heißt mit Macht und Herrschaft.

Wilbers (1988,) Ansicht nach verfielen die Massen, weil sie

> „gar kein oder nur wenig Verständnis für eine subtile oder gar kausale Göttlichkeit hatten ... einer mentalen Manipulation des kulturellen Vaterbildes ..., einem zu kosmischen Proportionen aufgeblähten Bild eines >Großen Lieben Papa<, der persönlich über alle Egos wacht ... Den unmittelbaren Anstoß dazu lieferte die gewaltige psychologische Wirkung der autoritären Vatergestalt" (ebd., S. 292). Die Vorstellung eines Gott-Vaters im Himmel wiederum hat die Tendenz, „die Macht des leiblichen Vaters, des despotischen und sexistischen Herrschers über seine private Burg zu vermehren" (ebd., S. 296).

Für Wolff (1975, S. 36 f) ist der Gottvater des Alten Testaments ein „kompakt männliches Symbol", ein „Patriarchenungeheuer" und Resultat des kirchlichen Autoritäts- und Strafdenkens.

Die Gottesvorstellung des Alten Testaments und die Abwertung der Frau sind für das christliche Europa wegweisend geworden. Die Theologie bezieht

> „ihre Aussagen über die Anthropologie, über die Schöpfung, über Gerechtigkeit und vieles andere mehr ganz wesentlich aus dem A.T. ... Was in der Bibel steht, wurde als das Vorgegebene, von Gott so Gewollte, Normale begriffen und übernommen und hatte dadurch eine weit verzweigte Wirkungsgeschichte" (Wöller 1992, S. 82 f).

Im Gegensatz zu vorpatriarchalischen Zeiten wird die lebensspendende Kraft der Frau in Gen. 2 auf zwei Männer projiziert: Ein männlicher Gott erschafft Adam, aus Adams Leib wird mit Hilfe Gottvaters die Frau „geboren". Eva ist in dieser Schöpfungsvariante das Kind-Geschöpf Adams, während Adam unmittelbar von Gott kommt. Das weibliche Prinzip ist an beider „Geburt" in keiner Weise beteiligt. Dagegen beruft sich Jesus Christus in einer Zeit ausgesprochenen Antifeminismus' betont auf Gen. 1, die aussagt, der Mensch sei „als Mann und als Frau" geschaffen worden (Wolff 1975, S. 134; vgl. von Jüchen 1981, S. 40).

Auch das von Jesus vermittelte Bild des göttlichen Vaters trägt ausgesprochen weibliche Züge (vgl. Mulack 1988, S. 62), und im gesamten Neuen Testament finden wir keinen Hinweis auf eine Zurücksetzung der Frau. Zu Jesu Lebzeiten umgaben ihn Apostelinnen, Prophetinnen sowie Predigerinnen, und noch kurze Zeit nach seinem Tod konnten Frauen christliche Hausgemeinden leiten (vgl. Denzler 1988, S. 316). Die Aufwertung des Weiblichen verflüchtigte sich jedoch schnell. Die christliche Kirche entwickelte sich als eine betont patriarchalische Institution, in der Frauen allein zum Zuhören verurteilt sind und als minderwertig gelten.

Ganz in der Linie des Apostel Paulus hat Augustinus (354 – 430) die Ächtung der Frau auf die Spitze getrieben. Für ihn ist sie eine Quelle des Bösen und der sexuellen Versuchung und daher zu meiden. Von Gottebenbildlichkeit könne nur beim Mann, nicht aber bei der Frau gesprochen werden. Weil geistig niedrig stehend, habe sie sich dem geistig stärkeren Mann unterzuordnen. Lediglich der zum Herrschen ausersehene Mann könne mit Gott in direkte Verbindung treten (ebd., S. 248 f). Diese Thesen sind in der Kirchengeschichte bis heute Argumentationsbasis, wenn es um die Frage nach einem Priesteramt für Frauen geht.

Zurückgeführt wird die Minderwertigkeit der Frau auf Eva. Die Basis dafür ist nicht nur die Schöpfungsvariante Gen. 2. Darüber hinaus wird als Begründung angeführt, Eva habe die Sünde als Erbsünde in die Welt gebracht. Jede Frau übertrage die Erbsünde, wenn ein Kind gezeugt wird.

Die Theologen der nach Augustinus folgenden Jahrhunderte waren „alle von einer mehr oder weniger großen Leib- und Frauenfeindlichkeit erfüllt ..." (ebd., S. 268 ff)[7]. Thomas von Aquin (1225 – 1274) und Albertus Magnus (1193 – 1280) führen die Tradition der Frauenabwertung weiter und finden neue Belege für ihre angebliche Minderwertigkeit. So wird Albertus Magnus' Ansicht nach die Frau von ihrem Gefühl zu allem Bösen getrieben, während der Mann durch seinen Verstand zu allem Guten geleitet wird (Ranke-Heinemann 1988, S. 185). Thomas von Aquin bezieht die weibliche „Unterlegenheit" nicht nur auf den Sündenfall. Die Frau sei bereits von Natur aus unterlegen und mit geringerer Intelligenz ausgestattet. Außerdem besitze sie „nicht genügend Widerstandskraft des Geistes gegenüber den Begierden" (Denzler 1988, S. 301). Wegen ihrer Defizite schulde sie dem Mann unbedingten Gehorsam. Er sei für sie, was „Gott für die ganze Schöpfung" ist (ebd., S. 320).

Erst mit Papst Johannes XXIII. meldet sich 1963 eine Stimme, um die Abwertung und Unterordnung der Frau zu überwinden und ihr im häuslichen Leben wie im Staat Rechte und Pflichten einzuräumen, „die der Würde der menschlichen Person entsprechen" (zit. nach Denzler ebd., S. 264). Daraus zieht er jedoch nicht die Konsequenz, Frauen diese Möglichkeiten auch in der Kirche einzuräumen. Bis auf den heutigen Tag läßt die katholische Kirche die Verwirklichung der Gleichberechtigung von Mann und Frau vermissen.

Antifeministische Äußerungen und frauenabwertendes Verhalten finden sich in der katholischen wie in der evangelischen Kirche. Der Reformator Luther etwa zeigt ausgeprägte Züge von Frauenangst und Frauenhaß. Außerdem legt er die Frau auf das Ideal der züchtigen Hausfrau und Mutter fest (vgl. ebd., S. 261). Bemerkenswert sind auch die Äußerungen des evangelischen Theologieprofessors und Pfarrers Huntemann. Er berief sich erst vor einigen Jahren auf die Heilige Schrift, um gegen die Wahl der ersten deutschen Bischöfin zu protestieren. Huntemann (19/92, S. 212) ist der Ansicht, Maria Jepsen habe „sich mit ihrer Wahl gegen die Heilige Schrift erhoben. Pastorinnen und erst recht Bischöfinnen sind in der evangelischen Kirche und überhaupt im Christentum undenkbar". Gefragt, was denn die Frau seiner Ansicht nach in der Kirche dürfe, verweist Huntemann auf die soziale Aufgabe der Frau: „Hier hat die Frau eine große, unendliche Aufgabe, um ihre ganze frauliche Potenz der mütterlichen Zuwendung einzubringen". Huntemann weiter: „Die Unterordnung der Frau unter den Mann ist eine Ordnung, die der Allmächtige, gelobt sei sein Name, für die Schöpfung vorgesehen hat".

In der katholischen Kirche verschärft sich die Trennungslinie zwischen Mann und Frau durch den Zwang zum Zölibat. Das trägt zur Entfremdung der katholischen Kirche und ihrer Priester vom Weiblichen bei. Wolff (1975, S. 29) hat die männliche Distanzierung und Isolierung vom Weiblichen auch als Distanzierung und Isolierung vom eigenen Unbewußten dargestellt. Sie erinnert (unter Berufung auf C. G. Jung) daran, daß das Unbewußte beim Mann vor allem weiblich geprägt ist. Die kirchliche Frauenabwertung und -feindlichkeit bedeute daher im Grunde eine „Selbstentzweiung ... sie ahnen nicht, daß sie gegen sich selbst kämpfen, wenn sie gegen die Frau kämpfen, daß das, was sie >draußen< schmähen und degradieren ..., >drinnen< in ihnen selbst ist".

Auf die männlich bestimmte christliche Kirche trifft zu, was Badinter (1987, S. 80) über die Angst vor Frauen im Patriarchat sagt:

> „In der Härte, mit der eine patriarchalische Gesellschaft dem weiblichen Geschlecht gegenübertritt, äußert sich offenbar ihre Angst: Angst vor der Kastration, aber auch Angst vor einem Aufstand der Frauen, der das schöne Gebäude, das die Männer zu ihrem eigenen Vorteil geordnet haben, zerstören würde".

In seinen kirchenkritischen Auseinandersetzungen wirft Drewermann (1989, S. 520) der kirchlichen Sexualmoral vor, „komplementäre Angst vor dem anderen Geschlecht" erzeugt zu haben. Außerdem prangert er die Abwertung der Frau an, die „zu einer regelrechten Verteufelung der Frau geführt" habe.

Die Verteufelung der Frau spiegelt sich im wahrsten Sinne des Wortes in den Hexenprozessen. Mit dem Hexenglauben verknüpft sich die Annahme, das Geschlechtliche als das Böse komme schlechthin von der Frau. Der 1487 von den Dominikanern Institoris und Sprenger herausgegebene Hexenhammer sagt, >die fleischliche Begierde< der Frauen sei >unersättlich< (zit. nach Denzler 1988, S. 311). Wegen ihrer sexuellen Gier und weil kein Mann sie befriedigen könne, ließen sich viele Frauen mit Dämonen ein. Die Annahme, Menschen hätten Geschlechtsverkehr mit dem Teufel, geht auf Thomas von Aquin zurück (vgl. Ranke-Heinemann 1988, S. 158). Er setzte sich systematisch mit der Teufelsbuhlschaft auseinander (ebd., S. 241).

Den Frauen Unzucht mit dem Teufel vorzuwerfen, ist als Ausgeburt klerikaler Sexualphantasien zu werten. Weber (1991, S. 173) meint: „Die Theorien des dämonischen Geschlechtsverkehrs aus dem Hexenhammer tragen Züge monströser, sexueller Männerphantasien".

Die zerstörerischen Exzesse während der Hexenverfolgen sind für Wolff (1975, S. 45) ein Beleg dafür, daß die „Mutter Kirche" ein Relikt der Negativkonstellation der archaischen Großen Mutter ist. Sie deutet die Hexenverfolgungen als „frustrierte Anima-Suche ... in Haß umgeschlagen, mit allen möglichen Schattenelementen sich mischend" (ebd., S. 44; vgl. auch May 1983, S. 132 ff).

Auch hinter der in verschiedenen Ländern immer noch geforderten Klitoris-Beschneidung steckt der Gedanke, von Frauen ginge große sexuelle Gefährdung aus. Als Ausdruck sozialer und sexueller Kontrolle und Unterdrückung fußt diese Verstümmelungspraxis auf der Vorstellung, Frauen seien sexuell unersättlich und „nymphoman" veranlagt (vgl. Stelzenmüller 1995, S. 13 ff; vgl. auch B. Groult, >Ainsi soit-elle<).

Das Geschlechtsrollenverständnis der Kirche hat vielen Frauen großes Leid gebracht. Von Jüchen (1981, S. 110; vgl. auch Scully 1990, S. 48) fordert die Kirchen zur Überwindung eines Tabus auf, „das Jesus Christus vor 2000 Jahren zertrümmerte und durch den Gedanken einer geschwisterlichen Welt überboten hat". In Jesu Äußerungen (inbesondere bei Markus) erschließt sich die Utopie einer Welt, in der es ähnliche Beziehungen wie zu Schwestern, Brüdern oder Müttern geben wird, aber keine Vaterbeziehungen. Statt um patriarchalische Herrschaftshierarchien geht es ihm um gegenseitige Dienstbarkeit (vgl. Holl 1971, S. 148; Mulack 1988, S. 72).

Erst in jüngster Zeit, mit Erstarken des Feminismus, überprüft die feministische Theologie die frauenfeindliche Interpretation von Bibeltexten und die frauen- und sexualfeindlichen Ansichten der kirchlichen Lehre.

3.6 Sozialform „Ganzes Haus"

Die vorindustrielle Form des häuslichen Zusammenlebens läßt sich unter dem Begriff „Ganzes Haus" fassen (vgl. Rerrich 1988, S. 32; Beck-Gernsheim 1990, S. 69).

Das „Ganze Haus" umfaßt sowohl das Gebäude als auch die darin lebende soziale Gruppe, für die „die Durchmischung aller Lebensalter und Geschlechter" und die Einheit von Haushalt und Erwerb charakteristisch ist (Herrmann 1989, S. 5).

Für das Mittelalter gilt, daß etwa die Hälfte der Bevölkerung – vor allem aus wirtschaftlichen Gründen – nicht heiraten konnte und durfte (vgl. Beuys 1980, S. 165). Die unverheirateten Verwandten sind im „Ganzen Haus" integriert. Auch Nicht-Verwandte, wie Personal oder ständig wechselnde Gäste und Leute auf der Durchreise, sind Mitglieder des „Ganzen Hauses". Zur wechselnden Konstellation im „Ganzen Haus" trug auch der allgegenwärtige Tod bei. „Der Tod riß über fast anderhalb Jahrtausende mehr Familien auseinander als alle Scheidungen im 20. Jahrhundert" (Beuys 1980, S. 210). Es herrscht folglich große personelle Instabilität (ebd., S. 44, 381; vgl. Rerrich 1988, S. 29 f; Herrmann 1989, S. 5).

Im „Ganzen Haus" ist eine Wirtschaftsgemeinschaft zu sehen, die die Generationenfolge erhalten und die Existenz sichern soll. In diesem Gefüge wird die Ehe weniger unter emotionellen als unter ökonomischen Gesichtspunkten geschlossen (vgl. Giddens 1993, S. 49).

Eine strikte Trennung zwischen der Welt der Frauen und der Männer gibt es nicht (ebd., S. 44). Frauenarbeit ist auf dem Land und später auch in den Städten die Norm (vgl. Beuys 1980, S. 390). Frauen unterstehen wie die Kinder zwar einerseits juristisch der Vormundschaft des „Hausvaters". Andererseits haben sie durch ihre Tätigkeit als Lehrende (vor Einrichtung der Schulen) und durch die häufig enge Arbeitsgemeinschaft mit Männern eine stärkere Positition als die, die sich nach Aufkommen des Bürgertums entwickelte (vgl. Herrmann 1989, S. 5). Für das Hochmittelalter etwa können in den Städten viele geachtete und einflußreiche selbständige Handwerker- und Kauffrauen nachgewiesen werden[8].

3.6.1. Eltern-Kind-Beziehung im „Ganzen Haus"

Das Eltern-Kind-Verhältnis hat im „Ganzen Haus" keinen besonderen Stellenwert (vgl. Rerrich 1988, S. 32; Badinter 1981, S. 167). In einer vorwiegend bäuerlichen Lebenswelt wachsen die Kinder heran, ohne daß sich jemand gezielt um ihre Erziehung kümmerte. In der frühen Kindheit werden sie von Frauen versorgt, aber nicht speziell von der Mutter (ebd., S. 34). Olivier (1980, S. 207) sagt: „Man fand in der großen Gesellschaft immer >Hilfs-Eltern<". Die alltäglichen Aktivitäten richteten sich weniger altersspezifisch aus. Daher „störten die Kinder nicht das Leben der Erwachsenen und die Erwachsenen nicht das Leben der Kinder" (Bettelheim 1971, S. 63).

Nicht nur das dörfliche, auch das Leben der Kinder in der mittelalterlichen Stadt wird als relativ frei beschrieben. Hier hatten die Eltern ebenfalls nicht viel Zeit für ihren Nachwuchs (vgl. Beuys 1980, S. 160; Bettelheim 1971, S. 63).

Beuys (ebd. S. 10) sowie Heinsohn und Steiger (1990, S. 268) widersprechen der Ansicht der meisten Soziologen, wonach von einer Gefühlswelt zwischen Eltern und ihren Kindern erst seit etwa 300 Jahren gesprochen werden könne. Zuvor habe man Kinder angeblich in erster Linie als Arbeitskräfte mit vermutlich geringer Lebenserwartung gesehen. Beuys (ebd., S. 172) führt dagegen die liebevolle Versorgung von Kindern in einem Kinderheim als Beispiel an, um zu beweisen, wie achtungsvoll Kinder in der mittelalterlichen Gesellschaft behandelt wurden. Heinsohns und Steigers (1990, S. 268) Annahme nach wurden im frühen und mittleren Mittelalter durch das Verhütungswissen der „Weisen Frauen" nur gewünschte Kinder geboren, und diese seien gut behandelt worden. Mit der Vernichtung der „Weisen Frauen" als Hexen wurde das persönliche Muster der Geburtenregelung jedoch abgeschafft und die Fortpflanzung staatlicher Politik unterstellt. Erst die anschließende „ungeheure Vermehrung" habe zu Gleichgültigkeit und Feindseligkeit gegenüber Kindern geführt (ebd., S. 315, vgl. S. 216; vgl. auch Badinter 1981).

3.6.2. Väterliche Macht

Die starke Ausprägung der patria potestas, der väterlichen Gewalt in unserer abendländischen Familie, erklärt sich

„aus ihrer weitreichenden und scharfen rechtlichen Ausbildung bei den alten Römern, die den sich eng an die alttestamentlichen Anschauungen anschließenden christlichen Grundsätzen entgegenkam. Sie konnte sich lange ungebrochen halten und hat erst eigentlich in unserem Jahrhundert [dem 20. Jahrhundert] starke Erschütterungen erfahren" (Herrmann 1989, S. 20).

Die väterliche Macht ist auch für die Sozialform „Ganzes Haus" bestimmend. Nur der „Hausvater" war „familien- und sachenrechtlich gesehen ... selbständig handlungs- und geschäftsfähig ...; er übte das Züchtigungsrecht über alle Hausgenossen aus; nur er hatte politische Rechte in der weltlichen Gemeinde" (ebd., S. 5).

Zwar kam es im Mittelalter zu einer zeitweisen Abschwächung der väterlichen Gewalt durch wachsende Rechte der Mutter. Ab dem 14. Jahrhundert tritt jedoch allmählich, vom 16. bis ins 18. Jahrhundert verstärkt, die väterliche Autorität wieder deutlich in den Vordergrund. Bereits für das 17. Jahrhundert ist festzustellen, daß „sich die Gewalt des Ehemannes und Vaters mit Abstand gegenüber der Liebe durchgesetzt" hat (Badinter 1981, S. 16).

Zur Rolle des Pater familias zählt die Aufgabe, das Kind zu zivilisieren. Im Christentum gilt das Kind, getreu der Augustinischen Lehre von der Erbsünde, als von Natur aus verderbt. Außerdem wird die angebliche Schlechtigkeit des Kindes als Folge des Bösen angesehen, das im Sexualakt der Eltern liege (vgl. Weber 1991, S. 157). Der väterliche Auftrag zur Zivilisierung des Kindes ist auf die Jahrtausende alte Lehre von der Überlegenheit des Mannes zurückzuführen sowie auf die Annahme, er werde diese aus Güte nicht mißbrauchen. Montesquieu (Persische Briefe, Frankfurt, 1964, S. 229) schreibt: >Die väterliche Gewalt ist von allen Gewalten diejenige, deren Mißbrauch am wenigsten zu fürchten ist< (zit. nach Badinter 1992, S. 18). Erst im 19. Jahrhundert wird das Postulat einer naturgegebenen väterlichen Güte und Allwissenheit angezweifelt. Das ist vor allem auf die Einführung der Schulpflicht und die zunehmende außerhäusliche Tätigkeit des Vaters zurückzuführen (Badinter ebd., S. 232 ff).

Allerdings vertritt das Familienbuch >Christliche Familie< (Tischler, 1925) weiterhin die Auffassung, es existiere eine natürliche und gottgegebene Güte des Vaters. Gott habe das Vaterherz nach seinem Herzen eingerichtet. Die väterliche Güte stehe neben der ihm zugesprochenen Gewalt. Es sei in Gottes Sinn, daß die Kinder die von Gott gegebene väterliche Gewalt „freudig anerkennen und ihre Väter ehren, lieben und ihnen gehorchen ... Wie erhaben erscheint daher die väterliche Würde in den Augen Gottes! Wie ehrwürdig ist der Vater, da ihn Gott mit einer solchen Gewalt ausgerüstet hat!" (ebd., S. 178).

4. Die bürgerliche Familie

Das Wort „Familie" verbreitete sich in der deutschen Umgangssprache erst im 18. Jahrhundert, als sich die Kernfamilie verstärkt aus dem Verband des „Ganzen Hauses" herauslöste. „Familie" bezeichnet also erst seit etwa 200 Jahren eine Gemeinschaftsform, die auf die engeren Blutsverwandten beschränkt ist (vgl. Claessens u. Milhoffer 1973, S. 11). Aus dem Römischen übernommen, bezog sich dieser Begriff ursprünglich auf eine aus dem Herrn, seiner Verwandtschaft und den Menschen bestehenden

Gemeinschaft, die auf seinem Grund arbeiteten. Somit handelte es sich um eine ganz andere Sozialform als die, unter der wir heute „Familie" verstehen (vgl. Beuys 1980, S. 66).

Der zur Entstehung der bürgerlichen Kernfamilie maßgebende Prozeß, der vielen Menschen eine außerhäusliche Arbeit brachte, bahnte sich mit dem Absolutismus, also lange Zeit vor der Industrialisierung, an (ebd., S. 258; vgl. Herrmann 1989, S. 5). Mit Aufkommen neuer Arbeitsformen begann sich die Jahrtausende lange Einheit von Haushalt und Erwerb aufzulösen, und die Ehe verlor ihre Bedeutung als Arbeitsgemeinschaft[9].

Diese Entwicklung vollzog sich zunächst in den bürgerlichen Beamtenkreisen (vgl. Beuys ebd., S. 261), in denen „der Rückzug ins Private" angetreten wurde (ebd., S. 281). Der bürgerlichen Gesellschaft gilt die Institution Familie als Privatsphäre. Sie entzieht sich daher, so Claessens/Milhoffer (1973, S. 11),

„rechtlich weitgehend dem öffentlichen Zugriff. Auf innerfamiliale Vorgänge richtete sich das Augenmerk daher nur, wenn die überantworteten Aufzuchtsaufgaben nicht erfüllt zu werden drohten und damit für die Öffentlichkeit eine materielle Belastung entstand. Wenn überhaupt, richtete sich der Blick daher kritisch auf die Familien der unteren Schichten".

Die Familiensoziologie hat den langsamen Übergang vom „Ganzen Haus" über das „Resthaus" hin zur bürgerlichen Nukleusfamilie als einen Prozeß der Funktionsverlagerung, Funktionsentlastung und des Funktionsverlusts beschrieben. Im Verlauf dieses Struktur- und Funktionswandels kam es zur Privatisierung, Gefühlsintensivierung und Intimisierung. Dies hat die „Herausbildung der geschlechtsspezifischen >Ergänzungstheorien< beeinflußt" (Bovenschen 1980, S. 148; vgl. Herrmann 1989, S. 6; vgl. Mitterauer 1980a, S. 21 f).

Um diesen Bedingungskomplex und die Auswirkungen auf die einzelnen Familienmitglieder soll es im folgenden gehen. Zuvor soll der Institutionsgedanke umrissen werden.

4.1. Familie als Institution
Alberoni und Veca (1990, S. 107) definieren Institutionen und ihre Ziele wie folgt:

„Die Institutionen wie auch die Regierungen sind Dienstleistungen. Sie müssen als ein System von Sozialtechnologien und Verfahren angesehen werden, deren einziges Ziel darin besteht, die Interessen und Rechte jedes Bürgers in Übereinstimmung zu bringen, sie zu wahren und zu schützen".

Als ein Baustein innerhalb des Systems von Sozialtechnologien führt die bürgerliche Familie häufig nicht zu diesen Zielen. In zahlreichen Fällen werden die Forderungen des Bürgerlichen Gesetzbuches nach Wahrung und Schutz der Rechte ihrer Mitglieder nicht erfüllt. Vor allem gegenüber Frauen und Kindern wird vielfach nicht geleistet, was neuere Philosophien als Bürgerrechte feststellen, und zwar, die individuellen

„Grenzen gegen die Übergriffe von seiten anderer Individuen ... zu verteidigen" (Alberoni, ebd.).

Hinsichtlich der Rechtfertigung von Institutionen haben die kulturanthropologischen Überlegungen Gehlens besondere Beachtung gefunden. Gehlen (1961) geht zum einen von der Instinktreduktion des Menschen aus; in Institutionen sieht er künstliche Schutzhüllen als Ersatz für die verlorenen Instinkte (ebd., S. 114 f). Zum anderen – und darin steckt ein Widerspruch zu dem zuvor Gesagten – nimmt er eine „Ausartungstendenz" der menschlichen Triebe an (ebd., S. 38). Die Bedrohung, die vom „Triebüberschuß" (ein Begriff, den Gehlen von Scheler übernimmt) des Menschen und seinem „Aggressionstrieb" ausgehe, verlange „Disziplinierung, Zucht, Training" (ebd.). Institutionen seien notwendig, um dem Menschen als einem unstabilen und affektüberlasteten Wesen Halt, Stütze, Ordnung und Verläßlichkeit zu geben und somit sein Innenleben zu stabilisieren (ebd., S. 23). Innerhalb des Institutionsgefüges müsse der Mensch sich nicht ständig affektiv auseinandersetzen oder sich Grundsatzentscheidungen abzwingen (ebd., S. 71). Institutionen böten

„die wohltätige Fraglosigkeit oder Sicherheit, eine lebenswichtige Entlastung, weil auf diesem Unterbau innerer und äußerer Gewohnheiten die geistigen Energien sozusagen nach oben abgegeben werden können; sie werden für eigentlich persönliche, einmalige und neu zu erfindende Dispositionen frei. Man kann anthropologisch den Begriff der Persönlichkeit nur im engsten Zusammenhang mit dem der Institutionen denken, die letzteren geben der Personqualität in einem anspruchsvolleren Sinne überhaupt erst die Entwicklungschance" (ebd., S. 72)[10].

Gehlen sieht die „Enthemmung einer fürchterlichen Natürlichkeit" voraus, sollten die sichernden und stabilisierenden Außenstützen verloren gehen (ebd., S. 66). Dann werde „die ganze elementare Unsicherheit, die Ausartungsbereitschaft und Chaotik im Menschen freigesetzt" (ebd., S. 24), und das menschliche Verhalten werde „entformt, affektbestimmt, triebhaft, unberechenbar, unzuverlässig" (ebd., S. 59). In der bildenden Kunst und Literatur des 20. Jahrhunderts sieht er einen „Verlust der Schwerpunkte und das Herumtaumeln der Zentren" und greift Kafka als Beispiel dafür heraus. Allerdings erwähnt er nicht, daß die Familie, insbesondere der Vater, die Grundlagen für die seelische Problematik des Sohnes gelegt hat. Kafkas Herkunftsfamilie ist exemplarisch für die gut-bürgerliche Familie, in der Kinder, und sensible Kinder insbesondere, ihres Schwerpunkts, ihrer Wesensmitte, entfremdet werden. Kafka hat durch verschiedene Briefe – am aufschlußreichsten ist sein „Brief an den Vater" – die Fäden aufgezeigt, die eine mißlungene Ich-Werdung, damit Labilität und Unsicherheit, an zerstörerische Familienstrukturen knüpft. In seinem Roman >Das Schloß< liefert Kafka das Dokument einer grotesk auf die Spitze getriebenen Ehrfurcht vor Institutionen und entlarvt das Lebensfeindliche, das darin liegt. Anders als Gehlen meine ich, daß Kafkas Werk und seine seelische Gefährdung eher eine kritische Betrachtung denn eine Glorifizierung von Institutionen nahelegen.

Gehlens Thesen sind verschiedentlich angezweifelt oder angegriffen worden. So überlegt Illich (1980, S. 45 ff), ob nicht bestimmte Institutionen unseres Kulturkreises Einrichtungen sind, um die Bedürfnisse der Menschheit gezielt zu formen und sie an Mechanismen zu ketten, die hilflos, abhängig und unsicher machen. Ähnlich geht Fromm (1986, S. 99 f) auf Überzeugungen und Dogmen ein, die versuchen, „den Wert unserer gesellschaftlichen Arrangements zu beweisen, indem man ihnen bescheinigt, daß sie den Bedürfnissen der menschlichen Natur entsprechen".

Von Jüchen meint, Gehlen habe die Ambivalenz von Institutionen nicht klar genug umrissen. Man könne genau das Gegenteil von dem beweisen, was Gehlens Thesen besagen:

> „Man kann zeigen, wie in der Geschichte der Völker von >Institutionen< grausige Unsicherheit, neurotische Angst, Gemeinschafts- und Persönlichkeitszerstörung ausgegangen ist. Institutionen können ebenso einen Geruch des Todes wie einen Geruch des Lebens ausströmen" (von Jüchen 1981, S. 58).

Heftige Kritik an Gehlen übt Adorno (vgl. S 2 Forum, Adorno-Gespräche, 2.9.96). Er hält Gehlen vor, bei seiner Rechtfertigung von Institutionen gehe es um Scheinsicherheiten.

Auch Plessner (1976, S. 161) greift den Aspekt von Schutz und Sicherheit auf und verknüpft ihn mit der Kritik an Gehlens widersprüchlicher Einschätzung der Instinkte. Er hält ihm vor:

> „Einmal ist der Mensch als nicht von Instinkten behütetes Wesen auf kompensatorische Ausbildung künstlicher Schutzhüllen angewiesen, die ihm zu Institutionen gerinnen. Zum anderen aber sollen die ihm verkümmerten Instinktresiduen doch die Kraft haben, das ethisch-politische Verhalten zu bestimmen".

Bei Gehlens Einschätzung der Instinkte, mit denen er die Bildung von Institutionen legitimieren will, gehe es im Grunde vor allem um das Recht des Staates auf Macht und Gewalt (Plessner ebd.).

Der Machtfaktor ist m. E. zentral, vor allem, wenn es um unkontrollierbare Macht geht. Er sollte Maßstab jeglicher Einschätzung von Institutionen sein. In einer patriarchalisch strukturierten Gesellschaft sind viele Institutionen von einer Ideologie der Macht durchwoben und mit unkontrollierbarer Macht ausgestattet.

Dieser Überblick zeigt, daß die Kritik an Institutionen insbesondere um die Phänomene Scheinsicherheiten (Adorno, Plessner), Macht, Kontrolle, Gewalt, Verdrängung (Maslow, Gruen), Infantilisierung und verhinderte Autonomie (Illich, A. Mitscherlich) kreist.

Ferner setzt die Kritik bereits an der Legitimationsbasis von Institutionen an. Diese bezieht sich zum einen auf das angeblich Böse und Zerstörerische in der menschlichen Grundausstattung – eine Negativeinschätzung, in der Maslow (1981, S. 116, 317) einen tragischen Irrtum mit wegweisenden Konsequenzen sieht. Zum anderen bezieht sie sich auf die Postulierung angeblicher Bedürfnisse. Dies und die Förderung von Ersatzbedürfnissen in Institutionen wird insbesondere von Illich und Fromm kritisiert.

4.2. Illusionäre Bilder und Realität

Mit der Herauslösung der Nukleusfamilie aus dem größeren Gemeinschaftsverband beginnt sich ein Familienleben in der Art zu formen, wie es uns heute als „normal" gilt (vgl. Rerrich 1988, S. 35). Das patriarchalische „Heim" wird erfunden und analog dazu die Bilder von Ehe und Familie, die Leitbildcharakter bis in unsere Zeit haben.

Unter der Vorstellung des „Heims" vereinigen sich die bürgerlichen Wunschträume von einer Insel der Sicherheit, der heimeligen Häuslichkeit, der Geborgenheit und Liebe. Stellte das „Ganze Haus" zuvor eine Widerspiegelung der gesamtgesellschaftlichen Verhältnisse dar, so wird Familie für das Bürgertum eine Art Gegenentwurf zur Gesellschaft. Dies verstärkt sich durch die Industrialisierung. Zunehmende Rationalität und Sachgesetzlichkeit in sekundären Systemen bringen ein affektives Vakuum. Familie soll kompensieren, was die Umwelt versagt (ebd., S. 75). Neben Liebe sollen auch Glück, Eintracht, Fürsorge, Treue, Zärtlichkeit, Respekt und Verbundenheit in der Familie herrschen (vgl. Badinter 1981, S. 142; Beuys 1980, S. 261). Die Sehnsucht nach Gefühlsintensivierung richtet sich auf die Frau, deren Aufgabe jetzt verstärkt in der Familie und nicht mehr in der Berufsausübung gesehen wird (vgl. Beuys ebd., S. 261 f).

Es beginnt eine Polarisierung von Binnenraum und Außenwelt, die in eine Ausgrenzungsideologie mündet. Die bürgerliche Familie projiziert alle Gefährdungen und das Böse nach außen, während im „Heim" alles Positive angesiedelt wird. Diese Ideologie findet ihren Widerhall in kirchlichen Familienbüchern bis ins 20. Jahrhundert hinein. So ruft Tischler (1925, S. 381) die Eltern dazu auf, dem „ungesunden Drängen" der Kinder in die Fremde hinaus zu begegnen und sie, „solang sie noch im Vaterhaus sind, auf die Gefahren und Versuchungen, ... die ihrer draußen in der Welt warten" aufmerksam zu machen. Dem Bösen außerhalb könne die Familie, „die gesegnete Arche ..., die die Gesellschaft zu retten vermag" (ebd., S. 36) durch Zucht, Gewöhnung und Erziehung entgegenwirken (ebd., S. 345)[11].

Liebe hatte lange Zeit außerhalb der Ehe ihren Raum (vgl. Schenk 1987, S. 14). Das ändert sich durch die Intensivierung der Gefühlsbeziehungen im „Heim". Ab Mitte des 18. Jahrhunderts wird die Liebesehe verstärkt zur sozialen und familialen Forderung (vgl. Badinter 1981, S. 33). Die damalige Wirklichkeit sah jedoch anders aus, wie Habermas (1992, S. 49) zu bedenken gibt:

> „Das bürgerliche Eheleben basierte, anders als gemeinhin angenommen, in der Regel keineswegs auf einer romantischen Liebesheirat, vielmehr wurden die Mädchen von frühester Kindheit an darauf vorbereitet, sich in den weiblichen Tugenden der Modestie und Scham zu üben, damit sie später auf dem Heiratsmarkt die Partie finden würden, die soziales Ansehen und Wohlstand bieten konnte".

Das 19. Jahrhundert liefert einen neuen Schub sentimentalisierender und illusionärer Bilder. Sie laufen auf die Vorstellung eines mühelosen und geregelten Dauer-Glücks im engen Rahmen des „Heims" hinaus. In der Biedermeierzeit gewinnt die Familie vermehrt an Bedeutung (vgl. Aliti 1991, S. 186), und unter dem Begriff des „Zuhause" wird der Wunschtraum vom „Heim" weitergeträumt (vgl. Anders 1981, S. 84). Von Anfang an tragen die illusionären Bilder dazu bei, das Ausmaß an Verleugnungen, Verdrängungen und Abspaltungen zu steigern. Damit nehmen auch Wahrnehmungsstörungen zu, die verhindern zu erkennen, was unterhalb der Patina von „Liebe" wirklich geschieht.

Gay (1987, S. 110) zweifelt an der Liebe im 19. Jahrhundert und stellt fest:

> „Was in den Jahrzehnten des 19. Jahrhunderts als Liebe galt, verdeckte eine auf Abwehr- und Selbsttäuschungsstrategemen ruhende Machtstruktur ... In einer Situation, in der Sitte und Gesetz den Mann zum Herrn machten, war der Ausdruck von Libido selten frei von Aggression".

Das heißt, die Schlüsselfrage in der Geschlechterbeziehung, die alte Frage des Nibelungenliedes nach Macht oder Liebe – die nicht miteinander vereinbar sind – wird im Bürgertum mit einem Winkelzug beantwortet: Auf der Ebene der illusionären Bilder und der normativen Erwartungen geht es um Liebe. In der Realität bestehen jedoch weiterhin patriarchalische Herrschafts- und Machtbeziehungen. Wie in der Öffentlichkeit, so dominiert in der bürgerlichen Familie der Mann (vgl. Rerrich 1988, S. 30, 75). Die Diskrepanz zwischen den illusionären Bildern und der Realität ist einer der Widersprüche, die in der bürgerlichen Familie angelegt sind.

Diesen Gedanken verfolgt auch der Familienkritiker Cooper (1972, vgl. S. 8). Er meint, die Einbildung und das verinnerlichte Bild der Familie, also die „Nicht-Wirklichkeit", herrsche über die Wirklichkeit. Die Sehnsuchtsbilder verdrängen also die Realität. Erst in den letzten Jahrzehnten wird versucht – auch in Schulbüchern – mit alten Klischees aufzuräumen, das Familienleben realistischer darzustellen und einen Eindruck von der Pluralität der Lebensformen zu vermitteln.

Laing (1979) erkennt das Zerstörerische, das in illusionären Bildern steckt. Alles sei darauf ausgerichtet, daß die Familie erhalten bleibt und alles, was den Zusammenbruch der >Familie< (>Familie< bedeutet hier das internalisierte Bild von Familie) bewirken könnte, werde

> „als destruktiv oder belästigend oder krankhaft definiert ... Jeder muß sich deshalb selbst opfern, um die Familie zu erhalten. Die >Familie< dient schließlich als eine Abwehrmaßnahme oder als Bollwerk gegen totalen Zusammenbruch, Desintegration, Leere, Verzweiflung, Schuldgefühle und andere Schrecken". Sein Fazit lautet: „Wenn ich die >Familie< nicht vernichte, wird die >Familie< mich vernichten" (ebd., S. 22).

Die Diskrepanz zwischen Idealbild und enttäuschender Realität ist Ursache vieler seelischer Störungen. Sie begründet auch die verbreitete Sehnsucht nach dem Mütterlichen und der Familie als eine Art lebenslanger Mutterschoß. Ungestillte Wünsche der

Kindheit werden nun – zumeist unbewußt – an die Mitglieder der selbst gegründeten Familie gerichtet. Der in der Kindheit erlebte Mangel lebt vor allem in Krisenzeiten oder bei emotionaler Verarmung wieder auf. Häufig wird dann versucht, andere Menschen von sich abhängig zu machen, um so verspätet die Bedürfnisse nach umfassender Versorgung, Zuwendung, Liebe und Aufmerksamkeit zu befriedigen (vgl. Swigart 1993, S. 97). Männer versuchen nicht selten, dies mittels sexueller Übergriffe, vor allem auf die Tochter, zu erreichen.

Die Entstehung und das Wirken illusionärer Bilder und normativer Erwartungen fordert zur Auseinandersetzung mit den Mechanismen der institutionellen Konditionierung heraus, in der Laing und Tart eine Art Hypnose sehen.

4.2.1. „Kulturelle Hypnose"

Zu den grundlegenden Aufgaben des sozialen Systems Familie gehört, im Sinne der gesellschaftlichen Funktionalität Kinder zu erziehen. Dieser Vorgang, die Sozialisierung, kann als eine zweite Geburt, die sozio-kulturelle Geburt (Parsons), bezeichnet werden. Im Verlauf dieser zweiten „Geburt" werden dem Kind die kulturspezifischen Werte und Normen vermittelt. Vermittelt werden sie zum einen durch Konditionierung – in Laings (1979) und Tarts (1988) Worten durch „Hypnose" – und zum anderen durch den direkten Einfluß des elterlichen Charakters, in dem sich der „Gesellschaftscharakter" spiegelt (Fromm 1980/91955a, S. 59 ff). Unter „Gesellschaftscharakter" versteht Fromm den gemeinsamen Nenner der Charakterstruktur innerhalb einer bestimmten Kultur. Die Funktion des Gesellschaftscharakters besteht darin, die Energien zu bündeln und den Habitus zu formen, der den Einzelnen zu einem gesellschaftlich erwünschten Handeln führt. Das geschieht bewußt, und mehr noch unbewußt, durch Zuschreibungen und durch die Internalisierung von Normen.

Laing (1979, S. 73) ist der Ansicht,

> „daß wir den größten Teil unserer frühesten und nachhaltigsten Instruktionen in der Form von Zuschreibungen erhalten ... Die Hypnose ist vielleicht ein experimentelles Modell eines in vielen Familien natürlich auftretenden Phänomens. In der Familiensituation sind jedoch die Hypnotiseure (die Eltern) vorher bereits hypnotisiert worden (von ihren Eltern)".

Laing bezieht sich hier auf kulturelle Muster, die mittels Zuschreibung oder „Hypnose" von einer Generation an die nächste weitergegeben werden sowie auf den familiären Wiederholungszwang, der bestimmte familienspezifische Muster über Generationen weitertransportiert.

Dem Kind werden in der Familie, als dem zentralen Ort „kultureller Hypnose" (ebd., S. 74 f), Eigenschaften und bestimmte Bedürfnisse zugeschrieben. Das heißt, es wird definiert. Entsprechend den Definitionen nimmt es eine bestimmte Position, einen sozialen Ort, eine Rolle ein. Im Grunde erhält es Anweisungen „für ein Schauspiel: ein

Szenarium" (ebd., S. 81). Laings Überzeugung nach sind Zuschreibungen entschieden wirksamer als Befehle, Zwang oder Überredung.

Die sozialen Gesetze, die mittels „kultureller Hypnose" „>einprogrammiert< oder >eingerieben< werden", kommen uns schließlich wie „natürliche" Gesetze vor (Laing ebd.). Die Anpassung an diese Gesetze und die Familienregeln bedingen Operationen an der eigenen Erfahrung (ebd., S. 82). Es komme, meint Laing (ebd., S. 90), zur „Hinrichtung unserer Erfahrung auf dem Altar der Konformität".

In der Familie bestehe „ein gemeinschaftlicher Widerstand dagegen, zu entdecken, was sich abspielt ... Zwischen Wahrheit und Lüge liegen Bilder und Ideen, die wir uns vorstellen und die wir für real halten" (ebd., S. 72). Hier wird auf das bereits erwähnte schädigende Potential von Illusionen und Sehnsuchtsbildern hingewiesen, die die Wahrnehmung verfälschen können. Zu den verbreiteten Illusionen gehört das Bild von den „guten" Eltern. Selbst wenn Kinder als Nutzgegenstand definiert und in eine entsprechende Form gepreßt worden sind, idealisieren sie ihre Eltern oft ein Leben lang.

Kinder, die zugunsten elterlicher Wünsche konditioniert werden, dürfen gleichzeitig nicht „merken" (vgl. Miller), daß sie benutzt und ausgebeutet werden. Im Zuge der Identifikation mit der elterlichen Bedürftigkeit und weil sie nicht merken dürfen, was mit ihnen geschieht, opfern sie ihre eigene Wahrnehmung und ihre eigenen Bedürfnisse auf.

Eine so schwerwiegende Ausbeutung wie der sexuelle Mißbrauch drängt das Kind ferner dazu, sich von seinen Gefühlen abzutrennen und innerlich zu erstarren. Aufopferung der eigenen Wahrnehmung und Erstarrung führen zu einem Zustand, der am besten durch das Wort „Trance" beschrieben werden kann. Bradshaw (7/94, S. 36) sagt über schwer traumatisierte Menschen:

> „Sie trennen sich von der Wut, der Beleidigung und dem Schmerz über das, was ihnen zustieß. Sie verfallen in einen tranceartigen Zustand, der sie vor der Pein des Ereignisses beschützt. Während ihr Leben weitergeht, ... behalten sie unbewußt die Charakteristiken dieses Trance-Zustandes bei".

Ein Trance-Zustand kann auch an die bereits diskutierte Identifikation mit dem Aggressor gebunden sein. Ferenczi (1982, S. 308) hat auf den „traumhaften Zustand" und die „traumatische[n] Trance" sexuell mißbrauchter Kinder hingewiesen, die sich mit dem Aggressor, also dem Verursacher ihrer Pein, identifizieren.

Trance-Zustände dürfen daher nicht nur auf familiäre Konditionierung bezogen werden. Sie können auch auf schwerwiegende Traumen zurückgehen, etwa auf Gewalterlebnisse oder sexuellen Mißbrauch sowie auf die Identifikation mit dem Aggressor.

Hypnotische Trancezustände sind Laing (1979, S. 76) zufolge recht verbreitet. In diesem Zustand bleibt der Mensch, bis er erkennt, daß er nie gelebt hat. Versuche, sich von ihm zu befreien und aufzuwachen, werden von der Gesellschaft häufig bestraft.

Tart (1988) bezeichnet den mittels Hypnose kulturell erzeugte Trancezustand (in Anlehnung an die Lehren Gurdjieffs) als „Konsensus-Trance" (ebd., S. 131 ff). Sie wird bereits dem Baby induziert. Als kulturelle „Hypnotiseure" sorgen die Eltern dafür, daß sich Bewußtsein wie Verhalten des Kindes kulturkonform ausrichten (ebd., S. 137 ff). Dieser Mechanismus kann so gut greifen, weil das Kind außerordentlich form- und hypnotisierbar und zudem gänzlich von Liebe und Versorgung abhängig ist (ebd., S. 141).

Die Programmierung im Sinne der kulturellen Werte erfolgt mit Hilfe des Über-Ichs und des Über-Ich-Gehorsams. Auch die Aufrechterhaltung der kulturell vermittelten Konsensus-Trance wird vom Über-Ich garantiert (ebd., S. 270 f), in dem Tart eine automatisierte psychische Maschine sieht. Programmierung und Trance bringen spezifische, kulturell gewollte Wahrnehmungen hervor. Das heißt in letzter Konsequenz, daß unsere Wahrnehmungen zu einem Großteil Konstruktionen sind (ebd., S. 157).

Die deformierenden Mechanismen greifen auch deswegen so gut, weil sie mit kultureller Belohnung einhergehen. Die Kultur belohnt Konformität sowie „die Entwicklung von Potentialen", die für sie bedeutsam erscheinen (ebd., S. 148), und sie bestraft das Gegenteil (ebd., S. 142 f). Die Angst vor Schmerzen, Strafe und Ablehnung strukturieren „die inneren seelischen und emotionalen Prozesse auf eine von der Kultur erwünschte Weise" (ebd., S. 143).

Durch Programmierung und „Hypnose" wird der „Wesenskern", die Essenz des Menschen, überlagert (ebd., S. 31). Während die Essenz verschüttet wird, baut sich die an gesellschaftlichen Normen orientierte Persönlichkeit auf. Gurdjieff bezeichnet sie generell als „falsche Persönlichkeit", weil sie nicht auf unser eigentliches Wesen und Sein bezogen ist (vgl. ebd., S. 173, 31, 245), sondern auf die Rollen, mit denen sie sich automatisch identifiziert (ebd., S. 172 f). Dem Menschen selbst fällt kaum auf, daß seine Lebensweise nicht seinem Wesenskern entspricht (ebd., S. 39) und er weit hinter seinen Möglichkeiten zurückbleibt (ebd., S. 43).

Infolge der inneren Verluste, der Zersplitterung und Automation werden Mangel und Unzufriedenheit empfunden. Deshalb setzen Suchbewegungen ein. Im Zustand der „Trance" oder des „Schlafes" richten sie sich auf „Puffer", das heißt auf Abwehrmechanismen. Von ihnen wird erwartet, daß sie Schmerz und Unwohlsein abpuffern bzw. abwehren (ebd., S. 206). Außerdem sollen sie helfen, das Leben in der Außenwelt zu intensivieren (ebd., S. 11; vgl. auch Laing 1979, 90 f). Ohne die Wirkung von Abwehrmechanismen, zu denen Projektionen, „Spiele" im Sinne Bernes und der große Bereich der Ersatzbedürfnisse gehört, wäre die Konsensus-Trance nicht aufrechtzuerhalten (vgl. Tart 1988, S. 199).

Hier ergibt sich eine Verbindungslinie zu Illichs und Fromms Überlegungen hinsichtlich künstlich erzeugter Bedürfnisse. Die künstlichen Bedürfnisse oder Ersatzbedürfnisse werden in Institutionen erzeugt, namentlich in der Familie. Sie sind an Deformationen gebunden, die dem Menschen durch traumatische Erlebnisse und durch die „kulturelle Hypnose" zugefügt wurden. An diesen Deformationen und Bedürfnissen setzen die Massenkräfte der Außenwelt an. Unterschiedliche Institutionen stellen in großer Vielfalt Ersatzbefriedigungen zur Verfügung. Durch das Versprechen von Glück und Sicherheit sowie durch den Konsum von Waren, von Reizen oder von Menschen läßt sich besonders leicht verführen, wer stark entfremdet, innerlich leer, labil und abhängig ist oder in einer Konfliktsituation steckt. Da Ersatzgüter nur kurzfristig erleichtern und nicht wirkliche Zufriedenheit bringen können, verstärkt sich die Tendenz, noch verzweifelter nach Ersatzbefriedigungen zu suchen und noch mehr zu Automatismen zu neigen (vgl. ebd., S. 58). Auf die gesellschaftliche Förderung von Süchten als Ersatz- oder Schmerzmittel trifft dies in besonderem Maße zu. Schaef (1989, S. 25) meint, man laufe ständig Gefahr, von ihnen infiziert zu werden.

Ein verbreitetes Ersatzgut ist die Sexualität.

Sexualität als Ersatzbedürfnis ist entfremdete Sexualität mit einem Suchtpotential. Diese Kriterien treffen auf sexuellen Mißbrauch an Kindern zu. Daher ist dieses Delikt auch als ein Medium zu erkennen, mit dessen Hilfe die innere Leere ausgefüllt oder Angst und Schmerzen abgewehrt werden sollen, die durch „kulturelle Hypnose" entstanden sind.

Im Falle des Inzests gestattet der patriarchalisch geprägte Kontext der Institution Familie dem leeren entfremdeten Menschen, seine Befriedigungs- und Entlastungssuche auf das eigene Kind zu richten und es als sexuelles Objekt zu definieren..

Ist die „kulturelle Hypnose" für die Entstehung und Weitergabe von Ersatzbedürfnissen verantwortlich, so sorgt der verbreitete Trance-Zustand für die Unfähigkeit, diese Zusammenhänge zu durchschauen und befreiende Bewußtseinsprozesse einzuleiten.

4.2.2. Kirche

An der kulturellen Hypnose hat die Institution Kirche maßgeblichen Anteil.

Zu erinnern ist an die Abwertung der Frau und die Glorifizierung des Mannes durch Augustinus, die Thomas von Aquin fortgeführt hat. Analog dazu wird auch der Vater höher bewertet als die Mutter. Thomas sagt: „Der Vater ist mehr zu lieben als die Mutter, weil er das aktive Zeugungsprinzip ist, die Mutter jedoch das passive" (S. Th. II/II q. 26 a. 10, zit. nach Ranke-Heinemann 1988, S. 196).

Beispiele aus katholischen Ehebüchern des 20. Jahrhunderts belegen, wie die Familie und ihre Mitglieder mit Hilfe von Zuschreibungen, Konditionierungen und Programmierungen im Sinne der Kirche ausgerichtet werden sollen.

Das katholische Familienbuch „Christliche Familie" (Tischler, 1925, S. 117) etwa enthält zwei Grundvorstellungen. Zum einen ist es eine Organismische: „Die Glieder einer Familie gehören zusammen und bilden ein geschlossenes Ganzes". Zum anderen ist es die Vorstellung von Familie als „Pflanzschule der Religion" (ebd., S. 344). Tischler (ebd., S. 1) erläutert:

> „Aus der Familie empfängt der Staat seine Bürger, und die Kirche, diese große Gottesfamilie auf Erden, ihre Kinder. Die Familie ist die Quelle, aus der der Staat und die christliche Gesellschaft gespeist werden und sich fortwährend erneuern".

In diesen Ausführungen steckt der Reproduktionsgedanke. Familie als „Pflanzschule" und „Quelle" soll zur Aufrechterhaltung staatlicher und kirchlicher Machtverhältnisse dienen. Um das zu gewährleisten, werden den Geschlechtern spezifische Eigenschaften zugeschrieben, wie das Ehebuch von Rive (1921, S. 14 f) zeigt:

> „Der Mann, von Natur aus zur Herrschaft berufen, trägt auch gewaltigere Leidenschaften in seiner Brust ... dagegen bildet dann das Weib, zur Unterwürfigkeit bestimmt, mit seiner natürlichen Güte und Milde ein heilsames Gegengewicht".

Gemäß diesen zugeschriebenen Eigenschaften werden die sozialen Rollen von Mann und Frau definiert. Die Natur habe „beiden ihren Wirkungskreis angewiesen, dem Manne nach außen, der Frau im häuslichen Kreise" (ebd., S. 321). Rive (ebd., S. 28 und 18) lehnt sich an traditionelles antikes und kirchliches Gedankengut an (s. vor allem Paulus, Eph. 5, 22-32), um die Pflicht zur Unterwerfung der Frau auf ihre angebliche Minderwertigkeit zurückzuführen. Hauptsächlich beruft er sich auf die Schöpfungsgeschichte:

> „Bei der Schöpfung begründete Gott selbst die Autorität des Mannes über das Weib durch die geistigen und körperlichen Gaben, womit er ihn bevorzugte, und durch den ausdrücklichen Befehl, indem er zu Eva und in ihr zu allen Frauen sprach: >Du sollst in der Gewalt des Mannes stehn, und er wird über dich herrschen< (Gn 3,16)" (ebd., S. 37).

Rive (ebd., S. 20) betont das Vaterprinzip als ein unanfechtbar von der Natur und von Gott gegebenes autoritäres Prinzip. Es schlage sich in dem Namen „Heiliger Vater", den der Papst trägt, und berechtigterweise auch überall in Staat, Kirche und Familie nieder. Die Familie bilde „den Typus des Staates" (Rive ebd.). Werde die autoritäre Ehestruktur in Frage gestellt, dann stelle man gleichzeitig das Fundament der Familie in Frage (Rive, ebd.).

Im Familienbuch Tischlers (1925 S. 188) wird der Vater als „Haupt der Familie" bezeichnet und als

> „Gottes Bild und Ehre (1 Kor 11,7); er bekleidet die Würde eines Stellvertreter Gottes ... Gottes Vorsehung hat ihn berufen, daß er zärtlich besorgter Vater, als treuer Gatte, als Haupt der Familie sein Haus leite und beglücke, und hat ihn hierzu mit göttlicher Autorität ausgerüstet ... Die Liebe zu den Kindern ist eine natürliche Folge der Vaterschaft; Gott und die Natur wirken zusammen, dieses Gefühl dem Herzen der Väter einzuprägen".

Wird das Rollenverständnis des Vaters auf Gott bezogen, so hat sich die Mutter an der Jungfrau Maria zu orientieren. Tischler (ebd., S. 35) sagt: Die Frauen „haben in der heiligsten Jungfrau und Gottesmutter ein ausgezeichnetes Beispiel der Liebe, frommer Züchtigkeit, demütiger Unterwerfung und vollkommener Treue".

Das Kind soll sich nach dem von der Kirche vermittelten Bild des Jesuskindes ausrichten: „Die Kinder aber haben in Jesus, der seinen Eltern untertänig war, ein himmlisches Muster des Gehorsams, das sie bewundern, verehren und nachahmen sollen" (Tischler, ebd.). Tischler vertritt ferner die Ansicht, die Kinder gehörten „Gott und ihren Eltern" (ebd., S. 347). Sie dienten zur Festigung des Ehebandes und seien ein Grund dafür, daß eine Ehe lebenslang dauern müsse. Erst durch die lebenslange Ehe werde das Interesse, die Liebe und der Opfergeist zugunsten der Kinder genährt (ebd., S. 16). In vielen Familien ist es allerdings eher umgekehrt. Hier opfern sich die Kinder für die Eltern oder den Erhalt von Ehe und Familie auf.

Die Zuschreibungen und Erwartungen an die einzelnen Mitglieder und die Familie insgesamt leisten dem sexuellen Mißbrauch an Kindern geradezu Vorschub. Neben der bereits erwähnten Ausgrenzungsideologie, die das Böse und Verführerische außerhalb der Familie ansiedelt, sind dies vor allem: die Unterordnung und Entmündigung der Frau, ihre Dienstbereitschaft und ihr Gehorsam (vgl. Tischler 1925, S. 25, 377; vgl. Foreitnik 1952, S. 60); ferner die Unauflöslichkeit der Ehe, der Gehorsam von Kindern und der Gedanke, sie gehörten den Eltern.

Jesus Christus, auf den sich die kirchlichen Familienbücher berufen, hat nicht nur ein ganz anderes Geschlechterrollenverständnis vertreten; auch seine Haltung gegenüber der Familie war eher kritisch als verherrlichend, wie literarische Beispiele zeigen: „Jeschua mochte Familienbande nicht" (Rinser 1987, >Mirjam<, S. 96). „Und alle beginnen sie, jeder auf seine Weise, damit, die Institution der Familie zu zerstören: Platon, Jesus ..." (A. Oz, >Black Box< 1989, S. 231).

Aus kritisch theologischer Sicht stellt von Jüchen (1981, S. 40) klar: „Während heute Christentum und Familie immer sehr eng zusammengedacht werden, gibt es von Jesus fast afamiliäre Worte". Russell (1982, S. 44) meint: „Der Familieninstinkt wurde von Christus selbst und den meisten seiner Anhänger verächtlich gemacht ... Die in den Evangelien enthaltene Polemik gegen die Familie hat nicht die Beachtung gefunden, die sie verdient".

Auch Holl (1971, S. 20) sieht bei Jesus Christus und im frühen Christentum wenig Familiensinn und statt dessen „familiäre Unabhängigkeit". Jesus wandte sich offen gegen die rigiden und autoritären Herrschaftsgebilde in Familie und Staat und die sie unterstützenden Ideologien (ebd., S. 138 f). Er lebte eine andere Gemeinschaftsform vor, als seinerzeit üblich war. In der Gruppe, in der Jesus sich bewegte, sieht Holl eine

„provokante Kommune" (ebd., s. 146). Für Küng (1992, S. 77) war Jesus „der Meister in einer alternativen Lebensgemeinschaft von Jüngern und Jüngerinnen ...".

Holl entnimmt aus Jesu Aussagen, daß „die Einrichtung der Familie klar genug als Angelegenheit einer zu Ende gehenden Weltordnung" gilt (1971, S. 90).

Das Ideal der bürgerlich-christlichen Ehe- und Familie kann sich somit nicht auf Jesus Christus berufen. Das charakteristische Geflecht aus Abhängigkeit, Symbiose, Isolierung, Macht und Herrschaft beruht vielmehr auf patriarchalischen Strukturen, die von Christus abgelehnt worden sind. Ferner ist dieses Geflecht an die „kulturelle Hypnose" geknüpft, die das Bürgertum zur Stabilisierung der gesellschaftlichen Verhältnisse vorangetrieben hat.

4.3. Die Geschlechter in der bürgerlichen Familie

Im Verlauf der Aufklärung polarisiert sich das Geschlechterverhältnis zunehmend. Das Bürgertum hat sich in Anlehnung an das Gedankengut der Aufklärung zwar zur Freiheit und Gleichheit aller Menschen bekannt, diesen Grundsatz jedoch nur auf männliche Menschen angewendet (von Braunmühl 1990, S. 23). Gemäß aufklärerischem Denken wurde Männern, als Vertretern des beherrschenden Verstandesdenkens, die Möglichkeit zur Individualisierung eingeräumt. Frauen galten dagegen als

„supportive assistants – necessary to be sure, but not individuals in their own right. The individual as a conception in Western thought has always assumend that behind each man – that is, each individual – was a family. But the members of that family were not individuals, except the man, who was by law and custom its head" (Degler, 1980, S. 189, zit. nach Rerrich 1988, S. 50).

Im Gegensatz zur untergeordneten Rolle der Frau und der Auffassung von ihrer „wesenhaften Berufung ... zur Häuslichkeit und Mutterschaft" (Claessens und Menne 1973, S. 318), wird vom Mann die Orientierung in die Außenwelt erwartet. Hier soll er Durchsetzungsvermögen, Dominanz, Macht und Stärke beweisen. Diese Eigenschaften vertragen sich keinesfalls mit Gefühlsäußerungen. Claessens und Menne (ebd.) sagen: „Dem Patriarchen wird es als Schwäche angerechnet, wenn er Gefühle zeigt". Daher müssen Männer, wie Richter (1986, S. 13; vgl. auch Gruen sowie Böhnisch und Winter) verdeutlicht, „Aspekte von Zerbrechlichkeit, Schwäche und Leiden" unterdrücken oder abspalten, um die gesellschaftlichen Erwartungen zu erfüllen und sich der eigenen „Männlichkeit" sicher sein zu können.

Während der Mann die als weiblich geltenden Bereiche sowie den Körper zunehmend abspaltet, wird die Frau im Sog des Rationalismus' vermehrt auf den Komplex Körper-Seele-Gefühl festgelegt (Richter 1986, S. 98 f). Diese Zweiteilung stürmt von frühester Zeit auf das Kind ein und konditioniert es entsprechend. Es lernt, alles, was den Körper und die Gefühle betrifft, auf die allgegenwärtige Mutter zu beziehen. Da die Mutter weiblichen Geschlechts ist und somit als gesellschaftlich minderwertig gilt, werden auch der Körper und die Gefühle abgewertet. Dagegen knüpfen sich Vorstellungen von Macht und Intellekt an den zumeist abwesenden Vater.

Jungen modellieren sich gemäß diesen Vorgaben. Im Sinne der vermittelten Männlichkeitsnormen unterdrücken sie die als weiblich geltenden Persönlichkeitsanteile – mit dem Ergebnis der Entfremdung und emotionalen Verkümmerung[12].

Entfremdung resultiert ferner aus der immer größer werdenden Schere zwischen männlicher und weiblicher Welt und der Entfernung des Mannes aus der häuslichen, kreatürlichen und gefühlsbestimmten Welt der Frau und Kinder. Die wirtschaftlichen und sozialen Auswirkungen der Industrialisierung verschärfen diesen Entfremdungsprozeß.

Je kälter die außerhäusliche Welt und je enttäuschter und frustrierter der arbeitende Mann wird, um so mehr richtet er sein emotionales Erfüllungsverlangen auf die Familie (vgl. Riesman 1973, S. 273). Er nimmt allerdings nicht aktiver am häuslichen Geschehen teil; vielmehr zielt er verstärkt auf die kompensierende und regenerative Funktion der Familie.

Während Jungen schon frühzeitig auf Selbständigkeit, Durchsetzungvermögen und Gestaltungskraft programmiert werden, sollen Mädchen alle Kräfte und Strebungen unterdrücken, die entfernt nach „Männlichkeit" aussehen (vgl. Richter 1986, S. 13; vgl. auch Böhnisch und Winter 1993). Durch Zuschreibungen und institutionalisierte Rollenzuweisungen werden sie künstlich schwach, abhängig und unmündig gehalten. Mit dieser Konditionierung sind sie bestens vorbereitet, sich als Frau dem Willen eines Mannes zu unterwerfen und ihre Identität nicht in ihrem Selbst, „sondern im Inneren des >anderen< zu suchen" (Olivier 1980, S. 193). Bezieht aber jemand das eigene Selbstverständnis gänzlich aus dem Dasein für andere, dann ist die „Entwicklung einer individualisierten Biographie" (Rerrich 1988, S. 50) ausgeschlossen. Außerdem wird dieses Individuum geradezu zum Opfer prädestiniert.

Polarisierung der Geschlechter und die geschlechtsspezifischen Sozialisationserfahrungen bedingen eine immer unterschiedlichere Entwicklung von Mädchen und Jungen (ebd., S. 40). Nach Bovenschens (1980) Überzeugung erklärt die Aufspaltung in zwei Welten – in die gefühlsabgespaltene außerhäusliche Welt des Mannes und in die häusliche, gefühlsintensive Welt der Frau – die weibliche Geschichtslosigkeit (ebd., S. 10) sowie die „gravierenden Unterschiede im kulturellen Schicksal der Geschlechter" (ebd., S. 24). Das kulturelle Schicksal von Frauen wird seit Jahrtausenden maßgeblich durch die verbreitete sexuelle Ausbeutung des weiblichen Geschlechts mitbestimmt.

Wöller (1992, S. 18) stellt die Frage, woher die Unsicherheit und das Gefühl vieler Frauen kommt, beschädigt zu sein. Eigentlich müßte die Identifikation mit der Mutter dem Mädchen den Weg ebnen, sich leicht und konfliktlos mit dem Weiblichen zu identifizieren. Vermutlich habe sich jedoch in vielen Kindheiten wiederholt, „was sich in der Geschichte ereignet hat, die Gefangensetzung der Tochter im Patriarchat und damit ihre Reduzierung auf einen Gebrauchsgegenstand für den Mann" (Wöller ebd.). Auf diesem Hintergrund versuchen Töchter oft, dem Objektstatus und der Unfreiheit im Elternhaus durch Flucht in eine Versorgungsehe zu entgehen. Sie müssen allerdings damit rechnen, nunmehr als Eigentums ihres Ehemannes zu gelten und sich ebenfalls unterwerfen zu müssen (vgl. Beuys 1980, S. 431). Die Bereitschaft zur Unterwerfung ist also keine spezifische weiblichen Eigenschaft, sondern die Auswirkung von Konditionierung. Auch Giddens (1993, S. 141) glaubt nicht, daß „die Unterwerfung in irgendeinem Sinn typisch für die weibliche psychosexuelle Entwicklung ist ... Für Jungen und Mädchen sind die Impulse der Unterwerfung und Beherrschung gleichermaßen miteinander verknüpft".

Für M. Mitscherlich (1985, S. 130) ist „Weiblichkeit" insgesamt „ein Erziehungsprodukt der jeweiligen Gesellschaft und ihrer vorherrschenden Wertvorstellungen; diese Vorstellungen bestimmen, was als >Weiblichkeit<, weibliches Rollenverhalten, Mutterpflicht etc. zu gelten hat". Das wird von anthropologischen Forschungen bestätigt, denen zufolge „Männliches" und „Weibliches" willkürliche Kulturschöpfungen sind, die von Gesellschaft zu Gesellschaft variieren. Die Anthropologin M. Mead spielt eine wichtige Rolle in der Frauenforschung, weil sie zu den ersten gehörte, die die Frauenrolle nicht biologisch, sondern kulturell begründet sah (vgl. Lenz und Luig 1995, S. 11). Wolfgang von Einsiedel (im Nachwort zu M. Mead 1958, S. 263; vgl. auch Badinter 1993, S. 42 f, S. 80) zieht das Fazit aus Meads Forschungen:

> „Es gibt nicht eine einzige männliche Eigenschaft, der in einem anderen Volkstum, einer anderen Gesellschaft, nicht eine als weiblich gekennzeichnete entspräche. Geschlechtsunterschiede im weiteren Sinne sind also nichts anderes als der personale Ausdruck von Machtunterschieden".

Über den Machtfaktor hinaus gehen die Bilder von Weiblichkeit in unserem Kulturkreis auf die Sehnsucht nach dem Verlorenen zurück. Bovenschen (1980, S. 32) meint:

> „Die Sehnsucht nach der Versöhnung mit der Natur, nach einem nichtentfremdeten Dasein wird, ideologisch verzerrt, auf das Weibliche projiziert ... Die weibliche >Natur< wird so einerseits zur Trägerin der ideellen männlichen Harmonie- und Einheitssehnsüchte stilisiert, andererseits schließt ihre Definition das Gebot der Unterwerfung und des Stillhaltens ein".

Indem die Idealisierung zugleich die Unterwerfung des Weiblichen festschreibt, verbirgt sich dahinter „eine subtile, schwer erkennbare Gewalt" (Breitling 1987, S. 234; vgl. Bovenschen 1980, S. 30). Die Idealisierung des Weiblichen ist für Richter (1986, S. 109) ein

> „bloßes Mittel zur männlichen Selbststabilisierung. Die Anbetung weiblicher Heiligkeit wird zur psychoökonomischen Selbstentlastung, zu einer rein narzißtischen Gefühlsaufwallung und hilft letztlich, die reale Geschlechterbeziehung genauso zu belassen, wie sie ist".

Neben den idealisierenden stehen die diffamierenden Zuschreibungen, zu denen im 19. Jahrhundert medizinische Erörterungen über die „physiologische Minderwertigkeit" der Frau gehören. Der vom Mediziner Paul Julius Moebius verfaßte Traktat >Über den physiologischen Schwachsinn des Weibes< wurde ein Bestseller mit neun Auflagen (vgl. Beuys 1980, S. 425 ff; Badinter 1993, S. 229).

Am Beispiel der größten englischen Schriftstellerin des 19./20. Jahrhunderts, Virginia Woolf, lassen sich die Pathologie des Weiblichkeitsideals im Viktorianischen Zeitalters sowie die Folgen der entsprechenden Konditionierung des weiblichen Geschlechts besonders gut illustrieren. Das Ideal beinhaltete, Woolfs Biographen Bell (1977, S. 91) zufolge, Dienstbereitschaft und das Hervorkehren von „Schwäche und Schüchternheit". Virginias Vater verlangte von einer Frau „rückhaltlose, sich selbst auslöschende Hingabe" (ebd., S. 93). Von den männlichen Bildungschancen weitgehend ausgeschlossen (ebd., S. 47), erschöpften sich die Frauen in Virginias Jugend in „passivem Dulden und gleichbleibender Freundlichkeit" (ebd., S. 22). Sie hatten teilweise etwas „von der Einfalt eines Kindes" (ebd., S. 26) oder entwickelten „Züge viktorianischen weiblichen Schwachsinns" (ebd., S. 22).

Nur wenige Frauen wagen es, aus den ihnen zugewiesenen Rollen und Klischees auszubrechen; zu ihnen gehört die fiktive >Nora<. Ibsen hat sie als Kritik an den herrschenden Verhältnissen auf die Bühne gestellt. Sie verkörpert die mit ihrer Rolle unzufriedene Frau des 19. Jahrhunderts. Ungewöhnlich ist, daß sie die Konventionen sprengt und ihren Ehemann verläßt.

Aus einer unbefriedigenden Ehe auszubrechen, war für Frauen bis vor einigen Jahrzehnten äußerst problematisch. Selbst heute noch gibt es Frauen, die Kriterien wie „soziale Diskriminierung, religiöse und juristische Barrieren und nicht zuletzt die völlige finanzielle Abhängigkeit" (Rerrich 1988, S. 56) daran hindern, eine zerstörerische Beziehung aufzugeben. Ehefrauen inzestuöser Väter, die den Täter schützen oder verteidigen statt dem Kind beizustehen, sind ein Beispiel für die seelische und/oder wirtschaftliche Abhängigkeit von Frauen in der Gegenwart.

4.3.1. Die Frau und Mutter in der bürgerlichen Familie
Die Situation der Frau und Mutter in der bürgerlichen Familie wird durch ihre Konditionierung, durch Bilder und Mythen, den Alltag mit Ehemann und Kindern sowie durch ihre Rechtsstellung bestimmt.

4.3.1.1. Rechtsstellung der Frau
Die Rechtsstellung der Frau im 19. und bis weit ins 20. Jahrhundert hinein vergegenwärtigt ihr soziales, wirtschaftliches und rechtliches Ausgeliefertsein und macht das mangelnde Selbstwertgefühl vieler moderner Frauen auch vom historischen Kontext her verständlich.

Die rechtlich abgestützte Abhängigkeit der Frau gegenüber ihrem Ehemann sowie die Entscheidungsgewalt des Vaters erschließen sich durch das >Allgemeine Landrecht für die Preußischen Staaten<, das bis 1900 gültig war[13].

So sind die Paragraphen 67 und 68, die das Stillen regeln, ein Indiz für die Entmündigung der Frau und ihre Unterordnung unter die Bestimmungsgewalt des Mannes: „Eine gesunde Mutter ist ihr Kind selbst zu säugen verpflichtet. Wie lange sie aber dem Kinde die Brust reichen solle, hängt von der Bestimmung des Vaters ab".

Das Bürgerliche Gesetzbuch, das 1900 das >Allgemeine Landrecht< ablöste, bekräftigte „die familienrechtliche Vormachtstellung der Männer und Väter" und blieb, mit Veränderungen, bis 1949 bestehen (Rerrich 1988, S. 47). Allerdings konnte ein Ehemann noch bis 1957 die Berufstätigkeit seiner Ehefrau legal verhindern (vgl. Veil 1994, S. 239). Erst mit dem Gleichberechtigungsgesetz von 1958 (Art 3, Absatz 2 GG) und der Familienrechtsreform von 1977 verwirklichte sich „rechtlich der Erwachsenenstatus von Frauen als voll mündige, autonom handlungsfähige Individuen, unabhängig von ihrem Familienstand" (Rerrich 1988, S. 165 f). Somit sind fortan die Forderungen der Aufklärung und die Proklamation der Menschenrechte, die sich – mit den entsprechenden Auswirkungen auf die bürgerliche Familie (vgl. ebd., S. 47) – Jahrhunderte lang nur auf Männer bezogen, auch für Frauen zu verwirklichen. Aber, wie Wingen (1995, S. 27) meint:

> „Unsere Gesellschaft befindet sich immer noch mitten auf dem langen und von Stolpersteinen übersäten Weg zur vollen Gleichberechtigung, genauer: auf dem Weg von der formalrechtlichen Gleichberechtigung zur tatsächlichen Gleichstellung der Geschlechter".

4.3.1.2. Der Muttermythos

Badinters intensive Auseinandersetzungen mit dem Mythos der Mutterliebe einerseits und mit der Realität des Mutterseins andererseits veranschaulichen die Situation von Müttern und Kindern vom 17. Jahrhundert bis heute. Für Badinter (1992, vgl. insbesondere S. 62, 190, 297) steht fest, daß Mutterliebe zu allen Zeiten anzutreffen ist. Bei ihren Forschungen ist sie allerdings keineswegs auf ein allgemeingültiges mütterliches Verhalten gestoßen. Sie nimmt an, Muttergefühle seien sehr wandlungsfähig und außerdem abhängig von historischen und sozialen Gegebenheiten sowie von Bildern, die gesellschaftlich vorgegeben werden. Abhängig sind sie, das muß hinzugefügt werden, auch von der Gefühlswelt, die der Mutter von ihrer Mutter vermittelt worden ist.

Auf dem Bedingungsgefüge von Bildern, Programmierung, Konditionierung und Lernen am Modell geschieht die kulturelle Formung oder „kulturelle Hypnose" bereits des ganz kleinen Mädchens.

Vorstellungsbilder von mütterlicher Liebe und die Hochstilisierung des Mütterlichen sind erst ab Ende des 18. Jahrhunderts nachweisbar. Der Muttermythos als die Annahme „von der spontanen Liebe einer jeden Mutter zu ihrem Kind", ist also relativ neu (ebd., S. 113). Ähnlich wie das Weiblichkeitsideal hat der Muttermythos seine Wurzeln in irrationalen Wunschvorstellungen wie rationalen Manipulationsbestrebungen. Entstehung und Ausbreitung des Muttermythos' sind eng an die Intensivierung und Ausschließlichkeit der Mutter-Kind-Beziehung in der bürgerlichen Familie sowie an das Gefühl der Ungeborgenheit in einer Welt zusammenbrechender alter Strukturen gebunden. Im Muttermythos äußert sich die regressive Sehnsucht nach dem Mütterlichen, dessen Uterus für ein ganzes Leben zur Verfügung stehen sollte. Diese Sehnsucht ist Niederschlag des tiefen Verlangens nach Schutz und Abhängigkeit (vgl. Fromm 1979, S. 100 ff). Es überträgt sich auf das Gebilde der Kernfamilie und rankt sich um die Mutter. Die embryonale Beschaffenheit der bürgerlichen Familie drückt sich sehr treffend in der Bezeichnung vom „Schoß der Familie" aus.

Zum Muttermythos gehört die Auffassung, Kinder und das Häusliche seien „wesentlicher Daseinsgrund" (Badinter 1981, S. 169) einer Frau. Ausgerichtet an männlichen Wunschbildern wurde >weibliche Natur< so definiert, „daß sie alle Merkmale der guten Mutter beinhaltete" wie „Hingabe und Opfersinn" (ebd., S. 190). Die ganze Familie erwartete von der Mutter, daß sie häusliche Wärme vermittelt und sich und ihre Bedürfnisse zurückstellt. Reddemann (1987, S. 125) meint jedoch, Frauen seien nicht von Natur aus „eher als Männer bereit ..., eigene Bedürfnisse zurückzustellen". Wenn sie es dennoch tun, dann geschieht dies auf Grund ihrer Erziehung und weil sie frühzeitig gelernt haben, „daß sie weniger wert sind und daß sie keine Bedürfnisse haben dürfen. Daß ihre eigenen Anliegen, ihre eigenen Wünsche unerwünscht sind" (ebd., S. 126).

Für die Ausschmückung des Muttermythos' sind Rousseau und seine Bilder von der idealen Mutter richtungsweisend geworden. Er stilisiert die Mutter zur sanften, aggressionslosen Heiligen, die vom Lustprinzip nichts wisse. Badinter (ebd., S. 195) zufolge beruht das immer noch so wirksame Rousseausche Denken auf den „Analogien zwischen Mutter und Nonne".

Durch übersteigerte Idealisierung des Mütterlichen entfernt Rousseau die Ehefrau als erotische Partnerin von ihrem Ehemann ähnlich wie die Kirche es bis in unsere Zeit getan hat.

Im familiären Wiederholungszwang werden Mädchen „zu einer Mutter wie ihre Mutter und alle anderen Mütter erzogen, die erzogen wurden, nicht um sie selbst zu sein, sondern um >wie Mütter< zu werden" (Cooper 1972, S. 57; vgl. M. Mitscherlich 1985, S. 86; Pilgrim 1986a, S. 109). Die Programmierung auf das Muttersein erhellt zum Teil, warum Männer dazu tendieren, in allen weiblichen Wesen unbewußt eine Mutter zu sehen, selbst in der Tochter. Wöller (1992, S. 70) meint: „Insbesondere die

Tochter erlebt er sogar als die Idealmutter, die immer für ihn da ist, um ihn glücklich zu machen, und die keine Macht hat, ihm zu widersprechen".

Der Nationalsozialismus hat den Muttermythos verfestigt. Er wandte sich strikt gegen die Gleichberechtigung (vgl. Beuys 1980, S. 476), förderte das Hausfrauenideal (ebd., S. 479) und war bestrebt, „die traditionelle bürgerliche Familie als wichtigste Stütze des NS-Staates" immer wieder in den Vordergrund zu rücken (ebd., S. 481). Hitlers Überzeugung wurzelt in einer langen Tradition, die in der Frau lediglich die potentielle Mutter sieht. In >Mein Kampf< legt er fest: „Das Ziel der weiblichen Erziehung hat unverrückbar die kommende Mutter zu sein" (zit. nach Beuys ebd., S. 477). Die Ideologie des Nationalsozialismus läßt männliche Sehnsüchte erkennen, vor allem die Sehnsüchte von „Muttersöhnen" nach einer Weiblichkeit, die mit realen Frauen nicht viel gemeinsam hat.

Noch in der zweiten Hälfte des 20. Jahrhunderts finden sich traditionelle Festschreibungen zur Bestimmung der „richtigen" Frau und Mutter. Ein Beispiel ist die Psychoanalytikerin Robinson (o.J., S. 63). Entsprechend ihrer freudianischen und biologistischen Ausrichtung meint sie, Anatomie sei Schicksal. In der „geschlechtskalten" Frau sieht sie die Folge von Emanzipationsbestrebungen. Hier werde verkannt, daß der Mensch von seiner Biologie her bestimmt sei. Der Mann sei von Natur aus aggressiv angelegt und habe in der Außenwelt seinen Platz (ebd., S. 146). Demgegenüber repräsentiere die Frau den auf Fortpflanzung gerichteten Körper (ebd., S. 72). Robinson ist überzeugt: „Der Mutterinstinkt ist in der Frau ebenso tief verwurzelt wie im Mann der Trieb, den Samen seiner Art weiterzugeben"; deshalb sei Gebären das „Ziel, nach dem Körper und Seele der Frau von frühester Kindheit an streben" (ebd., S. 60).

> Die Frau brauche, „um ihre Bestimmung im biologischen Sinn zu erfüllen, d. h. um Kinder zur Welt zu bringen, Sicherheit und Schutz durch einen Mann, also ein ständiges Heim ... Die Ehe hat die Antwort der Gesellschaft auf dieses seit Urzeiten bestehende weibliche Bedürfnis gebildet" (ebd., S. 50).

„Echtes Frauentum" sei dann verwirklicht, wenn die Frau ihre biologische Rolle als Mutter und ihre soziale Zuständigkeit für das Heim voll und ganz akzeptiert (ebd., S. 72), nicht ins Berufsleben drängt (ebd., S. 146) und „bereit ist, ja sogar danach verlangt, sich mit Leib und Seele in ihr Los zu fügen" (ebd., S. 148). Es sei neurotisch, wie der Mann sein und sich nicht unterordnen zu wollen (ebd., S. 40 f).

Zuschreibungen dieser Art sind mit verantwortlich für die sozial schwache Position von Frauen und die häufige Opferrolle – auch sexueller Art – von Frauen und Mädchen.

4.3.1.3. Opfermythos – „weiblicher Masochismus"

Ein wichtiger zusätzlicher Baustein zur Erhellung sexuellen Mißbrauchs, insbesondere an Mädchen, ist die Mütteropferungsideologie. Sie läßt sich auf den Gestalter der christlichen Sexualethik, Augustinus, zurückführen (vgl. Ranke-Heinemann 1988, S. 322). Kleine Mädchen werden auf diese Ideologie hin erzogen, und viele fallen ihr als Frauen oder sogar schon in der Kindheit zum Opfer. Außerdem können auf Opferdasein programmierte oder in der Kindheit sexuell ausgebeutete Frauen kaum Ich-Stärke zeigen, wenn ihre eigenen Kinder Opfer eines inzestuösen Vaters werden.

Es besteht eine interessante Verbindung zwischen den steigenden Belastungen von Müttern und den Zuschreibungen über das Wesen der „richtigen" Frau und Mutter. Die von Badinter (1992, S. 212) verdeutlichte Programmierung des weiblichen Geschlechts läßt alle Merkmale einer „kulturellen Hypnose" erkennen:

> „Je mehr die Funktion der Mutter mit neuen Verantwortlichkeiten belastet wurde, um so lauter wiederholte man, daß die Hingabe ein Wesensbestandteil der weiblichen >Natur< und die sicherste Quelle ihres Glückes sei. Wenn eine Frau sich nicht zum Altruismus berufen fühlte, nahm man die Moral zu Hilfe, die von ihr verlangte, daß sie sich opferte ... gegen Ende des 19. und zu Beginn des 20. Jahrhunderts sprach man von der Mutterschaft nur noch im Sinne von Leiden und Opfer ...".

Gemäß den mystischen Vorstellungen, die sich um die Mutterschaft ranken, wird im Leiden der Mutter auch die Voraussetzung für ihr Glück im Himmel gesehen (ebd., S. 213 ff). Die Kirche ruft zwar im Laufe der Zeit die Belastungen des mütterlichen Opferdaseins in Bewußtsein, jedoch nicht mit dem Ziel, sie abzubauen. Vielmehr wird den Müttern als Hilfe verstärkte seelsorgerische Begleitung zugesagt, damit endlich durch >das Bußleiden< (zit. nach Michelet) „Eva sich in Maria verwandeln kann" (Badinter ebd., S. 216).

An den Opfermythos gebunden ist auch eine Forderung der katholischen Kirche, die bis weit ins 20. Jahrhundert reicht: Bei einer lebensgefährlichen Entbindungssituation ist im Entscheidungsfalle das Kind zu retten und die Mutter zu opfern (vgl. ebd., S. 215). Diese Vorschrift hat mit der Augustinischen Überzeugung zu tun, ein ungetauft gestorbenes Kind sei auf ewig verdammt (vgl. Ranke-Heinemann 1988, S. 81 ff). Erst seit 1976 ist durch einen Entscheid der deutschen Bischöfe in Deutschland eine Milderung eingetreten. Sie besagt, man wolle nunmehr „die ärztliche Gewissensentscheidung respektieren" (zit. nach Ranke-Heinemann ebd., S. 310). Es darf also fortan das Leben der Mutter gegenüber dem Leben des ungetauften Kindes Vorrang haben, wenn der Arzt – nicht wenn die Frau selbst – es so entscheidet (ebd., S. 311).

Der auf die Mutter bezogene Opfermythos läßt Motive des Kindesopfers in der Antike anklingen. Und in der Tat spielt sich ja unterhalb der offiziell geforderten Aufopferung der Mutter häufig im Geheimen zusätzlich ein sexuelles Kindesopfer ab. Ist die Tochter das Opfer, stecken möglicherweise – neben anderen Motiven – auch regressive Sehnsüchte nach einer immer verfügbaren, aufopferungsbereiten Mutter ohne eigene Wünsche und eigene Persönlichkeit dahinter.

Unter Freudschen Theorien verschmolz die Lehre von der Hingabe- und Opferwilligkeit der Mutter mit dem „Mythos von der normalen, passiven und masochistischen Frau" (Badinter 1992, S. 267). Rousseau und Freud waren „beide zutiefst davon überzeugt ..., daß das Wesen der Frau per definitionem masochistisch sei" (ebd., S. 213). Der Masochismus sei für die wesentlichsten Stufen im Leben einer Frau – ihrer Ansicht nach der Geschlechtsverkehr sowie Geburt und Mutterschaft – notwendig.

Die Postulierung eines wesenhaft weiblichen Masochismus' konnte als Rechtfertigung dazu dienen, einem Mädchen oder einer Frau nicht nur Opfer, sondern auch Schmerzen abzuverlangen. Badinter (ebd., S. 247 f) folgert: „Insofern ist dieses psychoanalytische Theorem sehr viel gefährlicher als die jüdisch-christliche Theologie, derzufolge die Frau leiden muß, um für die Ursünde zu büßen ... Zumindest verlangte man nicht von ihr, das zu lieben". Indem Frauen ein naturgegebener Masochismus zugeschrieben wird, lassen sich bestimmte sexuelle Schwierigkeiten mit mangelndem Masochismus erklären (ebd., S. 271). Dies ist mit einer der Gründe, warum der Anteil, den sexuelle Gewalterlebnisse an den sexuellen Störungen von Frauen haben, lange Zeit nicht zur Kenntnis genommen wurde.

4.3.1.4. Infragestellung der Mutter-Kind-Ausschließlichkeit

Die Idealvorstellung der Mutter-Kind-Dyade, die das Bürgertum begründet hat, wird mittlerweile vermehrt angezweifelt. Die kritische Betrachtung setzt an den eingeschränkten Beziehungserfahrungen an, die Ängste sowie überzogene Abhängigkeiten und Fixierungen begünstigen und folglich notwendige Ablösungsprozesse behindern oder gar verhindern.

Wie in Zusammenhang mit archaischen Motiven erwähnt, verschärfen sich die kindlichen Ängste mit der Verbreitung der Kernfamilie. Das betrifft die Angst vor dem Verschlungenwerden durch die als allmächtig empfundene Mutter und die Angst, sie zu verlassen. Die Mutter-Kind-Ausschließlichkeit in der reduzierten bürgerlichen Kernfamilie hat zudem eine neue Angst entstehen lassen, die Angst vor dem Verlassenwerden. Plack (1976, S. 151) zufolge ist die „Trennungsangst des Kindes vor dem Verlassenwerden durch die Mutter" für unsere Kultur charakteristisch und „das Paradigma jeder späteren Angstempfindung". Sie lebt später in allen Beziehungen auf, die auf Abhängigkeit beruhen. Das betrifft auch Trennungsängste in der Partnerschaft, die es an anderer Stelle näher zu beleuchten gilt.

Frauen ihrerseits sind durch den konzentrierten Bezug auf das Kind oft überlastet, vom Kollektiv der Erwachsenen entfernt, außerdem wirtschaftlich, politisch und sozial entmachtet[14]. Auf diesem Hintergrund der Belastung, Isolierung und Reduzierung sind sie in Gefahr, sich selbst und ihren Kindern Schaden zuzufügen (vgl. Badinter 1992, S. 287; Swigart 1993, S. 240).

Die Psychologin und Therapeutin Swigart (1993, S. 21, 115; vgl. auch Rerrich 1988, S. 145; Olivier 1980, S. 137) ruft die kulturellen und gesellschaftlichen Dimensionen der pflegerischen Pflichten der Mutter und ihre gesellschaftliche Machtlosigkeit in einer „männerorientierten Kultur" ins Bewußtsein. Sie macht ferner auf die innerpsychische Realität von Müttern, auf ihre Ängste und Unzulänglichkeitsgefühle gegenüber den als riesig empfundenen Erwartungen und Verantwortlichkeiten aufmerksam. Auch massive Schuldgefühle sind üblich. Badinter (1992, S. 203) ist der Ansicht, diese hätten das Leben vieler Mütter und Kinder verpfuscht und schließt: „Vermutlich ist das der gemeinsame Ursprung des Unglücks – und später der Neurose – so vieler Kinder und ihrer Mütter".

Im 20. Jahrhundert kommen die Schuldgefühle hinzu, die der Mutter durch die Literatur, vor allem der psychoanalytischen Literatur, zugewiesen werden. Bei Fehlhaltungen und Fehlverhalten von Kindern und Erwachsenen wird die Schuld zumeist bei der Mutter angesiedelt (vgl. ebd., S. 141). Müttern wird auch vielfach die Schuld am Inzestverhalten ihrer Männer gegeben (vgl. Rijnaarts 1991, S. 229 ff). Dem liegt die Auffassung zugrunde, das seelische und körperliche Schicksal des Kindes hänge gänzlich von der Mutter ab. Auf sie komme es an, ob das Kind leide, ob es krank, in den Wahnsinn oder in Neurosen getrieben werde (vgl. Badinter 1992, S. 217). Badinter (ebd., S. 238) zieht das Fazit: „Angst- und Schuldgefühle der Mutter sind nie so groß gewesen wie in unserem Jahrhundert, das doch ein Jahrhundert der Befreiung sein wollte".

Swigart (ebd., S. 221 f) geht zeitlich weit in die Menschheitsgeschichte zurück, um zu zeigen, wie andersartig der Nukleus von Mutter und Kind in damaligen Gemeinschaftsformen eingebettet war. Mutter und Kind wurden durch die Gemeinschaft gestützt, gehalten und geschützt. Wie Sloterdijk (1993) erklärt, stellte die Gemeinschaft von Müttern mit kleinen Kindern in der frühzeitlichen Horde eine Art „Brutkasten" dar, in der „Mütter und Kinder das Mysterium der menschlichen Beseelung wiederholten". Dieser „Brutkasten" wurde von der Horde sorgfältig geschützt (ebd., S. 23). Dagegen sei in Hochkulturen zu beobachten, daß sie das „Augenmerk von der Wiederholung des Menschen durch den Menschen abwenden, um vorrangig nach der Verwendung des Menschen durch den Menschen zu fragen – was unweigerlich zu traumatischen Einbrüchen in das ehemals meistgeschützte Feld führen muß" (ebd., S. 24). Zu überaus traumatischen Einbrüchen kommt es vor allem dann, wenn das Schutz- und Sicherheitsbedürfnis des Kindes durch seine Verwendung als sexuelles Objekt verletzt wird.

Menschheitsgeschichtlich gesehen ist es vollkommen neu und unüblich, daß eine Mutter nach der Geburt in die Abgeschiedenheit ihrer Wohnung zurückkehrt, ohne erfahrenen und helfenden Beistand zu haben (vgl. Lempp 1986, S. 29 f). Jungen Müttern wird es ferner schwer gemacht, sich außerhalb ihres Mutterseins Freiräume zu schaffen. Die bürgerliche Frau des 19. Jahrhunderts hatte zumindest noch das Dienstmädchen, das bei der Kinderbetreuung half und darüber hinaus eine „Interaktions- und Gesprächspartnerin" war (Rerrich 1988, S. 68). Im Laufe der gesellschaftlichen Veränderungen ging die Rolle des Dienstmädchens jedoch in die Rolle der Hausfrau ein (ebd., S. 69). Die Konzentration aufeinander und die wechselseitige Abhängigkeit von Mutter und Kind wurden damit auf die Spitze getrieben.

Nicht die vom Bürgertum geforderte Ausschließlichkeit der Mutter-Kind-Beziehung im oft total isolierten Familienraum ist der menschlichste Kontext für Mutter und Kind, vielmehr die Einbettung in ein größeres Sozialgefüge. Wenn andere Menschen bereitstehen, um Sorge und Verantwortung mit der Mutter zu teilen, dann wird sie entlastet und sich ihrem Kind um so liebevoller zuwenden können. Außerdem öffnet ein erweiterter Kreis von Bezugspersonen die Tür zu vielfältigeren Formen der Kommunikation und Kommunion für Mutter und Kind.

Merz' autobiographischer Roman zeigt beispielhaft, wie stark sich die unterschiedlichen Bedingungen einer stützenden Gemeinschaft einerseits und des isolierten Kernfamilienkomplexes andererseits auf die Mutter und die ganze Familie auswirken: Nach der Geburt ihres ersten Kindes kehrt die Mutter zunächst in den großen Kreis ihrer Herkunftsfamilie zurück. Mehrere Frauen unterschiedlichen Alters begrüßen das Kind mit Freude und stehen der Mutter bei. Als später in der eigenen Wohnung das übliche Kernfamilienleben mit Ehemann und Kind beginnt, verliert die Mutter in dem Bemühen, die bürgerlichen Norm-Erwartungen zu erfüllen, ihre Heiterkeit. Sie wird zusehendst verkniffener und unzufriedener. Merz (1988, S. 159) zufolge litt die Mutter unter „ihrem Dasein als Mutter, als Ehefrau, als Frau eines Pfarrers. Alles, was zu ihrem Leben gehörte, war ihr zuwider".

Diese Familiengeschichte zeichnet anschaulich die Fäden zwischen Konditionierung, Konformitätsstreben, Maskenspiel, Erstarrung und tiefer Unzufriedenheit nach. Deutlich wird ferner, wie sehr Kinder unter einer Mutter leiden können, die verzweifelt versucht, den Konventionen zu gehorchen und ihre Rolle als „gute" Frau und Mutter zu spielen. Dazu gehört – wie in vielen Familien üblich –, die „ehrbare" Fassade der Familie zu schützen und die sexuellen Übergriffe des Mannes auf die Tochter zu ignorieren.

Zusammenfassend lassen sich folgende historische und soziale Bedingungsmomente erkennen, die die schwache Position von Frauen und Kindern, insbesondere von Mädchen, festschreiben und weiter verfestigen:

Über die traditionell gesicherten Machträume hinaus wird dem Mann im Zuge der Aufklärung die Möglichkeit zur Individualisierung zugestanden. Diese Möglichkeit haben Frauen nicht. Sie werden auf die Rolle der abhängigen und aufs Haus bezogenen Ehefrau und Mutter konditioniert, haben keinen eigenen Lebensentwurf, kaum Rechte und öffentliche Einflußmöglichkeiten.

Parallel zur Ausbreitung der bürgerlichen Lebensweise und der „kulturellen Hypnose" zugunsten der geforderten Normen und Rollen werden vermehrt wichtige Persönlichkeitsanteile in Mann und Frau unterdrückt und verdrängt. Das treibt die Polarisierung der Geschlechter voran und schwächt die gesellschaftliche Position des weiblichen Geschlechts zunehmend. Auf soziale Schwäche, Rechtlosigkeit, Unterordnung und Verfügbarkeit zugerichtete Mädchen und Frauen werden, weil ihr Dasein in dem Dasein anderer aufzugehen hat, nicht als Individuen mit eigenen Bedürfnissen und Rechten wahrgenommen. Das schreibt ihre Ausbeutbarkeit fest, auch in sexueller Hinsicht.

4.3.2. Der Mann und Vater in der bürgerlichen Familie

Indem die Mutter-Kind-Ausschließlichkeit vermehrt in Frage gestellt wird, rückt der Einfluß von Vätern oder Vaterfiguren auf den Lebensweg des Kindes verstärkt in den Vordergrund.

Wie Badinter (1992, S. 262) feststellt, ist in der psychologischen Praxis „von dem pathogenen oder schlechten Vater ... viel weniger die Rede als von der pathogenen oder schlechten Mutter". Dadurch konnte und kann sich die Annahme festsetzen, „daß die Krankheit oder das Leiden des Kindes von der Mutter hervorgerufen, von ihr zu verantworten und folglich ihre Sache" sei (ebd., S. 263). In der Tradition derer, die generell Mütter für kindliche Störungen verantwortlich machen, steht Lorenz. Väter bekommt er nur insofern in den Blick, als er ihre Abwesenheit und damit die fehlende Vorbildfunktion, insbesondere für den Knaben, bedauert. Der Junge habe durch die väterliche Abwesenheit keine Gelegenheit, „die Überlegenheit des Mannes eindrucksvoll zu erfahren" (Lorenz 1973, S. 77).

Die Psychoanalyse sieht die Aufgabe des Vaters darin, die Mutter-Kind-Dyade zugunsten der autonomen Ich-Entwicklung des Kindes zu trennen (vgl. Vasse 1973, S. 94 f). Nach M. Mitscherlichs (1985, S. 89) Ansicht braucht das Kind „spätestens am Ende des 2. Lj. noch andere mitmenschliche Beziehungsmöglichkeiten als nur die zur Mutter". Der Vater müsse verfügbar sein, um die primäre Mutter-Kind-Einheit zu erweitern, und durch die „Triangulierung"[15] den Prozeß der kindlichen Individuation zu ermöglichen.

4.3.2.1. Der abwesende Vater – negatives Vater-Kind-Verhältnis

Die von M. Mitscherlich angesprochene „Triangulierung" scheitert oft, weil Väter in unserer Kultur zumeist abwesend sind. Auch das hat mit der „kulturellen Hypnose" und der Forderung nach Außenorientierung des männlichen Geschlechts zu tun. Väter sind aber nicht nur zumeist abwesend. Viele sind auch Rivalen ihrer Kinder, oder sie bilden gemeinsam mit ihnen eine Front „gegen die als enttäuschend, allmächtig oder auch als wertlos erlebte Mutter" (M. Mitscherlich 1985, S. 57). Daneben gibt es Väter, die das Kind für ihre eigenen Zwecke von der Mutter entfernen. Ein inzestuöser Vater etwa treibt oft bewußt einen Keil zwischen Mutter und Kind. Das ist mit einer der Gründe für das oft beschriebene schlechte Mutter-Kind-Verhältnis in Inzestfamilien. Das Kind wird darüber hinaus von sich selbst entfernt und entfremdet. Im Bruch mit der Mutter und durch den Verrat des Vaters verwaist es nicht nur innerlich, es kann auch kaum Eigenständigkeit und Authentizität erlangen. Die Erbitterung darüber äußert sich zumeist erst später, bei einigen aber bereits in der Kindheit, zum Beispiel in Form der Phantasie des Vatermords.

Wenn der Psychoanalytiker Vasse (1973, S. 94) diese Phantasie darauf zurückführt, daß der Vater das Kind von der Mutter wegzieht und es zwingt, „ihn als ein Subjekt anzuerkennen, das ein Verlangen äußert, einen Wunsch, der nicht ihm, dem Kind, entstammt, und den es zunächst ignorieren oder verleugnen möchte", dann meint er damit gewiß nicht die sexuellen Ansprüche des Vaters an das Kind. Gerade diese aber dürften zu einem erheblichen Maß an Mordphantasien gegenüber Vätern beteiligt sein.

Das verbreitete negative Vater-Kind-Verhältnis wurzelt in den Bedingungen des Patriarchats. Das zeigt beispielsweise eine Untersuchung, die an mutterrechtlichen Familien auf Neuguinea durchgeführt wurde (vgl. Malinowski 1975/1944, S. 227). Malinowski schildert die Beziehung von Vätern zu ihren kleinen Kindern in diesem nichtpatriarchalischen Kontext als ausgesprochen positiv. Von Interesse ist ferner, daß sich hier das Problem der Triangulierung gar nicht stellt. Neben der andersartigen Rolle des Vaters mag dies auf die reichhaltigeren Beziehungsangebote in diesen Gemeinschaften zurückgehen.

Zu erinnern ist daran, daß sich die väterliche Rolle mit der Verbürgerlichung und der Trennung von Erwerbs- und Wohnwelt einschneidend zu verändern begann. Dieser Prozeß verschärfte sich mit der Industrialisierung. Die veränderte Organisation im Arbeitsleben des Mannes zog eine noch entschiedenere Trennung und Aufteilung der Rollen von Mann und Frau nach sich. Auf diesem Hintergrund schränkten sich im Laufe der Geschichte, besonders in den Städten, auch die Kontakte zwischen Vätern und Kindern stetig ein (vgl. Badinter 1993, S. 111).

Nicht nur außerhäusliche Tätigkeiten sind der Grund für die Ferne des Mannes von seinen Kindern. Die meisten Väter schließen sich auch selber von den pflegerischen Tätigkeiten aus, wie aktuelle Berichte in den Medien betonen. Verglichen mit der Berufstätigkeit spielt väterliche Fürsorge im Alltag von Männern eine untergeordnete Rolle (vgl. Swigart 1993, S. 138). Dabei zeigen neuere Untersuchungen, „daß die Fähigkeit, unseren Kindern innige Liebe und Fürsorge angedeihen zu lassen, so wenig geschlechtsabhängig ist wie Begabung, Genie, Ehrgeiz und der Wunsch nach Macht und Einfluß" (ebd., S. 138; vgl. Giddens 1993, S. 141).

Den kreatürlichen Umgang bei der Kinderpflege nicht zu erleben, hat richtungsweisende Konsequenzen. Wie Swigart (1993, S. 276 f) am Beispiel eines Films verdeutlicht, macht das Zurückweichen vor der Kinderbetreuung den Vater „emotional gesehen zum Säugling" (ebd., S. 277). Swigart führt weiter aus: „Dieses unselige, aber weitverbreitete Muster – das als unbewußte, stillschweigende Übereinkunft zwischen Männern und Frauen gesehen werden muß – verhindert bei manchen Männern den Humanisierungsprozeß" (Swigart ebd.).

Regressivität und Entwicklungsblockaden sind mit mangelnder Integration verflochten. Namentlich Eltern haben die Chance, in der Berührung mit archaischen, magischen und mythischen Entwicklungsphasen ihrer Kinder die eigene Kindheit zu reaktivieren, somit die individuelle und kollektive „archaische Erbschaft" zu integrieren und seelisch zu wachsen. Dieser Zusammenhang verdeutlicht, daß die bereits erörterte Inzestbarriere Vertrautheit eine weitere Facette hat und nicht nur auf den Faktor Empathie zu beziehen ist. Indem Eltern oder andere Erwachsene ihre individuelle und kollektive Vergangenheit integrieren, treiben sie ihren Humanisierungsprozeß voran und sind weniger gefährdet, ein hilfloses Kind zu zerstören, indem sie es sexuell oder in anderer Form mißbrauchen.

4.3.2.2. Väterliche autoritas und irrationale Autorität

Die Industrialisierung hat nicht nur die Möglichkeit häuslicher Kontakte zwischen Vater und Kind eingeschränkt. Auch der kindliche Zugang zum Berufsalltag des Vaters schrumpft, und die männliche Dominanz im Haus nimmt stetig ab. Obwohl die Strenge des viktorianischen Vaters bekannt ist, wurde, so Giddens (1993, S. 53) „die patriarchalische Gewalt im familiären Kontext zum Ende des 19. Jahrhunderts unbedeutender".

A. Mitscherlich (S. 183) präzisiert diesen Prozeß:

> „Die fortschreitende Arbeitsfragmentierung im Zusammenhang mit maschineller Massenproduktion und einer komplizierten Massenverwaltung, die Zerreißung von Wohn- und Arbeitsplatz, der Übergang vom selbständigen Produzenten in den Stand des Arbeiters und Angestellten, der Lohn empfängt und Konsumgüter verbraucht, hat unaufhörlich zur Entleerung der autoritas und zur Verringerung der innerfamiliären wie überfamiliären potestas des Vaters beigetragen".

Schwindet die Autorität des Vaters mit der Verlagerung des Berufsalltags, so breitet sich im „Heim" kompensatorisch geheime Dominanz und Gewalt, also irrationale Autorität im Sinne Fromms, aus (1986, S. 45 ff). Irrationale Autorität stützt sich auf Macht und zielt auf die Unterwerfung einer schwächeren Person, häufig mittels Sexualität. Wie erwähnt, schließen Macht und Liebe einander aus. Auf die Machtposition des Vaters in unserer Kultur führt W. Braun (1980, S. 25) zurück, daß es in der heutigen Zeit ebenso selten einen liebenden Vater gibt wie zur Zeit des Alten Testaments.

Schwächung der natürlichen und Zunahme irrationaler väterlicher Autorität sind wichtige Bedingungsfaktoren für den Anstieg von Sexualdelikten an Kindern im viktorianischen Zeitalter. Rush (1991, S. 109) spricht vom „Interesse des viktorianischen Mannes an weiblichen Kindern", das die allgemeine Prostitution, die Kinderpornographie, die Kinderprostitution sowie den Mädchenhandel angekurbelt hat (ebd., S. 109 ff).

Wie Gay (1987, S. 412)[16] nachweist, waren nicht nur Kinder, sondern auch Dienstboten in den bürgerlichen Haushalten gefährdet,

> „viel gefährdeter als Fabrikarbeiterinnen. In Berlin wurde mehr als ein Drittel aller unehelichen Kinder von Dienstboten zur Welt gebracht ... In Frankfurt lag der Satz bei fast fünfzig Prozent ... der Anteil, den der Herr oder der Sohn des Hauses hatte, scheint beträchtlich gewesen zu sein".

Was die oft sehr jungen Dienstmädchen betrifft, so mag hier zu einem gewissen Teil ein Einvernehmen zwischen den Beteiligten vorgelegen haben. Zum anderen Teil wurden sie, ähnlich wie die abhängigen Kinder, als Objekte angesehen, um dem Patriarchen sexuelle Dienste zu leisten.

An der Wende zum 20. Jahrhundert waren Auseinandersetzungen mit dem Vater, in der Psychoanalyse ebenso wie in der Belletristik, an der Tagesordnung. Den vielen literarischen Werken zur Vater-Sohn-Thematik vor 1900 folgen die Dramen des Expressionismus über den Vatermord. Die Human- und Sozialwissenschaften stellten im Verlaufe des 20. Jahrhunderts allerdings die Bedeutung der Mutter in den Vordergrund (vgl. W. Braun 1980, S. 9).

Die Belletristik der letzten Jahrzehnte weist erneut dem Vater eine wichtige Rolle zu. Autobiographische Schilderungen oder Romane von Frauen, bei denen es häufig um Inzesterfahrungen geht, stehen neben der autobiographischen Aufarbeitung gescheiterter Vater-Sohn-Beziehungen.

Beispielhaft für die Auseinandersetzung von Söhnen mit ihren Vätern sind Meckels Schilderungen (1980). Seine Biographie ist überschattet von irrationaler väterlicher Autorität (vgl. ebd., S. 59), die sich bevorzugt in rituellen Strafaktionen äußert. Während sich das Kind aus dem Paradies der Unschuld vertrieben fühlt, geht der Vater nach äußerst perversen Prügelaktionen im Keller heiter und pfeifend zum Alltag über (ebd., S. 56 ff). Meckels Vater verkörpert den Typus des pedantischen, kontrollierenden und zwanghaften Mannes mit „trainierte[r] Männlichkeit" (ebd., S. 106). Er repräsentiert ferner den autoritären Charakter der Hitlerzeit, der seine Autoritätsstellung nach Gutdünken gebraucht und mißbraucht. Indem Meckel die veränderte Sichtweise und das reduzierte Empfindungsvermögen des Vaters auf dessen „Teilhaberschaft an der Macht" (ebd., S. 72 f) zurückführt, macht er auf den gesellschaftlichen Anteil am individuell Zerstörerischen aufmerksam. Die gesellschaftliche Konditionierung des männlichen Geschlechts auf Durchsetzungsvermögen, Stärke und Herrschaft ist der eine Aspekt, die gesellschaftlich zugestandenen Machtpositionen der andere. Machtpositionen stellen insbesondere für schwache Männer einen Anreiz zur Gewalt dar.

Nach dem Zusammenbruch und der Gefangenschaft richtet sich des Vaters „Nachholbedarf an Autorität" wieder gezielt auf die Familie: „Er arbeitete an der Wiederherstellung seiner Familie, das heißt: an der eigenen, bestimmenden Rolle in ihr" (ebd., S. 110). Während er beaufsichtigt, kontrolliert und sich für die bürgerlichen Tugenden einsetzt, wird er dem Kind „zum Symbol für alles Unentrinnbare" (ebd., S. 111). Die Familie brauchte ihn nicht, aber er brauchte sie „und ihre Gefügigkeit" (ebd., S. 132). Meckel (ebd., S. 134) nimmt an, „daß diese Vaterschaft – der entthronte, hilflos gewordene Despot – bezeichnend war für die ganze Generation". Hier spricht Meckel das kompensatorische Element von Kontrolle und Machtverlangen an.

Der Werdegang eines solchen im Grunde schwachen Despoten, der von irrationaler Autorität geradezu besessen ist, reicht bis in dessen Kindheit und mehrere Generationen weit zurück. Die Geschichte von Vater und Sohn verknüpft sich mit familiären Wiederholungszwängen, verstellten Lebenswegen, Konditionierungen zugunsten der „kulturellen Hypnose" und den entsprechenden Verdrängungen, Ängsten und verfälschten Wahrnehmungen. Meckel (ebd., S. 176) sagt:

> „Er wurde von einer erstickten Kindheit verbraucht, von unauflösbaren Ängsten und massiver Verdrängung. Er wurde verbraucht vom Glauben an überlebte Ideen und davon, daß er sich ihrer Suggestion unterwarf. Er wurde verbraucht von Täuschungen über sich selbst ...".

4.4. Kritik an der bürgerlichen Familie

Das Bürgertum und die bürgerliche Ehe und Familie erfährt massive Kritik durch die belletristische Literatur des 19. Jahrhunderts (vgl. Ibsen, Strindberg, Fontane ...). Sie hat vorrangig die Doppelmoral des Bürgertums im Visier und prangert die Diskrepanz zwischen wohlanständiger Familienfassade und Prüderie einerseits und den heimlichen sexuellen Exzessen des bürgerlichen Mannes andererseits an.

Dostojewski widmet sich einem anderen Kritikpunkt. Er thematisiert immer wieder die Unbewußtheit, die Abhängigkeiten und den Hang zur Regressivität in der Familie. Viele Menschen suchten in der Familie die immerwährende mütterliche Umarmung und möchten „ihr ganzes Leben ... verschlafen" (>Die Brüder Karamasoff< 1958, S. 870). Eine große Anzahl von Verbrechen, vor allem an Kindern, fänden in der Heimlichkeit des Familienheims statt.

Ähnlich wie A. Miller geht Dostojewski (ebd., S. 300) kritisch auf den Aspekt der Elternschonung ein, wie folgende Beispiele zeigen: „Die Sache ist doch so einfach, eine ganz gewöhnliche Familienangelegenheit: Der Vater schlug sein Töchterchen, und das ist jetzt, zur Schmach unserer Tage, vor das Gericht gekommen!" Nach dem Freispruch des Vaters brüllen die Zuschauer „vor Freude darüber, daß man den Peiniger seines Töchterchens freisprach!". In einem anderen Beispiel schildert Dostojewski (1992, S. 177) das Bestreben des Vaters und des Verteidigers, „jede Sympathie für das Kind" zu vernichten, um zu vermeiden, „daß die Leiden des Kindes ... menschliche Gefühle wachrufen könnten". Ausgehend von der Rechtmäßigkeit der väterlichen Gewaltmaßnahmen meint der Verteidiger, Staat und Familie würden durch eine Bestrafung des Vaters leiden; „denn der Staat ist nur dann gefestigt, wenn er sich auf einer festen Familie gründet" (ebd., S. 180). Mit dieser Ansicht, die vielfach auch heute noch Gültigkeit beansprucht, geraten die Belange und die Not des Kindes gänzlich in den Hintergrund. Dostojewski dagegen setzt sich beharrlich für die Aufdeckung und Bestrafung des Mißbrauchs von elterlicher Gewalt ein und fordert eine entsprechende tiefgreifende Revision der Gesetze (ebd., S. 188).

Im Gegenzug zu den literarischen Anprangerungen protestiert das Bürgertum durch „private Tugendwächter" (Gay 1987, S. 200) gegen die Libertinage in der Literatur. Hinter dieser Reaktion sieht Gay (ebd., S. 202) vor allem Angst. Zu den Ängsten des Bürgertums gehört die Angst vor dem Zerbrechen ihrer Existenzgrundlage und ihrer Fassade der Wohlanständigkeit. Hinter den makellosen Fassaden verstecken sich in vielen Fällen sexuelle Übergriffe auf Kinder. Das Predigen von Moral und Tugend und die Attacken gegen die Literatur gehören möglicherweise – ähnlich wie die Projektionen des Bösen auf die Außenwelt – zu den Strategien des Bürgertums, von den wirklichen sexuellen Gefährdungen innerhalb ihrer familiären Mauern abzulenken.

Im 20. Jahrhundert hat die literarische Auseinandersetzung mit dem Bürgertum und der bürgerlichen Ehe und Familie weiter an Umfang gewonnen. Es liegt eine Fülle von kritischen autobiographischen Schriften über die eigene Lebensgeschichte und die Herkunftsfamilie vor. Einige Beispiele dafür:

Meckel (1980) beschreibt seine Herkunftsfamilie als beengt, lebensfeindlich, ohne Zärtlichkeit und ohne Freude. Seine Familienkritik bleibt nicht bei den eigenen Erlebnissen stehen. Vielmehr fragt er (S. 147): „Wo waren Familien, in denen menschenmöglich gelebt wurde?"

Bielers (1989) Memoiren sind exemplarisch für das Heranwachsen eines Kindes, das in der Familie auf vielfache Weise benutzt und mißbraucht wird, auch sexuell.

In ihrem autobiographischen Roman schildert Merz (1988, S. 132) die „Schatten der seelenverkrüppelnden Enge entsetzlichster Kleinfamilientyrannei".

Neben der Belletristik attackieren Sozialismus und Feminismus – aus unterschiedlichen Perspektiven – „die spezifische Verknüpfung von Familie, Privateigentum und patriarchalischer Autoritätsstruktur, die zu einem zentralen Wert der bürgerlichen Gesellschaft geworden war" (Schenk 1987, S. 98). August Bebel etwa beklagt die Verdinglichung der Frau in den bürgerlichen Klassen: Sie dienten häufig lediglich als „Gebärapparate" und „Genußobjekte" (s. Beuys 1980, S. 431)

Auch von Psychologen und Psychiatern wird die bürgerliche Familie angegriffen. Ihnen ist sie der Ort, an dem individuelle und kollektive Pathologien erzeugt werden (vgl. vor allem Laing, Pilgrim, Cooper). Für Cooper (1972) ist das System Familie seit Mitte des 18. Jahrhunderts zwanghaft und zerstörerisch und ein „Schauplatz der brutalsten Verbrechen" geworden (ebd., S. 112). Dieses System lege die Grundlagen zur Entfremdung im Menschen (ebd., S. 11). Ferner werde man hier Opfer einer zerstörerischen „Überfülle an Sicherheit" (ebd., S. 10)[17]. Dennoch blieben die Menschen in der Familie aneinander kleben, „weil sie das Gefühl haben, allein unvollständig zu sein" (ebd., S. 21). Es herrsche Gruppenegoismus, und mit der Hochstilisierung des Wir werde das Individuelle ebenso abgewertet wie die größere Gemeinschaft (ebd., S. 21).

Trotz der immer offensichtlicher werdenden Diskrepanz zwischen Fiktion und Realität blieb der Mythos von der „heilen bürgerlichen Familie" als Leitbild des Glücks und der existentiellen Sinnerfüllung bis nach Ende des 2. Weltkrieges weitgehend erhalten (vgl. Rerrich 1988, S. 23). Er hatte in den fünfziger noch einmal eine Blütezeit und erlebt gegenwärtig neue Tendenzen der Festigung.

4.5. Veränderungen in der heutigen Zeit

Mit der neuen Emanzipationsbewegung werden „die >wesensgemäßen<, >angeborenen< Zuständigkeiten von Müttern und Vätern im Familienalltag zunehmend in Frage gestellt" (Rerrich 1988, S. 48). Die wachsende „Entpatriarchalisierung" (vgl. Bundeszentrale für politische Bildung (Hrg.) 4/85, S. 24) und das Schwinden der patriarchalisch bestimmten Familie eröffnet neue Horizonte, die wegweisend für die nachwachsenden Generationen sind.

So macht Badinter (1993, S. 203 ff, 212 ff) auf die „neuen Väter" aufmerksam, die ihre weiblich-mütterliche Seite leben. Sie sieht darin einen Beweis gegen Bowlby's These, Säuglinge seien ausschließlich an die Mutter gebunden und könnten lediglich zu einer Person eine Bindung entwickeln. Väter, die sich von ihrer Weiblichkeit leiten lassen, seien bessere Väter und stünden ihrem Baby näher (ebd., S. 212). Ein weiterer wichtiger Gesichtspunkt kommt hinzu: Bei Jungen, die von beiden Elternteilen aufgezogen werden, taucht die übliche Verachtung gegenüber Mädchen nicht auf (ebd., S. 220).

Auch das Alltagsleben von Frauen ist durch Umstrukturierung traditioneller Normen und Werte sowie durch veränderte materielle Bedingungen in Bewegung geraten (vgl. Rerrich 1988, S. 115). Noch 1957 hatten die christlichen Parteien die Vorrangigkeit des Art. 6 GG gegenüber Art. 3 herausgestellt und damit die Aufgabe des Staates betont, „den Bestand und die Unauflöslichkeit der Ehe zu schützen gegenüber einer als zu weitgehend empfundenen Emanzipation der Frau" (Meyer 1990, S. 17). Weibliche Erwerbstätigkeit wurde „als familiengefährdend bis ehezerstörend eingeschätzt" (ebd., S. 18). Mit dem Gesetz zur Reform des Ehe- und Familienrechts (1976) wird die langjährige gesetzliche Rollenaufteilung der Ehepartner aufgehoben (ebd., S. 20).

Mädchen nutzen in den letzten Jahrzehnten zunehmend ihre Bildungschancen, und die meisten Frauen bestimmen eigenverantwortlich ihre reproduktiven Fähigkeiten. Das wiederum fördert und unterstützt ihre Selbstbestimmung und Unabhängigkeit.

Im Zuge dieser Prozesse hat die „Versorgungsehe" an Bedeutung verloren, und Mutterschaft kann nicht mehr als einzige Bestimmung der Frau interpretiert werden, zumal die gestiegene Lebenserwartung das Mutterdasein zu einem überschaubaren Zeitraum in der weiblichen Biographie gemacht hat. Auf dieser Basis versuchen Frauen vermehrt, Familie und Beruf miteinander in Einklang zu bringen und sich über ihren Beruf zu definieren. Dennoch beziehen zahlreiche Frauen ihr Selbstwertgefühl weiterhin durch die Beziehung zu einem Mann oder zur Familie und nicht durch eine Berufstätigkeit. Wenngleich gesellschaftlich anerkannt wird, „daß das Familienleben verstärkt von der Erwerbstätigkeit beider Partner geprägt wird" (Wingen 1995, S. 29), die Rolle des Vaters als alleiniger >Familienernährer< also schwindet, wird das Verhältnis zwischen Mann und Frau nach wie vor durch traditionelle Erwartungen bestimmt. Das ist namentlich dann der Fall, wenn Kinder da sind. Trotz der strukturellen Veränderungen nehmen viele Männer immer noch die traditionelle Funktion von Familie – die Regeneration oder den „Spannungsausgleich" (vgl. Bundeszentrale für politische Bildung (Hrg.) 4/85, S. 7 ff) – als selbstverständliches Privileg in Anspruch. Darin liegt auch ein infantiles Element, wie Olivier (1980, S. 193) klarmacht: Der Mann kommt heim und findet alles gerichtet; „er kann also meinen, zu seiner Mutter zurückgekehrt zu sein".

M. Mitscherlich (1985) geht ebenfalls auf die infantilen, ferner auf die tyrannischen Aspekte dieser Konstellation ein. Der Mann sei in der Familie häufig „ein verwöhntes Kind, das nicht gewillt ist, die Interessen anderer über die eigenen zu stellen, oder er ist in fordernder Weise abhängig von seiner Frau geblieben" (ebd., S. 73). Die Stabilität der patriarchalischen Struktur und die Rollenaufteilung in der Familie komme den vorrangigen Bedürfnissen des Mannes entgegen. Sie präzisiert: „In der Rolle des Pater familias kann ein Mann sowohl sein Bedürfnis, Oberhaupt der Familie zu sein, wie auch seine regressiven Wünsche befriedigen, das verwöhnte Kind der Mutter bleiben" (ebd., S. 76.

Die Berufstätigkeit der Frau verändert die Versorgungswünsche des Mannes nicht durchschlagend[18]. Viele Männer stehen ihrer berufstätigen Frau zwar dann bei Haushaltsarbeiten zur Seite, wenn kein Kind da ist, sind aber nach der Geburt eines Kindes nicht mehr bereit dazu, selbst wenn die Frau in den Beruf zurückgeht. Neben Rachemotiven aus empfundener Vernachlässigung heraus (vgl. Susteck 1995, S. 22), hängt dies möglicherweise auch mit Infantilität zusammen. Das heißt, durch die Gegenwart des hilflosen kleinen Kindes regrediert der Mann. Er stellt sich auf eine Ebene mit dem Kind und verlangt nach umfassender mütterlicher Versorgung.

Kavemann (1992, S. 5 f) möchte den Aspekt der sexuellen Versorgung als eine Art von Dienstleistung bewußt machen und spricht ferner den Machtfaktor an. Sie meint, Familie sei für Männer weiterhin der „Rückzugsort aus der Arbeitswelt" sowie „eine Institution der Rundumversorgung und ein ganz persönlicher Machtraum".

Die gesellschaftlich fundierte und immer noch gültige ungleiche Machtverteilung zwischen den Geschlechtern wird von Bange (1992, S. 137) als ein wesentlicher Baustein für die Entstehung sexuellen Mißbrauchs an Kindern herausgestellt. Er führt diesen zentralen Gedanken wie folgt aus:

> „So ist die ungleiche Machtverteilung zwischen Mann und Frau in den Familien nicht ohne die gesamtgesellschaftliche Unterdrückung der Frau zu verstehen. In einer Gesellschaft, in der ... Männer ihre Familien regieren wie Patriarchen, wird der sexuelle Mißbrauch von Kindern etwas Alltägliches sein. In einer Gesellschaft, in der Männer sich kaum um Kinder kümmern, in der Kinder als Besitz von Erwachsenen betrachtet werden und in der Jungen nicht lernen, wie sie Nähe anders als über Sexualität herstellen können, ist sexuelle Gewalt nicht zu überwinden. In einer Gesellschaft, in der Jungen beigebracht wird, daß Macht und Sexualität die höchsten Güter sind und daß Frauen ihnen sexuell zur Verfügung zu stehen haben, wird jedes Präventionskonzept zumindest teilweise ins Leere laufen, wenn nicht gleichzeitig die gesellschaftlichen Rahmenbedingungen geändert werden" (Bange, ebd).

Diese von Bange genannten Bedingungen sind dabei, sich zu verändern. Doch wird die Binnenstruktur der Familie nach wie vor maßgeblich von den Grundlagen, Erwartungen und Forderungen des Patriarchats, von bürgerlichen Konzepten und den Folgeerscheinungen der Industrialisierung bestimmt.

Grundsätzlich ist Familie als Stätte der Reproduktion, der Sozialisation, Regeneration und Existenzsicherung für die Herrschenden in Kirche, Staat und Wirtschaft weiterhin von großem Interesse. Wurde vom „Ganzen Haus" und der bürgerlichen Familie bis zur Industrialisierung erwartet, die bestehenden Herrschaftsverhältnisse zugunsten von Königen und Fürsten zu stützen, so soll die Kernfamilie der industriellen und nachindustriellen Epoche vor allem die großen Konzerne und ihre Absatzmärkte stützen. Darauf wird sie immer wieder sehr gezielt ausgerichtet. Die höchst erfolgreiche Programmierung der Familie auf Konsum ist zum einen auf die immer raffinierteren Werbestrategien und zum anderen auf die spezifische Verfaßtheit der Kernfamilie zurückzuführen. Durch ihre Haben-Ausrichtung und ihren Konsumhunger bietet die reduzierte und abgeschottete moderne Familie den perfekten Absatzmarkt für die Massenproduktion.

Die großen Konzerne profitieren auch von Übereinstimmungen mit der Kernfamilie. In der reduzierten Kernfamilie herrschen und reproduzieren sich ähnliche Stereotypen, ähnliche Isolierungs- und Entfremdungstendenzen wie in den Arbeitsbereich der industriellen und nachindustriellen Epoche. Somit können diesen Bereichen nicht nur nivellierte Massenkonsumenten, sondern auch automatisierte entfremdete Arbeitskräfte zur Verfügung gestellt werden, die den monotonen Erfordernissen der Produktion entsprechen.

5. Kindheit in der bürgerlich-christlichen Familie

Die Verbürgerlichung der Gesellschaft wirkt sich maßgebend auf das Aufwachsen von Kindern aus. Die Intimisierung und die Intensivierung der Gefühlsbeziehungen in der Familie, die nunmehr geforderte Kindererziehung, der Auftrag zur Triebregulierung sowie die gravierenden Veränderungen in der Umwelt haben erheblichen Einfluß auf die kindliche Persönlichkeitsentwicklung. Es entstehen vielfältige seelische Störungen. Mitterauer (1980c, S. 82) zufolge sind psychische Erkrankungen für die Sozialgeschichte „ein relativ junges historisches Phänomen". Sie gehen seiner Ansicht nach zum Großteil auf die „emotionale Aufladung der Familienatmosphäre" zurück, die in früheren familiären Formen fehlte.

5.1. Kindheit und Kindererziehung

Seit der Aufklärung werden Eltern durch Zeitschriften, Predigten oder Erlasse zunehmend aufgefordert, sich um eine bewußte Kindererziehung zu kümmern. Aufnahme findet diese Idee vor allem im Bürgertum. Sie wird zentraler Inhalt der mütterlichen Beschäftigung sowie des Zusammenlebens der Familie (vgl. Rerrich 1988, S. 37). In der bürgerlichen Familie entsteht „die >Kindheit< und das >Jugendalter< im modernen Verstande als eine spezifische Sozialform des Kind- und Jung-Seins" (Herrmann 1989, S. 7; vgl. Postman 1993, S. 56 f). Die Hochphase dieser Vorstellung fällt in die Zeit zwischen 1850 und 1950, als „sich das Stereotyp der modernen Familie" formt (Postman 1993, S. 81).

Kindheit sei jedoch im Schwinden begriffen, meint Postman. Die kommunikative Umwelt nivelliere die Grenzen zwischen Kindern und Erwachsenen (ebd., S. 162, 8). Darüber hinaus werden Kinder als Objekte von Vermarktungsstrategien benutzt. Die Werbung etwa verwendet pubertierende Mädchen „als erotische Objekte" (ebd., S. 108). Postman (ebd.) stellt fest, „daß der offene, wenn auch symbolische Gebrauch von Kindern als >Material< für die Befriedigung der Sexualphantasien von Erwachsenen inzwischen allgemein akzeptiert ist".

Obwohl die Kinderrechtskonvention der Vereinten Nationen von 1989 – unter Artikel 34 – es verbietet, floriert dieses Geschäft weiter. Heuer (5/96, S. 2) zufolge handelt es sich hier „um einen schnell wachsenden und millionenschweren Wirtschaftszweig. Die Übergänge zwischen Mißbrauch und kommerzieller Vermarktung sind fließend".

Die Angleichung zwischen Erwachsenen und Kindern läßt sich ferner an dem steigenden Anteil ablesen, den Kinder bei Alkohol- und Drogenkonsum sowie an der Kriminalität stellen. Auch bekommen Kinder vermehrt Erwachsenenkrankheiten, die mit Überlastung und Streßfaktoren zu tun haben (vgl. Hurrelmann 1/99, S. 2). Alle genannten Phänomene sind als Reaktionen auf Schädigungen zu erkennen, die Kindern in unserer Gesellschaft zugefügt werden.

Die Erziehung im aufstrebenden Bürgertum wird gelenkt durch die auf Augustinus fußende Lehre, das Neugeborene komme mit der Erbsünde behaftet auf die Welt und sei von Grund auf böse. Dem „bösen" Kind stehen der „liebe" Gott und die „lieben" Eltern gegenüber, denen daran liege, das Kind „gut" zu machen. Badinter (1981, S. 37) paraphrasiert Augustinus (vgl. Augustinus, Vom Gottesstaat, Bd.II, Zürich 1955, S. 38) wie folgt:

> „Schon von Geburt an ist das Kind Symbol für die Kraft des Bösen, ein unvollkommenes Wesen, das von der Last der Ursünde niedergedrückt wird ... Die Kindheit hat nicht nur keinen Wert und nichts Eigentümliches, sondern sie ist das Zeichen für unsere Verderbtheit, durch die wir verdammt sind und von der wir uns freimachen müssen. Zur Erlösung gelangt man also durch die Bekämpfung der Kindheit, d. h. durch die Aufhebung eines negativen und verderbten Zustands".

Das Augustinische Bild vom „bösen" Kind hat im Laufe der Geschichte nicht nur Eltern und Erzieher, sondern auch Denker in Wissenschaft und Kirche beeinflußt und sich in den Ansichten Luthers und Hobbes' ebenso niedergeschlagen wie in dem negativen Menschenbild von Lorenz.

Die Auffassung vom verdorbenen Kind, das mit Hilfe des überlegenen und reifen Erwachsenen zivilisiert werden müsse, widerspricht der Lehre Jesu Christi, der dazu aufgefordert hat, „nicht die Kinder zu der Welt der Erwachsenen, sondern umgekehrt die Erwachsenen zu der Welt der Kinder zu bewegen ... Er entdeckt an den Kindern etwas, was den Erwachsenen verlorengegangen ist" (von Jüchen 1981, S. 43)

Auch Korczak (1970, S. 36) stellt die Auffassung vom „bösen" Kind und „guten" Erwachsenen in Frage:

> „Forscher haben behauptet, der reife Mensch leite sich durch Motive, das Kind durch Triebe, der Erwachsene handle logisch, das Kind impulsiv in trügerischen Vorstellungen; der Erwachsene habe Charakter, ein festgefügtes moralisches Profil, das Kind verstricke sich im Chaos seiner Instinkte und Wünsche".

Dagegen beobachtet Korczak Wirrnis und unverantwortliches, leichtfertiges Handeln eher an Eltern und allen Erwachsenen. Bei Kindern findet er „dagegen Ernst, Überlegung und kindliches Gleichgewicht, Zuverlässigkeit gegenüber Verpflichtungen ... ein untrügliches Gefühl für das Richtige" (Korczak ebd.).

Als ein Mittel, das „Böse" im Kind zu bekämpfen, gilt dem Bürgertum die körperliche Züchtigung. Dürfen bei den freien Germanen sowie bei Fürsten und Adeligen bis zur Neuzeit Kinder nicht geprügelt werden, so breitet sich ab dem 16. Jahrhundert, als bürgerliche Erzieher an verschiedene Fürstenhöfe kamen, die Prügelstrafe aus (vgl. Schmidbauer 1976, S. 66). Schmidbauer (ebd.) stellt fest: „Soweit die kulturgeschichtlichen Zeugnisse reichen ... begleitet die Prügelstrafe den Prozeß der Verbürgerlichung". Das Bestreben, mit Hilfe autoritärer Erziehung die „bösen" Anlagen des Kindes in gute zu verwandeln, entlarven sich als Projektionsmechanismen und vergiften die Erziehung des Kindes schwer (ebd., S. 66 f). Es wurde und wird mit Angst operiert sowie mit Schuldgefühlen, die die christliche Moral beisteuert (ebd., S. 61). Zu erinnern ist auch an die Koppelung, die zwischen der Aufregung durch Gewalt und sexuellen Energien eintreten kann. Wie erwähnt, gibt es Kindesmißbraucher, die angeben, durch körperliche Strafaktionen in den Mißbrauch „gerutscht" zu sein. Somit sind zu den möglichen Auswirkungen der „guten" bürgerlichen Erziehung auch sexuelle Übergriffe auf Kinder zu rechnen.

Die wachsende Brutalität gegenüber Kindern ist ferner an die Vernichtung der „Weisen Frauen" und deren Verhütungswissen gebunden. Das explosionsartige Ansteigen der Geburten nach den Hexenverfolgungen machen „im zivilisierten Europa das Kindsein so furchtbar vieler Menschen zu einer Drangsal" (Heinsohn und Steiger 1990, S. 18). Teil dieser Drangsal sind die Kinderhexenprozesse zur Endphase der Hexenverfolgungen (vgl. Weber).

Brutale Erziehungspraxis und Gleichgültigkeit als Folge des drastischen Geburtenanstiegs verzahnen sich mit der Verdinglichung des Kindes (vgl. Badinter 1981, S. 56 f). Kinder gelten seit Jahrhunderten nicht nur als Last, sondern auch als bedeutungsloses Spielzeug, mit dem sich die Erwachsenen hauptsächlich des eigenen Vergnügens willen beschäftigen. Zahlreiche Mediziner des 18. Jahrhunderts sahen im Kind eine Art gestalt- und veränderbare Maschine. Wie Lempp (1986, S. 17) darstellt, haben Mediziner außerdem bis vor kurzem angenommen, Neugeborene und Säuglinge hätten aufgrund ihrer fehlenden Reife noch kein Schmerzempfinden.

Die Not vieler Kinder hängt auch mit den kirchlichen Dekreten zur „Genußsexualität" zusammen, denen zufolge Lust zu vermeiden und jegliche nicht auf Zeugung ausgerichtete Sexualität schwerste Sünde sei. Wenn Zeugungsvermeidung zu den schwersten Sünden zählt, unterliegen Kinder in ihrem Objektstatus der Gefahr, von entfremdeten Menschen auch als sexuelle Objekte benutzt zu werden. Die zwanghaft überwachte Erwachsenensexualität und die Belastung des ehelichen Geschlechtslebens (vgl. Foucault 1991, S. 51; vgl. auch Ranke-Heinemann) mochte manchen Mann auf den Gedanken gebracht haben, das nicht empfängnisfähige Kind zum Sex heranzuziehen. So konnte er einer der schwersten Sünden entgehen, der Verhütung, die immer wieder Gegenstand kirchlicher Erörterungen war.

5.2. „Tod der Straße"

Ariès (1994) hat sich intensiv mit den Lebensbedingungen beschäftigt, unter denen Kinder in den letzten Jahrhunderten aufgewachsen sind. Seine Schilderungen zum „Tod der Straße" sind geeignet, die Bedeutung von Rahmenbedingungen bei sexuellem Mißbrauch an Kindern verschärft in den Blick treten zu lassen. Sie zeigen, wie sehr die Veränderungen, die die bürgerliche Lebensweise mit sich brachte, unbeobachtbare sexuelle Übergriffe auf Kinder begünstigen. Ariès schildert das Leben der Stadtkinder (insbesondere von Paris) bis ins 18. Jahrhundert hinein als ein Leben auf der Straße. Die Wohnungen von Armen und auch von Reichen sind nicht auf ihren Nachwuchs zugeschnitten. Daher bewegen sich Kinder vorwiegend in öffentlichen Räumen und nehmen dort, auch mit Aufgaben und Arbeiten betraut, am Leben der Erwachsenen teil (ebd., S. 79).

Berger/Kellner (zit. nach Beck/Beck-Gernsheim 1990, S. 111) runden dieses Zustandsbild ab: „Es gab nur wenige Schranken zwischen der Welt der Einzelfamilie und der größeren Gemeinschaft ... Ein und dasselbe soziale Leben pulsierte durch Haus, Straße und Gemeinde".

Mit Aufkommen des Bürgertums und seiner Privatisierungstendenzen und verstärkt durch den Einsatz von „Philantropen" im 18. Jahrhundert beginnt sich das Leben der Kinder drastisch zu verändern. Die Abschottung der verschiedenen gesellschaftlichen Bereiche in „Privatleben, Berufsleben und öffentliches Leben" nimmt den Kindern ihre freien Aktivitäts-, Spiel- und Verantwortungsräume; sie werden „von einem ganzheitlichen, zugleich privaten, beruflichen und öffentlichen Leben in die abgeschlossene Welt der privacy verpflanzt" (Ariès 1994, S. 81).

Mit dem gewollten „Tod der Straße" beginnt die Zeit des großen Einsperrens. Kinder sollen fortan bestimmten festgelegten Erlebnis- und Schonräumen unterliegen und sich auf ausgewählte Menschen, die Familienmitglieder, festlegen (vgl. Rerrich 1988, S. 37). Ariès (1994, S. 89) faßt zusammen:

> In den „neuen, auf Eltern und Kinder beschränkten middle-class->Kernfamilien<, in denen das Mutter-Kind-Paar die Gefühlsbeziehungen beherrscht, hat sich das Leben des Kindes gewandelt. Es hat seine relative Freiheit verloren, die es in den >Großfamilien< besaß".

Hinter der Beschneidung der kindlichen Erfahrungsräume und Sozialstrebungen verbergen sich, meint Ariès (ebd.), die Ängste und Wunschvorstellungen der bürgerlichen Familie.

Die Straße ist nun den Männern vorbehalten (ebd., S. 79 f). Dort herrsche, so wird argumentiert, „physische Unsicherheit, moralische Zuchtlosigkeit und letzten Endes Anleitung zur Kriminalität" (ebd., S. 85). Für Olivier (1980, S. 222, 228) steckt hinter diesen Argumenten eine Strategie des patriarchalischen Systems. Frauen und Kinder sollten auf das Haus beschränkt bzw. in das Haus verbannt werden, damit Männer überall sonst herrschen können.

Wenn Ariès (1994, S. 92) in der Bewegung und Begegnung, also in der Belebtheit der Straße, das Leben einer Stadt verwirklicht sieht, dann umreißt er ein Feld der Kommunikation, des Austausches und der Lebendigkeit, das den natürlichen kindlichen Bedürfnissen entgegenkommt. Ersatzabenteuer oder Ersatzmythen, etwa in den Medien, können den Verlust dieser Erfahrungs- und Bewährungsräume nicht kompensieren.

Verloren gehen zudem die „Ausweichmöglichkeiten auf Mitglieder der weiteren Familie" (A. Mitscherlich 1992, S. 77). An die Stelle der vielfältigen Sozialkontakte tritt die dominierende, intensive und nahezu ausschließliche Mutter-Kind-Beziehung im Heim der Familie. Die nun folgende affektive Aufheizung dient weder Mutter noch Kind. A. Mitscherlich (ebd.) sagt: „Die ganze ambivalente Gefühlsspannung des Kindes konzentriert sich überwiegend auf die Mutter, die sich dadurch oft überfordert fühlt und ihrerseits ambivalenter dem Kind gegenüber wird". Die allein für die Kinder zuständige Mutter fühlt sich nicht nur überfordert, sondern ist zumeist tatsächlich überfordert. Zusätzlich sieht sie sich, ähnlich wie das Kind, der Verarmung an direktem intensiven Sozialleben, dem Verlust des Kollektivs, und wachsender Isolierung ausgesetzt (vgl. Pilgrim 1986b, S. 135; vgl. auch Swigart 1993).

Anders als in der kontrollierten und abgeschiedenen bürgerlichen Familie sind Kindheit und Jugend in der proletarischen Familie lange Zeit eine >Straßenkindheit< geblieben; damit blieb sie lange Zeit nicht eine „>Familien<-, sondern eine >Kinder-Kindheit<" (Herrmann 1989, S. 8). Auch in den Dörfern hat sich bis ins 20. Jahrhundert hinein ein Gemeinschaftsleben erhalten, das außerhalb der Herkunftsfamilie auf große Nähe der Dorfgemeinschaft und die darin eingeschlossenen verwandtschaftlichen Verflechtungen zählen konnte. Nähe, Kontinuität und Reichhaltigkeit von Beziehungsangeboten machen, so Lempp (1986, S. 13 f), das Sozialleben eines Dorfkindes aus.

Auf den „Tod der Straße" treffen Bubers Gedanken über die verlorenen Gemeinschaftsformen zu. Buber (1985, S. 263) bezieht sich auf Tönnies Werk „Gemeinschaft und Gesellschaft" (1887) und geht auf die Erkenntnisse der Soziologie des ausgehenden 19. und beginnenden 20. Jahrhunderts ein:

> „Es ist die reifste Einsicht der neueren Soziologie als einer genetischen Selbsterkenntnis der gegenwärtigen Menschheit, daß die moderne abendländische Kultur den Weg von der Gemeinschaft zur Gesellschaft gegangen ist, daß der mechanische Typus des Zusammenlebens den organischen durchsetzt und aufgelöst hat". Während die Gemeinschaft eine gewachsene Verbundenheit darstelle, sei Gesellschaft eine „geordnete Getrenntheit, äußerlich zusammengehalten durch Zwang, Vertrag, Konvention, öffentliche Meinung".

Hinter der schrumpfenden wirklichen Gemeinschaft (ebd., S. 280 f) stecke ein absterbender Organismus. Das werde allerdings „durch das zuverlässige Funktionieren eines scheinorganischen Mechanismus aus höchstleistungsfähigen Teilen ... verdeckt" (ebd., S. 270). In den Verbänden unserer Zeit sieht Buber (ebd., S. 41) keine „Kompensation für die verlorenen Gemeinschaftsformen" etwa des Mittelalters, sondern „massierte oder kollektivierte Einsamkeit"[19].

Der Überblick zeigt, daß sich mit den Intimisierungs- und Privatisierungsbestrebungen die häusliche Atmosphäre der bürgerlichen Familie aufheizt. Durch den „Tod der Straße" schränken sich außerhäusliche Sozialkontakte und die Sozialkontrolle ein. Gleichzeitig weiten sich Kontakte und Kontrollen im familiären Binnenraum quantitativ aus.

Die genannten Merkmale schaffen einen Kontext für unbeobachtbare und unbeanstandete Zugriffsmöglichkeiten auf das Kind. Kinder auf der Straße bewegen sich in öffentlichen Räumen. Dort sind sie weniger gefährdet, sexuell mißbraucht zu werden als im Haus. Denn, wie Elias (1976, S. 222) bemerkt: Die „sichtbaren und unsichtbaren Mauern entziehen das >Privateste< ... den Blicken der anderen". Die sichtbaren Mauern ermöglichen die sexuellen Übergriffe. Scham- und Schuldgefühle sowie der Geheimhaltungsdruck, dem das Kind unterliegt, stabilisieren die unsichtbaren Mauern. Stabilisierende Faktoren und Garanten der Geheimhaltung sind ferner die bürgerlichen Tugenden der Familienloyalität und des Gehorsams gegenüber Autoritäten.

Zur Frage, inwieweit Struktur und Erziehungsmethoden der bürgerlichen Familie für das Ausmaß sexueller Gewalt gegen Kinder mit verantwortlich ist, muß überdies auf die zivilisatorischen Prozesse zur Regulierung des Trieblebens eingegangen werden.

5.3. Triebregulierung

Infolge seiner sozio- und psychogenetischen Untersuchungen zu gesamtgesellschaftlichen Faktoren menschlichen Verhaltens kommt Elias (1976, S. 249) zu dem Schluß, der Triebhaushalt des westlichen Menschen, seine animalische Natur, sei im Verlauf der Zivilisationsprozesse domestiziert worden ist. In Zusammenhang damit sei der Sexualtrieb „wie viele andere Triebe, einer immer strengeren Regelung und Umformung unterworfen" worden (ebd., S. 190).

Die Auseinandersetzungen des Ethnologen und Kulturhistorikers Hans Duerr (1990) mit Elias' Theorien legen eine Neubesinnung über die Entwicklung unserer Zivilisation nahe. Duerr (ebd., S. 7) versucht nachzuweisen, „daß von einer allgemeinen Evolution der Gesittung hin zu stärkerer Triebkontrolle und >Affektmodellierung< innerhalb der letzten Jahrtausende nicht die Rede sein kann". Er meldet Skepsis gegenüber Elias' Auffassung von der Verfeinerung der Sitten und der Selbstkontrolle durch den internalisierten Selbstzwangapparat an. Angesichts des Wissens um die stete Zunahme von sexueller Gewalt scheine „das Bild, welches Elias vom triebgezügelten, >zivilisierten< Menschen malt, mit der Wirklichkeit nur eine geringe Ähnlichkeit zu haben" (Duerr 8/93, S. 31)[20]. Obwohl das Wissen um die verbreitete sexuelle Gewalt Elias' Annahme von der Verfeinerung der Sitten widerspricht, geben seine Untersuchungen zur Triebregulierung wichtige Aufschlüsse zu Hintergründen sexuellen Mißbrauchs an Kindern.

Dazu gehören insbesondere folgende Aspekte:

Sexualität als eine Triebäußerung wird immer ausschließlicher auf den Raum der gesetzlich verankerten Ehe und der Kleinfamilie beschränkt (ebd., S. 258 f). Eine Durchbrechung ist nur unter „Prestigeverlust oder Verlust der sozialen Position" möglich (ebd., S. 259).

Elias (ebd., S. 258, 280 f) meint, der familiär angezüchtete „Selbstzwang", also das in „einem streng geregelten Über-Ich" festsitzende gesellschaftlich geforderte Triebverhalten, hindere den zivilisierten Menschen aus Angst daran, spontan nach dem zu greifen, was er begehrt. Er hat recht insofern, als im Bereich des Offensichtlichen das Über-Ich-Gewissen in der Tat recht gut greift. Wie Tart (1988, S. 270) allerdings feststellt, lassen sich in unserer Kultur viele Menschen nur durch die Furcht vor dem Erwischtwerden davon abhalten, bestimmte Verbote zu übertreten. Die Versuchung sei jedoch groß, auch Verbotenes durchzuführen, wenn die Sicherheit besteht, unentdeckt zu bleiben und den Schein der Normentreue wahren zu können. Die Sicherheitsgarantie bei sexuellem Mißbrauch an Kindern war und ist groß. Sexueller Mißbrauch an Kindern ist immer noch ein „low-risk-crime", an dem sich zeigt, daß in vielen Fällen wirkungsvolle Kontrolle weder durch das Über-Ich noch durch die sozialen Kontrollmechanismen gewährleistet ist.

Wie Elias (1976, S. 259 f; vgl. auch S. 186) weiter ausführt, wird vom „intimen Zirkel der Kleinfamilie" erwartet, dem Heranwachsenden die „gesellschaftlich geforderten Triebgewohnheiten und Verhaltensweisen" beizubringen. Dies züchtet in der bürgerlichen Kernfamilie nun Heimlichkeit, Scham, Peinlichkeit und den „Bann des Schweigens" gegenüber sexuellen Dingen (ebd., S. 249). Dieser Gesichtspunkt ist für sexuelle Übergriffe auf Kinder ebenso bedeutsam wie die Tatsache, daß der an Eltern und Erzieher gerichtete Auftrag zur Triebmodellierung die Legitimation zur ständigen Überwachung des Kindes eröffnet. Namentlich seit dem 18. Jahrhundert richtet sich ein regelrechter „Feldzug ... der Erwachsenen gegen den Sex der Kinder" (Foucault 1991, S. 56 f), und die Masturbation wird von Pädagogen, Medizinern und der Kirche wie eine Epidemie bekämpft. Besonderen Einfluß auf den Feldzug gegen die sexuelle Selbstbefriedigung hatte Bekkers Schrift >Onania< von 1719 (s. Heinsson und Steiger 1990, S. 248 ff)[21].

Die Triebkontrolle hat die Zurichtung bereits der kleinen Kinder im Auge. Schon der Gedanke an sexuellen Genuß soll Angst und Schuldgefühle erzeugen. Lowen (1980, S. 108) meint: „In unserer Kultur hängt das Schuldgefühl wegen der Sexualität mehr mit der Onanie zusammen als mit jeder anderen sexuellen Betätigung".

Wie Masters und Johnson (1990, S. 316 ff) erläutern, bahnte sich erst gegen Mitte des 20. Jahrhunderts eine liberalere Einschätzung hinsichtlich der Masturbation an.

Die ständige Beschäftigung mit der kindlichen Sexualität ist an der Oberfläche ein Ausdruck der Sorge und Sittlichkeit. Bei genauerer Betrachtung entlarvt sie sich als ein Instrument der Machtausübung (vgl. Elias 1976, S. 249). Hinzuzufügen ist, daß sie oft auch ein Ausdruck der Reizsuche ist. Darüber hinaus stellt die intensive Beschäftigung mit den Intimzonen des kindlichen Körpers einen legitimen Ort für Projektionen und die Weitergabe der eigenen, in der Kindheit erlittenen Traumen dar. Miller (1983, S. 210) meint, Kinder waren schon von jeher

„Träger aller abgespaltenen, unerwünschten Seiten des Erwachsenen ..., warum nicht auch Träger der sexuellen Wünsche, insbesondere in der puritanischen Zeit der Jahrhundertwende, in der Sexualität verpönt war? ... Was in der Gesellschaft eigentlich durch das Schweigetabu geschützt wird, ist das Recht des Erwachsenen, das Kind beliebig für seine Bedürfnisse zu verwenden, es als Ventil zum Abreagieren seiner einst erlittenen Demütigung zu gebrauchen".

„Triebmodellierung" des Kindes fällt somit in eine Kategorie von Privilegien, die sich Erwachsene generell gegenüber Kindern anmaßen, um ihre eigenen Schwierigkeiten nicht wahrnehmen und sich mit ihnen auseinandersetzen zu müssen.

Mit der vor allem auf die Masturbation zielenden Triebkontrolle häufen sich grenzüberschreitende Eingriffe von Erwachsenen auf Kinder. Foucault (1991, S. 155) führt die inzestuöse Praxis vieler Familien – neben der Intensivierung der Gefühlsbeziehungen und der physischen Nähe innerhalb der bürgerlichen Familie – auch auf die Überwachung der kindlichen Sexualität zurück. Die gesellschaftlich geforderte Triebüberwachung der Kinder gehört somit zu den situativen Bedingungen, die sexuelle Übergriffe auf Kinder sowie einen Generationen überspannenden Kreislauf von Schädigungsverhalten begünstigen.

Die Beobachtung, Kontrolle oder Bestrafung der kindlichen Sexualität führt diesem Erfahrungsraum ständig und steigend Energie zu und lädt ihn auf. Eine Facette dabei ist die Aufheizung der Familienatmosphäre durch Reizsuche und Lüsternheit, die andere ist die Koppelung des Kontrollfaktors an den Machtfaktor. Es entsteht eine brisante Mischung von starken Affekten, Lust und Macht, die zusätzlich von archaischen Kräften bestimmt wird. Wird ein Kind unter diesen Umständen sexuell mißbraucht, vermittelt sich ihm der Eindruck, daß Sex, Macht und unkontrollierbare Affekte zusammen gehören.

Überdies sind im 19. Jahrhundert viele Kinder einem sadistischen Erlebnisraum ausgeliefert. In Zusammenhang mit der Triebkontrolle werden Vorrichtungen wie der Anti-Onanie-Gürtel oder Apparate entwickelt, die bei einer Erektion sofort in den Penis stechen (vgl. Schmidbauer 1976, S. 130).

Die Sexualkontrolle entfremdet das Kind vom eigenen Körper. Bettelheim (1971, S. 71) meint, im 19. Jahrhundert sei das Kind vermehrt seinem Körper entfremdet worden, „da es nicht das Kind ist, sondern die Eltern, die bestimmen, was es mit seinem Körper tun darf und was nicht".

Die angezüchteten Empfindungen der Scham und Peinlichkeit und die fehlende sexuelle Sprache, insbesondere der Mädchen (vgl. Elias 1976, S. 248), gewährleisten, daß sexuell geschändete Kinder nicht auszusprechen wagen oder gar nicht mit Worten erklären können, was ihnen geschehen ist. Wenn einzelne Mädchen oder Jungen trotz dieser Hürden einen Mißbrauch aufdecken, dann stehen dem beschuldigten Erwachsenen als Gegenargumente die gesellschaftlich abgesicherten Negativzuschreibungen zur Verfügung, etwa, das Kind sei böse und unglaubwürdig. Seit Erfindung des „Ödipuskomplexes" kann außerdem behauptet werden, Kinder begehrten den gegengeschlechtlichen Elternteil, und die geschilderten sexuellen Szenen seien kindliche Wunschphantasien.

In der 2. Hälfte des 19. Jahrhunderts ist eine bemerkenswerte Parallelentwicklung zwischen zunehmender Prüderie und Körperfeindlichkeit bei Frauen einerseits und der Ausbreitung der Prostitution andererseits zu verzeichnen (vgl. Schenk 1987, S. 91). Es allein auf die sexuelle Frustration von Ehemännern zurückzuführen, die wegen ihrer frigiden Frauen ins Bordell gehen, wäre zu kurzsichtig. Wird dagegen die Sprachlosigkeit in sexuellen Dingen sowie die Verdrängungen und das Doppelleben von Männern (ebd., S. 92) als Erklärungsansätze herangezogen, dann erschließen sich folgende Zusammenhänge:

Die um sich greifende bürgerliche Lebensweise wird von dem sozial gesicherten Machtstatus des Mannes bei gleichzeitigem Verlust seiner natürlichen Autorität sowie von Merkmalen der Abschottung, Sexualunterdrückung und der kindlichen Sexualkontrolle bestimmt. Mit fortschreitender Industrialisierung kommen in wachsendem Maße Verdinglichung, Konsumdenken und Entfremdung hinzu. Meiner Ansicht nach sind diese Phänomene verantwortlich für den drastischen Anstieg sexueller Gewalt gegen Kinder, auf den August Bebel hingewiesen hat (vgl. Rush 1991, S. 104). Das Sexualtrauma von Mädchen kann sich später als Sexualfeindlichkeit, Frigidität oder Prüderie von Ehefrauen niederschlagen. Der Rückzug in ein Kloster mag eine andere Alternative darstellen. Gegenüber diesen Rückzugstendenzen stellt die Prostitution den Versuch einer aggressiven Bewältigung des Sexualtraumas dar. Häufig ist sie verknüpft mit der Flucht aus dem Elternhaus, der Flucht vor dem Mißbrauch. In der Prostitution wird der Marktwert der Sexualität gezielt zum Überleben genutzt.

Der Anstieg der Prostitution einerseits, Prüderie und Rückzug von der Sexualität andererseits haben denselben Hintergrund. Die landläufige, von der Psychoanalyse gestützte Ansicht, sexuell auffälliges Verhalten von Frauen gehe auf das Erziehungsversagen von Müttern zurück, hat den Blick auf den wahren Schädigungsherd verstellt. Die Beschädigung weiblicher Sexualität hat hauptsächlich mit dem Doppelleben von Männern zu tun. Indem viele Männer im Geheimen und unbeanstandet Mädchen sexuell ausbeuten, bildet sich ein großes Kontingent von Frauen mit einem schwachen Selbstwertgefühl, die sich fraglos programmieren und zugunsten der patriarchalischen Machtverhältnisse in bestimmte gesellschaftliche Räume drängen lassen. Die „Liebedienerei" und Abhängigkeit hinter Kloster- oder Bordellmauern oder hinter den Mauern des „Heims" sichern die Reproduktion der patriarchalisch gelenkten Verhältnisse ebenso wie der sexuelle Mißbrauch an Mädchen.

5.4. Das Eltern-Kind-Verhältnis in der bürgerlichen Familie

Das Eltern-Kind-Verhältnis wird vor allem von unbewußten Faktoren bestimmt. Ein Faktor ist der Symbolcharakter des Kindes, ein weiterer betrifft die individuellen und interpersonalen Störungen der Eltern. Um diese zu entlasten und zu überbrücken, werden dem Kind Funktionen der individuellen, partnerschaftlichen und familiären Homöostase übertragen. Das läuft auf einen Objekt- oder Opferstatus hinaus und ist Ursache vieler seelischer Störungen.

Es gibt Kinder, die zu sexuellen Objekten herabgewürdigt oder in der Rolle des Sündenbocks aufgeopfert werden. In beiden Fällen kommt es zu massiven Grenzverletzungen, die das Leben des instrumentalisierten Kindes stark belasten. Häufig werden die eigenen Schädigungen im Wiederholungsmechanismus an andere, meist schwächere Menschen, weitergegeben. Das Drama der eigenen Kindheit wird – mit vertauschten Rollen – vorzugsweise mit den eigenen Kindern wiederholt.

5.4.1. Symbolcharakter des Kindes

Das Kind gilt als „Symbol neuen Lebens schlechthin" (Asper 1990, S. 22). Es symbolisiert Unschuld und Hoffnung, Sehnsucht nach Unsterblichkeit und die Sehnsucht, noch einmal ganz von vorn zu beginnen. Wie Küng (1992, S. 54) ausführt, ist das

> „Bild vom göttlichen, heilenden, rettenden Kind ... ein Archetyp, ein Urmuster der Seele. Es drückt sich in verschiedenartigen Bildern und Erlebnissen, Abläufen und Auffassungen aus, und dies besonders im Zusammenhang erlebnisstarker Erfahrungen des Menschenlebens wie Geburt, Reife, Liebe, Gefährdung, Errettung und Tod".

Jung zufolge symbolisiert das Kind die nicht gänzlich verwirklichten Anteile der Persönlichkeit (vgl. ebd., S. 55; vgl. Aspen 1990). Im modernen Sinn dehnt sich der Symbolcharakter des Kindes auf die ganze Gesellschaft aus. Das Kind stellt ein Gegenbild zu der „Verhärtung und Verkrustung" dar, die den Menschen im Zivilisationsprozeß auferlegt werden (Beck-Gernsheim 1990, S. 140).

Dem Symbolcharakter des Kindes, der am Sein orientiert ist, läuft in vielen Familien die Orientierung am Haben zuwider. In der Haben-Orientierung besteht die Tendenz,

Menschen als Besitz anzusehen, sie für eigene egoistische Zwecke zu instrumentalisieren und auf das Niveau eines Objekts zu reduzieren. Wenn dies geschieht, wird nicht nur das Kind geschädigt, sondern es wird auch versäumt, die ganzheitsfördernde, stimulierende und verlebendigende Dynamik des Kindes als Katalysator oder Transformator der eigenen Weiterentwicklung zu nutzen.

5.4.2. Objektcharakter des Kindes

Postman (1993, S. 69) zufolge behandelten Eltern bis zum 19. Jahrhundert „ihre Kinder sehr häufig nicht nur als Privatbesitz, mit dem sie nach Belieben verfahren konnten ..., sondern auch als Sklaven, deren Wohlergehen für das Überleben der Familie aufs Spiel gesetzt werden durfte".

Die hier angesprochene elterliche Gewalt über das Kind war bis in die siebziger Jahre des 20. Jahrhunderts in den Gesetzestexten festgelegt. Erst dann wurde die Bezeichnung >elterliche Gewalt< durch den Begriff der >elterlichen Sorge< ersetzt (vgl. Schenk 1987, S. 187; Wenzel 1993, S. 2). Das Infragestellen der elterlichen Gewalt ist vor allem den Frauen- und Kinderschutzbewegungen zu verdanken; sie haben immer wieder die Tatsache der verbreiteten Gewalt gegen Kinder ins öffentliche Bewußtsein gerückt (Wenzel ebd.).

Der elterlichen Gewalt zu unterliegen, bedeutete stets, vor allem der väterlichen Gewalt zu unterliegen. Rattner (1964, S. 38) meint, einem autoritären Vater gelinge es leicht, „sein Kind zu einem willenlosen Objekt seiner Maßnahmen zu machen".

Mitunter betrachten Väter und Mütter ihre Kinder auch als Teil oder als „Verlängerung" ihrer selbst. Daran knüpfen sich Wunschvorstellungen, „ihr Dasein in ihren Kindern irgendwie fortzusetzen" (Bettelheim 1971, S. 58 f). Kinder, die als eine Art „Teil-Ich" angesehen werden, stehen oft unter Druck. Sie sollen den ehrgeizigen Erwartungen der Eltern entsprechen, das Selbstwertgefühl der Eltern steigern und erfüllen, was diese nicht geschafft haben (vgl. Schmidbauer 1976, S. 15).

Der Dingcharakter des Kindes wird seit Beginn des Kapitalismus' auch nach seinem „kommerziellen Wert" bemessen (vgl. Badinter 1992, S. 119). Heutzutage gehe es jedoch weniger um den kommerziellen Wert des Kindes, meint Becker. Er diskutiert die Frage, warum Menschen Kinder in die Welt setzen und kommt zu einer neuen und verblüffenden Antwort: Kinder würden von ihren Eltern nicht mehr als eine Investition angesehen,

> „sondern als ein im eigenen Haushalt produziertes Konsumgut ... Kinder werden als dauerhafte Güter betrachtet, in erster Linie als Konsumgüter, die ihren Eltern vor allem einen Nutzen in Form psychischen Einkommens (>psychic income<) abwerfen" (Gary S. Becker, zit. nach Heinsohn und Steiger 1990, S. 198 f).

Die Verobjektivierung des Sohnes oder der Tochter eigener egoistischer Zwecke wegen ist Mißbrauch. In vielen Fällen werden Kindes als sexuelle Objekte mißbraucht.

Armstrong (1985, S. 260) charakterisiert das vermeintliche Besitzrecht an Kindern wie folgt aus:

„Ein Vater, der seine Kinder mißbraucht, muß sich mit einem elterlichen Hoheitsrecht ausgestattet fühlen. Wäre das nicht der Fall, könnte er keine Rationalisierungen finden für das, was er tut, nämlich mit seinem eigenen Kind Doktor spielen. Schwach oder autoritär – er muß seine Kinder als Besitz, als Objekte, wahrnehmen. Er muß denken, seine Kinder seien dazu da, seine Bedürfnisse zu befriedigen – nicht umgekehrt".

Kinder, die im Erfahrungsfeld Familie lernen, daß man Menschen verobjektivieren, besitzen und konsumieren kann, übertragen diese Lernerfahrung im Wiederholungszwang vielfach auf spätere Partnerschaften und auf die eigenen Kinder.

5.4.3. Elterliche Neurosen und kindliche Wahrnehmungsstörungen

Die seelische Gesundheit der Eltern und ihre Beziehung zueinander sind für den Schutz und die Entwicklung des Kindes zentral. Janov (1990/1977, S. 10) meint: „Der einzig wahre Schutz des Kindes liegt in der psychischen Gesundheit seiner Eltern". Das entspricht einer Überlegung Richters (1992/1970, S. 137), wonach die Ausbeutung in der Familie auf die seelische Problematik eines Familienmitgliedes zurückgehen kann, das sich auf Kosten anderer von den eigenen „inneren Spannungen zu entlasten pflegt". Richter weist damit auf den bereits erörterten Abwehr- und Entlastungsmechanismus hin, der bei sexuellem Mißbrauch an Kindern eine wichtige Rolle spielt und dessen Bedeutung Laing und andere für die Entstehung der Schizophrenie herausgearbeitet haben.

Janov (1990/1977, S. 34) führt das Versagen von Eltern auf ihre Neurosen und die unaufgelöste Bindung an eine neurotisierende Vergangenheit zurück. Neurotische Eltern erwarten von Kindern, ihnen bei der Bewältigung ihrer eigenen traumatischen Kindheitserlebnisse (vgl. Swigart 1993, S. 97) und der Abwehr von Ängsten zu helfen (vgl. de Mause 1977, S. 22).

Eine neurotische Bindung an die Vergangenheit hindert den Menschen daran, er selbst zu sein. Folglich hat das Kind es mit einer Maske, einer Fassade, mit Phantom-eltern zu tun. Wie erwähnt, ist Maskenspiel an die Aufspaltung in eine akzeptable Person und eine Schatten-Persona gebunden. Charakteristisch für Menschen mit dieser Aufspaltung ist eine geringe Selbstachtung, Entfremdung sowie die Suche nach Bestätigung und Bewunderung. In Verbindung mit Entwicklungsdefiziten sind sie unbewußt an archaische Entwicklungsebenen gebunden und vor allem unter belastenden Umständen in Gefahr, zu regredieren und von archaischen Kräften überschwemmt zu werden.

Das Zusammenleben mit neurotischen Eltern und ihrer Fassadenwelt ist für Kinder überaus verwirrend und kränkend. Wegen der Undurchschaubarkeit des elterlichen Maskenspiels und der familiären Strukturen wird die kindliche Wahrnehmung beeinträchtigt. Zusätzlich bilden die undurchschaubaren Strukturen einer gestörten Familie den Nährboden für die Entstehung des schizoiden Phänomens (vgl. Lowen 1985, S. 266) oder gar einer Schizophrenie.

Bieler (1989) schildert, wie er als Kind mit der eigenen, nicht aushaltbaren Wahrnehmung kämpft. Sein Versuch, das Geflecht von Heuchelei und Lüge in der Familie zu durchschauen, verläuft parallel zu dem Versuch, das Wahrgenommene zu verdrängen, zu verleugnen und umzuinterpretieren. Bielers Kindheit zeigt beispielhaft, wie ein Kind für die entfremdeten elterlichen Bedürfnisse – insbesondere die sexuellen Ansprüche der Mutter – benutzt und dem Realitätsprinzip der Erwachsenen unterworfen wird. Die Unterwerfung unter die Wahrnehmung der Eltern bedeutet in letzter Konsequenz, daß das Kind nicht es selbst sein darf.

Statt als eigenständige unverwechselbare Persönlichkeiten mit eigenen Bedürfnissen und Wünschen anerkannt zu werden, tragen Kinder neurotischer Eltern die Bürde der elterlichen Wünsche, Phantasien oder Aggressionen. Darüber hinaus wachsen sie mit gravierenden Mangelerfahrungen auf. Neurotische Eltern können kaum Liebe oder Aufmerksamkeit schenken, weil sie zu sehr mit ihren eigenen Schwierigkeiten beschäftigt sind.

In das Leben vieler Kinder wird auch aktiv zerstörerisch eingegriffen; ihre seelischen oder körperlichen Grenzen werden verletzt. Dazu gehören in vielen Familien „sexuelle Mißhandlungen durch die Eltern" (Giddens 1993, S. 120). Zu den gravierenden Grenzverletzungen zählt ferner der >verdeckte Inzest< (vgl. Woititz 1993, S. 75), also die immer präsente und irritierende inzestuöse Atmosphäre in der Familie.

Kinder, die massive Grenzverletzungen erlitten haben, führen das schädigende Muster der Eltern-Kind-Beziehung häufig weiter und verletzen ihrerseits die Grenzen anderer. Zerstörerische Akte von Kindern und Jugendlichen sind zum großen Teil mit Grenzverletzungen verknüpft, die sie selbst erlebt haben.

Nach Giddens (1993, S. 118) Ansicht sind viele Eltern-Kind-Beziehungen ernstlich gestört; „wären die Kinder nicht zutiefst abhängig von ihren Eltern, würde man von ihnen erwarten, daß sie sie verlassen". Die übermäßige Abhängigkeit der Kinder ist kulturspezifisch, ebenso die Unausweichlichkeit, in der sich Kinder in ihren Herkunftsfamilien befinden. Das berüchtigte Heim als Alternative zum „Heim" der Familie läßt Kinder davor zurückschrecken, sich wirksam gegen eine unerträgliche Situation zu wehren. Daß aber Heim nicht gleich Heim sein muß, ist seit Neill und Korczak sowie durch die Erfahrungen in israelischen Kibbuzim deutlich geworden.

Weil Kinder generell dazu neigen, zugunsten der Eltern ihre eigenen Wünsche und Bedürfnisse zurückzustellen (vgl. Woititz 1993, S. 65), bleiben viele ihr Leben lang an die bedürftigen und entwicklungsgestörten Eltern gekettet. Sie schleppen das elterliche Erbe zeitlebens mit sich herum. Bieler (1989, S. 109) sagt:

> „Ein Wort über meine Eltern. Sie laden alles auf mich ab, ihre Verbitterung, ihre Wut, ihre Geilheit, ihre ungestillten Sehnsüchte, ihr Scheitern im Beruf, ihren grenzenlosen Neid, ihren Geltungsdrang, ihre Eifersucht auf Männer und Frauen, ihre schmutzigen Witze ... ihre Angst vor dem Alleinsein, ihren Hunger nach Liebe und ihr Scheitern an sich selbst. Doch was das schlimmste ist: Ich, der Fünfzigjährige, bin der Erbe ihrer Gefühle".

Bielers autobiographische Schilderungen zeigen exemplarisch, daß das Versagen von Eltern nicht nur auf individuelle Gründe zurückzuführen ist. Häufig ist es zusätzlich partnerschaftlich begründet, wie an anderer Stelle vertiefend dargestellt werden soll.

Viele Kinder sollen helfen, die Partnerschaft der Eltern zu entlasten (vgl. Janov 1990, S. 16 f) und Defizite zu kompensieren. Sie werden auch, wenn Entfremdung herrscht und wirkliche Nähe zwischen den Eheleuten nicht gelingt, zum Verbündeten oder zum Partnerersatz gemacht. Kinder spüren die Einsamkeit, die Bedürftigkeit oder Depression der Eltern und versuchen oft, das innerpsychische Vakuum oder die Lücke zwischen den Partner auszufüllen. Covitz (1992, S. 80) sagt: „Sie glauben, sich tröstend-willfährig verhalten und die Eltern behüten zu müssen ...".

Manche Kinder müssen wie Sozialarbeiter oder Therapeuten zwischen den Eltern vermitteln. Sie befinden sich gezwungenermaßen in der Rolle von Erwachsenen und stehen ständig unter Druck und Streß. Wie sehr die Störung zwischen den Eltern, ihre ungestillten Wünsche und Sehnsüchte ständig und nachhaltig auf das Kind einwirken – selbst wenn versucht wird, sie zu verbergen – beschreibt. C.G. Jung (1909):

> „Verheimlichter Unfrieden zwischen den Eltern, geheime Qualen, verdrängte, verborgene Wünsche, all das erzeugt im Individuum einen Affektzustand, der langsam, aber sicher, wenn auch unbewußt seinen Weg ins kindliche Gemüt findet und dort den gleichen Zustand hervorruft" (zit. nach Miller 1983, S. 255).

Kinder neurotischer Eltern werden höchstwahrscheinlich selbst neurotisch (Janov 1990, S. 11 f). Um überleben zu können, legen auch sie sich eine Fassade zu und entwickeln eine „Persönlichkeit", die ihren Schmerz verdrängt und in der Isolation hält (ebd., S. 9 ff). Dies geschieht automatisch und ist ebenso unbewußt wie die Fassade selbst (ebd., S. 210). Fatalerweise wird mit diesen Vorgängen auch die Vergangenheit bewahrt und auf die Gegenwart übertragen (ebd., S. 172, 212), etwa durch Negativprojektionen in und außerhalb der Familie. Indem die Vergangenheit verdrängt und durch Negativprojektionen abgewehrt wird, blockiert das Individuum die eigene Vergangenheitsbewältigung.

Kindliche Verhaltensauffälligkeiten – wie große Unruhe oder Aggressivität – sind häufig der offene Ausdruck von Störungen zwischen den Eltern. Auch die Flucht des Kindes „in eine narzißtische Allmachtshaltung" (Richter 1986, S. 217) muß als Versuch erkannt werden, die Ohnmacht nicht spüren zu müssen, die es gegenüber der häuslichen Situation empfindet. Durch seine Überforderung wird es zudem immer abhängiger, und die biologisch begründete Abhängigkeit wird über Gebühr verstärkt. Schließlich wird dem Kind, weil es zu viel Verantwortung tragen muß, „die Kraft und die Motivation genommen, sich selbst weiterzuentwickeln" (Covitz 1992, S. 96).

Zur Erbschaft einer ausgebeuteten und mit Verantwortung überlasteten Kindheit gehören auch Schuldgefühle und Trennungsängste. Diese Kinder sind oft außerstande, sich wirklich abzulösen und autonom zu werden. Ferner zählt ein reduziertes Gefühlsspektrum zu den Folgen einer derart belasteten Kindheit. Miller (1983, S. 190) zieht eine Linie von zerstörerischen Kindheitserfahrungen und deren Verleugnung oder Verdrängung hin zur Verkümmerung des Gefühlslebens. Am Ende dieser Kette sei dann häufig „außer der Wut die sexuelle Erregung die einzige mögliche Form einer affektiven Beteiligung" (Miller ebd.).

Zum desolaten Zustand vieler Kinder stellt Janov (1990, S. 182) fest:

„Fast jedes Kind, das wir heute sehen, ist eine wandelnde Tragödie. Einige können dies besser verbergen als andere. Manche haben sich ihrem Schicksal >gefügt<. Sie zeigen eine sozial gebilligte Fassade und kommen leidlich zurecht. Andere sind verdrossen und deprimiert. Von diesen beiden Gruppen von Kindern sind diejenigen gestörter, die es in einer Scheingesellschaft >schaffen<. Sie wurden auf so unmerkliche Art zerstört, daß sie ihres Schmerzes nicht gewahr werden. Sie lassen sich auf ihre Krankheit geradezu ein, verschmelzen mit ihr, ohne den Schimmer einer Ahnung, daß sie vernichtet worden sind".

Ihr Erwachsenenleben verbringen sie damit, nach Freiheit oder nach dem Gefühl zu suchen, wichtig zu sein und benutzen zur Erreichung dieser Ziele bevorzugt die Sexualität (ebd., S. 128, 170).

Miller und Janov sprechen die kompensierende Rolle der Sexualität an. Dieser Zusammenhang ist in der Regel unbewußt. Die Zerstörungsmacht, die in Sexualität als einem Kompensations- und Abwehrmittel steckt, schlägt sich in sexuellem Mißbrauch an Kindern besonders verhängnisvoll nieder.

Heinsohn und Steiger (1990, S. 295) fassen zusammen, welche Funktionen Kindern zugeschoben wird: Kinder sind „Selbstverwirklichungsobjekte, Sinngeber, Wahnsinnsverhüter, zur Treue genötigte Liebespartner, Bindungsunterpfänder, aber auch Geiseln für Unterhalt von Partnern oder vom Staat".

Besonders schwer haben es Kinder, die eine Sündenbockrolle übernehmen müssen.

5.4.4. Sündenbockfunktion des Kindes

Jemanden zum Sündenbock, also zur Projektionsfläche individueller oder kollektiver Ängste, Probleme und negativer Gefühle zu machen, ist ein magischer Vorgang. Dieser entlastende Mechanismus deutet, wie erwähnt, auf archaische Einschübe in das Alltagsleben hin.

Vogel und Bell (1969, S. 247. 259 ff) haben neun Familien untersucht, in denen eines der Kinder zum Sündenbock gemacht worden war, indem die Eltern es widersprüchlich behandelt und in ihre partnerschaftlichen Schwierigkeiten und Spannungen verwickelt hatten. Durch die Projektion ihrer Probleme und Feindseligkeiten auf das Kind konnten die Eltern ihre Schwierigkeiten erheblich reduzieren und gut kontrollieren. Zudem zieht das zur Rolle des Sündenbocks gehörende problematische Verhalten die Aufmerksamkeit stark auf sich. Darin liegt ein zusätzliches entlastendes Moment; denn die Auffälligkeiten des Problemkindes lenken von den elterlichen Schwierigkeiten ab. Der Mechanismus, sich auf Kosten des Kindes zu entlasten und somit sich und die Partnerschaft zu stabilisieren, hat die Eltern der untersuchten Familien befähigt, in Beruf und Gesellschaft gut zu funktionieren.

Außerdem zeigten diese Familien „eine überraschende Stabilität" (ebd., S. 269). Sie geht, neben dem Entlastungsfaktor, auf das besondere Zusammengehörigkeitsgefühl zurück, das Eltern gegenüber einem schwierigen Kind entwickeln können (Vogel und Bell ebd.). Beide Faktoren festigen die Partnerschaft und bewahren vor der Angst und Ungewißheit, die ein Zerbrechen der Ehe mit sich bringen würde (vgl. Covitz 1992, S. 47).

Eltern, die zur eigenen Entlastung und Stabilisierung ein Kind zum Sündenbock machen, weichen der Verantwortung für die Arbeit an der Partnerschaft und für das eigene Wachstum aus. Sie verletzen die Grenzen ihres Kindes, behindern seine Persönlichkeitsentwicklung und bürden ihm eine schwere Last auf. Das gilt besonders für den Inzest als einer massiven Grenzverletzung. Inzestuös mißbrauchte Kinder werden häufig zum Problemkind und Sündenbock – durch die sexuellen Übergriffe an sich, dann durch die verwirrende double-bind-Situation und schließlich durch die Strategien des Täters, das Kind von der Mutter zu entfernen und es zu isolieren. Das problematische Verhalten von Inzestopfern, die gleichzeitig eine Sündenbockrolle einnehmen, mag eine zusätzliche Erklärung für die Solidarität sein, die viele Mütter in Inzestfamilien gegenüber dem inzestuösen Ehemann zeigen.

5.4.5. Wiederholungszwang

Die verschiedenen psychologischen Schulen stimmen darin überein, „daß sich die Sünden der Eltern sehr leicht auf ihre Kinder übertragen können" (Swigart 1993, S. 42; vgl. Lowen 1985, S. 186; A. Mitscherlich 1992, S. 76). Kinder erben die Sünden ihrer Eltern nicht auf genetischem Wege oder durch Übertragung der Erbsünde, aber durch Lernen am Modell, durch Schädigungsverhalten der Eltern sowie durch den Wiederholungs- und Verlagerungsmechanismus von einer Generation zur nächsten.

Werden sie selber sexuell mißbraucht, wissen oder ahnen sie, daß ein Geschwisterkind sexuelle Grenzverletzungen erlebt, dann lernen Kinder, daß man auf diese Art und Weise mit anderen Menschen umgehen kann. Zahlreiche Jungen mit diesem Erfahrungshintergrund werden später ihrerseits zu körperlichen Grenzverletzungen neigen, etwa durch körperliche Brutalität oder sexuelle Übergriffe.

Hinter dem Wiederholungs- und Verlagerungsmechanismus steckt in erster Linie das Verlangen, die traumatischen Geschehnisse der eigenen Kindheit zu bewältigen und die alten Wunden zu heilen. Durch eine Neuauflage der alten Szenerie mit umgekehrten Rollen werden nunmehr die Grenzen einer schwächeren Person – im Falle des Inzests ist es das eigene Kind – verletzt. Dies geschieht vorzugsweise „unter dem Deckmantel der Erziehung" (Miller 1988, 44 f).

Die Wahrscheinlichkeit ist groß, daß bei jeder Eheschließung nicht nur die allgemeinen kulturellen Pathologien zusammentreffen, sondern zumindest eine der Personen einen desolaten Kindheitshintergrund und damit eine neurotische Bedürfnisstruktur hat. Moser (29.9.89, S. 80) ist überzeugt: „Infantile Personen, die das verletzte Kind in sich selbst dadurch rächen, daß sie sich das neue Opfer unter ihren eigenen Kindern suchen, heiraten in Massen".

Kinder, die in der aktuellen Re-Inszenierung Adressaten und Opfer von Wut und Rachegelüsten sind, unterliegen einem undurchschaubaren Mechanismus. Ebenso ergeht es Kindern in der Rolle des Sündenbocks, der Verlängerung des Eltern-Ichs sowie eines Mutter- oder Partnerersatzes. Sie werden ausgebeutet, um einen Mangel zu kompensieren oder eine Verletzung zu heilen, die nicht sie, sondern Menschen der vorhergehenden Generationen verursacht haben.

5.5. Alternative: Kibbuz

Die ausführlichen Beschreibungen, die Bettelheim (1971; vgl. auch Busch-Lüty 1989) über die Erziehungsmethoden im Kibbuz liefert, bereichern zum einen die „Theorien über die menschliche Entwicklung" (Bettelheim ebd., S. 78). Zum anderen kontrastieren sie eindrucksvoll das Modell der Kinderaufzucht in der westlichen Familie. Seine Beschreibungen sind auch deshalb von Interesse, weil Sexualdelikte im Kibbuz – zumindest zu der damaligen Zeit – nahezu unbekannt waren (ebd., S. 61; vgl. S. 328).

Bettelheim (ebd., S. 78 f) greift auf Eriksons Konzept des „Urvertrauens" zurück. Erikson (1959) hatte die Bedürfnisse des Kindes nach Liebe als grundlegend für die Entwicklung des Vertrauens erkannt. Wie Bettelheim am Beispiel der Kibbuzerziehung aufzeigt, kann sich Urvertrauen auch dann entwickeln, wenn das Kind nicht durch eine einzige bestimmte und immer präsente Person betreut wird. Zur inneren Erfahrung des Vertrauens sei vielmehr die Sicherheit fundamental, und zwar

> „unabhängig davon, wie die äußere Erfahrung beschaffen sein mag, die dieses Gefühl der Sicherheit hervorruft, also auch davon, ob es immer durch ein und dieselbe Person vermittelt wird. Sicherheit entstammt dem Gefühl, sich gefahrlos entspannen zu können ... vorausgesetzt, daß dieses Gefühl auf keiner Illusion, sondern auf der richtigen Einschätzung der Realität beruht ... Das Kibbzubeispiel weist darauf hin, daß die Sicherheit im

Säuglingsalter aus mindestens zwei Komponenten besteht: aus körperlicher Sicherheit und der Erfahrung von Gemeinschaft". Durch die Schilderungen von Bettelheim und Busch-Lüty vermittelt sich das Bild eines ganzheitlichen Lebens mit großfamiliärer Einbindung aller Altersstufen. Die Kinder werden durch mehrere pädagogisch geschulte Frauen versorgt. Ihre Mutter ist nicht die einzige „Quelle aller Lust- und Unlustgefühle" (Bettelheim 1971, S. 80). Das Kind steht nicht im Zentrum der mütterlichen Existenz, und zwischen beiden baut sich keine Bindung der Ausschließlichkeit und jener großen Intensität auf, wie sie für die Mutter-Kind-Beziehung in unserer Kultur typisch ist (ebd., S. 198, 304 f).

Bettelheim (1971, S. 194) erklärt, „daß seelische Störungen bei der Mehrzahl der im Kibbuz geborenen Kinder relativ selten sind, obwohl diese Kinder nicht in unserem Sinn bemuttert werden". Sie machen jedoch, wie seine und Busch-Lütys Berichte zeigen, die wichtigen und prägenden Erfahrungen von Zuwendung, Verläßlichkeit und Verbundenheit. Dies gibt die Basis für das Vertrauen in die Welt und die umgebenden Menschen ab.

Anders als in unserem Kulturbereich, wo das Wohl und Wehe eines Kindes in der Regel gänzlich von der Mutter abhängt, werden die kindlichen Bedürfnisse im Kibbuz zuverlässig durch mehrere Personen befriedigt. Neben den körperlichen Bedürfnissen betrifft dies die „Erfüllung sozialer und emotioneller Bedürfnisse, zu denen altersgemäße Stimuli und das Akzeptiertwerden durch andere gehören" (ebd., S. 79). Da das Kind hinsichtlich der Bedürfnisbefriedigung nicht „von der ständigen Präsenz eines einzigen Versorgers" abhängt, kann auch nicht so leicht Urmißtrauen entstehen, wie dies zu erwarten ist, wenn die einzige Betreuungsperson verloren geht oder das Kind zutiefst enttäuscht (ebd., S. 78 f). „Die Betreuung durch viele", so Bettelheim (ebd., S. 304), „mag auch das Fehlen der sogenannten >symbiotischen Kindheitspsychose< im Kibbuz erklären. Diese Störung ist durch eine völlige Abhängigkeit des Kindes von einer Mutter gekennzeichnet, die ihm kein eigenes Leben erlaubt". Daß die symbiotische Kindheitspsychose in diesem andersartigen Sozialgefüge fehlt, kann allerdings auch mit der größeren Sicherheit des Kindes vor unbeobachtbaren Übergriffen, etwa sexueller Art, zusammenhängen.

Lempp (1986, S. 31; vgl. auch S. 92 und 101) ist ebenfalls der Ansicht, Kinder hätten in einem kleinen Kreis verläßlicher Beziehungskontinuität größere Chancen, kein Verlassenheitstrauma zu entwickeln. Das ist ein weiterer Hinweis auf positive Auswirkungen eines vertrauenswürdigen, über die Mutter hinausgehenden Bezugsrahmens, der die alleinige Verantwortung sowie die dominierende Rolle der Mutter in der frühen Kindheit und damit die kindlichen Ängste einschränkt.

Beispiele von verschiedenen Naturvölkern unterstützen Bettelheims These, daß die kindlichen Bedürfnisse eher durch mehrere Betreuungspersonen als durch eine Person allein zu befriedigen sind[22].

Seine Schilderungen bestätigen ferner, wie grundlegend die Erfahrung von Sicherheit und Verläßlichkeit für die Persönlichkeitsentwicklung vor allem des kleinen Kindes ist. Sicherheit und Verläßlichkeit sind im Kernfamilienkomplex häufig nicht gewährleistet, wie das große Ausmaß an seelischer, körperlicher und sexueller Gewalt in Familien zeigt.

6. Zusammenfassung

Das Zusammenleben von Menschen in sozialen Gebilden bewegt sich innerhalb eines zeitgeschichtlich gegebenen Rahmens. Diesen gestalten sie mit und werden ihrerseits von ihm bestimmt.

Obwohl die Rahmenbedingungen immer mehr oder weniger starken Schwankungen ausgesetzt waren, haben sich die patriarchalisch organisierten Grundlagen der Ehe und der familiären Gemeinschaft bis in die jüngste Gegenwart erhalten. Eine intensive Veränderung der Rahmenbedingungen trat ein, als die Kernfamilie sich aus dem „Ganzen Haus" heraus kristallisierte und im bürgerlichen „Heim" isolierte. Vom „Heim" als einer Art lebenslanger Mutterschoß wird Schutz gegenüber einer immer bedrohlicher werdenden Außenwelt erwartet. Es soll Erlösung von vielfältigen beunruhigenden Fragen und Herausforderungen, die mit der menschlichen Existenz unlösbar verbunden sind, versprechen.

Mit der bürgerlich-christlichen Kernfamilie entstehen der Familienmythos und die Familiensehnsucht. Beide sind auf die Wirkung von Bildern zurückzuführen und greifen vor allem bei jenen Menschen, die durch ihre Herkunftsfamilie verletzt und reduziert worden sind. Sie erhoffen sich Erlösung von den alten Traumen und Verbiegungen und erwarten in der von ihnen gegründeten Familien Glück, Geborgenheit, Wärme, Liebe und bedingungslose Akzeptanz – kurz, all das, was Kinder in der reduzierten Zwei-Generationen-Familie häufig vermissen.

Die bürgerlich-christliche Kernfamilie erzeugt außerdem eine Ausgrenzungsideologie. Dazu gehört die Suggestion, alles Positive befinde sich innerhalb, das Böse und Bedrohliche außerhalb der Familie. Der Familienmythos und die betonte Grenzziehung zwischen bürgerlichem „Heim" und der Außenwelt haben lange Zeit wirkungsvoll von der Tatsache abgelenkt, daß Familie der primäre Ort sowie die Wiege der Gewalt ist.

Parallel zu den sich im Absolutismus anbahnenden Veränderungen in der Arbeitswelt definieren sich auch die Aufgabenbereiche der Eltern in den Städten neu: Die Arbeit des Vaters verlagert sich zunehmend aus dem häuslichen Rahmen heraus. Damit entfernt er sich noch mehr von den Kindern und verliert obendrein an natürlicher Autorität. Dieser Verlust wird durch irrationale Autorität zu kompensieren versucht. Irrationale Autorität verknüpft sich mit Ich-Schwäche und archaischen Motiven. Das macht ihre Gefährlichkeit aus. Ihr zerstörerisches Potential schlägt sich vor allem in Gewalttaten nieder. Mischen sich Gewaltmotive mit entfremdeter Sexualität – wie dies bei jeglicher Form sexueller Gewalt der Fall ist – dann üben zusätzlich archaische Kräfte einen starken Einfluß aus. Wegen ihrer Unbewußtheit treiben diese Kräfte einen Schädigungskreislauf voran und begünstigen überdies die Suchtentwicklung bei Tätern und Opfern.

Mit den Veränderungen in der Arbeitswelt wandelt sich auch der Aufgabenbereich der Mutter. Ihre Berufstätigkeit ist nunmehr unerwünscht. Erwünscht ist statt dessen, daß sie ihren Daseinssinn in Ehe und Familie und im „Heim" findet. Der „Muttermythos" entsteht. Die allgegenwärtige Mutter und der zumeist abwesende aber beherrschende Vater sind fortan die „einzigen Hauptdarsteller in dem kindlichen Drama" (Olivier 1980, S. 206). Dies erhält vermehrt den Charakter einer kindlichen Tragödie, insbesondere, seitdem im Zuge der Industrialisierung und der geforderten Triebüberwachung des Kindes die Entfremdungsprozesse in der Gesellschaft zunehmen. Auf dem Hintergrund wachsender Entfremdung und der situativen Bedingungen, die schädigende Übergriffe auf Kinder begünstigen, werden Kinder vermehrt zu Opfern gemacht, auch zu sexuellen Opfern.

Mit Blick auf die verbreitete Opferrolle von Kindern bezeichnet Brogger (1980, S. 93) die Kernfamilie als „die kinderfeindlichste Institution, die eine Zivilisation je hervorgebracht hat". Doch ist es gesellschaftlich unerwünscht, diese Institution anzuzweifeln. A. Mitscherlich (S. 158) sagt: „Eine andere Form des Zusammenlebens stößt schon in der Phantasie auf Abwehr; sie sich vorzustellen heißt, an die heiligsten Güter der Menschheit zu rühren".

Das als „normal" geltende Familienmuster in Frage zu stellen, verletzt die tradierten Bilder von Glück, Geborgenheit und Sicherheit in der abgekapselten Intimität des „Heims". Außerdem werden tiefsitzende Ängste aktiviert. Es sind vor allem Ängste, die aus der eigenen frühen Kindheit und, mit ihr verknüpft, aus unserem „archaischen Erbe" stammen.

Allerdings hält es Herrmann (1989, S. 9) angesichts des gewandelten Eltern-Kind-Verhältnisses für möglich, daß „die Kernfamilie der Moderne und ihre >bürgerliche< Kultur an ihr geschichtliches Ende gekommen" ist.

Zur kritischen Auseinandersetzung mit den kulturellen Grundlagen der patriarchalisch bestimmten Kernfamilie und ihrer Bedeutung für den sexuellen Mißbrauch an Kindern gehört auch der Blick auf die bürgerlich-christliche Ehe. Das ist Ziel des folgenden Teils.

TEIL IV

DIE BÜRGERLICH-CHRISTLICHE EHE UND SEXUELLER MISSBRAUCH AN KINDERN

Zwischen gestörten Ehen und sexuellem Mißbrauch an Kindern besteht ein Zusammenhang (vgl. Bange 1992, S. 128 f). Wenn Kernfamilien-Inzest stattfindet, trifft dies in besonderem Maße zu.

Trotz der internen Problematik wirken Ehen in Inzestfamilien zumeist unauffällig und stabil. Sie sind der Inbegriff der konventionell ausgerichteten, patriarchalisch bestimmten bürgerlichen Ehe, die in unserem Kulturkreis als Norm gilt. Für sie sind strikte Rollenaufteilung und starke Abhängigkeiten zwischen Mann und Frau charakteristisch.

Dies führt zu der Frage, ob Stabilität und perfekte Außenwirkung ausschließlich auf Normentreue zurückzuführen sind. Oder trägt der Inzest dazu bei, eine konfliktreiche bzw. unbefriedigende Ehe zu entlasten und somit zu stabilisieren? Wie Bentovim (1990, S. 48) meint, können sexuelle Übergriffe auf das Kind dazu dienen, den Hauptkonflikt zwischen den Eltern erträglich zu machen.

Wegen ihrer kennzeichnenden Ich-Schwäche und ausgeprägten Abhängigkeit wird das seelische Gleichgewicht von Kindesmißbrauchern durch eheliche Konflikte besonders leicht gefährdet. Der sexuelle Mißbrauch kann die Funktion haben, dieser Gefährdung entgegenwirken und der Auseinandersetzung mit den Konflikten aus dem Wege zu gehen. Aus dieser Feststellung darf allerdings nicht die Folgerung abgeleitet werden, eine gestörte Partnerbeziehung erkläre die sexuellen Vergehen an Kindern oder könne als Entschuldigung dafür dienen. Sie ist lediglich ein Element in einem komplexen Bedingungsgefüge von individuellen, situativen und gesamtgesellschaftlichen Faktoren.

Um noch mehr Licht auf dieses Bedingungsgefüge zu werfen, müssen nun Ideal und Realität der bürgerlich-christlichen Ehe betrachtet werden. Sie haben meiner Überzeugung nach nicht nur zur Verbreitung sexueller Übergriffe auf Kinder beigetragen, sondern auch zur spezifischen Schwäche von Inzestmüttern, die sich im Falle einer Aufdeckung oft auf die Seite des Mannes und gegen das Kind stellen. Da sexueller Mißbrauch an Kindern häufig eine Form von Ehebruch darstellt, gilt es darüber hinaus, Motive und Funktionen außerehelicher Sozialkontakte zu untersuchen. Schließlich muß der Anteil ergründet werden, den die christliche Ehe- und Sexualmoral an diesem Delikt hat.

Bis heute werden die Sehnsuchtsbilder von Liebe und Ehe und die Eherealität von Vorstellungen und Erwartungen beeinflußt, die das Bürgertum – im Zusammenwirken mit der christlichen Sexualmoral – vor allem im 18. und 19. Jahrhundert entwickelt und verbreitet hat. Daher wird der Schwerpunkt der Überlegungen auf den letzten zwei Jahrhunderten liegen.

1. Individuelle und gesamtgesellschaftliche Erwartungen und Forderungen

Als Bestandteil der gesellschaftlichen Struktur unterliegt die Ehe sowohl individuellen als auch gesellschaftspolitischen Erwartungen und Forderungen, die im Zuge von Gewohnheitsmustern schließlich zu Kulturprägungen führen. Kulturprägungen sorgen dafür, daß die jeweiligen „kulturellen Normen und Gestaltungen, z. B. ... Eheformen ... als die allein natürlichen und naturgemäßen" empfunden werden (Gehlen 1961, S. 80). Folglich steckt in dem historisch gewachsenen Eheverständnis unserer Kultur eine mit Konditionierung verzahnte Eigendynamik.

1.1. Emotionale Konditionierung und Erwartungen

Brogger (1980, S. 49) beschreibt die emotionale Konditionierung im Hinblick auf die Ehe wie folgt:

> „Geht man eine Zweierbeziehung ein, so heiratet man nicht nur einen Menschen, sondern damit auch einen total vorgefertigten Satz von psychischen und physischen Reaktionen. Die Gefühle, die man spüren wird, sind nicht unbedingt die eigenen, meist sind sie historisches Erbgut ... Nicht die Eheleute formen die Ehe, vielmehr ist es die Ehe, die die Individuen programmiert".

Das entspricht de Montaignes (1533 – 1592) Ausführungen hinsichtlich von Eheschließungen:

> „Aber wir mögen lange widerreden, der Brauch und das Herkommen des gemeinen Lebens sind stärker als wir. Die meisten meiner Handlungen folgen dem Beispiel, nicht dem freien Willen" (de Montaigne, zit. nach Glötzer 1979, S. 12).

Auch der Soziologe Becker befaßt sich mit der prägenden Macht von Überlieferungen. Er beschreibt die Liebeswerbung und Ehe als eine Art Spiel, das von der Tradition sowie den Erwartungen des gesamten Umfeldes festgelegt ist und die Reaktionen des Individuums dirigiert:

> „Die Erwartungen, die ihre gesellschaftliche Umwelt an sie stellt, sind nämlich so tief in ihre eigenen Zukunftsvorstellungen eingebettet, daß sie sich genau das wünschen, was die Gesellschaft von ihnen erwartet" (Becker 1979, S. 99).

Aufgrund der überlieferten bürgerlichen Ideale und Erwartungen unterliegt die Ehe einem enormen Druck, Glück und immerwährende Liebe zu gewährleisten. Reddemann (1987, S. 127) sieht eine zusätzliche Ursache für die übersteigerten Erwartungen. Das sind die eingeschränkten Beziehungserfahrungen in der Ursprungsfamilie, die sich in der frühen Kindheit auf die Mutter-Kind-Dyade konzentrieren. Reddemann (ebd.) führt aus:

"Es kommt mir vor, als ob sozusagen per Institution und von Staats wegen die Überfrachtung der Zweierbeziehung, wie sie schon in der frühen Mutter-Kind-Beziehung besteht, bekräftigt und wiederholt wird. An Ehen werden Forderungen gestellt, die sie so nicht erfüllen können. Vielleicht ist das deshalb heutzutage so ausgeprägt, weil ... den meisten die Erfahrung fehlt, daß das Leben in einem größeren Verband gute Seiten haben kann. Die meisten Menschen sind in einer Familie mit einer Mutter und einem Vater, der immer außer Haus war, groß geworden. Das hat natürlich Folgen auch für das, was einem gefehlt hat, und führt dann wieder zu riesigen Erwartungen an die Zweierbeziehung, die man eingeht; Erwartungen an eine einzige Person. So, denke ich, kann sich in den verbreiteten Anforderungen an die Ehe auch ein Stück Infantilisierung der Gesellschaft ausdrücken".

Die sozialen Beschränkungen und Verluste, die darauf zurückgehende Infantilisierung sowie die Überfrachtung der Ehe mit Aufgaben und Erwartungen sind an die Verbürgerlichung der Gesellschaft gebunden.

Zum Schwund der Sozialbeziehungen kommt, im Zuge der Industrialisierungs- und Technisierungsprozesse, eine zunehmende Distanz zur natürlichen Umwelt. Das erzeugt eine spezifische Erwartungshaltung an die Partnerschaft, die Keen (1985, S. 14) wie folgt verdeutlicht: „Die eine Person soll das Vakuum der Einsamkeit ausfüllen, das sich aus dem Verlust der Gemeinschaft ergibt, der Liebhaber soll die Magie ersetzen, die aus der Natur verschwand ...".

Eingeschränkte Beziehungserfahrungen und emotionaler Erwartungsdruck an die Ehe sind eng mit dem bürgerlichen Komplementaritätsgedanken verflochten.

1.2. Der bürgerliche Komplementaritätsgedanke

Das Wort „Komplement" bedeutet seinem Ursprung nach Ergänzung; einer Sache muß etwas hingefügt werden, um sie zu vervollständigen (vgl. Badinter 1987, S. 114).

Der Gedanke der Ergänzungsbedürftigkeit der Geschlechter ist alt. Ihm liegt die Vorstellung der Geschlechterpolaritat zugrunde, die in unserem Kulturkreis hauptsächlich auf den Schöpfungsmythos von Genesis 2 sowie auf das platonische Bild von den zwei Menschenhälften zurückgeht, die einander suchen und erst im Zusammentreffen und Verschmelzen zur vollen Ganzheit gelangen. Das Bürgertum hat diese Vorstellungsbilder aufgegriffen, um den Komplementaritätsgedanken zu entwickeln.

Seit dem 18. Jahrhundert wird Komplementarität als entscheidendes Bindemittel für die Ehe hervorgehoben (vgl. Badinter 1993, S. 20 ff; Bovenschen 1980, S. 164). Komplementarität, Harmonie und Beständigkeit zeichnen das „glückliche Paar" aus, das in der Ehe „das wirksamste Heilmittel gegen die Einsamkeit und die Beunruhigung durch persönliche Fragen und Probleme" findet (Schellenbaum 1995, S. 25).

Die Ausgestaltung des Komplementaritätsgedankens wurde durch Rousseausches Gedankengut beeinflußt. Seine Hypothesen über das Wesen von Frau und Mann haben die Geschlechtererziehung wie die bürgerliche Ehe richtungsweisend beeinflußt. Obwohl Rousseau zwischen den Geschlechtern Übereinstimmungen feststellt und zugibt, sich hinsichtlich der Eigenschaften, die zur Art gehören und jenen, die spezifisch zum Geschlecht gehören, unsicher zu sein, schreibt er den Geschlechtern aufgrund der physiologischen Unterschiede strikt zu bzw. vor, wie sie angeblich sind bzw. zu sein haben (>Emile< 1979, S. 466 ff). Ganz in der Linie der patriarchalischen und christlichen Tradition siedelt er beim Mann vor allem Stärke und Macht und damit Überlegenheit an (ebd., S. 467). Dieser angeblich naturgegebenen männlichen Dominanz stehe die vernünftige und naturbestimmte Unterordnung der Frau gegenüber (ebd., S. 471). Die „eigentliche Bestimmung" der Frau liege im Gebären (ebd., S. 472), und ihre zeitlos gültige Pflicht sei, sich auf die Kinder und den Mann zu beziehen. Darauf müsse die Erziehung bereits des kleinen Mädchen hinführen (ebd., S. 484 ff).

In der >Dressur< von Emile und Sophie meint Badinter (1987, S. 116) einen Fingerzeig zu erkennen, „daß die Natur der Geschlechter nicht so komplementär ist, wie Rousseau es sich erträumte". Denn wäre die Natur der Geschlechter tatsächlich komplementär, dann müßten Mädchen und Jungen nicht mit solcher Entschiedenheit auf ihre „Bestimmungen" hin erzogen werden.

Laut Bovenschen (1980, S. 165) hat niemand deutlicher und unverhüllter die supplementäre Bestimmung des Weiblichen und die Appendixfunktion der Frau postuliert als Rousseau. Werden Frauen als Anhängsel des Mannes betrachtet, dann spricht man ihnen das Recht auf Individualität ab.

Dem Philosophen Fichte (1762 – 1814) geht es ebenfalls darum, daß Frauen ihre Individualität aufgeben. Er gründet sein patriarchalisch diktiertes Eheideal auf das Naturrecht. Auch für ihn ist das Geschlechterverhältnis polar bestimmt, und zwar in männliche Tätigkeit einerseits und in weibliches Leiden andererseits (vgl. Rerrich 1988, S. 52)[1]. Zu seinem Eheideal gehört die totale Hingabe der Frau an den Mann und das Aufgeben ihrer Persönlichkeit:

> „Diejenige, welche ihre Persönlichkeit mit Behauptung ihrer Menschenwürde hingibt, gibt notwendig dem Geliebten alles hin, was sie hat ... Nur mit ihm vereinigt, nur unter seinen Augen, und in seinen Geschäften hat sie noch Leben und Tätigkeit. Sie hat aufgehört, das Leben eines Individuums zu führen; ihr Leben ist ein Teil seines Lebens geworden ..." (Fichte, zit. nach Beck-Gernsheim 1990, S. 79).

Nach Fichtes Auffassung bindet sich ein Individuum, der Mann, an die Familie. Die Auflösung der Frau in ein Dasein der Nicht-Individualität geschieht komplementär dazu. Versüßt wird ihr diese Selbstaufgabe durch die gesellschaftliche und kirchliche Ideologie, wonach die Frau ihre Individualität aufgibt, um in einem höheren Gut, dem Mann und der Familie, aufzugehen (vgl. Rerrich 1988, S. 53). Eine derartige Ideologie muß sich auf jede Person, ob Mann oder Frau, verheerend auswirken, wie Sorge (1987, S. 171) verdeutlicht: „Jede Frau, die gezwungen wurde, sich aus >Liebe< zu unterwerfen, wird kraftlos und süchtig danach, geliebt zu werden, während ihre eigene Liebesfähigkeit verdorrt. Dies gilt auch für Männer".

Der Sucht fördernde Komplementaritätsgedanke wird auch heutzutage noch vertreten. Das zeigen etwa die Äußerungen des Psychotherapeuten Hellinger (in: Psychologie Heute, 6/95). Er bezeichnet die auf Komplementarität ausgerichtete Geschlechterbeziehung nicht nur als heilsam, sondern gleichsam als Kitt der Ehe. Hellinger (ebd., S. 26) sagt:

> „... ein Mann soll ein Mann bleiben, und eine Frau eine Frau ... Indem jeder diese Unvollkommenheit anerkennt, kann er sich vom anderen das schenken lassen, was ihm fehlt, das ist der demütige Vollzug. Diese gegenseitige Bedürftigkeit macht eine Beziehung zwischen Mann und Frau erst sicher".

Es geht also hier um garantierte Sicherheit und um eine Bedürftigkeit, die durch Geschlechtsrollenklischees erst erzeugt worden ist.

Mit dem gegenwärtigen Wandel alter Leitbilder zu männlicher und weiblicher Identität wird auch verstärkt angezweifelt, ob der Geschlechterunterschied den Komplementaritätsgedanken des Bürgertums rechtfertigt.

Ein Beispiel ist Lévinas' (1996, S. 51) Überzeugung:

> „Der Unterschied der Geschlechter ist ... keine Dualität zweier komplementärer Bezugspunkte, denn zwei komplementäre Bezugspunkte setzen ein prä-existentes Ganzes voraus. Zu sagen, daß die geschlechtliche Dualität ein Ganzes voraussetze, hieße, von vornherein die Liebe als Verschmelzen zu setzen. Die Leidenschaftlichkeit der Liebe besteht jedoch in einer unüberwindlichen Dualität des Seienden. Es ist ein Verhältnis zu dem, das sich für immer entzieht".

Levinas gibt zu überlegen, ob nicht „die Teilhabe am Männlichen oder Weiblichen das Eigentümliche eines jeden menschlichen Wesens sei" und schließt die Frage an: „Wäre das der Sinn der rätselhaften Bibelstelle aus der Genesis 1, 27. „ ... und schuf sie einen Mann und ein Weib"?" (ebd., S. 52).

Auch Kuppfer (1979, S. 91) bezieht sich auf die Basis des Komplementaritätsgedankens und erkennt das Statische und die Einschränkung, die darin steckt. Er geht ferner auf die Konsequenzen für die Entwicklung von Mann und Frau ein:

> „Von Ergänzung zu sprechen, ist Ausdruck eines statischen Menschenbildes; dieses setzt voraus, daß die beiden Partner zwei feststehende, genau bestimmbare Größen sind, die nun durch Vereinigung eine dritte vorausberechenbare Größe ergeben. Keiner von beiden lebt in diesem Fall als selbständige Person, sondern jeder wird als das definiert, was dem anderen fehlt" (Kuppfer ebd.).

Entwicklungsprozesse scheinen unter diesen Voraussetzungen nicht nötig zu sein, weil der andere ja die Eigenschaften besitzt, die man selbst nicht hat.

Wie Kuppfer darüber hinaus klarmacht, wird der Ergänzungsgedanke häufig auch auf die eigenen Kinder bezogen. Kinder werden gewissermaßen zu „Funktionären" gemacht, um zu verwirklichen, was die Eltern selbst nicht erreichen. Kuppfer zieht die Schlußfolgerung: „Wer am statischen Menschenbild der >Ergänzung< festhält, verkennt den Prozeßcharakter jeder menschlichen Bindung" (ebd., S. 92).

Schellenbaum (1995, S. 27) findet den bürgerlichen Komplementaritätsgedanken schlicht materialistisch. Er laufe darauf hinaus, vom anderen mit dem versorgt zu werden, was man selbst nicht hat. Die zwischenmenschlichen Kontakte bekämen auf dieser Basis „den kommerziellen Charakter von Tauschgeschäften ..." (ebd., S. 44) und von „Händlermentalität" (ebd., S. 45).

Mit Blick auf ihre vorwiegend materialistische Ausrichtung bezeichnet Pilgrim (1986b, S. 176) die Ehe generell als „oral-ökonomische Versorgungseinheit". Wie Horkheimer (1966, S. 214) meint, nutzt dies nicht nur der partnerschaftlichen, sondern auch der gesamtgesellschaftlichen Funktionalität und Stabilität. Seit der Aufklärung habe die Ehe einen immer instrumentelleren Charakter entwickelt. Hinter der Instrumentalisierung sieht Horkheimer Planhaftigkeit und die Programmierung der Menschen zugunsten des status quo.

Der gesellschaftliche Erwartungshorizont sowie geschlechtsspezifische Erziehungsprogramme und Festschreibungen sorgen für die Weitergabe der vorgegebenen komplementären Rollenleitbilder für Mann und Frau, die durch komplementäre Rollenspiele in Partnerschaften verfestigt werden. Diese Rollenspiele tragen dazu bei, daß die Schere zwischen männlicher und weiblicher Biographie immer größer wird. Sie verzerren zudem die Selbstwahrnehmung in steigendem Maße und behindern oder verhindern die Identitätsfindung auch im Erwachsenendasein. Den Rahmen von Ehen, die auf derartigen Mechanismen basieren, umreißt Lowen (ebd., S. 250) wie folgt:

> „In jeder neurotischen Beziehung übernimmt ein Partner die beherrschende Rolle und der andere die unterwürfige. Menschen, die eine Rolle spielen, müssen einen Partner finden, der die Komplementärrolle spielt, weil die Beziehung sonst nicht funktionieren kann ... Solche Beziehungen sind aber nur selten befriedigend, weil hinter den Rollen Menschen aus Fleisch und Blut stehen, deren wahre Bedürfnisse nicht von ihrem Rollenspiel befriedigt werden".

Lowen führt nicht nur ein neurotisches und neurotisierendes Beziehungsgeflecht vor, sondern zeigt ferner, daß der bürgerliche Komplementaritätsgedanke eine Kollusion begünstigt. Laing (1982) hat erklärt, daß die Suche nach einem Komplement der eigenen Identität häufig in eine Kollusion mündet. Kollusion bedeutet ein trügerisches geheimes – da unbewußtes – Einverständnis. In einer Kollusion benutzen sich die Partner gegenseitig. Sie verobjektivieren die andere Person im Interesse eigener Wünsche und besetzen sie parasitär. Im Grunde hat Kollusion die Bestätigung des falschen Selbst mit Hilfe eines „Spiels" gegenseitiger Selbsttäuschung zum Ziel (ebd., S. 84). Dieses trügerische Arrangement entfremdet beide Personen vom eigenen Selbst und ist letztlich eine Art Selbst-Verrat (ebd., S. 86).

Der bürgerliche Komplementaritätsgedanke leistet folglich dem Selbstverrat Vorschub, weil er auf Verleugnung, Verdrängung und Abspaltung hinausläuft. Er behindert oder verhindert die Integration der im Menschen angelegten als gegengeschlechtlich geltenden Anteile. Wenn dies geschieht, dann wird die Selbstwerdung blockiert, und es herrschen im Individuum und auch zwischen den Geschlechtern Unausgewogenheit und Verarmung.

Auf diese Weise werden Mangelwesen – oder, in Richters Worten: >Halbmenschen< (Richter, zit. nach Schmidbauer-Schleibner 1979, S. 118) – programmiert, die mehr oder minder verzweifelt nach Vollständigkeit suchen. Insbesondere Männer richten ihre Suche nicht auf das eigene Innere, sondern vorzugsweise auf die Außenwelt.

Für Badinter (1987, S. 164) kann das Patriarchat nur darum weiterhin existieren, „weil die Ideologie der Komplementarität noch immer recht lebendig ist". Dem Mann ermögliche die Vorstellung von der Polarität der Geschlechter, seinen Platz in der Gesellschaft und Erlösung von seiner „Identitätsangst" zu finden (Badinter 1993, S. 31). Das gilt auch für viele Frauen, die ihr Identitätsgefühl gänzlich aus dem traditionellen Rollenspiel zwischen den Geschlechtern und der Mutterrolle beziehen. Ehen und Familien mit diesem Hintergrund gelten wegen ihrer Normentreue und Unauffälligkeit häufig als besonders geglückt und harmonisch. Unterhalb des „schönen Scheins" herrschen allerdings oft latente Unzufriedenheit und Doppelbödigkeit. Zur Doppelbödigkeit kann der Ehebruch gehören, in den vielfach auch Kinder hineinmanövriert werden.

Statt des auf einem polaren Geschlechterverständnis basierenden Komplementaritätsgedankens taucht in der Literatur verschiedentlich das Ideal der Androgynie auf. Die christliche Feministin Halkes (in: Schiwy 1990, S. 93) etwa meint:

> „Ich glaube nicht mehr daran, daß Mann und Frau >komplementär< sind, geschweige denn, daß die Frau eine nützliche und nötige Ergänzung des Mannes ist. Beide Geschlechter tragen die Möglichkeit in sich – das, was bis heute als männliche und weibliche Komponenten oder Polaritäten bekannt war – zu integrieren und auf diese Weise autonome, auf Ganzheit und Androgynie ... zuwachsende Menschen zu werden" (vgl. auch Badinter 1987; Badinter 1993; Brogger 1980):

Sie will damit keinesfalls die Beziehung zwischen Mann und Frau abwerten. Vielmehr betont sie die darin liegenden Wachstumschancen, sofern nicht das statische Modell der Komplementarität herrscht.

Um Wachstumschancen dreht sich auch die Utopie einer Partnerschaft, die, um nur einige zu nennen, Fromm, Maslow, Zukav, Redfield, Schellenbaum und M. Mead entworfen haben. Sie stellen, neben Zuneigung, die Tiefendimension in der Begegnung zwischen Menschen beiderlei Geschlechts in den Vordergrund. Ihnen geht es, gegenüber dem Funktional-Materialistischen, um das Seelisch-Geistige und, wie Russell (1982, S. 159 f) ausführt, um eine fruchtbare „Geistesverwandtschaft". Bei Partnerschaften unter diesen Vorzeichen sind Sexsucht, sexueller Mißbrauch an Kindern oder andere Formen zerstörerischer Sexualaktivitäten undenkbar.

1.3. Legale Zwänge – Die Forderung nach lebenslänglicher Dauer

Die Ehe beruht auf einem legalen Kontrakt und ist grundlegender Teil der Institution Familie. Sie soll den Gegenpol zum gefürchteten anarchischen freien Liebesverhältnis zwischen Mann und Frau bilden (vgl. Schenk 1987, S. 230). Malinowski (1975/1949, S. 197) zufolge ist Ehe „eine öffentlich, legal und traditionell bestimmte, kontraktliche Vereinigung, die den Kindern den Stand der Legitimität und dem verheirateten Paar einen zusätzlichen, besonderen Stand verleiht". Erst im 19. Jahrhundert erklärte der Konservatismus, in Zusammenhang mit der „Entwicklung des Institutionsgedankens ..., die legalisierte Ehe und die auf ihr gründende Familie zu wichtigen Bausteinen der Gesellschaftsordnung ..." (Drechsler u.a., 1971, S. 107).

Gesellschaftspolitische Erwartungen und Forderungen an die Ehe werden in der westlichen Welt seit 2000 Jahren entscheidend von der christlichen Ehemoral bestimmt. Wie Schenk (1987, S. 54; vgl. auch S. 229) darlegt, gelang es schließlich „der Allianz von Kirche und Staat ... im 17. und 18. Jh. weitgehend, das Modell der öffentlich registrierten, lebenslang geschlossenen Einehe als der einzig gültigen Geschlechtsbeziehung zwischen Mann und Frau durchzusetzen". Auf diese Verflechtung ist auch das Verbot der legalen Ehescheidung zurückzuführen. Es änderte sich in den meisten westlichen Ländern erst im 20. Jahrhundert, als in Zusammenhang mit der Trennung von Kirche und Staat auch die Scheidung staatlicherseits erleichtert wurde (vgl. Drechsler u.a., 1971, S. 107). Für die BRD gilt dies seit 1977 (vgl. Evers u. Huhn 1979, S. 223).

Der legale Zwang gegenüber der Ehe war bereits für W. von Humboldt (1830) Anlaß zu Kritik. Für ihn liegt der Fehler darin,

> „daß das Gesetz befiehlt, da doch ein solches Verhältnis nur aus Neigung, nicht aus äußeren Anordnungen entstehen kann, und wo Zwang oder Leitung der Neigung widersprechen, diese noch weniger zum rechten Wege zurückkehrt. Daher, dünkt mich, sollte der Staat die Bande nicht nur freier und weiter machen, sondern überhaupt von der Ehe seine ganze Wirksamkeit entfernen, und dieselbe vielmehr der freien Willkür der Individuen ... überlassen ... die Idee des äußeren Zwanges ist in einem, allein auf Neigung und innerer Pflicht beruhenden Verhältnis, wie die Ehe, völlig fremdartig ..." (W. von Humboldt, Ideen zu einem Versuch, die Grenzen der Wirksamkeit des Staates zu bestimmen, zit. nach Evers und Huhn 1979, S. 211 f).

Evers und Huhn (ebd., S. 212) schließen sich Humboldts Meinung an und halten fest: „Der Satz: Die Rechtsform Ehe schadet mehr als sie nützt, gar der Satz: Von der Rechtsform Ehe können zerstörerische Folgen ausgehen, deshalb muß es Alternativen zu und neben der Ehe geben, dieser Satz also hat beglaubigte Tradition".

Auch M. Mead (1958, S. 154) stellt die gesellschaftlichen Zwänge, denen die Ehe unterliegt, in Frage. „Das legale Bestehen auf der lebenslänglichen Ehe unter allen Umständen" sei Ausdruck einer Gesellschaftsform, die Zwang ausüben kann, unabhängig davon, „wie die tatsächlichen Beziehungen zwischen den Geschlechtern auch jeweils sein mögen". Sie weist auf primitive Gesellschaften hin, in denen eine Vielfalt von möglichen ehelichen Fehlschlägen anerkannt wird (Mead ebd.). Der erste kann die falsche Partnerwahl sein. Mead fordert, der Scheidung müsse „das Stigma des Fehlschlags und der Sünde ... genommen werden" (ebd., S. 236). Solange Scheidung als etwas Schmachvolles gilt, würden Ehen standhalten, die schmachvoll sind.

Mittlerweile wird jede dritte Ehe geschieden[2], und die Ehescheidung hat, insbesondere bei der jüngeren Generation, ihr Stigma verloren.

Zweidrittel aller Scheidungsanträge werden von Frauen eingereicht. Das ist vor allem mit der verbesserten beruflichen und damit ökonomischen Situation von Frauen verknüpft. Sie ermöglicht ihnen, eine unbefriedigende Verbindung zu lösen und auf eigenen Beinen zu stehen (vgl. Rerrich 1988, S. 107). Beck-Gernsheim (1990, S. 86) sieht folgenden Trend: „Im Enttäuschungsfall gaben früher die Frauen ihre Hoffnungen auf. Heute dagegen halten sie an den Hoffnungen fest – und geben die Ehe auf".

Die gegenwärtige Scheidungsquote in Deutschland entspricht in etwa der bei den Hopi-Indianern (vgl. Biedermann 1989, S. 197). Die Hopi-Indianer sind durch ihr reiches Kulturleben, ihre Friedfertigkeit (Gewalt gegen Frauen ist nahezu unbekannt) und ihre Lebensweise in „Großfamilien mit mutterrechtlicher Abstammungsfolge" bekannt geworden (ebd., S. 196). Trennen sich die Eltern, dann bleibt das Kind bei der Mutter und in der vertrauten Gemeinschaft des mütterlichen Clans. Der Vater verläßt den Clan, hält aber weiterhin Kontakt zum Kind. Anders als die „Scheidungswaisen" unseres Kulturraums werden die Hopi-Kinder durch eine Trennung der Eltern vermutlich wenig oder gar nicht traumatisiert.

Wie eine Umfrage des Sample-Instituts erkennen läßt, hält jede zweite Person in Deutschland die jetzige Form der Ehe für überholt[3]. Trotz ihres Bedeutungsverlustes spielt die traditionelle, das heißt patriarchalisch bestimmte bürgerliche Ehe jedoch weiterhin eine wichtige Rolle, in der Realität ebenso wie als Wunschvorstellung. Die Wunschvorstellungen sind seit Jahrhunderten an emotionale Konditionierung, an Geschlechtsrollenklischees und den Komplementaritätsgedanken des Bürgertums gebunden. Sie richten sich auf Sicherheit, Glück und Liebe, die ewig währen sollen.

2. Liebe – Eros – Sexualität

Eheleute mit einem erfüllenden Liebesleben werden Kinder nicht sexuell mißbrauchen. Daher sollen Liebe, Eros und Sexualität erneut thematisiert werden, diesmal hauptsächlich auf den Kontext der Ehe bezogen.

Fromm zufolge ist produktive und damit echte Liebe für die seelische Gesundheit des Menschen zentral. Sie umfaßt ein Syndrom von Einstellungen wie „Fürsorge, Verantwortungsgefühl, Achtung und wissendes Verstehen" (Fromm 1980/1955a, S. 27). Hinzu kommt das aktive Interesse am Wohlergehen und Wachstum des anderen und die

Verbindung von Kern zu Kern. Das heißt, in der Identität von Erkennen und Lieben öffnet sich der Weg hin zum Wesenskern beider (ebd., S. 28). Bei Liebe als einem Phänomen der Tiefe und als Ausdruck des Selbst im Menschen sind wechselseitiger Narzißmus und symbiotische Abhängigkeit nicht vorstellbar (vgl. Fromm 1979, S. 89). Fromms Überzeugungen stehen somit in Widerspruch zu dem auf Komplementarität angelegten Liebes- und Eheideal der bürgerlichen Gesellschaft. Ja, im Grunde spricht er diesem Ideal die Möglichkeit ab, daß Liebe hier überhaupt einen Platz haben kann.

Für Ostermeyer (1979, S. 169) hat die Forderung nach lebenslanger Ehe die Liebe deformiert. Er greift zurück auf vorpatriarchalische Zeiten, in denen Partnerschaften auf Liebe und nicht auf gesellschaftlichen Zwängen beruhten. Im Patriarchat habe der Anspruch auf lebenslange Dauer der Ehe – zusammen mit Geschlechtsrollenklischees – die Ursprünglichkeit und den lebendigen Austausch in der Liebe verformt.

Parallel zum Zerbrechen der Liebe entwickelten sich Sehnsüchte (ebd., S. 170), wie etwa die Sehnsucht nach Aufhebung der Grenzen und nach Verschmelzung. Diese Sehnsüchte wurden durch illusionäre Bilder, das Liebesideal und den Komplementaritätsgedanken des Bürgertums weiter stimuliert.

2.1. Stadien einer Liebesbeziehung

Schellenbaum (1995, S. 19) zufolge durchlaufen Liebesbeziehungen verschiedene Stadien, die von symbiotischer Verschmelzung über Projektionen zur Erweiterung in der „Leitbildspiegelung" führen können.

Die Liebesbeziehung zwischen Mann und Frau hat zunächst etwa die gleiche seelische Ausgangslage wie die frühe Mutter-Kind-Beziehung. Darin liegt die Möglichkeit der Verstrickung. Das Urbild der Symbiose wirft seine Schatten auf die keimende Liebesbeziehung. Wie bei der Urbeziehung ist es nötig, sich aus der Symbiose zu lösen, damit beide Partner mit- und aneinander wachsen können.

Aus Angst vor Abgrenzung und Verlust bleiben Partnerschaften jedoch allzu oft im Stadium der infantilen Bedürfnisbefriedigung und kindlicher Verschmelzungssehnsucht befangen. Der Preis, den die Individuen dafür bezahlen, ist hoch. Die Persönlichkeitsentwicklung stagniert, und ein Prozeß des gemeinsamen Wachstums, der gemeinsamen Wandlung ist ausgeschlossen (ebd., S. 9 ff).

Dagegen folgt in einer konstruktiven Liebesbeziehung dem Verschmelzungsstadium das Stadium der Projektion. Hier ist die Möglichkeit zur Selbsterkenntnis angelegt. Denn das, was uns beim Partner stark bewegt, hat zutiefst mit uns zu tun und ist Zeichen unserer seelischen Lebendigkeit (ebd., S. 19). Handelt es sich jedoch um Negativprojektionen, dann deutet dies auf eine unproduktive Beziehung hin, in der die Symbiose fortdauert. In diesem Fall existiert das Gegenüber eher als ein Bild, an das man sich klammert, denn als eigenständiges Wesen. Statt seine Verbindung zur Welt und damit sein Wachstum zu fördern, wird es, der eigenen Sicherheit wegen, unterdrückt und von der Welt abgeschnitten. Schellenbaum verdeutlicht das Gewaltsame und Manipulative dieses Vorgehens: „So haben wir ihn in unserer Hand. Jetzt ist er auf unsere Projektionen als Ersatz für die verlorene Identität angewiesen" (ebd., S. 140). Somit geht es – folgen wir Laing – um die Bestätigung einer falschen Identität, die auf dem falschen Selbst beruht. In dieser Konstellation wird nicht nur die falsche Identität des anderen, sondern gleichzeitig auch die eigene falsche Identität bestätigt. Unter diesen Voraussetzungen beruht die Partnerschaft auf Kollusion, auf wechselseitigem Betrug und Selbstbetrug. Da eine Kollusion anklammerndes Verhalten fördert, ist sie nicht nur wachstumshemmend, sondern erscheint auch nahezu unauflöslich.

Partnern, die in diesem Stadium gefangen sind, gelingt nicht, was Schellenbaum als Ziel echter Liebe bezeichnet: die Leitbildspiegelung. In der Leitbildspiegelung beginnt die Auseinandersetzung mit dem anderen in der Tiefe. Es geht nicht mehr um projizierte, sondern um wirkliche Anteile im Du (ebd., S. 21). Die Beziehung ist auf den Wesenskern beider ausgerichtet, und das stimuliert die persönliche „Entwicklungsdynamik" (ebd., S. 18).

Ähnlich wie Fromm (1979, S. 89) meint Schellenbaum (1995, S. 75), zum wirklichen Lieben sei ein Ich erforderlich, „das einen festen Halt in sich selber hat und gleichzeitig für die Hingabe an ein Du offen ist. Das Ich braucht Festigkeit und Durchlässigkeit. Zwischen ihm und der Außenwelt braucht es offene, flexible Grenzen".

2.2. Eros und Sexualität

Giddens, Wilber und Wöller wollen den Erfahrungsraum von Eros und Sexualität in einen größeren Zusammenhang stellen und betonen dessen religiöse Dimension.

Giddens (1993, S. 196) erläutert:

„Sexualität ... erhält ihre überwältigende Rolle, und die um sie verbreitete Aura von Abenteuer und Gefahr, deswegen, weil sie uns mit Erfahrungen in Berührung bringt, die uns abhanden gekommen sind. Ihre Ekstase, oder ihr Versprechen auf Ekstase, erinnert an die >ethische Leidenschaft<, die Symbole des Transzendenten gewöhnlich vermittelten – denn natürlich ist die kultivierte Erotik, die sich von der Sexualität im Dienste der Reproduktion unterscheidet, lange mit Religiosität in Verbindung gebracht worden".

Auch in der Fortpflanzungsfunktion der Sexualität stecke „ein Mittel der Transzendierung"; denn sexuelle Aktivität ist potentiell mit der Geburt und somit auch der Endlichkeit des Lebens verwoben (ebd., S. 219). In unserer sex-süchtigen Gesellschaft habe der Tod jedoch seine transzendente Bedeutung verloren. Wilber (1988, s. vor allem S. 184) zieht ebenfalls eine Verbindungslinie zwischen dem Verlust der transzendenten Bedeutung des Todes und dem Verlust der transzendenten Aspekte in der Sexualität. Er vermutet, daß diese Verluste Anteil an der zunehmenden Sexbesessenheit unserer Gesellschaft haben. – Bei ihrer Auseinandersetzung mit der transzendenten

Dimension der Sexualität geht es Wöller (1992) vorrangig um die Bedeutung der Sexualität für den Kult. In der matrizentrischen Zeit wurde

> „der Frau als Verkörperung der großen Göttin des Lebens alle sexuelle Magie" zugeschrieben. „Männer hatten ihr zu dienen. Der Kult feierte die Sexualität als heilige Teilhabe an der fortdauernden Schöpfung, als eine Kraftübertragung von Göttlichem auf Menschliches ... wobei die Frau als Priesterin zugleich Geberin der Lust und der >Schöpfungswonne< war. (Der Begriff Schöpfungswonne geht zurück auf W. Schubart). Was damals im Tempel als Heiliges begangen wurde, wird in patriarchaler Epoche zum Akt auf der Gosse, bei dem die Frau Gewalt leidet. Ein Akt zur Befriedigung männlicher Begierde, der mit Hingabe an das Heilige und mit numinoser Teilhabe an kosmischer Erneuerung nichts mehr zu tun hat" (ebd., S. 21).

Der nüchtern sezierende Blick Brechts auf den ehelichen Geschlechtsverkehr zeigt beispielhaft, daß transzendente Aspekte in der Sexualität keinen Platz haben können, wenn Besitzdenken und Macht im Spiel sind. Plack zitiert und interpretiert Brecht wie folgt: „Dem faktischen, meist einseitigen >Besitz< des Mannes am >Geschlechtsteil einer Frau< entsprach auf ihrer Seite die >eheliche Pflicht<, die Verpflichtung, dem sexuell drängenden Mann sich >hinzugeben<" (bert Brecht, Me-ti, Buch der Wendungen, Frankfurt 1969, S. 62, zit. nach Plack 1976, S. 233). Für Plack (ebd., S. 210) ist jeder Geschlechtsverkehr, der zu einem Geschäft wird, Prostitution.

Ähnlich wie Brecht und Plack hat auch Morgenstern den Geschäftscharakter im Geschlechterverhältnis und beim Geschlechtsverkehr in der Ehe angeprangert. Sein sarkastischer Ausspruch über Frauen, die „als gesetzliche Konkubinen" ihre Männer „zum obersten Haussklaven machen wollen" (Morgenstern 1965, S. 452), zeigt, daß die Verobjektivierung von Frauen als gesetzliche Konkubinen im Endeffekt zur Versklavung auch der Männer führt.

Gegenseitige Unterdrückung deutet auf zerstörerische Abhängigkeiten hin, die für stagnierende, wachstumshemmende Ehen charakteristisch sind.

3. Psychodynamische Mechanismen in stagnierenden und zerstörerischen Ehen

Es gibt viele gestörte und zerstörerische Ehen, in denen nicht „die geringsten Anzeichen von Lebendigkeit oder gemeinsamer Entwicklung" (Hüper 1987, S. 74) zu erkennen sind und die dennoch bis ans Lebensende bestehen bleiben. Das sind diejenigen Ehen, die für unsere Thematik zentral sind. Statt konstruktive Veränderungen ins Auge zu fassen, versuchen die Partner hier, den bedrohten status quo aus Angst, aus Gründen der Sicherheit, Bequemlichkeit und zugunsten konventioneller Vorstellungen zu festigen. Sie arrangieren sich und bedienen sich dabei der Strategien der Kompensation und Entlastung. Ihr Arrangement geht oft zu Lasten der eigenen Kinder, die im Zuge der elterlichen Strategien seelisch oder sexuell mißbraucht werden. Es gibt auch eine Anzahl von Menschen, vor allem von Männern, die außerhalb der Kernfamilie andere bekannte oder verwandte, in selteneren Fällen auch fremde Kinder sexuell mißbrauchen.

Die Frage nach starken Sicherheitsbedürfnissen, nach Gründen für das Festhalten am falschen Vertrauten sowie die Beständigkeit selbst höchst zerstörerischer Ehen und Familien führt in Fragenbereiche, die Abhängigkeiten, individuelle Ängste und Zwänge berühren.

3.1. Symbiotische Abhängigkeit

Da wechselseitige Abhängigkeiten von Mann und Frau die Beständigkeit ihrer Partnerschaft stützen, wurde lange Zeit – in Verbindung mit dem Komplementaritätsgedanken des Bürgertums – strikte Rollenteilung als Ideal und Garant einer geglückten, stabilen Ehepartnerschaft angesehen. Entsprechend basieren nach außen als perfekt erscheinende Ehen oftmals auf Symbiose und, damit verknüpft, auf Infantilisierung, meint Schaef (1989, S. 42 f). Eine Ehe gelte dann als perfekt, wenn „nach außen hin – mit dem offiziellen Gesicht – ... die Frau als Kind und der Mann als der Erwachsene" in Erscheinung tritt.

> „Nach innen – das private Gesicht – sind die Rollen vertauscht. Der Mann ist das Kind und die Frau die Erwachsene ... In der perfekten Ehe ist die Wahrscheinlichkeit gering, daß ein Partner den anderen verläßt, da ja beide ernsthaft glauben, ohne einander nicht auskommen zu können. Was ihnen als erstrebenswerte Zielvorgabe fürs Leben mit auf den Weg gegeben wurde, nämlich Sicherheit und Beständigkeit – sie haben es erreicht. Jeder unterstützt die Abhängigkeit des anderen, aus Angst vor dem Verlassenwerden oder Alleinsein" (Schaef ebd.).

Während sich die partnerschaftliche Bindung durch Angst vor Einsamkeit, Befriedigung beidseitiger Abhängigkeitsbedürfnisse sowie durch die alltägliche Lebensorganisation stärkt, fehlen in derart fixierten Partnerschaften wirkliche Intimität und Liebe (vgl. Wieck 1987, S. 178; Schellenbaum 1995, S. 16). Daher ist auch der Körperkontakt zwischen den Partnern gestört, was zu Unruhe, Reizbarkeit oder unterschwelliger Feindseligkeit führen und in Tyrannei ausarten kann (vgl. Richard 1966, S. 106).

Auf der Basis neurotischer Verstrickung, großer Abhängigkeit sowie gestörtem seelischen und körperlichen Kontakt entwickelt sich leicht Haß. Möglicherweise entsteht eine „Symbiose ... im Haß" (Schellenbaum 1995, S. 33). Wichtig ist Schellenbaums Hinweis, Symbiose im Haß werde nicht nur durch die „Angst vor Isolierung, Bedeutungslosigkeit, Gleichgültigkeit, Langeweile und Selbstverantwortung" aufrecht erhalten, sondern zudem durch den Energiefaktor gestützt (Schellenbaum ebd.). Die andere Person, ob geliebt oder gehaßt, sei dem symbiotischen Menschen eine „Energiequelle" (Schellenbaum ebd.). Der rätselhafte energetische Faktor wird transparenter, wenn Fromms gedankliche Auseinandersetzung mit Ehepaaren, die sich trotz großer partnerschaftlicher Schwierigkeiten nicht trennen, hinzugezogen wird. Fromm (1977, S. 273) hat beobachtet,

„daß viele Ehepaare nur deshalb beieinander bleiben, weil ihnen ihre Ehe Gelegenheit bietet, Haß, Streiterei, Sadismus und Unterwerfung zu erleben. Sie bleiben nicht trotz ihrer Kämpfe beieinander, sondern wegen dieser Kämpfe. Masochistisches Verhalten, die Lust am Leiden und Sichunterwerfen, wurzelt zum Teil in diesem Bedürfnis nach Erregung. Masochistische Personen leiden darunter, daß es ihnen sehr schwerfällt, eine Erregung selbst hervorzurufen und unmittelbar auf normale Reize zu reagieren. Sie können jedoch reagieren, wenn ein Reiz sie sozusagen übermannt, wenn sie sich der ihnen aufgezwungenen Erregung hingeben können".

Eine auf Symbiose und Sicherheit beruhende Ehe bezeichnet Pilgrim (1986b, S. 153) als „Kulissenehe". Wechselnde Machtverhältnisse, fehlende Liebe und Intimität sowie Heuchelei und Lüge innerhalb der „Kulissenehe" sind Auslöser für vielfältige unehrliche „Spiele" im Sinne Bernes. Bei diesen „Spielen" geht es zum einen um die Wahrung der Fassade (Richter 1986, S. 157), zum anderen werden im Binnenraum – zur Selbststabilisierung und zur Stabilisierung der Ehe – zerstörerische „Spiele" gespielt. Gruen (1986, S. 88) beschreibt das „Spiel illusionärer Liebe", das in unserer patriarchalisch geprägten Gesellschaft üblich ist, und nicht nur in eine Kollusion, sondern auch in Groll und Verachtung münden kann. Zu den Mechanismen dieses „Spiels" gehören Fürsorge, Abhängigkeit, Besitz, Kontrolle und „das gegenseitige In-der-Macht-des-anderen-Stehen" (Gruen ebd.). Der Machtfaktor bestätigt, daß es hier nicht um Liebe, lediglich um die Illusion von Liebe geht; denn, wie bereits ausgeführt, schließen Liebe und Macht einander aus.

Ziel dieses „Spiels" ist nicht, näher an sein Selbst heranzukommen und gemeinsam zu wachsen, sondern herauszufinden, „wie man ... noch besser spielen kann" (ebd., S. 89). In diese „Spiele" werden häufig Kinder einbezogen. Gruen geht auf die Bedeutung von Projektionen bei diesen „Spielen" ein. Kleine Kinder können die elterliche Wahrheit, das heißt, ihre Unaufrichtigkeit, noch direkt erfassen. Darum zeigen sie Widerstand. Gruen (ebd.) zieht folgende Verbindungslinie:

„Es ist jener Widerstand, den sie (die Erwachsenen) in sich selbst vor langer Zeit hatten abtöten mußten, den sie jetzt bei ihren Kindern als Widerstand empfinden. Das ist das allgemeine Beispiel für Projektion in unserer Gesellschaft, die Projektion der Feindseligkeit und Aggression auf unsere Kinder".

Diese Zusammenhänge werden aus opportunistischen Gründen nicht durchschaut, und deshalb können krankhafte „Spiele" so erfolgreich sein.

Gruen macht auf entscheidende Wirkzusammenhänge in abhängigen Partnerschaften aufmerksam, die auch bei Mißbrauch an Kindern bedeutsam sind. Es sind dies: reduziertes Menschsein und eine nicht gelungene Ehepartnerschaft sowie Heuchelei und Lüge, die in zerstörerische „Spiele" münden. Innerhalb dieses Gefüges hat das Kind die Funktion, Sündenbock oder Projektionsobjekt elterlicher Feindseligkeit und Aggression zu sein.

Oder von den Kindern wird erwartet, Lebendigkeit und Lebensfreude zu vermitteln und den voneinander und vom Leben enttäuschten Erwachsenen Lebensinhalt und

Partnerersatz zu sein. In diesem Fall werden auch sie symbiotisch besetzt. Das schließt Grenzverletzungen ein, u. U. auch sexueller Art, die den kindlichen Prozeß der Individuation behindern und im späteren Leben symbiotische Partnerschaftsbeziehungen wahrscheinlich machen (vgl. Woititz 1993, S. 88). Symbiose ist zum einen die Form, in der das Kind Beziehungen erfahren hat, zum anderen schürt die nicht geglückte Individuation die Sehnsucht nach Symbiose.

In bestimmten Fällen liegt einer symbiotischen Partnerbeziehung die inzestuöse Verstrickung mit einem Elternteil zugrunde. Wie Woititz (ebd., S. 89) erläutert, kann die symbiotische Beziehung als Ausweg erscheinen, sich nicht mit dem frühen Trauma beschäftigen zu müssen. Dieser Hinweis läßt den Schluß zu, daß symbiotische Partnerbindungen auch die Funktion haben können, frühkindliche Verletzungen, die verleugnet werden oder verdrängt worden sind, abzuwehren.

Indem Gruen und Woititz Hintergründe und Auswirkungen der symbiotischen Konstellation aufrollen, umreißen sie beispielhaft das verlogene Szenario vieler „guter" Familien, in denen Kinder vernachlässigt, mißhandelt, als Partnerersatz besetzt und, vor allem durch Männer, sexuell mißbraucht werden. Außerdem wird durchschaubar, wie im familiären Wiederholungsmechanismus Symbioseneigung von einer Generation zur nächsten weitergegeben wird und warum die Parodie der „Liebe" immer wieder neu aufgelegt werden kann.

Olivier (1980, S. 151) spricht sich entschieden für eine Überwindung der symbiotischen Liebe zwischen Mann und Frau aus, da sie ihrer Ansicht nach „ebenso gefährlich ist wie die mit der Mutter erlebte und ... nur im Masochismus enden kann, also mit der Selbstaufgabe ...".

In der symbiotischen Geschlechterbeziehung sieht Neumann (1983, S. 39) die Ursache vieler moderner Ehestörungen. Menschen, denen es um individuelle Entwicklung und Individuation geht, müßten die auf patriarchalischer Symbiose beruhende Ehe sprengen (ebd., S. 45).

Dies gelingt aber nur, wenn zumindest eine Person das Muster verläßt und selbständig wird. Eine auf Symbiose beruhende Beziehung gerät also dann in Gefahr, wenn „ein Partner sich weiterentwickelt und verändert" (Schaef 1989, S. 44).

3.2. Beziehungssucht – unaufgelöste Mutterbindung

Für Schaef (1989) ist unsere Gesellschaft eine Suchtgesellschaft. Dazu gehört die Beziehungssucht, die von A. Mitscherlich (1992, S. 333) als „Abhängigkeitssucht" bezeichnet wird. Sie ist in unserem Kulturkreis die Regel und wird von der Gesamtgesellschaft gefördert (vgl. Schaef 1989, S. 44). Ziel jeder Suchtbeziehung ist Sicherheit (vgl. Schaef ebd.). Daher werden „Beziehungen bevorzugt, in denen beide Partner nicht die nötige Sicherheit verspüren, um unabhängig zu handeln, Beziehungen, aus denen keiner sich löst, auch wenn sie längst gescheitert sind" (ebd., S. 100 f). Die beiden Personen klammern sich aneinander und meinen, ohne einander nicht leben zu können.

Von Kindheit an, so Schaef (ebd., S. 42)[4], habe die Suchtbeziehung einen anderen Namen: „wahre Liebe". Hinter diesem Namen stecken die illusionären Bilder vom Glück zu zweit. Beck (1986, S. 21) sieht in ihnen „einen Hauch von alltäglicher Religiosität, von Hoffnung auf Jenseits im Diesseits"; fast alle Menschen seien der „Sucht nach Liebe" verfallen.

Wie bereits ausgeführt, wurzeln die Bilder vom Glück zu zweit, Symbiose-Neigung und Beziehungssucht in der Ausschließlichkeit der Mutter-Kind-Beziehung, die seit dem Siegeszug der bürgerlichen Lebensweise als Norm gilt. Die Mutter ist das erste Identifikationsobjekt des Kindes. Für Lowen (1980, S. 83) ist „die Liebe des Säuglings zu seiner Mutter ... der Prototyp aller späteren Liebesbeziehungen. An allen Liebesbeziehungen sind daher Elemente von Bedürfnis und Abhängigkeit beteiligt". Überzogene Abhängigkeit, Fixierung und die Neigung zur Symbiose hängen aber weniger mit der Säuglingszeit an sich als mit der Tatsache zusammen, daß die Mutter in unserer Kultur über die frühe Kindheit hinaus oft lange Zeit die einzige Bezugsperson des Kindes ist.

Auf diesem Hintergrund suchen insbesondere Männer häufig eine mütterliche Frau als Ehepartnerin, die in der Ehe „die mütterlich-fürsorgende Rolle" spielen (M. Mitscherlich 1985, S. 138; vgl. Asper 1990, S. 110) und ihnen Heimat und Geborgenheit spenden soll (vgl. Lowen 1980, S. 294). Das heißt, sie wollen im Grunde mit der Ehefrau eine abhängige Mutter-Kind-Beziehung leben, verharren in der Infantilität und sind unfähig, eine befriedigende Partnerschaft zu leben (vgl. Swigart 1993 , S. 157). Diese Konstellation, so Neumann (1983, S. 35 f), mache den Mann seelisch unlebendig und unfruchtbar.

Charakteristisch für den muttergebundenen Typus ist „eine orale Charakterstruktur, in der schizoide und psychopathische Tendenzen einander widerstreiten" (ebd., S. 381). Auf die Bedeutung der schizoiden Störung für sexuelle Gewalt gegenüber Kindern wurde bereits eingegangen.

Auch die sexuellen Reaktionen des muttergebundenen Mannes sind wichtig. Lowen (ebd.) stellt fest: „Seine Erektionspotenz ist abhängig davon, ob er die Frau >bändigen< und sie auf die Stufe eines Sexualobjekts herabsetzen kann". Am leichtesten zu >bändigen< und zu verobjektivieren sind Kinder.

Mutterfixierte Männer projizieren nicht nur Sehnsüchte auf ihre oder andere Frauen, sondern auch negative Gefühle. M. Mitscherlich (1985, S. 31; vgl. Wieck 1987, S. 93) erläutert: „Angst, Abhängigkeit, Schuldgefühle und Haß gegenüber der Mutter bleiben bestehen und werden auf die Ehefrau projiziert, deren Unselbständigkeit der Mann als erleichternd, als angst- und haßmindernd erlebt". Die Negativprojektionen auf die Ehefrau weisen, wie zuvor erwähnt, auf das Fortbestehen des Symbiosestadiums in der Partnerschaft hin.

Im extremen Fall kann die Ehefrau, in einer Art self-fulfilling-prophecy, zur „bösen Mutter" der eigenen Kindheit werden, „die versagend und verbietend ist, die sich von einem abwendet und sich den Kindern zuwendet, so daß die Kinder dann möglicherweise als Rivalen erlebt werden" (Reddemann 1987, S. 118). Mit der Abhängigkeit von einer Mutter-Ehefrau und der Rivalität zu den Kindern verschieben sich die Generationengrenzen. Diese Grenzverschiebung sowie mögliche Rachegefühle gegenüber einer als böse empfundenen Mutter-Ehefrau sind wichtige Bedingungsfaktoren beim Vater-Kind-Inzest.

Männer mit unaufgelöster Mutterbindung und einer Ehefrau vom Typus der „bösen Mutter" sind häufig deprimiert. Der Bezug zur Ehefrau wird als Gefängnis empfunden (ebd., S 93). Zuweilen rebellieren sie gegen ihre symbiotische Abhängigkeit und die Mutter-Frau, gegen die aufgezwungene Lebensweise und die unbefriedigende Ehesituation. Die Rebellion kann sich in narzißtischen Phantasien äußern, die eine Gegenwelt erschaffen. Die Gegenwelt wird häufig auch real geschaffen: Geheime außereheliche Verhältnisse – u. U. mit einem Kind – sollen das Gefühl verschaffen, ein selbstbestimmtes Leben zu führen und Kontrolle ausüben zu können.

Die Fixierung auf Zweisamkeit in der Mutter-Kind- sowie in einer abhängigen Ehebeziehung hat überdies gesamtgesellschaftliche Auswirkungen. Weil sie eine spezifische Erwartungshaltung an das Leben hervorruft, nämlich die nach Exklusivität, begünstigt sie soziale Gleichgültigkeit und den Schwund der kollektiven Fähigkeiten, wie Plack (1976, S. 564) und Pilgrim (1986a, S. 125 f, 225) herausstellen.

Brogger (1980, S. 49) stellt den Charakter des Exklusiven ebenfalls in Frage. Sie umreißt das auf Abkapselung hinauslaufende historisch gewachsene Eheverständnis unserer Kultur wie folgt: „Man betrachtet die Ehe und die Zweierbeziehung nicht als einen Gesellschaftskern in einem größeren sozialen Zusammenhang, sondern als eine Privatsache".

In den von Bettelheim (1971) beschriebenen israelischen Kibbuzim ist das anders. Hier richtet sich, analog zur fehlenden Exklusivität in der Mutter-Kind-Beziehung, auch die Ehe nicht auf Abgrenzung und Ausschließlichkeit aus. Vielmehr gelten Frau und Mann, selbst nach der Eheschließung, vor allem als Teil der Gruppe. Es bestehe weniger das Gefühl: „>Du und ich, wir gehören zueinander mit Körper und Seele, und gemeinsam treten wir der Welt entgegen< als vielmehr: >Wir beide gehören einer gemeinsamen Welt an, und innerhalb dieser Welt gehören wir zueinander<" (ebd., S. 253). Ähnlich wie bei Naturvölkern üblich ist die Liebes- und Ehebeziehung also in das soziale Gefüge eingebettet und hat einen Bezugspunkt außerhalb beider Partner. Sie ist nicht hermetisch und eng und steht damit im Gegensatz zum symbiotischen Partnerbezug in einer Suchtbeziehung.

Folgende Zusammenhänge sind bedeutsam:

Auf der Suche nach einem Menschen, mit dem die Exklusivität und Symbiose der frühen Kindheit wiederholt werden kann und der frustrierte frühkindliche Bedürfnisse stillt, wird vielfach in der Ehe ein neuer Mutterschoß bzw. eine neue Mutter-Kind-Beziehung angestrebt. Das bedingt ein Verharren in der Infantilität mit der möglichen Folge, daß gegenüber den Kindern, die geboren werden, die verantwortliche Elternrolle entfällt.

Zum anderen versprechen Kinder durch ihre ursprüngliche Zuwendungsbereitschaft, ihre unkritische Akzeptanz sowie wegen ihrer noch mangelnden Ich-Entwicklung, die mit mangelnder Abgrenzung verbunden ist, den vereinnahmenden Erwachsenen die Erfüllung ihrer regressiven Wünsche. Darum werden sie häufig instrumentalisiert und zu Opfern, auch sexuellen Opfern, gemacht. Kinder können diesen Zusammenhang nicht durchschauen. Ebenso wenig können sie sich aufgrund ihrer Abhängigkeit und ihrer noch ungefestigten Grenzen wirkungsvoll gegen die egoistischen Übergriffe der Erwachsenen wehren.

3.3. Trennungsangst

Häufig steckt Trennungsangst dahinter, wenn Ehen um jeden Preis aufrecht erhalten werden. Diese Angst läßt Motive der frühen Kindheit anklingen und verweist zugleich auf vorpatriarchalische Zeiten und die Angst, die „Große Mutter" zu verlassen oder von ihr verlassen zu werden. Starke Trennungsängste sind charakteristisch für Kulturen, in denen die Mutter-Kind-Ausschließlichkeit herrscht. Hier bedroht eine Trennung von der Mutter das Überleben vor allem des ganz kleinen Kindes. Es ist sich der eigenen Hilflosigkeit sehr bewußt und klammert sich darum an. Das Kind lernt, „daß es durch Anklammern, durch Abhängigkeit überleben kann" (Gaylin, 1987, S. 157).

Die kindlichen Trennungsängste werden in abhängigen Partnerschaften und bei Individuen, die unbewußt auf frühkindliche und somit arachaische Ebenen fixiert sind, besonders leicht reaktiviert. Folglich besteht eine Verbindungslinie zwischen Trennungsangst, die selbst äußerst zerstörerische Ehen – etwa in Inzestfamilien – zusammenhält, und der reduzierten Beziehungsstruktur innerhalb der patriarchalisch bestimmten bürgerlichen Kernfamilie. Auf die Spitze getrieben wurde die Beziehungsarmut im 20. Jahrhundert.

Es ist bereits erörtert worden, daß sich die alleinige Zuständigkeit der Mutter und die in unserer Kultur übliche Abwesenheit des Vaters auf das männliche Kind besonders fatal auswirken. Beide Gegebenheiten sind Quellen starker Abhängigkeit des Mannes vom weiblichen Geschlecht sowie von Frauenhaß und Rachsucht gegenüber Frauen, in die ebenfalls archaische Motive einfließen können.

Die männliche Abhängigkeit von Frauen erklärt, warum Männer bei einer Trennung von der Frau oft zu „Sinnlosigkeitsgefühlen, Identitätsverunsicherung und zu verzweifelten Reaktionen" neigen, wie Wieck (1987, S. 115) beobachtet. Er meint, die intensive Mutter-Kind-Beziehung in unserer Kultur führe zu einem lebenslangen Bezug „auf den weiblichen Körper ... und auf weibliche seelische Kräfte" (ebd., S. 95). Das entfremde den Mann von seiner eigenen Lebensquelle. Beck (1986, S. 35) beschreibt es ähnlich: Der Mann sei emotional unselbständig, weil er wesentliche Seiten in sich selbst abspaltet und an die Frau delegiert. Dadurch sei er außerordentlich verletzbar und empfindlich, wenn ihm „Entzug" vom emotionalen Austausch mit der Frau droht.

Asper (1990, S. 97) gibt eine weitere Möglichkeit zu bedenken. Starke gefühlsmäßige Abhängigkeit des Mannes von der Frau und der Familie könne auf einen Animusverlust zurückgehen. Wenn der Bezug zu den eigenen männlichen Anteilen fehlt, dann entstehe beim Mann große Lebensangst, und er sei bereit, in noch so verzweifelter Lage auszuharren.

Für M. Mitscherlich (1985, S. 145; vgl. Maslow 1981/1954, S. 230) hat Trennungsangst generell mit der Angst vor „Selbstverlust" zu tun; die abhängige Person sehe im anderen die „Ergänzung des als mangelhaft empfundenen eigenen Ich". Das bedeutet, daß – ganz im Sinne des Komplementaritätsgedankens – das Ich-Gefühl an die Partnerschaft und nicht an die eigene Person gebunden ist. Gruen (1986, S. 135) nimmt sogar an, manche Menschen klammerten sich aneinander, „um ihrem eigenen Selbst zu entkommen". Besonders Männer tendierten dazu (ebd., S. 105).

Hinter der Trennungsangst von Männern kann ferner die Annahme stecken, ihrer Frau mit der Auflösung der Partnerschaft etwas Schreckliches anzutun. Reddeman (1987, S. 118 f) zeigt, daß auch dahinter die Erfahrungen der frühen Kindheit stecken können:

> „Auch wenn sie in seiner inneren Vorstellung, die nicht bewußt zu sein braucht ... ganz böse ist, darf er sie trotzdem nicht verlassen. Das kleine Kind kann ja auch die Mutter nicht verlassen, selbst wenn sie in seinem Erleben ganz böse ist, und etwas Ähnliches kann sich in dieser Konstellation im Erwachsenenalter wiederholen".

Statt die Ehefrau zu verlassen, begehen viele dieser Männer immer wieder Ehebruch (ebd., S. 118), in zahlreichen Fällen mit Kindern.

Anders als symbiotisch verstrickte Menschen sind Individuen, denen es um Selbstverwirklichung geht, zu Trennungsschritten fähig. Maslow (1981/1954, S. 232) zufolge können sie auseinandergehen, „wenn es notwendig ist, auch ohne zusammenzubrechen. Sie hängen nicht aneinander oder haben Widerhaken oder Anker irgendwelcher Art".

„Widerhaken" machen sich zum Beispiel dann bemerkbar, wenn die bereits diskutierten antagonistischen Strebungen von >Selbsterweiterung< und >Rückversicherung< aufeinandertreffen (Bischof 1985, S. 253 ff, 360 ff). Das Verlangen nach Selbsterweiterung steht im Widerspruch zum Streben nach Rückversicherung, das sich auf das Vertraute oder auf Mutterfiguren richtet (ebd., S. 256). Das Vertraute soll Geborgenheit und Sicherheit garantieren (ebd., S 257). Als Beispiel könnte eine eheliche Verbindung zwischen Menschen dienen, die im anderen eine Ersatzmutter oder einen Ersatzvater geheiratet haben und zu diesem Ersatzelternteil in einem symbiotischen Abhängigkeitsverhältnis stehen. Wird in einer solchen Beziehung versucht, autonomer zu werden oder sich zu trennen, führt das leicht in eine Beziehungsfalle. Die Autonomiebestrebungen können Unsicherheit und Trennungsangst nach sich ziehen mit der Folge, daß der gegenteilige Wunsch nach Geborgenheit und Sicherheit wieder äußerst stark wird. In diesem Moment schlägt die Beziehungsfalle zu; denn „nächstliegender Attraktor" für das gesteigerte Sicherheitsbedürfnis in einer abhängigen Beziehung ist genau die Person, von der ich mich eigentlich emanzipieren wollte (ebd., S. 463).

Beck-Gernsheim (1990, S. 94 f) illustriert eine solche Ehe, die zur Falle wird. Sie erhellt ferner – anhand einer Szene aus T.S. Eliot >Die Cocktail Party< – den Widerspruch zwischen dem Streben nach symbiotisch personenbezogener Identität einerseits und dem Verlangen nach Selbstbehauptung, Individualität und eigenem Leben andererseits:

„Ich kann nicht mit ihr leben, das ist jetzt unerträglich;
Ich kann nicht ohne sie leben, weil sie mich unfähig gemacht hat,
Irgendeine eigene Existenz zu haben ...
Sie machte die Welt zu einem Ort, an dem ich nicht leben kann,
Es sei denn, unter ihren Bedingungen" (T.S. Eliot, >Die Cocktail Party< II. Akt, zit. nach Beck-Gernsheim ebd., S. 97).

Eine Beziehung, in der immer wieder die Beziehungsfalle zuschlägt, kann trotz ihrer Stagnation eine für Süchte charakteristische „Atmosphäre hoher Intensität" erzeugen (Woititz 1993, S. 89).

Partner, die in Beziehungsfallen feststecken und bewußt oder unbewußt darunter leiden, stilisieren die Ehe möglicherweise besonders hoch. Plack (1976, S. 71 f) wertet dies als Heuchelei, während Richter (1986) die Angst erkennt, die dahinter steckt. Er hat sich mit der Tendenz auseinandergesetzt, sinnvoll erscheinendes Neues zugunsten des falschen Vertrauten auszublenden und stellt fest: „Die Angst, andernfalls in einer Identitätskrise zusammenzubrechen, nötigt dazu, das zu verteidigen, woran man insgeheim zweifelt" (ebd., S. 124).

Auch die sich ethisch gebende Formel, man wolle wegen der Kinder zusammenbleiben, ist häufig eine Umkehrung der Tatsachen. Viele Kinder müssen nicht nur eine konfliktreiche unbefriedigende Partnerschaft entlasten und festigen (vgl. Covitz 1992,

S. 47), sondern den Eltern auch helfen, der Angst vor der Ungewißheit, die eine Trennung mit sich bringen würde, zu entgehen.

3.4. Familiärer Wiederholungszwang

Die Stabilität unbefriedigender Ehen ist neben individuellen und kulturellen Gründen – dazu gehört die Unterwerfung unter die Bedingungen und Erwartungen der Gesellschaft – auch an familiäre Wiederholungszwänge geknüpft.

Der innere Zwang, die Muster der Herkunftsfamilie zu wiederholen, ist charakteristisch für Menschen, die nicht autonom sind. Der familiäre Wiederholungszwang oder, wie Richter (1992, S. 164) sagt, die „Familientradition", schlägt sich bereits in den zumeist unbewußten Motiven der Partnerwahl nieder. So gibt es Männer, die ihre Schwester entweder in der Ehefrau oder später in der Tochter suchen (vgl. Lowen 1980, S. 353 ff). Andere Männer wählen sich eine hilflose Frau, bei der sie die mächtige Vaterrolle übernehmen können. Sehr verbreitet ist der Versuch, eine Neuauflage der Mutter zu bekommen, die gut für sie sorgt (ebd., S. 197 f). Eltern-Kind-Konstellationen, in denen vom Partner erwartet wird, daß er oder sie die Elternrolle übernimmt, sind nicht nur sehr begehrt, sondern auch ausgesprochen beständig. Ostermeyer (1979, S. 175) sagt:

> „Daß jemand unbewußt seinen Vater oder seine Mutter heiratet, ist in unserer neurotisierten Gesellschaft nicht außergewöhnlich. Solche Partnerwahl zeichnet sich sogar durch hohe Beständigkeit aus, da sie die kindliche Abhängigkeit fortsetzt".

Nach Bischofs (1985) Ansicht liegt Ehen, die auf einem wiederaufgelegten Eltern-Kind-Verhältnis und auf infantilen Phantasmen von dauerhafter Versorgung und Sicherheit basieren, psychischer Inzest zugrunde. Das werde von der Gesellschaft nicht bemerkt. Kennzeichnend für psychischen Inzest seien kindliche Abhängigkeit und ein an die Ehe geknüpftes Selbstbewußtsein. Bischof vermutet, „daß die Partner der Aufgabe, autonom zu werden, ausgewichen sind" (ebd., S. 497). Die mangelnde Autonomie hänge u. a. mit fehlenden Initiationsriten zusammen, bei denen eine Autonomieprobe vor der Ehe gefordert wird (ebd.). Bischof spricht sich dafür aus, dem Jugendlichen zuerst einmal den Mut abzuverlangen, das „Elternhaus zu verlassen und zu zeigen, daß er sich selbst überhaupt allein zu ertragen imstande ist ... Die Entwicklungsaufgabe, einmal ohne Netz zu leben, ohne Rückendeckung Autonomieanspruch zu wagen, wird keinem erlassen" (ebd., S. 498).

Ehen, in denen extrem zerstörerische und wachstumsfeindliche Abhängigkeiten zwischen den Partnern bestehen, unterliegen Schellenbaums (1995, S. 146) Erfahrung nach vor allem folgendem Familienmuster:

> „Meist finden wir in der Kindheit beider Partner sadistische Erziehungspersonen. Beide stehen sie ohne Zweifel unter einem Wiederholungszwang in der widersinnigen Hoffnung, durch aktive Wiederholung der passiv erlittenen Grausamkeiten endlich doch den Kreis der Zerstörung sprengen zu können. Dies erklärt, warum sie ineinander verkrallt

sind und sich nicht lösen können". Schellenbaum fügt hinzu: „Jeder ist Opfer des anderen, wie er es schon in der Kindheit war" (ebd., S. 147).

Diese Partner seien auch darum ineinander „verkrallt", weil die Lust an der Zerstörung „ihre Lebensgier weckt und nährt" (ebd.). Das weist erneut auf den bereits diskutierten energetischen Faktor bei zerstörerischen symbiotischen Beziehungen hin.

Spezifische Familienmuster werden darüber hinaus durch Abwehrmanöver perpetuiert. Weil Schmerzen und Ängste abgewehrt werden, stumpfen die Gefühle ab, und das führt oft dazu, daß anderen Leid zugefügt wird. Ein Beispiel sind die „Fluchtversuche", in denen sich geknebelte und frustrierte Erwachsene „auf die Jugend stürzen" (Richard 1966, S. 130 f). In der Familie stürzt man sich vielfach schon auf das Kleinkind und verletzt seine Grenzen. Frauen tun dies vor allem, indem sie ihre Söhne und Töchter seelisch besetzen und an sich binden. Männer wählen dagegen eher das Medium der Sexualität. Derartige Flucht- und Abwehrmanöver können die Not der Erwachsenen allerdings nur oberflächlich betäuben und die Verzahnung von abhängigen und sich einander als Besitz betrachtenden Partnern nur kurzfristig lockern.

Die Verfügbarkeit und Hilflosigkeit namentlich der eigenen Kinder stellen gerade für abhängige, regressive und sich machtlose fühlende Erwachsene einen Anreiz dar, die eigene Psyche zu stabilisieren oder eine Ehe, in der die Herstellung von Nähe und wirklichem Austausch nicht gelingt, zu kompensieren. Die unzufriedenen und enttäuschten Erwachsenen bürden dem Kind die Last ihrer individuellen und partnerschaftlichen Konflikte und ihrer ungestillten Wünsche auf. Die Hypothek dieser Grenzverletzungen tragen die Kinder vielleicht ein Leben lang mit sich herum. Viele unter ihnen versuchen später – im Wiederholungszwang – diese Bürde auf ihre eigenen Kinder abzuwälzen.

Werden die Grenzen von Kindern massiv verletzt, dann wird ihre Fähigkeit zur Abgrenzung und die Identitätsentwicklung beeinträchtigt, und es entstehen neurotische Störungen. Die Psychoanalyse hatte die Unfähigkeit zur Abgrenzung vor allem auf die kindliche Beziehung zu den Eltern zurückgeführt. Für Ostermeyer (1979, S. 171) ist es genau umgekehrt. Kindliche Identitätsstörungen gehen, wie er meint, auf das historisch gewachsene Verlangen der Eltern nach Einswerden zurück. Er ist überzeugt,

> „daß das Kind sein Ich nicht entfalten kann, weil die vereinnahmenden Eltern den Aufbau von Grenzen nicht zulassen. Solches Elternverhalten gibt es aber erst, seitdem die Erwachsenen in ihrer Liebe nach dem Einswerden trachten: Da dies nämlich unerreicht bleibt, weil es unmöglich ist ... halten sie sich an den Kindern schadlos, die sich durch Abgrenzung noch nicht wehren können, weil sie ihr Ich noch nicht ausgebildet haben". Ostermeyer ebd.).

Erwachsene, die als Kinder Lückenbüßer für ihre frustrierten Eltern spielen mußten, sind auch in der eigenen Ehe unfähig, Grenzen zu ziehen. „Sie verwechseln den Partner mit den Eltern oder mit sich selbst und sind dadurch programmiert" (ebd., S. 176). Dieses >Grenzenlose< (ebd., S. 171) äußert sich dann oft auch gegenüber den Kindern, so daß der neurotische Wiederholungszwang von Generation zu Generation weiter transportiert wird. Aufzulösen ist er erst dann, wenn sich jemand der Zusammenhänge bewußt wird und versucht, die fatalen Verstrickungen zu durchbrechen und sich zu befreien. Das ist aber, Ostermeyers (ebd., S. 177 f) Ansicht nach, gesellschaftlich unerwünscht. Unerwünscht ist die Befreiung, weil sie den tradierten Mustern und Normen sowie den illusionären Bildern von Liebe, Glück und Geborgenheit in Ehe und Familie zuwiderläuft und sie dadurch in Frage stellt.

Statt die vertrauten Normen und Bilder anzuzweifeln und sich konstruktiv mit der eigenen Lebensgeschichte und der Partnerbeziehung auseinanderzusetzen, versuchen insbesondere Männer häufig, bei Enttäuschungen, Unzufriedenheit und Konflikten außereheliche Sexualkontakte aufzunehmen.

4. Ehebruch

Zu den Forderungen, die an die bürgerlich-christliche Ehe gerichtet werden, gehört die nach Monogamie. Sie wird namentlich von Männern oft nicht eingehalten (vgl. Flitner 1987, S. 30). Ehebruch stellt bei Männern, statistisch gesehen, eher die Regel als die Ausnahme dar (vgl. Gamm 1965, S. 58). Er kann sporadisch stattfinden, oder es werden längerfristige Dreiecksbeziehungen mit einer oder mehreren Partnerinnen unterhalten. Ehemänner stellen den größten Anteil der Bordellbesucher (vgl. Pilgrim 1986a, S. 163). Auch die Benutzer von Pornos und die Täter sexuellen Mißbrauchs sind zu einem Großteil verheiratet.

Außereheliche sexuelle Aktivitäten müssen in erster Linie dann geheimgehalten werden, wenn Kinder dazu herangezogen werden. Ehebruch ist ein Scheidungsgrund, der Ehebruch mit einem Kind kann zudem ein Strafverfahren nach sich ziehen. Männer, die Ehebruch begehen, wollen eine Scheidung vor allem dann vermeiden, wenn sie die Ehefrau mit dem eigenen Kind sexuell betrügen. Durch eine Scheidung würden sie den ungehinderten Zugang zum Kind verlieren. Daher bemühen sie sich in besonderem Maße um eine makellose Fassade.

Für ihren Seitensprung machen ehebrecherische Männer häufig die Ehefrau (vgl. Valtin 1987, S. 53) oder die Geliebte (vgl. Merian 1990, S. 52) verantwortlich. Auch bei sexuellen Übergriffen auf ein Kind schiebt der Täter zumeist der Ehefrau oder dem Kind die Verantwortung für das Vergehen zu. Darin wird er mitunter von anderen Menschen unterstützt, die weiterhin die nicht haltbare These vertreten, der Mann unterliege unkontrollierbaren starken sexuellen Trieben, und wenn die Ehefrau ihn sexuell frustriere, müsse er zwangsläufig auf außereheliche Vergnügungssuche gehen.

In der öffentlichen Meinung war Männern – jedoch keinesfalls Frauen – schon immer „sexuelle Abwechslung für ihr körperliches Wohlbefinden zugestanden" worden (Giddens 1993, S. 16). Diese Ansicht wurde durch das „Triebstaumodell" untermauert.

4.1. Das „Triebstaumodell"

Noch zur Zeit der Hexenprozesse wurde angenommen, der Sexualtrieb der Frau sei nahezu unersättlich. In Verbindung mit bürgerlich-christlichen Geschlechtsrollenklischees und dem „Muttermythos" begann sich jedoch die Annahme durchzusetzen, der Sexualtrieb von Männern sei entschieden stärker ausgebildet als der von Frauen. Die Psychoanalyse hat diese Ansicht bestärkt. Freud siedelte, wie erwähnt, den Geschlechtstrieb einseitig beim Mann an; die Frau wurde als passendes Objekt zur Befriedigung dieses Triebes gesehen. Im „Triebstaumodell" wird versucht, diese These wissenschaftlich zu untermauern.

Ein Vertreter des „Triebstaumodells" ist Plack (1976). Er meint (ebd., S. 230), der Mann leide wegen „seiner größeren sexuellen Reizbarkeit" mehr als die Frau unter der emotionalen „Enge und Austrocknung der Ehe als Geschlechtsgemeinschaft unter dem Vorzeichen >absoluter Treue<". Zwar seien beide Geschlechter von Kind an unterdrückt worden; aber wenn beim Mann „der gestaute Trieb sich dennoch Bahn bricht oder in größerer Aggressivität sich ausformt, dann spricht das eben für sexuelle Spontaneität bei den Männern ...". Die häufigen Bordellbesuche von Männern führt er hauptsächlich auf die „von ihren Müttern zur Frigidität" erzogenen Frauen zurück (ebd., S. 341).

Das entspricht dem verbreiteten Denken, die Seitensprünge eines Ehemannes seien auf die „Frigidität" der Ehefrau zurückzuführen, und verantwortlich für die sexuelle Störung der Frau sei ihre Mutter. Indem Plack, wie in der psychoanalytischen Literatur üblich, Mütter für Sexualstörungen bei Frauen verantwortlich macht, geraten die männlichen Verwandten, Bekannten oder gar der Vater als Verursacher nicht in den Blick. Auf den Prüfstand gerät auch nicht der Anteil der Gesamtkultur, die Mädchen und Frauen Jahrhunderte lang auf Jungfrauenschaft oder Mutterdasein programmiert und die Frau als Geschlechtswesen negiert hat.

Placks Triebstautheorie und sein traditionelles Bild von männlicher Sexualität verkennen zudem, daß die erwähnte „sexuelle Spontaneität" von Männern häufig weniger auf wirkliche Spontaneität als auf Impulsivität zurückgeht. Impulsive Sexualität ist entfremdete Sexualität, die meist von nicht-sexuellen Motiven bestimmt wird und bei der das Moment der Verantwortung oft fehlt. Da keine starke leitende Ich-Instanz herrscht, bestimmen Teilbereiche der Persönlichkeit das Verhalten, die auf frühkindliche und gleichzeitig archaische Stadien fixiert sind.

4.2. Geheimhaltung

Im Ehebruch wird ein Tabu heimlich unterlaufen, das an der Oberfläche zumeist nicht in Frage gestellt wird. Die Verletzung dieses Tabus könnte den Verlust von Ehe und Familie bedeuten. Da eine Scheidung in der Regel nicht gewünscht und eher gefürchtet wird, steckt in der „Angst vor Entdeckung ... gleichzeitig die Angst vor Trennung" (Hüper 1987, S. 84).

Nach außen hin mit Normen konform zu gehen und im Geheimen Triebregungen durchzusetzen, hatte Freud als >kulturheuchlerisch< bezeichnet (zit. nach A. Mitscherlich 1992, S. 33). Dies Verhalten trifft in erster Linie auf Männer zu. Auch verteidigen Männer die traditionelle Ehe und Familie oft in besonderem Maße, selbst jene, die Ehebruch begehen. Darin könnte nicht nur Angst stecken, sondern ebenfalls Heuchelei und das rationale Kalkül, durch normentreue Ansichten über jeden Verdacht erhaben zu sein.

Heimlichkeit als sozialer Mechanismus ist der Versuch, gesellschaftlichen Anforderungen gerecht zu werden, und dies nicht, indem man sie erfüllt, sondern indem man ihre Übertretung aus Angst, aus Konformismus und zugunsten der makellosen Fassade verbirgt. Das >Image als unbefleckter Ehemann< (Valtin 1987, S. 45) gehört zur begehrten und gesellschaftlich hoch belohnten sozialen Unauffälligkeit.

Heimlichkeit kann eine weitere wichtige Funktion haben. Zahlreiche Erwachsene fühlen sich ständig kontrolliert und ohnmächtig gegenüber dem Normenpaket der Gesellschaft, den Ansprüchen und Zwängen von Ehe und Familie. Das mag den Wunsch wecken, bestimmte Lebensbereiche abzuschirmen und geheimzuhalten mit dem Gefühl, zumindest über diese Bereiche Kontrolle auszuüben und der Fremdbestimmung zu entgehen. Besonders der Eintritt in Aufregung versprechende, mit einem Tabu behaftete geheime Erlebnisräume hat starke Motivationskraft; es kann, zumindest kurzfristig, der subjektive Eindruck entstehen, ein erregendes, reiches und selbstbestimmtes Leben zu führen. Derartige Erfahrungen werden speziell von überangepaßten Menschen gesucht. Wie A. Mitscherlichs (1992, S. 34) feststellt, neigen betont konformistische Menschen häufig zu geheimem „>Ausschweifen< in recht unverhüllter Art".

Die Person, die, gewollt oder ungewollt, zu einem Tabubruch herangezogen wird, soll ebenfalls schweigen. Der Zwang zur Heimlichkeit kann wegweisend sein: Ein Geheimnis verbindet und bindet oft ein Leben lang. Blixen (1986, 33) läßt in dem Roman >Ehrengard< eine Protagonistin sagen, das Geheimnis zwischen zwei Personen sei etwas sehr Besonderes, es vereinige beide und grenze sie von allen anderen ab. Durch das gemeinsame Geheimnis entstehe zudem leicht das Gefühl, man sei der andere. Wenn das der Fall ist, werden die Grenzen zwischen Ich und Du aufgelöst. Im Gegensatz zur romantischen, am Anfang einer Liebe stehenden und als beglückend empfundenen Ich-Du-Verschmelzung wird im Tabubruch sexuellen Mißbrauchs die Grenze des Kindes gewaltsam durchbrochen, und der Täter schiebt sich parasitär in den Ich-Bereich seines Opfers hinein. Er erzeugt, unterstützt durch das Geheimnis, eine intensive Ich-Du-Durchdringung. Während ihn diese Prozesse kurzfristig entlasten und stabilisieren können, wird die kindliche Entwicklung gravierend beeinträchtigt.

Die Ich-Du-Grenzen verwischen sich in Inzestfamilien ständig. Dadurch heizt sich die Familienatmosphäre ebenso auf wie durch Fixierungen und das Familiengeheimnis bzw. das Geheimnis zwischen einzelnen Familienmitgliedern. Diese schädigenden Faktoren tragen zum Zusammenhalt der Familie bei.

Wöller (1992, S. 76) macht auf einzelne Märchen aufmerksam, die vom Schweigen und dem Zwang zum Geheimnis berichten:

> „Mehrere Märchen wissen von dem geheimen Wunsch des Mannes, eine stumme Geliebte zu haben, die ihm nicht widersprechen kann ... Die schweigsamen Märchenprinzessinnen hüten immer ein schreckliches Geheimnis, über das zu sprechen sie sich selbst verboten haben".

Wer zum Schweigen verurteilt wird, gerät in die Isolation. Im Falle des Inzests verstärkt dies die Abhängigkeit von der Familie oder vom Täter. Außerdem entsteht durch das Schweigegebot eine Aufspaltung in zwei Welten (vgl. Hüper 1987, S. 87), die für ein Kind ungleich belastender und schädigender ist als für eine erwachsene Frau.

4.3. Funktionen und Motive

Früher sorgten strenge Gebote – etwa das der Monogamie – für die Stabilität von Ehen. Dagegen hat heutzutage oftmals der Ehebruch die Funktion, die Ehe und ihre Rolle als Institution zu sichern (vgl. Pilgrim 1986a, S. 165). Auch sexueller Mißbrauch, als eine Form von Ehebruch, kann im Dienste der Homöostase von Ehe und Familie stehen. Das gilt in besonderem Maße für den Inzest.

Carnes' (1983, S. 18) therapeutische Arbeit mit Sexsüchtigen stützt diese Ansicht. Sexsüchtige – Kindesmißbraucher gehören dazu – sind in der Regel überzeugt, ihre außerehelichen Sexualkontakte dienten der Ehestabilisierung und beugten Störungen vor. Sie beziehen diesen Eindruck aus dem kurzfristigen Abbau von Spannungen, die aus eingefahrenen unbefriedigenden Interaktionsmustern in der Partnerschaft stammen. Entstehen zusätzlich Schuldgefühle, dann ergibt sich ein weiteres stabilisierendes Mittel; denn Schuldgefühle verstärken Abhängigkeiten. Allerdings wird ein schlechtes Gewissen über die Tabu-Verletzung Ehebruch von vornherein gemildert, wenn der Anspruch nach Fortbestand der Ehe als entschieden höherer moralischer Wert erscheint als eheliche Treue und Aufrichtigkeit.

Die Aufnahme einer Dreiecksbeziehung kann, so Weidenhammer und Zepf (1987, S. 100), dem Wunsch nach „Wiederherstellung des familiären Dreiecks der Kinderzeit" entspringen. Wie erst jetzt vermehrt klar wird, versuchen viele Erwachsene, das für unseren Kulturkreis charakteristische familiäre Dreieck seelisch oder sexuell mit den eigenen Kindern wieder herzustellen. Wegen der Beständigkeit dieser Dreiecks-Konstellation könne das als außerordentlich befriedigend erscheinen, meint Pilgrim (1986a, S. 166).

Wird die eigene Tochter in die Rolle der Geliebten des Vaters gedrängt, dann befindet sie sich nicht nur in dem kindlichen Dreieck Vater-Mutter-Kind, sie steckt auch gezwungenermaßen in dem Dreieck Ehemann-Ehefrau-Geliebte und der dazu gehörenden Dynamik, die gerade für ein Kind sehr belastend sein kann.

Ehebruch geht, wie jede Form sexueller Betätigung, häufig weniger auf sexuelle als auf unbewußte nicht-sexuelle Motive zurück. So kann er in erster Linie der Reizzufuhr dienen, einem Zustand also, der Erregung und Überwindung der alltäglichen Monotonie des Ehelebens verspricht. Weitere mögliche Gründe für einen Ehebruch sind Konflikthaftigkeit, empfundene Unfreiheit und permanente Unzufriedenheit in der Zweierbeziehung, die den Wunsch nach Distanzierung, nach Kompensation der empfundenen Defizite und nach Stärkung des Selbstwertgefühls erzeugen.

Die genannten Motive können einander durchdringen und zielen im Grunde auf individuelle und partnerschaftliche Stabilitätssicherung. Insbesondere ich-schwache Männer ziehen dazu nicht selten Kinder heran.

4.3.1. Reizsuche

Wer auf Reizsuche ist, möchte etwas Außergewöhnliches erleben. Dieser Wunsch kann gerade bei Menschen, die sich innerlich leer fühlen, außerordentlich stark sein. Geht es bei einem Seitensprung vor allem um Reizzufuhr, dann spielen sowohl die Faktoren Entfremdung, innere Leere und Langeweile als auch die Lust, etwas Verbotenes tun, eine große Rolle. Reddemann (1987, S. 120) sagt: „Es gibt bekanntlich Menschen, die nur Spaß an der Sexualität haben, wenn sie auch verboten ist". Auch in dem geteilten Schweigegebot sowie dem Gefühl, eine verschwörerische geheime Komplizenschaft zu bilden, kann ein Reiz stecken.

Die Geliebte selbst übt ebenfalls starke Reize aus, zum einen durch ihre Verfügbarkeit, zum anderen ist der Mann nicht kontinuierlich auf sie bezogen, und sie entzieht „sich auf erregende Weise" (Weidenhammer und Zepf 1987, S. 104). Damit fällt sie in die Kategorie der Distanz erzeugenden Bilder und Entwürfe (vgl. Breitling 1987, S. 239). Durch Verfügbarkeit allein würde ihr Reiz vermutlich schnell verblassen, käme nicht der Moment der Distanz, damit der Unwirklichkeit, hinzu. Distanz und das Gefühl der Unwirklichkeit können sich bei einer Frau-Geliebten aus der räumlichen Entfernung, bei einer Kind-Geliebten aus dem Alters- und Generationenunterschied ergeben.

Für bestimmte Männer, die besonders entfremdet sind, verspricht eine Kind-Geliebte einen noch größeren Reiz als eine erwachsene Frau. Der Tabubruch ist schwerwiegender und das Risiko größer, so daß auch der Reizfaktor größer ist. Andererseits ist, gerade beim Inzest, auch ein hohes Maß an Sicherheit garantiert. Der Erwachsene braucht kaum zu fürchten, zur Verantwortung gezogen zu werden. Beim Inzest kommt die Vertrautheit und Sicherheit des häuslichen Rahmens hinzu. Diese Koppelung aus

Risiko und Sicherheit hat gerade für ich-schwache Männer einen hohen Motivationswert.

4.3.2. Distanzierungs- und Konfliktlösungsstrategien

Infolge der männlichen Sozialisation in einem patriarchalischen Kontext sind viele Männer, was den Gefühlshaushalt betrifft, sehr auf ihre Ehefrau angewiesen. Die oft symbiotische Abhängigkeit kann sich verstärken, wenn die Partnerin gleichzeitig als bedrohlich empfunden wird und die Beziehung konfliktgeladen ist. Aus der Ambivalenz von Abhängigkeit und Angst entsteht das Verlangen, vor den Konflikten zu fliehen und die engen Bande der unauflösbar erscheinenden unbefriedigenden Ehe zu lockern (vgl. Valtin 1987, S. 41). In diesem Fall hat Distanz die Funktion, eine Art „Sicherheitsabstand" gegenüber der Ehefrau aufzubauen (vgl. Olivier 1980, S. 155). Um das zu erreichen, werden häufig außereheliche Sexualkontakte aufgenommen, auch zu Kindern.

Sexuelle Untreue als Rebellion gegen einen Zustand der Unfreiheit deutet in der Tiefe auf den Wunsch nach >Selbsterweiterung< hin. Statt jedoch den Weg zur >Selbsterweiterung< zu verfolgen, wird dem antagonistischen Verlangen nach >Rückversicherung< nachgegeben und die Homöostase der sicherheits- und identitätsstiftenden Ehekonformität angestrebt (vgl. Bischoff 1985, S. 253, 360 ff). Die Verbindung von >Rückversicherung< und Seitensprung stellt im Kafkaschen Sinne das „Rütteln an der Leimrute" dar, also das aussichtslose Rebellieren gegen eine empfundene Gefangenschaft, aus der man sich im Grunde nicht befreien kann und will.

In einer derartigen Konstellation versucht der Mann, beides zu bekommen, die Sicherheit und mütterliche Versorgung durch die Ehefrau einerseits und momentane Befreiung durch den Ehebruch andererseits (vgl. Valtin 1987, S. 69). Viele Ehen verdanken ihre Stabilität diesem Distanz schaffenden, doppelbödigen und auf Stagnation hinauslaufenden Arrangement.

Für Giddens (1993, S. 161) verknüpfen sich die auf Distanzierung zielenden „episodischen Begegnungen", etwa im Bordell oder durch häufig wechselnde Liebschaften, mit dem Bestreben, „die Verpflichtung gegenüber der anderen Person in der ehelichen Beziehung ... emotional auf dem Tiefpunkt" zu halten. Diese Strategien werden die partnerschaftliche Problematik und die eheliche Symbiose freilich nicht auflösen. Schellenbaum (1995, S. 37) meint, der Mann werde „die zugrundeliegende symbiotische Abhängigkeit" nicht dadurch überwinden, daß er „für eine junge Freundin die Heldenrolle spielt und ihr >männliche< Kraft und Autonomie vorspielt".

Weil die Ehekonflikte nicht bearbeitet, sondern ausgeblendet werden und auf andere Schauplätze geflüchtet wird, entlarven sich die Befreiungsversuche als magisches Wunschdenken. Das heißt, sie gehen auf unser „archaisches Erbe" zurück und sind zugleich Rückgriffe auf kleinkindhafte Schemata, in denen durch Verstecken und Verleugnen, durch Flucht und Ausweichen versucht wird, etwas Bedrohliches oder Unangenehmes verschwinden zu lassen.

Konfliktbewältigung ist keine Aufgabe, die im Zusammenhang mit einer Geliebten gesehen wird. Mit ihr teilt man nicht den Alltag, und eine Geliebte, die schwierig wird, kann leicht verlassen werden (vgl. Hüper 1987, S. 88). Kaum zu erwarten sind partnerschaftliche Auseinandersetzungen, wenn ein Kind diese Rolle übernehmen muß. Das mag ein weiterer Grund für die Entscheidung vieler Männer sein, Ehebruch mit einem Kind zu begehen.

Auch gegenüber einer Geliebten ist Distanzierung angesagt. Das erhöht zum einen den begehrten Reizfaktor, zum anderen soll die Geliebte keinesfalls so bedrohlich werden wie die Ehefrau. Deshalb werden in ein außereheliches Verhältnis von Anfang an distanzierende Elemente, wie etwa eine große Machtdiskrepanz, eingebaut. Dies schlägt sich augenscheinlich in dem durchschnittlich großen Altersabstand von etwa 13 Jahren nieder (vgl. Hüper 1987, S. 76). Folglich ergibt sich beinahe eine Eltern-Kind- und daher eine Art Inzest-Konstellation (ebd., S. 89). Die berufliche Unterlegenheit der Frau ist ein weiteres typisches Merkmal der Distanzierung. Daß es sich häufig um Frauen in einer Krisensituation handelt, spitzt die Positionen ihrer Schwäche zu (ebd., 78). Innerhalb eines großen Machtgefälles verringert sich für den Mann die Gefahr, mit der Autonomie einer Partnerin konfrontiert zu werden. Das Machtgefälle gegenüber einem Kind ist wegen seiner extremen Unterlegenheit und Abhängigkeit sowie wegen des großen Altersunterschieds besonders ausgeprägt. Eine mögliche Bedrohlichkeit wird somit von vornherein ausgeschlossen.

Kinder sind nicht nur meist sexuell unerfahren und anspruchslos, sondern vor der Pubertät besteht bei Mädchen auch kein Schwangerschafts- und in der Regel kein Aids-Risiko. Sie erfüllen somit männliche sexuelle Phantasien von einem nicht fordernden und den Mann nicht gefährdenden weiblichen Wesen. Aus der psychoanalytischen Praxis berichtet Olivier (1980, S. 160), zahlreichen Männern sei in der Sexualität „die seltene Idealsituation diejenige, in der die Frau nichts verlangt und >alles< mit sich machen läßt". Ein solches Wesen kann er zudem nach seinen Wünschen modellieren. Diese Überzeugung drückt ein Täter so aus: „You know the saying: get them young and bring them up the way you like them" (Groth 1989, S. 229).

M. Mitscherlich geht auf den „Pygmalion-Komplex" ein. Er betrifft Männer,

„die ihre unbewußte weibliche Identifikation und ihre geheimen Kinderwünsche zu realisieren versuchen und gleichzeitig ihre Macht über Frauen bestätigt wissen wollen. Sie befassen sich intensiv mit jungen Frauen, fördern beispielsweise ihre Schülerinnen und Patientinnen, hauchen ihnen sozusagen neues Leben ein, nämlich ihre Erfahrungen und ihr Wissen, und machen sie zu quasi-neugeborenen oder auch erstmals orgasmusfähigen Geschöpfen" (M. Mitscherlich 1985, S. 24).

Hier deutet sich an, daß ein Ehebruch auch die Funktion haben kann, das eigene Selbstwertgefühl zu steigern.

4.3.3. Selbstbestätigung und Kompensation

Hinter dem Wunsch, eine Geliebte zu haben, kann das unbewußte Verlangen nach Selbstbestätigung und nach Kompensation individueller und partnerschaftlicher Defizite stecken. Entsprechend der männlichen Sozialisation und der männlichen Rolle im Patriarchat beziehen Männer ihr Selbstwertgefühl vorwiegend aus der sexuellen Potenz und aus Macht und Kontrolle.

Zielen ehebrecherische Männer vor allem auf Stärkung des Selbstwertgefühls, dann möchten sie einen verfügbaren Menschen haben, „zu dem man kommen kann, wann immer man will, von dem man aber auch wieder weggehen kann, wann man will" (Reddemann 1987, S. 116). Diese Männer brauchen nicht nur die Verfügbarkeit des sexuellen Objekts, sondern müssen sich auch überlegen fühlen können. Im Extremfall, der aber gar nicht so selten ist, sind es die Halbwüchsige auf dem Baby-Strich oder das kleine Kind, die dem im Grunde schwachen Mann das Gefühl der Überlegenheit, Macht und Kontrolle vermitteln sollen. Benutzt jemand die andere Person in diesem Sinne, dann wird, wie erwähnt, auf Bestätigung der falschen Identität gezielt.

Das Verlangen nach Selbstbestätigung durch eine verfügbare Person hängt mit mangelndem Selbstwertgefühl zusammen sowie mit Selbstzweifeln und der „Furcht, ein Versager zu sein" (Gruen 1986, S. 82; vgl. auch S. 98).

Fromm (1979, S. 104 f) zieht eine Verbindungslinie zwischen dem Selbstwertgefühl des Mannes und seiner Biographie und geht auf die Verknüpfung zwischen mangelndem Selbstwertgefühl, unaufgelöster Mutterbindung, Narzißmus und regressiven Tendenzen ein. Schwer neurotische, unabgenabelt an die Mutter gebundene Männer zweifeln an ihrer Männlichkeit, neigen zu Depressionen und Wutausbrüchen. Die Beziehung zur Partnerin wird von Angst und dem Verlangen nach Rebellion bestimmt. Das Selbstwertgefühl dieser Männer ist stets gefährdet; denn „ihre Größe baut sich", wie Fromm erläutert, „auf ihrer Mutterbindung auf. Daher ist bei solchen Männern ihr gesamtes Selbstwertgefühl an Beziehungen zu Frauen gebunden, die sie rückhaltlos bewundern" (ebd., S. 104). Von einer erwählten Frau nicht bewundert zu werden, bedroht „die Basis ihrer narzißtischen Selbsteinschätzung" (ebd.).

Während sie der Konfrontation mit der Ehefrau oder der Trennung einer emotional unbefriedigenden und hemmenden Partnerschaft angstbesetzt aus dem Wege gehen, sehen sie in außerehelichen Sexualkontakten eine Möglichkeit, partnerschaftliche Defizite zu kompensieren, narzißtische Bedürfnisse zu befriedigen und sich somit zu stabilisieren. Bittner (1987, S. 130) beschreibt einen magisch an seine Geliebte gebundenen Ehemann, für den „das Erleben sexueller Lust und Stärke zum Mittel der Selbststabilisierung geworden" war und folgert: „Eine geliebte Person kann als ganze oder in einzelnen ihrer Attribute zum magischen Kraftspender werden. Die Psychoanalyse spricht in solchen Fällen von einer >narzißtischen< Objektwahl" (ebd., S. 130). In vielen Fällen haben Kinder die Funktion, der Kompensation, Selbstbestätigung und als Kraftspender zu dienen; nicht selten ist es das eigene Kind.

Wenn bei einem Ehebruch auf Kraft und Energie gezielt wird, dann geht es auch um Regeneration, Verlebendigung und Heilung. Der andere Mensch soll helfen, die eigene innere Starre und Öde aufzulockern und seelische Verformungen zu heilen. Bittner (1987, S. 132) meint, hinter einem Ehebruch könne der Versuch des gesellschaftlich Deformierten stecken, sich mit Hilfe magischer Mitteln selbst zu heilen.

Durch gesellschaftliche Verbiegungen – etwa durch den Zwang von Geschlechtsrollenklischees – und nachlässigen Umgang mit ihrem Körper und ferner durch Spannungen, die aus schwelenden Konflikten stammen, leiden viele Menschen unter Vitalitätsmangel. Vitalschwache Männer suchen häufig – unbewußt – Energie bei der Ehefrau. Sind sie mit ihr durch eine „Symbiose im Haß" (Schellenbaum 1995, S. 33) verbunden, dann können die Gefühlsaufwallungen bei Auseinandersetzungen zwar kurzfristig ein Gefühl der Lebendigkeit erzeugen. Dennoch leidet der Energiehaushalt unter den ungelösten Konflikten. Das kann mit ein Grund für die Suche nach Energiezufuhr durch einen Ehebruch sein. Allerdings schluckt auch das Management außerhäuslicher sexueller Aktivität Energie. Das entfällt weitgehend, wenn es sich um ein Kind handelt. Darum sind Kinder, als Symbol der Lebendigkeit schlechthin, im Umfeld entfremdeter ich- und vital-schwacher Personen gefährdet, mittels Sex als Kraftspender benutzt zu werden. Das gilt hauptsächlich für die eigenen Kinder; denn der Kernfamilien-Inzest erfordert ungleich weniger Aufwand als sexuelle Aktivitäten außerhalb des Hauses.

Der Überblick zeigt, daß es vielen Menschen, die Ehebruch begehen, nicht in erster Linie um Sexualität, sondern um eine Palette nicht-sexueller Motive geht, hinter denen im Grunde der Wunsch nach individueller und partnerschaftlicher Entlastung und Stabilisierung steckt. Unter der Vorherrschaft nicht-sexueller Motive kann Zwanghaftigkeit entstehen, wie Giddens (1993, S. 162) erläutert: „Sex ist wahrscheinlich solange defensiv und zwanghaft, solange er von Einflüssen, die außerhalb seiner selbst liegen, beherrscht wird". Dient Sexualität als Kanal, um nicht-sexuelle Strebungen zu befriedigen, dann handelt es sich um entfremdete Sexualität. Fortgesetzte entfremdete Sexualität zerstört nicht nur die Lust, sie ist sogar selbstzerstörerisch (Schellenbaum 1995, S. 38). Oder sie schädigt andere (vgl. Wieck 1987, S. 115). Häufig sind es Kinder, die in die Zerstörungsprozesse der Erwachsenen hineingezogen und in ihrem Selbstwertgefühl, ihrer Vitalität und Bewegungsfreiheit beeinträchtigt werden. Das fördert einen Generationen überspannenden zerstörerischen Wiederholungskreislauf.

5. Christliche Ehe- und Sexualmoral

Die traditionelle christliche Ehe- und Sexualmoral hat zum einen das Geschlechtsleben der Erwachsenen blockiert und verbogen, zum anderen hat sie, wie ich meine, verheerende Auswirkungen auf Kinder gehabt. In Verbindung mit absurden Sexualeinschränkungen, denen Erwachsene in und außerhalb der Ehe ausgesetzt waren, sind viele Kinder zu sexuellen Objekten herabgewürdigt worden. Auch wenn sich mittlerweile manches geändert hat und sich etwa in den Industrieländern nur noch wenige Menschen von kirchlichen Ge- und Verboten leiten lassen, sind die Jahrhunderte langen kirchlichen Programmierungen und ihre Auswirkungen weiterhin sehr spürbar. Sie sind Teil unseres kulturellen Erbes, das die Lebensbedingungen der Generationen der letzten Jahrhunderte entscheidend geprägt hat und noch prägt. Deshalb ist nunmehr die Konditionierung der Menschen im Sinne der christlichen Ehe- und Sexualmoral sowie deren Folgen für Erwachsene und Kinder in den Brennpunkt zu stellen.

5.1. Sexualmoral – Sexualität in der Ehe

Die Kirche hat sich stets als Hüterin der Sexualmoral verstanden und führt ihren Auftrag auf Gott und die Lehren Jesu Christi zurück. Noch 1930 betonte Papst Pius XI., die katholische Kirche sei „von Gott selbst zur Lehrerin und Wächterin der Unversehrtheit und Ehrbarkeit der Sitten bestellt ..." (zit. nach Denzler 1988, S. 156).

Ein Hauptbestandteil der traditionellen kirchlichen Sexualmoral ist die Verteufelung der Sexualität, die im Hellenismus wurzelt. Dessen scharfe Trennung zwischen Seele und Körper des Menschen beinhaltet die Vorstellung vom Körper als dem Feind der Seele (ebd., S. 16 ff). Namentlich in der Sexualität wird etwas Dämonisches gesehen. Weil Frauen seit Beginn des Patriarchats mit dem Körper identifiziert werden, wird dieses Dämonische hauptsächlich beim weiblichen Geschlecht angesiedelt.

Auf den Kirchenlehrer Origines geht die Lehre zurück, Adam und Evas Sündenfall sei der Beischlaf gewesen, und dieses Vergehen belaste als Erbsünde alle Menschen. Jedes Neugeborene komme, da durch seine Eltern sexuell gezeugt, unrein auf die Welt (ebd., S. 40). Diese Deutung griff Augustinus auf und machte sie zur offiziellen kirchlichen Lehre (ebd., S. 45). Er setzte Erbsünde und sexuelle Begierde gleich – ein Gedanke, der von Thomas von Aquin und Luther weitergeführt wurde. Luther sieht im sexuellen Verlangen eine „furchtbare, schändliche Lust ... So sehr ist das Grundübel der Erbsünde überall gegenwärtig" (Luther, zit. nach Denzler ebd., S. 261 f).

Dagegen vertrat etwa Hildegard von Bingen (geb. 1098) die Ansicht, die Geschlechtlichkeit gehöre zum Menschsein. Mann und Frau seien geschaffen, einen Liebesbund einzugehen, zu dem auch die geschlechtliche Vereinigung gehöre. Der Geschlechtsakt sei nicht nur als Zeugungsakt bedeutsam, vielmehr könne er auch die Entfaltung der Partner fördern (vgl. Denzler ebd., S. 251).

Der kirchlichen Sexualmoral nach ist die Ehe ein Mittel, um Unzucht zu vermeiden. Diese Sichtweise ist alt und läßt sich bereits im Talmud nachweisen: >Ein zwanzigjähriger Jüngling, der ohne Ehefrau lebt, wird von sündigen Gedanken heimgesucht< (b Kidduschin 29 b), denn >ein Mann ist stets in der Gewalt des Triebes, von welchem nur die Ehe ihn befreit< (b Jabmuth 63 a) (zit. nach Ranke-Heinemann 1988, S. 48). Auch Paulus vertrat die Ansicht, Ehe und der Eheverkehr seien notwendige Einrichtungen, um Unzucht zu vermeiden (vgl. Ranke-Heinemann ebd., S. 45). Seine Gedankengänge zur menschlichen Geschlechtlichkeit gehen nicht auf Äußerungen Jesu Christi zurück, sondern auf den Platonismus und Stoizismus (vgl. Denzler 1988, S. 34).

Aus dem Anspruch nach Unzuchtvermeidung wird zum einen das Unauflöslichkeitsgebot der Ehe abgeleitet, zum anderen wird jeder Geschlechtsverkehr außerhalb oder vor der Ehe als Sünde bezeichnet. Vor allem, als im 19. Jahrhundert die Zahl der unehelichen Geburten in vielen europäischen Ländern anstieg, versuchte man, dieser empfundenen Gefahr für die Sitten durch das „Jungfräulichkeitsideal" entgegenzuwirken. Ledige Mütter wurden mit Abscheu behandelt und als „Hure" bezeichnet. Ihre Kinder galten als „Hurenkinder" (ebd., S. 217 f).

Erwähnenswert ist der unterschiedliche Anspruch an Mann und Frau in der katholischen Kirche: Von einer Braut wurde stets Jungfräulichkeit verlangt, während man vom Bräutigam nicht unbedingt Enthaltsamkeit vor der Ehe erwartete (ebd., S. 214).

Die kirchliche Überzeugung, die Ehe sei die ideale Einrichtung, um gegen die „böse Sinnenlust" anzugehen (Rive 1921, S. 65; vgl. Foreitnik 1952, S. 7) wird ebenso durch sexuellen Mißbrauch an Kindern wie durch das Florieren der Prostitution und Pornographie widerlegt. Es sind zu einem Großteil verheiratete Männer, die diese Formen enfremdeter Sexualität aufsuchen.

Seit dem Mittelalter geht es um Unzuchtsvermeidung auch in der ehelichen Sexualität. Es findet ein ausgedehnter Kampf der Kirchenoberen gegen die sexuelle Lust in der Ehe statt. Sie verlangen maßvollen, Lust vermeidenden und zeugungsbereiten Geschlechtsverkehr (vgl. Ranke-Heinemann 1988, S. 162 ff; vgl. auch Beuys 1980, S. 74 ff). Zu diesem Zweck untersuchen sie genauestens die einzelnen Schritte innerhalb des ehelichen Geschlechtsaktes, um in ihnen die Momente „sündhafter" Lust herauszufiltern.

Die Vorschrift der Lustvermeidung reicht noch bis ins 20. Jahrhundert hinein. Katholische Ehebücher schreiben fest, Sexualität habe nur in der Ehe und mit dem Willen zur Zeugung und ohne „die böse Lust des Fleisches" stattzufinden (Tischler 1925, S. 130)[5]. Unlängst noch vertrat Johannes Paul II. den Grundsatz, lustvoller Geschlechtsverkehr in der Ehe sei eine Art „Ehebruch mit der eigenen Frau" (s. Ranke-Heinemann 1988, S. 16).

Drewermann fällt die Überbewertung des Sexuellen in der katholischen Kirche auf. Er spricht von einer „suchtähnlichen Überwertigkeit des ganzen Themas, das unter einigermaßen natürlichen Voraussetzungen nicht entfernt die Wichtigkeit erlangen würde, die es im Umkreis einer katholischen Mentalität zu erlangen pflegt" (Drewermann 1989, S. 538).

Ähnlich beobachtet Schaef (1989, S. 158), daß die Kirche durch Mystifizierung und Unterdrückung „den Sex zum bedeutsamsten Aspekt in der Beziehung zwischen Mann und Frau aufwertet". Sie macht auf die Folgen dieser Vorgehensweise aufmerksam:

> „Sobald wir etwas unterdrücken (wie etwa die Sexualität), neigen wir dazu, davon besessen zu werden. Betrachten wir Sex hingegen als einen ganz normalen Bestandteil des Lebens und nicht als maßgebliches Kriterium für die Qualität von Beziehungen, werden wir uns nicht unentwegt damit beschäftigen. Mystifizieren wir ihn jedoch und behandeln ihn unter dem Siegel der Verschwiegenheit, wird Sex uns als Thema mit zunehmender Intensität verfolgen."

Mit dem Stellenwert, den die Kirche dem Sex einräumt, gerät Eros, die den ganzen Menschen erfassende Lebens- und Liebeskraft, in den Hintergrund. Nietzsche meint, „das Christentum habe dem Eros Gift zu trinken gegeben ..." (Denzler 1988, S. 331).

Die Überbewertung der Sexualität schlägt sich auch in der Beichtpraxis nieder, die im Laufe der letzten Jahrhunderte speziell hinsichtlich sexueller Themen ein Instrument der Angsteinflößung und Disziplinierung geworden ist (ebd., S. 74). Walter Schubart (zit. nach Denzler ebd.) liefert ein anschauliches Bild:

> „Man denke an das schwüle, mit geschlechtlicher Stimmung geladene Gewölk, das manchen Beichtstuhl umlagert ... Man denke ... an die wollüstige Ausmalung der anatomischen Einzelheiten, hinter denen sich das Geheimnis der übernatürlichen Gottesgeburt verbirgt – ein Vorstellungsgebiet, auf dem die überreizte Phantasie der Unbeweibten unbehelligt umherschweifen konnte".

Zum Schluß der Beichte erteilen die ehelich unerfahrenen Priester Belehrungen und Warnungen vor sexuellen Genüssen und fordern zu sexueller Zurückhaltung auf (ebd., S. 80).

Ein zentrales Thema der Beichte war und ist auch die Verhütung. Mit dem kirchlichen Verbot der Empfängnisverhütung berühren wir eine weitere entscheidende Grundlage sexueller Übergriffe auf Kinder.

5.2. Verhütung und Masturbation

Im Neuen Testament wird das Thema Geburtenkontrolle nicht erwähnt. Das Prinzip, Sexualität dürfe nur der Zeugung dienen, geht auf den Philosophen und Theologen Philon von Alexandrien (gest. 50 n. Chr.) zurück (vgl. Denzler 1988, S. 150). Es wird von Augustinus weitergeführt. Wie Ranke-Heinemann (1988, S. 102) meint, ist die Ehe für Augustinus eine Art „Zeugungsinstitution". Er stelle nicht das Personale in den Vordergrund des ehelichen Geschlechtsverkehrs, vielmehr fordere er „die totale Ausschaltung des personalen Moments" (Ranke-Heinemann ebd.). Diese Forderung hat bis ins 20. Jahrhundert Gültigkeit. So wird die Eheschließung nach dem >Codex Iuris Canonici< von 1918 als ein Willensakt definiert, „mit dem jeder Teil das immerwährende und ausschließliche Recht auf den Körper des anderen bezüglich der an sich zur Erzeugung von Nachkommenschaft geeigneten Handlungen gibt und empfängt" (zit. nach Denzler 1988, S. 111 f). Noch 1951 umreißt Papst Pius XII den Ehezweck wie folgt:

> „Die Wahrheit ist, daß die Ehe als natürliche Einrichtung nach dem Willen des Schöpfers nicht die persönliche Vollendung der Gatten zum ersten und innersten Zweck hat, sondern die Zeugung und Heranbildung neuen Lebens" (zit. nach Denzler ebd., S. 85).

Wie Papst Johannes Paul II. einräumt, kann sich die kirchliche Lehre, der Sinn der Ehe liege in der Zeugung neuen Lebens, nicht auf die Heilige Schrift berufen. Sie beruhe jedoch auf langjähriger Überlieferung und stehe nicht im Widerspruch zu biblischen Quellen (vgl. Denzler 1988, S. 87).

Erst im neuen Kirchenrecht von 1983 wird diese Jahrhunderte alte „Ehezwecklehre" aufgehoben, und nunmehr gilt die Lebens- und Liebesgemeinschaft der Geschlechter als vorrangiger Zweck und Sinn der Ehe (ebd., S. 332).

In Weiterführung seiner Lehrmeinung, jeglicher Geschlechtsverkehr müsse im Dienste der Zeugung stehen, stellte Augustinus die Verhütung an die Spitze aller als widernatürlich geltenden Sexualvergehen (vgl. Ranke-Heinemann 1988, S. 213). Durch den Mönch und Rechtsgelehrten Gratian kam es im Jahr 1142 sogar zur „Kriminalisierung des verhütenden Eheverkehrs" (Denzler 1988, S. 211). Auch für Thomas von Aquin ist Sexualität ohne Zeugungsbereitschaft die schwerste Sünde. Zu sexuellen Handlungen ohne Zeugungsbereitschaft zählt er, neben verhütendem Geschlechtsverkehr, die Onanie und homosexuelle Sexualkontakte. In diesen dreien sieht Thomas schwerwiegendere Vergehen als etwa in Ehebruch, Inzest oder Vergewaltigung (ebd., S. 205).

Bernardin von Siena (gest. 1444) steht in derselben Tradition. Er ist der Ansicht, es sei „besser, wenn eine Frau mit ihrem eigenen Vater auf natürliche Weise Verkehr hat als mit ihrem eigenen Ehemann wider die Natur" (zit. nach Ranke-Heinemann 1988, S. 214). Eheleute, die Empfängnisverhütung praktizieren, sind für ihn „Menschenmörder, zwar nicht mit dem Schwert, doch in der Tat" (zit. nach Denzler 1988, S. 153). Verhütung mit Mord gleichzustellen, gehörte bis 1917 zum Bestand des katholischen Kirchenrechts (vgl. Ranke-Heinemann 1988, S. 154). Die Bußen für Empfängnisverhütung waren dementsprechend oft härter als für Mord (ebd., S. 10; vgl. auch Beuys 1980, S. 74; Heinsohn und Steiger 1990, S. 240).

Ab 1484 beinhalten die von Kirche und Staat erstellten Sexualgesetze auch die Todesstrafe. Diese Gesetze haben das Ziel, so Heinsohn und Steiger (ebd., S. 261), „den Geschlechtsakt automatisch auch zu einem Fortpflanzungsakt werden zu lassen ...".

Empfängnisverhütung war und ist in der katholischen Kirche ein vielzitiertes Thema und wird, entsprechend der Tradition und dem päpstlichen Standpunkt, auch in katholischen Ehe- und Familienbüchern ausführlich behandelt. So sieht Rive (1921) in verhütenden Maßnahmen einen Verstoß „gegen Gottes weiseste Anordnung, die die Trennung des vollen Geschlechtsaktes vom Fortpflanzungsakte unter allen Umständen verbietet" (ebd., S. 345). Geburtenkontrolle sei „naturwidrig" und stehe dem Zweck der Ehe entgegen (ebd.). Auch Papst Pius XI. bezeichnete 1930, in der Enzyklika >Casti connubii<, verhütenden ehelichen Geschlechtsverkehr als „naturwidrig" und als „etwas Schimpfliches und innerlich Unsittliches" (zit. nach Denzler 1988, S. 156).

Bis auf den heutigen Tag wertet die katholische Kirche Kontrazeption (abgesehen von der Berücksichtigung der „empfängnisfreien" Tage der Frau) als einen Mißbrauch des ehelichen Geschlechtsaktes.

Hinter der Ächtung der Empfängnisverhütung vermutet Ranke-Heinemann (1988, S. 302) unter anderem politisches Kalkül. Es gehe um bevölkerungspolitische Erwägungen.

Diese stecken möglicherweise auch hinter den Hexenverbrennungen, wie Heinsohn und Steiger (1990) annehmen. Im Gegensatz zur herrschenden Ansicht gehen sie davon aus, daß die von Staat und Kirche in Gang gesetzten Hexenverfolgungen weniger gegen das weibliche Geschlecht an sich als gegen das Verhütungswissen der Hebammen gerichtet waren. Verhütung wurde nicht nur als schändlich angesehen, weil sie Sexualität ohne Angst, somit lustbetonte Sexualität ermöglichte (ebd., S. 13, 31, 77). Sie war auch unerwünscht, weil Kirche und Staat Menschenmaterial brauchten; denn durch die Pest waren ganze Landstriche dezimiert worden (ebd., S. 108). Wie aus dem >Hexenhammer< zu ersehen, hat sich der katholische Glaube durch die Hebammen und ihr Verhütungswissen geschädigt gefühlt. Es fehlte an unfreien Arbeitskräften, und dagegen wollte man sich wehren (ebd., S. 108). Die Annahme, die Hexenverfolgungen hätten in erster Linie auf die Ausmerzung der Hebammen gezielt, wird durch das nachweisbare Verhütungswissen der >Weisen Frauen< zwischen dem Jahr 400 und 1600 n. Ch. erhärtet (ebd, S. 57; vgl. Ranke-Heinemann 1988, S. 279).

Auch daß besonders viele >Weise Frauen<, also Hebammen, den Verfolgungen zum Opfer fielen (Ranke-Heinemann ebd., S. 222), stützt Heinsohn und Steigers These. Ranke-Heinemann (ebd., S. 239) zufolge wurden in Köln „von 1627 bis 1630 die Hebammen der Stadt nahezu ausgerottet".

Die Vernichtung der Hebammen wirkte lange und tiefgreifend nach. Das Verhütungswissen war für mehrere Jahrhunderte verloren. Obendrein wurden „die nun zahlreichen Geburten für die Mütter ... besonders gefährlich" (Heinsohn und Steiger 1990, S. 174); denn auch das tradierte Wissen um die Geburt war weitgehend zerstört worden. Daher mußten Frauen mit steter Angst vor neuen Schwangerschaften und, bis an die Schwelle des 20. Jahrhunderts, mit der Angst vor lebensbedrohlichen Geburten leben (vgl. Giddens 1993, S. 38).

Zur Situation in den Jahrhunderten nach den Hexenprozessen zeigen Heinsohn und Steiger nicht nur, wie die äußeren Gegebenheiten das Verhalten der Menschen beeinflußt haben. Sie gehen zudem auf die Wirkweise der inneren Mechanismen ein, die das Funktionieren der Menschen im Interesse der Machtverhältnisse von Kirche und Staat gewährleisten:

> „Die Hexenmassaker haben sich als so erfolgreich erweisen, daß am Ende – und zentral übers Onanieverbot – die bevölkerungspolitisch verlangten Einstellungen nun im Erziehungsprozeß von Generation zu Generation weitergegeben werden und tatsächlich wie eine uralte kulturelle Prägung erscheinen können" (Heinsohn und Steiger 1990, S. 254).

Das deutet auf die „kulturelle Hypnose" hin, durch die dem Individuum spezifische, gesellschaftlich gewünschte Verhaltensweisen einprogrammiert werden. In diesem Falle hat die kirchliche Programmierung die Ausmerzung jeglichen Geschlechtsverkehrs zum Ziel, der nicht auf Zeugung ausgerichtet ist.

Heinsohn und Steiger versuchen ferner, die Absicht hinter dem Feldzug gegen die Masturbation zu entlarven. Ihrer Ansicht nach sollte dieser Feldzug bewirken,

> „daß die Menschen nur noch den in einer Ehe auf Fortpflanzung gerichteten Verkehr als erlaubte Sexualität betrachten und sich deshalb nach einer solchen Ehe zu sehnen beginnen. Um diese Sehnsucht zu einer wirklich drängenden werden zu lassen, soll jede andere Orgasmusmöglichkeit verbaut werden" (ebd., S. 248).

Der Kampf der Theologen wurde ab dem 18. Jahrhundert durch Ärzte unterstützt, die in der Masturbation ein gesundheitliches Risiko witterten. Hilfe erhielt der kirchliche Kampf ferner durch die Maßnahmen zur Triebregulierung, die hauptsächlich in der bürgerlichen Familie – gewissenhaft und gewissenlos – durchgeführt wurden (vgl. Elias 1976). Auch hier ging es vor allem um die Unterbindung der sexuellen Selbstbefriedigung. Folglich konnte der Kampf gegen dieses >gefährliche Laster< fortan von kirchlichen und weltlichen Instanzen gemeinsam geführt werden (Denzler 1988, S. 183).

Noch 1976 erklärte Papst Paul VI. die Masturbation als schwere Sünde, >auch wenn es nicht möglich ist, eindeutig zu belegen, daß die Hl. Schrift diese Sünde als solche ausdrücklich verwirft< (zit. nach Ranke-Heinemann 1988, S. 332). Im neuen >Katechismus der katholischen Kirche< (1993) geht es weiterhin darum, die Selbstbefriedigung als „eine in sich schwere ordnungswidrige Handlung zu brandmarken" (Nr. 2352, S.

594). Hinzugefügt wird jedoch, es gebe Gründe – u. a. Angstzustände –, die die Schuld des Betreffenden mindern oder aufheben könnten (ebd. Nr. 2352, S. 595).

5.3. Unauflöslichkeitsgebot

In der Bearbeitung von 1968 erklärte >Der Kleine Katechismus< Martin Luthers, Scheidung sei unmöglich; das verbiete >Gottes Ordnung< (zit. nach Glötzner 1979, S. 23). Während sich die rigorose Einstellung der evangelischen Kirche zwischenzeitlich gelockert hat, ist die Unauflöslichkeit der Ehe in der katholischen Kirche weiterhin eine zentrale Forderung (vgl. Schenk 1987, S. 42)[6].

Das Unauflöslichkeitsgebot der christlichen Kirche gründet sich auf Jesu Aussage >Was Gott verbunden hat, darf der Mensch nicht trennen< (Mk 10,9). Denzler (1988, S. 147) zufolge bezweifeln allerdings verschiedene Bibelwissenschaftler, ob diese Aussage wirklich von Jesus stammt, dem jegliches legalistische Denken fernlag.

Die Unerbittlichkeit gegenüber Scheidungen geht vor allem auf Augustinus und seine Auffassung zurück, die Ehe sei von Gott eingesetzt, diene der Nachkommenschaft und müsse auf lebenslange Treue und Unauflöslichkeit ausgerichtet sein. Diese hohen Güter könnten, wie der Kirchenlehrer meint, „das mit dem Geschlechtsverkehr verbundene Übel der bösen Lust einigermaßen rechtfertigen" (s. Denzler 1988, S. 47). Nach Thomas von Aquins Ansicht muß eine Ehe auch darum unauflöslich sein, weil zur Erziehung der Kinder >die Frau keineswegs genügt< (Contra gent. III, 122, zit. nach Ranke-Heinemann 1988, S. 196).

Katholische Ehe- und Familienbücher aus dem 20. Jahrhundert begründen das Scheidungsverbot wie folgt:

Die lebenslange Ehe sei notwendig, meint Rive (1921, S. 117 f; vgl. Tischler 1925, S. 18, 116), um „dem Geschlechtstrieb, der furchtbarsten Leidenschaft des menschlichen Herzens, die rechten Schranken" zu setzen. Das allein sei eine „Bürgschaft für Tugend und gute Sitten".

Für Tischler (1925) steht die Unauflöslichkeit der Ehe im Dienste von Staat und Kirche. Sie gereiche der Familie „zum unaussprechlichen Segen" (ebd., S. 15) und weihe sie „zu einem trauten Heim, voll des Trostes und der reinsten edelsten Freuden" (ebd., S. 17). Durch Scheidung komme es zum Sturm gegen die christliche Ehe. Man wolle ihr damit „gleichsam die Krone vom Haupt" reißen mit ihrem „schönsten Schmuck", der Unauflösbarkeit (ebd., S. 20).

Wie sich freilich das Scheidungsverbot in einer Partnerschaft auswirken kann, in der Liebe und Lust abgestorben sind, veranschaulicht Stern (1988, S. 111) sehr bildhaft:

> „Man zieht nun das Leben hinter sich her wie Zugtiere im Joch den ächzenden Wagen. Und was den Tieren die sie in Gang haltende Peitsche des Fuhrmanns ist, das ist den dergestalt aneinandergeketteten Menschen die Geißel der christlichen Moral".

Unter diesen Bedingungen haben vor allem Männer häufig versucht, die an der Oberfläche demonstrierte Normentreue im Geheimen zu unterlaufen und sich, zumindest zeitweise, durch außereheliche Sexualkontakte ein Freiheitsgefühl zu verschaffen. Insbesondere ich-schwache und skrupellose Männer haben zu diesem Zweck nicht selten Kinder herangezogen.

Selbst katholische Schriften räumen die Last ein, die der Zwang zur lebenslangen Ehe mit sich bringen kann. Die Last wird hauptsächlich beim Mann angesiedelt. Der bemerkenswerte Aufsatz, den Christa Meves 1976 im >Pastoralblatt für die Diözesen Aachen-Berlin-Essen-Köln-Osnabrück< über die Zukunft der christlich-katholischen Ehe veröffentlicht hat, ist ein Beispiel dafür. Er spiegelt unverbrämt die traditionelle kirchliche Abwertung der Frau. Meves schreibt: Die erhöhte Lebenserwartung von Frauen erlege dem Mann eine >Bewährungsprobe< auf; „denn während er früher durch den Tod der oft noch jungen Ehefrau eine neue Ehe mit einer meist jüngeren Frau legitim eingehen konnte, ist er heute genötigt, mit einer oft rascher als er selbst alternden Ehefrau vorliebzunehmen" (Meves zit. nach Ranke-Heinemann 1988, S. 294).

5.4. Auswirkungen auf Kinder

Denzlers (1988, S. 18) Überzeugung, die christliche Sexualmoral sei „zum Hauptauslöser ungezählter Gewissenskonflikte und Ehetragödien" geworden, muß ergänzt werden. Sie wurde auch Mitverursacher unzähliger Kindertragödien. Die Folgen reichen bis in unsere Zeit hinein. Absurde Sexualeinschränkungen haben die eheliche Partnerschaft belastet und enterotisiert. Zur Enterotisierung haben zudem der bürgerlich-christliche Muttermythos, der die Frau auf Mutterschaft fixiert, sowie – in Zusammenhang mit dem kirchlichen Verhütungsverbot – ihre Ängste vor erschöpfenden und häufig genug auch todbringenden Schwangerschaften und Geburten beigetragen. Diese Faktoren und die gesellschaftlich akzeptierte geheime Reizsuche von Männern in Tabuzonen gehören mit zu den Grundlagen der verbreiteten episodischen Sexualität (vgl. Giddens), die sich in der Prostitution, in Geliebtenverhältnissen oder, wenn es sich um ich-schwache Männer handelt, oft auch in sexuellem Mißbrauch an Kindern niederschlägt. In bestimmten Fällen waren und sind dies die eigenen Kinder. Hier ist daran zu denken, daß beispielsweise Thomas von Aquin und Bernardin von Siena den Inzest als weniger sündig einschätzten als die Empfängnisverhütung.

Auch das Verbot der sexuellen Selbstbefriedigung spielt im Hinblick auf sexuellen Mißbrauch an Kindern eine entscheidende Rolle. Während die Masturbation verteufelt wurde und wird, sind sexuelle Übergriffe auf Kinder in der Kirche kaum thematisiert worden. Dies mag manche Menschen zu der Auffassung geführt haben, es sei weniger sündhaft, Kinder in sexuelle Handlungen einzubeziehen als zu masturbieren.

Ein weiterer wichtiger Gesichtspunkt kommt hinzu, wie Drewermanns Ausführungen zeigen. Zu den Auswirkungen des Onanieverbotes auf den Heranwachsenden gehört, so Drewermann (1989, S. 572) „Angst vor dem eigenen Körper, vor den eigenen Trieben, vor den eigenen Gefühlen". Es werde eine „Spirale von Angst, Schuldgefühl, Ohnmacht und Versagen" in Gang gesetzt, gefolgt von einer Schwächung des Selbstwertgefühls und des Ichs. Das Gefühl des Sündigseins binde viele Menschen an die Kirche und an „eine Diktatur des Überichs ..., die eine wirkliche Entfaltung des Ichs durchaus nicht zuläßt" (ebd., S. 576). Diesen Zustand, meint Drewermann, wolle die katholische Kirche gezielt herbeiführen. Wenn eine Schwächung des Selbstwertgefühls und des Ichs gefördert wird, dann werden gleichzeitig unempathisches und verantwortungsloses Handeln sowie die oft suchthafte Suche nach Selbstbestätigung durch Macht, Kontrolle oder sexuelle Potenz gefördert, die sich in vielen Fällen auf Kinder richtet.

Ebenso wie die kirchlichen Traktate drehte sich auch die Beichtpraxis im 19. und 20. Jahrhundert vor allem um die Masturbation und bei Verheirateten zusätzlich um die anderen „Ehesünden", namentlich die Verhütung (Ranke-Heinemann 1988, S. 286; vgl. ebd., S. 215). Denken wir an die wirklichen Sexualverbrechen, die an Kindern begangen wurden, dann drängt sich folgende Vermutung auf:

Durch eigene sexuelle Vergehen an Kindern und durch Geständnisse in der Beichte müssen viele Geistliche und Kirchenoberen von den verbreiteten sexuellen Verbrechen an Kindern gewußt haben. Folglich steckt in der intensiven Blickrichtung auf die Masturbation und die eheliche Sexualität u. U. ein Ablenkungsmanöver. Es wird auf Nebenschauplätze ausgewichen, um den wirklichen Schädigungsherd, den sexuellen Mißbrauch an Kindern, nicht ins Bewußtsein treten zu lassen. Wir haben es bei der kirchlichen Ignoranz gegenüber den Verbrechen an Kindern also nicht nur mit einem Jahrhunderte langen Verdrängungsmechanismus zu tun, sondern wahrscheinlich auch mit rationalem Kalkül zugunsten der bestehenden Machtverhältnisse in Kirche, Staat und Familie.

Das Gebot der Lustvermeidung, die Unerbittlichkeit gegenüber Empfängnisverhütung und der Masturbation, ferner die Forderung nach Unterordnung und Gehorsam von Frauen und Kindern bilden einen Bedingungskomplex, der weder ein Garant für das Wohlergehen von Kindern noch für die „reinsten, edelsten Freuden" im „trauten Heim" (Tischler 1925, S. 17) ist. Das gilt auch für das Dogma der Unauflöslichkeit der Ehe. Dem Zwang zur Monogamie in einer lebenslangen Ehe haben vor allem Männer häufig durch außereheliche Sexualaktivität zu entgehen versucht. Nicht selten mußten Kinder als sexuelle Objekte dienen, zumal sich bei ihnen – bei Mädchen zumindest bis zu Pubertät – das Problem der verteufelten Empfängnisverhütung nicht stellt. Ferner hat das Unauflöslichkeitsgebot der Kirche Anteil an der Entscheidung vieler Mütter in

Inzestfamilien, ihre Ehe auch um den Preis der schweren Schädigung des Kindes aufrechtzuerhalten. Dies trifft, wie erwähnt, besonders auf katholische Frauen zu.

Das zuvor Erörterte führt zu der Schlußfolgerung, daß die kirchliche Ehe- und Sexualmoral keinen geringen Anteil an der Verbreitung sexuellen Kindesmißbrauchs und dessen Geheimhaltung hat.

6. Zusammenfassung

Sexueller Mißbrauch an Kindern wurzelt in Voraussetzungen unserer patriarchalisch bestimmten Kultur, die sich in der Familie niederschlagen. Hinzu kommen strukturelle und ideelle Bedingungen der bürgerlich-christlichen Ehe. Sie sind eng mit der kirchlichen Sexualmoral verzahnt, die ebenfalls für den verbreiteten sexuellen Mißbrauch an Kindern mit verantwortlich ist. Zu den entscheidenden Faktoren gehören die kirchliche Sexualfeindlichkeit und groteske Sexualeinschränkungen, ferner zählen das Verhütungs- und Scheidungsverbot dazu, die von der katholischen Kirche weiterhin mit aller Rigorosität verfochten werden.

Wesentlicher Bestandteil der bürgerlich-christlichen Ehe ist die Polarisierung des Geschlechterverhältnisses, das durch den Komplementaritätsgedanken zugespitzt wurde, sowie die Erfahrung einer intensiven und ausschließlichen Mutter-Kind-Beziehung beider Ehepartner. Unter den genannten Voraussetzungen werden Infantilität, Abhängigkeiten, Symbioseneigung und Ängste begünstigt, die sich in Beziehungssucht oder in einer Kollusion niederschlagen können. Diese Symptome, die im Wiederholungszwang von einer Generation zur nächsten weitergegeben werden, zählen zu den Grundlagen sexuellen Mißbrauchs an Kindern.

Am Beispiel von Inzestfamilien zeigt sich besonders deutlich, warum gerade die unbefriedigendsten und freudlosesten Ehen am stabilsten und unauffälligsten sein können. Zum einen trägt die symbiotische Abhängigkeit der Partner dazu bei, die Prozesse gemeinsamen Veränderns und Wachsens ebenso behindern oder verhindern wie eine Trennung. Zum anderen sichert ihre Konventionalität und Normentreue, daß diese Ehen ausgesprochen normal wirken. Die makellose Fassade wird ferner durch Strategien der Stabilitätssicherung gewährleistet, etwa durch Kompensation individueller und partnerschaftlicher Defizite oder durch Abwehr von Konflikten. Männer wählen dazu – in Verbindung mit narzißtischen Motiven und dem Verlangen nach Reizzufuhr – bevorzugt das Medium der Sexualität. Sie begehen Ehebruch, auch mit Kindern.

Das Verlangen der Erwachsenen nach Entlastung, Kompensation und Reizen, das auf individuelle und partnerschaftliche Stabilisierung zielt, richtet sich nicht selten auf Kinder, vor allem auf die eigenen Kinder. Dies Bestreben kann sich unbewußt bereits in dem Wunsch nach einem Kind niederschlagen. Janov (1990/1977, S. 16 f) zufolge setzen Eltern ihren Nachwuchs oft aus egoistischen Gründen in die Welt – um sie zu besitzen, Liebe zu erlangen oder, um eine zerbrechende Ehe zu retten. Vor allem ich-schwache Männer scheuen sich oft nicht, ihre unbefriedigende bzw. bedrohte Ehe und sich selbst zu stabilisieren, indem sie das eigene Kind sexuell mißbrauchen.

Begeht jemand Ehebruch, indem er sexuellen Mißbrauch begeht, weist dies auf extreme Störungen im Selbstwertgefühl, auf ein hohes Maß an Regressivität, Narzißmus und innerer Starre hin, so daß das Verlangen nach Macht und Kontrolle, nach Reizen, Bewunderung und Vitalitätssteigerung außerordentlich groß sein kann. Es gehört zur Tragik zahlreicher Mädchen und Jungen, infantilen entfremdeten Erwachsenen als besonders geeignete Objekte zur Erfüllung ihrer entfremdeten Bedürfnisse zu erscheinen.

Die regressiven narzißtischen Strebungen vieler Männer und ihr ausgeprägtes Machtverlangen gehen hauptsächlich auf die spezifische Sozialisation der Geschlechter, die patriarchalischen Geschlechtsrollenklischees, die Instrumentalisierung der Ehe und den bürgerlichen, von der Kirche unterstützten Komplementaritätsgedanken zurück. Männer in unserer Kultur konnten ihre entfremdeten Bedürfnissen stets relativ unbeeinträchtigt befriedigen. Verbunden mit Machträumen stand und steht Männern ein Spektrum sexueller Handlungsräume, auch außerhalb der gesellschaftlich gestützten und institutionalisierten Ehe, zur Verfügung.

Kulturell bedingt sind darüber hinaus die allgemeinen Wahrnehmungsstörungen und Realitätsverdrehungen. Sie sind mit Verdrängungen und Abspaltungen verbunden, die auf die „kulturelle Hypnose" oder schwere Traumatisierungen zurückgehen. Gemeinsam mit der verbreiteten Gleichgültigkeit gegenüber dem Schicksal von Kindern haben sie lange Zeit verhindert, hinter dem Rollenspiel vom „Glück zu zweit", hinter der gesellschaftlich einwandfreien Fassade von Kindesmißbrauchern und Inzestfamilien geschickte Täuschungsmanöver, Strategien der Stabilitätssicherung sowie das Zerrbild der „Normalität" zu entdecken.

Ausblick:

Fortsetzung der kollektiven Neurose und Lebensverwüstung? Oder Aufbruch in eine von Bewußtheit, Verantwortung und Freiheit getragene Zukunft?

Ausgangspunkt und treibende Kraft hinter der vorliegenden Forschungsarbeit waren zum einen das Elend sexuell mißbrauchter Kinder, mit denen ich beruflich zu tun hatte und habe, zum anderen die Berichte von Frauen über in der Kindheit erlittene sexuelle Übergriffe und deren verheerende Langzeitwirkungen.

Die Erfahrungen zeigen, daß betroffenen Kindern im aktuellen Einzelfall kaum zu helfen ist, besonders dann, wenn es sich um Inzest handelt. Sexuellem Mißbrauch ist auch nicht durch Verschärfung der Gesetze beizukommen. Selbst die außerordentlich wichtige, kurzfristig angelegte Präventionsarbeit kann nur begrenzt greifen. Deshalb lag und liegt mir daran, zu langfristiger Prävention dieses Delikts beizutragen. Um die Voraussetzungen hierfür zu schaffen, wurden Kontexte, Motive und Hintergründe von Schädigungsverhalten und besonders sexueller Gewalt an Kindern analysiert, da sich erst auf dieser Grundlage Perspektiven einer Gesellschaft entwickeln lassen, in der nicht mehr ein Großteil von Frauen und Kindern von sexueller Gewalt betroffen ist.

Gleich zu Beginn der Auseinandersetzung mit sexuellem Mißbrauch an Kindern ging es um die Entscheidung, entweder Teilaspekte des Themenkreises vertiefend zu behandeln oder den zahlreichen Fragen nachzugehen, die sich immer wieder neu stellten. Es zeichnete sich recht bald eine Tendenz für den zweiten Weg ab. Das hatte zwangsläufig zur Folge, daß zugunsten der vielen Gesichtspunkte die Vertiefung einzelner Aspekte zurücktreten mußte. Hier könnten nachfolgende Forschungsarbeiten ansetzen, um die angesprochenen Denkanstöße aufzunehmen und spezifische Teilbereiche tiefer zu durchdringen. Ich denke dabei vorrangig an die Bedeutung der menschlichen Bedürfnisstruktur für Schädigungsverhalten, die gefährlichen Aspekte der Eltern-Kind-Beziehung, das Vorherrschen des Irrationalen bei gleichzeitig betonter Rationalität – namentlich bei Männern – und ferner an alternative Lebensformen und einen anzustrebenden allumfassenden Bewußtseinswandel auf individueller wie auf kollektiver Ebene.

Der von mir gewählte sozialpsychologische Zugang zum Thema sexuellen Mißbrauchs an Kindern hat sich als höchst fruchtbar erwiesen. Das betrifft die von visionärer Kraft durchdrungenen Einsichten Erich Fromms in besonderem Maße. Sie verdeutlichen die kreisförmigen Prozesse zwischen sozialen Bedingungen und individuellen Reaktionen und machen somit den Anteil der gesamten Kultur am Verhalten des einzelnen durchschaubar. Bei aller Zuversicht hinsichtlich der menschlichen Entwicklungs- und Veränderungsfähigkeit sieht Fromm einen Zukunftstrend hin zu wachsender Entfremdung, verknüpft mit der Faszination am Dinglichen, am Haben und Konsum. Die individuelle und kollektive Entfremdung unserer Gesellschaft schlägt sich in sexuellem Mißbrauch an Kindern besonders drastisch nieder. In diesem Delikt durchdringen sich das Streben nach entfremdeter Sexualität und Macht. Darüber hinaus ist sexuelle Gewalt an Kindern als ein magischer Vorgang zu erkennen, zu dessen unbewußten Hintergründen archaische Motive gehören.

Die Entfremdung unserer Gesellschaft geht auf Verdrängungen und Abspaltungen zurück, die das verbreitete schizoide Phänomen erzeugen. Zu dessen Merkmalen zählen Ich-Schwäche, Verantwortungslosigkeit, Unfreiheit und Empathiemangel. Die Entwicklung dieser Merkmale ist eng an familiäre und gesamtgesellschaftliche Wiederholungsmuster geknüpft.

Die Gesamtgesellschaft hat zum einen entscheidenden Anteil an der Entstehung und Ausbreitung sexueller Gewalt an Kindern, zum anderen hat sie durch die Tendenz, unangenehme Tatsachen zu verschleiern und zu verdrängen sowie wegen der allgemeinen Wahrnehmungsschwäche zur Geheimhaltung dieses Verbrechens beigetragen. Ein weiterer gesamtgesellschaftlicher Faktor ist die Gleichgültigkeit gegenüber dem Schicksal von Kindern, obwohl das Kind für viele Eltern zur Sinnmitte des Lebens geworden ist. Es scheint ferner allgemeiner Konsens darüber zu bestehen, die Kindheit – auch die eigene Kindheit – nicht ernst zu nehmen.

Sexueller Mißbrauch an Kindern ist ein Produkt der Gesamtgesellschaft und hält ihr zugleich einen Spiegel vor. Wäre die Menschheit bereit, sich in diesem Spiegel zu betrachten, würde sie zwangsläufig mit der „Pathologie der Normalität" konfrontiert und sähe sich genötigt, tradierte Werte und Normen in Frage zu stellen. Danach wird in aller Regel nicht gestrebt. Statt dessen werden unangenehme, ein Schattendasein führende Wahrheiten lieber weiterhin verdrängt. Allein schon der Gedanke an das Verborgene erscheint vielen Menschen so bedrohlich, daß es geleugnet und mit aller Kraft abgewehrt wird. Verbreitete Abwehrreaktionen sind Projektionen, Suchtverhalten oder Gewalt, die den Kreislauf von Schädigungsverhalten aufrecht erhalten und weitertreiben.

Zum gesamtgesellschaftlichen Anteil an sexueller Gewalt gegen Kinder gehören Jahrtausende alte Mythen, Strukturen, Denk- und Verhaltensmuster, die mittels Konditionierung immer wieder ins Bewußtsein der Menschen eingegraben wurden und als Erbe unserer kollektiven Vergangenheit auch heute noch wirksam sind. Bestandteile der Strukturen und Muster patriarchalisch bestimmter Kulturen sind das patriarchalische Gottesverständnis, das Macht-Ohnmachts-Gefälle zwischen den Geschlechtern sowie das Prinzip, Frauen und Kinder als Besitz anzusehen. Zum Besitzstand zu zählen, bedeutet gleichzeitig, der Verfügungsgewalt des Besitzenden zu unterstehen und ihm zu bedingungslosem Gehorsam verpflichtet zu sein.

Das Schädigungspotential dieser Prinzipien verschärfte sich mit der Entstehung der reduzierten bürgerlichen Kernfamilie und der Erfindung des „Heims". Die an diese Entwicklungen geknüpfte Ausgrenzungsideologie, der zufolge sich alles Böse außerhalb des „Heims" befindet, sowie die Abkapselungs- und Isolierungstendenzen der bürgerlichen Familie schufen den situativen Kontext oder sogar das „Anregungsmilieu" für schädigende Übergriffe auf Kinder. Auch spezifische Bedingungen der bürgerlich-christlichen Familie – dazu zählen neben der strikten Rollenaufteilung und dominanten Position des Mannes auch die Triebüberwachung des Kindes und der Einfluß der restriktiven christlichen Ehe- und Sexualmoral – haben eine zunehmende Entfremdung des Menschen von seinen inneren Kräften, seinem Körper sowie vom Mitmenschen und folglich das Anwachsen der schizoiden Störung begünstigt.

Im Zuge der Industrialisierung wurden diese Prozesse weiter beschleunigt und eine Spirale wachsender Entfremdung mit zunehmender Verantwortunglosigkeit und Orientierung am Haben vorangetrieben. Dies schlägt sich ebenso in der Vergiftung und Ausplünderung der Natur wie in entfremdeter Sexualität nieder. Das Interesse an entfremdeter Sexualität nimmt stetig zu. Das beweist die Zuwachsrate der „Sex-Industrie". Sie ist „big business" und macht in manchen Regionen der USA bereits 10% und mehr des nationalen Einkommens aus (vgl. Ottawa Citizen vom 23.8.98, S. 1).

Entfremdete Sexualität dient häufig dazu, psychischen Spannungen und/oder partnerschaftlichen Konflikten aus dem Wege zu gehen. Häufig geschieht dies mittels Gewalt und auf Kosten eines körperlich und sozial schwächeren Menschen. Sexuelle Gewalt gegenüber Kindern ist die Instrumentalisierung eines hilflosen und abhängigen Menschen, über den der Jugendliche oder Erwachsene Macht hat. Macht haben in einer patriarchalischen Gesellschaft fast ausschließlich Männer. Ihre soziale Macht wird nicht selten durch innere Ohnmacht kontrastiert, die auf spezifische Sozialisationsbedingungen in einem patriarchalischen Kontext zurückgeht. Teil dieser Bedingungen sind Mythen über Männlichkeit und Erwartungen an den „richtigen" Mann. Sie sorgen dafür, daß Jungen und Männer besonders viel verdrängen müssen, deswegen oft besonders entfremdet sind und sich bemühen, ihre grundlegende Schwäche hinter Masken und Rollenspiel zu verbergen. Im Gegenzug zur Angst, Hilflosigkeit und Schwäche vieler Männer haben Machtpositionen in Familie und Gesellschaft ihnen stets gestattet, Männlichkeit zu demonstrieren, Defizite zu kompensieren und sich somit kurzfristig zu stabilisieren. Zu den Mitteln ich-schwacher Männer, Macht und Männlichkeit zu demonstrieren, gehören alle Formen von Gewalt, insbesondere die sexuelle Gewalt gegen Frauen und Kinder.

Da sexueller Mißbrauch an Kindern kein Naturgesetz, sondern – wie dargelegt – historisch gewachsen, an die Lebensgeschichte des Individuums und an kulturelle Bedingungen gebunden ist, besteht Hoffnung. Es sind Veränderungen und eine Zukunft vorstellbar, in der sexuelle und andere Formen der Ausbeutung nicht mehr zum Alltag vieler Kinder gehören. Eine Zukunftsvision zu entwerfen, ist allerdings wegen der Komplexität der individuellen und kollektiven Bedingungen und Hintergründe sowie der Kreisprozesse zwischen ihnen nur begrenzt möglich.

Zentral ist m. E. ein Bewußtseins-, Werte- und Verhaltenswandel auf breiter Ebene, wie er von Fromm, Maslow, Wilber u. a. angesprochen worden ist. Ein solcher Wandel kann sich freilich nur anbahnen, wenn Menschen vermehrt bereit sind, sich ebenso ihrer individuellen wie der kollektiven Vergangenheit zu stellen und das Verdrängte bewußt zu machen. Dann werden sie weder blind von negativen Kindheitserfahrungen und irrationalen archaischen Kräften noch von familiären und gesellschaftlichen Programmierungen bestimmt, die sie ihrerseits – im Wiederholungsmechanismus – automatisch an andere, vorzugsweise an die eigenen Kinder, weitergeben. Sie werden im Gegenteil freier sein, ihr individuelles Wachstum zu fördern und sich darüber hinaus für Gemeinschaftsprojekte zu engagieren.

Wenn es um Veränderungen und Wachstum geht, muß an den Defiziten der Autonomie und Ich-Reifung in unserer Gesellschaft angesetzt werden. Diese auf traumatische Erfahrungen bzw. mangelnde Befriedigung von Grundbedürfnissen zurückgehenden Entwicklungsdefizite binden den Menschen an Ersatzbedürfnisse. Das entfremdet ihn in steigendem Maße von seinem Körper und den Gefühlen und hemmt oder blockiert die Entwicklung zu höheren Ebenen der Bedürfnisse und des Bewußtseins. Hier ist für mich der Dreh- und Angelpunkt aller Überlegungen zu Hintergründen und zu langfristiger Prävention zerstörerischen Verhaltens. Denn Menschen, die sich mehr von höheren Bedürfnis- und Bewußtseinsebenen leiten lassen, gehen bewußter und verantwortungsvoller mit sich und anderen um und mißbrauchen nichts und niemanden, schon gar nicht hilflose Kinder. Sie streben danach, seelische und geistige Bedürfnisse zu kultivieren und zu nähren. Wegen einer starken leitenden Instanz in ihrem Inneren sind sie nicht ständig gefährdet, auf niedere Bedürfnisebenen zu regredieren, eine Sucht zu entwickeln oder zwanghaft nach Reizen, nach Sicherheit, Zuwendung, Anerkennung oder Machterlebnissen zu streben.

Aus diesen Folgerungen ergibt sich notwendigerweise die Zielvorstellung, Kindern die bestmögliche Befriedigung ihrer authentischen Bedürfnisse zu gewährleisten, damit sie autonom werden, Ich-Stärke und Selbstachtung entwickeln können. Auf dieser Grundlage sind Mädchen und Frauen weniger in Gefahr, zu Opfern und Jungen und Männer weniger in Gefahr, zu Tätern sexueller Gewalt zu werden.

Das körperliche Bedürfnis nach Nahrung stellt in unserer Gesellschaft meist kein Problem dar. Kritischer wird es jedoch mit der Befriedigung der Bedürfnisse nach Körperkontakt, Verläßlichkeit, liebevoller Zuwendung und Gemeinschaft sowie nach altersentsprechender Stimulation und Bewegung. Werden sie einem Kind nur mangelhaft befriedigt und fühlt es sich wegen des Mangels innerlich bedroht, dann ist die Wahrscheinlichkeit groß, daß ein mehr oder weniger ausgeprägter Narzißmus entsteht und ein ich-schwacher Mensch heranwächst, der vorwiegend durch Mangel motiviert und von Ersatzbedürfnissen getrieben wird. Dagegen hat das Kind bei angemessener Absättigung der basalen Bedürfnisse alle Voraussetzungen, seine Autonomiebestrebungen zu verfolgen und zu einem verantwortungsvollen, freien und empathiefähigen Menschen heranzuwachsen, der sich von höheren Bedürfnissen und Wachstumsimpulsen leiten läßt.

Menschen, die aufgrund einer überwiegend liebevollen, geborgenen und wertschätzenden Kindheit oder durch bewußte Auseinandersetzung mit sich selbst und ihrer Vergangenheit autonom und wachstumsorientiert sind, spüren mehr ihre innere Kraft, sind selbst-zentrierter und haben besseren Kontakt zu ihren Tiefenschichten. Sie können sich selbst – oder besser: können ihr Selbst – und somit auch den Mitmenschen lieben und achten und behandeln alle und alles mit größerer Achtung und Aufmerksamkeit. Das betrifft auch den Bereich der Sexualität. In Partnerschaften zielen sie nicht auf wechselseitige Abhängigkeit im Sinne der Komplementarität, sondern darauf, die eigene und die Entwicklung der anderen Person zu fördern. Die Ehe ist ihnen keine ökonomische Versorgungseinheit und das Gegenüber kein Erfüllungsgehilfe oder keine Erfüllungsgehilfin regressiver Wünsche und Begierden. Statt im anderen eine Vervollständigung des eigenen Ichs zu sehen, liegt ihnen daran, mit ihm oder ihr die eigene Fülle zu teilen. Wenn die Ehe oder Partnerschaft stagniert, greifen sie nicht auf Kosten anderer – etwa der eigenen Kinder – zu Strategien der Flucht, der Entlastung und Kompensation. Vielmehr sind sie im Interesse von Entwicklungsprozessen entweder zur konstruktiven Auseinandersetzung mit Konflikten oder zur Trennung fähig und bereit.

Weil sie Zugang zu ihren Gefühlen haben und das Vergnügen kennen, sich ganz und gar im eigenen Körper zu Hause zu fühlen, sind wachstumsorientierte Menschen fähig, wirkliche Lust zu erleben. Die Möglichkeiten der Lust beziehen sie aus vielfältigen Lebensbereichen, von denen die Sexualität einer ist. Für sie ist Sexualität mit Eros verknüpft und Ausdruck der Freude und Lebendigkeit und nicht des Mangels, der Gier, Herrschsucht oder Wut.

Menschen, die sich von Bedürfnissen höherer Ebenen (s. Maslow und Wilber) leiten lassen, gehen außerdem kreativ mit ihrer Freizeit um, und ihr Verhalten wird nicht von Langeweile motiviert. Ständige Langeweile ist ein Anzeichen der Entfremdung und, wie vor allem Fromm herausgestellt hat, ein ernstzunehmendes hinter dem Schädigungsverhalten stehendes Motiv. Diese Erkenntnis stellt die Beschäftigten in Kindergärten, Schulen und allen Einrichtungen, die mit Kindern und Jugendlichen arbeiten, vor große Herausforderungen. Sie sind vielfach für Mädchen und vor allem für Jungen verantwortlich, die aufgrund ihrer bisherigen Sozialisation und durch traumatische Verletzungen keinen Zugang zu ihren inneren Kräften und ihrem Körper haben, sich oft innerlich leer fühlen und zu Unruhe, Unlust, Reizbarkeit und Langeweile neigen. Dieser hochbrisante Komplex verschärft sich bei Mißerfolgserlebnissen, die mit empfundener Abwertung, etwa durch Schulversagen, einhergehen. Mehr als bisher gilt es, spannungsgeladene unzufriedene Kinder und Jugendliche im Auge zu halten und ihnen Wege aufzuzeigen, mit Konflikten und inneren Spannungen fertig zu werden, ohne andere zu schädigen.

Die Anzahl unruhiger Kinder mit Aufmerksamkeits- und Konzentrationsstörungen steigt. Diese unter dem Schlagwort „Aufmerksamkeits-Defizit-Syndrom" bekannten Auffälligkeiten hauptsächlich oder ausschließlich mit medizinischen Modellen zu erklären, greift zu kurz und hindert daran zu fragen, ob sie nicht Ausdruck verständlichen Protests gegen für Kinder unerträgliche Lebensumstände sein können. In der Diagnostik und Therapie sollten verstärkt die entfremdeten Lebensbedingungen von Kindern in unserer Gesellschaft berücksichtig werden, ferner familiäre Belastungen, etwa finanzielle Schwierigkeiten in der Familie, beengte Wohnverhältnisse oder eine gestörte Ehebeziehung der Eltern. In vielen Familien herrschen zudem Generationen überspannende, zumeist geheim gehaltene oder unbewußte schädigende Wiederholungsmuster mit seelischer, körperlicher oder sexueller Gewalt, wie eingangs dargestellt wurde. Obendrein wachsen, neueren Berichten zufolge, im Bundesgebiet rund zwei Millionen Kinder im Alter bis zu 18 Jahren in Familien auf, in denen Vater oder Mutter oder auch beide alkoholabhängig sind (vgl. Nürtinger Zeitung vom 20.6.2000, S. 8).

Eine zentrale Rolle sowohl bei der Genese kindlicher Störungsbilder als auch bei der Entstehung von Gewalt spielt die wachsende Entfremdung unserer Gesamtgesellschaft. Sie durchdringt unseren Alltag und ist so allgegenwärtig, daß sie als Normalität gilt. Ein entscheidendes Merkmal unserer entfremdeten Gesellschaft sind Spannungen, die sich oft in Schädigungsverhalten entladen und auf verdrängte Gefühle und spannungserzeugende Umweltfanktoren zurückgehen.

Mit diesem Komplex stellt sich die in der Einleitung angesprochene Kernfrage, was Ausbeutung, Mißbrauch und sexuelle Gewalt in der Tiefe über das Individuum und die Gesellschaft aussagen und worauf sie zielen. Sie sind ein Fingerzeig auf die verbreitete Gefühlsabspaltung und Entfremdung und deuten darauf hin, daß es im Grunde um die Wiederherstellung des Kontakts mit den leiblich-seelischen Kräften – in anderen

Worten: um Heilung und Erlösung – geht. Weil die zugrunde liegenden Motive nicht bewußt sind, richten sich die verzweifelten Suchbewegungen auf die Außenwelt. Der große Umfang der oft höchst zerstörerischen Suche macht uns klar, daß eine „Weltordnung" zuende geht, zuende gehen muß. Von Anfang an hat die patriarchalische Kultur den Keim des Zerstörerischen in sich getragen, zu dessen giftigen Früchten sexuelle Gewalt und andere Formen der Ausbeutung gehören. Die Zerstörung trifft nicht nur Frauen und Kinder, nein, auch das männliche Geschlecht selbst. Von Kindheit an wurden und werden Jungen darauf konditioniert, dem eigenen Inneren Gewalt anzutun und zusätzlich den Körper auf eine gesellschaftlich erwünschte Weise zuzurichten. Die nach außen gerichtete Neigung zur Gewalttätigkeit, die unseren gesamten Planeten bedroht, ist eine Folge dieser gegen sich selbst gerichteten Gewalt.

Deswegen müssen pädagogische und therapeutische Bemühungen darauf zielen, vor allem Jungen mit ihren Gefühlen und ihrem Leib (wieder) in Kontakt zu bringen. Verfügt ein Mensch über diesen Kontakt, dann ist er in der Lage, kreativer mit sich selbst, seinen Fähigkeiten und mit der Zeit umgehen. Er spürt eher, was ihm Freude macht und wofür er sich gerne und ausdauernd einsetzen möchte.

Neben dem Zeit- steht das Raumproblem. Räume, die den natürlichen kindlichen Bedürfnissen nach Bewegung, Erprobung körperlicher und geistiger Fähigkeiten, nach Abenteuer und Konstruktionsmöglichkeiten entsprechen, schwinden stetig, namentlich in Ballungsgebieten. Die sich ausweitenden Ersatzabenteuer in den Medien können die authentischen kindlichen Bedürfnisse und den verlorenen leiblich-seelischen Kontakt nicht wieder herstellen. Statt dessen ist das Kind in Gefahr, eine passive Erwartungshaltung zu entwickeln und abhängig zu werden, da es lernt, auf eine äußere Quelle zu bauen, die ihm Reize, ein gesteigertes Lebensgefühl und die Lösung aller Probleme – etwa des Problems der Langeweile – verspricht. Das Vertrauen auf äußere Mittel, um Konflikte kurzfristig schwinden zu lassen oder dem Schein nach zu lösen, trägt zur weiteren Schwächung der Ich-Kräfte bei.

Ein zusätzlicher kritischer Faktor sind die eingeschränkten Beziehungs- und Kommunikationsmöglichkeiten in der reduzierten und oft autistisch abgekapselten bürgerlichen Kernfamilie. Eine gute Absättigung der legitimen kindlichen Bedürfnisse nach Zuwendung, Verbundenheit, Gemeinschaftserleben sowie nach Geborgenheit und Sicherheit ist eher dann zu erwarten, wenn mehrere verläßliche Personen männlichen und weiblichen Geschlechts die Sorge und Verantwortung für das Kind zu übernehmen bereit sind. So würde die Mutter entlastet und gestützt, und das käme wiederum dem Kind zugute. Gleichzeitig könnte es von einem reichhaltigeren Spektrum menschlicher Verhaltensweisen und erweiterten Möglichkeiten des Modellernens profitieren.

Ein weiterer Punkt ist zu bedenken. Kinder brauchen schon frühzeitig – nicht erst im Kindergartenalter – andere Kinder als Bezugspersonen. Das bietet, wie die Statistik belegt, die Kernfamilie weniger und weniger, nicht nur, weil oft keine Geschwister da sind. Auch die oft kinderfeindlichen Wohnverhältnisse stehen dem Bedürfnis, mit anderen Kindern zusammen zu sein, entgegen.

Werden die angesprochenen Gedanken konsequent weitergeführt, dann ergibt sich zwangsläufig die Forderung nach neuen Konzepten des Gemeinschaftslebens. Vor einigen Jahrzehnten hatte Albert Schweitzer „die Notwendigkeit einer Renaissance des kollektiven Lebens" postuliert (s. Fromm 1986, S. 155). Ähnlich fordert Rerrich (1988, S. 177) „die Neudefinition der alltäglichen Sorge füreinander, für Kinder, aber auch für kranke, behinderte, alte Menschen als geteilte Verantwortung aller, der Frauen und Männer aller Schichten, der Menschen mit und ohne Familie".

Die Entwicklung neuer Konzepte hat natürlich auch eine gesamtgesellschaftliche Dimension. Vorstellungen darüber, wie es anders sein könnte, werden durch die gesamtgesellschaftliche Konditionierung erschwert, die sich auf der Grundlage der patriarchalischen Machtstrukturen sowie infantiler Bedürfnisse fortpflanzt. Außerdem werden die heranwachsenden Generationen – vor allem in der Familie – durch Bilder, Mythen und Erwartungen darauf ausgerichtet, die etablierten Institutionen unter einem ganz spezifischen Blickwinkel zu sehen und als für alle Zeiten gegeben hinzunehmen. Veränderungen werden auch durch die in unserer Kultur übliche „Elternschonung" (A. Miller) und die überzogene Abhängigkeit des Kindes blockiert, die dafür sorgen, daß zerstörerisches Elternverhalten eher imitiert als kritisch hinterfragt wird.

Sicherlich können wir nicht auf das Wiederaufleben der alten Horde oder des Clans bauen. Aber Elemente dieser Gemeinschaftsformen, die sich in sogenannten primitiven Kulturen bis in die Gegenwart erhalten haben, könnten dazu inspirieren, die Mutter-Kind-Dyade bzw. die Vater-Mutter-Kind-Einheit im Sinne einer Entlastung, Erweiterung und Bereicherung zu öffnen. Auch im Urchristentum herrschte, im Gegensatz zu den Idealen und Strukturen der bürgerlich-christlichen Familie, ein die Grenzen der Familie überschreitendes intensives Gemeinschaftsleben, das auf geteilte Sorge und Verantwortung und ganz allgemein auf Solidarität und Mitmenschlichkeit ausgerichtet war.

Von der Öffentlichkeit wie von der Politik kaum beachtet, entstehen seit einiger Zeit Projekte, die neue Formen des Wohnens und der Arbeit erproben. Beispiele sind die Alten-WGs sowie das kommunitäre und ko-operative Wohnen und Arbeiten in der Landwirtschaft. Oder es werden in Wohngebieten zumindest Sport-, Fest- und andere Gemeinschaftsräume geteilt, wie es in Nordamerika seit Jahrzehnten üblich ist und etwa von der Rommelmühle in Bietigheim-Bissingen angestrebt wird.

Auch die zu beobachtende Wiedererstehung von Plätzen als Begegnungs- und Kommunikationszentren sowie die gemeinsame Kleinkinderbetreuung durch junge Mütter sind ermutigende Anzeichen neuer Formen des Denkens und der Bereitschaft, das Spektrum menschlicher Erfahrungen auszuweiten und die abgekapselte Einheit Kernfamilie, deren einziger gemeinsamer Bezugspunkt in vielen Fällen lediglich die Ausrichtung auf Konsum – etwa der Pseudowelt des Fernsehens – und auf Privateigentum ist, aufzubrechen. Alle Projekte sind sehr stark abhängig von räumlichen Gegebenheiten, so daß bei der Verwirklichung neuer Denkansätze die Architektur ebenso gefordert ist wie die Kommunen und die gesamte Politik. In Entscheidungspositionen sitzen jedoch fast ausschließlich Männer. Die Architektur, Städteplanung, der Straßenbau und der Raubbau an der Natur sind Beispiele für ein Wertesystem, das sich an männlichen Zukunftsvorstellungen und nicht an den Belangen von Kindern orientiert. Zu wünschen sind nicht nur Umdenkprozesse der Männer, sondern auch bessere Chancen für Frauen, in höhere Positionen aufzusteigen. Dazu müßte das Betreuungsangebot für Kinder erweitert und die Erziehungsverantwortung zumindest zum Teil an die Väter abgegeben werden.

Alle Gemeinwesen sollten verpflichtet sein, bei neuen Projekten nicht nur zu überprüfen, wie sie sich auf Ökonomie und Ökologie, sondern auch, wie sie sich auf Kinder auswirken. Gemeinden muß es ferner ein Anliegen sein, für Kinder in Not Anlaufstellen zu haben und zu erhalten. Es darf nicht mehr sein, daß Beratungsstellen zu sexuellem Mißbrauch die Gelder entzogen werden oder Frauenhäuser Frauen und Kindern, die Gewalt erleben, wegen Überlastung die Türe weisen müssen.

Begrüßenswert sind dagegen öffentliche oder private Aktionen, sich mit männlicher Gewalt auseinanderzusetzen. Ein Beispiel ist die Ludwigsburger Kampagne „Aktiv gegen Männergewalt an Frauen, Mädchen und Jungen" von 1999. Auch die Privat-Initiativen von Rechtsanwältinnen/Rechtsanwälten, die bereits in mehreren Städten Kindersprechstunden eingerichtet haben, tragen dazu bei, bedrohte oder geschädigte Jungen und Mädchen zu unterstützen und die allgemeine Gefährdung von Kindern ins Bewußtsein zu rufen.

Bei einem anzustrebenden Bewußtseins-, Werte- und Verhaltenswandel kommt der Pädagogik besonders große Bedeutung zu. Sie ist gefordert, ihr Augenmerk vermehrt auf Eltern und nicht nur auf Kinder zu richten. Nach meiner Erfahrung im Vorschul- und Schulbereich sind viele Eltern oft rat- und hilflos. Zum Teil sind sie durch Schwierigkeiten in der Partnerschaft stark in Anspruch genommen oder noch in den Mustern ihrer Herkunftsfamilie verstrickt. Mitunter haben sie kaum Außenkontakte, und das Kind ist ihnen Trostquell und nicht selten auch Partnerersatz, oder es ist ihnen schlichtweg lästig. Nur wenige Väter und Mütter wissen um die Bedürfnisse ihrer Kinder und um ihre eigenen wirklichen Bedürfnisse. Die anderen suchen häufig zwanghaft nach Ersatzbefriedigungen für sich selbst und ihren Nachwuchs und tendieren zu Suchtverhalten. Da viele Familien auch von anderen zerstörerischen Mechanismen und Wiederholungszwängen bestimmt werden, wäre es wirklichkeitsfremd, auf die Vermittlung von Ich-Stärke in Familien zu bauen. Darin steckt ein nahezu aussichtsloses strukturelles Dilemma. Das kleine Kind hat kaum andere Bezugspersonen als die Eltern; es ist ihnen nahezu unentrinnbar ausgeliefert. Andere Personen, die elterliche Defizite kompensieren und ihm helfen könnten, Ich-Stärke aufzubauen, sind kaum vorhanden. Neben der überaus prägenden Macht der Familie im Leben eines Menschen unserer Gesellschaft spielen alle Versuche zur Kompensation von Defiziten und zur Heilung von Schädigungen nur eine untergeordnete Rolle. Dennoch – oder besser: gerade deswegen – muß die zentrale Aufgabe aller pädagogischen und therapeutischen Einrichtungen darin bestehen, die Macht der alles dominierenden Familie zu relativieren.

Die Schule der Zukunft hat, wissend um die Bedeutung von Ich-Stärkung und seelisch-geistiger Nahrung, die Aufgabe, ihre Lerninhalte zu überprüfen. Kann es weiterhin vorrangig um die Vermittlung von Wissen gehen, oder müssen nicht – etwa im Sinne der Montessori-Pädagogik oder der Waldorfschulen – die Persönlichkeitsentwicklung und die Stärkung des Kindes, die Förderung seiner Lernimpulse, seiner Kreativität sowie der sinnvolle Umgang mit sich selbst, mit anderen und der Zeit im Mittelpunkt stehen? Diese Überlegungen stellen sich besonders dringlich in einer Gesellschaft, in der Arbeit ein zunehmend knapperes Gut geworden ist.

Das Leistungs- und Wettbewerbsdenken gibt ebenfalls zu denken. Bei einzelnen Schülerinnen und Schülern löst es lediglich die Besessenheit aus, über andere siegen zu wollen. Bei anderen entstehen ungute Spannungen, Dauerstreß, Selbstzweifel und Ängste. Ferner schafft dieses Denken den Frust der „Versager", der in vielfältige Formen von Schädigungsverhalten münden kann – wie Süchte, Gewaltaktionen oder „Spiele" im Sinne Bernes. Wenn dagegen Wert auf Ich-Stärkung, Wachstum und folglich auf Verantwortung, Freiheit und Empathiefähigkeit gelegt wird, dann darf nicht die meß- und benotbare Leistung und der Leistungsvergleich mit anderen beherrschend sein. Dann müssen die Fähigkeit zur Kommunikation und Kommunion, ferner der Aufbau von Selbstvertrauen durch körperlichen, seelischen und geistigen Ausdruck der Person gefördert werden.

Da für diese Ziele der Körper- und Gefühlskontakt zentral ist, kommt den musischen Fächern und allem, was die Kreativität fördert, sowie der Lust an körperlicher Bewegung und der eigenen Kraft herausragende Bedeutung zu. Das gilt in gleichem Maße für Stille- und Entspannungsübungen, die den Aspekt der Sammlung gegenüber dem der Zerstreuung betonen. Wie Thierers (1993) Untersuchungen zeigen, stellt z. B. die Tagtraumtechnik nach Leuner, die „auf einem körperlich-seelischen Entspannungszustand" die Imagination stimuliert (ebd., S. 19), eine alternative Unterrichtsform dar (ebd., S. 14), die nicht nur die Kreativität, das Problemlöseverhalten, die Wahrnehmung und die Aufmerksamkeit fördert. Sie ist darüber hinaus geeignet, Streß und Aggressivität abzubauen (ebd., S. 238 f).

Besondere Aufmerksamkeit verdient der Kindergarten und seine Funktion für die Gesamtgesellschaft. Er hat zwar nicht dieselbe ausschlaggebende Macht wie die Institution Familie, die die ersten und entscheidenden Lebensjahre des Kindes bestimmt, begleitet jedoch ein Stück weit die Persönlichkeitsentwicklung des Kindes während der wichtigen Vorschuljahre. Dieser Tatsache werden die gegenwärtigen Verhältnisse in keiner Weise gerecht. Kindergärten müßten über hervorragend ausgebildetes und gut bezahltes Personal verfügen. Darüber hinaus sollte eine speziell ausgebildete Fachkraft zur Verfügung stehen, um Eltern pädagogisch zu beraten und als Vermittlung zwischen therapeutischen, pädagogischen oder sozialen Einrichtungen zu fungieren. Zu den Aufgaben dieser Fachkraft könnten regelmäßige Eltern-abende zu pädagogischen Themen, Hausbesuche sowie ein Beitrag zur Gewalt-Prophylaxe in Familien gehören. Von großer Wichtigkeit ist die Einbindung von Vätern, die sich aller Erfahrung nach nur vereinzelt zu Elterngesprächen oder Elternabenden einfinden. Ihnen müßte die frühe Kindheit ebenso nahegebracht werden wie die Bedeutung neuer Modelle von Männlichkeit. Männer, die lernen, aufmerksam und fürsorglich mit sich selbst, dem kleinen Kind und mit allen und allem umzugehen, fördern nicht nur ihre eigene Entwicklung und die des Familienlebens. Sie erlauben auch Jungen, sich mit einem Mann-Sein zu identifizieren, das nicht auf Dominanz und Gefühlsferne, sondern auf sorgenden und mitmenschlichen Aspekten ruht. Ferner können sie durch die Nähe zum Kind auch ihrer eigenen Kindheit näherkommen und werden weniger dazu neigen, Kinder sexuell zu mißbrauchen.

Ein umfassender Wertewandel verlangt generell eine Höherbewertung des Mitmenschlichen und der sozialen Aufgaben, wie sie sich in der Kindererziehung, aber auch in der Alten- und Krankenpflege niederschlagen. Soziale Aufgaben werden traditionell mit dem Weiblichen identifiziert, werden dementsprechend auch niedriger bewertet und bezahlt. Das muß sich ändern, soll sich an den entscheidenden gesellschaftlichen Probleme langfristig etwas ändern.

Unsere Gesellschaft müßte überdies den Sozial- und Geisteswissenschaften einen höheren Stellenwert einräumen, damit sie – parallel zu den naturwissenschaftlichen und technologischen Entwicklungen – die Frage nach dem Menschenbild, dem Geschlechterverhältnis, den gesellschaftlichen Machtstrukturen und dem Faktor Verantwortung für die Gegenwart und Zukunft neu stellen können. Die Behandlung dieses Fragenkomplexes könnte die Grundlagen schaffen, um dem verbreiteten Schädigungsverhalten in unserer Gesellschaft den Nährboden zu entziehen.

Während ich den Bogen noch weiter spanne, möchte ich gleichzeitig die bisherigen Gedankengänge zusammenfassen:

Der Schädigungskreislauf, der unseren Planeten an den Rand des Ruins gebracht hat und der sich in besonders krasser Weise in sexuellem Mißbrauch an Kindern äußert, kann m. E. nur durchbrochen werden, wenn humanitäre Erwägungen und nicht mehr eigensüchtige narzißtische Motive das individuelle und kollektive Denken und Handeln bestimmen. Dazu ist, folgen wir Fromm (1986, S. 161), „ein fundamentaler Wandel der menschlichen Charakterstruktur, ein Zurückdrängen der Orientierung am Haben zugunsten der am Sein" vonnöten; nur dies kann uns „vor einer psychischen und ökonomischen Katastrophe retten ...".

Ein grundlegender Wandel setzt die Bewußtwerdung der eigenen Lebensgeschichte voraus. Sonst wird das Vergangene stets die Gegenwart bestimmen, damit den Lebensfluß abwürgen und die Entwicklung hemmen. Die Auseinandersetzung mit dem Vergangenen schafft die Voraussetzungen, fatale individuelle, familiäre und letztlich auch gesamtgesellschaftliche Wiederholungsmechanismen sowie schädigende strukturelle Bedingungen in Familie und Gesellschaft zu durchschauen und zu überwinden. Mit der Durchdringung der eigenen Lebensgeschichte und wachsendem Ich-Bewußtsein entwickelt sich die Selbst- und Fremdwahrnehmung. Gleichzeitig erweitert sich die Fähigkeit zum Fühlen und zum Mitgefühl sowie die Verantwortungsbereitschaft und – fähigkeit. Keen (1985, S. 73) sagt: „Wenn wir es wagen, unsere eigene Zerbrochenheit zu spüren, gewinnen wir Mut, auf die Schreie anderer zu hören".

Ausgehend von einem dynamischen Menschenbild, wie es Fromm, Maslow, Wilber u. a. vertreten, kann ich mir ein über das Ich-Bewußtsein hinausgehendes transpersonales Bewußtsein vorstellen, das alle vorausgehenden Bewußtseinsebenen integriert. Es beinhaltet die Überzeugung von der Einheit und Verbundenheit aller und damit die Erkenntnis, daß wir das, was wir anderen Wesen zufügen, im Grunde auch uns selbst zufügen.

Ich kann mir eine Zukunft vorstellen, in der Kinder weder ausgebeutet noch süchtig nach Konsum gemacht werden, weil sie geliebt und geachtet und als Erneuerer der Welt geschätzt werden. In dieser Zukunftsvision wissen und erfahren Kinder ebenso wie Erwachsene, daß sie Seelen haben und Geistwesen sind, die einen Körper bewohnen. Folglich haben sie nicht nur körperliche und intellektuelle, sondern auch und vor allem seelische und geistige Bedürfnisse, die in der Tiefe auf Rückbindung (religio) an die eigene wahre Natur – das Selbst –, an alles Lebendige und letztlich auf Rückbindung an das Göttliche ausgerichtet sind.

Weil ich wie Fromm von der Möglichkeit der Selbstformung und der Wandlung überzeugt bin, möchte ich die berühmten Gedanken Mirandolas „Über die Würde des

Menschen" von 1486 an den Schluß meiner Überlegungen stellen. Mirandola läßt Gott zum Menschen sagen:

„Wir haben dich weder als einen Himmlischen noch als einen Irdischen, weder als einen Sterblichen noch einen Unsterblichen geschaffen, damit du als dein eigener, vollkommen frei und ehrenhalber schaltender Bildhauer und Dichter dir selbst die Form bestimmst, in der du zu leben wünschst. Es steht dir frei, in die Unterwelt des Viehes zu entarten. Es steht dir ebenso frei, in die höhere Welt des Göttlichen dich durch den Entschluß deines eigenen Geistes zu erheben" (zit. nach Reclams Literatur-Kalender 1984, XXX. Jg., Stuttgart 1983, S. 38).

Anmerkungen zur Einleitung

[1] Zu den einzelnen Pathologien unserer Zeit wie Wiederholungszwänge, Sucht, Neurosen, Psychosen, Gleichgültigkeit, Mangel an Empathie, Illusionen, Verlogenheit, Kriminalität und zur Verknüpfung von individueller und kollektiver Krankhaftigkeit vgl. außerdem Carnes (1983, S. 154); Maslow (1981, S. 86); A. Mitscherlich (1992, S. 370); M. Mitscherlich (1985, S. 43); Richter (1986, S. 64).

[2] Kafka hat in seinem berühmten „Brief an den Vater" die Frustration des Kindes vorgeführt, das sich im Elternhaus zwei Welten gegenübersieht und ihnen ausgeliefert ist.

[3] In einem Aufsatz zur New York Radical Feminist Rape Conference im April 1971 (zit. nach Armstrong 1985, S. 132 f).

[4] Vgl. Richter (1986, S. 138 f), der sich kritisch mit Lorenz' apokalyptischer Vision einer Zukunftsbedrohung durch genetischen Verfall auseinandersetzt.

[5] Fromm (1977, S. 192) betont, daß die verschiedenen Untergruppen dieser Kategorie einen unterschiedlichen ökonomischen Hintergrund haben, so daß „Armut oder Reichtum, Jagd oder Ackerbau usw. nicht ausreichen, um die Charakterentwicklung zu erklären".

[6] Vgl. den Bericht des Arztes Itard in Lucien Malson, Die wilden Kinder, Frankfurt/ M. 1972.

Anmerkungen zu Teil I

[1] Banges Übersicht, die amerikanische und deutsche Erhebungen berücksichtigt, stellen Rückert und Gehrmann (1995, S. 20) zufolge die verläßlichsten Zahlen über das Ausmaß sexueller Gewalt gegen Kinder dar.

[2] Bongersma, E.: Die Rechtsposition des Pädophilen. In: Monatsschrift für Kriminologie und Strafrechtsreform, 63/1980, 103, zit. nach: Bange (1992, S. 93).

[3] Zum Aspekt der Weitergabe von sexuellen Traumen im Kindesalter vgl. Marquit (1986, S. 127).

[4] Vgl. auch Rushs (1991, S. 135 ff) ausführliche Auseinandersetzung mit Freuds „Vertuschungsmanöver".

[5] Miller (1983, S. 265) nennt eine Reihe von Psycho-Analytikern, die trotz origineller neuer Denkansätze der Freudschen Triebtheorie verhaftet bleiben – wie Winnicott, Balint, M. Khan u. a.

[6] Bange (1992, S. 50) weist auf eine Reihe von Autorinnen und Autoren hin, die mit seiner Auffassung einig gehen: D. Finkelhor: Sexually Victimized Childen. New York 1979, S. 50 f und Dr. Finkelhor (Hg.): Child Sexual Abuse. New Theory and Research. New York/London 1984, S. 17 f; J.M. Fegert: Sexueller Mißbrauch von Kindern. In: Praxis der Kinderpsychologie und Kinderpsychiatrie. 36/1987, S. 167; K. Abelmann-Vollmer: Herrschaft und Tabu. In: Kinderschutz aktuell 2/1989, 6; M. Hirsch, Realer Inzest. Berlin 1990, 2. 9 ff.

[7] Vgl. Sexueller Mißbrauch von Kindern – Maßnahmen gegen Kinderpornographie. In: Lehrerzeitung Baden-Württemberg, Nr. 22 vom 23.11.91.

[8] Vgl. A. Mitscherlich (1992, S. 260); Bischof (1985, S. 28); Hirsch (1987, S. 2); Rijnaarts (1991, S. 31).

[9] Vgl. auch: S 2 Forum vom 26.8.1997 zum Thema: Multiple Persönlichkeit. Nach amerikanischen Untersuchungen sind 10 % aller Familien Inzestfamilien.

[10] Zu Gerichtsverhandlungen siehe M. H. Friedrich, Tatort Kinderseele. Sexueller Mißbrauch und die Folgen. Wien 1998.

[11] Zur Literatur in diesem Jahrhundert, die Ausgangspunkt verschiedener Mythen über den Täter und die Tätermotivation wurden, vgl. Rijnaarts (1991, S. 143); Bange (1992, S. 23 ff).

[12] Zu Täuschung und Doppelleben siehe Goffman (1979, S. 94 ff); zu Techniken der Informationskontrolle (ebd., S. 116 ff).

[13] Vgl. Marquit (1986, S. 122); Armstrong (1985, S. 229 f); Masters und Johnson (1990, S. 429); Bange (1992, S. 121).

[14] Zu sexueller Gewalt gegen Jungen vgl. Böhnisch und Winter (1993, S. 208 ff).

[15] Zu Einzelmerkmalen bei Kindern, die sexuellen Mißbrauch erleben vgl. Wirtz (1991, S. 76); Fegert (1990, S. 167, 170 ff).

[16] Zum Geburtstrauma vgl. vor allem Janov (1992 und 1993) sowie Grof (1989).

[17] Zu den genannten Merkmalen vgl. Mitnick (1986, S. 83 ff); Steinhage (1989); Masters und Johnson (1990, S. 469); Bange (1992, S. 152 ff, 176 ff); Ferenczi (1982, S. 309); Woititz (1993, S. 55 f); M. Hirsch (1987, S. 165); Wirtz (1991, S. 88 ff); Wölfl (3/94, S. 7).

[18] Psychologie Heute, o.A., 12/92, S. 12; vgl. auch S. Sanides, G. Miketta in: Focus, 46/94 S. 195 – 201.

[19] Rijnaarts (1991, S. 309); M. Hirsch (1987, S. 165); Wirtz (1991, S. 111 ff).

[20] Jäckel (1988, S. 147); vgl. Rush (1991, S. 34). Rushs Quelle ist The National Abortion Rights Action League, The Facts About Rape and Incest, Washington, D.C..

[21] Selbstmord ist (nach Verkehrsunfällen) bei den unter 20-jährigen zweithäufigste Todesursache. Vgl. Fasel (39/95, S. 153).

[22] Vgl. die Autobiographie einer multiplen Persönlichkeit: „Aufschrei" von T. Chase (1991).

[23] Fromm (1995, S. 87 f) würdigt die Bedeutung Laings als eines radikalen Humanisten, der „neues Licht auf die zwischenmenschlichen Erfahrungen Schizophrener" in der Familie geworfen habe.

Anmerkungen zu Teil II

[1] Zum Thema Vergewaltigung s. vor allem: Brownmiller, „Gegen unseren Willen"; Scully, „Understanding Sexual Violence"; Wyre und Swift, „Die Täter"; Engelfried, „Was tun mit den Männern?"

[2] Ihr Buch „Die erfüllte Frau" (o.J.) stammt nach telefonischer Auskunft des GoldmannVerlagens aus den 60iger Jahren dieses Jahrhunderts.

[3] Vgl. Jacques Lacan, La signification du Phallus in: Ecrits, Seuil, 1966 (dt.: Schriften, Walter Verlag, Olten, Freiburg im Br. 1980, p. 685695). Lacan wurde mit seiner Phallus-Theorie zwischen 1960 und 1970 sehr beachtet.

[4] Zur Auseinandersetzung mit der Triebtheorie und mit Lorenz vgl. auch Nolting (1992, S. 49 ff); Maslow (1981, S. 55, 110 ff, 121, 159).

[5] Die Kernaussage der Fabel von der kleinen Maus („Kleine Fabel", Kafka) gleicht dieser Überzeugung. Das Sicherheitsbedürfnis hindert die Maus daran, rechtzeitig einen anderen Weg zu finden und bringt sie in eine so ausweglose Lage, daß eine rettende Wahl nicht mehr möglich ist.

[6] Dazu zählen Wyre und Swift (1991, S. 30 f); Armstrong (1985, S. 268); Rijnaarts (1991, S. 180); Masters und Johnson (1990, S. 441); Scully (1990, S. 7); Sgroi (1989, S. 1 f); Bange (1992, S. 57 ff).

[7] Vgl. Carnes (1983, S. 156); Wyre und Swift (1991, S. 30); Giddens (1993, S. 81, 137); Zukav (1990, S. 202); Maslow (1981, S. 357); Foucault (1991, S. 114).

[8] Novalis (1989, S. 298) hat die Natur als „Feindin ewiger Besitzungen" bezeichnet.

[9] Bettelheims Beobachtungen (vgl. 1971, S. 204) ist dagegen zu entnehmen, daß die in einem nichtpatriarchalischen Familiensystem aufwachsenden Kibbuzkinder im Alter zwischen 3 und 13 Jahren ausgesprochen glücklich wirken und ein gutes Selbstwertgefühl zeigen. Es stellt sich somit die Frage nach den verbreiteten schweren Traumatisierungen von Kindern in unserer Kultur.

[10] Zur Erläuterung seines Modells der verschiedenen Bewußtseinsstufen macht Wilber (1995, S. 167 f) auf Analogien zu anderen Systemen aufmerksam. Die Bedürfnispyramide Maslows gehört dazu. Wilber stellt folgende Zuordnung auf: Die archaische Stufe des Bewußtseins entspreche den physiologischen und die magische Stufe den Sicherheitsbedürfnissen. Die mythische Stufe entspreche dem Bedürfnis nach Zugehörigkeit, die rationale dem nach Selbstachtung, die psychische Stufe dem nach Selbstverwirklichung und die feinstoffliche dem Bedürfnis nach Selbst-Transzendenz.

[11] Intensiv mit dem Maslowschen Verständnis der Selbstverwirklichung und dem Konzept des „Wesenskerns" hat sich in neuerer Zeit Schorsch (1988, S. 50 ff, 167) auseinandergesetzt.

[12] Ein literarisches Beispiel für eine innere Organisation, in der die psychischen Bereiche auseinanderklaffen, ist Kafkas „Schloß" (vgl. Robert 1985, S. 179 f).

[13] Der Kommunitarismus in Amerika, als das Streben nach Wiedererweckung des Gemeinschaftsleben, beruht u.a. darauf, sich nicht mehr auf die Versorgerposition des Staates, sondern sich aufeinander zu verlassen und die zwischenmenschlichen Interaktionen humaner zu gestalten (vgl. Schulfunksendung S 2 am 30.10.96).

[14] Zur Auseinandersetzung mit dem Problem der Muße vgl. auch Jonas (1984, S. 353 ff).

[15] Zur Verzahnung von körperlicher, seelischer und sexueller Gewalt in der Familie vgl. auch Wyre und Swift (1991, S. 70); Bange (1992, S. 135); Petri (1992, S. 147).

[16] Zur Kindheit im viktorianischen Zeitalter mit seiner Kinderprostitution, dem Mädchenhandel und dem Kampf von Frauen gegen diese Zustände vgl. Rush (1991, S. 103 ff).

[17] Vgl. A. Mitscherlich (1992, S. 93, 152 f, 244); Johnson (1987, S. 51); Neumann (1990, S. 45); G. H. Mead (1969, S. 72).

[18] Zum Problem der Verantwortung vgl. auch Badinter (1993, S. 184 ff), die in ihrem „Porträt des weichen Mannes" den Zustand des an seine Mutter gebundenen Mannes beschreibt.

[19] Vgl. hierzu Badinter (1987, S. 255); A. Mitscherlich (1992, S. 307); Fromm (1979, S. 100 f); Olivier (1980, S. 199).

[20] Zur Narzißmusforschung weist May (1983, S. 164) auf Erikson, Jung, Rank, Adler, Kernberg und Kohut und insbesondere auf Sullivan hin.

[21] Vgl. Wyre und Swift (1991, S. 106). Zum Kontrollsystem bei Perversionen vgl. auch Khan (1983, S. 67 f).

[22] Degen bezieht sich auf das Buch „Testosteron" von E. Nieschlag und H.M. Bhere, Springer Verlag, Berlin 1991.

[23] Eine Zusammenfassung der Thesen Freuds (sowie der seiner Nachfolger und seiner Kritiker) zur Sexualität findet sich bei Bange (1992, 12 ff).

Anmerkungen zu Teil III

[1] Schmidbauer (1976, S. 159 ff) bietet aus pädagogischer Sicht einen guten Überblick über die Parallele zwischen der Entwicklung des Individuums und der Evolutionsgeschichte der Menschheit.

[2] Der >Homo faber< von Max Frisch ist der Prototyp des kühlen Technokraten, der meint, alles sei rational planbar. Er gerät in Situationen, die das Gegenteil beweisen und von irrationalen Kräften bestimmt werden. Zu diesen Situationen gehört bezeichnenderweise der – unbewußte – Vater-Tochter-Inzest.

[3] Frauen in matrilinearen Kulturen haben immer vergleichsweise wenige Kinder (vgl. Heinsohn und Steiger 1990, S. 222). Das ist ein weiterer Hinweis auf die Selbstbestimmung von Frauen und ihre Sorge um das Wohlergehen von Kindern.

[4] Bruce Chatwin bietet in seinem Buch „Traumpfade" – über die australischen Aborigines – eine Fülle von Anregungen, diese Gedanken weiter zu verfolgen.

[5] Ein literarisches Beispiel für ein Menschenopfer unserer Zeit ist Kafkas >Die Verwandlung<. Gregors Eltern und seine Schwester nutzen seine Hingabe- und Opferbereitschaft aus. Sie lassen sich von ihm unterhalten, obwohl sie alle fähig wären, selber für ihren Unterhalt zu sorgen. In der Verwandlung Gregors in einen Tierleib, in einen Käfer, schlägt sich äußerlich sichtbar der fortgesetzte Verfall seiner menschlichen Existenz nieder. Um den nunmehr nutzlosen und lästigen „Käfer" loszuwerden, bewirft der Vater ihn, und das verursacht seinen Tod. Der Vater verjüngt sich zusehends, die Familie atmet auf, der Familienfriede ist wieder hergestellt. Im Sterben bejaht Gregor sein Opferdasein und seinen Tod für die Familie.

[6] Um Sicherheit, die das Über-Ich-Gewissen und Autoritäten gewähren, sowie um Befreiung von Eigenverantwortung geht es im >Großinquisitor< (Dostojewski). Das Über-Ich-Gewissen wird durch den Großinquisitor und die Kirche verkörpert, das höhere Gewissen, das aus der inneren Mitte kommt, durch Jesus Christus und seine Lehren.

[7] Beispielhaft für die Abwertung des weiblichen Körpers ist die Forderung der katholischen Kirche, nach der Entbindung müsse die Frau „in einem besonderen liturgischen Akt der >Aussegnung< wieder für kultisch rein erklärt werden"; dieser Brauch hatte bis in die sechziger Jahre des 20. Jahrhunderts Gültigkeit (Greinacher 1992, S. 85; vgl. auch Ranke-Heinemann 1988, S. 30).

[8] Zur Situation in den mittelalterlichen Städten vgl. Ennen „Frauen im Mittelalter" und Beuys (1980, S. 16, 118 ff).

[9] Zum sozialen Wandel von der auf wirtschaftlichen und juristischen Grundlagen beruhenden Eheform hin zur Liebesehe vgl. Schenk (1987, S. 14 und 145 ff, zur Ehewirklichkeit im 18. und 19. Jh. vgl. ebd., S. 67 ff).

[10] Gehlen bezieht sich in seinen Überlegungen auf Ilse Schwidetzki. Schwidetzkis Ansicht nach gewähren Institutionen mit ihren „gesellschaftlich sanktionierten Verhaltensmustern ... eine Entlastung von allzu vielen Entscheidungen, einen Wegweiser durch die Fülle von Eindrücken und Reizen, von denen der weltoffene Mensch überflutet wird" (Ilse Schwidetzki, Fischer-Lexikon >Anthropologie< 23 zit. nach Gehlen 1961, S. 71).

[11] Demgegenüber meint C. G. Jung: „Man lebt nämlich ohne eine gewisse Gefährdung seiner geistigen Gesundheit nicht zu lange (...) im Schoß der Familie. Das Leben ruft den Menschen hinaus zur Selbständigkeit" (C.G. Jung, GW 5, § 461, zit. nach Covitz 1992, S. 38).

[12] Die emotionale Verkümmerung von Männern beweist eine Untersuchung, die in den USA an 200 Männern und Frauen durchgeführt wurde. Zweidrittel der befragten Männer gab an, keinen engen Freund zu haben (vgl. Giddens 1993, S. 140).

[13] Vgl. inbesondere die §§ 61, 62, 67, 68 74, 205, 211, 230 sowie das Nachwort in: Theodor Fontane, Effi Briest, 1979, S. 278 ff; vgl. auch Beuys (1980, S. 338 f).

[14] Vgl. M. Mitscherlich (1985, S. 72, 88); Wieck (1987, S. 59); Rerrich (1988, S. 145); Pilgrim (1986a, S. 12).

[15] „Triangulierung", von einem Mitarbeiter Margaret Mahlers als wichtiges Moment in der kindlichen Entwicklung bezeichnet, hat nichts mit dem ödipalen Dreieck zu tun und bedeutet, daß das Kind sich „im Sinne einer Erweiterung der primären Mutter-Kind-Einheit" dem Vater zuwendet (M. Mitscherlich 1985, S. 56. Über den Zusammenhang von Triangulierung, fehlendem Vater und männlicher Sozialisation vgl. auch Böhnisch und Winter (1993, S. 60 und 63 ff).

[16] Gay bezieht sich auf eine Untersuchung des Soziologen Othmar Spann, Die geschlechtlich-sittlichen Verhältnisse im Dienstboten- und Arbeiterinnenstande, gemessen an der Erscheinung der unehelichen Geburten, Zeitschrift für Sozialwissenschaft VII 1904, S. 287 - 303.

[17] St.-Exupéry äußerte die Ansicht, die bürgerliche Sicherheit hindere den Menschen an der Entwicklung eines erweiterten Bewußtseins (>Wind, Sand und Sterne< 1989, S. 19).

[18] Obwohl die Hausarbeit überwiegend der Frau zukommt, auch wenn sie außer des Hauses arbeitet, bezeichnen berufstätige Frauen ihr Leben – trotz Überforderung – als zufriedenstellender als Nur-Hausfrauen (Vgl. Bundeszentrale für politische Bildung (Hrg.) 4/85, S. 23 und 26).

[19] Hitler hat im Begriff der „Volksgemeinschaft" sehr gezielt die Sehnsüchte der Menschen nach wirklicher Gemeinschaft angesprochen.

[20] Vgl. auch R. Walther (8/93, S. ZB 3), der sich mit Elias` und Dürrs Thesen beschäftigt.

[21] Heinsohn und Steiger (1990, S. 254) zufolge hat Freud nicht gewußt, woher das Onanieverbot stammt. Er habe „die Liste der mit Todesstrafen belegten Sexualdelikte aus den Gesetzen von 1507 und 1532 nicht" gekannt.

[22] Auch Huxleys >Eiland< (1992, vgl. vor allem S. 110 ff) und Dostojewskis >Traum eines lächerlichen Menschen< schildern solche – allerdings fiktive – Gesellschaften, in denen Kinder in einem Netz von Beziehungen und damit Ausweichmöglichkeiten von den Eltern und einem größeren Angebot an Rollenvorbildern heranwachsen. Vgl. zu diesem Thema auch Pilgrim (1986a, S. 98) und Giddens (1993, S.145).

Anmerkungen zu Teil IV

[1] Dieser Gedanke findet sich später bei Freud und in der psychoanalytischen Praxis der Freudianer wieder. Dabei habe Freud selbst, so Groult (1975, S. 133), diese Ansicht am Ende seines Lebens in Frage gestellt.

[2] Vgl. S 2 Studio Heidelberg, Schulfunksendung: Bis daß der Tod uns scheidet. Beziehungskisten, 18.12.1992.

[3] Esslinger Zeitung vom 30./31.1.1993, S. 28: Bis daß der Tod euch scheidet?.

[4] Vgl. auch Wieck (1987, S. 90 ff), der sich besonders mit der Sucht des Mannes nach der Frau beschäftigt.

[5] Vgl. Foreitnik (1952, S. 7); vgl. zu diesem Thema auch (Weber 1991, S. 174) und Beuys (1980, S. 87).

[6] Zum Scheidungsverbot vgl. auch Rive (1921, S. 112 ff); Tischler (1925, S. 22).

LITERATURVERZEICHNIS

Abelmann-Vollmer, K.: Herrschaft und Tabu. Gesellschaftliche Bedingungen sexueller Ausbeutung von Kindern in der Familie. In: Kinderschutz aktuell 2/89

Adler, A.: Menschenkenntnis. Frankfurt/M 1966

Alberoni, F./Veca, S.: Die neue Moral der Liebe. Ein Manifest. München, Zürich 1990

Aliti, A.: Die Sucht, unsterblich zu sein. Stuttgart 1991

Anders, G.: Die Antiquiertheit des Menschen Bd I: Über die Seele im Zeitalter der zweiten industriellen Revolution. München 1988/7

..............: Die Antiquiertheit des Menschen Bd II: Über die Zerstörung des Lebens im Zeitalter der dritten industriellen Revolution. München 1981/2

Argyle, M.: Soziale Interaktion. (Hrg. Graumann, C.F. Köln 1972)

Ariès, P.: Das Kind und die Straße – von der Stadt zur Anti-Stadt. In: Freibeuter. Berlin 6/94

Armstrong, L.: Kiss Daddy Goodnight. Aussprache über Inzest. Frankfurt/M 1985/1

Asper, K., u.a.: Mutterträume, Vaterträume. Olten 1990

Backe, L. u.a. (Hrg.): Sexueller Mißbrauch von Kindern in Familien. Köln 1986

Badinter, E.: Die Mutterliebe. Geschichte eines Gefühls vom 17. Jahrhundert bis heute. München 1992.5 (1981)

..............: XY. Die Identität des Mannes. München 1993

..............: Ich bin Du. Die neue Beziehung zwischen Mann und Frau oder Die androgyne Revolution. München 1987

Bancroft, J.: (unter Mitarbeit von Myerscough, P.): Grundlagen und Probleme menschlicher Sexualität. Stuttgart 1985

Bange, D.: Die dunkle Seite der Kindheit – Sexueller Mißbrauch an Mädchen und Jungen. Ausmaß – Hintergründe – Folgen. Köln 1992

..............: Jungen werden nicht mißbraucht – oder? In: Psychologie Heute 1/90

..............: Ausmaß des sexuellen Mißbrauchs an Kindern. Ein Überblick über den internationalen Forschungsstand. In: Zeitschrift für Jugendschutz und Erziehung Nr. 1, 2/92

Bartels, V.: Konzepte der Beratung sexuell mißbrauchter junger Menschen – eine Herausforderung für das ganzheitliche Verständnis. In: EB-Forum (Erziehungsberatung), Heft 3, 12/92

Bateson, G. u.a.: Auf dem Weg zu einer Schizophrenie-Theorie. In: Bateson, G. u.a.: Schizophrenie und Familie. Theorie 2. (Hrg. Blumenberg, H. u. a.). Frankfurt 1969

Baumgart, H.: Die Bedeutung der >anderen< für die Ehefrau – Erfahrungen aus der Eheberatung. In: Flitner, E. und Valtin, R. (Hrg.): Dritte im Bund: Die Geliebte, Reinbek bei Hamburg 1987

Beck, U.: Risikogesellschaft. Auf dem Weg in eine andere Moderne. Frankfurt/M 1986/1

Beck/Beck-Gernsheim: Das ganz normale Chaos der Liebe. Frankfurt/M 1990

Bell, Qu.: Virginia Woolf – Eine Biographie. Frankfurt/M 1977

Bennholdt-Thomsen, V. (Hrg.): Juchitán. Stadt der Frauen – Vom Leben im Matriarchat. Reinbek bei Hamburg 1994

Bentovim, A.: Understanding the Phenomenon of Sexual Abuse – A Family Systems View of Causation. In: Bentovim, A. (Ed.) u.a.: Child Sexual Abuse within the Family: Assessment and Treatment. London u.a. 1990a

Bentovim A. u. a.: The Results of Treatment. In: Bentovim, A. (Ed.) u.a.: Child Sexual Abuse within the Family: Assessment and Treatment. London u. a. 1990b

Berger, P. L.: Einladung zur Soziologie. München 1979.2

Berne, E.: Spiele der Erwachsenen. Psychologie der menschlichen Beziehungen. Reinbek bei Hamburg 1982/1967

Bertling, A.: Zum Dulden verdammt. In: Psychologie Heute 5/93

Bettelheim, B.: Die Kinder der Zukunft. Gemeinschaftserziehung als Weg einer neuen Pädagogik. Wien – München – Zürich 1971

Beuys, B.: Familienleben in Deutschland – Neue Bilder aus der deutschen Vergangenheit. Reinbek bei Hamburg 1980

Biedermann, H.: Die Großen Mütter – Die schöpferische Rolle der Frau in der Menschheitsgeschichte. München 1989

Bieler, M.: Still wie die Nacht. Memoiren eines Kindes. Hamburg 1989

Bischof, N.: Das Rätsel Ödipus. Die biologischen Wurzeln des Urkonflikts von Intimität und Autonomie. München 1985

Bittner, G.: Die Geliebte als magische Vervollständigung. In: Flitner, E./Valtin, R. (Hrg.): Dritte im Bund: Die Geliebte. Reinbeck bei Hamburg 1987

Blixen, T.: Ehrengard. Frankfurt/M 1986

Böhnisch, L.: Gespräch mit Lothar Böhnisch u.a.: Jungensozialisation. Ein Alltag ohne Vater. In: Zeitschrift für Erziehung und Wissenschaft 2/94

Böhnisch, L./Winter, R.: Männliche Sozialisation – Bewältigungsprobleme männlicher Geschlechtsidentität im Lebenslauf. Weinheim, München 1993

Du Bois, R.: Sexopfer Kind: In jeder zehnten Familie. Der Teckbote vom 12.4.97

Bornemann, E.: Therapie für Pädophile. In: Psychologie Heute 1/90

Boss, M.: Sinn und Gehalt der sexuellen Perversionen. Ein daseinsanalytischer Beitrag zur Psychopathologie des Phänomens der Liebe. Frankfurt 1984

Bovenschen, S.: Die imaginierte Weiblichkeit – Exemplarische Untersuchungen zu kulturgeschichtlichen und literarischen Präsentationsformen des Weiblichen, Frankfurt/ 1980.2

Bradshaw, J.: Scham und das innere Kind. In: CAS-Magazin für ein gesundes und erfülltes Leben. Friedrichsdorf 7/94

Bräuer, G.: Das Finden als Moment des Schöpferischen. Tübingen 1966

Bräutigam, H.H.: Rettung aus der Steckdose. In: DIE ZEIT Nr. 46, vom 6.11.92

Von Braun, Ch.: Blick und Berührung. In: Die Aula, SWF 2 vom 10.4.1994

Braun, W.: Der Vater im familiären Erziehungsprozeß. Beiträge zu einer pädagogischen Jugendtheorie. Bad Heilbronn 1980

Von Braunmühl, E.: Zur Vernuft kommen – Eine Anti-Psychopädagogik. Weinheim, Basel 1990

Breitenbach, E.: Wut, Ekel, Schuldgefühle. Die Situation von Müttern sexuell mißbrauchter Mädchen. In: Psychologie Heute 2/93

Breitling, G.: Die Geschöpfe des Pygmalion. In: Flitner, E./Valtin R. (Hrg.): Dritte im Bund: Die Geliebte. Reinbeck bei Hamburg 1987

Brogger, S.: ... sondern erlöse uns von der Liebe, Reinbek bei Hamburg 1980

Brownmiller, S.: Gegen unseren Willen. Vergewaltigung und Männerherrschaft. Frankfurt/M 1992/1975

Bründel, H./Hurrelmann, K.: Hilflosigkeit, Züchtigung, Mißbrauch – Die Familie als Ort der Gewalt. In: SCHÜLER '96: GewaltLösungen. Seelze

Brunotte, U.: Angstlust und Ritual. Probleme des Erwachsenwerdens und die Rolle der Initiation. In: Freibeuter. Berlin Juni 1994

Buber, M.: Pfade in Utopie – Über Gemeinschaft und deren Verwirklichung. Heidelberg 1985

Büch, B.: Das Tollhaus. Reinbek bei Hamburg 1989

Bullens: Die meisten sind ekelhaft normal. In: DIE WOCHE vom 15.8.97, S. 30

Bundesministerium für Frauen und Jugend, Schriftenreihe Band 8: Umfeld und Ausmaß des Menschenhandels mit ausländischen Mädchen und Frauen. Stuttgart 1992

Bundeszentrale für politische Bildung (Hrg.): Die Familie in der Bundesrepublik Deutschland. Informationen zur politischen Bildung 4/85

Burkart, G.: Zum Strukturwandel der Familie – Mythen und Fakten. In: Aus Politik und Zeitgeschichte – Beilage zur Wochenzeitung Das Parlament vom 22.12.95

Busch-Lüty, Ch.: LEBEN UND ARBEITEN IM KIBBUZ: Aktuelle Lehren aus einem achtzigjährigen Experiment. Köln 1989

Carnes, P.: Zerstörerische Lust. Sex als Sucht. München 1983./2

Cayce, E.: Über Sexualität und Erleuchtung (Hrg. Puryear). o.O. 1989

Chia, M.: TAO YOGA der Liebe. Interlaken 1985

Chase, T.: Aufschrei. Bergisch-Gladbach 1991/19

Chatwin, B.: Traumpfade. München, Wien 1991

Claessens, D./Milhoffer, P. (Hrg.): Familiensoziologie – Ein Reader als Einführung. Frankfurt/M 1973

Claessens, D./Menne, W.: Zur Dynamik der bürgerlichen Familie und ihrer möglichen Alternativen. In: Claessens, D./Milhoffer, P. (Hrg.): Familiensoziologie – Ein Reader als Einführung. Frankfurt/M 1973

Constabel, S.: Referat vor dem Arbeitskreis „Sexuelle Gewalt gegen Mädchen/Kinder" in Esslingen am 12.6.1996

Cooper, D.: Der Tod der Familie. Reinbek bei Hamburg 1972

Covitz, J.: Der Familienfluch. Seelische Kindesmißhandlung. Olten 1992

Däumling, A.M.: Neurose als Krankheit oder Reifungsimpuls. In: Der zielfreie Weg (Hrg. Graf Dürckheim, K.). Freiburg 1982

Degen, R.: Hormone und Verhalten. In: Psychologie Heute 2/92

..............: Der Eros und die Gene. In: Psychologie Heute 1/89

Denzler, G.: Die verbotene Lust – 2000 Jahre christliche Sexualmoral. München 1988

Dilloo: Wickel gegen Wallungen. In: ZEIT magazin vom 20.11.1992

Dostojewski, F.: Die Brüder Karamasoff. München 1958

..............: Tagebuch eines Schriftstellers. Notierte Gedanken. München 1992/6

Drechsler, H. u.a.: Gesellschaft und Staat – Lexikon der Politik, Baden-Baden 1971

Drewermann, E.: Kleriker, Psychogramm eines Ideals. Olten 1989

Dürckheim, K. Graf (Hrg.): Der zielfreie Weg. Im Kraftfeld initiatischer Therapie. Freiburg 1982

Dürr, H.-P.: Notzucht und Zivilisationsprozeß. In: Psychologie Heute 8/93

..............: Intimität – Der Mythos vom Zivilisationsprozeß, Bd. 2. Frankfurt/M 1990

Eckert-Groß, B.: Männer unter Verdacht. Interventionsarbeit mit Vätern, Verdächtigen und Tätern bei sexueller Gewalt gegen Kinder. In: ajs-informationen. Mitteilungsblatt der Aktion Jugendschutz. Stuttgart, April 1995.

Eggen, B.: Familie und Freizeit. In: Ministerium für Familie, Frauen, Weiterbildung und Kunst Baden-Württemberg (Hrg.): Familie heute – ausgewählte Aufsätze zur Situation der Familie in Baden-Württemberg. Stuttgart 1994

Ehrentreich, S./Trube-Becker, E.: Sexueller Mißbrauch an Mädchen und dessen Prävention. In: ÄRZTIN 12/91 – 1/92

Eliade, M.: Kosmos und Geschichte. Frankfurt/M 1994/1949

Elias, N.: Über den Prozeß der Zivilisation. Soziogenetische und psychogenetische Untersuchungen. Bd. I: Wandlungen des Verhaltens in den weltlichen Oberschichten des Abendlandes. Frankfurt/M 1976

Elton, A.: a/Assessment of Families for Treatment. b/Family Treatment – Treatment Methods and Techniques. In: Bentovim, A. (Ed.) u.a.: Child Sexual Abuse within the Family; Assessment and Treatment. London u.a. 1990b

Enders, U. (Hrg.): Zart war ich – BITTER WAR'S. Sexueller Mißbrauch an Mädchen und Jungen. Köln 1990

Engelfried, C.: Vergewaltigung. Was tun mit den Männern? Bestandsaufnahme und Analyse eines Männerproblems aus Frauensicht. Braunschweig 1990

Evers, L./Hahn, D.: Alternativen zur Ehe. In: Ostermeyer, H. (Hrg.): EHE – Isolation zu zweit? – Mißtrauensvoten gegen eine Institution. Frankfurt/M 1979

Fasel, Ch.: Selbstmord – >Wir hätten mehr reden müssen<. In: Stern Nr. 39/95

Fegert, J.: Ärztliche Diagnosemöglichkeiten in Klinik und Praxis. In: Enders, U. (Hrg.): Zart war ich – BITTER WAR'S. Sexueller Mißbrauch an Mädchen und Jungen. Köln 1990

Ferenczi, S.: Schriften zur Psychoanalyse. Bd. II. Frankfurt/M 1982

Flitner, E.: Verliebt, verlobt, verheiratet – und dann? – Soziologische Gedanken zum Arrangement der Geschlechter. In: Flitner, E./Valtin, R. (Hrg.): Dritte im Bund: Die Geliebte, Reinbek bei Hamburg 1987

Flitner, E./Valtin, R. (Hrg.): Dritte im Bund: Die Geliebte, Reinbek bei Hamburg 1987

Fontane, T.: Effi Briest, München 1979.2

Foreitnik, P.: Der Ehe Pflicht und Glück (Neubearbeitung von Josef Miller) Innsbruck 1952

Foucault, M.: Der Wille zum Wissen. Sexualität und Wahrheit 1. Frankfurt/M 1991/5

Fox, M.: Roots and Routes in Western Spiritual Consciousness. In: Fox, M. (Ed.): Western Spirituality – Historical Roots, Ecumenical Routes. Santa Fe, USA 1981

Fraser, S.: Meines Vaters Haus. Die Geschichte eines Inzests. Düsseldorf 1988

Freud, A.: Das Ich und die Abwehrmechanismen. Frankfurt/M 1985

Freud, S.: Freud, Sigmund, Psychoanalyse, Ausgewählte Schriften. (Hrg. Thom, A.) Leipzig 1984/3. [Drei Abhandlungen zur Sexualtheorie (1905). Meine Ansichten über die Rolle der Sexualität in der Ätiologie der Neurosen (1906). Selbstdarstellung (1925)].

..............: Zur Ätiologie der Hysterie (1896). In: Masson, J. M.: Was hat man dir, du armes Kind, getan? – Sigmund Freuds Unterdrückung der Verführungstheorie. Reinbek bei Hamburg 1986

Friedrich, M. H.: TATORT KINDERSEELE. Sexueller Mißbrauch und die Folgen. Wien 1998

Fromm, E.: Anatomie der menschlichen Destruktivität. Reinbek bei Hamburg 1977

..............: Die Entwicklung des Christusdogmas. Eine psychoanalytische Studie zur sozialpsychologischen Funktion der Religion (1930). In: Gesamtausgabe Bd. VI: Religion. Stuttgart 1980

..............: Die Seele des Menschen. Ihre Fähigkeit zum Guten und zum Bösen. Stuttgart 1979

..............: Die Entdeckung des gesellschaftlichen Unbewußten. München 1995

..............: Haben oder Sein. Die seelischen Grundlagen einer neuen Gesellschaft. München 1986/15

..............: Über die Liebe zum Leben. Rundfunksendungen. (Hrg. Schultz, H.J.). Stuttgart 1983

..............: Wege aus einer kranken Gesellschaft (1955a). In: Gesamtausgabe Bd IV: Gesellschaftstheorie. Stuttgart 1980

Gamm, H. J.: Anthropologische Untersuchungen zur Vater-Rolle, Essen 1965

Gay, P.: Die zarte Leidenschaft. Liebe im bürgerlichen Zeitalter. München 1987

Gaylin, W.: Von der Wiederkehr der Liebe. Was Liebe für unser Fühlen, Denken und Handeln in der heutigen Zeit bedeutet. Bern, München, Wien 1987

Gebser, J.: Ausgewählte Texte. München 1987

..............: Der unsichtbare Ursprung. Olten 1970.

..............: Ein Mensch zu sein. Betrachtungen über die Formen der menschlichen Beziehungen. Bern 1974

Gehlen, A.: Anthropologische Forschung. Zur Selbstbegegnung und Selbstentdeckung des Menschen. Reinbek bei Hamburg 1961

Giddens, A.: Wandel der Intimität. Sexualität, Liebe und Erotik in modernen Gesellschaften. Frankfurt/M 1993

Glade-Hassenmüller, H.: Gute Nacht, Zuckerpüppchen. Recklinghausen 1989

Glötzner, J./Glötzner, M.: Erziehungsziel: Heirat. In: Ostermeyer, H. (Hrg.): Ehe – Isolation zu zweit? Mißtrauensvotum gegen eine Institution. Frankfurt/M 1979

Godenzi, A.: Bieder, brutal – Frauen und Männer sprechen über sexuelle Gewalt. Zürich 1991/2

Götz, B.: Wider die Brandstifter von Rechts. (Überarbeitete Fassung eines Referats, das Prof. Dr. Götz am 15.12.1992 am Fachbereich Sonderpädagogik der PH Ludwigsburg/Sitz in Reutlingen, gehalten hat. In: bildung und wissenschaft. Juli/August 1993)

Goffman, E.: Stigma. Über Techniken der Bewältigung beschädigter Identität. Frankfurt/M 1979/3

Goldner, V.: Sowohl als auch. In: Familiendynamik. Interdisziplinäre Zeitschrift für Systemorientierte Praxis und Forschung. Heft 3 (Hrg. Stierlin, H. u.a.). Stuttgart, Juli 1993

Greinacher, N.: Erotik nicht verkümmert. In: SPIEGEL vom 21.12.92

Grof, S.: Auf der Schwelle zum Leben – Die Geburt: Tor zur Transpersonalität und Spiritualität. München 1989

Gronemeyer: Die Macht der Bedürfnisse – Reflexionen über ein Phantom. Reinbek bei Hamburg 1988

Groth, N. A.: The Incest Offender. In: Sgroi, S. M. u. a.: Handbook of clinical Intervention in child sexual abuse. Lexington (Mass., USA) 1989

Grotjahn, F.: „Helm ab zum Gebet!" Gewalt, ein christliches Thema. In: SDR – Kirche und Gesellschaft. Glaubensfragen. Manuskript der Sendung vom 23.10.94

Groult, B.: Ainsi soit-elle, Paris 1975

Gruen, A.: Der Verrat am Selbst. Die Angst vor Autonomie bei Mann und Frau. München 1986

..............: Anpassung als Sucht. In: S 2 Eckpunkt vom 4./5.5.1994.

Gutjahr, K./Schrader, A.: Sexueller Mädchenmißbrauch. Köln 1990

Habermas, R.: Selten ernst genommen – „Zwischen Salon und Mädchenkammer": Ingrid Schraubs Geschichte der Frauen im 19. Jh. In: DIE ZEIT vom 25.12.92

Hänel, K.: Interview mit Hänel (1/1992). In: Zeitschrift GESTALT, Franfurt/M 4/1992 - 3/1993

Härtling, P.: Nachgetragene Liebe. Darmstadt/Neuwied 1980

Heiliger, A./Engelfried, C.: Sexuelle Gewalt. Männliche Sozialisation und potentielle Täterschaft, Frankfurt/M 1995

Heine-Wiedenmann, D. u.a.: Umfeld und Ausmaß des Menschenhandels mit ausländischen Mädchen und Frauen. Schriftenreihe des Bundesministers für Frauen und Jugend, Bd. 8. Stuttgart 1992

Heinsohn, G./Steiger, O.: DIE VERNICHTUNG DER WEISEN FRAUEN – Hexenverfolgung Kinderwelten Bevölkerungswissenschaft Menschenproduktion. 1989.4

Hellinger, B.: „Wenn man den Eltern Ehre erweist, kommt etwas tief in der Seele in Ordnung" – Ein Gespräch mit Bert Hellinger über den Einfluß der Familie auf die Gesundheit und Werte und Ziele seiner umstrittenen Therapie. In: Psychologie Heute 6/95

Henrichs, B.: Sodom und Manhattan. In: DIE ZEIT vom 28.8.92

Herriger, C.: >Männer weinen nicht<. Die programmierte Impotenz des Mannes. München 1990/2

Herrmann, U.: Vom „ganzen Haus" zur Kernfamilie – Zum Struktur- und Funktionswandel der Familie in der Moderne – In: Landeszentrale für politische Bildung Baden-Württemberg (Hrg.): Der Bürger im Staat. 3/89

Herz, O.: Die Schule neu denken – Radikale Schulreform – zu Hartmut von Hentigs aktuellem Buch. In: Zeitschrift Erziehung und Wissenschaft 4/94, S. 10 – 14

Heuer, M.: Stockholm: Weltkongreß gegen sexuelle Ausbeutung von Kindern. Der Aktionsplan – nur ein erster Schritt. In: terre des hommes 5/96

Hirsch, H.: Siegesparade der Überlegenen. In: DIE ZEIT Nr. 51/1992

Hirsch, M.: Realer Inzest. Psychodynamik des sexuellen Mißbrauchs in der Familie. Berlin, Heidelberg 1987

Hoffmann, J.: Die Lüge vom coolen Jungen. Jungensozialisation. In: Zeitschrift Erziehung und Wissenschaft, 2/94

Holl, A.: Jesus in schlechter Gesellschaft. Stuttgart 1971

Holman, P.L.: Inzest, Alkoholismus, Drogenabhängigkeit. In: Backe, L. u.a. (Hrg.): Sexueller Mißbrauch von Kindern in Familien. Köln 1986

Holst, E. u.a.: Arbeitsplatz Babystrich. In: Stern Nr. 43 vom 21.10.93

Horkheimer, M.: Die Zukunft der Ehe. In: Krise der Ehe? Eine Sendereihe des Süddeutschen Rundfunks. Das Heidelberger Studio. Leitung: J. Schlemmer, 36. Sendefolge. München 1966

Huber, A.: Macht und Unterwerfung. Männer vergewaltigen Männer. In: Psychologie Heute, 9/89

Hüper, A.: Alltag der Geliebten. In: Flitner und Valtin (Hrg.): Dritte im Bund: Die Geliebte. Reinbek bei Hamburg 1987

Hurrelmann, K.: Die Kindheitstage sind gezählt. In: Zeitschrift Erziehung und Wissenschaft 1/99

Huxley, A.: Schöne Neue Welt. Frankfurt 1992/1932

Illich, I.: Selbstbegrenzung. Eine politische Kritik der Technik. Reinbek bei Hamburg 1980.

..............: Entschulung. München 1972

Iskenius, U.: Wie sie zeigen, was sie fühlen ... Panik, Resignation und Verwirrung sexuell ausgebeuteter Kinder. Erfahrungen aus der Praxis. In: ajs-informationen. Mitteilungsblatt der Aktion Jugendschutz Nr. 4, 8/91

Jäckel, K.: Inzest. Tatort Familie. Rastatt 1988

Jaeggi, E.: Erziehung als Gewaltakt: die ganz normale Familie. In: Gewalt und Erziehung. (Hrg. Feldmann-Bange, G. und Krüger, K.-J.). Bonn 1986

Jahnn, H.H.: Perrudja (1929). In: Werke und Tagebücher. Bd I: Romane. Hamburg 1974

Janov, A.: Das befreite Kind. Grundsätze einer primärtherapeutischen Erziehung. Frankfurt/M., 1990/1977

..............: Der Urschrei. Ein neuer Weg der Psychotherapie. Frankfurt/M 1992/1973

..............: Der neue Urschrei. Fortschritte in der Primärtherapie. Frankfurt/M 1993

Jonas, H.: Das Prinzip Verantwortung. Versuch einer Ethik für die technologische Zivilisation. Frankfurt/M 1984

Johnson, R. A.: Traumvorstellung Liebe. Der Irrtum des Abendlandes. München 1987

Jungjohann, E. E.: Zum Thema: Kindesmißhandlung und sexueller Mißbrauch: Das häufigste Syndrom im Kindesalter? – Vortrag im Rahmen der Jahrestagung der AG Kinder- und Jugendgynäkologie e.V. in Stuttgart vom 26.- 28.3.1993

Von Jüchen, A.: Jesus Christus und die Tabus der Zeit. Stuttgart 1981

Kafka, F.: Sämtliche Erzählungen, Frankfurt 1981

..............: Das Kafka-Buch, (Hrg. Politzer, H.,) Frankfurt 1981

Katechismus der Katholischen Kirche. München 1993

Kavemann, B.: Sexueller Mißbrauch im Kindesalter. In: Walter, J. (Hrg.): Sexueller Mißbrauch im Kindesalter. Heidelberg 1989

..............: Sexuelle Gewalt gegen Mädchen – die Familie als Lebensrahmen, als Ort der Gewalt und als Objekt der Intervention. Manuskript einer öffentlichen Veranstaltung. 1992

Kavemann, B./Lohstöter, I.: Väter als Täter. Reinbek bei Hamburg 1984

Keen, S.: Die Lust an der Liebe. Leidenschaft als Lebensform. Weinheim und Basel 1985/2

Keleman, S.: Somatische Initiation. In: Graf Dürckheim, K. (Hrg.): Der zielfreie Weg. Im Kraftfeld initiatischer Therapie. Freiburg 1982

Khan, M. M. R.: Entfremdung bei Perversionen. Frankfurt/M 1983

Kline, D. F./Kline, A. C.: The Disabled Child and Child Abuse. In: National Committee for Prevention of Child Abuse (NCPCA). Chicago, USA 1988/2

Klös, E.: In: Dokumentation „Frauensucht", (Hrg. Frauenreferat der Stadt Filderstadt in Zusammenarbeit mit dem Landkreis Esslingen). November 1994

Koestler, Arthur, Der Mensch – Irrläufer derEvolution. Bern, München 1978

Köhler, H.: „Schwierige" Kinder gibt es nicht – Plädoyer für eine Umwandlung des pädagogischen Denkens, Stuttgart 1997/3

Korczak, J.: Das Recht des Kindes auf Achtung. Göttingen 1970

Küng, H.: CREDO, Das Apostolische Glaubensbekenntnis für Zeitgenossen erklärt. München 1992

Laing, R. D.: Das Selbst und die Anderen. Reinbek bei Hamburg 1982

..............: Die Politik der Familie. Reinbek bei Hamburg 1979

Larson, N.R.: Familientherapie mit Inzestfamilien. In: Backe, L. u.a. (Hrg.): Sexueller Mißbrauch von Kindern in Familien. Köln 1986

Le Bon, G.: Psychologie der Massen. Stuttgart 1973

Lempp, R.: Bemerkungen zu Aggressivität und Sexualität am Beispiel des sexuellen Mißbrauchs von Kindern. In: Zeitschrift für Sexualforschung, 3. Jg., Stuttgart 1990

...............: Familie im Umbruch. München 1986

Lenz, I./Luig, U.: Frauenmacht ohne Herrschaft – Geschlechterverhältnisse in nichtpatriarchalischen Gesellschaften. Frankfurt/M 1995

Levend, H.: Ein Patriarchat ohne Väter ... In: Psychologie Heute, 2/92

Lévinas, E.: Ethik und Unendlichkeit. Gespräche mit Philippe Nemo. (Hrg. P. Engelmann). Wien 1986.3

Levold, T. u.a.: Gewalt in Familien – Systemdynamik und therapeutische Perspektiven. In: Familiendynamik. Interdisziplinäre Zeitschrift für Systemorientierte Praxis und Forschung. Heft 3 (Hrg. Stierlin, H. u.a.). Stuttgart, Juli 1993

Lidz, T. u.a.: Spaltung und Strukturverschiebung in der Ehe. In: Bateson, G. u.a.: Schizophrenie und Familie. Theorie 2. (Hrg. Blumenberg, H. u.a.). Frankfurt/ 1969

Lorenz, K.: Die acht Todsünden der zivilisierten Menschheit. München 1973

Lowen, A.: Der Verrat am Körper. Reinbek bei Hamburg 1985

...............: Liebe und Orgasmus. Persönlichkeitserfahrung durch sexuelle Erfüllung. München 1980

Malinowski, B.: Eine wissenschaftliche Theorie der Kultur. Frankfurt/M 1975/1944

...............: Magie, Wissenschaft und Religion u.a. Schriften. Frankfurt/M 1973/1948

Marcuse, H.: Triebstruktur und Gesellschaft. Frankfurt/M 1990/16.

Marquit, C.,: Der Täter. Persönlichkeitsstruktur und Behandlung. In: Backe, L. u.a. (Hrg.): Sexueller Mißbrauch von Kindern in Familien. Köln 1986

Maslow, A. H.: Motivation und Persönlichkeit. Reinbek bei Hamburg 1981/1954

Masson, J. M.: Was hat man dir, du armes Kind getan? – Sigmund Freuds Unterdrückung der Verführungstheorie, Reinbek bei Hamburg 1986

Masters, W. H./Johnson, V. E.: Liebe und Sexualität. Frankfurt/M, Berlin 1990

de Mause, L. (Hrg.): Hört ihr die Kinder weinen? Eine psychogenetische Geschichte der Kindheit. Frankfurt/M 1977

May, R.: Freiheit und Schicksal. Anatomie eines Widerspruchs. Stuttgart 1983

Mead, G. H.: Sozialpsychologie (Hrg. Strauss, A.). Neuwied und Berlin 1969

Mead, M.: Mann und Weib. Das Verhältnis der Geschlechter in einer sich wandelnden Welt. Hamburg 1958

Meckel, Ch.: Suchbild – Über meinen Vater. Düsseldorf 1980

Merian, S.: Vaters Hände. Frankfurt/M 1990

Merz, H.: Die verborgene Wirklichkeit. Geschichte einer Verstörung. Frankfurt/M 1988

Meyer, B.: Frauenpolitiken und Frauenleitbilder der Parteien in der BRD. In: Aus Politik und Zeitgeschichte. Beilage zur Wochenzeitung: Das Parlament vom 17.8.90

Milhoffer, P.: Weiberhaß und Liebens-Würdigkeit, Perspektiven einer antisexistischen Sexualerziehung. In: Die Unterrichtspraxis 1/94

Miller, A.: Das verbannte Wissen, Frankfurt/M 1988

..............: Du sollst nicht merken. Variationen über das Paradies-Thema. Frankfurt/M 1983

Ministerium für Familie, Frauen, Weiterbildung und Kunst Baden-Württemberg (Hrg.): Familie heute – ausgewählte Aufsätze zur Situation der Familie in Baden-Württemberg. Stuttgart 1994

Mitnick, M.: Inzestuös mißbrauchte Kinder. Symptome und Behandlungsmethoden. In: Bakke, L. u.a. (Hrg.): Sexueller Mißbrauch von Kindern in Familien. Köln 1986

Mitscherlich, A.: Auf dem Weg zur vaterlosen Gesellschaft. Ideen zur Sozialpsychologie. München 1992/18

Mitscherlich, M.: Die friedfertige Frau. Eine psychoanalytische Untersuchung zur Aggression der Geschlechter. Frankfurt/M 1985

Mitterauer/Sieder: Vom Patriarchat zur Partnerschaft. Zum Strukturwandel der Familie. München 1980

Mitterauer: Die Familie als historische Sozialform. In: Mitterauer/Sieder: Vom Patriarchat zur Partnerschaft. Zum Strukturwandel der Familie. München 1980

..............: Die Entwicklung zum modernen Familienzyklus. In: Mitterauer/Sieder: Vom Patriarchat zur Partnerschaft. Zum Strukturwandel der Familie. München 1980

Montagu, A.: Körperkontakt. Bedeutung der Haut für die Entwicklung des Menschen. Stuttgart 1988/5

Morgenstern, Ch.: Gesammelte Werke in einem Band. München 1965

Morin, E.: Das Räsel des Humanen. München 1974

Morrison, T.: Menschenkind. Reinbek bei Hamburg 1993

Moser, T.: Böse Kindheit, böser Blick. Manfred Bielers Roman „Still wie die Nacht" – die „Memoiren eines Kindes". In: DIE ZEIT Nr. 40 vom 29.9.1989

..............: Grammatik der Gefühle. Mutmaßungen über die ersten Lebensjahre. Frankfurt 1979

..............: Unerträgliche Einsamkeit. In: Psychologie Heute 2/92

..............: Verachtung, Wut und höllische Frömmigkeit. Mutmaßungen über Kinderschänder in und außerhalb der Familie. In: Süddt. Zeitung München vom 11.9.1996

Mulack, Ch.: Im Anfang war die Weisheit – feministische Kritik des männlichen Gottesbildes. Stuttgart 1988

Müther, J.: Gewalt gegen Kinder – Betrachtungen zur Phänomenologie und Ätiologie. In: Zeitschrift für Kriminalistik 7/91

Nabokov, V.: Lolita. Reinbek bei Hamburg 1959

Narciß, G. A.: Dank an die Mutter – Das Bild der Mutter durch die Jahrhunderte. Stuttgart 1969

Natur aktuell (o.A.): Verhaltensforschung: Inzest nur aus Versehen. In: Zeitschrift Natur 7/95

Neumann, E.: DAS KIND. Struktur und Dynamik der werdenden Persönlichkeit. Fellbach 1990

..............: Zur Psychologie des Weiblichen. Frankfurt/M 1983

Nolting, H.-P.: Lernfall Aggression. Wie sie entsteht – Wie sie zu vermindern ist. Ein Überblick mit Praxisschwerpunkt Alltag und Erziehung. Reinbek bei Hamburg 1992

Novalis: Dichtungen und Fragmente (Hrg. Träger, C.). Leipzig 1989/2

ÖTV-magazin (o.A.): >Das Leid ist nur schwer auszuhalten< – Beratungsstelle für mißbrauchte Kinder. 1/92

Olivier, Ch.: Jokastes Kinder. Die Psyche der Frau im Schatten der Mutter. Düsseldorf 1980

Ostermeyer, H. (Hrg.): EHE. Isolation zu zweit? Mißtrauensvoten gegen eine Institution. Frankfurt/M 1979

Oz, A.: Black Box. Frankfurt/M 1989

Palmowski, W.: Sexuelle Gewalt gegen Kinder. In: Zeitschrift für Heilpädagogik 4/94

Petri, H.: Umweltzerstörung und die seelische Entwicklung unserer Kinder. Zürich 1992

Picht, G.: Die Wertordnung einer humanen Umwelt. In: S 2, Kultur: Aula vom 2.6.94 (Der Vortrag wurde 1974 gehalten)

Pilgrim, V. E.: Dressur zum Bösen. Warum wir uns selber und andere kaputt machen. Reinbek bei Hamburg 1986a

..............: Muttersöhne. Düsseldorf 1986b

Plack, A.: Die Gesellschaft und das Böse – eine Kritik der herrschenden Moral. Frankfurt/M 1991/1965

..............: Ohne Lüge leben. Zur Situation des Einzelnen in der Gesellschaft. Kulmbach 1976

Plessner, H.: Die Frage nach der Conditio humana – Aufsätze zur philosophischen Anthropologie. Baden-Baden 1976

Popper, K. R./Eccles, J. C.: Das Ich und sein Gehirn. München 1991/10

Postman, N.: Das Verschwinden der Kindheit. Frankfurt/M 1993

Psychologie Heute (o.A.): Sexueller Mißbrauch: Wann aus Opfern Täter werden. 12/96

Puryear, H.B. (Hrg.): Edgar Cayce, Über Sexualität und Erleuchtung. o.O. 1989

Ranke-Heinemann, U.: Eunuchen für das Himmelreich. Katholische Kirche und Sexualität. Hamburg 1988

Rattner, J.: Psychologie der zwischenmenschlichen Beziehungen. Eine Einführung in die neopsychoanalytische Sozialpsychologie von H.S. Sullivan. Freiburg 1969

..............: Kafka und das Vaterproblem. Ein Beitrag zum tiefenpsychologischen Problem der Kinder-Erziehung. Interpretation von Kafkas „Brief an den Vater". München 1964

Reddemann, L.: „Ein kleines Paradies zu dritt ..." – Über den verbreiteten Wunschtraum, mit mehreren Partnern zu leben. In: Flitner und Valtin (Hrg.): Dritte im Bund: Die Geliebte. Reinbek bei Hamburg 1987

Redfield, J.: Die Prophezeiungen von Celestine. München 1994

Rerrich, M. S.: Balanceakt Familie – Zwischen alten Leitbildern und neuen Lebensformen. Freiburg 1988

Richard, G.: Die Sexualität. Sexuelle Aufklärung und Erziehung – Das Geschlechtsleben in der Ehe. Zürich 1966

Richter, H.-E.: Der Gotteskomplex. Die Geburt und die Krise des Glaubens an die Allmacht des Menschen. Reinbek bei Hamburg 1986

..............: Patient Familie. Entstehung, Struktur und Therapie von Konflikten in Ehe und Familie. Reinbek bei Hamburg 1992/1970

Riemann, F.: Grundformen der Angst. Eine tiefenpsychologische Studie. München 1981

Riesman, D.: Wohlstand wofür? Frankfurt/M 1973/1

Rijnaarts, J.: Lots Töchter. Über den Vater-Tochter-Inzest. München 1991

Rilke, R. M.: Lektüre für Minuten. Gedanken aus seinen Büchern und Briefen. (ausgewählt von Michels, U. und V.) Frankfurt/M 1989/2

Rinser, L.: Mirjam, Frankfurt/M 1987

Rive, P.B.: Die Ehe in dogmatischer, moralischer und sozialer Beziehung (verbesserte, teilweise umgearbeitete Auflage von Pater Johannes Bapt. Umberg). Regensburg 1921/1876

Robert, M.: Einsam wie Franz Kafka. Frankfurt/M 1985

Robinson, M. N.: Die erfüllte Frau – Ein Wegweiser zu Glück und Harmonie. München o.J.

Rohr, R.: Der wilde Mann – geistliche Reden zur Männerbefreiung. München 1988

Rousseau, J. J.: Emile oder Von der Erziehung. München 1979

Rückert, S./Gehrmann, W.: Die Keimzelle der Gewalt. In: DIE ZEIT Nr. 15 vom 7.4.1995

Rush, F.: Das bestgehütete Geheimnis: Sexueller Mißbrauch. Berlin 1991/6

Russell, B.: warum ich kein christ bin – über religion, moral und humanität. von der unfreiheit des christenmenschen. Reinbek bei Hamburg 1982

Rutschky, K.: Erregte Aufklärung. Kindesmißbrauch: Fakten & Fiktionen. Hamburg 1992

de Saint-Phalle, N.: Mord an der Seele. In: Brigitte, 5/95

Sanides, S./Miketta, G.: Forschung und Technik. In: Focus 46/94

Saywitz, K. J. u.a.: Children's Memories of a Physical Examination Involving Genital Touch: Implications for Reports of Child Sexual Abuse. In: Journal of Consulting and Clinical Psychology. Vol. 59, No.5. 1991

Schaef, A. W.: Im Zeitalter der Sucht. Wege aus der Abhängigkeit. München 1989

Schatzman, M.: Die Angst vor dem Vater. Langzeitwirkungen einer Erziehungsmethode/Eine Analyse am Fall Schreber. Reinbek bei Hamburg 1982

Scheler, M.: Erkenntnis und Arbeit. Frankfurt/M 1977

Schellenbaum, P.: Das Nein in der Liebe. Abgrenzung und Hingabe in der erotischen Beziehung. Stuttgart 1995/11

Schenk, H.: Freie Liebe – Wilde Ehe. Über die allmähnliche Auflösung der Ehe durch die Liebe. München 1987

Schiff, H.: Elternfehler, Kinderschicksal – Formen der Fehlerziehung. Wien o.J.

Schiwy, G.: Der Geist des neuen Zeitalters. New-Age-Spiritualität und Christentum. München 1987

Schmidbauer, W.: Erziehung ohne Angst. Eine Orientierungshilfe für Eltern. München 1976/2

..........................: Psychotherapie. Ihr Weg von der Magie zur Wissenschaft. München 1975

Schmidbauer-Schleibner, U.: Chancen der Elternschaft. In: Ostermeyer, Helmut (Hrg.,): Ehe. Isolation zu zweit? Mißtrauensvotum gegen eine Institution. Franfurt/M 1979

Schorsch, Ch.: Die New Age Bewegung – Utopie und Mythos der Neuen Zeit. Gütersloh 1988

Schulze, G.: Die Erlebnisgesellschaft. Kultursoziologie der Gegenwart. Frankfurt/M 1993

Schweins, B./Hamann, P.: Kindesmißhandlung/Sexueller Mißbrauch. Manuskript einer Fortbildungsveranstaltung für Pädagogen der Katholischen Akademie >Wolfsburg<, Mülheim/Ruhr vom 15./16.12.1992

Scully, D.: Understanding Sexual Violence. A Study of Convicted Rapists. London u.a., 1990

Searles, H. F.: Das Bestreben, den anderen verrückt zu machen – ein Element in der Ätiologie und Psychotherapie der Schizophrenie. In: Bateson G. u.a.: Schizophrenie und Familie. Theorie 2 (Hrg. Blumenberg, H. u.a.). Frankfurt/M 1969

Sgroi, S. M. u.a.: Handbook of clinical Intervention in child sexual abuse. Lexington (Mass., USA) 1989

Silberberger: Gewalt ist männlich – Sozialisationsdefizite. In: Zeitschrift bildung & wissenschaft Baden-Württemberg 1/93

Simon, G.: Mehr Genuß! Mehr Faulheit! Mehr Schlendrian! In: DIE ZEIT Nr. 42 vom 9.10.92

Sloterdijk, P.: Im selben Boot. Versuch über die Hyperpolitik. Frankfurt/M 1993

Sorge, E.: Geliebte oder Liebende? – Theologische Gedanken zur Befreiung vom Geliebtwerden. In: Flitner, E./Valtin, R. (Hrg.): Dritte im Bund: Die Geliebte, Reinbek bei Hamburg 1987

Spelman, C.: Talking about child sexual abuse. Chicago, USA 1993.2

Spring, J.: Zu der Angst kommt die Scham. Die Geschichte einer sexuell mißbrauchten Tochter. München 1988

Steinhage, R.: Sexueller Mißbrauch an Mädchen. Ein Handbuch für Beratung und Therapie, Reinbek bei Hamburg 1989

..............: Warum schützen Mütter ihre Töchter nicht? In: Psychologie Heute 2/93

Stern, H.: Mann aus Apulien. München 1993.4

Stierlin, H.: Das Tun des Einen ist das Tun des Anderen – Versuch einer Dynamik menschlicher Beziehungen. Frankfurt/M 1971

Susteck, H.: Das gesellschaftliche Verständnis der Familie in der BRD. In: Bundeszentrale für politische Bildung (Hrg.): Aus Politik und Zeitgeschichte, Beilage zur Wochenzeitung Das Parlament. Bonn 22.12.95

Swigart, J.: Von wegen Rabenmutter ... – Die harte Realität der Mutterliebe. München 1993

Taeni, R.: Das Angst-Tabu und die Befreiung. Ich-Selbst-Abwehr oder Liebe. Gesellschaft – Kerker oder Heimat? Reinbek bei Hamburg 1981

Tart, Ch.: Hellwach und bewußt leben. Bern, München, Wien 1988

Teegen, F. u.a.: Sexueller Kindesmißbrauch. Manuskript einer Untersuchung der Universität Hamburg. uni hh Forschung Nr. XXVII/1992

terre des hommes (o.A.): Alles käuflich? Kinderprostitution. Nr. 401.1156.00 (o.J.)

Thönnissen, A./Meyer-Andersen, K.: Dunkelziffer – Das geheime Geschäft mit der schmutzigen Pornographie. München 1990

Tischler, P. F.: Die christliche Familie – Illustriertes Hausbuch. (Hrg. Pater Konstanz Rudigier). Köln 1925

Trube-Becker, E.: Gewalt gegen das Kind. Vernachlässigung, Mißhandlung, sexueller Mißbrauch und Tötung von Kindern. Kriminalistik Bd. 14. Heidelberg 1987/2

..............: Mißbrauch des Mißbrauchs? In: Psychologie Heute 2/93

Turczer, B.: (Manuskript eines Vortrags bei tima – Tübinger Initiative für Mädchenarbeit – am 22.9.94)

Ude, A.: Betty. Protokoll einer Kinderpsychotherapie. Stuttgart 1978

Valtin, R.: Das Thema >Geliebte in Zeitschriften und Illustrierten – Ein Lehrstück aus dem Patriarchat. In: Flitner, E./Valtin, R. (Hrg.): Dritte im Bund: Die Geliebte, Reinbek bei Hamburg 1987

Vasse, D.: Bedürfnis und Wunsch. Eine Psychoanalyse der Welt- und Glaubenserfahrung, Olten und Freiburg 1973

Veil, M.: Anforderungen an den Familienlastenausgleich aus frauenpolitischer Sicht. In: Ministerium für Familie, Frauen, Weiterbildung und Kunst Baden-Württemberg (Hrg.): Familie heute – ausgewählte Aufsätze zur Situation der Familien in Baden-Württemberg. Stuttgart 1994

Vogel, E. F./Bell, N.W.: Das gefühlsgestörte Kind als Sündenbock der Familie. In: Bateson, G. u.a.: Schizophrenie und Familie. Theorie 2 (Hrg. Blumenberg, H. u.a.). Frankfurt/M 1969

Volkholz, S.: Werte sind genug vorhanden, sie müssen realisiert werden. In: Zeitschrift Erziehung und Wissenschaft 3/94.

Walther, R.: Aufklärung, Untergang, Fortschritt, Verfall. In: Frankfurter Rundschau vom 7.5.94

Weakland, J. H.: Double-Bind-Hypothese und Dreier-Beziehung. In: Bateson, G. u.a.: Schizophrenie und Familie. Theorie 2 (Hrg. Blumenberg, H. u.a.). Frankfurt/M 1969

Weber, H.: Kinderhexenprozesse. Frankfurt/M und Leipzig 1991

Weber-Herfort, Ch.: „Astrid berichtet". In: Frankfurter Rundschau vom 7.5.94

Weidenhammer, B./Zepf, S.: >Grenzenlose Erfüllung< durch Unerfüllbarkeit? – Die Geliebte und der Mann ihrer Wahl. In: Flitner und Valtin (Hrg.): Dritte im Bund: Die Geliebte. Reinbek bei Hamburg 1987

Wenzel, H.: Gewalt gegen Kinder – Mißhandlung, Vernachlässigung und sexueller Mißbrauch von Kindern (Ursachen, Folgen, Interventionsmöglichkeiten). (Hrg. Förderkreis Reutlinger Lehrerfortbildung Heft 13, 1993).

Werfel, F.: Die vierzig Tage des Musa Dagh. München/Zürich 1968

Wieck, W.: Männer lassen lieben. Die Sucht nach der Frau. Stuttgart 1987

Wilber, K.: Halbzeit der Evolution. Der Mensch auf dem Weg vom animalischen zum kosmischen Bewußtsein. Eine interdisziplinäre Darstellung der Entwicklung des menschlichen Geistes. Bern, München, Wien 1988

Wilber, K. u.a. (Hrg.): Meister, Gurus, Menschenfänger. Über die Integrität spiritueller Wege. Frankfurt/M 1995

Willems, H.: Jugendgewalt in der modernen Gesellschaft. In: Zeitschrift bildung & wissenschaft, Nr. 2, 2/93

Wingen, M.: Familienpolitik als Gesellschaftsreform. In: Aus Poliitik und Zeitgeschichte. Beilage zur Wochenzeitung Das Parlament vom 22.12.95

Wirtz, U.: Seelenmord. Inzest und Therapie. Zürich 1991/4

Woititz, J. G.: Heilen der Sexualität. Partnerschaft Intimität Vertrauen Liebe. Wessobrunn 1993

Wölfl, E.: Hilfe für sexuell mißbrauchte Kinder – eine pädagogische Herausforderung. In: Sonderschulmagazin 3/94

Wolff, H.: Jesus der Mann. Die Gestalt Jesu in tiefenpsychologischer Sicht. Stuttgart 1975

Wöller, H.: Vom Vater verwundet. Töchter der Bibel. Stuttgart 1992/2

Wyre, R./Swift, A.: Und bist Du nicht willig ... DIE TÄTER. Köln 1991

Zimmer, K.: Gute Bindungen machen selbständig. In: DIE ZEIT Nr. 40 vom 25.9.92, S. 48

Zukav, G.: Die Spur zur Seele. München 1990